Révision et correction : Sylvie Tremblay
Conception de la maquette : Christine Hébert
Mise en page : Johanne Lemay et Josée Amyotte

Catalogage avant publication de Bibliothèque et
Archives nationales du Québec et Bibliothèque
et Archives Canada

Phaneuf, Michel

    Le guide du vin

1. Vin I. Titre.

TP548.P492   641.2´2   C83-031682-5

DISTRIBUTEUR EXCLUSIF :

• Pour le Canada
  et les États-Unis :
  MESSAGERIES ADP*
  2315, rue de la Province
  Longueuil, Québec
  J4G 1G4
  Tél. : (450) 640-1237
  Télécopieur : (450) 674-6237
  * une division du Groupe Sogides inc.,
    filiale du Groupe Livre Quebecor Média inc.

Pour en savoir davantage sur nos publications,
visitez notre site : **www.edhomme.com**
Autres sites à visiter : www.edjour.com
www.edtypo.com • www.edvlb.com
www.edhexagone.com • www.edutilis.com

Gouvernement du Québec – Programme de crédit d'impôt pour l'édition de livres –
Gestion SODEC – www.sodec.gouv.qc.ca

L'Éditeur bénéficie du soutien de la Société de développement des entreprises
culturelles du Québec pour son programme d'édition.

Nous reconnaissons l'aide financière du gouvernement du Canada par l'entremise
du Programme d'aide au développement de l'industrie de l'édition (PADIÉ) pour nos
activités d'édition.

Dépôt légal : 2008
Bibliothèque et Archives nationales du Québec

ISBN 978-2-7619-2500-6

Phaneuf

Le **guide** du **vin** 28e édition

Michel **Phaneuf** et Nadia **Fournier**

09

LES ÉDITIONS DE
L'HOMME

Une compagnie de Quebecor Media

TABLE DES MATIÈRES

Le guide du vin 2009 9
Les Grappes d'or 2009 14
Les 50 meilleurs vins de 15 $ et moins 20
Les 100 meilleurs vins de 15 $ à 30 $ 24

FRANCE | 33 |

Bordeaux 35
  Appellations générales et secondaires 42
  Vins de Côtes 45
  Médoc 51
  Graves et Pessac-Léognan 56
  Saint-Émilion 59
  Pomerol et Lalande de Pomerol 64
  Fronsac 65
  Sauternes et autres vins liquoreux 66
Bourgogne 71
  Beaujolais 90
Alsace 97
Vallée de la Loire et Centre 107
Vallée du Rhône 123
Sud de la France 145
  Languedoc-Roussillon 148
  Provence 160
  Corse 164
Sud-Ouest 169
  Jura 180
  Savoie 181
Vins de Pays 183

ITALIE | 191 |

Piémont 196
Val d'Aoste 213
Lombardie 213
Trentin – Haut-Adige 214
Vénétie 216
Frioul – Vénitie Julienne 225
Émilie-Romagne 226
Toscane 227
Ombrie 247
Marches 248
Abruzzes 249
Latium 253
Campanie 253
Pouilles 254
Basilicate 256
Sardaigne 256
Sicile 257

PÉNINSULE IBÉRIQUE | 267 |

Espagne 267
  Galice 269
  Catalogne 270
  Rioja 277

Castille et Léon 280
Aragon 283
Valence 284
Murcie 284
Castille – La Manche 285
Portugal 290
Vin du Douro 291
Autres régions portugaises 300

AUTRES PAYS D'EUROPE | 305 |

Allemagne 305
Autriche 310
Hongrie 311
Bulgarie 313
Grèce 314

PROCHE-ORIENT | 321 |

Liban 321
Tunisie 323

AMÉRIQUE DU NORD | 325 |

États-Unis 325
California 328
Oregon 342
Washington 342
Canada 345
Ontario 346
Colombie-Britannique 350

HÉMISPHÈRE SUD | 357 |

Chili 357
Argentine 370
Brésil 377
Uruguay 378
Australie 381
Nouvelle-Zélande 397
Afrique du Sud 407

VINS ROSÉS | 417 |

CHAMPAGNE ET VINS MOUSSEUX | 425 |

Champagne 425
Vins mousseux 436

VINS FORTIFIÉS | 445 |

Porto 445
Madère 464
Xérès 466
Montilla Moriles 469
Muscat et autres vins fortifiés 470

GRANDES TABLES ET BISTROS | 473 |

Index des codes 489
Index des vins 499

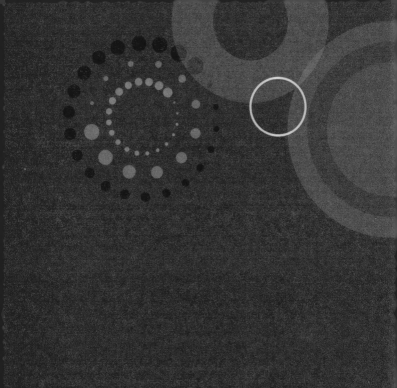

À Gigi,
sans qui *Le guide du vin* n'aurait jamais vu le jour.
Je lui dois tout, et plus encore.

LE GUIDE DU VIN 2009

Il y a quelques années, lors d'une allocution à l'occasion de l'événement Montréal Passion Vin, Jean-Pierre Perrin, le propriétaire du Château de Beaucastel à Châteauneuf-du-Pape, s'était lancé dans un vibrant plaidoyer en faveur de ce qu'il appelait «le vin juste», c'est-à-dire le produit unique, inaltéré et fidèle à ses origines. «Le vin juste vendu à prix juste», insistait-il.

Hélas! avec l'arrivée d'une nouvelle faune d'acheteurs milliardaires pour qui le vin – comme la voiture de luxe et la maison monstre – est avant tout un signe extérieur de richesse, les prix des vins fins n'ont cessé d'exploser au cours des dernières années. Pour le commun des mortels, les grands crus de France et d'ailleurs ne sont plus désormais qu'objets virtuels et insaisissables.

Or, est-il obligatoire de flamber 250 $ pour boire du bon vin ? Pas du tout. Surtout qu'au cours des dernières années, les progrès fulgurants de la connaissance œnologique et viticole ont favorisé le développement de vignobles de qualité aux quatre coins de la planète. Pourquoi faudrait-il se ruiner et même se sentir privé alors que le monde foisonne aujourd'hui de vins captivants et originaux vendus à des prix réalistes et abordables ?

L'objectif de cette 28e édition est précisément de mener le lecteur à la découverte du «vin juste vendu à prix juste». Près de 2000 vins sont recensés cette année et plus du tiers coûtent moins de 30 $. Parmi eux, une foule de produits franchement remarquables. En plus de paraître dans les listes au début du livre, les meilleurs d'entre eux sont accompagnés d'un pictogramme permettant de mieux les repérer.

Par son contenu plus riche que jamais, *Le guide du vin 2009* permettra aux amateurs de parcourir des sentiers connus et moins connus, et surtout d'apprécier les efforts déployés par une nouvelle population de viticulteurs bien décidés à enrichir la palette de goûts extraordinaires de ce que le «maître» britannique Michael Broadbent appelle *la boisson suprême*.

Depuis l'an dernier, j'ai à mes côtés une jeune collaboratrice à qui j'apprends le métier. J'ai trouvé en Nadia Fournier non seulement une partenaire efficace, mais aussi une dégustatrice douée dont le mérite (!) est de partager mes goûts pour les vins droits, équilibrés et sans fioritures. Que le lecteur se rassure, le choc générationnel n'a pas eu lieu et ce livre n'a rien perdu de son âme. Au contraire, grâce à cette alliance, mon souhait est en voie de se réaliser ; celui de voir *Le guide du vin* continuer d'éclairer le public québécois encore longtemps.

Avec le souci de mieux informer le lecteur, l'essentiel des commentaires présentés dans *Le guide du vin* porte désormais sur les produits dits de spécialités (S) qui sont de plus en plus nombreux et variés. Cette catégorie occupe maintenant une part de marché substantielle au Québec. En effet, sur un total d'environ 5 100 vins à moins de 50 $ – en format de 750 ml – actuellement offerts à la SAQ, moins de 800 sont inscrits au répertoire général. En excluant les vins de plus de 50 $, on compte donc sur le marché 6,8 fois plus de produits dits «de spécialités» que de produits réguliers. Voilà pourquoi il m'a semblé plus utile pour les lecteurs d'accorder désormais la priorité aux produits de spécialités, surtout que la majorité de ceux commentés dans *Le guide du vin 2009* sont vendus à prix abordables. De tous les vins recensés cette année, 1 366 sont à moins de 30 $ et 755 à moins de 20 $. Parmi ces derniers, environ 200 méritent une mention soulignant leur rapport qualité-prix avantageux. Ce virage permet donc au *Guide du vin* de contenir davantage de commentaires sur des produits de meilleure qualité.

Cela étant, les vins inscrits au répertoire général ne sont pas ignorés. À la fin de chaque section, un encadré présente une sélection personnelle totalisant 200 des meilleurs d'entre eux. Il y en a donc pour tous les goûts et pour toutes les bourses!

DES QUESTIONS À PROPOS DU *GUIDE DU VIN*

Les vins vendus à la Société des alcools sont-ils tous répertoriés dans *Le guide du vin*?
Non. La tâche serait impossible, voire inutile, car plusieurs vins sont offerts à raison de quelques bouteilles seulement. Sans compter les produits qui arrivent sur les étagères dès la parution du livre ou après. À ceux qui souhaitent mettre à jour leur *Guide du vin* tout au long de l'année, je leur suggère de s'abonner au site www.michelphaneufvin.com.

Les vins sont-ils tous dégustés par l'auteur?
Oui. Chaque année, en compagnie de ma collaboratrice Nadia Fournier, je déguste tous les vins répertoriés dans *Le guide du vin*. Nadia rédige nos commentaires de dégustation que je valide ensuite.

L'auteur est-il payé par la Société des alcools ou par des agences de vins?
Non. Indépendance et impartialité sont la règle d'or. De plus, l'auteur n'a aucun intérêt financier dans un vignoble ni dans une agence de vins.

Michel Phaneuf *Vin*.com
Le guide du vin

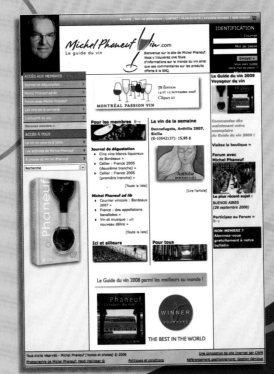

Le complément idéal du Guide du vin

- En ligne, le journal de dégustation de Michel Phaneuf
- Forum privé
- Les vins de la semaine
- Les archives de Michel Phaneuf
- L'actualité internationale du vin

Les noms des vins

Les vins sont répertoriés par ordre alphabétique des marques ou des noms des producteurs.

Les noms de Château ou de domaine sont considérés comme des marques. Ainsi, le Château de Beaucastel 2005, Châteauneuf-du-Pape paraît dans les C de la section des vins de la vallée du Rhône, et le Côte Rôtie 2006 de Pierre Gaillard est inscrit sous la rubrique Gaillard, Pierre.

En règle générale, et exception faite des domaines et châteaux clairement identifiés, les vins sont regroupés sous le nom du producteur :

Trimbach, Riesling 2003, Cuvée Frédéric Émile ; Pinot blanc 2005, etc.

Vietti, Barolo 2003, Lazzarito ; Barbera d'Alba 2004, Scarrone Vigna Vecchia, etc.

Torres, Miguel ; Mas La Plana 2003, Salmos 2005, Priorat, etc.

Pour simplifier la recherche, les vins blancs ☆ et les vins rouges ★ sont maintenant regroupés dans une seule rubrique et identifiés par des étoiles de couleurs différentes.

Pour faciliter la recherche, plusieurs vins sont retrouvés à deux places dans l'index général à la fin du livre, soit sous le nom du producteur, soit sous le nom du vin :

Torres, Miguel, Mas La Plana 2003
Mas La Plana 2003, Torres, Miguel

Les symboles

Pour faciliter la lecture et la consultation d'un tel guide, le recours aux symboles est essentiel. Par exemple, la combinaison ★★★→★ indique que le vin, actuellement très bon, sera encore meilleur dans quelques années. Dans la plupart des cas, le temps requis pour que le vin arrive à maturité est aussi indiqué par un chiffre allant de ① à ④. Si un vin laisse planer des doutes sur ses capacités d'évolution en bouteille, j'ai alors recours à la séquence suivante : ★★→?

La qualité

☆	Vin blanc
★	Vin rouge
5 étoiles	Exceptionnel
4 étoiles	Excellent
3 étoiles	Très bon
2 étoiles	Correct
1 étoile	Passable
★★→★	Se bonifiera avec les années
★★→?	Évolution incertaine

Chaque vin est noté non pas dans l'absolu, mais dans sa catégorie.

L'évolution

① À boire maintenant, il n'y a guère d'intérêt à le conserver.

② Prêt à boire, mais pouvant se conserver.

③ On peut commencer à le boire, mais il continuera de se bonifier.

④ Encore jeune, à laisser mûrir encore quelques années.

L'aubaine

♥ Rapport qualité-prix avantageux

La Grappe d'or

 Mes « moments forts » de l'année sont identifiés par ce symbole. On trouvera la liste complète des Grappes d'or 2009 à la page 14.

Les 50 meilleurs vins de 15 $ et moins

 Ce symbole indique les 50 meilleurs vins à petits prix retenus cette année. La liste complète est à la page 20.

Les 100 meilleurs vins de 15 à 30 $

 Ce symbole identifie 100 vins remarquables offrant un rapport qualité-prix digne de mention. La liste complète paraît à la page 24.

Où trouver

Les vins distribués au Québec par la Société des alcools sont divisés en deux catégories. Les produits dits « courants » sont inscrits au répertoire général et distribués sans interruption dans la plupart des succursales « SAQ Classique » et « SAQ Sélection ». Ces produits sont identifiés dans le *Guide* par la lettre C suivie du numéro de code (ex. : C-123456). Une sélection des meilleurs d'entre eux est offerte dans les pages qui leur sont réservées à la fin de chaque section.

Les autres entrent dans la catégorie des produits dits « de spécialités ». Des produits importés en quantités plus limitées, mais parfois de manière continue, que l'on retrouve dans les « SAQ Sélection » ainsi que dans certaine « SAQ Classique ». Ces produits figurent dans ces pages avec la lettre S suivie du numéro de code (ex. : S-123456).

(C-) : Inscrit au répertoire général et offert dans la plupart des
Ⓒ   magasins de la SAQ.

(S-) : Produit de spécialités offert dans les SAQ Sélection.

(U-) : Vendu exclusivement dans les magasins SAQ Signature.

▼   Stocks en voie d'épuisement, le produit paraît encore dans le répertoire de la SAQ. Il peut être encore disponible dans certaines succursales.

Le site www.saq.com vous indiquera où trouver les vins recherchés.

LES GRAPPES D'OR

Qu'ils soient chers ou bon marché, grands ou modestes, qu'il s'agisse de classiques ou de créations récentes, certains vins ont la vertu de combler le dégustateur. Une Grappe d'or est accordée à des vins particulièrement remarquables. Voici la liste de mes «bonheurs» de l'année qui feront sûrement le vôtre.

Pour éviter des frustrations aux lecteurs, seuls les vins présents en quantités suffisantes en octobre 2008 ont été retenus.

FRANCE

Bordeaux

- Château Martinat 2005, Côtes de Bourg (24,45 $ • p. 47)
- Château Clarke 2005, Listrac-Médoc (35,75 $ • p. 51)
- Château Lagrange 2005, Saint-Julien (79 $ • p. 53)
- Château Loudenne 2004, Médoc (29,80 $ • p. 53)
- ○ Château de Rochemorin blanc 2004, Pessac-Léognan (23,95 $ • p. 56)
- ○ Château Clos Floridène 2005, Graves (28,40 $ • p. 57)
- Le Sillage de Malartic 2004, Pessac-Léognan (28 $ • p. 58)
- Château Tour du Pas Saint-Georges 2005, Saint-Georges Saint-Émilion (23,25 $ • p. 62)
- ○ Château de Malle 2005, Sauternes (68 $ • p. 67)

Bourgogne

- Boisset, Jean-Claude ; Nuits Saint-Georges 2006, Les Charbonnières (60 $ • p. 77)
- Fougeray de Beauclair, Fixin 2005, Clos Marion (42,25 $ • p. 82)
- ○ Goisot, Ghislaine & Jean-Hugues, Saint-Bris 2006, Sauvignon (21,90 $ • p. 82)
- ○ Villaine, A. et P. de ; Bouzeron 2006, Aligoté (25,30 $ • p. 87)

Beaujolais

- Mommessin, Réserve du Domaine de Champ de Cour 2005, Moulin-à-Vent (25,45 $ • p. 91)

Alsace

○ Hugel & Fils, Riesling 2003, Jubilee, Alsace (37,75 $ • p. 102)
○ Zind-Humbrecht, Riesling 2006, Herrenweg de Turckheim (53 $ • p. 104)

Vallée de la Loire

● Chasle, Christophe ; Bourgueil 2006, Tuffeau (17,95 $ • p. 111)
● Domaine de la Butte, Bourgueil 2005, Mi-Pente, Jacky Blot
   (36,50 $ • p. 114)
● Domaine de la Charmoise 2007, Gamay de Touraine (16,75 $ • p. 114)
○ Domaine de l'Écu, l'Expression d'Orthogneiss 2006, Muscadet Sèvre et
   Maine (19,55 $ • p. 115)
○ Huet, Le Mont 2006, Vouvray (33,75 $ • p. 116)

Vallée du Rhône

● Balthazar, Franck ; Cornas 2005, Chaillot (39,75 $ • p. 128)
● Château de Vaudieu 2005, Châteauneuf-du-Pape (44 $ • p. 130)
● Domaine de Fondrèche, Persia 2006, Côtes du Ventoux (25,90 $ • p. 135)
● Domaine de la Vieille Julienne, Côtes du Rhône 2005, lieu-dit Clavin
   (27,40 $ • p. 135)
● Vins de Vienne (Les), Cornas 2005, Les Barcillants (55 $ • p. 139)

Languedoc-Roussillon

● Château de Cazeneuve, Le Roc des Mates 2004, Coteaux du Languedoc
   Pic Saint-Loup (28 $ • p. 150)
● Domaine d'Aupilhac 2005, Coteaux du Languedoc Montpeyroux
   (22 $ • p. 153)
● Mas Haut-Buis, Les Carlines 2006, Coteaux du Languedoc (16,95 $ •
   p. 156)

Provence et Corse

● Château Romanin 2003, Les Baux-de-Provence (32 $ • p. 161)
● Domaine du Clos de la Procure 2006, Côtes de Provence (23,90 $ • p. 162)

Sud-Ouest et autres régions de France

○ Domaine de Causse Marines, Les Greilles 2006, Gaillac (17,70 $ • p. 175)
○ Hours, Charles ; Cuvée Marie 2006, Jurançon sec (23,80 $ • p. 176)

Vins de Pays

● Villard, François ; L'Appel des Sereines 2006, Syrah, Vin de Pays
   des Collines Rhodaniennes (23,85 $ • p. 187)

ITALIE

Piémont

● Giacosa, Bruno, Barolo 2003, Falleto di Serralunga (159 $ • p. 202)
● Sottimano, Bric del Salto 2007, Dolcetto d'Alba (17,95 $ • p. 210)

Vénétie

● Marion, Valpolicella Superiore 2003 (37,75 $ • p. 219)
○ Suavia, Monte Carbonare 2005, Soave Classico (30,25 $ • p. 222)

Toscane

- Belguardo, Bronzone 2005, Morellino di Scansano (28,85$ • p. 229)
- Borgo Scopeto, Chianti Classico 2004, Riserva (26,50$ • p. 229)
- Brancaia, Ilatraia 2005, Maremma (70$ • p. 231)
- Castello di Ama, L'Apparita 2004, Toscana (181$ • p. 234)
- Fèlsina, Rancia 2003, Chianti Classico Riserva (39,25$ • p. 236)
- Fontodi, Chianti Classico Riserva 2004, Vigna del Sorbo (61$ • p. 237)

Abruzzes

- Masciarelli, Villa Gemma 2003, Montepulciano d'Abruzzo (76$ • p. 251)

Pouilles

- Taurino, Cosimo, Notarpanaro 2001, Rosso del Salento (20,10$ • p. 255)

ESPAGNE

- ○ Terras Gauda O Rosal 2007, Rias-Baixas (24,90$ • p. 269)
- Marques de Murrieta, Dalmau 2003, Rioja (94$ • p. 278)
- Parés Baltà, Gratavinum 2004, GV5, Priorat (59$ • p. 275)

PORTUGAL

- Chryseia 2005, Douro, Prats & Symington (74$ • p. 294)
- Ramos Pinto, Duas Quintas 2003, Reserva Especial, Douro (60$ • p. 296)
- Roquette & Cazes, Xisto 2004, Douro (55$ • p. 297)

AUTRES PAYS D'EUROPE

Allemagne

- ○ Schloss Lieser, Lieser Niederberg Helden 2005, Riesling Auslese, Mosel-Saar-Ruwer (30,50$ - 375 ml • p. 309)
- ○ Selbach-Oster, Zeltinger-Sonnenuhr 2005, Riesling Auslese, Mosel-Saar-Ruwer (38,50$ • p. 309)

Grèce

- ○ Biblia Chora, Ovilos 2006, Pangeon (25,75$ • p. 315)
- Lazaridi, Costa ; Amethystos 2005, Vin de Pays de Drama (24,90$ • p. 318)

VOTRE PASSION
POUR LE VIN
PUISSANCE MILLE

Échangez vos milles contre une foule de primes célébrant votre passion : refroidisseur à vin, verres à vin Riedel, visite de vignobles et davantage ! Faciles à accumuler et à échanger, vos milles vous permettent même d'obtenir une carte Aéroplan Sommelier échangeable dans toute boutique autorisée de vins et d'alcools au Canada* ! Aéroplan, c'est beaucoup plus que des voyages.

▶ **Découvrez toutes les récompenses sur** aeroplan.com/mesprimes

aeroplan

Le plaisir en primes

Californie

- Calera, Pinot noir 2006, Mt. Harlan Cuvée, Mt. Harlan (36,75 $ • p. 329)
- Caymus Vineyards, Cabernet sauvignon 2005, Special Selection, Napa Valley (146 $ • p. 330)
- Heitz Cellars, Cabernet sauvignon 2002, Martha's Vineyard, Napa Valley (168 $ • p. 332)
- Laurel Glen, Cabernet sauvignon 2004, Counterpoint, Sonoma Mountain (32,75 $ • p. 336)

Ontario

○ Clos Jordanne, Chardonnay 2005, Claystone Terrace, Niagara Peninsula (37,50 $ • p. 347)

Colombie-Britannique

- Osoyoos Larose, Le Grand Vin 2004, Okanagan Valley (41,50 $ • p. 350)

Chili

- Chateau Los Boldos, Merlot 2004, Vieilles Vignes, Valle del Rapel (23,20 $ • p. 360)
- Edwards, Luis Felipe , Dona Bernarda 2003, Valle de Colchagua (33,75 $ • p. 363)

Argentine

- Terrazas de Los Andes, Malbec 2005, Reserva, Mendoza (18,50 $ • p. 375)

Australie

○ Cape Mentelle, Sauvignon blanc-Sémillon 2006, Margaret River (25,20 $ • p. 384)
○ D'Arenberg, The Money Spider 2007, Roussanne, McLaren Vale (22,60 $ • p. 385)
- Tamar Ridge, Pinot noir 2005, Kayena Vineyard, Tasmania (28,10 $ • p. 390)

Nouvelle-Zélande

○ Kumeu River, Chardonnay 2005, The Brajkovich Family Properties (32 $ • p. 400)

- ○ Agrapart, Minéral Blanc de blancs 2000, Extra Brut (69$ • p. 427)
- ○ Pol Roger, Sir Winston Churchill 1998 (200$ • p. 432)

VINS MOUSSEUX

- ○ Parés Baltà, Brut Selectio, Cava (29,95$ • p. 440)
- ○ Roederer Estate, Brut, Anderson Valley (28,30$ • p. 441)

VINS FORTIFIÉS

Porto

- Dow's Vintage 1985 (95$ • p. 453)
- Graham's Vintage 1983 (120$ • p. 455)
- Quinta do Noval, Tawny 20 ans (61$ • p. 458)

Madère

- Blandy's, Bual 1977 (99$ • p. 465)

Xérès

- Gonzalez Byass, Matusalem, Oloroso Dolce Muy Viejo
  (30,75$ - 375 ml • p. 466)
- Lustau, Puerto Fino, Solera Reserva (18,50$ • p. 467)

Autre vin fortifié

- Cazes, Rivesaltes ambré 1995 (19,35$ - 375 ml • p. 470)

Les grappes d'or 2009

MEILLEURS VINS DE 15 $ ET MOINS

Grâce à la technologie moderne, on trouve maintenant profusion de vins sains et bon marché. Voici, pour 2009, une liste de 50 vins à moins de 15 $ qui feront votre bonheur quotidien. Des vins pour tous les goûts et offrant une qualité irréprochable.

| FRANCE

Bordeaux

○ Dourthe, Numéro 1 2007, Bordeaux (14,95 $ • p. 68)
○ Château des Matards 2007, Premières Côtes de Blaye (14,75 $ • p. 68)
○ Château Roquetaillade La Grange 2006, Graves (14,80 $ • p. 68)
● Sichel, Sirius 2004, Bordeaux (14,15 $ • p. 69)

Vallée de la Loire

○ Allion, Guy ; Sauvignon blanc 2007, Touraine (14,90 $ • p. 121)

Vallée du Rhône

● Château de l'Isolette 2003, Grande Réserve, Prestige, Côtes du Luberon (14,10 $ • p. 130)
● Château de Nages rouge 2006, Réserve, Costières de Nîmes (14,50 $ • p. 142)
● Perrin, VF Lasira 2007, Costières de Nîmes (13,10 $ • p. 143)

Languedoc-Roussillon

○ Beauvignac, Hugues de ; Picpoul de Pinet 2007, Coteaux du Languedoc (12,70 $ • p. 166)
● Château de Pennautier 2006, Cabardès (14,80 $ • p. 166)
● Château du Grand Caumont 2005, Corbières (13,95 $ • p. 166)
● Comtes de Rocquefeuil 2006, Coteaux du Languedoc Montpeyroux (11,95 $ • p. 167)

Provence et Corse

● Château La Lieue 2007, Coteaux Varois en Provence (13,55 $ • p. 167)
● Union de Vignerons de l'Île de Beauté, Terra di Corsica 2007, Nielluccio-Syrah, Corse (14,45 $ • p. 167)

Sud-Ouest et autres régions de France

- ○ Château Calabre 2007, Montravel (14,70$ • p. 172)
- ● Château Haut-Perthus 2005, Bergerac (13,10$ • p. 178)
- ● De Conti, La Truffière 2005, Bergerac (13,75$ • p. 179)

Vins de Pays

- ● Domaine du Lys, Odyssée 2006, Vin de Pays des Cévennes (13,60$ • p. 184)
- ○ Brumont, Alain ; Gros manseng-Sauvignon 2007, Vin de Pays des Côtes de Gascogne (13,25$ • p. 188)
- ● Domaine de Gournier, Merlot 2007, Vin de Pays des Cévennes, Uzège (10,45$ • p. 188)
- ● Moulin de Gassac, Terrasses de Guilhem 2007, Vin de Pays de l'Hérault (11,40$ • p. 189)

Trentin-Haut-Adige

- ● Mezzacorona, Teroldego Rotaliano 2006 (12,60$ • p. 262)

Marches

- ● Velenosi, Il Brecciarolo 2004, Rosso Piceno superiore (14,35$ • p. 248)
- ● Umani Ronchi, Sangiovese 2007, Medoro, Marche (12,45$ • p. 264)

Pouilles

- ● Castorani, Scià 2006, Sangiovese, Puglia (12,60$ • p. 265)
- ● Surani, Lapaccio 2006, Primitivo Salento (14,10$ • p. 264)

Sicile, Sardaigne

- ● Meridiane, Nero d'avola 2004, Notalusa, Sicilia (11,35$ • p. 265)

| ESPAGNE |

- ○ Candidato blanc 2007, Vino de la Tierra de Castilla, Cosecheros Y Criadores (8,55$ • p. 288)
- ● Dominio de Eguren, Protocolo 2006, Vino de la Tierra de Castilla (12,90$ • p. 288)
- ○ Raimat, Albarino-Chardonnay 2006, Costers del Segre (13,70$ • p. 288)
- ● Torres, Miguel ; Coronas 2005, Tempranillo, Catalunya (13,95$ • p. 289)

| PORTUGAL |

- ● Coroa d'Ouro 2001, Douro (13,40$ • p. 295)
- ● Sogrape, Duque de Viseu 2004, Dão (14,80$ • p. 302)
- ● Altano 2006, Douro, Silva & Cosens (12,45$ • p. 303)
- ● Fonseca, José Maria da ; Periquita 2005, Vinho Regional Terras do Sado (11,85$ • p. 303)
- ● Herdade das Albernoas 2006, Vinho Regional Alentejano (10,10$ • p. 303)

Les 50 meilleurs vins de 15$ et moins

Allemagne

○ Loosen, Dr. ; Dr L 2006, Riesling, Mosel-Saar-Ruwer (14,85 $ • p. 308)

Grèce

● Tsantalis, Rapsani 2005 (12,25 $ • p. 320)

Hongrie

○ Château Pajzos, Tokaji 2007, Furmint (13,90 $ • p. 312)

Chili

● Baron Philippe de Rothschild , Mapu 2007, Valle Central (12,55 $ • p. 358)
● Concha y Toro, Pinot noir 2007, Explorer, Casillero del Diablo, Valle de Casablanca (14,95 $ • p. 361)
○ Concha y Toro, Trio 2007, Sauvignon blanc, Valle de Casablanca (14,95 $ • p. 361)
● Errazuriz, Carmenère 2007, Valle de Aconcagua (14,80 $ • p. 369)
● Santa Carolina, Cabernet sauvignon 2007, Valle de Colchagua (13,95 $ • p. 369)

Argentine

● Altos las Hormigas, Colonia las Liebre, Bonarda 2006, Mendoza (11,35 $ • p. 370)
● Finca Flichman, Malbec 2007, Mendoza (8,55 $ • p. 379)
● Etchart, Cabernet sauvignon 2007, Privado, Cafayate (13,85 $ • p. 379)

Australie

○ McWilliams, Riesling 2006, Hanwood Estate, South Eastern Australia (14,50 $ • p. 395)

Afrique du Sud

● Robertson Winery, Chapel Red, Robertson (9,85 $ • p. 405)

Espagne

○ Codorniu, Brut Classico (13,35 $ • p. 443)

MEILLEURS VINS
DE 15 $ À 30 $

Il n'est pas nécessaire de dépenser des sommes folles
pour bien boire. Pour 2009, voici la liste d'emplettes
de l'amateur avisé. Cent vins impeccables
et authentiques dont la qualité n'a rien à envier
à des noms plus ronflants
et plus coûteux.

| FRANCE |

Bordeaux

- Château d'Argadens 2004, Bordeaux Supérieur (17,95 $ • p. 42)
- ○ Château Sainte-Marie 2007, Entre-deux-Mers (15,80 $ • p. 44)
- Château Bujan 2006, Côtes de Bourg (21,10 $ • p. 46)
- Château Reynon 2005, Premières Côtes de Bordeaux (25,20 $ • p. 48)
- Château Greysac 2005, Médoc (28,10 $ • p. 52)
- Château Mazeris 2005, Canon Fronsac (23,80 $ • p. 66)
- Château de Cruzeau 2004, Pessac-Léognan (24,85 $ • p. 69)
- Domaine de l'Île Margaux 2005, Bordeaux Supérieur (22,40 $ • p. 69)

Bourgogne

- Boisset, Jean-Claude ; Bourgogne 2006, Pinot noir (23,95 $ • p. 78)
- ○ Goisot, Ghislaine & Jean-Hugues, Bourgogne Aligoté 2006 (19,80 $ • p. 82)
- ○ Valette, Mâcon Chaintré 2005, Vieilles vignes (29,25 $ • p. 87)

Beaujolais

- Martray, Laurent ; Brouilly 2006, Vieilles vignes (20,80 $ • p. 91)

Alsace

- Beyer, Léon ; Pinot gris 2006, Alsace (19,90 $ • p. 99)
- Hugel & Fils, Riesling 2006, Alsace (17,80 $ • p. 105)

Vallée de la Loire

- Château Gaillard 2006, Touraine-Mesland, Vincent Girault
  (15 $ • p. 112)
- Clos de la Briderie 2006, Vieilles vignes, Touraine Mesland
  (17,10 $ • p. 112)

- Domaine de Brizé, Clos Médecin 2005, Anjou-Villages (18,50 $ • p. 114)
- Domaine de la Charmoise 2007, Gamay de Touraine (16,75 $ • p. 114)
- ○ Domaine de Montcy, Cheverny 2005, Clos des Cendres (17,70 $ • p. 115)

Vallée du Rhône

- Château de la Tuilerie 2004, Vieilles vignes, Costières de Nîmes (20,25 $ • p. 130)
- Château Mourgues du Grès 2007, Les Galets Rouges, Costières de Nîmes (17,10 $ • p. 132)
- Chave Sélection, J-L ; Côtes du Rhône 2006, Mon Cœur (21,65 $ • p. 132)
- Domaine de Boissan, Côtes du Rhône-Villages Sablet 2005, Cuvée Clémence (18,10 $ • p. 135)
- Mas des Bressades 2006, Cuvée Tradition, Costières de Nîmes (16,30 $ • p. 138)

Languedoc-Roussillon

- ○ Château Coupe Roses 2006, Minervois (18,70 $ • p. 149)
- Château de Gourgazaud, Réserve 2005, Minervois La Livinière (19,35 $ • p. 150)
- ○ Château La Grave 2007, Expression, Minervois (16,35 $ • p. 151)
- ○ Domaine de Mouscaillo 2005, Limoux (22,40 $ • p. 153)
- Domaine La Madura 2005, Classic, Saint-Chinian (18,40 $ • p. 154)
- Mas Haut-Buis, Les Carlines 2006, Coteaux du Languedoc (16,95 $ • p. 156)

Provence et Corse

- Château la Tour de l'Évêque 2004, Côtes de Provence (18,35 $ • p. 160)
- Château Revelette 2006, Coteaux d'Aix-en-Provence (18,85 $ • p. 160)

Sud-Ouest

- Château d'Aydie, Madiran 2005 (25,90 $ • p. 172)
- ○ Château Grinou, Bergerac blanc 2007, Tradition (15,25 $ • p. 173)
- Château Laffitte-Teston, Madiran 2005, Vieilles vignes (23,70 $ • p. 173)
- Château Lamartine, Cuvée Particulière 2005, Cahors (22 $ • p. 174)
- ○ Château Tour des Gendres, Cuvée des Conti 2007, Côtes de Bergerac (16,50 $ • p. 174)
- Domaine de Causse Marines, Peyrouzelles 2006, Gaillac (17,80 $ • p. 175)
- Matha, Jean-Luc ; Cuvée Laïris 2006, Marcillac (16,10 $ • p. 177)

Savoie

- ○ Domaine Labbé, Abymes 2006, Vin de Savoie (15,35 $ • p. 181)

Vins de Pays

- Dupéré-Barrera, Terres de Méditerranée 2006, Vin de Pays d'Oc (15,25 $ • p. 185)
- Gaillard, Pierre ; La Dernière Vigne 2007, Vin de Pays des Collines Rhodaniennes (24,45 $ • p. 186)
- Tardieu-Laurent, Les Grands Augustins 2006, Vin de Pays d'Oc (15,95 $ • p. 187)

Piémont

- Clerico, Domenico ; Dolcetto 2006, Visadi, Langhe (21,95 $ • p. 200)
- Poderi Colla, Bricco del Drago 2004, Langhe (29,05 $ • p. 206)
- Sebaste, Mauro, Nebbiolo d'Alba 2005, Parigi (25,95 $ • p. 210)

Trentin – Haut-Adige

- Lageder, Aloïs ; Pinot bianco 2006, Haberle, Sudtyrol Alto-Adige (24,15 $ • p. 215)

Vénétie

- Anselmi, Capitel Foscarino 2007, Veneto (24,10 $ • p. 216)
- Gini, Soave Classico 2006 (23,55 $ • p. 217)

Frioul – Vénétie Julienne

- Ronco dei Tassi, Fosarin 2006, Collio (24,70 $ • p. 225)
- Vistorta, Conti Brandolini d'Adda, Vistorta 2005, Merlot, Friuli (27,80 $ • p. 225)

Émilie-Romagne

- Zerbina, Torre di Ceparano 2003, Sangiovese di Romagna (20,35 $ • p. 226)

Toscane

- Antinori, Vino Nobile di Montepulciano 2004, La Braccesca (24,25 $ • p. 228)
- Fèlsina, Chianti Classico 2006, Berardenga (25,60 $ • p. 236)
- Tenuta dell'Ornellaia, Le Volte 2006, Toscana (27,95 $ • p. 241)

Ombrie

- Salviano, Orvieto Classico Superiore 2006, Titignano (15,70 $ • p. 247)

Marches

- Garofoli, Grosso Agontano 2004, Rosso Conero (25,50 $ • p. 248)

Abruzzes

- Zaccagnini, Sallis Castrum, La Cuvée dell'Abate 2006, Montepulciano d'Abruzzo (18,10 $ • p. 252)

Campanie

- Mastroberardino, Fiano di Avellino 2006 (22,35 $ • p. 254)

Pouilles

- Rivera, Il Falcone 2004, Riserva, Castel del Monte (23,30 $ • p. 254)

La solution pour votre cave à vins

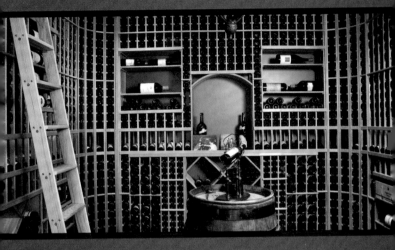

L'équipe de professionnels de **Vinum design** a créé le service *espace cave* pour vous guider dans la conception et l'aménagement de la cave parfaite.

Vinum espace cave,
le meilleur moyen de conservation pour vos vins.

- Service clés en main
- Conseils
- Plans
- Supports à bouteilles modulaires ou sur mesure
- Climatiseurs de caves
- Solutions pour tous les budgets

Vinum
espace cave

1480, City Councillors, Montréal (près de La Baie) • Tél. : (514) 985-3200
www.vinumdesign.com/espacecave

Sicile, Sardaigne

- ○ Argiolas, S'elegas 2007, Nuragus di Cagliari (15,65 $ • p. 256)
- ● Baglio di Pianetto, Ramione 2004, Nero d'avola-Merlot, Sicilia (20,70 $ • p. 257)
- ○ Donnafugata, Anthìlia 2007, Sicilia (15,95 $ • p. 258)

ESPAGNE

- ● Ijalba, Reserva 2004, Rioja (20,85 $ • p. 277)
- ● Torres, Miguel ; Celeste 2006, Crianza, Ribera del Duero (20,85 $ • p. 282)
- ● Luzon, Altos de Luzon 2004, Jumilla (26,50 $ • p. 284)
- ● Finca Antigua, Syrah 2005, La Mancha (16,20 $ • p. 285)
- ● Torres, Miguel ; Gran Coronas 2004, Don Miguel Torres, Reserva, Penedès (19,95 $ • p. 289)

PORTUGAL

- ● Casa Ferreirinha, Vinha Grande rouge 2002, Douro (19,60 $ • p. 293)
- ● Quinta da Ponte Pedrinha 2004, Reserva, Dão (25,25 $ • p. 301)
- ● Tercius 2004, Ribatejano, Falua-Sociedade de Vinhos (19,30 $ • p. 302)
- ● Ramos Pinto, Duas Quintas 2006, Douro (17,80 • p. 303)

AUTRES PAYS D'EUROPE

Autriche

- ○ Bründlmayer, Riesling 2006, Trocken, Kamptaler Terrassen (22,55 $ • p. 310)

Grèce

- ○ Domaine Hatzimichalis, Ambelon 2006, Vin de Pays d'Opountia Locris (18,90 $ • p. 316)
- ○ Gerovassiliou, Vin de Pays d'Epanomi 2007 (20,90 $ • p. 318)

PROCHE-ORIENT

Liban

- ● Château Les Cèdres 2002, Vallée de la Bekaa, Domaine Wardy (19,95 $ • p. 322)

AMÉRIQUE DU NORD

Californie

- ● Kenwood, Cabernet sauvignon 2005, Yulupa, Sonoma (17,55 $ • p. 333)
- ● Ravenswood, Zinfandel 2006, California, Vintner's Blend (19,75 $ • p. 344)

Chili

- Concha y Toro, Trio 2006, Merlot-Carmenère-Cabernet sauvignon, Valle del Rapel (15$ • p. 361)
- Cono Sur, Cabernet sauvignon-Carmenère 2006, Valle de Colchagua (15,20$ • p. 361)
- Errazuriz, Shiraz 2006, Max Reserva, Valle de Aconcagua (18,45$ • p. 363)
- Montes, Pinot noir 2007, Valle de Curico (16,75$ • p. 365)
- Viña La Rosa, Carmenère 2005, Don Reca, Valle de Cachapoal (20,60$ • p. 366)
- Edwards, Luis Felipe ; Cabernet sauvignon 2006, Gran Reserva, Valle de Colchagua (16,60$ • p. 368)

Argentine

- Catena Zapata, Bonarda 2006, Alamos, Mendoza (15,65$ • p. 371)
- Infinitus, Cabernet-Merlot 2005, Patagonia (16,95$ • p. 373)
- Ruca Malen, Cabernet sauvignon 2004, Mendoza (17,45$ • p. 374)
- Trapiche, Malbec 2006, Broquel, Mendoza (16,90$ • p. 376)

Australie

- ○ D'Arenberg, The Stump Jump 2007, McLaren Vale (16$ • p. 385)
- Ninth Island, Pinot noir 2006, Tasmania, Piper's Brook Vineyards (21,50$ • p. 388)
- ○ Taltarni Vineyards, Sauvignon Blanc 2007, Victoria (19$ • p. 390)
- Yalumba, Bush Vine Grenache 2006, Barossa (19,60$ • p. 391)
- ○ Yering Station, M.V.R. 205, Yarra Valley (22,30$ • p. 392)
- Lehmann, Peter ; Clancy's 2005, Barossa (17,90$ • p. 395)

Nouvelle-Zélande

- ○ Babich, Sauvignon blanc 2008, Marlborough (18,75$ • p. 399)
- Te Mata, Syrah 2005, Woodthorpe Vineyard, Hawkes Bay (25$ • p. 403)

Afrique du Sud

- ○ Radford Dale, Chardonnay 2005, Stellenbosch, The Winery (26,65$ • p. 412)

| VINS MOUSSEUX |

- ○ Laurens, Crémant de Limoux 2005, Clos des Demoiselles (22,65$ • p. 437)
- ○ Gramona 2003, Gran Reserva Crianza Brut (21,75$ • p. 440)

| VINS FORTIFIÉS |

Porto

- Quinta do Infantado, Ruby Meio-seco (16,65$ • p. 457)
- ○ Lustau, Puerto Fino, Solera Reserva 10808901 : 18,50$ • p. 467)

Les 100 meilleurs vins de 15 $ à 30 $

RACLETTE D'ICI

LA DAME DE COEUR

LE DOUANIER

LE BALUCHON

DÉCOUVREZ UN MONDE D'AFFINITÉS

fromagesdici.com

LAIT DE QUALITÉ

PLEIN DE GENS D'ICI

PLEIN DE FROMAGES D'ICI

fromages
d'ici

France

Jadis souveraine au royaume du vin, la France vit depuis près d'une décennie l'une de ses plus importantes périodes de crise.

Pour demeurer dans la course, les producteurs de l'Hexagone et les pouvoirs publics sont forcés de se remettre en question. C'est ainsi qu'au printemps dernier, le ministère de l'agriculture annonçait un plan de modernisation de la viticulture qui permettrait à la France de s'adapter aux nouvelles règles de la concurrence mondiale. Ce plan qui devrait entrer en vigueur en août 2009 engendrerait, entre autres, une redéfinition des catégories de vins (vin de table, vin de pays, VDQS et AOC) et un assouplissement des règles nationales qui régissent les pratiques œnologiques. En d'autres mots, il permettrait aux gros opérateurs d'être plus compétitifs, en légalisant notamment l'irrigation et l'usage des copeaux de bois pour les vins n'ayant pas d'indication géographique.

Tout cela est-il vraiment nécessaire? Le salut de la viticulture française doit-il vraiment passer par une restructuration législative? Les viticulteurs ne devraient-ils pas plutôt redoubler d'efforts et miser sur la richesse et l'incroyable diversité de leur terroir?

Avec un vignoble comptant plus de 886 000 hectares et une production annuelle de plus de 4,7 milliards de litres, la France a énormément à offrir. Même si la concurrence s'intensifie sur la sphère viticole, aucun autre pays n'est actuellement en mesure de produire autant de vins différents. Cette diversité est d'autant plus appréciable qu'elle n'en est pas moins abordable.

Dans un article publié en septembre dernier dans le *Herald Tribune*, le journaliste américain, Eric Asimov affirmait: «Même avec le taux de change pitoyable actuel, la France demeure la meilleure source de bonnes affaires au monde.» Évidemment, il est difficile de trouver un bon Bourgogne à moins de 20 $, mais d'autres appellations moins prestigieuses du Sud-Ouest, du Languedoc-Roussillon, de la Loire, voire de Bordeaux offrent souvent des rapports qualité-prix fort avantageux qui n'ont absolument rien à envier aux vins du Nouveau Monde.

C'est ce que de nombreux consommateurs québécois semblent avoir compris puisqu'à la SAQ, la France continue d'occuper le premier rang avec une part de marché (en valeur) de 37,4 %, loin devant l'Italie (14,1 %), l'Espagne (7,5 %) et l'Australie (7,3 %).

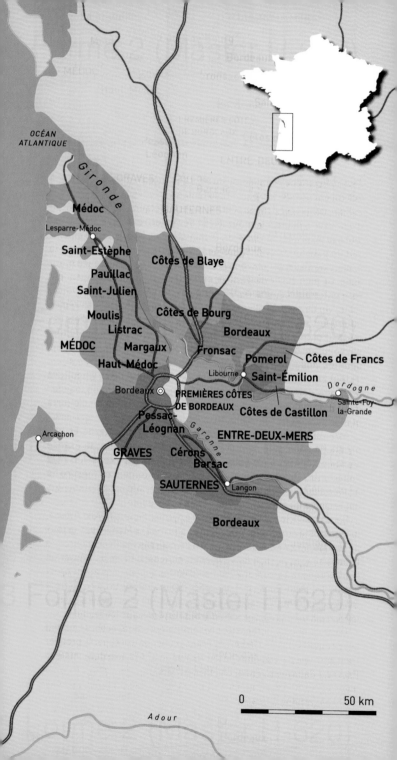

OCÉAN
ATLANTIQUE

Gironde

Médoc

Lesparre-Médoc

Saint-Estèphe

Côtes de Blaye

Pauillac

Saint-Julien

Moulis

Côtes de Bourg

Listrac

Bordeaux

MÉDOC

Margaux

Fronsac

Haut-Médoc

Pomerol

Côtes de Francs

Libourne

Saint-Émilion

Dordogne

Bordeaux

PREMIÈRES CÔTES
DE BORDEAUX

Sainte-Foy
la-Grande

Côtes de Castillon

Pessac-
Léognan

Garonne

ENTRE-DEUX-MERS

Arcachon

GRAVES

Cérons

Barsac

SAUTERNES

Langon

Bordeaux

0   50 km

Adour

Bordeaux

Est-il nécessaire de rappeler à quel point la récolte 2005 à Bordeaux a été exceptionnelle ? Critiques internationaux et producteurs sont unanimes, c'est l'un des meilleurs millésimes en Gironde depuis des lustres, peut-être supérieur à l'année 1947, selon certains. Les heureux qui ont pu en faire provision devraient se régaler pendant longtemps. « Rien à voir avec 1982, nous sommes ici dans une classe à part », disait Paul Pontallier, le directeur de Château Margaux. « J'ai dégusté bien des millésimes de Margaux et je n'ai jamais rien goûté de tel. Des vins de cette trempe sont éternels. »

Hélas ! comme le vin n'échappe guère à la loi de l'offre et de la demande, ce triomphe a engendré des hausses de prix qui dépassent largement l'entendement. À titre d'exemple, le prix de vente en primeur du Château Ausone 2005, premier grand cru classé de Saint-Émilion, a grimpé de 342 % comparativement à celui de la récolte précédente. Depuis, les prix se sont certes stabilisés, mais il n'en demeure pas moins que les grands crus de Bordeaux sont désormais quasi inaccessibles pour l'amateur moyen, aussi passionné soit-il.

Heureusement, en dehors du cercle fermé des grands crus classés, de nombreuses bonnes bouteilles viennent au secours du commun des mortels. Même s'ils n'ont pas échappé à la surenchère de 2005, les prix des vins d'appellations secondaires demeurent accessibles et parfois même compétitifs. Des achats d'autant plus attrayants que, bien servis par la maîtrise œnologique et viticole accrue, la qualité générale des vins entre 20 et 30 $ est souvent exemplaire. Somme toute, les Bordeaux de cette catégorie n'ont rien à envier aux Cabernet et aux Merlot de Californie, d'Australie et du Chili.

Avec une production de 5,7 millions d'hectolitres et un chiffre d'affaires de 3,4 milliards d'euros en 2007, Bordeaux demeure une région viticole de première importance. Les pages suivantes font état de nombreuses « bonnes affaires » qui confirment la capacité du terroir girondin à produire en grande quantité, des vins fort distingués.

Au Québec, les Bordeaux occupent toujours la deuxième position au palmarès des vins français les plus consommés, juste derrière le Languedoc-Roussillon. Avec des ventes de l'ordre de 107 millions de dollars enregistrées lors de la campagne 2006-2007, ils représentent près d'un cinquième (19,7 %) de la totalité des vins français vendus à la SAQ.

Médoc-Graves

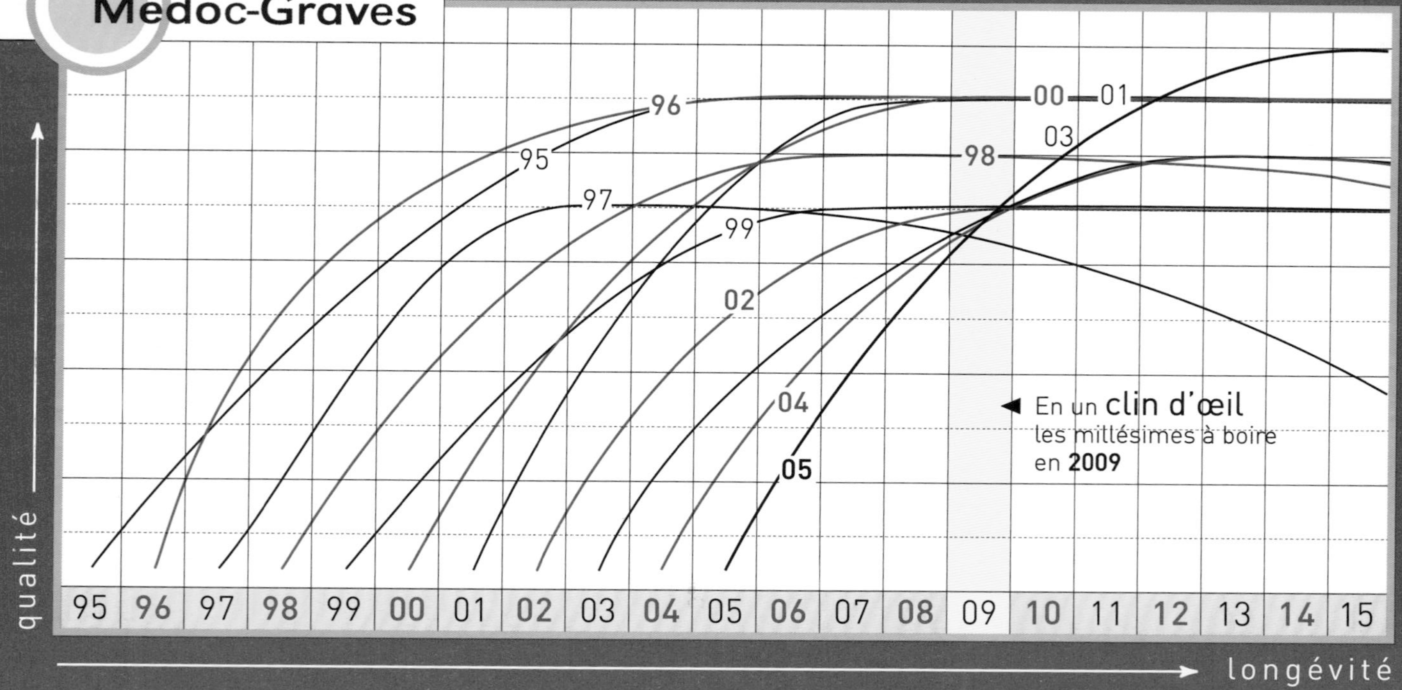

En un clin d'œil
les millésimes à boire
en **2009**

qualité

longévité

95 96 97 98 99 00 01 02 03 04 05 06 07 08 09 10 11 12 13 14 15

95 96 97 98 99 00 01 02 03 04 05

LES DIX DERNIERS MILLÉSIMES

2007 Après un été de misère et des constantes attaques de mildiou, le beau temps du mois de septembre a permis d'éviter la catastrophe. La qualité est hétérogène. Les producteurs les plus habiles ont obtenu des vins rouges de bonne facture, fins et équilibrés, mais sans la profondeur des grandes années. De bons vins blancs secs et des Sauternes apparemment sensationnels.

2006 De la pluie aux vendanges et de fréquents problèmes de pourriture ont causé bien des maux de tête aux viticulteurs surtout dans le Médoc où le cabernet sauvignon a eu peine à mûrir. Sur la rive droite – Pomerol et Saint-Émilion –, le merlot a donné des résultats plus satisfaisants, en particulier à Pomerol. Bon millésime pour les vins blancs secs. Plusieurs Sauternes riches et plantureux.

2005 Excellent millésime. Sur les deux rives, les vins rouges combinent à la fois structure solide, richesse tannique et fraîcheur. Il faut toutefois se méfier de certains vins très puissants et confiturés, issus de raisins délibérément récoltés tard jusque dans la deuxième semaine d'octobre. Belle année pour les vins blancs secs et grand millésime à Sauternes où des conditions idéales ont été favorables au développement du botrytis.

2004 Retour au classicisme après l'excentrique millésime 2003. Dans l'ensemble, la qualité est hétérogène avec un léger avantage pour les vins de la rive droite – Pomerol et Saint-Émilion – où, plus précoces, le merlot et le cabernet franc ont été ramassés avant la période pluvieuse commencée le 10 octobre. Beau millésime de vins blancs secs. Année irrégulière à Sauternes dont quelques vins très satisfaisants.

2003 La récolte la plus précoce depuis 1893. Bordeaux n'a pas échappé à l'été caniculaire qui a sévi France. Par cette météo extrême, la qualité du terroir a fait toute la différence. Réussite générale dans le Médoc où les raisins ont mûri à toute vitesse tout en conservant l'acidité nécessaire à leur équilibre. Succès plus mitigé à Saint-Émilion et à Pomerol. De bons vins blancs secs exubérants. Grande année pour les liquoreux.

2002 La plus faible récolte en volume depuis le catastrophique 1991. Année favorable au cabernet sauvignon qui a profité de la belle fin de saison. Dans l'ensemble, les vins n'ont certes pas la consistance des grandes années. Malgré tout, on peut profiter de vins exquis et tout à fait délicieux à table. De bons vins blancs secs, généreusement fruités et millésime très satisfaisant à Sauternes avec une belle arrière-saison et des tris s'étalant jusqu'à la mi-novembre.

Saint-Émilion-Pomerol

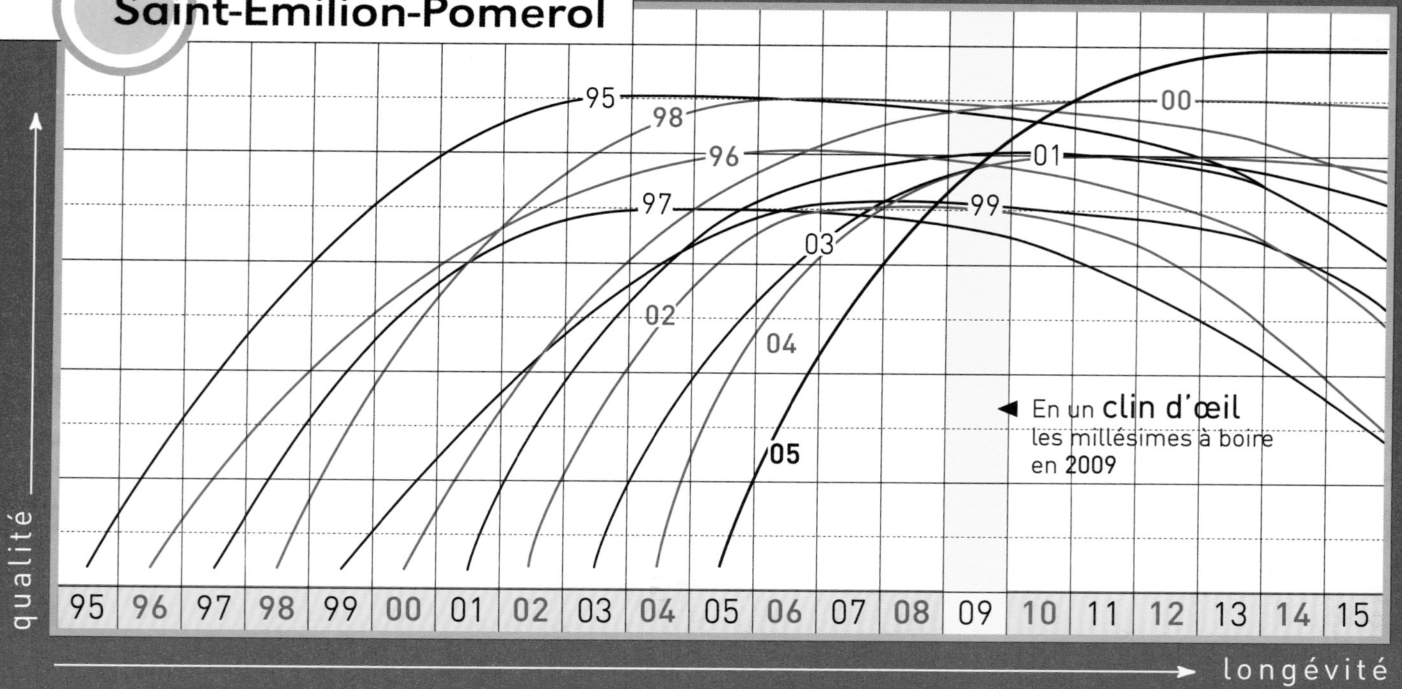

95
98
96
97
00
01
99
03
02
04
05
En un clin d'œil
les millésimes à boire
en 2009
95 96 97 98 99 00 01 02 03 04 05 06 07 08 09 10 11 12 13 14 15
qualité
longévité

2001 En règle générale, le millésime 2001 a donné des vins rouges de très bonne qualité trop souvent laissés dans l'ombre des 2000. Même s'ils sont maintenant ouverts, les meilleurs vivront facilement au moins jusqu'en 2011-2012. Des conditions favorables au sauvignon et au sémillon ont donné d'excellents vins blancs secs. Excellent millésime à Sauternes rappelant les 1986 et les 1990.

2000 Le millésime le plus complet depuis 1990. Beaucoup de vins profonds et riches en tanins. Qualité plus homogène sur la rive gauche – Médoc et Graves – que dans le Libournais où il y a tout de même de nombreux vins solides et charpentés. Le temps pluvieux de la mi-octobre a compromis la récolte à Sauternes où la qualité est parfois très bonne.

1999 Millésime irrégulier après un été assez pluvieux sauvé par le beau temps de septembre, surtout sur la rive gauche – Médoc et Graves. Sur la rive droite – Saint-Émilion et Pomerol –, une récolte précoce de merlot a donné des vins assez charmeurs, mais sans la profondeur des grands millésimes. Plusieurs bons vins blancs secs et une petite récolte de très bons Sauternes.

1998 Millésime hétérogène en raison des pluies abondantes du début d'octobre. Avantage aux producteurs de la rive droite qui ont pu profiter de la précocité du merlot. Superbes vins à Pomerol et Saint-Émilion. Ailleurs où le cabernet domine, la qualité varie selon l'état sanitaire des raisins et la rigueur des sélections. Belle qualité des vins blancs secs. Qualité variable mais parfois très bonne à Sauternes.

Des vins rouges du millésime 2004 sont encore sur le marché. Plusieurs sont excellents et déjà prêts à boire dès maintenant.

À l'exception des plus grands, les vins rouges du millésime 2003 semblent évoluer rapidement.

On peut profiter des Bordeaux rouges sans nécessairement attendre des années. Plusieurs vins recommandés dans ces pages seront à leur apogée entre 2009 et 2012.

La qualité des vins de Côtes – Bourg, Blaye, etc. – et de Fronsac, a beaucoup progressé ces dernières années. Il y a là des aubaines.

Du Sauternes bon marché, cela n'existe pas, car le producteur ferait faillite. C'est un vin précieux produit à grands frais. On le boit occasionnellement, alors autant se payer le meilleur.

bon à savoir

Bordeaux blancs secs • Que boire en **2009**?

Seuls les meilleurs crus classés des Graves et les Bordeaux modernes vinifiés en fût de chêne peuvent se bonifier et conserver leurs qualités en bouteille. L'idéal serait donc de laisser mûrir tous les grands crus de 2006 et, dans une moindre mesure les 2005 qui semblent évoluer rapidement. Les vins de la période 2004-2000 sont maintenant ouverts quoique les meilleurs – 2001 surtout – devraient vivre longtemps. Tous les millésimes antérieurs sont bons maintenant.

Tous les Bordeaux courants doivent être consommés avant l'âge de 3 ans. Évitez les vins blancs antérieurs à 2003.

Bordeaux blancs liquoreux • Que boire en **2009**?

Il est dommage de déboucher un grand Sauternes avant l'âge de 5 ans. À mon avis, l'idéal est 10 ans, alors qu'il déploie toute sa somptuosité. Il peut ensuite se conserver sans problème jusqu'à l'âge de 20 ans et plus.

Les vins de la période 2006-2001 devraient mûrir encore quelques années. Plus ouverts, les 2000 et les 1999 vivront tout de même longtemps. Le duo 1998-1997 est maintenant à maturité. Même s'ils sont pleinement épanouis, les grandioses 1996 ont encore de longues années devant eux. Tous ceux qui précèdent sont à maturité, en se rappelant toutefois que les grands vins du formidable trio 1990-1989-1988 vivront longtemps.

Bordeaux rouges • Que boire en **2009**?

Tous les vins d'appellations génériques et secondaires sont bons à boire jeunes y compris les 2005 et les 2006. En revanche, les crus classés et les meilleurs crus bourgeois des millésimes 2005, 2004 et 2003 devraient mûrir encore. Les 2002 sont généralement ouverts et bons à boire maintenant, en particulier ceux de la rive droite – Saint-Émilion et Pomerol. À point, les 2001 ont encore de belles années devant eux. Très complets, les 2000 devraient dormir encore en cave. Moins étoffés, les 1999 sont déjà passablement ouverts, surtout les Saint-Émilion et les Pomerol qui sont bons maintenant. Les 1998, 1996 et 1995 sont à maturité. Les vins du millésime 1997 et ceux de la période 1994-1991 ne seront jamais meilleurs que maintenant, inutile d'insister.

Bordeaux

Pour renouer avec le Bordeaux blanc sec
- ○ Château Sainte-Marie 2007, Entre-deux-Mers
- ○ Clos Floridène 2005, Graves
- ○ Château de Rochemorin blanc 2004,
  Pessac-Léognan

**Pour apprécier pleinement le Bordeaux
à bon compte**
- ● Château Martinat 2005, Côtes de Bourg
- ● Château Reynon 2005, Premières Côtes de
  Bordeaux
- ● Château Clarke 2005, Listrac-Médoc
- ● Château d'Agassac 2004, Haut-Médoc
- ● Château Greysac 2005, Médoc
- ● Château Loudenne 2004, Médoc
- ● Château Maucamps 2005, Haut-Médoc
- ● La Parde de Haut-Bailly 2004, Pessac-Léognan
- ● Le Sillage de Malartic 2004, Pessac-Léognan
- ● Château Tour du Pas Saint-Georges 2005,
  Saint-Georges Saint-Émilion
- ● Château de la Dauphine 2005, Fronsac

Pour fouler le tapis rouge sans se ruiner
- ● Château Lagrange 2005, Saint-Julien
- ● Château Montrose 2004, Saint-Estèphe

Pour le dessert
- ○ Château de Malle 2005, Sauternes
- ○ Château de Carles, Barsac

Pour se tirer d'affaire dans une SAQ Classique ©
- ○ Château des Matards 2007,
  Premières Côtes de Blaye
- ● Domaine de l'Île Margaux 2005,
  Bordeaux Supérieur
- ● Sichel, Sirius 2004, Bordeaux

Baron Philippe de Rothschild, Mouton Cadet, Réserve 2006, Médoc (S-543983) : 17,95 $

Le Bordeaux le plus vendu au monde dans une version plus à point et plus étoffée. Un bel exemple de *claret* générique, ayant une bonne constitution ; droit, facile à boire et suffisamment typé. ★★★ ②

Au répertoire général, le **Mouton Cadet 2005 rouge** (page 68) ⊖

Château d'Argadens 2004, Bordeaux Supérieur (S-10515876) : 17,95 $

Lorsqu'elle a acquis ce domaine en 2002, la famille Sichel lui a redonné le nom de ses fondateurs, la famille d'Argadens. D'importants travaux de restauration ont depuis amélioré la qualité des vins qui ont aujourd'hui valeur de référence dans l'appellation Bordeaux supérieur. Cet excellent 2004 se distingue par sa concentration, sa solide assise tannique – sans dureté – et sa longue finale riche en fruits mûrs et relevée de jolies notes florales. Un exemple de vin d'assemblage merlot-cabernet sauvignon dont le rapport qualité-prix n'a rien à envier à ses équivalents du Nouveau Monde. Franc succès ! ★★★★ ② ♥

Château de Parenchère 2005, Cuvée Raphaël, Bordeaux Supérieur (S-975631) : 28,25 $

Connue depuis longtemps au Québec, cette vaste propriété située à l'extrémité du Bordelais non loin de Sainte-Foy-La Grande, couvre plus de 150 hectares dont 63 sont voués à la viticulture. Composée à part égale de cabernet sauvignon et de merlot et élevée en fût de chêne, la cuvée Raphaël – le haut de gamme de Parenchère – est issue de vignes de 40 ans dont les rendements sont limités à 40 hectolitres à l'hectare. Reflet d'un excellent millésime, le vin se distingue par sa richesse et son profil ample et savoureux ; ferme et bien appuyé, mais sans aucune rudesse tannique. Le prix est élevé pour un Bordeaux Supérieur, mais il a nettement plus de matière et de profondeur que la moyenne. Appréciable tant par sa qualité que par sa régularité, ce 2005 déjà ouvert continuera de se développer dans les quatre ou cinq prochaines années. Très satisfaisant. ★★★★ ②

Château Hostens-Picant 2003, Sainte-Foy Bordeaux (S-10392280) : 24,65 $

Très bon vin provenant d'une propriété située à l'extrémité orientale de Bordeaux et qui a été remise sur pied à la fin des années 1980. Moderne et issu d'un millésime de chaleur, ce vin très mûr ne manque toutefois pas de poigne ni de corps. À boire entre 2009 et 2011. ★★★★ ②

Du même domaine, la **Cuvée Lucullus 2001, Sainte-Foy Bordeaux** (S-912683 : 47 $) ; même si je reconnais la prouesse technique, j'avoue ne pas avoir eu de soif particulière pour ce vin de concours, massif, tannique et concentré. Encore jeune, le 2001 affiche une couleur profonde, un nez torréfié et une bouche marquée par des tanins fermes et des notes de fruits noirs sur fond boisé. Chaleureux et consistant, mais en même temps monolithique et sans race particulière, surtout à ce prix. ★★★ ②

Aussi, un vin blanc, **Cuvée des Demoiselles 2005, Sainte-Foy Bordeaux** (S-10392298 : 24,65 $) ; généreusement fruité, une saine acidité, agrémenté d'un boisé délicat. Très satisfaisant. ☆☆☆ ②

Château Joanin Bécot 2005, Côtes de Castillon (S-10680353) : 43,25 $

Propriétaire de Château Beauséjour-Bécot à Saint-Émilion, la famille Bécot produit aussi un Côtes de Castillon surdimensionné, concentré, boisé et tannique. Imposant, mais sans réelle distinction. Un exercice de style ambitieux dont le prix me semble injustifié. ★★→? ②

Château la Grande Clotte 2004, Bordeaux, The Rolland Collection (S-10826990) : 33,50 $

Sous la bannière Rolland Collection, le *flying-winemaker* Michel Rolland et son épouse Dany signent une vaste gamme de vins provenant des quatre coins du monde. Démonstration de la technologie moderne sur le thème de la vinosité, ce vin blanc est issu d'un vignoble d'à peine un hectare situé à Lussac Saint-Émilion. Le 2004 est savamment boisé, riche sans être lourd et passablement long en bouche. Trop cher, mais c'est peut-être le prix à payer pour avoir la signature de Michel Rolland sur l'étiquette. ☆☆☆ ②

Château Lamarche 2006, Bordeaux Supérieur (S-10862991) : 16,15 $

Brigitte et Éric Julien ont repris cette propriété de Fronsac en 1993. En plus de leur cuvée Candelaire commercialisée sous l'appellation Canon-Fronsac, ils produisent ce très bon Bordeaux Supérieur, charnu et flatteur, aux accents épicés, tout de même doté d'un très bon équilibre et d'une tenue dignes de mention pour un vin de ce prix. ★★★ ② ♥

Château Marjosse 2005, Bordeaux (S-10681305) : 24,45 $

Cette propriété de l'Entre-deux-Mers, à une quinzaine de kilomètres au sud de Libourne, a été acquise au début des années 1990 par Pierre Lurton, actuel directeur de Château Cheval Blanc et Château d'Yquem. À la fois riche, élégant et muni d'une texture serrée reposant sur des tanins souples, le 2005 témoigne autant de l'habileté du vinificateur que de la générosité du millésime. Déjà fort agréable, mais sa couleur profonde et son nez compact, encore très proche du fruit, me font croire qu'il pourrait tenir la route encore quelques années. Un Bordeaux tout court très au-dessus de la moyenne. ★★★★ ②

Château Sainte-Marie 2007, Entre-deux-Mers

(S-10269151) : 15,80 $

En 1997, Stéphane Dupuch a succédé à son père Gilles à la tête de cette belle propriété située au cœur de l'Entre-deux-Mers. Il ne ménage aucun effort pour produire un vin blanc de très bonne qualité, suffisamment aromatique, désaltérant et rehaussé par un léger reste de gaz carbonique. Particulièrement satisfaisant et tout à fait représentatif du bon Bordeaux blanc moderne. ☆☆☆ ① ♥

Château Tayet 2005, Cuvée Prestige, Bordeaux Supérieur

(S-912691) : 19,20 $

Appartenant à la même famille déjà propriétaire du Château Haut Breton Larigaudière, ce domaine de 10 hectares a produit un 2005 charnu, fruité et franc de goût. Bon Bordeaux secondaire encore jeune, suffisamment structuré et bien équilibré ; à boire dans les trois prochaines années. ★★★ ②

Château Thieuley 2003, Cuvée Francis Courselle, Bordeaux

(S-10218863) : 25,15 $

Avec ses filles Sylvie et Marie, le producteur Francis Courselle produit une gamme de vins de belle qualité. Sa cuvée éponyme a une belle tenue en bouche, de la fraîcheur et des saveurs persistantes. Plutôt que de l'alourdir, son élevage en barrique lui ajoute une vinosité rassasiante. Excellent vin blanc dont le prix me paraît justifié. ☆☆☆☆ ②

Plus modeste et pourtant fort agréable, le **Château Thieuley 2006, Bordeaux** (S-10389208 : 16,15 $) joue la carte de la fraîcheur aromatique. Pas de bois, mais du fruit à revendre et une nature enjôleuse très plaisante. ☆☆☆ ②

La famille Courselle signe aussi le **Château Thieuley rouge 2001, Réserve Francis Courselle, Bordeaux Supérieur** (S-10328069 : 27,40 $) ; bon vin plutôt classique auquel une proportion majoritaire de merlot donne de la souplesse et de la rondeur. Déjà ouvert et prêt à boire. ★★★ ②

Domaine de Courteillac 2003, Bordeaux Supérieur

(S-10391893) : 21,20 $

Ayant profité d'une revitalisation complète sous la gouverne de Stéphane Asséo – maintenant propriétaire de L'Aventure dans Paso Robles en Californie –, ce vieux vignoble de 27 hectares a été racheté par le négociant Dominique Meneret. Ce dernier signe un excellent 2003 nourri et passablement charpenté, laissant une impression nette et pure en bouche. Pas d'effet spectaculaire, mais un bon vin droit misant avant tout sur le fruit. À la hauteur de bien des Saint-Émilion plus chers. Très satisfaisant. ★★★★ ②

La Chapelle d'Aliénor 2004, Bordeaux Supérieur
(S-10392351) : 21,65 $

Les amateurs de Bordeaux moderne boisé et concentré seront bien servis par ce 2006 élaboré par Stéphane Derenoncourt. Composé essentiellement de merlot, un élevage en barrique neuve à 70 % lui donne une sève supplémentaire et des notes toastées bien senties. Très bon et satisfaisant. À boire entre 2009 et 2012. ★★★ ②

Moulin d'Issan 2005, Bordeaux Supérieur (S-10388723) : 21,45 $

Élaboré par l'équipe du Château d'Issan, cru classé de Margaux, ce très bon Bordeaux Supérieur est encore plus convaincant cette année. Un vin de consistance moyenne, souple et facile à boire, que l'on appréciera surtout pour son équilibre. Déjà prêt à boire. ★★★ ②

Thienpont, Luc ; Z 2005, Bordeaux (S-10850607) : 19,25 $

Luc Thienpont a récemment vendu le Château Labégorce-Zédé pour concentrer ses efforts sur son Clos des 4 Vents à Margaux. Issu d'une parcelle de 9 hectares située en appellation Bordeaux et majoritairement plantée de merlot, le Z 2005 – autrefois Z de Zédé – se signale essentiellement par sa rondeur fruitée et son caractère flatteur. Simple, coulant et facile à boire, mais de bonne facture et à prix convenable. ★★★ ②

D'AUTRES VINS ROUGES DE QUALITÉ MOYENNE ★★

Château Cantelaudette 2005, Graves de Vayres (S-10862835) : 19,20 $
Cuvée Prestige 2006, Graves de Vayres (S-10863192) : 15,20 $
Château de Fontenille 2005, Bordeaux (S-10850703) : 15,85 $
Château Goudichaud 2005, Graves de Vayres (S-10863264) : 17,55 $
Château Haut Mouleyre 2005, Bordeaux (S-10887282) : 25,05 $
Château le Bergey 2005, Cuvée Prestige, Bordeaux Supérieur
(S-913210) : 20,85 $
Ginestet, Mascaron 2005, Bordeaux (S-10754527) : 17,80 $

| VINS DE CÔTES |

Château Bel-Air la Royère 2005, Côtes de Blaye
(S-10863045) : 36,25 $

Propriété renommée dirigée par Corinne et Xavier Loriaud depuis 1995. Est-ce le résultat d'un virage « moderniste » ou l'effet du millésime ? Ce 2005 m'a semblé particulièrement massif et chaud (14,5 % d'alcool) et marqué par de forts accents chocolatés. Un peu dur et bourru pour l'heure, il serait avisé de le laisser reposer en cave au moins trois ans. À revoir. ★★→? ③

Château Bertinerie 2007, Premières Côtes de Blaye (S-707190) : 15,50 $

Un bel exemple de Bordeaux blanc moderne issu exclusivement de sauvignon. Vinifié et élevé pendant trois mois en cuve d'inox après quelques heures de macération pelliculaire, le vin a conservé un fruit très alléchant et une très bonne acidité qui lui donne un élan supplémentaire. ☆☆☆ ① ♥

Bordeaux

Château Bujan 2006, Côtes de Bourg (S-862086) : 21,10 $

Sur une propriété de 15 hectares, le producteur Pascal Méli signe l'un des meilleurs Côtes de Bourg ; un vin tout indiqué pour l'amateur de Bordeaux fin et bien proportionné, sans excès de bois ni de concentration inutile. Sans être aussi dense que le 2005, le 2006 se défend tout de même admirablement bien. Sa texture tendre, mais suffisamment appuyée, ses couches de fruit et sa finale fraîche parfumée de notes épicées en font l'archétype du Bordeaux friand moderne, à boire jeune. De nouveau, quatre étoiles bien méritées. ★★★★ ② ♥

Château Cailleteau Bergeron 2006, Premières Côtes de Blaye (S-10863281) : 15,45 $

Bon Bordeaux blanc modérément aromatique auquel une proportion de sauvignon gris apporte une jolie rondeur. Simple, mais sec et doté d'une fraîcheur certaine. ☆☆ ②

Château Carignan 2005, Cuvée Prima, Premières Côtes de Bordeaux (S-10681313) : 34,50 $

Depuis 1998, ce domaine, situé à une dizaine de kilomètres à l'est de Bordeaux, profite des conseils de Louis Mitjavile, fils du propriétaire des châteaux Tertre Roteboeuf et Roc de Cambe. Issue de vignes de merlot à 75 % et de cabernet sauvignon âgées d'une quarantaine d'années, la Cuvée Prima est élevée pendant 18 mois en barrique neuve. Sans briller par son originalité, ce vin ambitieux ne manque pas de corps ni de consistance. Très bien, mais pas donné. ★★★ ②

Château de Franc, Les Cerisiers 2005, Côtes de Francs (S-10665065) : 23,70 $

Parmi les plus connus de son appellation, ce domaine, appartenant à Dominique Hébrard (Bellefont-Belcier) et Hubert de Boüard (Angélus) a produit un savoureux 2005 misant à fond sur l'expression fruitée et suave du merlot (70 %). Déjà très invitant, avec de bons goûts de confiture ; assez solide pour tenir la route encore au moins cinq ans. ★★★ ②

Château du Vallier 2005, Premières Côtes de Bordeaux (S-10844910) : 26,10 $

Propriété de 20 hectares située à Langoiran, une vingtaine de kilomètres au sud-est de Bordeaux. Le 2005 a remporté une médaille d'or au Concours général agricole de Paris. Avec raison, car il est charnu, solidement constitué, chaleureux et agrémenté de jolis accents boisés qui en prolongent la finale. Prêt à boire maintenant et pour encore les cinq prochaines années. ★★★ ②

Château Fougas 2005, Maldoror, Côtes de Bourg 2005
(S-10392909) : 35,75 $

Sur l'une des plus anciennes propriétés des Côtes de Bourg, Jean-Yves Bechet élabore une solide cuvée faisant l'objet d'une sélection sévère et d'un élevage en barrique neuve lui conférant passablement de tonus et de savantes notes fumées. Un peu fermé pour le moment, il vaut mieux le laisser mûrir encore quelques années. ★★★→? ③

Un cran en dessous, la **Cuvée Prestige 2005, Côtes de Bourg** (S-10392896 : 22,55 $) offre un profil charnu, plein en bouche, structuré, mais sans rudesse. Très proche du fruit, franc, droit et harmonieux ; il laisse une impression de maturité avec une finale longue et savoureuse. À boire au cours des cinq prochaines années. ★★★ ②

Château le Grand Moulin 2005, Cuvée Collection, Premières Côtes de Blaye (S-10863328) : 17,85 $

Ce domaine de 30 hectares est situé à une cinquantaine de kilomètres au nord de Bordeaux. Majoritairement composé de merlot, le 2005 a tout le fruit et la chair voulus ; sincère, droit et sans concentration inutile ; équilibré et très recommandable. ★★★ ② ♥

Château Les Ricards 2006, Premières Côtes de Blaye
(S-10389267) : 20,35 $

Les propriétaires du Château Bel Air la Royère signent de nouveau un très bon vin à la fois nourri et frais en bouche, aux lignes droites et à la solide constitution tannique. À boire entre 2009 et 2011. ★★★ ③ ♥

Château Martinat 2005, Côtes de Bourg (S-10805232) : 24,45 $

Arrivés au Château Martinat en 1994, Stéphane et Lucie Donze n'ont ménagé aucun effort pour en tirer l'un des meilleurs vins des Côtes de Bourg. Majoritairement composé de merlot, ce vin suave, tout en rondeur et en fruit, profite d'un élevage de 14 mois en fût de chêne, ce qui lui ajoute plus de corps et de dimension. Une matière onctueuse en bouche, du grain et des saveurs précises. Peu de vins offrent autant dans cette catégorie. Un achat avisé qui fera les beaux jours de tous les amateurs de Bordeaux sincère et authentique. ★★★★ ② ♥

Très mûr et pleinement épanoui, le **2003** (S-10389072 : 24,45 $) est aussi digne de mention. Résultat d'un millésime atypique, il conserve une fraîcheur exemplaire. Excellent vin relevé, savoureux, à boire idéalement entre 2009 et 2011. Un nom à retenir. ★★★★ ② ♥

Château Puygueraud, Cuvée George 2004, Côtes de Francs
(S-10446954) : 31,25 $

Cette belle propriété des Côtes de Francs appartient à la famille Thienpont de Vieux Château Certan. La cuvée George est un clin d'œil au patriarche qui racheta la propriété en 1946 et qui tenait à maintenir l'usage du malbec dans l'assemblage de ses vins. C'est d'ailleurs ce qui explique la proportion inhabituellement élevée de 35 % de ce cépage dans ce vin compact, tannique, dense et charnu dont il faut souligner les justes proportions et la tenue en bouche. Il pourrait continuer de s'affiner dans les trois ou quatre prochaines années. ★★★→? ②

Château Reynon 2005, Premières Côtes de Bordeaux

(S-10681321) : 25,20 $

Sur cette propriété d'une quarantaine d'hectares appartenant jadis à ses beaux-parents, le professeur et vigneron Denis Dubourdieu n'utilise aucun désherbant et pratique une agriculture raisonnée. Le 2005 est un autre franc succès marqué du sceau de l'équilibre et de l'élégance. Une puissance contenue, juste ce qu'il faut de tanins, un grain tendre et surtout des saveurs à la fois riches, subtiles et persistantes. Beaucoup de classe et de finesse pour un vin de ce prix. ★★★★ ②

Château Roland La Garde 2005, Premières Côtes de Blaye
(S-912907) : 34,50 $

À la faveur d'un millésime grandiose à Bordeaux, le vigneron Bruno Martin signe un 2005 passablement concentré, boisé, tannique et offrant tout de même des saveurs riches, détaillées et persistantes. Une bonne note pour ce vin costaud qui plaira immanquablement aux amateurs. ★★★ ②

Château Tayac 2005, Prestige, Côtes de Bourg (S-913350) : 32,50 $

Un cru réputé des Côtes de Bourg. Dans un millésime idéal, il donne un bon Bordeaux secondaire corsé et consistant, muni de notes épicées et de volume. Un peu carré, mais franc de goût et assez net. Encore très jeune, il pourra tenir la route jusqu'en 2012 au moins. ★★★→?

La Violette 2005, Côtes de Castillon, Château Manoir du Gravoux
(S-10680396) : 23,45 $

Ce vin fait partie de la gamme Terra Burdigala. Provenant d'une parcelle de 2 hectares plantée en 1958, la cuvée La Violette est majoritairement composé de merlot (92%) et de cabernet franc, le tout est élevé en fût de chêne pendant un an. Très bon Bordeaux secondaire nourri de goûts de fruits noirs ; sa trame tannique passablement serrée lui assure une tenue en bouche fort rassasiante. Prêt à boire maintenant et jusqu'en 2015. ★★★ ②

Vieux Château Champs de Mars 2006, Côtes de Castillon
(S-10264860) : 23,20 $

Le Vieux Château Champs de Mars est le porte-étendard des vignobles de Régis Moro. Avec son fils Sébastien, il signe un très bon 2006 se signalant par sa densité, sa structure. Aussi, sa matière charnue révèle des saveurs pures de fruits et d'épices. Tout indique que ce vin ferme et bâti sur des tanins passablement serrés évoluera favorablement au cours des prochaines années. Vraiment, il ne manque pas de style. ★★★→? ②

Le vin en cinq temps

Professeur à la Faculté d'œnologie de l'Université de Bordeaux, œnologue consultant auprès de nombreux domaines viticoles et lui-même vigneron (Château Reynon, Clos Floridène et Château Doisy-Daëne), **Denis Dubourdieu** était en visite à Montréal au printemps dernier. Rencontre inspirante avec l'un des Bordelais les plus influents de sa génération.

À propos des grands vins : Les grands vins ont quelque chose d'indéfinissable : c'est un goût extrêmement imité, mais toujours inimitable. Sans l'étiquette, la majorité des amateurs et buveurs de vins ne font pas la différence entre les bons et les grands. En revanche, les petits vins seront facilement repérés.

À propos de la viticulture de masse : Ce qui est facile n'est jamais unique. Or, la viticulture mondiale, depuis quarante ans, s'est développée dans la facilité, notamment en plantant des variétés à maturation précoce dans des zones plus chaudes. Dans ces conditions, le vin n'est pas cher, car on peut le produire en quantité abondante. De plus, il n'est jamais mauvais. Toutefois, peut-on parler d'originalité comme le défendent une certaine presse et une certaine critique ?

À propos de la viticulture à risque : Les vins singuliers sont le fruit de handicaps surmontés par l'homme, ils naissent dans une situation de difficulté. Cultiver des cépages à leur limite nord et en altitude nécessite certes une viticulture soignée et comporte plus de risques, mais donne des résultats infiniment plus intéressants, car les fruits profitent alors d'une longue période de mûrissement. C'est dans ces conditions, lorsque les raisins ont atteint une maturité parfaite mais sans excès, que le vin développe des arômes plus complexes et que le terroir s'exprime pleinement.

À propos des taux d'alcool élevés : Il est aujourd'hui parfaitement possible de produire des Bordeaux ne renfermant pas plus de 12,5 % d'alcool. Les données météorologiques ne font pas état d'un réchauffement de la température dans la région bordelaise. La hausse des taux d'alcool est plutôt attribuable au choix de cépages précoces sous des climats chauds, aux méthodes culturales et aux phénomènes de mode. La critique – notamment américaine – a tendance à privilégier l'alcool, le sucre et les goûts de bois. Beaucoup de domaines bordelais ont changé leur style en ce sens pour plaire à la critique.

À propos des modes : Il y a quelque chose de vulgaire dans ces vins extrêmement tapageurs, violents et démonstratifs qui ont aujourd'hui la cote auprès de la critique. Pourtant, au-delà de ces effets, l'équilibre est ce qui revêt la plus grande importance ; on recherche un vin qui ne nous assomme pas après un seul verre. En d'autres mots, il y a des vins sensibles et des vins d'orgueil faits pour flatter l'ego de celui qui les produit et de celui qui les boit. Généralement, ces gens se rencontrent assez bien...

Bordeaux

Château du Grand Mouëys 2005, Premières Côtes de Bordeaux (S-10864443) : 18,80 $; vin passablement structuré offrant une attaque franche, une bonne ampleur en bouche et une persistance fort satisfaisante. ★★★ ②

Château Grand Jour 2005, Côtes de Bourg (S-10844881) : 17,50 $; agréable Bordeaux secondaire, droit, franc de goût et offrant un minimum de fruit. Actuellement marqué par des angles tanniques, il pourrait s'assouplir au cours des deux ou trois prochaines années. ★★→? ②

Château Grand Launay 2005, Réserve Lion Noir, Côtes de Bourg (S-851386) : 23,55 $; charnu, modérément tannique, franc de goût et relevé de bonnes notes fumées. Déjà bon maintenant. ★★★ ②

Le **Côtes de Bourg blanc 2006, Sauvignon gris** (S-10388504 : 18,90 $) est un vin technologique un peu trop aseptisé et sauvignonné à mon goût. ☆ ①

Château La Raz Caman 2002, Premières Côtes de Blaye (S-888578) : 20,15 $; encore passablement jeune ; une jolie trame tannique, fraîcheur et équilibre dignes de mention ; un bon vin mûr et à point. ★★★ ②

Château Nénine 2004, Premières Côtes de Bordeaux (S-640177) : 18,25 $; texture souple, coulante et bien fruitée ; rien de complexe, mais franc de goût, droit et pleinement recommandable. ★★★ ②

Château Pelan Bellevue 2005, Bordeaux Côtes de Francs (S-10771407) : 16,75 $; sans profondeur particulière, mais souple, coulant, franc de goût et relevé de jolies notes poivrées. Le servir frais autour de 15 °C. Prix attrayant. ★★★ ②

Château Plaisance 2005, Cuvée Alix, Premières Côtes de Bordeaux, Philippe Magrez (S-10879848) : 28,40 $; ce vin plaira particulièrement aux amateurs de Bordeaux moderne, c'est-à-dire flatteur, charnu et généreusement boisé. Le 2005 est suave et chaleureux, savamment assaisonné des nuances vanillées apportées par la barrique. Pas spécialement élégant, mais savoureux et agréable. ★★★ ②

Du même domaine, le **Château Plaisance 2005, Bordeaux** (S-10664901 : 18,85 $) ; bon vin d'ampleur moyenne se signalant par sa franchise et sa vivacité. Pas mal, en dépit d'une fin de bouche un peu sèche. ★★ ②

D'AUTRES VINS DE CÔTES DE QUALITÉ MOYENNE ★★

Château Brisson 2003, Côtes de Castillon (S-10393899) : 21,85 $
Château de Pic 2005, Premières Côtes de Bordeaux
(S-10764717) : 20,10 $
Château Haut-Bertinerie 2005, Premières Côtes de Blaye
(S-10808610) : 22 $

Château Bertinerie 2005, Premières Côtes de Blaye
(S-962118 : 17,35 $)
Château La Chapelle Monrepos 2005, Côtes de Castillon
(S-10515884) : 19,50 $
Château La Grange Clinet 2005, Premières Côtes de Bordeaux
(S-10771386) : 16,40 $
Château Lagarosse 2005, Premières Côtes de Bordeaux
(S-10863133) : 17,10 $
Château Lamothe de Haux 2005, Premières Côtes de Bordeaux
(S-967307) : 21,15 $
Château le Puy 2004, Bordeaux Côtes de Francs (S-709469) : 23,80 $
Château Puy-Landry 2006, Côtes de Castillon (S-852129) : 16,05 $

Château Barateau 2005, Haut-Médoc (S-963330) : 25,75 $

L'apport de près de 50 % de merlot explique peut-être la souplesse de ce 2005 frais, friand et gorgé de fruits mûrs. Il a une jolie finale florale qui ajoute à son charme. Très bien, mais la qualité du millésime laissait espérer un brin plus de sève et de longueur. ★★★ ②

Château Clarke 2005, Listrac-Médoc (S-10677550) : 35,75 $

Cet important domaine de Listrac-Médoc appartient aujourd'hui à Benjamin de Rothschild, fils de son créateur, le baron Edmond de Rothschild, décédé en 1997. Cet excellent 2005 confirme la place de choix qu'occupe Clarke au sein des crus du Médoc. Ce n'est pas un grand Pauillac, mais il est droit, séveux, élégamment profilé et doté d'une forme et d'une fraîcheur purement médocaines. Déjà ouvert et éminemment séduisant, mais il pourrait continuer de s'épanouir au cours des cinq prochaines années. ★★★★ ②

Un cran en dessous, le **Château Malmaison 2005, Moulis** (S-10677621 : 28,05 $) mise en grande partie sur le merlot pour offrir de la souplesse et une agréable rondeur. Très bon Médoc secondaire, à la fois ferme et joliment fruité, dans le style typique des vins de Moulis. À boire entre 2009 et 2011. ★★★ ② ▼

Château Clerc Milon 2004, Pauillac (S-10463922) : 57 $

Membre de l'écurie Baron Philippe de Rothschild depuis 1970, ce domaine produit un vin solide et séveux dont la régularité qualitative est à signaler. Le 2004 est robuste et imposant, sa trame tannique serrée et sa fraîcheur soulignent merveilleusement bien le fruit. On peut déjà l'apprécier, mais son équilibre lui garantit certainement un bel avenir. ★★★→★ ③ ▼

Château d'Agassac 2004, Haut-Médoc (S-10423031) : 34 $

À Ludon, dans la partie sud de la péninsule médocaine, non loin du Château La Lagune, ce cru bourgeois d'une quarantaine d'hectares jouit d'une bonne réputation qu'il défend avec brio en 2004. Vendu dans une bouteille à capsule vissée, le vin présente des tanins fermes, enrobés d'une matière suave et coulante, aux accents de bons fruits rouges. Droiture, harmonie et étoffe. Vraiment, du bon Médoc classique. À boire entre 2009 et 2012 au moins. ★★★★ ②

Château Duplessis 2004, Moulis (S-10831991) : 23,80 $

Fille du viticulteur renommé Lucien Lurton (Brane-Cantenac, Durfort-Vivens, Climens), Marie-Laure Lurton dirige ce cru bourgeois de 18 hectares. Très bon 2004 au nez invitant de fruits rouges. Sans être particulièrement puissant, ce vin jeune et vigoureux charme par sa fraîcheur et son élégance. Bel exemple de *luncheon claret*, comme disent les Anglais, c'est-à-dire un parfait compagnon de table. ★★★ ②

Elle produit aussi le **Château La Tour de Bessan 2004, Margaux** (S-10522873 : 29,50 $) ; à défaut de réelle profondeur, le 2004 procure néanmoins un certain plaisir par ses francs arômes fruités, sa tonicité et sa tenue en bouche. ★★★ ②

Château Greysac 2005, Médoc (S-10681381) : 28,10 $

Ce domaine appartenant au Vénitien Brandino Brandolini – propriétaire de Vistorta dans le Frioul (page 225) – semble aujourd'hui avoir atteint sa vitesse de croisière et produit actuellement les meilleurs vins de son histoire récente. Le 2005 m'a semblé particulièrement complet. Très médocain, c'est-à-dire fin, élégant et bâti sur des tanins fermes, il est à la fois ample, frais en bouche et doté d'un équilibre idéal. Tout y est, sans excès. Qualité exemplaire et prix pleinement justifié. À boire jusqu'en 2015. ★★★★ ②

Plus ouvert et agréable à boire dès maintenant, le **2004** (S-896274 : 24 $) s'avère un excellent vin classique, équilibré et appuyé par des tanins fins et polis. J'ai beaucoup aimé ses élégantes notes fumées et son caractère de cabernet très typé. ★★★★ ② ♥

Chateau Haut-Breton Larigaudière 2005, Margaux (S-732065) : 38,75 $

Ce domaine d'une quinzaine d'hectares dirigé avec brio par l'œnologue Jean-Michel Garcion appartient à Rabotvins, une importante société belge active dans le secteur des vins et apéritifs. Garcion a signé un très bon Margaux 2005, coloré, nourri de francs goûts de fruits noirs, ample en bouche et enveloppé de tanins mûrs. Un bon vin classique, hélas vendu à prix dissuasif. ★★★ ②

Château Kirwan 2004, Margaux (S-721597) : 77 $

L'œnologue Michel Rolland a contribué au succès commercial de Château Kirwan depuis 1991. Il a mis fin à sa collaboration au début de 2007. Il faudra surveiller de près les prochains millésimes pour voir si Kirwan renouera avec un certain classicisme médocain qui me semble faire défaut au 2004. Malgré tout, il fait son effet et charme le palais avec sa trame tannique charnue et ses parfums boisés. Un très bon vin certes, mais je doute qu'il évoluera avec grâce. ★★★→? ②

Château Lagrange 2005,
Saint-Julien (S-10661996) : 79 $

Marcel Ducasse a pris sa retraite l'an dernier après avoir dirigé avec brio pendant 25 ans cette belle propriété, la plus vaste des crus classés médocains avec 115 hectares de vignes. Très réussi, le 2005 se distingue par sa puissance contenue teintée de finesse et par sa droiture. Un vin impeccable, nuancé, racé et long en bouche, d'autant plus recommandable qu'il est promis à un long et brillant avenir. Dégustés cette année, le 1990 et le 1986 n'avaient rien perdu de leur forme, ils brillaient par leur sève et leur tenue. Château Lagrange nous offre le meilleur sans se ruiner. Superbe tout au long de la prochaine décennie. ★★★★ ②

Château Loudenne 2004, Médoc (S-102210) : 29,80 $

Ayant appartenu à Gilbey's pendant un quart de siècle, cette belle propriété a été vendue en 2000. Il semble bien que le style de Loudenne a été préservé. Tant mieux, car ce domaine situé au nord de la péninsule médocaine, avec vue sur l'estuaire, produit l'archétype du bon Bordeaux secondaire à prix raisonnable. Dans un millésime reconnu pour donner des vins classiques, le 2004 est bien structuré, il a une longueur et une consistance appréciables. Un incontournable dans sa catégorie et un achat avisé à ce prix. À boire entre 2009 et 2012 au moins. ★★★★ ②

Château Malescasse 2003, Haut-Médoc (S-10333407) : 39,50 $

Située entre Margaux et Saint-Julien, cette belle propriété de près de 40 hectares appartient à la société Alcatel qui l'a beaucoup améliorée depuis quelques années. Le 2003 illustre très bien les progrès accomplis, il conserve un équilibre et un sens des proportions irréprochables. Une attaque mûre, du fruit en bouche, des tanins bien arrondis ; beaucoup de consistance et de grain. Sans être le plus puissant ni le plus concentré, il compense largement par sa sève et sa personnalité. On peut déjà le boire, mais il continuera de se révéler jusqu'en 2012, au moins. ★★★ ②

Château Maucamps 2005, Haut-Médoc
(S-10785112) : 34 $

Il faut saluer la régularité qualitative de ce cru situé à Macau, dans la partie sud du Médoc, à moins de 5 km de Margaux. Sans surprise, le 2005 est un autre franc succès sur le thème de l'équilibre et de la puissance contenue. Beaucoup d'élan aromatique et une finale persistante. Les amateurs de *claret* se régaleront. Un achat avisé. ★★★★ ②

Château Montrose 2004,
Saint-Estèphe (S-10463800) : 99 $

En 2006, Jean-Louis Charmolüe a vendu ce domaine de Saint-Estèphe, appartenant à sa famille depuis 1860. Il a déménagé et s'est porté acquéreur du Château Romanin en Provence. Le second grand cru classé est aujourd'hui la responsabilité des frères Martin et Olivier Bouygues (téléphonie mobile et actionnaire principal de la chaîne TF1). Leur coup de maître a été de convaincre Jean-Bernard Delmas de quitter sa retraite – plus de 40 ans à Haut-Brion ! – pour prendre la direction technique du domaine. Le 2004 est riche de la sève typique des Saint-Estèphe, sa fraîcheur et son élégance sont d'éloquentes démonstrations des vertus d'un millésime classique dans le Médoc. Droit, long, éminemment profond et encadré par des tanins fins, mais appuyés qui devraient s'assouplir et évoluer avec grâce au cours des cinq prochaines années. Belle bouteille ! ★★★★ ③

Château Pichon Longueville Comtesse de Lalande 2004, Pauillac
(S-10442881) : 124 $

Propriété de la société champenoise Roederer depuis novembre 2006, ce splendide domaine de 75 hectares, avec vue sur la Gironde, produit l'un des vins les plus distingués du Médoc. D'un style plus sphérique et suave que l'autre Château Pichon, le 2004 a des tanins souples et une bonne longueur ainsi que cet équilibre et cette rondeur exquise qui ont fait la réputation de Pichon Lalande. Déjà ouvert, ce grand vin a tout le tonus nécessaire pour vivre au moins 20 ans. ★★★★ ②

Cuvée de la Commanderie du Bontemps 2005, Médoc, Ulysse
Cazabonne (S-491506) : 21,10 $

En faisant l'acquisition du Château Rauzan-Ségla en 1994, la famille Wertheimer (Chanel) est aussi devenue propriétaire de la société de négoce Ulysse Cazabonne. Comme toujours, cette cuvée est l'archétype du Bordeaux souple et coulant. Spécialement bon, ce 2005 se signale par sa droiture et ses agréables accents fruités. À boire dans les trois prochaines années. ★★★ ②

Les Gartieux de Pichon Lalande 2001, Pauillac (S-913111) : 34 $

Troisième vin de Château Pichon Longueville Comtesse de Lalande – le deuxième vin étant la Réserve de la Comtesse –, la cuvée Gartieux 2001 traduit à merveille les qualités de cet excellent millésime médocain. Ce vin encore jeune et aux tanins assouplis a une jolie constitution et un équilibre impeccables. À défaut du grand vin, mais à prix démocratique, les amateurs de Pauillac se régaleront. ★★★★ ②

COMMENTÉS SOMMAIREMENT, D'AUTRES VINS DU MÉDOC

Château Coufran 2005, Haut-Médoc (S-10677488) : 32,50 $; majoritairement plantée de merlot à 85 %, cette vaste propriété située au nord de Saint-Estèphe, produit un vin apprécié pour sa rondeur, sa texture veloutée et ses saveurs franches. Très bon 2005 qui sera à son meilleur entre 2009 et 2015. ★★★ ②

Château d'Escurac 2005, Médoc (S-10677437) : 26,75 $; longtemps avalé par la coopérative locale, ce cru du nord du Médoc connaît une renaissance depuis le rachat de la propriété par Jean-Marc Landureau. Bon vin franc et droit, ample et nourri, laissant une impression de fraîcheur et d'équilibre. Prêt à boire. ★★★ ②

Aussi offert, le **2004** (S-10433977 : 23,80 $) affiche un profil médocain classique ; stylé et franc, encadré de tanins mûrs. ★★★ ②

Château Fourcas-Dumont 2003, Listrac-Médoc (S-912857) : 26,50 $; bon vin de forme sphérique, composé de 50 % de merlot. Sans être un modèle de finesse, il compense par sa sève, ses tanins tendres et sa franche finale chaleureuse. Satisfaisant, à boire jusqu'en 2013. ★★★ ②

Château Haut Coteau 2005, Saint-Estèphe (S-860643) : 27,30 $; un bon vin déjà ouvert ; on peut apprécier maintenant sa forme droite enveloppée d'une matière suave et fruitée. ★★★ ② ▼

Château Lousteauneuf 2005, Médoc (S-913368) : 25 $; une bonne proportion de 36 % de merlot explique peut-être le caractère friand et l'agréable rondeur de ce vin produit tout au nord de la péninsule médocaine. ★★★ ②

Château Peyre-Lebade 2003, Haut-Médoc (S-10268385) : 23,95 $; en dépit des conditions caniculaires du millésime, il se dégage une impression de fraîcheur qui met le fruit et les saveurs de ce 2003 en valeur. Un très bon vin sans aucun abus, souple et coulant. À boire dans les trois prochaines années. ★★★ ②

Château Ramage La Bâtisse 2005, Haut-Médoc (S-10878618) : 33,50 $; cru bourgeois de Saint-Sauveur réputé pour sa droiture toute médocaine teintée d'élégance. Bon 2005 de taille moyenne, bien équilibré et déjà ouvert. Prix discutable. ★★★ ②

Château Reysson 2004, Haut-Médoc (S-10273387) : 22,35 $; bon vin aux notes de fruits noirs de type médocain assez classique en dépit d'une forte présence de 66 % de merlot. Bon vin frais, droit, modérément tannique et ayant suffisamment de matière. ★★★ ②

Château Rollan de By 2004, Médoc (S-10423816) : 29,80 $; cette propriété du Médoc génère des opinions très divergentes de la part des critiques. Personnellement, je n'ai pas été convaincu par le caractère un peu simple et rudimentaire du 2004. ★★ ②

D'AUTRES VINS DU MÉDOC DE QUALITÉ MOYENNE ★★

Château Bel Orme Tronquoy de Lalande 2001, Haut-Médoc (S-126219) : 26,95 $
Château Des Merles 2003, Listrac-Médoc (S-888818) : 26,45 $
Château Guitignan 2004, Moulis-en-Médoc (S-850503) : 26,45 $
Château La Haye 2003, Saint-Estèphe (S-866772) : 37,75 $
Château Lafitte-Tramier 2003, Médoc (S-890244) : 31,75 $
Château Lamothe Bergeron 2003, Haut-Médoc (S-278234) : 33 $
Château Ramafort 2005, Médoc (S-608596) : 24,70 $

Château de Chantegrive 2005, Cuvée Caroline, Graves
(S-10681031) : 28,25 $

Dans son vaste vignoble de 90 hectares dans la partie sud des Graves, le courtier Henri Lévêque produit un vin blanc sec bénéficiant des méthodes modernes de vinification : macération pelliculaire, fermentation et élevage en fût de chêne avec bâtonnages périodiques, etc. Un bon vin moderne, riche et vineux, mais un peu trop boisé et fabriqué à mon goût. ☆☆☆ ②

Château de Cruzeau blanc 2006, Pessac-Léognan
(S-225201) : 22,70 $

Les œnologues Michel Gaillard et Denis Dubourdieu contribuent à l'élaboration de ce très bon vin issu exclusivement de sauvignon et profitant d'un savant élevage de 10 mois sur lies en fût de chêne, ponctué de bâtonnages réguliers. L'idée étant de remuer les lies pour nourrir le vin d'éléments aromatiques supplémentaires. Riche, vineux et exhalant de jolies notes de miel et d'agrumes qui créent un agréable relief aromatique. ☆☆☆ ②

Château de Rochemorin 2005, Pessac-Léognan
(S-743005) : 26,85 $

Lorsqu'il acheta cette propriété historique de Martillac en 1973, où vivait jadis le baron de Montesquieu, André Lurton y trouva un vignoble à l'abandon et pratiquement envahi par la forêt. Replanté entièrement, le domaine compte aujourd'hui quelque 110 hectares produisant majoritairement des vins rouges. Fruit d'un assemblage de 60 % de cabernet sauvignon et de merlot, le 2005 ne manque pas d'envergure et défend admirablement la réputation du millésime à Bordeaux. Ses tanins riches et profonds se déploient en bouche comme un tapis soyeux. Le vin soutiendrait la comparaison avec bien d'autres au double du prix. Déjà éminemment charmeur avec ses subtiles notes vanillées, mais il sera à son zénith vers 2012. ★★★→★ ②

En octobre 2008, on trouvait encore du **2003** (S-743005 : 26,60 $) ; un bon vin aux tanins tendres dont la fin de bouche aux accents réglissés laisse une impression chaleureuse. Déjà prêt à boire. ★★★ ②

En complément, le **Château de Rochemorin blanc 2004, Pessac-Léognan** (S-743013 : 23,95 $) s'appuie exclusivement sur le cépage sauvignon blanc, ce qui lui donne un éclat aromatique fort invitant. Subtilement enrichi par un élevage de 10 mois en fût de chêne sur lies totales, le 2004 séduit par sa vinosité, son élégance et sa tenue en bouche. À la fois opulent et nuancé ce vin âgé de 4 ans est encore très jeune et ne semble pas avoir développé son plein potentiel. Excellent et avantageux. ☆☆☆☆ ② ♥

Château La Louvière

La Louvière est le triomphe d'André Lurton. Depuis qu'il a racheté cette propriété à l'abandon en 1965, il en a fait un cru très estimé de Pessac-Léognan. Même si le vignoble de 62 hectares n'est pas officiellement classé, tous s'accordent pour reconnaître la finesse et l'étoffe de ses vins, élaborés dans les règles de l'art avec les conseils du professeur Denis Dubourdieu.

Bien que l'encépagement du vignoble soit dominé par les cépages rouges, le vin blanc de La Louvière demeure le fleuron du domaine. Le **2005** (S-10681188 : 53 $) est remarquable, vinifié en fût de chêne (neuf à 50 %) avec un élevage de 12 mois sur lies et bâtonnage quotidien. Très mûr, gras et volumineux, il mêle élégamment des arômes de miel et de fumée et laisse une sensation presque crémeuse en fin de bouche. Excellent et bien équilibré, à boire entre 2009 et 2015. ☆☆☆☆ ② ▼

Tout aussi savoureux, le **Château La Louvière rouge 2005** (S-133835 : 48,50 $) est l'exemple même du bon *claret* moderne. Imprégné des largesses du millésime, le 2005 se signale par une matière fruitée éminemment dense et suave, mise en valeur par un sérieux élevage en fût de chêne neuf (75 %). Déjà très agréable, mais sa complexité aromatique et sa trame tannique serrée annoncent un très bel avenir. Laisser reposer en cave jusqu'en 2012, au moins. ★★★★ ③

Château Pape Clément 2005, Pessac-Léognan (S-10857198) : 249 $

Pape Clément est l'un des grands terroirs de Bordeaux. À lui seul, son statut de grand cru classé commande naturellement des prix sans pardon. Certains commentateurs – américains surtout – ne tarissent pas d'éloges pour le vin puissant, massif et concentré produit par l'actuel propriétaire, le magnat Bernard Magrez. Je vous laisse le soin de juger si ce 2005 vaut réellement 249 $, alors qu'il y a tellement de bons vins authentiques et sincères pour cette somme. Personnellement, ce style ambitieux, qui transpire davantage l'œnologie que la pure expression du terroir, me laisse indifférent. ★★→? ②

Clos Floridène 2005, Graves (S-10681049) : 28,40 $

Viticulteur et professeur renommé de la faculté d'œnologie de Bordeaux, Denis Dubourdieu a été un pilier de la révolution du vin blanc sec dans le Bordelais. Son Clos Floridène est le résultat d'années de recherche pour mettre en valeur les qualités aromatiques des cépages locaux. Portant à la fois l'empreinte vineuse du millésime et du cépage sémillon (55 %), le 2005 est l'archétype du Bordeaux blanc moderne. Le bois, l'acidité, la vinosité et les goûts de fruits mûrs forment un ensemble très homogène et parfaitement équilibré. Excellent vin de Graves, à laisser mûrir encore quelques années. ☆☆☆☆ ②

La Parde de Haut-Bailly 2004, Pessac-Léognan

(S-10764813) : 36,50 $

À un prix beaucoup plus abordable que le 2000 commenté il y a quelques années (49 $), le deuxième vin du Château Haut-Bailly est de nouveau excellent. À la fois intense et pourtant délicat, suave comme du velours et plein de détails aromatiques. Une preuve éloquente que le millésime 2004, même pour une deuxième étiquette, a donné des vins éminemment conséquents et d'autant plus appréciables qu'ils ne sont pas soumis à la surenchère des vins de la récolte 2005. Déjà bon maintenant et jusqu'en 2015 au moins. La classe et l'harmonie demeurent la marque de commerce de ce domaine aujourd'hui propriété américaine, mais admirablement gérée par Véronique Sanders. ★★★★ ②

Le Sillage de Malartic 2004,

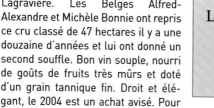

Pessac-Léognan (S-10844661) : 28 $

Deuxième vin du Château Malartic-Lagravière. Les Belges Alfred-Alexandre et Michèle Bonnie ont repris ce cru classé de 47 hectares il y a une douzaine d'années et lui ont donné un second souffle. Bon vin souple, nourri de goûts de fruits très mûrs et doté d'un grain tannique fin. Droit et élégant, le 2004 est un achat avisé. Pour

goûter à l'esprit du grand vin, sans en payer le prix. Un excellent Bordeaux dont on se régalera entre 2009 et 2015. ★★★★ ②

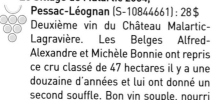

Une nouvelle alternative pour le refroidissement rapide du vin

Déjà mis en marché dans plusieurs pays européens et aux États-Unis, le RAVI – Refroidisseur À Vin Instantané – est conçu et fabriqué presque exclusivement au Québec. L'idée de cet outil repose sur le principe de l'absence d'inertie thermique de l'acier inoxydable et la fonction isolante d'un Thermos®. Employé correctement, cet outil permet de refroidir un vin – rouge ou blanc – à la température idéale de service. Dans le cas d'un vin blanc, cela peut représenter une chute de près de 10°C en quelques secondes! Si les premières utilisations s'avèrent parfois un peu laborieuses, la maîtrise du RAVI s'acquiert assez rapidement. Après tout, la récompense d'un bon verre de vin frais mérite bien quelques efforts... www.ravisolution.com

Château Baret 2005, Pessac-Léognan (S-10752812) : 28,40 $; bon Bordeaux d'inspiration classique, au nez invitant de fruits mûrs ; modérément concentré et soutenu par des tanins ronds. Sa franchise et sa finale empreinte de fraîcheur lui donnent un charme certain. ★★★ ②

Château Carbonnieux 2002, Pessac-Léognan (S-10219111) : 51 $; ce cru classé se distingue par sa finesse et son équilibre, jamais trop de bois et un caractère fruité très pur ; frais et agréablement aromatique. À point et à boire au cours des cinq prochaines années. ☆☆☆ ②

Château de Rouillac 2003, Pessac-Léognan (S-10752804) : 34 $; une texture très mûre, des tanins souples et soyeux. À la fois généreux et capiteux, mais aussi droit et franc de goût. Sa fraîcheur est un atout gagnant. Très bien, mais pas donné. ★★★ ②

Château Haut-Selve 2004, Graves (S-10752687) : 23,05 $; dans un style à l'ancienne, un vin à la couleur jaune or, gras et offrant une ampleur appréciable. Sans l'alourdir, le bois ajoute à sa sève et à sa vinosité. ☆☆☆ ②

Vieux Château Gaubert 2003, Graves (S-10753399) : 27,55 $; composé pour moitié de merlot, ce vin dégage un nez de fruits très mûrs caractéristique du millésime. Malgré tout, l'ensemble m'a semblé à court de chair et d'étoffe. Correct, mais pas spécial. ★★ ②

   Benjamin de Vieux Château Gaubert 2004, Graves (S-10753559 : 19,55 $) ; une majorité de 60 % de sémillon confère à ce vin des Graves une agréable vinosité ; des notes d'agrumes sur fond minéral sont rehaussées par une bonne acidité. Un peu court, mais tout de même très bon. ☆☆☆ ②

| SAINT-ÉMILION |

Château Clos Daviaud 2005, Les Cîmes, Montagne Saint-Émilion (S-10665081) : 28 $

Élaboré par le réputé œnologue Stéphane Derenoncourt, ce vin d'ampleur moyenne a une jolie matière fruitée et un bel équilibre d'ensemble ; sa droiture vaut le signalement. Déjà très ouvert, on le boira avec plaisir au cours des cinq prochaines années. ★★★ ②

Château Durand Laplagne 2003, Cuvée Sélection, Puisseguin Saint-Émilion (S-886572) : 24,45 $

Bon vin bien équilibré et plein de fraîcheur. Plus étoffé que la plupart des vins de cette appellation secondaire, le 2003 joue la carte de la souplesse et du fruit mûr. Un élevage partiel en barrique lui ajoute un cachet supplémentaire. À boire dès maintenant et jusqu'en 2011. ★★★ ②

Bordeaux

Château Franc La Rose 2004, Saint-Émilion Grand cru

(S-10752855) : 29,15 $

Une bonne note pour ce vin franc et sans maquillage produit par Jean-Louis Trocard, ancien président du Conseil interprofessionnel du vin de Bordeaux (CIVB). Provenant d'un vignoble de six hectares situé dans le nord de l'appellation, au lieu-dit La Rose, ce très bon 2004 charme par son élan aromatique, sa tenue et sa fraîcheur en bouche. Bon Saint-Émilion classique, à boire entre 2009 et 2013. ★★★ ②

Château Haut-Castelot 2005, Saint-Émilion (S-905232) : 23,85 $

Fidèle à son habitude, la famille Janoueix produit un agréable Saint-Émillion classique et dépouillé. Bon 2005 riche, enrobé de tanins gommeux qui lui assurent un relief généreux, une bonne ampleur et une longueur appréciable. Un excellent Bordeaux que l'on peut déjà apprécier maintenant, mais qui vivra encore quelques années. ★★★ ②

Château Haut-Sarpe 2004, Saint-Émilion Grand cru classé (S-10708782) : 45,25 $

Dans le style classique privilégié par la famille Janoueix, un Saint-Émilion d'ampleur moyenne, porté par des tanins mûrs et agrémenté de subtiles notes vanillées. Souple, friand et doté d'une finale chaleureuse ; à point et bon encore pour les cinq prochaines années. Pour son charme, sa classe et son équilibre, ce vin décroche bien quatre étoiles. ★★★★ ②

Château La Fleur du Casse 2005, Saint-Émilion Grand cru

(S-10901321) : 34,25 $

Dans ce millésime grandiose, ce vin jadis très concentré me semble renouer avec des proportions plus heureuses. Vrai, il n'a rien d'un faiblard, mais sa trame tannique souple et très mûre met en relief des saveurs franches et laisse en finale une agréable impression de fraîcheur et de plénitude. Solide et prometteur, à revoir dans quelques années. ★★★→? ③

Château La Serre 2004, Saint-Émilion Grand cru

(S-10445679) : 43 $

Ce cru de 7 hectares appartient à la famille d'Arfeuille, aussi propriétaire des Châteaux La Pointe, à Pomerol et Toumalin à Fronsac. Une couleur dense et un caractère distinctif déjà perceptible au nez annoncent une bouche ample et nourrie de nuances subtiles de vanille et de fruit. Un vin volumineux, aux tanins mûrs, charnu sans être inutilement massif. Suffisamment consistant et pourvu d'un bon équilibre, il gagnerait certainement à mûrir encore quelques années. ★★★→★ ③

« Cela nous a pris des années pour monter notre cave à vin, et seulement quelques minutes aux flammes pour la détruire. Mais notre courtier savait à quel point notre collection de vin nous est précieuse et il nous avait recommandé Chubb. »

Lorsque l'imprévu se produit, mieux vaut être prêt. Pour un règlement favorable, vous devez miser sur le savoir-faire de votre courtier et celui de votre compagnie d'assurances.

Chubb est le chef de file de l'industrie en matière de protection d'objets précieux, tels que les collections de vins. Elle s'efforce de mieux définir les risques particuliers avec lesquels vous devez composer, vous permettant ainsi de redevenir maître de la situation.

Réduisez vos risques avec la protection mondiale supérieure de l'assurance Chubb. Parlez-en à votre courtier.

www.chubbinsurance.com

AYEZ

le

CONTRÔLE

Château Le Castelot 2003, Saint-Émilion Grand cru (S-967356) : 31 $

Dans le style affectionné par la famille Janoueix, un bon Saint-Émilion pur, souple et délicat, jouant davantage la carte de la finesse que celle de la concentration. C'est tout le contraire du vin moderne et racoleur. Le 2003 révèle des signes d'évolution et déploie un très bel équilibre entre le fruit, la fraîcheur et la structure tannique. Les amateurs de vin «à l'ancienne» apprécieront. ★★★ ①

Château Maison Blanche 2005, Montagne Saint-Émilion (S-10805267) : 27,10 $

Habillé d'une nouvelle étiquette, ce vin de Montagne a profité pleinement des conditions de rêve du millésime 2005. Une couleur vive et profonde, un nez à la fois riche et distingué, des saveurs intenses soutenues par une trame tannique serrée ; bref, un vin passablement complet, épuré, sans artifices. Particulièrement satisfaisant et recommandable. On le boira avec grand plaisir dans les 10 prochaines années. ★★★→? ③

Château Tour du Pas Saint-Georges 2005, Saint-Georges Saint-Émilion (S-10875880) : 23,25 $

Depuis le décès de Mme Dubois-Challon, ce très bon cru de Saint-Georges appartient à Pascal Delbeck, jusqu'à tout récemment propriétaire du Château Bélair à Saint-Émilion. Toujours impeccable, le 2005 est encore plus complet. Par sa texture tannique infiniment caressante, ses saveurs fines et persistantes, son volume et son équilibre, c'est l'un des meilleurs vins de la rive droite à moins de 25 $. Beaucoup de classe ! On peut acheter les yeux fermés et le boire sans se presser, car il a de belles années devant lui. ★★★★ ② ♥

Château Croix de Rambeau 2004, Lussac-Saint-Émilion (S-975649) : 22,25 $; Croix de Rambeau se caractérise par sa souplesse, sa fraîcheur et son équilibre. Le 2004 est dans la même lignée. Bon vin franc et ayant suffisamment de tenue. À boire entre 2009 et 2012. ★★★ ②

Château Louvie 2005, Saint-Émilion Grand cru (S-730465) : 25,75 $; exemple de vin moderne misant avant tout sur le fruit, la chair et la souplesse, le 2005 déploie une attaque très mûre et chaleureuse (14 % d'alcool). Charnu et aimable, de toute évidence taillé pour plaire, mais sans race particulière. ★★ ②

Château Tour Baladoz 2005, Saint-Émilion Grand cru (S-10214803) : 31,75 $; sa tenue en bouche ajoute à sa fraîcheur et met en relief une jolie matière fruitée agréablement teintée de nuances vanillées. Un bon vin simple, flatteur et tout à fait aimable qui devrait continuer de se développer au cours des prochaines années. ★★★→? ② ▼

Vieux Château Palon 2003, Montagne Saint-Émilion (S-10754623) : 33,25 $; un vin d'ampleur moyenne que le caniculaire millésime 2003 a gorgé de goûts de fruits mûrs et d'un certain gras en bouche, mais sans excès de chaleur. Pas mal, mais trop cher. ★★★ ②

D'AUTRES VINS DE QUALITÉ MOYENNE ★★

Château de Maison Neuve 2005, Montagne Saint-Émilion
(S-899906) : 23,40 $
Château du Courlat 2005, Lussac-Saint-Émilion (S-858704) : 23,35 $
Château La Papeterie 2001, Montagne Saint-Émilion
(S-866400) : 26,55 $
Château Haute-Nauve 2002, Saint-Émilion Grand cru
(S-721431) : 26,70 $

Bordeaux

Château Chantalouette 2005, Pomerol (S-10662059) : 32,50 $
Château Chantalouette est le deuxième vin du Château de Sales, la plus vaste propriété de Pomerol ayant une superficie de près de 50 hectares. Le 2005 est l'archétype du Pomerol aimable et abordable. Franc de goût, souple et velouté, à défaut de puissance et de profondeur. À boire entre 2009 et 2013. ★★★ ② ▼

Château Garraud 2005, Lalande de Pomerol (S-978072) : 29,25 $
Jamais fabuleux, mais souvent satisfaisant, ce «mini Pomerol» privilégie généralement l'équilibre et la rondeur. À ce titre, le 2005 n'est pas le plus profond, mais son fruit dense et sa matière charnue lui donnent beaucoup de charme. À boire d'ici 2012. ★★★ ②

Du même producteur, le **Château Treytins 2005, Lalande de Pomerol** (S-892406 : 24 $) ; spécialement souple et friand, un bon vin de dimension moyenne, soutenu par des tanins mûrs et doté d'une saine fraîcheur. Déjà prêt à boire. ★★★ ②

Château La Fleur de Boüard 2005, Lalande de Pomerol (S-10680521) : 59 $
Dans le style habituel prisé par le propriétaire Hubert de Boüard (Château Angélus), un très bon Lalande de Pomerol charmeur et costaud qui plaira aux amateurs de Bordeaux moderne. Plus imposant que réellement complexe, mais élaboré avec beaucoup de savoir-faire. Prix élevé. À boire entre 2009 et 2013. ★★★→? ② ▼

Également offert, le **2002** (S-713164 : 61 $) ; un vin moderne et tannique, chocolaté, bâti d'une seule pièce et sans subtilité. ★★ ②

Château Montviel 2005, Pomerol (S-710475) : 89 $
À défaut de complexité, ce 2005 signé Michel Rolland prend les allures d'un grand séducteur : tanins gommeux et matière très riche assaisonnée de goût de bois. Les amateurs de Pomerol y trouveront-ils vraiment leur compte à ce prix ? ★★ ② ▼

Moueix, Jean-Pierre ; Pomerol 2005 (S-739623) : 30,25 $
Malgré son portefeuille viticole imposant – Pétrus, La Fleur-Pétrus, Trotanoy, Magdelaine et maintenant Bélair –, la grande maison de Libourne accorde toujours autant d'importance et de soin à son activité de négoce. À la faveur du millésime 2005, ce vin d'assemblage m'a semblé encore meilleur. Tendre, charnu et étonnamment riche en saveurs, l'archétype du Pomerol courant. ★★★ ②

DEUX AUTRES VINS DE QUALITÉ MOYENNE ★★

Château Haut-Surget 2005, Lalande de Pomerol (S-913137) : 26,10 $
Château La Croix des Moines 2003, Lalande de Pomerol (S-973057) : 26,30 $

Château Canon de Brem 2005,
Canon-Fronsac (S-10425037) : 30,50 $

Le vin de cette belle propriété semble n'avoir rien perdu de sa sève depuis qu'il a été racheté par l'entrepreneur Jean Halley, aussi propriétaire du Château de la Dauphine. Profitant des conseils du réputé œnologue Denis Dubourdieu, on y produit un vin riche et harmonieux auquel des tanins fins confèrent une texture veloutée. Excellent 2005 qui ne demande qu'à mûrir encore quelques années. ★★★→★ ③

Château Haut-Mazeris 2005, Fronsac (S-10689032) : 29,25 $

Ce Fronsac privilégie un style plus souple, charmeur et fruité tout en gardant la tenue nécessaire. Une belle finale aux accents de fleurs et de fruits noirs. À boire d'ici 2012. ★★★ ②

Château Lagüe 2004, Fronsac (S-10753479) : 24,20 $

Bien qu'un peu étroit en bouche, la précision et l'équilibre de ce Fronsac 2004 méritent d'être signalés. À défaut de générosité, on l'apprécie pour sa fraîcheur rassasiante, sa structure tricotée serrée et son joli grain fruité. Il serait sage de le laisser mûrir encore quelques années. ★★★→? ③

Château Lamarche Canon 2006, Candelaire, Canon-Fronsac
(S-912204) : 29,55 $

Brigitte et Éric Julien ont repris cette propriété de Fronsac en 1993. Plus convaincant que le 2005 commenté dans *Le guide du vin 2008* (suis-je passé à côté ?), le 2006 s'affirme par son franc caractère et cette fraîcheur tannique propre aux bons vins du Fronsadais. Arrivée prévue en janvier 2009. ★★★→★ ②

Château Les Trois Croix 2005, Fronsac (S-10680476) : 34,75 $

Longtemps directeur de Château Mouton Rothschild, Patrick Léon est depuis 1995 à Fronsac où il exploite un domaine de 14 hectares. Un bel exemple de Fronsac moderne conjuguant une agréable rondeur à la fermeté typique de l'appellation. Droit, franc de goût et très rassasiant par son équilibre et sa fraîcheur. Excellent vin de la rive droite qui gagnera à mûrir quelques années. ★★★→★ ③

Château Mazeris 2005, Canon Fronsac (S-10203944) : 23,80 $

Propriété de la famille de Cournouaud depuis 1769, ce domaine d'une vingtaine d'hectares, voisin de Moulin Pey-Labrie, fait preuve d'une grande régularité. Fruit d'un grand millésime, ce vin ferme et strict, mais sans rudesse, a le profil tannique typique des très bons vins de Fronsac. Moins tapageur que d'autres, mais son style classique et sans fard ajoute à sa personnalité. Déjà savoureux et bon au moins jusqu'en 2015. ★★★→★ ② ♥

Château Moulin Pey-Labrie 2005, Canon-Fronsac (S-869925) : 39,25 $

Par sa tenue, ses saveurs intenses et persistantes et son équilibre, le 2005 défend avec brio la réputation de ce beau domaine idéalement située sur les côtes calcaires de Canon. Riche, souple et caressant, mais heureusement tonifié par une saine acidité conférant un profil harmonieux à l'ensemble. Très satisfaisant et bon au moins jusqu'en 2013. ★★★→? ②

| SAUTERNES ET AUTRES VINS LIQUOREUX |

Château Broustet 2005, Barsac (S-10681532) : 41,75 $

Cette propriété de Barsac a été rachetée en 1994 par Didier Laulan, déjà propriétaire de son voisin, le Château Saint-Marc. Le 2005 est un vin tendre, au doux parfum de miel, onctueux, ouvert et d'une agréable suavité. Correct, sans être spécialement inspiré. ☆☆☆ ③

Également offert en demi-bouteille (S-10681583 : 20,90 $).

Château d'Arche 2005, Sauternes (S-10681575) : 51 $

Ce domaine est avantageusement situé sur les hauteurs de la commune de Sauternes, à côté de Filhot. Le 2005 est riche, savoureux et bien équilibré. Il continuera de se développer au cours des prochaines années. ☆☆☆→? ③

Également offert en demi-bouteille (S-10681583 : 25,05 $).

Château d'Armajan des Ormes 2002, Sauternes (S-949677) : 41 $

Même s'il ne fait pas partie du club sélect des crus classés, ce château produit un vin liquoreux impeccable. Ce très bon Sauternes aux parfums invitants de miel et de vanille se signale par son attaque riche et suave, sa texture caressante et sa longue finale parfumée. Très distingué et maintenant à point. ☆☆☆☆ ②

Château de Carles, Barsac (S-10681567) : 31,25 $ – 500 ml

Profitant du savoir-faire du professeur Denis Dubourdieu, cette propriété de Barsac a produit un excellent 2005, tendre, aimable et bien marqué par le botrytis. Peut-être pas le plus riche, mais il compense largement par ses saveurs nuancées soutenues par une acidité bien dosée. Une belle occasion de faire provision d'un excellent vin liquoreux vendu à juste prix. ☆☆☆☆ ③

Château de Fargues 1998, Sauternes (S-10238434) : 64 $ (350 ml)

Le Château d'Yquem n'appartient plus à sa famille, mais Alexandre de Lur Saluces est demeuré propriétaire de cet autre magnifique château. Il y fait un Sauternes exemplaire, le 1998 est gras, riche, épanoui et plein de saveurs exotiques. Généreux, suave et persistant, il a une remarquable longueur en bouche. Grande classe ! ☆☆☆☆ ②

Château de Malle 2005, Sauternes (S-10681604) : 68 $

Entièrement restauré au milieu des années 1950 par la famille de Bournazel, ce splendide domaine de Preignac – le château est classé monument historique – produit un Sauternes réputé pour sa droiture et son élégance. Issu d'un grand millésime, le 2005 se signale par sa voluptueuse richesse et sa texture onctueuse. Une déferlante de saveurs mûres déclenche une impression irrésistible de plénitude. C'est probablement le meilleur Sauternes à ce prix. Excellent vin qui donnera le meilleur de lui-même entre 2012 et 2020. ☆☆☆☆ ③

Château Doisy-Védrines 2005, Barsac (S-10681621) : 59 $

Non loin des Châteaux Doisy-Daëne et Climens, cette propriété d'une vingtaine d'hectares a produit un 2005 particulièrement riche. Flatteur et de belle tenue, à la fois intense et équilibré, il n'a sans doute pas dit son dernier mot. ☆☆☆→? ③ ▼

Également offert en demi-bouteille (S-10681639 : 30,25 $).

Vins de Bordeaux
au répertoire général

| VINS BLANCS |

Dourthe, Numéro 1 2007, Bordeaux (C-231654) : 14,95 $
Le Numéro 1 célèbre ses 20 ans en beauté. Le 2007 brille par ses saveurs éclatantes, sa tenue en bouche et sa fraîcheur rassasiante. ☆☆☆☆ ② ♥

Château des Matards 2007, Premières Côtes de Blaye (C-477257) : 14,75 $
À la fois sec, rond et pleinement rafraîchissant, le 2007 est enjolivé de tonalités minérales sur un fond d'agrumes qui le rendent encore plus sympathique et attrayant. ☆☆☆☆ ① ♥

Château Roquetaillade La Grange 2006, Graves (C-240374) : 14,80 $
Une proportion importante de 60 % de sémillon n'est sans doute pas étrangère à l'originalité de cet excellent vin. Frais comme une eau de source et passablement aromatique, sa légèreté alcoolique de 12 % le rend encore plus attrayant. ☆☆☆☆ ② ♥

Château Bonnet 2007, Entre-deux-Mers (C-083709) : 16,65 $
Peut-être un peu plus nourri que d'habitude, les habitués y retrouveront toute la pureté et la fraîcheur qui en ont fait un champion de sa catégorie. ☆☆☆☆ ② ♥

Tutiac 2007, Premières Côtes de Blaye (C-624320) : 13,95 $
Bon vin blanc courant, 100 % sauvignon, dont la constance mérite d'être signalée. Fraîcheur, vitalité et parfums d'agrumes sont au rendez-vous. Bon rapport qualité-prix. ☆☆☆ ② ♥

| VINS ROUGES |

Baron Philippe de Rothschild, Mouton Cadet 2005, Bordeaux (C-000943) : 15,45 $
Cette star planétaire est l'archétype du bon Bordeaux courant. Le 2005 a tout le fruit et la charpente voulus, une jolie texture tannique et une impression générale d'équilibre. ★★★ ② ♥

Château des Matards 2006, Premières Côtes de Blaye (C-640276) : 16,70 $
Bel exemple de Bordeaux courant, droit et épuré. Souple, mais assez charnu et doté d'un bon relief de saveurs. ★★★ ② ♥

Château Montaiguillon 2005, Montagne Saint-Émilion
(C-864249) : 24,20 $
Savoureux vin friand porté par une texture tendre et délicate.
Sa jolie finale florale lui confère un charme certain. ★★★ ②

**Château Pey La Tour 2006, Réserve du Château, Bordeaux
Supérieur** (C-442392) : 21,95 $
Bon vin manifestement conçu pour plaire et présentant
une trame souple et tendre, de tanins bien mûrs. Un usage
adéquat de la barrique confère lui ajoute de jolies notes vanillées qui le rendent encore plus charmant. ★★★ ②

Domaine de l'Île Margaux 2005, Bordeaux Supérieur
(C-043125) : 22,40 $
Particulièrement réussi, le 2005 mise encore sur les cinq cépages bordelais classiques qui lui confèrent toute la structure et la sève aromatique voulues. Franc et idéalement
équilibré, j'aime surtout sa droiture et son profil très médocain. Maintenant habillé d'une nouvelle étiquette au fini
bronze, très chic ! ★★★★ ② ♥

La Terrasse de Château La Garde 2005, Pessac-Léognan
(C-018234) : 23,35 $
Consistant et bien équilibré, le 2005 est marqué par les notes
de fruits noirs typiques. Déjà ouvert. ★★★ ②

Château Bonnet 2005, Réserve 2005, Bordeaux
(C-099044) : 18,85 $
De nouveau, un bon vin rouge franc de goût, classique et bien
fruité. Sa régularité qualitative vaut d'être signalée. ★★★ ②

Château de Cruzeau 2004, Pessac-Léognan (C-113381) : 24,85 $
Un heureux mariage d'étoffe et de finesse ; des saveurs précises et une droiture exemplaire. ★★★★ ② ♥

Sichel, Sirius 2004, Bordeaux (C-223537) : 14,15 $
Savoureux Bordeaux classique, charnu et facile à boire, mais
encadré par une bonne structure tannique. ★★★ ② ♥

Moueix, Christian ; Merlot 2005, Bordeaux (C-369405) : 16,55 $
Le Merlot de Christian Moueix est l'archétype du bon Bordeaux
sans prétention. Souple et coulant, ce vin savoureux et franc de
goût est parmi les meilleurs Bordeaux génériques. ★★★ ② ♥

Château Couronneau 2006, Bordeaux Supérieur
(C-10667301) : 17,35 $
Vin généreux et charnu s'appuyant sur une trame tannique passablement substantielle. Le 2006 est particulièrement savoureux, sa jolie finale est relevée de saveurs poivrées. ★★★ ② ♥

Bourgogne

Après quelques années d'incertitude, l'industrie vitivinicole bourguignonne reprend des forces. Même si la puissance de l'euro face au dollar américain a occasionné un léger ralentissement en 2008, les ventes tiennent le cap et les producteurs bourguignons dynamisent leurs activités. Heureusement, car face à la concurrence étrangère qui génère des Pinot noir de plus en plus complets, le seul prestige de la région ne suffisait plus. Grâce à l'arrivée de nombreux jeunes producteurs soucieux de tirer le meilleur du terroir bourguignon, il est désormais possible de boire de bons vins, sans faire les frais des grands crus. Les amateurs de Bourgogne ont raison de se réjouir, car de grandes maisons de négoce – Boisset et Bichot, par exemple – optent maintenant résolument pour la qualité. Souhaitons que ce ne soit qu'un début et que de plus en plus de vins captivants viennent enrichir la gamme.

La Société des alcools, qui s'est longtemps approvisionnée aux mêmes adresses, diversifie maintenant ses sources d'approvisionnement. La part de marché (en valeur) des vins de Bourgogne compte pour 10 % des ventes de vin français soit un peu plus de 55 millions de dollars. La proportion de vins blancs et de vins rouges est sensiblement la même.

Bourgogne blancs Côte d'Or

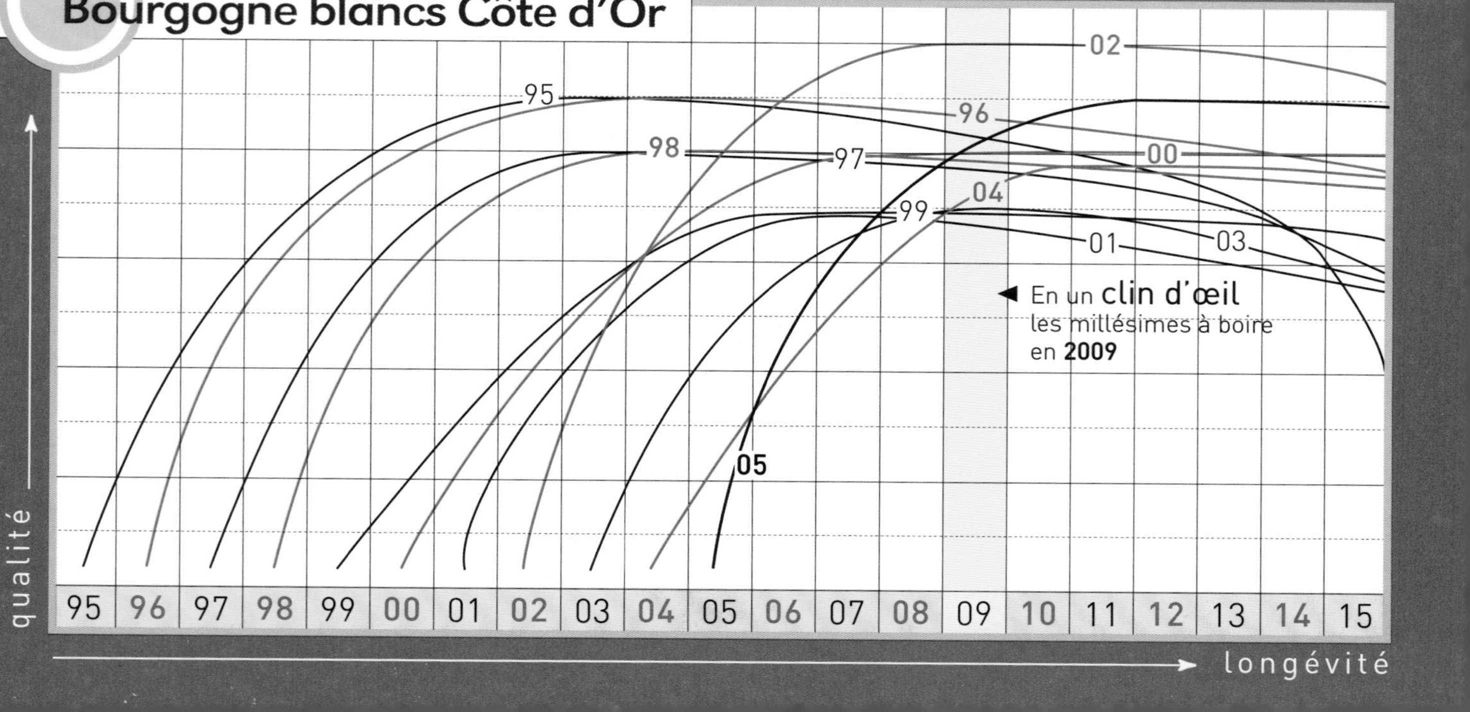

95
96
98
97
00
02
04
99
01
03
05
En un clin d'œil
les millésimes à boire
en 2009
95 96 97 98 99 00 01 02 03 04 05 06 07 08 09 10 11 12 13 14 15
qualité
longévité

LES DIX DERNIERS MILLÉSIMES

2007 Temps frais et humide, du mois de mai jusqu'à la fin d'août. Vendanges précoces de pinot noir dès le début de septembre – avant le chardonnay, fait rarissime. Des succès pour les producteurs qui ont su éviter la pourriture et qui ont récolté au bon moment. Faible récolte de vins rouges souples et à boire jeunes. De bons vins blancs chez les vignerons qui ont attendu et ramassé des raisins bien mûrs. De bons Chablis typés sauvés par le soleil de septembre.

2006 Beau temps en juillet, mais un mois d'août froid et pluvieux. Malgré tout un bon millésime, en particulier en Côte de Nuits où les pluies ont été moins pénalisantes. Qualité hétérogène des vins rouges. Quantité abondante – 4,8 % de plus que la moyenne – de vins blancs de qualité généralement plus satisfaisante. Bons vins blancs charmeurs à Chablis.

2005 « Un millésime de rêve », titrait la revue *Bourgogne Aujourd'hui*. Chardonnay et pinot noir ont profité d'un été sec et de conditions idéales lors des vendanges. Sur toute la Côte d'Or ainsi qu'en Côte Chalonnaise, des vins à la fois riches et bien équilibrés. Excellent millésime à Chablis, des vins droits et classiques. Des Beaujolais riches et colorés, surtout dans les crus.

2004 Année abondante – 14,9 % de plus que la moyenne des cinq années précédentes – et millésime difficile en raison d'un été pluvieux. La maîtrise des rendements et le tri attentif des raisins étaient essentiels pour obtenir du bon vin. Plusieurs réussites en Côte de Nuits malgré ces conditions hostiles. Qualité hétérogène en Côte de Beaune. Qualité irrégulière des vins blancs souvent handicapés par des rendements excessifs. Bon millésime à Chablis, mais certains vins sont dilués.

2003 Le millésime de la canicule. En raison de la chaleur, la récolte fut déficitaire de 30 à 40 % selon les endroits. En Côte d'Or – et surtout en Côte de Nuits – beaucoup de vins rouges nourris et solidement construits quoique souvent atypiques. Les vins blancs sont puissants, mais parfois un peu mous et à court d'acidité. Idem à Chablis où les vins n'ont pas leur vigueur caractéristique.

2002 Un été très sec et un temps ensoleillé et venteux à compter de la mi-septembre suivis de conditions idéales aux vendanges et une qualité générale remarquable. Récolte abondante de bons vins rouges se distinguant par leur pureté et leur équilibre. Splendide année pour les vins blancs, riches et soutenus par une acidité parfaite. Millésime de rêve à Chablis.

Bourgogne

Bourgogne rouges Côte d'Or

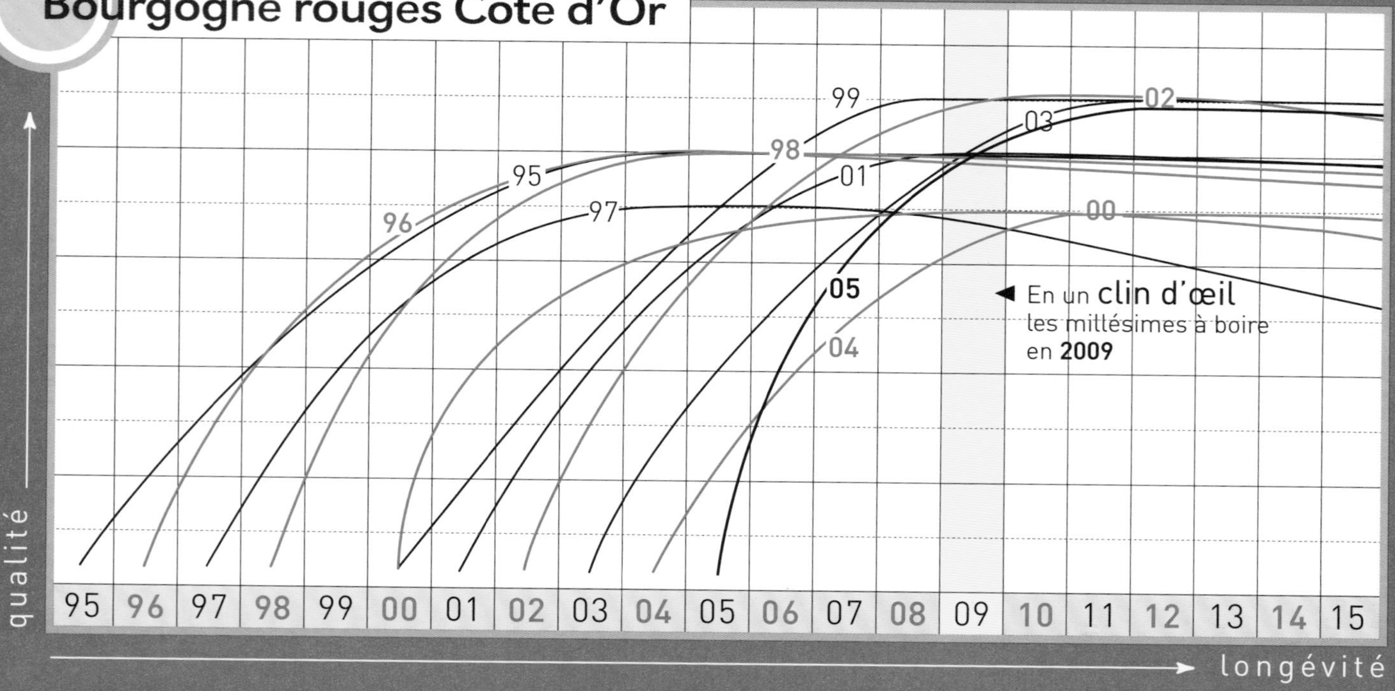

qualité

longévité

95 96 97 98 99 00 01 02 03 04 05 06 07 08 09 10 11 12 13 14 15

95 96 97 98 99 00 01 02 03 04 05

► En un clin d'œil
les millésimes à boire
en **2009**

2001 Une météo froide et chagrine. Le temps frais et pluvieux de septembre a causé des problèmes de pourriture. Des vins rouges de qualité disparate, à défaut de puissance, les meilleurs ont une finesse appréciable. Bons vins blancs en Côte de Beaune. Qualité moyenne à Chablis.

2000 Abondante récolte de pinot noir; qualité générale apparemment satisfaisante – surtout en Côte de Nuits – bien que moins impressionnante qu'en 1999. Beaucoup de vins blancs distingués en Côte de Beaune. Grand millésime à Chablis.

1999 Des vins blancs purs, généreusement fruités et surtout très distingués grâce à leur vitalité et à leur équilibre. Globalement, les vins rouges ont à la fois beaucoup de chair et de substance, plusieurs mettent en relief l'éclat aromatique du pinot noir bien mûr. Abondante récolte à Chablis et de bons vins aimables à boire sans trop attendre.

1998 Millésime très variable selon la date des vendanges. Les meilleurs vins sont passablement structurés, riches en couleur et en matière. En revanche, les vignerons qui ont récolté sous la pluie ont le plus souvent obtenu des vins, au mieux légers, au pire dilués. Petite récolte de vins blancs de qualité très satisfaisante. Des vins pleins de finesse à Chablis.

Le millésime 2005 est un millésime de rêve dont on parlera longtemps. Le pinot noir – et le chardonnay pour les vins blancs – a profité d'un été sec et de conditions idéales au moment des vendanges. Sur toute la Côte d'Or ainsi que sur la Côte Chalonnaise, les vins sont à la fois riches, généreux et idéalement équilibrés. Profitez des nombreux spécimens encore offerts à la SAQ.

Choisis avec discernement, les vins blancs et les vins rouges de Côte Chalonnaise sont souvent des achats avisés.

Il y a de plus en plus de bons vins blancs en Mâconnais, à Saint-Véran et même à Mâcon-Villages. Pouilly-Fuissé coûte plus cher, mais les vins sont souvent supérieurs.

Sauf quelques rares exceptions, la qualité des Bourgogne rouges génériques est navrante. Le Bourgogne Passetoutgrain est un ramassis d'à peu près n'importe quoi. La région semble atteinte d'une incapacité chronique à produire de bons vins à prix avantageux.

Plus que le prestige et que la qualité présumée de l'appellation, le nom du producteur et le millésime sont les meilleures garanties de qualité.

bon à savoir

Bourgogne blancs • Que boire en **2009**?

Tous les Bourgogne génériques, les vins du Mâconnais et la plupart des vins de Côte Chalonnaise sont à boire avant l'âge de 3 ans.

En Côte de Beaune et à Chablis, les grands crus demandent en général trois ou quatre ans pour s'épanouir, parfois plus. À l'exception des meilleurs qui peuvent vivre longtemps, il vaut mieux les consommer avant l'âge de 8 ou 10 ans. En 2009, on boira idéalement les 2004 en attendant que les 2005 se révèlent pleinement. Les 2003 sont à point et ne sont pas destinés à une longue vie. Bien que déjà infiniment flatteurs, les meilleurs vins du millésime 2002 seront encore plus complets dans quelques années. Les 2001, 2000 et 1999 sont maintenant ouverts. À moins qu'ils n'aient été conservés dans les meilleures conditions, méfiez-vous des vins antérieurs à 1999.

Bourgogne rouges • Que boire en **2009**?

Le caractère fruité est la première qualité de tout bon Bourgogne rouge. En cette matière, il vaut mieux trop tôt que trop tard. La prudence s'impose.

Tous les vins d'appellations génériques et secondaires doivent être bus jeunes, entre 2 et 4 ans. Les meilleurs vins de la période 2006-2004 doivent encore s'affiner. Les 2003 et les millésimes précédents sont généralement à point.

Billaud-Simon, Chablis Tête d'Or 2006 (S-10517046) : 30,25 $

Sur les quelque 20 hectares de son vignoble, Bernard Billaud pratique en alternance la culture raisonnée et la biodynamie. De nouveau très réussie, sa cuvée Tête d'Or reflète bien les caractéristiques du millésime 2006 à Chablis. Un peu plus charmeur et nourri que d'habitude, le vin conserve un profil droit, sec et équilibré qui met en relief de subtiles tonalités minérales. Plus cher que la moyenne des Chablis tout court, mais sa qualité justifie le prix. ☆☆☆☆ ②

Boisset, Jean-Claude

Son nom ayant longtemps été associé à la production de vins commerciaux quelconques, le magnat bourguignon – aussi propriétaire d'innombrables marques : Bouchard Aîné, Jaffelin, Moreau, etc. – a entrepris un sérieux redressement qualitatif de ses vins. Sous l'étiquette Jean-Claude Boisset, l'entreprise propose désormais une gamme d'excellents vins élaborés selon les règles de l'art par Grégory Patriat, un jeune œnologue formé chez Lalou Bize-Leroy – peut-on rêver de meilleure école? – et recruté par Boisset en 2002 alors qu'il n'avait que 26 ans. Aujourd'hui, Patriat achète à contrat les récoltes de producteurs triés sur le volet et soumis à un cahier des charges rigoureux.

Déjà, les résultats sont spectaculaires. Dégustés en septembre 2008, tous les vins, du simple Bourgogne au Clos de la Roche, étaient impeccables et marqués du caractère spécifique de chaque terroir. S'ils sont déjà tous prêts à boire, grâce à leur équilibre irréprochable, la plupart seront sans doute à leur apogée entre 2011 et 2018.

Clos de la Roche 2005 (U-11009916 : 155 $) ; excellent vin riche dont les subtilités aromatiques quasi exotiques annoncent une grande complexité ; une attaque sucrée et une texture tannique ample, veloutée et très fine, caractéristique des grands terroirs de Morey-Saint-Denis. Intensité et persistance. Arrivée prévue au début de 2009. ★★★★→? ③

Plus charnu, le **Nuits Saint-Georges 2006, Les Charbonnières** (U-11010044 : 60 $) révèle des saveurs riches et profondes sur une texture suave, tonifiée par des tanins soyeux. Encore très jeune et concentré, il continuera de se bonifier pendant la prochaine décennie. On prévoit également l'arrivée de 60 magnums au début de l'année 2009 (U-11009991 : 129 $). ★★★★ ③

Gevrey-Chambertin Premier cru Lavault Saint-Jacques 2006 (U-11010061 : 106 $) ; un remarquable vin épuré ; le fruit s'exprime avec beaucoup de netteté et de franchise. Pas le plus concentré, mais un Gevrey authentique et parfaitement équilibré, agrémenté de tonalités minérales fort distinguées. Arrivée prévue au début de 2009. ★★★★ ③

Véritable modèle de raffinement, le **Chambolle-Musigny 2006** (U-11016868 : 64 $) se distingue déjà par sa forme suave, mûre et harmonieuse. Le 2006 mise davantage sur une expression épurée du fruit que sur la concentration et met bien en évidence la délicatesse typique des vins de cette appellation de la Côte de Nuits. On annonce également 10 caisses de 2006 en magnum (U-11010010 : 135 $). ★★★→★ ②

Un cran plus ferme, le **Chambolle-Musigny 2005** (U-11016876 : 65 $) s'impose par sa consistance et sa profondeur. Un peu ferme pour l'heure, il sera certainement plus flatteur dans deux à trois ans. ★★★→? ③

En attendant, on peut déjà apprécier les qualités du **Chambolle-Musigny Les Groseilles 2004** (S-10524166 : 83 $) ; solidement construit et combinant adroitement la finesse et l'autorité. Encore jeune, ce vin prometteur prendra quelques années pour arrondir ses angles. ★★★→★ ②

Beaune Premier cru Les Bressandes 2005 (U-11016884 : 62 $) ; à la fois élégant et plein de matière éminemment riche et charnue, ce 2005 tapisse la bouche de tanins suaves et caressants. Une longue finale chaleureuse et un équilibre exemplaire. ★★★★ ③

Pour le quotidien (ou presque !), le **Bourgogne 2006, Pinot noir** (S-11008121 : 23,95 $) déploie une belle matière fruitée passablement charnue et une finale savoureuse aux accents poivrés. Souple, coulant et éminemment charmeur. Quatre étoiles pour un Bourgogne générique plus achevé que la moyenne. ★★★★ ② ♥

Que de bons mots également pour la série de vins blancs, tous élaborés dans le même esprit de finesse et témoignant d'un attachement au goût du lieu.

Sans excès boisé, le **Meursault 2006, Limozin** (U-11010079 : 68 $) se distingue par une finesse aromatique et une fraîcheur qui mettent en valeur de fines subtilités minérales. Un vrai vin de terroir à conserver en cave encore quelques années. ☆☆☆☆ ②

Plus mûr et issu de raisins manifestement bien nourris, le **Saint-Aubin Premier cru sur Gamay 2006** (U-11009879 : 43,75 $) charme par son nez très expressif aux senteurs de fleurs blanches. Ample, équilibré et doté d'une franche personnalité. ☆☆☆☆ ②

Moins cher, le **Côte de Nuits-Villages 2006, Creux de Sobron** (U-11010036 : 33,75 $) est stylistiquement proche d'un bon Pernand-Vergelesses. Excellent vin pur au relief expressif ; droit et plein d'attraits. ☆☆☆☆ ②

Enfin, une bonne note aussi pour le **Bourgogne 2006, Chardonnay** (S-11008112 : 23,95 $) qui mise sur une expression très mûre du fruit. À la fois riche et désaltérant grâce à un léger reste de gaz carbonique. ☆☆☆ ②

Bourée Fils, Pierre ; Beaune Les Épenottes 2005
(S-872366) : 48,75 $

Privilégiant comme toujours l'harmonie à la concentration tannique, Louis et Bernard Vallet persistent et signent un délicieux 2005 se démarquant par sa fraîcheur et sa texture tendre appuyée par des tanins mûrs. Une légère touche boisée ajoute à son élan et à son relief. Encore jeune, il a tout l'équilibre pour traverser les années en beauté. ★★★→★ ②

Brintet, Mercurey 2006, La Perrière (S-872655) : 27,10 $
Sur leur domaine de 13 hectares, Véronique et Luc Brintet se sont taillé une réputation enviable à Mercurey. Toutefois, les deux vins rouges dégustés en septembre 2008 ne m'ont pas semblé très convaincants. Fatigue d'un transport récent ? Creux de vague ? Néanmoins un bon Mercurey droit, franc de goût, suffisamment fruité et bien équilibré, mais sa fin de bouche est un peu mince. ★★→? ②

Bourgogne (09)

UN CHOIX PERSONNEL

Pour boire du Bourgogne sans se ruiner

- ○ Billaud-Simon, Chablis Tête d'Or 2006
- ○ Château de Beauregard, Pouilly-Fuissé 2004, Aux Charmes
- ○ Fery, Jean ; Pernand-Vergelesses Les Combottes 2005
- ○ Goisot, Ghislaine & Jean-Hugues ; Bourgogne Aligoté 2006
- ● Villaine, A. et P. de ; Mercurey 2006, Les Montots

Pour goûter le meilleur

- ● Boisset, Jean-Claude ; Clos de la Roche 2005
- ● Bourée Fils, Pierre ; Beaune Les Épenottes 2005
- ● Fougeray de Beauclair, Fixin 2005, Clos Marion
- ● Voillot, Joseph ; Beaune Coucherias 2005

Pour boire le meilleur du Beaujolais

- ● Martray, Laurent ; Brouilly 2006, Vieilles vignes
- ● Mommessin, Réserve du Domaine de Champ de Cour 2005, Moulin-à-Vent

Pour se tirer d'affaire dans une SAQ Classique ○

- ○ Bichot, Albert ; Bourgogne Chardonnay 2006, Vieilles vignes
- ● Château de Pierreux 2007, Brouilly
- ○ Laroche, Chablis 2005, Saint Martin
- ● Rodet, Antonin ; Bourgogne 2006, Pinot noir

Château de Beauregard, Pouilly-Fuissé 2004, Aux Charmes
(U-920900) : 36,75 $

En 1999, fort de ses 13 années au service de la maison Louis Jadot, Frédéric Burrier a pris les commandes de ce domaine familial de 36 hectares. Son expérience a certainement porté fruit puisqu'il signe aujourd'hui un superbe Pouilly-Fuissé remarquablement étoffé et empreint d'un équilibre exemplaire. Son goût distingué de fruit est subtilement mis en valeur par un usage raisonné du fût de chêne et agrémenté d'un caractère minéral qui ajoute à ses attraits et laisse une impression de plénitude en finale. Impeccable ! ☆☆☆☆ ②

Château de Chamirey , Mercurey blanc 2005 (S-179556) : 29,95 $
Ce domaine de 37 hectares appartient à la famille Devillard, aussi propriétaire du Domaine des Perdrix et du Domaine de la Ferté. Très bon vin particulièrement mûr et nourri de généreuses notes de beurre, très net et bien équilibré. ☆☆☆ ②

Tout aussi satisfaisant, le **Mercurey 2006** (S-962589 : 29,95 $) est simple, mais droit et fait ressortir le côté fruité noir du pinot, le tout agrémenté de notes chocolatées bien dosées. Flatteur et fort agréable. ★★★ ②

Château de Maligny

Propriété de la famille Durup, ce domaine chablisien exporte au Québec plusieurs vins ayant en commun la pureté, la fraîcheur et la vitalité. Convaincus de mieux préserver le fruit et la minéralité qui caractérisent les vins de Chablis, les Durup n'utilisent pas de barrique.

Chablis Premier cru Fourchaume 2006 (S-480145 : 34,25 $) ; bon Chablis d'ampleur moyenne dont les saveurs délicates sont rehaussées par un léger reste de gaz carbonique. La franchise à défaut de la profondeur. ☆☆☆ ②

Moins étoffé, mais tout de même très bon, le **Chablis 2007, La Vigne de la Reine** (S-560763 : 23,75 $) se veut de nouveau une expression simple et rafraîchissante du cépage chardonnay. Pas spécialement expressif, mais doté d'une fraîcheur et d'une pureté qui le rendent fort agréable. ☆☆☆ ②

Dubreuil-Fontaine, Pernand-Vergelesses premier cru Clos Berthet 2005 (S-10794182) : 43,50 $

Propriétaire d'un vignoble de 20 hectares, la famille Dubreuil étend son activité sur une vingtaine de communes de la Côte de Beaune. Situé au pied de la colline de Corton, mais évoluant dans l'ombre des grandes appellations, le village de Pernand-Vergelesses donne d'excellents vins. Excellent 2005 très présent en bouche par sa texture grasse et ses accents beurrés. Pour l'instant, le bois domine encore l'expression du terroir et il vaudrait mieux lui laisser encore quelques années pour pouvoir en profiter pleinement. ☆☆☆→? ③

Fery, Jean

Depuis 2006, le Québécois Pascal Marchand signe les vins de ce domaine établi à Échevronne, au nord de Pernand-Vergelesses. Il n'a donc pas vinifié les 2005, mais il a veillé sur leur élevage.

Pernand-Vergelesses Les Combottes 2005 (S-10788840 : 37 $) ; excellent vin blanc teinté de minéralité et de finesse, délicatement aromatique, très pur et particulièrement élégant. Déjà passablement ouvert, il devrait continuer de se développer au cours des cinq prochaines années. Belle bouteille ! ☆☆☆☆ ②

EuroCave®

LE LEADER MONDIAL DEPUIS 1976

1. Système exclusif de régulation thermique "Twin Process" (température constante entre 5°C et 18°C, reproduisant le climat des meilleures caves naturelles).

2. Parois constituées de l'isolant cellulaire "CQI" de 5 cm d'épaisseur (équivalent à près de 2 mètres de terre).

3. Aération naturelle par l'effet soupirail avec filtre à charbon actif.

4. Parois intérieures en "SRA" aluminium gaufré pour garantir une hygrothermie supérieure à 50 %.

5. Système "VES" pour une barrière anti-vibration performante.

inoa DES **AVANTAGES EXCLUSIFS**
POUR **OPTIMISER LA QUALITÉ** DE VOTRE VIN

Le climatiseur le plus silencieux du marché
Le caisson du climatiseur Inoa est insonorisé et des silentblocs équipent le compresseur ainsi que les ventilateurs pour absorber toutes les vibrations résiduelles.

Le niveau d'hygrométrie naturelle préservé
En maintenant une température d'évaporation constante, au dessus de 0°C, le climatiseur Inoa dessèche peu l'air de votre cave.

Économies d'énergie
Grâce à la technologie unique, brevetée EuroCave, qui repose sur une température d'évaporation positive et un ajustement automatique des vitesses des ventilateurs, le climatiseur Inoa favorise les économies d'énergie.

CAPSULE**CONSEIL**
Pour aménager une cave à vin sur mesure, les spécialistes de Vin & Passion peuvent vous conseiller et réaliser pour vous toutes les étapes de votre projet.

Vin & Passion

CENTROPOLIS LAVAL
1910, av. Pierre Péladeau

PROMENADES SAINT-BRUNO
Porte 2 (premier étage), allée de Sears

Fougeray de Beauclair, Fixin 2005, Clos Marion
(S-872952) : 42,25 $

Fondé en 1978 par Jean-Louis Fougeray, ce domaine réputé de la Côte de Nuits est aujourd'hui dirigé par son gendre, Patrice Ollivier. Provenant d'un vignoble de 3 hectares dont les vignes ont en moyenne une soixantaine d'années, cet excellent Fixin donne pleine satisfaction. Débordant de fruit et de tanins ronds, il laisse une impression presque grasse en bouche, il a de la poigne et séduit par sa finale persistante relevée de notes de cassis. Sa souplesse le rend immédiatement agréable, mais il continuera de se développer favorablement au cours des cinq prochaines années. Du beau travail ! ★★★★ ②

Plus rudimentaire, le **Marsannay 2005, Les Favières** (S-736314 : 31,25 $) est un bon vin souple aux goûts de fruits mûrs. Correct, mais sans envergure particulière pour le moment. ★★→? ②

Gay, François ; Chorey-lès-Beaune 2005 (S-917138) : 32 $

François Gay reste attaché à la tradition bourguignonne et signe un savoureux 2005 qui charme d'emblée par son nez très expressif, aux parfums de fruits sauvages. La bouche est animée d'une acidité bien dosée qui donne passablement d'élan et de caractère à l'ensemble. Très bon Chorey charnu. ★★★ ②

En août 2008, quelques bouteilles du **Chorey-lès-Beaune 2004** (S-917138 : 32 $) étaient toujours présentes dans le réseau. Vif et droit, un minimum de fruit ; un peu trop mince et fluide pour un vin de ce prix. ★★ ②

Goisot, Ghislaine & Jean-Hugues

Spécialiste des vins de l'Yonne, le couple Goisot cultive leur domaine en biodynamie. Leurs deux vins sont certifiés Écocert et offrent une qualité impeccable à bon prix.

Saint-Bris 2006, Sauvignon (S-10520819 : 21,90 $) ; de nouveau très réussi, ce vin authentique et sans maquillage s'exprime avec beaucoup d'élégance et de pureté aromatique sans toutefois manquer de tenue. Cette expression originale du sauvignon en terre bourguignonne gagne à être connue. ☆☆☆☆ ② ♥

Bourgogne Aligoté 2006 (S-10520835 : 19,80 $) ; difficile de résister au charme de cet excellent vin blanc juste assez vineux, agrémenté d'une acidité parfaitement dosée et d'élégantes saveurs minérales évoquant la pierre à fusil. Un vrai régal ! ☆☆☆☆ ② ♥

Guillot-Broux, Mâcon-Cruzille 2005, Les Genièvrières

(S-10931263) : 22,55 $

Cruzille est l'une des nombreuses communes qui jalonnent le Mâconnais. Issu de l'agriculture biologique, le vin des frères Guillot est généreusement nourri par le millésime. Rien de complexe, mais des saveurs à la fois précises et délicates portées par une agréable vinosité et un bon équilibre d'ensemble. Savoureux et à bon prix. ☆☆☆ ②

La Chablisienne, Chablis Premier cru Côte de Lechet 2004

(S-869198) : 32,25 $

Fondée en 1923 – avant même la création de l'appellation d'origine contrôlée – et regroupant aujourd'hui plus de 200 viticulteurs cultivant un total de 1100 hectares, la coopérative de Chablis est l'une des plus performantes de France. De nouveau fort convaincant, le Premier cru Côte de Lechet est enrichi par une vinification et un élevage partiel en fût neuf (20 %) qui lui confère une agréable vinosité agrémentée de délicates notes boisées. Bon vin mûr, franc de goût et parfaitement équilibré. À boire d'ici 2011. ☆☆☆ ②

Mallard, Michel & Fils

Michel Mallard et son fils Patrick produisent d'excellents vins sur les terroirs de Corton.

Ladoix Premier cru Les Joyeuses 2003 (S-10290056 : 47 $) ; bon 2003 typique caractérisé par des senteurs de pruneau confit. Vin chaleureux et capiteux ; solide, mais taillé d'une seule pièce et dont la longévité me paraît incertaine. Comme beaucoup de Bourgogne rouges du millésime 2003, il ne me semble pas avoir la colonne assez solide pour vivre longtemps. ★★★→? ②

Muzard, Lucien

Au sud de Beaune, le domaine de Claude et Hervé Muzard compte une quinzaine d'hectares.

Santenay Premier cru Gravières 2004 (S-10327322 : 34,75 $) ; nullement handicapé par les difficultés du millésime, ce savoureux 2004 ne manque pas de matière ni de corps. Son attaque vive, marquée d'un léger reste de gaz carbonique, met en relief de bons goûts de fruits noirs sur un fond de notes fumées. L'aérer en carafe une heure avant de le servir. ★★★ ②

Plus simple, le **Santenay 2004, Champs Claude, Vieilles vignes** (S-10552415 : 29,20 $) est un bon vin moderne, tendre et coulant, mais pas fluide. Pas mal, mais j'aurais souhaité que le caractère aromatique du pinot ressorte davantage. ★★ ②

Parent, Beaune Premier cru Les Épenottes 2005

(S-10376458) : 39,25 $

Depuis 1947, Jacques Parent a conduit ce domaine deux fois centenaire à sa reconnaissance actuelle. Ce vin témoigne de tout le sérieux de la maison. Des saveurs denses et beaucoup de concentration, mais aussi de la fraîcheur et du charme. Belle bouteille encore jeune, à laisser mûrir quelques années. ★★★→? ③

La magie du terroir

CE TEXTE A ÉTÉ PUBLIÉ DANS *L'ACTUALITÉ* DU 1ER OCTOBRE 2008

Un jardin... Oubliez les vignes à perte de vue du Languedoc ou les immenses domaines viticoles de Bordeaux. La Bourgogne a plutôt l'allure d'un potager où les grands crus distillent le vin au compte-gouttes.

Alors que les plus prestigieux châteaux du Médoc produisent chaque année plus de 10 000 caisses de vin, le vigneron de Côte de Nuits n'a souvent que deux barriques pour contenir toute sa récolte annuelle de Musigny. En 2007, la production bordelaise a frisé les 800 millions de bouteilles ; en Bourgogne c'était quatre fois moins. Plus rares encore, les grands crus de Côte d'Or tous ensemble comptent pour seulement 1,4 % de la production ; à peine 3 millions de bouteilles pour satisfaire le marché mondial.

À une époque où la planète vin semble de plus en plus conquise par les gros producteurs, distributeurs et conglomérats internationaux, la Bourgogne demeure le royaume de l'infiniment petit et du travail cousu main. Une mosaïque extraordinaire de vignobles le plus souvent minuscules, résultat du morcellement commencé à la Révolution française, alors que l'État confisqua les terres et les revendit après les avoir découpées en parcelles. Ce fractionnement s'est ensuite amplifié au fur et à mesure des successions familiales. Voyez le célèbre Clos de Vougeot. Cultivé dès le XIIe siècle par les moines de l'abbaye de Citeaux, ce grand cru occupe 50 hectares que se partagent aujourd'hui plus de 70 vignerons. Il en résulte autant de vins différents selon l'exacte position de chaque parcelle et selon le savoir-faire et la rigueur de chaque viticulteur.

En vérité, le vin de Bourgogne est un univers complexe semblable à celui des beaux-arts, où des chefs-d'œuvre côtoient des tableaux sans inspiration. Dans les deux cas, c'est la signature de l'artiste qui fait foi de la qualité. Le paysage a beau être splendide, si le peintre n'a pas de talent... C'est pareil pour le vin. Le terroir peut être formidable, encore faut-il savoir le mettre en valeur. C'est pourquoi même des vins issus d'appellations prestigieuses – et vendus au prix fort – peuvent décevoir. D'où l'attention que l'amateur doit avant tout porter au nom du producteur. Des signatures comme Leroy, Domaine des Perdrix,

Drouhin, Jadot, Maréchal, Champy, Clair, Château de Chorey, Sérafin, sans oublier Bichot (actuellement en pleine renaissance) - pour ne nommer que ceux-là – sont généralement une garantie d'excellence.

S'étalant entre Dijon et Chagny, la Côte d'Or déroule ses tapis de vignes verdoyantes sur une longueur d'à peine 50 km. Une frange étroite, parfois large de quelques centaines de mètres seulement, circonscrite entre les collines menant aux Hautes Côtes et à la route nationale 74. C'est là que s'étalent des grands crus aux noms fameux : Chambertin, Richebourg, Romanée, Corton et tant d'autres.

Paradoxe, et sans doute l'une des explications de leur caractère unique, ces crus mythiques sont situés à la limite septentrionale où il est encore possible de faire de grands vins rouges. Ni trop chaud – le raisin mûrirait alors précipitamment et donnerait des vins lourds et caricaturaux – ni trop froid. Certes, les conditions météo sont parfois précaires, mais si la saison est belle, le pinot noir mûrit alors lentement, puisant progressivement dans le sol une mine de détails et cette finesse inimitable qui ont fait la gloire des vins de la région. En Bourgogne, le cépage n'est finalement qu'un outil, une sorte de pompe géniale servant à puiser dans le sol la sève définissant chaque parcelle. Pour expliquer le caractère unique des vins de la Côte d'Or, les vignerons de la région ont souvent cette réponse : « On ne fait pas du Pinot noir, mais du Volnay ou du Pommard. » Vin de cépage ou vin d'un lieu, c'est toute la différence.

À son meilleur, le Bourgogne rouge offre une richesse aromatique, un caractère fruité et un velouté irrésistible. Sans être nécessairement très puissants, ces grands vins peuvent vivre longtemps pour développer une étonnante complexité et surtout cette élégance et cette suavité rares qui ont permis à la Bourgogne de contribuer magistralement à la grande histoire du vin.

Perrot-Minot, Morey-Saint-Denis 2005, En la rue de Vergy (S-10918991) : 73 $

Christophe Perrot-Minot dirige avec beaucoup de dynamisme cette propriété de la Côte de Nuits. Provenant d'une parcelle voisine du Clos de Tart, ce très bon vin offre une expression particulièrement étoffée du pinot noir. Riche, serré, savoureux et agrémenté d'une touche savamment boisée, il ne manque pas de tempérament. Encore ferme et compact, il profitera de quelques années en cave. ★★★→? ③

Potel, Nicolas

Le fils de l'ancien propriétaire du Domaine de la Pousse d'Or a été contraint de vendre l'affaire familiale en raison de problèmes de succession. La maison de négoce qu'il a créée par la suite à Nuits Saint-Georges offre généralement des vins de très bonne qualité.

Le **Beaune Premier cru Les Bressandes 2005** (S-725929 : 54 $) mise avant tout sur la clarté du fruit et l'équilibre. Des tanins soyeux et un fruit très présent lui confèrent un velouté et un charme exquis ainsi qu'une finale longue et harmonieuse. Pas donné, mais c'est le prix à payer pour un bon premier cru. ★★★→? ②

Plus simple, le **Santenay 2005, Vieilles vignes** (S-725564 : 31,50 $) ne m'avait pas semblé spécialement brillant l'année dernière. Dégusté de nouveau en septembre 2008, il ne m'a pas fait meilleure impression. Une expression vive et un peu légère du pinot noir. Correct, mais pas spécialement distingué. ★★→? ②

Bourgogne 2006, Maison Dieu (S-719104 : 23,40 $) ; bon vin de taille moyenne animé par une vivacité qui met en relief une jolie matière fruitée. À boire jeune et rafraîchi ; l'aérer en carafe une heure avant de le servir. ★★ ②

Sérafin Père & Fils, Gevrey-Chambertin 2004 (S-864504) : 68 $

Privilégiant comme toujours l'élégance et les vertus aromatiques du pinot noir à la concentration, Christian Séraphin signe un très bon Gevrey à la fois vigoureux, souple et droit. Sans avoir l'étoffe des meilleurs – du moins pour le moment –, le 2004 a une jolie trame fruitée et une ampleur moyenne. Ce vin fin et élégant profitera encore de quelques années en cave. En attendant, il est souhaitable de l'aérer en carafe une bonne heure avant de le servir. ★★★→★ ③

Tupinier-Bautista, Mercurey Premier cru En Sazenay 2006 (S-10792161) : 62 $ – 1,5 litre

Manu Bautista a repris l'exploitation viticole de son beau-père, Jacques Tupinier, il y a une dizaine d'années. Fortement marqué par son terroir, cet excellent Mercurey séduit par son nez complexe, habilement boisé et tout en nuances. En bouche, une délicate expression minérale et une longue finale parfumée lui confèrent une classe certaine. Offert exclusivement en magnum, ce vin est bon pour longtemps. ☆☆☆☆ ② ▼

Mercurey Premier cru En Sazenay 2006 (U-10796532 : 28,50 $) ; à des lieues du Pinot noir moderne et concentré, ce très bon Mercurey mise avant tout sur la souplesse, l'équilibre et la délicatesse du fruit. Du relief et une finale persistante ; plus de caractère et de sève que la moyenne. Après quelques années en cave, il gagnera certainement en complexité. ★★★★ ②

Valette, Mâcon Chaintré 2005, Vieilles vignes (S-10224526) : 29,25 $
Fidèles à leur recherche de la qualité, Gérard et Philippe Valette signent un 2005 riche et nourri d'une sève peu commune dans la région. J'ai particulièrement aimé sa finale rehaussée de subtiles notes oxydatives qui ajoutent à sa personnalité. Sa tenue en bouche et son caractère minéral affirmé en font l'un des meilleurs Chardonnay à moins de 30 $. ☆☆☆☆ ②

Verget

La maison de négoce de Jean-Marie Guffens étend son activité du nord au sud, depuis le Chablisien jusqu'au Mâconnais. Elle offre des vins modernes et de qualité notable.

Un cran en dessous du 2005 commenté dans *Le guide du vin 2008*, le **Bourgogne 2006, Grand Élevage** (S-10537258 : 29,50 $) est encore pleinement recommandable. La mention «Grand Élevage» fait référence au fait que le vin, au terme de 12 mois d'élevage en fût, est mis au contact des lies de la nouvelle récolte, ce qui lui ajoute une vinosité supplémentaire. Le résultat est convaincant et donne un très bon Chardonnay tout en rondeur et enrichi de tonalités boisées. Le prix est élevé, mais la qualité est supérieure à la moyenne des Bourgogne génériques. ☆☆☆ ②

Mâcon-Vergisson 2006, La Roche (S-10537291 : 28,15 $) ; issu du terroir de Vergisson – l'un des nombreux villages viticoles du Mâconnais –, ce très bon 2006 déploie une agréable expression aromatique alors que son profil vineux et sa tenue en bouche lui confèrent une franche personnalité. Pas spécialement profond, mais sec, franc de goût et bien équilibré. À boire d'ici 2010. ☆☆☆ ②

Saint-Véran 2005, Terroirs de Davayé (S-10537240 : 32,75 $) ; un peu mince, mais il compense par sa fraîcheur et ses saveurs subtiles. Prix élevé. ☆☆☆ ②

Villaine, A. et P. de

La reconnaissance de l'appellation Aligoté de Bouzeron en 1979 a été, en grande partie, attribuable aux efforts d'Aubert de Villaine. Son domaine est un haut lieu viticole de la Côte Chalonnaise. C'est aussi une signature fiable de vins toujours impeccables, fruits d'un travail d'orfèvre.

Bouzeron 2006, Aligoté (S-10218783) : 25,30 $; s'exprimant comme toujours avec pureté et délicatesse, le 2006 comble le palais par sa matière riche agrémentée de subtiles notes minérales. Une expression aromatique rare pour un Aligoté. Qualité exemplaire. À boire dans les trois prochaines années. ☆☆☆☆ ②

Privilégiant la finesse à la puissance, le **Mercurey 2006, Les Montots** (S-872184 : 37,25 $) se signale par sa forme droite et sans esbroufe. Ce vin élégant et harmonieux est aussi généreusement fruité, bien en chair, tonique et persistant. Un passage en carafe d'une heure est tout indiqué. Pas donné, mais c'est le prix à payer pour un excellent Mercurey. À boire entre 2009 et 2015 au moins. ★★★★ ②

Voillot, Joseph ; Beaune Premier cru Coucherias 2005 (S-10774608) : 57 $

Joseph Voillot a pris sa retraite en 1995. Aujourd'hui, son gendre Jean-Pierre Charlot est le gardien de la tradition d'excellence qui a contribué à la réputation de ce domaine. Excellent vin se signalant par sa couleur très claire et sa légèreté alcoolique de 12,5 %. Pas très puissant, mais remarquablement fin et bien équilibré. Son fruit, sa texture souple et soyeuse ainsi que sa droiture en font un modèle. À boire entre 2009 et 2015. ★★★★ ②

COMMENTÉS SOMMAIREMENT, D'AUTRES VINS DÉGUSTÉS

Bichot, Albert ; Domaine du Pavillon, Meursault Les Charmes 2004 (S-10517450) : 85 $; sérieux Bourgogne blanc de facture classique ; une sensation de fruit mûr appuyée sur une vigoureuse acidité. Encore jeune, mais prometteur. À laisser mûrir jusqu'en 2010. ☆☆☆→? ④

Château Germain 2005, Pinot noir, Vieilles vignes, Domaine du Château Chorey (S-710103) : 22,35 $; vin étroit, offrant un minimum de fruit et de structure, mais surtout une expression vive et un peu rustique du pinot noir. Pas cher, pas remarquable non plus. ★★→? ②

Château Philippe-Le-Hardi, Mercurey Premier cru Les Puillets 2006 (S-869800) : 28,05 $; couleur très claire ; à défaut de profondeur, on apprécie sa souplesse, sa fraîcheur et son fruit franc. ★★★ ②

Drouhin, Joseph ; Chorey-lès-Beaune 2006 (S-10524570) : 30,75 $; bon vin aux saveurs franches, suffisamment fruité et doté d'une fraîcheur rassasiante. Plus conséquent que la moyenne des vins de l'appellation, sans être l'aubaine du siècle. ★★★ ②

Girardin, Vincent ; Bourgogne 2005, Émotion des Terroirs, Chardonnay (S-10523219) : 25,10 $; la nervosité donne beaucoup d'élan à ce bon Bourgogne générique et très mûr, au caractère minéral affirmé. ☆☆☆ ②

Moreau, Louis ; Chablis Premier cru Vaulignot 2007 (S-480285) : 28,65 $; acidité marquée, déclinant une expression plutôt vive et nerveuse du Chablis. Pas explosif, mais net et franc de goût. ☆☆☆ ②

Thalmard, Gérald & Philibert ; Mâcon-Uchizy 2007 (S-882381) : 20,15 $; sympathique vin blanc de Mâcon dont il faut souligner la pureté et la franche expression de fruits mûrs. Suffisamment structuré et doté d'un bon équilibre, il offre la fraîcheur et la franchise à défaut de complexité. ☆☆☆ ②

TROP TARD !
Surveillez les prochains millésimes

D'AUTRES BONS VINS DE BOURGOGNE DÉGUSTÉS CETTE ANNÉE

Dujac, Morey-Saint-Denis 2004 (S-705459) : 61 $

Maintenant secondé de son fils Jeremy, Jacques Seysses mène avec rigueur et brio ce domaine d'une douzaine d'hectares spécialisé en vins de Morey. Sous sa gouverne, Dujac est devenu un nom des plus fameux et des plus fiables de Côte de Nuits. Même le simple Morey-Saint-Denis ferait la leçon à bien des Premiers et même certains Grands crus de facture douteuse. Le 2004 est particulièrement réussi. Délicieux vin teinté de fine puissance, bâti autour de tanins et de fruits mûrs et laissant une délicieuse impression de plénitude. Aucun amateur avisé de Bourgogne ne restera indifférent à une matière aussi pure et éclatante. Dans la catégorie des appellations communales, ce vin exceptionnel mérite cinq étoiles. ★★★★★ ②

Luquet, Roger ; Pouilly-Fuissé 2005, Terroir (S-893008) : 27,70 $

Fidèle à sa réputation et à celle du millésime 2005 en Bourgogne, ce producteur du Mâconnais signe un excellent Pouilly-Fuissé. La mention Terroir n'est pas vaine, puisque ce vin porte indéniablement l'empreinte de son lieu de naissance. Sec, droit, vineux et idéalement proportionné, son caractère minéral et ses nuances aromatiques pures lui confèrent autant de personnalité que d'élégance. Un vin stylé vendu à prix honnête, à boire dans les cinq prochaines années. ☆☆☆☆ ②

Maréchal, Claude & Catherine, Pommard 2005, La Chanière (S-10865382) : 42 $

Au cœur de la Côte de Beaune, Catherine et Claude Maréchal signent régulièrement d'excellents vins. Ce savoureux 2005 est fidèle à leur réputation. Mêlant à la fois la fermeté caractéristique du Pommard à des saveurs riches enrobées de tanins mûrs, ce vin plein et charnu, en même temps distingué, s'avère un achat très recommandable. Excellent Pommard que l'on boira entre 2009 et 2015. ★★★★ ②

Chorey-lès-Beaune 2004 (S-917617 : 34 $) ; par sa texture nourrie et charnue, ses saveurs fruitées pures et son ampleur en bouche, ce 2004 a une classe certaine. Le genre de Bourgogne dont je me régalerais à l'année longue. Prêt à boire et jusqu'en 2012. ★★★★ ②

Robert-Denogent, Saint-Véran 2005, Les Pommards (S-10865323) : 30 $

Saint-Véran remarquable tout à fait à la hauteur de la réputation du millésime 2005. Le style aérien, à la fois délicat et pourtant très affirmé de ce vin témoigne assurément d'un souci d'exprimer le terroir. N'y cherchez pas un Chardonnay vineux au goût boisé, mais plutôt la finesse, la précision aromatique et l'équilibre des meilleurs vins blancs du Mâconnais. Excellent ! ☆☆☆☆ ②

Verget, Chablis 2006, Terroirs de Chablis (S-10537266) : 26,65 $

La maison de négoce de Jean-Marie Guffens est de plus en plus connue. Son activité s'étend du nord au sud – depuis le Chablisien jusqu'au Mâconnais – et génère des vins de facture moderne de qualité respectable. Profitant d'un élevage partiel d'une durée de sept mois en fût de chêne sur lies, ce 2006 déploie en bouche une matière riche et vineuse. Une présence discrète de bois et de délicates notes minérales lui donnent un panache digne de mention pour un Chablis générique. Excellent ! ☆☆☆☆ ②

Ambroise, Bertrand; Côte de Nuits-Villages 2005 (S-918987) : 32 $
Doudet-Naudin, Bourgogne 2006, Vicomte (S-611772) : 23,45 $
Dubœuf, Georges; Pouilly-Fuissé 2005 (S-10864726) : 24,55 $
    Domaine les Chenevières 2006, Mâcon-Villages
    (S-10514347) : 16,80 $
Jadot, Louis; Marsannay, Côte de Beaune-Villages 2006
    (S-10496863) : 28,50 $
Jaffelin, Rully 2005, Les Villages de Jaffelin (S-918490) : 24,70 $
Jayer, Gilles; Bourgogne Hautes Côtes de Nuits 2005
    (S-10706189) : 46,75 $
Manciat-Poncet, Pouilly-Fuissé 2006, La Maréchaude, Vieilles vignes
    (S-872713) : 29,85 $
Rion, Daniel; Côte de Nuits-Villages 2004, Le Vaucrain
    (S-865774) : 29,30 $
Taupenot-Merme, Gevrey Chambertin 2004 (S-10279359) : 47,50 $

| BEAUJOLAIS |

Coquard

Christophe Coquard a créé cette maison de négoce en 2005. De facture moderne, ces trois Beaujolais font partie de la collection « Maison ».

Juliénas 2007 (S–10838552 : 18,85 $) ; à la fois vif et dodu, ce très bon vin coloré déploie un joli relief fruité agrémenté de légères notes poivrées. Quelques angles tanniques assurent sa présence et bouche et mettent en relief ses saveurs nettes. ★★★ ②

Un cran plus ferme, mais tout aussi savoureux, le **Morgon 2006** (S-11034476 : 19,15 $) se signale surtout par sa forme charnue. Plein de fruit, tendre et doté d'une finale relevée assez persistante. Offert à compter d'avril 2009. ★★★ ②

Plus souple et coulant, le **Saint-Amour 2006** (S-10838561 : 21 $) offre vivacité et fraîcheur. Simple, assez fruité, juteux et facile à boire. ★★ ②

Jadot, Louis ; Château de Poncié, Fleurie 2005

(S-10368386) : 26,40 $

Cette grande maison beaunoise peaufine aussi ses Beaujolais. Et comme 2005 est une année remarquable dans la région, les vins sont mieux réussis que jamais. Cet excellent Fleurie souple et franc de goût a une belle couleur soutenue, un nez franc de cerises et surtout cette chair digne des meilleurs Beaujolais. Très satisfaisant. ★★★★ ②

Brouilly 2007, Sous les Balloquets (S-515841 : 21 $) ; sans avoir autant de fruit que les millésimes précédents, ce 2007 offre suffisamment de fraîcheur, de tenue et de corps. Un bon verre de Brouilly. ★★★ ②

Aussi au répertoire général, le **Beaujolais-Villages 2007, Combe aux Jacques** (page 95) ⊖

Martray, Laurent ; Brouilly 2006, Vieilles vignes

(S-10837373) : 20,80 $

Sur le coteau de Combiaty, adossé au mont Brouilly, Laurent Martray cultive 9 hectares de vignes – la moitié est louée au Château de la Chaize – dont il tire cet excellent Brouilly généreux et équilibré. Du fruit à revendre, de la chair et des tanins lui confèrent toute la fermeté voulue et cette vitalité propre aux meilleurs Brouilly. L'un des bons Beaujolais 2006 dégustés cette année. À découvrir ! ★★★★ ② ♥

Mommessin

Propriété du groupe Boisset, cette ancienne maison mâconnaise, fondée en 1865, produit toujours d'excellents Beaujolais. Élaborés avec soin dans la nouvelle cuverie de Monternot, les trois vins suivants témoignent brillamment des vertus du millésime 2005 dans la région.

En tête de liste vient évidemment la **Réserve du Domaine de Champ de Cour 2005, Moulin-à-Vent** (S-557421 : 25,45 $) ; appartenant à la famille Mommessin depuis 1962, cette propriété de 7 hectares doit simplement son nom au lieu-dit du Champ de Cour, situé autour du Moulin-à-Vent. Sylvain Pitiot est aussi responsable du domaine et conduit une vinification qui s'apparente davantage aux crus de la Côte d'Or qu'aux crus du Beaujolais. Pas de macération carbonique – si fréquente dans la région –, mais un long contact pelliculaire et un élevage en fût de six mois. Le résultat ne manque pas de panache, spécialement dans le formidable millésime 2005. Le gamay exprime une chair et un relief hors du commun. Sylvain Pitiot juge ce vin mieux équilibré que le 2003 et estime qu'il vivra plusieurs années, comme un très bon Côte de Beaune. ★★★★ ②

Moulin-à-Vent 2005, Les Caves, Grande Exception, Monternot (S-10837349 : 24,05 $) ; si le Moulin-à-Vent est le plus bourguignon des Beaujolais, celui-ci en est un bel exemple. Un 2005 charnu, bien constitué et riche en bons goûts de fruits mûrs ; plein, long en bouche et franchement savoureux. Déjà bon maintenant et jusqu'en 2012 au moins. Sérieux ! ★★★★ ②

Plus souple, le **Côte de Brouilly 2005, Montagne Bleue, Grande Exception, Monternot** (S-10837411 : 20,50 $) est un modèle. Excellent vin animé par une saine acidité mettant en relief son expression fruitée à la fois fraîche et nourrie de saveurs mûres. On en redemande ! ★★★★ ② ▼

Piron, Dominique ; Domaine de la Chanaise 2005, Morgon (S-10272966) : 19,65 $

Ce domaine s'étend sur environ 60 hectares de vignes étalés dans la plupart des crus du Beaujolais et jouit d'une excellente réputation. Après quelques années d'absence chez nous, c'est bien de renouer avec ce bon vin charnu marqué de cette fermeté tannique typique du Morgon. Beaucoup de sève et une très bonne note pour son authenticité. Les amateurs de Beaujolais se régaleront. ★★★★ ② ♥

COMMENTÉS SOMMAIREMENT, D'AUTRES BEAUJOLAIS

Baronne du Chatelard, Moulin-à-Vent 2006 (S-10367471) : 19,20 $; riche, fruité et bien équilibré ; sa finale nourrie de bons goûts de fruits mûrs et sa fermeté tannique ajoutent à sa substance. ★★★ ②

Domaine de Lathevalle, Morgon 2006, Mommessin (S-420257) : 20,05 $; sur ce domaine de 10 hectares situé à Villié-Morgon, l'importante société Mommessin produit un très bon vin relevé, suffisamment fruité et déployant une certaine fermeté qui ajoute à son charme et à sa présence en bouche. ★★★ ②

Dubœuf, Georges ; Moulin-à-Vent 2005 (S-154864 : 19,75 $) ; la chair fruitée et la fermeté de ce 2005 rappellent la fibre quasi bourguignonne des vins de l'appellation Moulin-à-Vent. Encore très jeune et suffisamment charnu pour vivre jusqu'en 2012 au moins. ★★★ ②

TROP TARD !
Surveillez les prochains millésimes

D'AUTRES BEAUJOLAIS DÉGUSTÉS CETTE ANNÉE

Brun, Jean-Paul

Lorsqu'il a repris l'affaire familiale en 1979, le vigneron Jean-Paul Brun n'avait aucune formation. S'inspirant à la fois des méthodes traditionnelles du Beaujolais et de l'école bourguignonne, cet autodidacte produit aujourd'hui des vins blancs et des vins rouges parmi les plus achevés de la région.

L'Ancien, Beaujolais 2006, Terres Dorées (S-10368221 : 16,75 $) ; une mention d'excellence pour ce Beaujolais tout court affichant une personnalité remarquable. Vibrant de fraîcheur et juteux à souhait. À savourer jeune et frais pour profiter de son expression fruitée exquise. Miam, miam ! ★★★★ ② ♥

Plus étoffé, le **Côte de Brouilly 2005, Terres Dorées** (S-10520237 : 18,60 $) se fait valoir par sa couleur soutenue et son nez intense de fruits rouges. Issu d'un grand millésime dans la région, le vin s'avère très satisfaisant par son attaque très mûre, presque sucrée. L'utilisation des seules levures indigènes n'est sans doute pas étrangère à son caractère distinctif. Simple, coulant, authentique et savoureux à souhait. Il compte parmi les meilleurs Beaujolais offerts actuellement à la SAQ. ★★★★ ② ♥

Château de Beauregard, Moulin-à-Vent 2005, Clos des Pérelles
(U-10926755) : 26,85 $

En 1999, fort de ses 13 années au service de la maison Louis Jadot, Frédéric Burrier a pris les commandes de l'affaire familiale, au sud de la Côte d'Or. Le vignoble s'étend sur 36 hectares répartis sur les appellations Pouilly-Fuissé, Saint-Véran, Fleurie et Moulin-à-Vent. Savoureux mélange de fruit et de vinosité, ce Moulin-à-Vent résume à lui seul les vertus du millésime 2005 dans la région. Un vin vibrant et plein de caractère, passablement long et profond, réunissant tous les éléments dans de justes proportions. Les Beaujolais aussi distingués sont rares ! ★★★★ ②

Vins de Bourgogne et du Beaujolais
au répertoire général

Bichot, Albert

Cette ancienne maison de négoce beaunoise a entrepris un redressement qualitatif remarqué au cours des dernières années.

Le **Bourgogne Chardonnay 2006, Vieilles vignes** (C-10845357 : 16,35 $) offre en bouche une saine vitalité et une expression franche du fruit. Bon vin simple que l'on apprécie surtout pour sa pureté et sa franchise. Particulièrement recommandable dans sa catégorie. ☆☆☆ ② ♥

Bouchard Père & Fils, Bourgogne Aligoté 2007
(C-464594) : 16,85 $

À la fois frais et rond, ses bons goûts de fruits et son volume aromatique méritent une mention. ☆☆☆ ① ♥

Jadot, Louis ; Saint-Véran 2007, Combe aux Jacques
(C-597591) : 21,05 $

Vin droit et désaltérant misant simplement sur la franche expression du fruit ; pas de bois, mais une belle fraîcheur et une illustration convaincante des vertus de cette appellation du Mâconnais. ☆☆☆ ②

Fèvre, William ; Chablis 2007, Champs Royaux
(C-276436) : 24,25 $

Très bon vin fin et distingué aux délicats accents minéraux et porté par une acidité bénéfique. À la hauteur de la réputation de ce grand domaine chablisien. ☆☆☆ ②

Laroche, Chablis 2005, Saint Martin (C-114223) : 24,95 $

Une couleur dorée annonce un vin passablement mûr et nourri dont les rondeurs sont tonifiées par une acidité bien dosée. Très bon Chablis courant ; dans une bouteille à capsule vissée. ☆☆☆ ②

Noirot-Carrière, Bourgogne Aligoté 2007, Les Terpierreux
(C-181867) : 16,40 $
Sans rien révolutionner, cet Aligoté m'a semblé mieux réussi qu'avant. Bel exemple de Bourgogne courant, un vin blanc moderne qui se fait avant tout valoir par sa franche acidité mettant en relief de délicates notes de noisettes grillées. Dans une bouteille à capsule vissée. ☆☆☆ ①

| BOURGOGNE ROUGES |

Rodet, Antonin ; Bourgogne 2006, Pinot noir (C-358606) : 18,85 $
Inscrit depuis longtemps au répertoire général de la SAQ, ce vin abordable fait preuve d'une constance exemplaire. Souple, riche en fruit, empreint de vigueur et soutenu par une saine acidité, le 2006 est très bien. Un bel exemple de Bourgogne générique simple, coulant et parfaitement recommandable. ★★★ ② ♥

| BEAUJOLAIS |

Dubœuf, Georges ; Brouilly 2007 (C-070540) : 17,95 $
Avec des ventes annuelles frôlant les 13 millions de dollars, le Brouilly de Georges Dubœuf occupe la deuxième position du palmarès de la SAQ (loin derrière l'argentin Fuzion). Sans être aussi brillant que les millésimes précédents, le 2007 est néanmoins très fruité, vif, franc de goût et fort satisfaisant. ★★★ ②

Le **Côte de Brouilly 2007** (C-162503 : 17,05 $) ne manque pas de charme et s'affirme vigoureusement en bouche. Suffisamment fruité et tout à fait rassasiant. ★★★ ①

Plus simple, le **Beaujolais-Villages 2007** (C-122077 : 14,95 $) ; nerveux, coulant et facile à boire. ★★ ①

Château de Pierreux 2007, Brouilly (C-10754421) : 19,65 $
Construit au XIXᵉ siècle, le Château de Pierreux est une très belle demeure du Beaujolais. Après le délicieux 2006 encensé dans *Le guide du vin 2008*, le 2007 se présente sous un jour plus nerveux. Vitalité et fraîcheur sont ses principaux atouts. ★★★ ②

Jadot, Louis ; Beaujolais-Villages 2007, Combe aux Jacques
(C-365924) : 16,95 $
Ce Beaujolais-Villages est certainement l'un des meilleurs de sa catégorie. Son fruit et sa matière fluide et coulante laissent une délicieuse impression de fraîcheur. Pour en apprécier le caractère désaltérant, le servir rafraîchi autour de 14-15 °C. ★★★ ②

Alsace

De toutes les régions viticoles de France, l'Alsace est celle qui a la plus grande singularité. Ici, point de système d'appellation complexe. Sa palette de cépages est le reflet de la richesse du terroir et assure la typicité de ses vins.

Bordée à l'est par l'Allemagne et à l'ouest par le massif des Vosges, le vignoble s'étend sur une centaine de kilomètres entre Strasbourg et Mulhouse.

L'encépagement a beaucoup évolué au cours des 30 dernières années. Les variétés les plus affectées par ces changements sont le sylvaner et le chasselas – virtuellement absents du marché québécois – qui ont progressivement été remplacés par le pinot blanc et le pinot gris qui représentent, avec le riesling et le gewürztraminer, plus des trois quarts du vignoble, soit 15 000 hectares.

Conquis par leur multitude de parfums, les Québécois semblent demeurer fidèles aux vins alsaciens. En mars 2008, le chiffre d'affaires annuel des vins d'Alsace à la SAQ était sensiblement le même que celui de l'année précédente, soit 18,5 millions de dollars.

Pour séduire plus facilement le grand public et pour mieux paraître dans les concours, des producteurs laissent une dose perceptible de sucre résiduel dans leurs vins. Quelques rares maisons ont commencé à donner des informations relatives aux taux de sucre et d'acidité sur la contre-étiquette, mais cette pratique demeure assez marginale. Si vous voulez acheter des vins secs, retenez les noms de Beyer, Trimbach et Hugel.

L'appellation «Alsace Grand cru» n'indique pas nécessairement une qualité supérieure. Cette appellation fait l'objet de débats récurrents au sein de la profession et plusieurs producteurs, dont Beyer, Hugel et Trimbach, s'en excluent volontairement.

Sauf de très rares exceptions, le goût de bois est inexistant dans les vins d'Alsace. L'expression du cépage et du terroir est pleinement mise en valeur.

À cause de leur forte acidité, les grands vins secs de riesling ont besoin de temps pour atteindre leur sommet. Ils peuvent vivre très longtemps.

bon à savoir

LES CINQ DERNIERS MILLÉSIMES

2007 Un été chagrin et de la grêle à la mi-juin – jusqu'à 80 % de perte dans la région de Colmar – annonçaient une récolte catastrophique. Comme ailleurs en France, le beau temps de septembre a sauvé la mise et a permis de récolter des raisins idéalement mûrs et riches en arômes. Excellent millésime en perspective.

2006 Un mois d'août frais et pluvieux a causé des problèmes de pourriture, en particulier dans les plaines. Malgré tout, une petite quantité de très bons vins aux meilleures adresses.

2005 Un mois d'août maussade suivi de pluies en septembre et au début d'octobre. Malgré tout, beaucoup de vins mûrs et bien équilibrés. Entre le 6 et le 20 octobre, un bel été indien a favorisé la production de bons vins de Vendanges tardives.

2004 Récolte abondante et beaucoup de bons vins secs aromatiques. Les pluies à compter du 10 octobre ont nui à la production de Vendanges tardives et de Sélection de grains nobles.

2003 Des vendanges précoces et une récolte déficitaire de près de 25 % par rapport à 2002 en raison des gels printaniers et de la grêle. Des raisins très sucrés et des vins tout aussi riches en alcool, mais faibles en acidité. Qualité variable et atypique.

DÉBOUCHER OU ATTENDRE?

Alsace • Que boire en **2009**?

Pinot blanc, Sylvaner, Gentil et autres vins courants sont à boire jeunes, avant l'âge de 3 ans. En revanche, les meilleures cuvées de riesling, de pinot gris et de gewürztraminer peuvent vivre plusieurs années et certains grands millésimes exigent quelques années de garde pour se développer pleinement. La même remarque vaut pour les vins de Vendanges tardives et les Sélection de grains nobles, des vins quasi immortels.

Les meilleurs vins de la série 2006, 2005 et 2004 mériteraient de mûrir encore quelques années. La plupart des 2003 sont maintenant épanouis. Les 2002, 2001 et 2000 sont à maturité, mais les plus grandes cuvées ont encore de belles années en perspective.

Pour bien boire à moins de 20 $
- Schlumberger, «S», Alsace
- Beyer, Léon; Pinot gris 2006, Alsace

Pour savourer le meilleur
- Trimbach, Riesling 2003, Cuvée Frédéric Émile, Alsace
- Beyer, Léon; Riesling 2003, Les Écaillers, Alsace
- Zind-Humbrecht, Pinot gris 2004, Clos Jebsal, Vendanges tardives, Alsace

Pour acheter le meilleur dans une SAQ Classique Ⓖ
- Hugel & Fils, Riesling 2006, Alsace

UN CHOIX PERSONNEL

Beyer, Léon

Pas de sucre résiduel chez Beyer. Cette famille de purs et durs reste attachée aux vertus désaltérantes et gastronomiques des vins secs et dépouillés. Du plus modeste au plus grand, tout ce qui porte la griffe Beyer est impeccable.

Riesling 2003, Les Écaillers, Alsace (S-974667 : 33,25 $) ; issu exclusivement du grand cru Pfersigberg, ce vin est toujours d'une pureté et d'une droiture exemplaires. Parfaitement sec et nerveux, le 2003 regorge de belles nuances minérales et a toute l'étoffe nécessaire pour vivre plusieurs années. Excellent, comme d'habitude. ☆☆☆☆ ②

Gewürztraminer 2003, Alsace (S-978577 : 23,95 $) ; excellent vin sec et nerveux dont le profil aromatique épuré – tout le contraire de pommadé ! – tranche avec la plupart des Gewürztraminer à prix semblables. Un modèle d'équilibre. ☆☆☆☆ ②

Pinot gris 2006, Alsace (S-968214 : 19,90 $) ; couleur paille et nez très ouvert évoquant le miel et la cannelle ; un vin jeune et vigoureux, vineux et présentant une tenue en bouche bien sentie. Excellent ! ☆☆☆☆ ② ♥

Aussi un bon **Pinot noir 2005, Alsace** (S-10789906 : 23,15 $) ; on appréciera pour sa fraîcheur, sa texture veloutée et son harmonie d'ensemble. Une fin de bouche chaleureuse fort rassasiante. À boire jeune. ★★★ ②

Au répertoire général, le **Riesling 2007, Réserve** (page 105) Ⓖ

Le doux parfum du vin d'Alsace

CE TEXTE A ÉTÉ PUBLIÉ DANS *L'ACTUALITÉ* DU 1ᵉʳ SEPTEMBRE 2008

Ce n'est pas le fait du hasard si les grandes régions viticoles du monde sont de véritables paradis touristiques. Le paysage y est souvent spectaculaire, les lieux sont parfois riches en histoire, et en bien des endroits, on y cultive une haute idée de la gastronomie. De plus, les vins sont bons...

En Alsace, toutes ces conditions sont réunies. Pas étonnant que pendant l'été les rues fleuries de Colmar, de Riquewihr et de Kaysersberg soient bondées de touristes. Un tourisme de nos jours bien pacifique, qui fait oublier le passé tumultueux qui a forgé cette belle région. Si l'Alsace appartient à la France depuis la signature du traité de Westphalie, en 1648, elle a aussi été allemande au lendemain de la guerre franco-prussienne, en 1871, avant de redevenir française avec le traité de Versailles, en 1919... pour être ensuite annexée au IIIᵉ Reich de 1940 à 1944.

Durant ce demi-siècle d'appartenance germanique, les vignerons alsaciens n'eurent pas d'autre choix que de planter des cépages hyperproductifs afin d'alimenter un marché allemand assoiffé de vins bon marché. Tellement que, au début du xxᵉ siècle, riesling, gewürztraminer, pinot gris et muscat étaient presque en voie d'extinction, ne comptant plus que pour 5 % des plantations.

Au lendemain de la Grande Guerre, les vignerons alsaciens se retrouvaient à la croisée des chemins. Que faire ? Continuer à produire en abondance du vin bon marché comme on l'avait fait pendant 50 ans ou miser sur l'avenir et replanter les variétés traditionnelles, autrement dit produire moins mais mieux ? Dans les chaumières, le débat fut épique. « Il y eut de violentes disputes », aime rappeler Jean Hugel, géant de la viticulture alsacienne, âgé de 84 ans. « Des familles sont restées divisées pendant des années ; on ne se parlait plus. Ce n'était pas l'affaire Dreyfus, mais presque. » Finalement, les vignerons optèrent pour le chemin de la qualité et ressuscitèrent progressivement les cépages nobles, qui couvrent aujourd'hui près de 60 % du vignoble.

En Alsace, le vin blanc est une spécialité régionale, comme la choucroute et le munster. Aromatique, parfumé, original et inimitable. Cette région, que l'on pourrait croire trop septentrionale pour la culture de la vigne, est en réalité étonnamment privilégiée. Son adossement au versant sud-est des Vosges la protège des vents froids du nord. Les montagnes agissant comme des boucliers thermiques, les formations nuageuses de l'ouest et du nord viennent s'y briser ou sont détournées. Résultat : avec ses 480 mm de pluie par an, Colmar est la ville de France où la pluviosité est la plus faible, après Perpignan à la frontière espagnole. Un détail qui change tout.

La vigne en Alsace profite aussi d'un terroir complexe. Il y a 50 millions d'années, le massif qui reliait les Vosges à la Forêt Noire s'est affaissé, et entre les deux, le Rhin a creusé son lit. Ce bouleversement géologique a profondément transformé la carte des sols en créant une grande diversité d'un lieu à l'autre. Argile par-ci, calcaire par-là, schiste plus loin, sable graveleux là-bas. Cette mosaïque explique pourquoi on y cultive autant de cépages.

Pour les meilleurs vignerons alsaciens, le terroir est comme une partition, tandis que le cépage devient l'instrument. L'idée est de mettre dans la bouteille le goût pur et inaltéré d'un lieu exprimé par le raisin. Le vin est considéré comme une conserve, sans artifices ni goût de bois. Le riesling, par exemple. Sur les pentes des Vosges, ce cépage au tempérament nordique donne des vins racés et profonds comme on en trouve nulle part ailleurs. Goûtez la cuvée Frédéric-Émile, de Trimbach, et vous comprendrez. Même chose pour le gewürztraminer, le plus parfumé. Un vrai bouquet de fleurs et d'épices. Pour le décrire, on évoque la rose, le fruit tropical, la fleur de sureau, le litchi, le jasmin, le géranium... Dans un registre plus strict et plus vineux, le pinot gris produit des vins étoffés. Il y a 25 ans, Jean Hugel m'avait dit que lorsqu'il provenait des meilleurs coteaux et qu'il était cultivé avec soin, le pinot gris pouvait générer les bouteilles les plus glorieuses d'Alsace. C'est toujours vrai aujourd'hui.

Blanck, Paul ; Riesling Furstentum 2003, Alsace Grand cru
(S-712570) : 37,50 $

Ce Riesling grand cru est généralement un bel exemple du style de vin ample et généreusement nourri produit par ce domaine réputé d'Alsace. Cela est d'autant plus probant dans le millésime 2003 alors que le vin joue encore plus la carte de la rondeur et du fruit exubérant. Un peu doucereux, mais ne manque pas de charme. ☆☆☆ ②

En revanche, j'avoue ne pas avoir été emballé par le **Riesling 2005, Rosenbourg, Alsace** (S-10924590 : 26,50 $) ; certes frais et délicatement aromatique, mais sans éclat particulier. ☆☆ ②

Buecher, Paul ; Riesling 2004, Alsace Grand cru Brand
(S-710160) : 30,50 $

Dans le secteur de Colmar, la famille Buecher signe un bon Riesling expansif. Un léger reste de sucre est heureusement équilibré par une saine acidité. J'ai particulièrement aimé sa finale riche, relevée de goûts de confiture d'agrumes. À boire en 2009 et 2014. ☆☆☆ ②

Caves de Turckheim, Riesling Brand 2002, Alsace Grand cru
(S-960344) : 23,90 $

Ce très bon Riesling produit par la cave coopérative de Turckheim est d'une qualité constante, sec, sans artifices ni sucre résiduel superflu. Sa minéralité, sa vigueur et son équilibre méritent d'être soulignés. Un peu plus de densité et c'était quatre étoiles. ☆☆☆ ②

Hugel & Fils

Trônant au cœur du village de Riquewihr depuis 1639, cette grande maison alsacienne demeure une référence en vins purs et authentiques.

Riesling 2003, Jubilee, Alsace (S-742577 : 37,75 $) ; les vins de la gamme Jubilee ne sont produits que dans les grands millésimes. Les raisins proviennent exclusivement des plus vieilles vignes du domaine plantées sur des coteaux et sont récoltés tardivement et à parfaite maturité. À la fois sec et merveilleusement rond en bouche, le Riesling 2003 offre de subtiles notes minérales et fruitées. Ce vin profond, multidimensionnel et long en bouche conserve un équilibre exemplaire. Déjà bon maintenant et pour plusieurs années. Remarquable ! ☆☆☆☆ ③

Pinot gris 2004, Tradition, Alsace (S-968222 : 27,50 $) ; riche, vibrant et épicé, ce vin plantureux reste adéquatement équilibré. Mariage exquis de fruit et de la minéralité propres aux vins d'Alsace. Excellent ! ☆☆☆☆ ②

Aussi au répertoire général, **Riesling 2006, Gewürztraminer 2006** et **Gentil 2007** (page 105) ⊙

modération

La grande majorité des Québécois consomme
de manière équilibrée et responsable.

Éduc'alcool

La modération a bien meilleur goût.

Schlumberger

À l'opposé du style tranchant des vins de Beyer et de Trimbach, ceux de Schlumberger ont généralement un caractère opulent très généreux.

Une bonne note pour la cuvée **«S», Alsace** (S-10789869 : 19,55 $) ; cuvée non millésimée – S pour Schlumberger – est issue d'un assemblage de cépages locaux dont une proportion de jeunes vignes provenant des grands crus. Bon vin mûr et savoureux conservant suffisamment d'acidité et de vigueur. À boire jeune. ☆☆☆ ②

Trimbach

Dans son domaine de Ribeauvillé, la famille Trimbach n'a que faire des modes et reste fidèle au style qui a fait la réputation de la maison auprès des amateurs appréciant les vins stricts et purs. Leur joyau est évidemment le Clos Ste-Hune, sans doute l'un des plus grands vins de France.

Riesling 2003, Cuvée Frédéric-Émile, Alsace (S-713461 : 52 $) ; à défaut de Clos Ste-Hune – absent des magasins en octobre 2008 – on se régalera de ce splendide Riesling provenant des grands crus Osterberg et Geisberg. Malgré sa richesse et sa puissance, le 2003 n'accuse aucun déséquilibre et offre toute la fraîcheur et le tonus nécessaires. Ce vin vibrant, prenant et d'une infinie longueur restera vivant pendant plusieurs années. Quelle classe ! ☆☆☆☆→? ②

Pinot blanc 2005, Alsace (S-089292 : 16,80 $) ; pour le quotidien, la maison Trimbach propose un Pinot blanc suffisamment sec, délicatement aromatique et toujours rafraîchissant. ☆☆☆ ② ♥

Zind-Humbrecht

Léonard Humbrecht est une grande figure alsacienne et ses vins sont réputés pour leur richesse, leur complexité et leur individualité. Son fils Olivier est une «lumière» de la viticulture européenne. Qualité et authenticité assurées. Hélas ! en octobre 2008, on ne comptait que deux vins – en quantité restreinte – à la SAQ.

Riesling 2006, Herrenweg de Turckheim (S-10836549 : 53 $) ; vin puissant provenant d'une parcelle de terre d'alluvion au sud de Turkheim. Ampleur, minéralité et équilibre sont les traits dominants de ce vin riche et long en bouche. Grand style ! ☆☆☆☆ ②

Pinot gris 2004, Clos Jebsal, Vendanges tardives, Alsace (S-10810251 : 80 $) ; splendide vin doux déployant une saisissante puissance aromatique et une irrésistible texture caressante, le tout soutenu par une acidité idéale. Du grand art ! Et bon pour longtemps. ☆☆☆☆ ②

D'AUTRES VINS D'ALSACE DE QUALITÉ MOYENNE ☆☆

Schoepfer, Jean-Louis ; Gewürztraminer 2006, Alsace (S-912501) : 20,05 $
Dopff & Irion, Pinot gris 2004, Vorbourg, Alsace grand cru
(S-10537397) 30,50 $
Vignerons de Pfaffenheim, Pinot blanc 2005, Schneckenberg, Alsace
(S-10789826) : 20,40 $

Vins d'Alsace
au répertoire général

Beyer, Léon ; Riesling 2007, Réserve, Alsace (C-081471) : 17,50 $
Marc Beyer reste attaché aux vertus désaltérantes et gastro-nomiques du vin sec et pur. Du plus modeste au plus grand, tout ce qui porte la griffe Beyer est d'une droiture exem-plaire. Inscrit au répertoire général depuis de nombreuses années, ce vin est l'archétype du Riesling courant : sec, vif, minéral et sans fard. Loin d'y faire exception, le 2007 est fi-dèle au style de la maison et se distingue de nouveau par sa vigueur et sa franche acidité. ☆☆☆ ② ♥

Cave de Ribeauvillé, Andante 2007, Prestige, Alsace
(C-10667503) : 16,95 $
Cocktail alsacien composé de gewürztraminer et de muscat. Sec et suffisamment équilibré, le 2007 plaira à l'amateur de vins parfumés. ☆☆☆ ②

Hugel & Fils, Riesling 2006, Alsace (C-042101) : 17,80 $
À l'issue d'un millésime désastreux dans la région, la fa-mille Hugel a décidé de ne pas produire de Riesling Jubilee et de déclasser la totalité de la récolte provenant du grand cru Schoenenbourg. Résultat : ce qui n'est pas jugé assez bon pour les étiquettes prestigieuses de la maison devient une valeur ajoutée pour les vins courants. Voilà pourquoi le Riesling « tout court » 2006 est une aubaine rare. Franc de goût, aromatique, sec comme il se doit et idéalement équilibré, le vin se signale par sa légèreté de 11,5 % d'alcool, sa tenue et surtout sa matière particulièrement expressive. Le goût du meilleur à bon compte. Une aubaine à saisir ! ☆☆☆☆ ② ♥

Gentil 2007, Alsace (C-367284 : 16,80 $) ; comme d'habitude, on se régale de ce délicieux vin aromatique et aimable composé de gewürztraminer, de riesling, de pinot gris, de muscat et de sylvaner. Le bon goût de l'Alsace à prix abordable. ☆☆☆ ②

Enfin, un bon **Gewürztraminer 2007, Alsace** (C-329235 : 19,75 $) ; suffisamment aromatique, arrondi par un léger reste de sucre, mais fort agréable. ☆☆☆ ②

Rieflé, Riesling 2007, Bonheur Convivial, Alsace
(C-10915327) : 17,60 $
Nouvelle inscription au répertoire général. À prix abordable, un Riesling fort satisfaisant par sa présence en bouche à la fois droite et opulente. Pleinement recommandable. ☆☆☆ ②

Vallée de la Loire et Centre

Avec une étendue de près de 1 000 km entre le massif Central et l'Atlantique, le vignoble du val de Loire est le plus diversifié de France. Sur les quelque 30 000 hectares qu'il couvre de part et d'autre du fleuve, le vin se décline de multiples façons : rouge, rosé, blanc, sec, moelleux, liquoreux, tranquille, mousseux. On a souvent dit de ses crus qu'ils étaient les plus français de tout l'Hexagone. Vouvray, Coteaux du Layon, Savennières, Chinon, Bourgueil, Sancerre, Pouilly-Fumé comptent parmi les plus civilisés du pays.

Avec 68 appellations d'origine contrôlée, la Loire est le troisième vignoble d'appellation de France par sa production. Ses 7000 exploitations viticoles ont ensemble réalisé un chiffre d'affaires de 1,2 milliard d'euros – 1,65 milliard de dollars canadiens – en 2006.

Au Québec, la Loire ne rivalise pas avec les grandes régions, mais occupe une part de marché stable se situant autour de 4 %, soit près de 25 millions de dollars pour la campagne 2006-2007.

LES CINQ DERNIERS MILLÉSIMES

2007 Après un été de misère et des problèmes généralisés de pourriture, les vignerons de Loire – de Nantes à Sancerre – ont enfin bénéficié d'un mois de septembre plus favorable. De bons vins blancs secs et liquoreux aux meilleures adresses. Des vins rouges de qualité moyenne destinés à une consommation rapide.

2006 Des conditions précaires et un millésime de qualité moyenne. Le nom du producteur demeure le premier critère de choix. Pas de botrytis et très peu de vins liquoreux. Des vins rouges d'assez bonne qualité.

2005 Très beau millésime partout ; des conditions idéales aux vendanges et des rendements plus bas que la moyenne. Les vins blancs et les vins rouges sont structurés et généreux.

2004 Un été frais et un retour à un style plus orthodoxe après le plantureux millésime 2003. Bonne récolte abondante en Anjou et en Touraine à la faveur d'une belle quinzaine ensoleillée en septembre. Bons vins vigoureux et équilibrés à Sancerre. Bon millésime pour les vins rouges qui retrouvent leur droiture caractéristique.

2003 La canicule a été plus favorable aux vins rouges (solides et tanniques) qu'aux vins blancs (riches en fruit et en alcool, mais faibles en acidité). Récolte déficitaire en Anjou à cause des gels d'avril. Peu de botrytis pour les vins liquoreux. Des Sancerre pansus, généreux et plus ronds que d'habitude.

DÉBOUCHER OU ATTENDRE ?

Loire blancs • Que boire en **2009** ?

Muscadet, Sauvignon de Touraine sont bons à boire entre 1 et 3 ans. Leur principal attrait repose sur le fruit et, à l'exception des plus grandes cuvées, il n'y a pas d'intérêt à les laisser vieillir. En revanche, Sancerre et Pouilly-Fumé ont la faculté de vivre plus longtemps qu'on le pense. Les meilleurs vins de chenin blanc, secs, moelleux ou liquoreux – Anjou, Vouvray, etc. – exigent quelques années pour développer leur potentiel. Avant l'âge de 5 ans, ils sont souvent sévères et dénués de charme et c'est seulement après quelques années de bouteille qu'ils dévoilent toute leur complexité. Les grands vins moelleux de la période 2005-2001 – en particulier 2002 – devraient continuer de mûrir. Dans l'ensemble plus modestes, les 2000, 1999 et 1998 sont prêts à boire. Les vins des millésimes 1996 et 1995 – années grandioses – vivront une éternité. Tout ce qui est antérieur est à maturité. Il faut cependant se rappeler que les meilleurs vins blancs de Vouvray, Savennières et Coteaux du Layon sont pratiquement indestructibles. Dans une cave fraîche, ils traversent les décennies sans broncher.

Pour apprécier l'originalité des vins de Loire

- ○ Château Pierre-Bise, Coteaux du Layon Beaulieu 2004, L'Anclaie
- ● Clos de la Briderie 2006, Vieilles vignes, Touraine Mesland
- ○ Domaine de Bellevue 2006, Grande réserve, Saint-Pourçain
- ● Domaine de Brizé, Clos Médecin 2005, Anjou-Villages
- ● Domaine de la Charmoise 2007, Gamay de Touraine
- ○ Domaine de Montcy, Cheverny 2005, Clos des Cendres

Pour profiter de la renaissance du Muscadet

- ○ Domaine de l'Écu; Expression de Gneiss 2006, Muscadet Sèvre et Maine

Pour un match Chinon contre Bourgueil

- ● Baudry, Bernard; Chinon 2004, Les Grézeaux
- ● Lorieux, Chinon, Expression 2005
- ● Chasle, Christophe; Bourgueil 2006, Tuffeau
- ● Domaine de la Butte, Bourgueil 2005, Mi-Pente, Jacky Blot

Pour le dessert

- ○ Delesvaux, Philippe; Coteaux du Layon Saint-Aubin 2006
- ○ Huet, Le Mont 2006, Vouvray, Demi-sec

Pour se tirer d'affaire dans une SAQ Classique ●

- ○ Allion, Guy; Sauvignon blanc 2007, Touraine
- ● Couly-Dutheil, Chinon 2006, La Coulée Automnale

DÉBOUCHER OU ATTENDRE?

Loire rouges • Que boire en **2009**?

La plupart des vins rouges de Loire sont bons à boire jeunes y compris les Chinon et les Bourgueil. Seuls les meilleurs vins des millésimes 2006, 2005 et 2004 peuvent mûrir encore un peu tandis que les vins de la période 2003-2000 seront parfaits à boire en 2009. Rappelez-vous que les meilleurs vins des grands millésimes ont la force des bons Bordeaux et exigent de la patience.

Baudry, Bernard; Chinon 2004, Les Grézeaux (S-10257555) : 26,20 $

Même s'ils se spécialisent dans la mise en valeur du cabernet franc, Bernard Baudry et son fils Matthieu privilégient plutôt une philosophie et un style bourguignons. Bon an mal an, leur cuvée Les Grézeaux se distingue par sa subtilité, son élégance et surtout, par cette expression pure du Chinon sans esbroufe, à l'opposé des bêtes de concours. Le 2004 offre une bouche mûre, tapissée de tanins ronds et soyeux et animée d'une acidité rassasiante qui préserve toute sa fraîcheur. Un modèle du genre. On peut commencer à le boire, sans se presser (voir l'encadré page 112). ★★★★ ②

Sur une note plus simple, mais aussi de fort bon aloi, le **Chinon 2004** (S-10257571 : 20,35 $) a toute la fougue, le caractère vibrant et cette délectable impression fruitée qui font du Chinon l'un des bons vins rouges de France. À retenir pour sa pureté et son prix raisonnable. ★★★ ②

La récolte 2005 a généralement été propice à la qualité. Plusieurs vins sont recommandés dans ces pages.

Le vignoble de Muscadet génère de plus en plus de vins blancs de bonne qualité, à des lieues des petits vins blancs légers et insipides d'autrefois. Pour en juger, je vous invite à goûter les deux cuvées de Guy Bossard du Domaine de l'Écu.

À cause de leur forte acidité, les meilleurs vins blancs secs et moelleux issus de chenin – Vouvray, Coteaux du Layon, Savennières – peuvent vivre longtemps.

Les vins blancs secs de sauvignon : Sancerre, Menetou-Salon, Sauvignon de Touraine, etc., sont les compagnons parfaits des fromages de chèvre.

Les vins de Loire, blancs ou rouges, ont rarement un caractère boisé. Les producteurs préfèrent mettre la matière première et l'expression du terroir en valeur.

Même si l'étiquette ne le précise pas, certains vins blancs d'Anjou et de Touraine sont plus ou moins moelleux.

De nature typiquement septentrionale, les Chinon et les Bourgueil sont tout le contraire des vins rouges concentrés et tanniques tellement abondants sur le marché international. On les apprécie pour leur tenue distinguée, leur vivacité, leur fraîcheur et leur équilibre. Des qualités qui en font d'agréables compagnons de table.

bon à savoir

Limonadier à double levier • 10 $
2 étapes qui réduisent les efforts de 50 %!
- Corps en acier inoxydable;
- Vrille rainurée en acier trempé;
- Lame dentelée.

Pompe à préserver le vin • 15 $
Deux bouchons inclus;
Préserve le vin jusqu'à 14 jours.

Les créations Trudeau,
les préférées des connaisseurs

Trulever • 75 $
Tire-bouchon à levier
- Acier inoxydable;
- Vrille rainurée enduit de téflon select
- Coupe-capsule inclus

**Collection de verres
Bohemia • 5 $**

Disponibles dans les boutiques d'accessoires de table

Domaine de Bellevue 2006, Grande réserve, Saint-Pourçain, Jean-Louis Pétillat (S-10273256) : 15,15 $

Curiosité provenant d'une petite appellation de 650 hectares dans l'Allier entre Moulins et Clermont-Ferrand. Résultat d'un assemblage insolite de chardonnay, de sauvignon et de tressallier – une variété quasi exclusive à Saint-Pourçain –, ce vin vif et très sec est animé d'une vigoureuse acidité. De nouveau cette année, un bon vin simple qui charme par son profil aromatique original. ☆☆☆ ② ♥

Domaine de Brizé, Clos Médecin 2005, Anjou-Villages (S-871541) : 18,50 $

Par ses arômes poivrés et sa structure franche, cet excellent vin d'Anjou, fruit d'agriculture raisonnée et de vieilles vignes de cabernet, met bien en évidence la générosité du millésime 2005 dans la région. Authentique et vendu à prix aimable. À boire entre 2009 et 2015. ★★★★ ② ♥

Méritant lui aussi une bonne note, l'**Anjou blanc 2007** (S-872960 : 16,95 $) a la droiture caractéristique des bons Chenin de Loire. Rien de complexe, mais un bon vin sec traduisant ses origines avec justesse. ☆☆☆ ② ♥

Domaine de la Butte, Bourgueil 2005, Mi-Pente, Jacky Blot (S-10903684) : 36,50 $

Spécialiste de l'appellation Montlouis, Jacky Blot (domaine de la Taille aux Loups) a racheté cette propriété de 14 hectares en coteaux où il signe déjà d'excellents Bourgueil, parmi les plus achevés de l'appellation. Provenant du milieu du coteau – comme son nom l'indique –, ce 2005 dévoile un aspect particulièrement musclé du vin de Bourgueil. Rien à voir avec les petits vins vifs et minces, il se distingue par sa tenue en bouche et son caractère affirmé. Beaucoup de mâche et une finale poivrée succulente. Plus cher que la moyenne, mais sérieux ! ★★★★ ②

Domaine de la Charmoise 2007, Gamay de Touraine (S-329532) : 16,75 $

À propos du vin, son père disait : «Un bon verre en appelle un autre.» Henry Marionnet a bien retenu la leçon et signe un Gamay de Touraine dont on a toujours soif. Frais et coulant au possible, ses saveurs nettes et précises de fruits et d'épices caressent doucement le palais. Une réussite d'autant plus louable que ce bijou de fruit ne renferme pas plus de 12 % d'alcool. Excellent vin issu de l'agriculture biologique. L'amateur de gamay en fera provision. Le servir frais autour de 13 °C. ★★★★ ② ♥

Domaine de l'Écu

Le producteur Guy Bossard est un acteur majeur de la renaissance du Muscadet Sèvre et Maine, une appellation de 13 000 hectares située au sud-est de Nantes. Évoluant à contre-courant au sein d'une région tristement réputée pour ses vins vifs et souvent insipides, Bossard convertit le domaine familial à l'agriculture biologique dès 1975 avant d'opter pour la biodynamie en 1997.

Idéal à l'apéritif en raison de leur légèreté alcoolique – que le décret d'appellation limite à 12 % –, les deux cuvées suivantes sont de belles occasions de redécouvrir le Muscadet sous un jour nettement plus significatif.

Expression de Gneiss 2006, Muscadet Sèvre et Maine (S-10919150 : 19,55 $); conjuguant avec brio la nervosité classique des vins de la région à la rondeur des vins élevés sur lies, le 2006 brille par son éclat aromatique, sa consistance en bouche et sa longue finale aux tonalités minérales accentuées. Vraiment, les Muscadet de cette trempe ne courent pas les rues. ☆☆☆☆ ② ♥

Jouant plutôt la carte de la finesse et de l'élégance, l'**Expression d'Orthogneiss 2006, Muscadet-Sèvre et Maine** (S-10919141 : 19,55 $) met lui aussi en relief l'originalité aromatique du cépage melon de bourgogne avec ses notes florales fort distinguées sur fond minéral. Un léger reste de gaz carbonique garantit sa vivacité et lui donne un élan irrésistible. Passablement de longueur et de tenue. Quatre étoiles pleinement méritées dans sa catégorie. ☆☆☆☆ ② ♥

Domaine de Montcy, Cheverny 2005, Clos des Cendres
(S-919191) : 17,70 $

L'appellation Cheverny s'étend au sud de la ville de Blois sur une superficie d'environ 400 hectares. Pour la cuvée historique Clos des Cendres – nommée ainsi en raison de la silice grise qui recouvre la parcelle de vignes –, Laura Semeria et son équipe ont opté pour un assemblage de 70 % de sauvignon et de chardonnay vinifié en cuve d'inox puis élevé pendant cinq mois avec des bâtonnages successifs. Excellent millésime dans la région, 2005 a donné un vin particulièrement lumineux ; pas de bois, mais un fruit pur, vibrant et une présence en bouche simplement irrésistible. Le bonheur à moins de 20 $. ☆☆☆☆ ② ♥

Huet, Le Mont 2006, Vouvray
(S-10796479) : 33,75 $

Malgré d'importants obstacles pendant les vinifications de 2006 – la moitié de la récolte a été écartée –, Noël Pinguet s'est remarquablement bien tiré d'affaire et signe un excellent Vouvray sec dont la qualité est au-dessus de tout soupçon. S'il n'a pas la même profondeur que le 2005 commenté cette année sur www.michelphaneufvin.com, il ne manque pas de séduire le palais par son élégance et sa pureté. Un achat avisé, surtout que, conforme aux bons vins de chenin, il vivra de longues années. Devant autant de brio, on s'incline. ☆☆☆☆ ②

Un poil plus doux, mais lui aussi plein de finesse et de pureté, **Le Mont 2006, Vouvray, Demi-sec** (S-10796479 : 33,75 $) marie somptueusement intensité, complexité et équilibre. Riche en sucre (20,4 grammes par litre) et pourtant frais comme une rose grâce à l'acidité proverbiale des meilleurs Vouvray. Deux belles réussites dans un millésime précaire. Chapeau ! ☆☆☆☆ ②

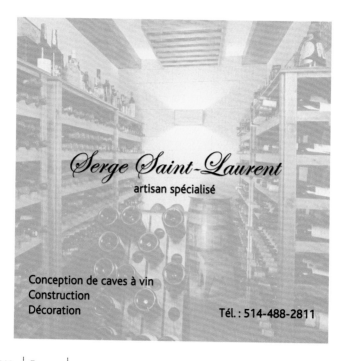

Lorieux

Pascal et Alain Lorieux se font un point d'honneur de mettre en valeur les terroirs de Chinon et de Saint-Nicolas de Bourgueil.

Saint-Nicolas de Bourgueil 2005, Les Mauguerets La Contrie (S-872580 : 19,15 $) ; reflet d'un millésime spécialement généreux, le vin s'avère passablement structuré et nourri d'une bonne dose de fruit. J'ai particulièrement aimé son expression franche et ses saveurs de poivron rouge, typiques du cabernet franc. Stylé et vigoureux, à boire d'ici 2012. ★★★ ②

Encore mieux, cet excellent **Chinon, Expression 2005** (S-873257 : 19,45 $) présente un profil aromatique invitant où le fruit côtoie élégamment les goûts de poivre et de poivron rouge. Un vin pur, délié et coulant, mais remplissant pourtant la bouche de bons tanins amples et satinés. ★★★★ ②

Mellot, Alphonse ; Domaine La Moussière 2007, Sancerre
(S-033480) : 27,60 $

Un peu partout en France, 2007 est qualifié de millésime de vigneron ; en d'autres mots, dans des conditions climatiques aléatoires, c'est le doigté de l'homme qui fait la différence. Chez Mellot père et fils, le résultat s'avère très satisfaisant. Ce Sancerre de belle tenue, droit et net, aux délicats accents d'agrumes, continuera de s'épanouir pendant la prochaine année. ☆☆☆→? ②

Dans un tout autre registre, le **Sancerre rouge 2003, Génération XIX** (S-863282 : 120 $) en impose d'abord par son prix (!), mais aussi par son ampleur et son caractère confit très mûr. Des tanins gras lui confèrent une texture très enveloppante et beaucoup de charme. Très bon vin de style plantureux, sauf qu'on se demande s'il fera vieux os. Évolution rapide à prévoir et probablement à boire au cours des cinq prochaines années. ★★★★ ②

Pellé, Henry ; Menetou-Salon 2006, Morogues, Clos des Blanchais
(S-872572) : 25,50 $

Les vins de la famille Pellé ont fait découvrir à plusieurs amateurs, les charmes de Menetou-Salon. Pionnier de cette appellation voisine de Sancerre, Henry Pellé y pratique la culture raisonnée sur ses quelque 40 hectares de vignes qui lui donnent des vins secs, aromatiques, nerveux et fougueux. Que d'éloges pour ce 2006 vibrant et savoureux, animé d'un léger reste de gaz carbonique qui ajoute à sa fraîcheur. J'aime beaucoup son style vibrant ; pas de bois, mais un élan aromatique franc et pur. Moins cher et aussi bon que bien des Sancerre ! ☆☆☆ ②

Dans une bouteille habillée d'une nouvelle étiquette, le **Menetou-Salon 2007, Morogues** (S-852434 : 22,85 $) est bien frais, léger et guilleret, il se distingue aussi par ses saveurs pures et son relief. Sa franche vitalité et sa constance qualitative méritent d'être signalées. ☆☆☆ ②

Vif, sec et bien équilibré, le **Menetou-Salon 2006** (S-10523366 : 20,55 $) est un bel exemple de l'appellation. ☆☆☆ ②

Le charme exquis des vins de Touraine

CE TEXTE A ÉTÉ PUBLIÉ DANS *L'ACTUALITÉ* DU 1ER JUIN 2008

On ne saura jamais si c'est la douceur du climat et de la lumière ou si c'est le vin qui a conduit les rois de France sur les bords de la Loire. Et pourquoi ont-ils choisi ce lieu pour y établir des villégiatures aussi somptueuses que Chenonceau, Amboise et surtout Chambord, le colossal palais de campagne de François Ier. Cinq siècles après leur construction, ces châteaux attirent chaque année des milliers de touristes venus goûter les charmes exquis du Jardin de la France au bord du fleuve royal.

Parmi ces attraits, il y a le charme bucolique du pays tourangeau, la cuisine locale très pure, protégée par ses traditions, et puis les délicieux vins du pays, déclinés sous toutes les formes imaginables : blanc, rouge, rosé, sec, moelleux, liquoreux, pétillant, mousseux... Il suffit de choisir selon l'humeur du moment.

Pendant très longtemps, les producteurs d'Anjou et de Touraine ont roulé carrosse en vendant des cargaisons de vin rosé. Il y a 40 ans, cette boisson pâle et souvent doucereuse comptait pour la moitié des ventes. C'est ainsi que le négociant Joseph Touchais a fait fortune dans les années 1960 grâce à son petit rosé Cuisse de bergère. Autre époque, autre vin...

Aujourd'hui, les amateurs s'intéressent davantage aux vins rouges produits avec de plus en plus de maîtrise à l'ouest de Tours, où deux appellations se disputent la partie : Chinon et Bourgueil. Dans la région, on dit que l'un sent la framboise et l'autre la violette. « Une astuce de vignerons, explique l'un d'eux, il faut bien dire quelque chose aux touristes... ». En vérité, il n'est pas facile de distinguer ces jumeaux, car dans les deux cas, les styles varient sensiblement au gré des sols. Vins légers et nerveux sur les terres sablonneuses proches des alluvions ; pleins et de longue garde sur les terrasses argilo-calcaires, les fameux tufs de Touraine.

Chinon et Bourgueil, mêmes traits communs : du fruit à revendre et cette kyrielle de senteurs évoquant un registre complet de fruits mûrs. Mais surtout, les meilleurs ont cette vivacité et cet élan très particuliers qui en font les vins rouges les plus français de France. Aucun autre dans le pays ni ailleurs dans le monde ne leur ressemble. Enraciné depuis le Moyen Âge sur les deux rives de la Loire, le cabernet franc venu de Bordeaux leur donne une tonalité tout à fait originale.

En Touraine, le chenin blanc se révèle aussi un cépage idéal pour produire de bons vins mousseux. Dans les caves profondes creusées dans le tuf, ça fermente et ça remue comme en Champagne. La méthode d'élaboration est la même, mais les terroirs diffèrent. L'idée n'est pas de copier, mais plutôt d'obtenir un vin frais et généreux, profitant de la vivacité naturelle et de la richesse fruitée du chenin.

Le véritable triomphe de la viticulture tourangelle est le Vouvray, produit en banlieue de Tours. C'est l'un des grands vins blancs de France, mais aussi l'un des plus méconnus, car la production n'a jamais été pléthorique. Et comme les négociants de la région ont toujours été plus intéressés à vendre du Muscadet et du rosé d'Anjou, le Vouvray est longtemps resté un produit d'initiés, ne circulant qu'entre Tours et Paris, avec parfois quelques détours en Belgique et aux Pays-Bas, rarement plus loin. Ce vin racé doté d'une forte personnalité était surtout apprécié de connaisseurs ayant la patience de le laisser dormir longuement en cave pour qu'il déploie tout son potentiel. Dans la région, on insiste pour dire que le Vouvray ne vieillit pas, mais qu'il mûrit. Il est vrai qu'après huit ou dix ans ce diable de vin acquiert une formidable complexité tout en restant resplendissant de jeunesse. Si son caractère unique lui vient des terres d'argile et de calcaire qui constituent l'ensemble des 2000 hectares que compte l'appellation, c'est le chenin blanc qui confère au Vouvray – qu'il soit sec ou moelleux – son étonnante et vivifiante vigueur. Comme le tanin dans le vin rouge, c'est cette acidité qui en garantit la tenue. «Du vin de taffetas», disait Rabelais.

Renou, René ; Bonnezeaux 2005, Les Melleresses
(S-10696304) : 41,50 $

Ancien président de l'Institut des appellations d'origine (INAO) et vigneron très engagé dans la promotion des vins d'Anjou, René Renou est décédé en 2006. Sa cuvée Les Melleresses est un bon vin tendre, fruité, délicatement aromatique et relevé par une franche acidité. Encore jeune, il devrait gagner en complexité dans les cinq prochaines années. ☆☆☆→? ③

Roger, Jean-Max ; Menetou-Salon 2006, Cuvée le Charnay
(S-10690519) : 23,35 $

Jean-Max Roger produit d'excellents Sancerre. C'est aussi un ténor de Menetou-Salon. Pur et frais comme une eau de source, mais loin d'être fluide, la Cuvée le Charnay 2006 a beaucoup de franchise et de tenue. Un vin sérieux dont la finesse aromatique et l'équilibre méritent d'être signalés. Impeccable ! ☆☆☆☆ ②

COMMENTÉS SOMMAIREMENT, D'AUTRES VINS DE LOIRE

Château Princé, Coteaux de l'Aubance 2003, Cuvée Elégance, Levron-Vincenot (S-10811034 : 29,90 $ – 500 ml) ; presque liquoreux tant il est riche – 2003 oblige ! –, un succulent vin doux qui charme par son onctuosité, son ampleur et ses saveurs persistantes. Satisfaisant, mais pas une aubaine. ☆☆☆ ②

Chavet et Fils, Menetou-Salon 2007 (S-974477) : 22,45 $; bon vin franc de goût et équilibré, mais un peu simple et unidimensionnel ; moins convaincant que d'habitude. ☆☆ ①

Domaine de Chatenoy, Menetou-Salon 2006 (S-10265045) : 24,20 $; très bon vin de sauvignon passablement aromatique dont la riche attaque en bouche est tonifiée par un reste de gaz carbonique. ☆☆☆ ②

Domaine des Roches Neuves, Terres Chaudes 2006, Saumur-Champigny (S-873943) : 27,45 $; Thierry Germain est un producteur très respecté de Saumur-Champigny. Bon vin d'ampleur moyenne, souple, fruité et agréable à boire, à défaut de profondeur. ★★★ ②

Langlois-Chateau, Saumur rouge 2002, Vieilles vignes du Domaine (S-857391) : 24,10 $; vin de taille moyenne, ponctué des notes épicées caractéristiques du cabernet franc. Bon à boire dès maintenant, même si sa vitalité et son équilibre laissent croire qu'il pourra tenir la route encore quelques années. ★★★ ③

D'AUTRES VINS BLANCS DE QUALITÉ MOYENNE ☆☆

Domaine des Aubuisières, Vouvray 2007, Cuvée de Silex
(S-858886) : 18,40 $
Domaine des Ballandors Quincy 2005 (S-976209) : 19,85 $
Jolivet, Pascal ; Pouilly-Fumé 2007 (S-10272616) : 28,65 $
  Sancerre 2007 (S-528687) : 28,65 $

Vins de Loire
au répertoire général

Allion, Guy ; Sauvignon blanc 2007, Touraine

(C-10327841) : 14,90 $
Pas nécessaire de se ruiner pour savourer un bon Sauvignon blanc de Loire. Sans être un modèle de raffinement, ce 2007 signé Guy Allion a tout de même un minimum de tenue et une fraîcheur digne de mention. Modérément aromatique et arrondi par un poil de sucre, mais très agréable et parfaitement recommandable. Nouveauté cette année au répertoire général. ☆☆☆ ② ♥

Bourgeois, Henri ; Sancerre 2007, Les Baronnes
(C-303511) : 25,95 $
Même s'il m'a semblé un peu moins complet que d'habitude, ce 2007 a les saveurs franches et toute la vitalité souhaitée. Bel exemple de Sancerre, de nouveau recommandable. ☆☆☆ ②

Couly-Dutheil, Chinon 2006, La Coulée Automnale
(C-606343) : 17,30 $
Bon Chinon mûr et nourri ayant juste ce qu'il faut de tanins pour lui donner une présence en bouche agréable et mettre en valeur le savoureux caractère poivré du cabernet franc. D'autant plus intéressant qu'il ne titre que 12,5 % d'alcool. Souple et facile à boire. ★★★ ②

La Sablette, Muscadet Sèvre et Maine Sur Lie, Marcel Martin
(C-134445) : 13,55 $
La Sablette de Marcel Martin est certainement le Muscadet le plus connu des consommateurs Québécois. Particulièrement réussi, le 2007 m'a semblé moins insipide que d'habitude. Simple certes, mais doté d'une bonne dose de fruit et d'un caractère minéral fort invitant. ☆☆ ①

Vallée du Rhône

La vallée du Rhône est le plus important vignoble d'appellation contrôlée de France, après Bordeaux. En 2007, quelque 6000 exploitations viticoles occupaient un peu plus de 79 000 hectares et généraient près de 3,3 millions d'hectolitres – 400 millions de bouteilles –, dont 90 % de vin rouge.

Le vaste réservoir du Rhône regorge de très bons vins. Côte Rôtie, Hermitage et Châteauneuf-du-Pape demeurent les grands classiques, mais au cours des dernières années, le travail de viticulteurs doués et dynamiques a permis à des appellations moins renommées comme Rasteau, Vacqueyras et Cairanne de progresser de façon spectaculaire.

Des avancées sont aussi notables dans les Costières de Nîmes, les Coteaux du Tricastin, les Côtes du Ventoux et les Côtes du Luberon. À elles seules ces quatre zones représentent 24 % de la production des vins du Rhône et regroupent environ 2000 exploitations viticoles.

Au Québec, le marché des vins du Rhône se porte plutôt bien alors que la SAQ enregistre des ventes annuelles supérieures à 50 millions de dollars. C'est 10 millions de plus que le total des ventes de vins chiliens.

Rhône septentrional

qualité

longévité

En un **clin d'œil**
les millésimes à boire
en **2009**

95 96 97 98 99 00 01 02 03 04 05 06 07 08 09 10 11 12 13 14 15

LES DIX DERNIERS MILLÉSIMES

2007 Millésime difficile dans le nord en raison d'un été gris et frais, sans compter une sévère précipitation de grêle en juin qui a détruit près de la moitié de la récolte. Un mois de septembre ensoleillé a tout de même généré des vins rouges de qualité satisfaisante et probablement d'évolution rapide. Scénario très différent dans le sud où les mois d'été chauds et ensoleillés ont été bénéfiques au grenache et au mourvèdre. D'où une récolte abondante de vins rouges sphériques, charnus et généreux.

2006 Un mois d'août très sec et une récolte abondante de vins rouges riches et solides. Les vins ont généralement une saine acidité. À Châteauneuf-du-Pape, les vins rouges sont nourris, puissants et bien équilibrés.

2005 Réussite générale autant dans le nord que dans le sud, des vins rouges pleins et charnus, présentant un équilibre classique. Très bons vins blancs généreux, à boire jeunes.

2004 Retour au classicisme après le caractère extravagant de 2003. Plusieurs Châteauneuf-du-Pape remarquables, les meilleurs depuis 2001. Dans le nord, la qualité est plus irrégulière ; dans les meilleurs cas, la finesse et la structure sont au rendez-vous.

2003 Millésime caniculaire. Dans le nord, des vins rouges riches en sucre et en tanins ayant parfois des notes confites ; si certains vins manquent d'acidité, les meilleurs s'imposent par leur majestueuse puissance. La qualité est plus variable dans le sud où les terroirs les plus frais ont eu le meilleur et donné des vins remarquables par leur étoffe et leur équilibre.

2002 Le millésime du déluge avec l'équivalent de neuf mois de pluie tombée en deux jours à Châteauneuf-du-Pape. Au nord comme au sud, une année à oublier. Au mieux, des vins fluides, faciles à boire et destinés à être bus jeunes.

2001 Bon millésime dans l'ensemble et des rendements faibles. Dans le nord, beaucoup de vins de qualité impeccable y compris à Condrieu. Dans le sud, un mois d'août torride et un quatrième succès d'affilée avec des vins puissants et de qualité souvent remarquable.

2000 Excellent millésime en particulier dans le sud, souvent comparé au formidable 1998. Grande année aussi dans le nord encore que moins impressionnante que 1999.

Rhône méridional

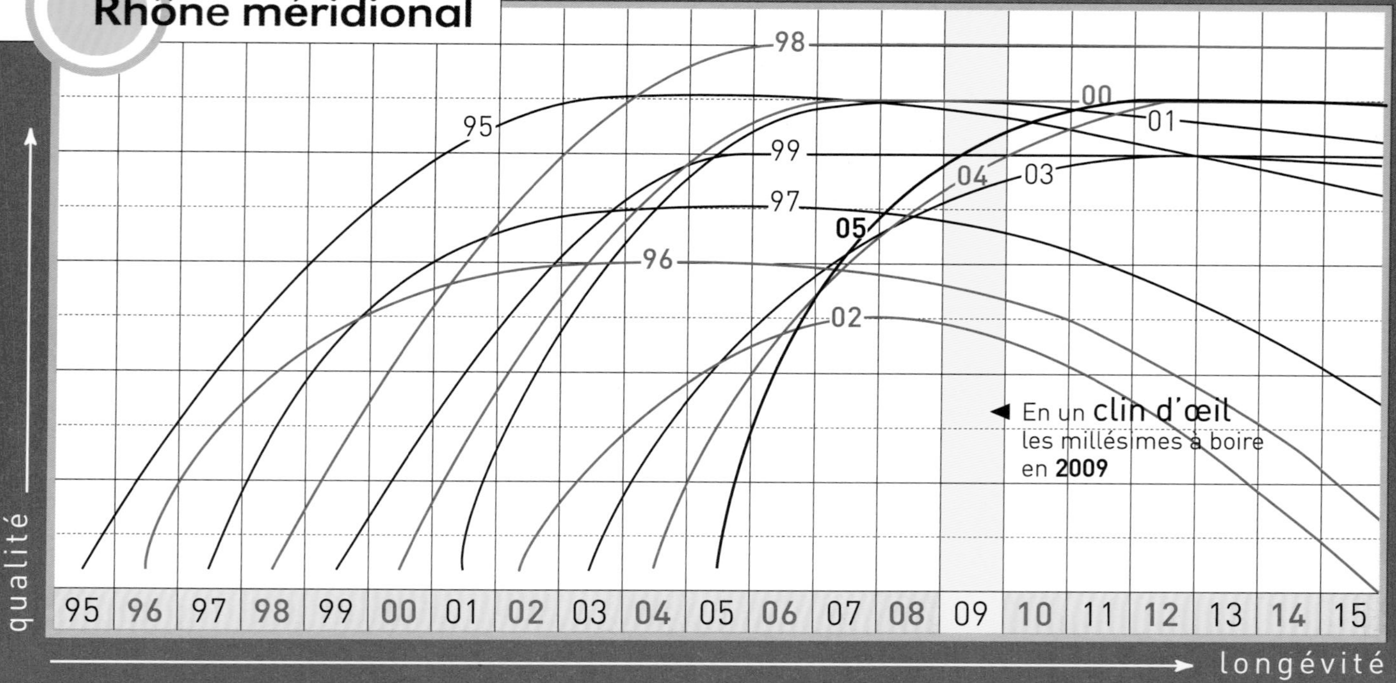

qualité

longévité

En un clin d'œil
les millésimes à boire
en 2009

95 96 97 98 99 00 01 02 03 04 05 06 07 08 09 10 11 12 13 14 15

95 96 97 98 99 00 01 02 03 04 05 96 97 99 98 00 01 03 04 05 02

1999 Plusieurs réussites sensationnelles dans la partie septentrionale, surtout à Côte Rôtie où plusieurs vins sont brillants, comparables, selon certains, aux légendaires 1947. Quantité d'excellents vins aussi dans le sud, en particulier à Châteauneuf-du-Pape. Des vins blancs puissants et capiteux dans le secteur de Tain-l'Hermitage.

1998 Des vins riches et concentrés à Côte Rôtie et Hermitage. Superbe millésime à Châteauneuf-du-Pape, des vins puissants et très complets.

DÉBOUCHER OU ATTENDRE?

Rhône blancs • Que boire en **2009**?

Exception faite des vins de l'Hermitage – qui prennent plusieurs années pour arriver au sommet – et des meilleurs vins de Saint-Joseph et de Saint-Péray, les vins blancs du Rhône doivent être bus avant l'âge de 3 ans. Les Condrieu sont généralement à leur meilleur avant leur troisième ou quatrième année. Méfiez-vous des vins plus vieux, surtout s'ils ont traîné longtemps sur les étagères.

Rhône rouges • Que boire en **2009**?

Les grands vins du nord de la vallée du Rhône - Hermitage, Côte Rôtie, Crozes, Cornas, Saint-Joseph - sont riches en tanins et n'atteignent leur sommet qu'après avoir mûri parfois longtemps en bouteille. Les vins de la période 2006-2004 doivent encore attendre. Les 2003 commencent à s'ouvrir. Desservis par les conditions misérables du millésime, les 2002 sont à boire sans trop attendre. En 2009, on commencera à déboucher les 2001, les 2000 et les 1999, en se rappelant que ces derniers – ainsi que les 1998 – ont toute l'étoffe nécessaire pour tenir la route longtemps.

Au sud, les vins de Châteauneuf-du-Pape et des environs s'ouvrent plus rapidement. Les vins du trio 2006-2005-2004 méritent de mûrir. En revanche, les 2003 démontrent une évolution plus précoce. Les 2002 n'ont pas intérêt à vieillir. Bien qu'épanouis, les 2001 et les 2000 sont encore jeunes et un peu de patience rapportera des dividendes. On peut commencer à boire les 1999 ainsi que les impressionnants 1998, mais en conservant quelques bouteilles pour les années futures.

Balthazar, Franck ; Cornas 2005, Chaillot (S-480277) : 39,75 $

En 2002, Franck Balthazar a succédé à son père René à la tête du vignoble familial qui compte à peine 2 hectares dans les hauteurs de l'appellation. Issu de vignes de plus de 80 ans, ce Cornas 2005 s'avère passablement étoffé. Sa trame tannique suave et satinée, égayée de subtiles nuances épicées, lui donne beaucoup de présence et de longueur. Sa race et sa distinction méritent une mention spéciale. Il sera à son apogée entre 2010 et 2015. ★★★★ ②

Belle, Crozes-Hermitage 2003, Cuvée Louis Belle (S-917484) : 28,65 $

Cette cuvée provient d'un vignoble de 6,5 hectares planté de vignes de 50 ans. Moins satisfaisant que d'habitude, ce 2003 est très coloré, compact, chaud et presque confit. Généreux et puissant à souhait, mais malgré tout assez unidimensionnel. À boire dans les deux prochaines années. ★★★ ②

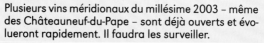

Plusieurs vins méridionaux du millésime 2003 – même des Châteauneuf-du-Pape – sont déjà ouverts et évolueront rapidement. Il faudra les surveiller.

Exception faite des géants de la partie septentrionale – Côte Rôtie, Hermitage, Cornas –, il n'est pas nécessaire d'attendre longtemps les vins rouges pour les apprécier à leur pleine mesure.

Sauf quelques Vins de Pays, la vallée du Rhône est le royaume des cépages grenache, syrah, cinsault, mourvèdre, viognier, roussanne et d'autres variétés méditerranéennes. Pas de merlot, ni de cabernet sauvignon, ni de chardonnay.

Saint-Joseph est l'appellation la plus étendue. D'une centaine d'hectares en 1970, le vignoble couvre maintenant près de 1100 hectares sur la rive droite du Rhône, entre Tain et Condrieu. Résultat : la qualité est hétérogène, le meilleur côtoie le quelconque. Même situation à Crozes-Hermitage où la vigne couvre 1 400 hectares et où il faut choisir avec discernement.

À Châteauneuf-du-Pape, le vignoble couvre plus de 3 000 hectares et 55 % de la production est embouteillée à la propriété. Les domaines réputés de l'appellation offrent une qualité très régulière.

Dans les grandes appellations du nord – Côte Rôtie, Hermitage, Condrieu – et aux meilleures adresses, les vins sont en quantités limitées alors les stocks trouvent vite preneur.

Bosquet des Papes, Cuvée Chante le Merle 2005, Vieilles vignes, Châteauneuf-du-Pape (S-725879) : 68 $

Propriété de la famille Boiron depuis 1860, ce domaine produit un excellent Châteauneuf classique, toujours chaleureux et bien relevé. La qualité de l'excellent millésime 2005 est nettement mise en évidence dans ce vin coloré issu d'une petite parcelle de vieilles vignes presque centenaires. Tout est réuni pour faire un vin multidimensionnel, riche et chaleureux, doté d'un relief de saveurs complexes, de fruits secs et d'épices. Beaucoup de tenue, de plénitude et de richesse. Prometteur! ★★★★→? ③

Chapoutier, Châteauneuf-du-Pape 2005, La Bernardine (S-10259868) : 47,50 $

Depuis qu'il a repris les rênes de la vieille maison familiale à la fin des années 1980, Michel Chapoutier l'a convertie à l'agriculture biodynamique et hissée au sommet en signant une gamme de vins exemplaires. Excellent 2005 passablement concentré et nuancé de saveurs riches évoquant le cuir et le raisin mûr. Plutôt large d'épaules, ce Châteauneuf devrait gagner de l'étoffe au cours des cinq prochaines années. ★★★→★ ③

Le **Crozes-Hermitage 2006, Les Meysonniers, Chapoutier** (S-10259876 : 24,95 $); un bon vin de taille moyenne, franc de goût, mais un peu étroit. ★★ ②

Château de Beaucastel

Véritable géant de l'appellation, le domaine de la famille Perrin impressionne toujours par ses vins complets et racés.

Le **Châteauneuf-du-Pape 2005** (S-520189 : 89 $) se fait valoir par sa richesse et ses saveurs multiples et nuancées. Ce vin intense et pénétrant en impose par sa classe et sa plénitude. On apprécie ses tanins fins et sa longue finale chaleureuse. Grand vin prometteur, à boire à compter de 2010-2012. ★★★★→? ③

Le **Coudoulet de Beaucastel rouge 2006, Côtes du Rhône** (S-973222 : 29,60 $) est en quelque sorte le vin junior de Beaucastel. Riche et séveux, plein de saveurs de fruits mûrs et pourtant idéalement équilibré, le 2006 est de nouveau irréprochable. Bon an mal an, on peut acheter les yeux fermés. ★★★★ ②

Même succès pour le **Coudoulet de Beaucastel blanc 2006, Côtes du Rhône** (S-449983 : 30 $); typiquement rhodanien par sa composition de viognier, de marsanne, de bourboulenc et de clairette, le Coudoulet de la famille Perrin fait preuve d'une régularité exemplaire. De nouveau excellent, le 2006 se signale par ses formes rondes, son onctuosité et sa longue finale florale. Les habitués ne seront pas déçus, ils y retrouveront toute la fraîcheur et le bon goût de fruit mûr qui ont fait son succès. Prix élevé mais pleinement mérité. ☆☆☆☆ ②

Une bonne note aussi pour le **2007** qui prendra le relais dans les magasins d'ici la fin de 2008. Un cran moins opulent que le 2006, mais tout de même fort réussi. Sec, aromatique, suffisamment vineux et pleinement rassasiant. ☆☆☆☆ ②

Château de l'Isolette 2003, Grande Réserve, Prestige, Côtes du Luberon (S-966937) : 14,10 $

Sur les contreforts du Luberon, à une soixantaine de kilomètres au nord de Marseille, le domaine de la famille Pinatel compte parmi les bons noms de l'appellation. Pour en préserver tout le naturel aromatique, cette cuvée prestige issue de vieilles vignes de syrah (60 %), de grenache (30 %) et de mourvèdre a été élevée dans de vieux foudres de chêne. On appréciera pleinement ses bons goûts de fruits mûrs et juteux, sa souplesse et son tonus. Irrésistible. Un pur bonheur à prix aimable ; encore meilleur s'il est servi frais autour de 14 °C. Joie ! ★★★★ ② ♥

Château de la Tuilerie 2004, Vieilles vignes, Costières de Nîmes (S-10273811) : 20,25 $

Dans son beau domaine de la région de Nîmes, Chantal Comte signe un excellent vin alliant habilement la finesse et la générosité. Principalement composée de syrah à 80 %, sa cuvée Vieilles vignes compte parmi les vins les plus fiables et les plus constants des Costières de Nîmes. Profitant des largesses d'un millésime très favorable, le 2004 se révèle particulièrement charpenté et nourri, ample, compact et long en bouche. Sa sève et son caractère bien affirmé méritent d'être signalés. Assez bien équilibré pour être déjà apprécié, ce vin encore jeune sera à son apogée entre 2009 et 2012. ★★★★ ② ♥

Aussi à retenir, le **Château de la Tuilerie blanc 2007, Vieilles vignes, Costières de Nîmes** (S-10276861 : 18,15 $) ; issue de grenache blanc et de marsanne et partiellement vinifiée en fût de chêne (40 %), cette cuvée Vieilles vignes s'affirme par sa subtile vinosité, sa tenue en bouche et son profil aromatique riche et nuancé. Une finale légèrement amère ajoute à son charme et à sa longueur. ☆☆☆ ② ♥

Château de Vaudieu 2005, Châteauneuf-du-Pape (S-918151) : 44 $

Laurent Bréchet ne ménage aucun effort pour faire progresser cette vaste propriété de 75 hectares entourant un authentique château du XVIIIe siècle. Conjuguant élégamment la générosité, la fraîcheur et la suavité, son Châteauneuf 2005 se distingue par une étonnante complexité aromatique, une bouche large et persistante où s'entrecroisent des nuances de fruits et de boîte à cigares. Ce véritable délice de pureté et de plénitude est d'autant plus savoureux que sa richesse alcoolique imposante de 15 % n'est pas un obstacle à son équilibre. Déjà bon maintenant, mais assez structuré pour tenir jusqu'en 2012 au moins. ★★★★ ②

Château du Grand Moulas 2007, Côtes du Rhône-Villages Massif d'Uchaux (S-961169) : 16,85 $

De nouveau recommandable cette année, cet assemblage de syrah et de grenache à part égale charme immanquablement par sa vigueur, sa souplesse et l'éclat de son fruit. À la fois chaleureux et coulant, ce vin volubile est encore plus savoureux s'il est servi à 14-15 °C. À boire jeune. ★★★ ② ♥

Pour se gâter sans se ruiner

- Château de l'Isolette 2003, Grande Réserve, Prestige, Côtes du Luberon
- Château Mourgues du Grès 2007, Les Galets Rouges, Costières de Nîmes
- Chave Sélection, J-L; Côtes du Rhône 2006, Mon Cœur
- Mas des Bressades 2006, Cuvée Tradition, Costières de Nîmes
- Domaine de Boissan, Côtes du Rhône-Villages Sablet 2005, Cuvée Clémence
- Domaine de Fondrèche, Persia 2006, Côtes du Ventoux

Pour apprécier l'originalité des vins blancs du Rhône

- Coudoulet de Beaucastel 2006, Côtes du Rhône
- Château de la Tuilerie 2007, Vieilles vignes, Costières de Nîmes

Pour se tirer d'affaire dans une SAQ Classique ☺

- Benjamin Brunel 2006, Côtes du Rhône-Villages Rasteau
- La Vieille Ferme 2007, Côtes du Ventoux
- Château de Nages blanc 2007, Réserve, Costières de Nîmes

Pour savourer le meilleur

- Château de Beaucastel 2005, Châteauneuf-du-Pape
- Ferraton Père et Fils, Ermitage 1999, Le Méal
- Bosquet des Papes, Cuvée Chante le Merle 2005, Vieilles vignes, Châteauneuf-du-Pape

Château La Nerthe 2003, Châteauneuf-du-Pape (S-917732): 48,75 $

Gérée avec brio par Alain Dugas, cette splendide propriété est un haut lieu de la viticulture rhodanienne et donne quelques vins parmi les plus racés de toute la région. Même s'il n'a peut-être pas le détail habituel – il a fait chaud en 2003! –, le vin s'impose par son gras, sa plénitude et son grain savoureux. Comme toujours à La Nerthe, la sève du terroir est bien présente et confère au vin une personnalité très affirmée. Même s'il évoluera peut-être plus rapidement que d'habitude, il vivra sans doute plusieurs années. ★★★★ ②

Château Mourgues du Grès 2007, Les Galets Rouges, Costières de Nîmes (S-10259753) : 17,10 $

Après ses études d'œnologie, le producteur François Collard a fait un stage de six mois au Château Lafite Rothschild à Pauillac où il a, de toute évidence, très bien appris son métier. Retour en force en 2007 avec un vin coloré, aux arômes exubérants de fruits noirs. En bouche, cette générosité se traduit par une attaque riche en tanins mûrs et caressants. Le tout est tonifié par une saine acidité qui rend la finale encore plus savoureuse. Excellent ! ★★★★ ② ♥

En octobre 2008, on trouvait encore du **Château Mourgues du Grès 2006, Les Galets Rouges** ; bon vin solide au tempérament chaleureux ne manquant pas de poigne. À servir légèrement rafraîchi autour de 15 °C. ★★★ ②

Château Saint-Roch, Côtes du Rhône 2006 (S-10678181) : 16,70 $

Sur l'autre rive du Rhône, la famille Brunel – Benjamin Brunel, La Gardine – produit aussi un très bon vin blanc sec, modérément parfumé et rehaussé d'un léger reste de gaz carbonique. Droit, franc de goût et équilibré. ☆☆☆ ② ♥

Château Signac, Terra Amata 2005, Côtes du Rhône-Villages Chusclan (S-917815) : 22,70 $

Sur la rive droite du Rhône, à la hauteur d'Orange, l'appellation Côtes du Rhône-Villages Chusclan compte à peine quelque 250 hectares de vignes en production, ce qui est bien peu comparativement aux 3100 hectares de Châteauneuf-du-Pape. Élaborée avec brio par Alain Dugas – responsable du Château La Nerthe à Châteauneuf –, la cuvée Terra Amata est le fleuron de la propriété. Un excellent vin non filtré, gorgé de fruits et ayant un caractère, une poigne et une dimension remarquables. À ce prix, aucune raison de s'en passer, surtout que ce 2005 pourra être conservé encore quelques années en cave. ★★★★ ② ♥

Tout aussi recommandable que les millésimes précédents, le **Combe d'Enfer 2005, Côtes du Rhône-Villages Chusclan** (S-917823 : 18,80 $) est un excellent vin musclé et chaleureux déroulant en bouche des couches de saveurs fruitées alimentées par des tanins très mûrs et bien nourris. Beaucoup de poigne, de longueur et de richesse, sans excéder 13,5 % d'alcool. Un champion dans sa catégorie. À moins de 20 $, peu de vins ont autant à offrir. ★★★★ ②

Chave Sélection, J-L ; Côtes du Rhône 2006, Mon Cœur (S-10330433) : 21,65 $

Jean-Louis Chave gère avec brio le domaine familial et opère aussi une petite affaire de négoce spécialisée dans le cousu main. La gamme offerte se limite à quelques appellations, mais la qualité est irréprochable. Particulièrement étoffée – pour un Côtes du Rhône «tout court» –, la cuvée Mon Cœur se signale autant par sa structure et son grain fin que par sa droiture et son équilibre. À boire d'ici 2011. ★★★★ ② ♥

Clos de Sixte 2005, Lirac (S-10919070) : 24 $

Alain Jaume a acquis cette propriété de Lirac en 2003. On retrouve dans ce vin l'étoffe de ses Châteauneuf-du-Pape du domaine Grand Veneur. Ce n'est évidemment pas un maigrichon (15 % d'alcool), mais il est robuste et ne manque pas de panache. Volumineux et enrobé de tanins très mûrs, il remplit la bouche de saveurs d'eau-de-vie de fruit et termine sur une note chaleureuse et réconfortante. Les amateurs de vins rouges capiteux et toniques se régaleront. ★★★→? ③

Colombo, Jean-Luc ; La Belle de Mai 2006, Saint-Péray (S-10678190) : 26,95 $

S'il est moins éclatant que le 2004 qui l'a précédé, ce vin généreux, puissant et vineux ne manque certainement pas de charme. Son profil très méditerranéen mise davantage sur la vinosité que sur la vitalité, mais le vin conserve un bon équilibre et déploie une jolie trame aromatique teintée d'agréables nuances florales sur un fond de saveurs beurrées. Savoureux ! ☆☆☆ ②

Delas

Propriété de la maison champenoise Deutz depuis 1977 – qui fut elle-même rachetée par le groupe Roederer en 1993 –, ce domaine de 30 hectares a subi une importante revitalisation au cours de la dernière décennie. L'œnologue Jacques Grange y signe une gamme de vins étoffés qui expriment fidèlement le caractère de leurs appellations respectives.

Côte Rôtie 2005, Seigneur de Maugiron (U-10676611 : 79 $) ; excellent 2005 au grain suave et irrésistiblement fruité. Mélange exquis d'onctuosité et de puissance, le vin témoigne à la fois de la richesse du terroir et de la qualité du millésime 2005. Déjà ouvert, il continuera de se développer pendant une bonne dizaine d'années. ★★★★ ②

Plus sévère, le **Cornas 2005, Chante-Perdrix** (S-10891505 : 58 $) affiche la fermeté caractéristique des crus de l'appellation. Bon vin intense, droit et encore vif qui profitera sans doute de quelques années en cave et qui devrait facilement tenir la route jusqu'en 2015. ★★★→★ ③

Domaine Cheze, Saint-Joseph 2005, Cuvée des Anges (U-10271066) : 46,75 $

Parti de presque rien en 1978 – le domaine familial ne comptait qu'un hectare –, Louis Cheze en exploite aujourd'hui une trentaine dans le nord de la vallée du Rhône. Issue d'une parcelle de 2 hectares située à 300 mètres d'altitude et profitant de rendements limités – 5000 bouteilles annuellement –, sa Cuvée des Anges se distingue par sa franche expression fruitée et sa savoureuse forme sphérique, sans dureté ni rudesse. Sa délicieuse finale parfumée et persistante laisse en bouche une impression à la fois chaleureuse et harmonieuse. Déjà ouvert et très charmeur. Un régal ! ★★★★ ②

Domaine de Beaurenard

Le Domaine de Beaurenard bénéficie de l'héritage de sept générations qui ont contribué à sa renommée. Les frères Daniel et Frédéric Coulon ont succédé à leurs parents, Paul et Régine, et sont restés attachés à la tradition des vins du Rhône fins et authentiques. Le vignoble s'étend sur une trentaine d'hectares de vignes à Châteauneuf-du-Pape et sur 25 hectares dans l'appellation Côtes du Rhône-Villages Rasteau. Ayant choisi d'appliquer une agriculture raisonnée, les Coulon n'ont jamais eu recours aux levures industrielles pour leurs vinifications. Selon Frédéric, il n'y a là aucun mérite. «Nous n'en avons simplement jamais eu besoin, expliquait-il. Nos vinifications se sont toujours bien déroulées sans levurage; pourquoi intervenir lorsque les conditions sont idéales?» Ici, aucune pratique radicale et outrancière, seulement la recherche d'un produit authentique et naturel, marqué par l'empreinte du millésime et traduisant bien le goût de son lieu d'origine.

Boisrenard 2004, Châteauneuf-du-Pape (U-736231 : 64 $); cette cuvée issue d'une parcelle de vieilles vignes âgées de 60 à 100 ans et dont les rendements sont limités à 20 hectolitres à l'hectare est le porte-drapeau du domaine. Comme le mentionne la contre-étiquette, le vin

est élaboré dans les règles de l'art : cueillette manuelle, tris de la vendange, fermentation avec les seules levures naturelles, pas de filtration, élevage de 18 mois en fût de chêne. Le résultat est un vin chaleureux, onctueux et tricoté serré; sa matière intense et sa profondeur témoignent d'un grand millésime. C'est l'archétype du Châteauneuf-du-Pape. Uniquement offert aux magasins Signature de Québec. ★★★★ ③

Le domaine produit aussi un très bon **Châteauneuf-du-Pape 2005** (S-872044 : 43,50 $) classique. Un vin consistant dont le caractère aromatique a des notes balsamiques qui se manifestent avec éclat et persistance. Bien sûr, on sent la générosité et la chaleur typiques de l'appellation, mais surtout des tanins serrés et une saine acidité qui lui donnent passablement d'envergure. Selon Frédéric Coulon, il a un excellent potentiel de garde. Il a sans doute raison. ★★★→? ③

Côtes du Rhône-Villages Rasteau 2005 (S-706903 : 23,90 $); issu de 80% de grenache, et de syrah, cet excellent vin poivré, ample, à la fois épuré et chaleureux, ne manque ni de tenue ni de caractère. Déjà bon à boire, mais ce Rasteau pourra tenir la route encore quelques années. Très satisfaisant! Quatre étoiles dans sa catégorie. ★★★★ ②

Domaine de Boisson, Côtes du Rhône-Villages Sablet 2005, Cuvée Clémence (S-712521) : 18,10 $

Bien que son vignoble compte près de 50 hectares, Christian Bonfils pratique une agriculture raisonnée et n'utilise aucun désherbant chimique. Misant sur l'expression du terroir, il signe bon an mal an un savoureux Côtes du Rhône-Villages exprimant bien l'esprit des vins de Sablet. Sans grande puissance, mais très riche de goûts de fruits mûrs et déployant un joli relief de saveurs. Une occasion en or de découvrir les charmes de cette petite appellation. ★★★★ ② ♥

Domaine de Fondrèche, Persia 2006, Côtes du Ventoux (S-10780741) : 25,90 $

Il y a une dizaine d'années, Nanou Barthélemy et Sébastien Vincenti ont repris et restauré entièrement ce domaine de 35 hectares. Leur cuvée Persia est aujourd'hui une référence dans cette appellation de la vallée du Rhône. Majoritairement composé de syrah et de 10 % de mourvèdre, le vin a toute la structure, la dimension aromatique et la profondeur voulues ; une savoureuse attaque sucrée (14,5 % d'alcool) et un solide cadre tannique qui lui donnent beaucoup de corps. Comme il est encore sur la réserve, une aération de deux heures en carafe lui permettra de s'ouvrir et d'être apprécié à sa juste valeur. Qualité remarquable. ★★★★ ③

Domaine de la Vieille Julienne

Dans la belle propriété de Jean-Paul Daumen, la biodynamie est de rigueur et donne d'excellents vins rouges, parmi les meilleurs de l'appellation.

Côtes du Rhône 2004 (S-10935985 : 26,45 $) ; égrappage, tri minutieux, vinification sans soufre, fermentation avec les levures naturelles… Jean-Paul Daumen met tout en œuvre pour faire un Côtes du Rhône hors de l'ordinaire, à la fois droit et plantureux, mais surtout remarquablement savoureux et s'appuyant sur un équilibre impeccable. De la personnalité. Extra ! ★★★★ ②

Côtes du Rhône 2005, lieu-dit Clavin (S-10919133 : 27,40 $) ; ce vin provient d'une parcelle plantée de vieilles vignes de grenache – ainsi que plus ou moins 25 % de syrah et de mourvèdre –, dont les rendements n'excèdent pas 35 hectolitres à l'hectare. Résultat en 2005 : un Côtes du Rhône aux larges proportions, dense, chaleureux, tonique et pourtant équilibré ; sa tenue et sa forte personnalité sont à signaler. Grand succès ! À boire entre 2009 et 2013. ★★★★ ②

Domaine du Vieux Lazaret 2004, Châteauneuf-du-Pape, Cuvée Exceptionnelle (S-10676881) : 45 $

Profitant des largesses d'un millésime idéal dans la région, la Cuvée Exceptionnelle du producteur Jérôme Quiot s'avère particulièrement étoffée. Excellent 2004 large et dodu, ample en bouche et concluant par une longue finale chaleureuse. À mettre en cave ? Oui, car il est solide, mais il est difficile de résister au plaisir de le boire dans l'immédiat. Excellent ! ★★★★ ② ▼

Domaine La Soumade 2004, Prestige, Côtes du Rhône-Villages Rasteau (S-850206) : 26,95 $

À l'égal de la réputation du producteur André Romero, ce 2004 reflète avec éclat la qualité du millésime dans la région. Miraculeusement, ce vin aux tanins mûrs et suaves, presque sucrés, conserve une certaine fraîcheur en dépit de sa forte richesse alcoolique de 15 %. Les amateurs de Côtes du Rhône aimeront sa fin de bouche chaleureuse et ses accents de fruits confits et de kirsch. À boire d'ici 2012. Impeccable ! ★★★★ ②

Domaine Mathieu 2004, Châteauneuf-du-Pape (S-967083) : 34,25 $

Vendu au Québec depuis quelques années, ce vin composé de grenache à 85 % et d'une nuée de cépages rouges et blancs typiques de l'appellation, s'était déjà signalé avec de très bons 2000 et 2001. Le 2004 profite des largesses de cet excellent millésime. Un vin de très belle facture, à la fois sphérique et velouté, mais aussi chaleureux et tonique. Sa finale longue et délicieusement épicée est typique des bons vins de Châteauneuf. Un achat avisé. ★★★★ ②

Domaine Santa Duc

Yves Gras produit une vaste gamme de vins sur son domaine d'une douzaine d'hectares dans le sud de la vallée du Rhône.

On peut reprocher un côté rustique à la cuvée **Les Blovac 2003, Côtes du Rhône-Villages Rasteau** (S-709329 : 19,55 $), mais certainement pas un manque de caractère. Beaucoup de chair et de consistance, très mûr, mais il conserve suffisamment de poigne. Ses accents d'eau-de-vie et de fruits noirs laissent une sensation chaleureuse fort agréable en finale. ★★★→? ②

Encore plus riche, la cuvée **Les Garancières 2004, Gigondas** (S-709303 : 25,40 $) se signale par sa sévérité et sa force alcoolique de 14,5 %. Des goûts confits et une longue finale fruitée et chaleureuse. Force et chaleur à défaut de finesse. ★★→? ②

Dupéré-Barrera, Côtes du Rhône-Villages 2006 (S-10783088) : 23 $

En plus de leurs vins provençaux (page 162), Emmanuelle Dupéré et Laurent Barrera commercialisent un Côtes du Rhône-Villages provenant de leur activité de négoce. Dégusté une seule fois, le 2006 m'a paru à la fois vif et chaleureux en bouche. Certes charnu et charpenté, mais tout de même un peu bancal, du moins pour l'instant. À revoir. ★★→? ②

Ferraton Père et Fils

Ce domaine, géré en partenariat depuis 1998, a récemment été acheté en totalité par Michel Chapoutier qui l'exploite en agriculture biodynamique.

Au sommet de la gamme, l'**Ermitage 1999, Le Méal** (U-10856208 : 71 $) est une combinaison gagnante de générosité et de fraîcheur (13 % d'alcool). Encore vibrant de jeunesse et d'une élégance rare, ce vin issu de la parcelle du Méal traduit une expression particulièrement fine et distinguée de l'Ermitage (on peut écrire avec ou sans H). Des tanins quasi crémeux, des couches de saveurs intenses et persistantes ainsi qu'une sève inimitable lui donnent infiniment de panache. Est-il besoin de rappeler que le millésime 1999 fut sensationnel dans le nord de la vallée du Rhône ? Grand vin, bon maintenant et pour longtemps. ★★★★→? ②

Sans être le plus opulent, le **Châteauneuf-du-Pape 2005, Le Parvis** (S-725747 : 34,50 $) se fait valoir par sa tenue en bouche, ses saveurs précises et son équilibre. Du relief, du grain et une impression générale fort agréable. À boire entre 2009 et 2014. ★★★→? ②

Un cran en dessous, le **Saint-Joseph 2005, La Source** (S-10258953 : 25,15 $) renferme un léger reste de gaz carbonique, ce qui lui donne une allure un peu rustique. Suffisamment fruité et relevé, pas mémorable. ★★→? ②

Gaillard, Pierre

Partenaire dans Les Vins de Vienne, Pierre Gaillard est aussi propriétaire de 17 hectares de vignes dans le nord de la vallée du Rhône. Il y produit des vins fins, distingués et reflétant fidèlement leur terroir.

Côte Rôtie 2006 (S-731133 : 70 $) ; à défaut de profondeur – du moins pour le moment –, le vin se fait valoir par sa forme droite et très franche laissant en bouche une impression de netteté. Savoureux et pourtant facile à boire en raison d'une saine fraîcheur qui met en relief des saveurs précises de fruits noirs et de violette. À boire entre 2010 et 2015 au moins. ★★★→? ③

Saint-Joseph 2006, Clos de Cuminaille (S-860353 : 39 $) ; très bon vin au nez ample et exotique, marqué par les nuances épicées et chocolatées de la syrah. Beaucoup de fruit, des tanins mûrs, sans rudesse et une présence en bouche affirmée. Déjà ouvert et aimable, à boire dans les trois prochaines années. ★★★ ②

Guigal, Châteauneuf-du-Pape 2003 (S-349498) : 51 $

Maintenant solidement secondé par son fils Philippe, Marcel Guigal est devenu l'empereur de la vallée du Rhône en produisant une gamme complète de vins impeccables. Issu d'un millésime exceptionnellement chaud, le Châteauneuf 2003 se présente sous un jour particulièrement généreux. Majoritairement composé de grenache (80 %), ce vin à la fois dense et exubérant en impose par son caractère capiteux et robuste, marqué par des arômes complexes de fruits secs et d'épices. Un passage en carafe d'une heure ou deux avant de le servir lui permet de se révéler pleinement. Bon dès maintenant et au moins jusqu'en 2015. ★★★★ ②

Aussi au répertoire général, le **Côtes du Rhône rouge 2004** et le **Côtes du Rhône blanc 2006** (page 43) ⓖ

Jaboulet Aîné, Paul

À la fois producteur et négociant, la célèbre maison rhodanienne fondée en 1884 a été rachetée en 2005 par la Compagnie financière Frey, déjà propriétaire du Château La Lagune dans le Médoc et principal actionnaire de la maison champenoise Billecart-Salmont. Nicolas Jaboulet assure toujours la direction de l'entreprise qui profite maintenant des conseils des œnologues Caroline Frey et Denis Dubourdieu. Un redressement qualificatif semble en cours.

Saint-Joseph 2005, Le Grand Pompée (S-185637 : 28,60 $) ; issu d'un très bon millésime, ce vin a une bonne densité fruitée et une texture veloutée et sans mollesse. Son grain serré et sa saine fraîcheur lui assurent un bel équilibre. ★★★★ ②

Plus souple, le **Crozes-Hermitage 2004, Domaine de Thalabert** (176115 : 32,75 $) présente des parfums et une forme tannique plutôt atypiques. À apprécier pour sa matière fruitée généreuse et coulante ainsi que pour sa fraîcheur. ★★★ ②

Mas des Bressades 2006, Cuvée Tradition, Costières de Nîmes (S-10439383) : 16,30 $

Après avoir fait ses premières armes chez Chalone en Californie et au domaine Paul Bruno au Chili, Cyril Marès est maintenant bien en selle sur la propriété familiale non loin de Nîmes. Très net et présentant une palette aromatique un cran plus étoffée que la moyenne, le 2006 a juste ce qu'il faut de tanin et de fruit, il est vraiment satisfaisant. C'est rare de trouver un vin aussi vibrant à ce prix. Franc succès ! ★★★★ ② ♥

Perrin, Vacqueyras 2006, Les Christins (S-872937) : 23,25 $

En plus de leurs célèbres vins du Château de Beaucastel, la famille Perrin commercialise une gamme de vins de la vallée du Rhône, notamment cet excellent Vacqueyras provenant d'un vignoble de 11 hectares planté de vignes de grenache à 75 % et de syrah âgées d'une cinquantaine d'années. Cette année encore, la cuvée Les Christins réunit la chair, la consistance et l'équilibre. Chaleureux et généreux mais sans lourdeur. Très bon vin relevé vendu à prix juste. ★★★★ ② ♥

À surveiller aussi au début de 2009, l'arrivée du **Vacqueyras 2007, Les Christins** (S-872937 : 23,25 $) ; très jeune et misant avant tout sur une expression pure du fruit, Les Christins charme par son relief aromatique et sa bouche tendre et veloutée. On peut déjà le boire pour apprécier son charme juvénile, mais il sera à point dans un an ou deux. ★★★→? ② ♥

Plus modeste, le **Côtes du Rhône-Villages Rasteau 2005, L'Andéol** (S-10678149 : 18,95 $) n'est pas très expressif, mais suffisamment structuré et fruité. À ce prix, on trouve toutefois de meilleurs vins ayant plus de caractère. ★★ ②

Vins de Vienne (Les)

De trio à quatuor, le groupe de vignerons initialement formé de Pierre Gaillard, Yves Cuilleron et François Villard, a été rejoint par Pierre-Jean Villa en 2003. Après avoir recréé le vignoble de Seyssuel au sud de Lyon – un morceau de patrimoine viticole datant de l'époque romaine –, ils ont développé une activité de négoce haut de gamme dans le nord de la vallée du Rhône.

Cornas 2005, Les Barcillants (S-708438 : 55 $) ; très fidèle au style ferme et charpenté qui distingue cette appellation, cet excellent Cornas se signale par sa fermeté tannique, sa matière généreuse et sa finale persistante aux accents poivrés. Belle bouteille qui continuera de se développer au cours des 5 prochaines années et qui vivra au moins 20 ans. C'est bien connu, les bons Cornas ont la couenne dure ! ★★★★ ③

Côtes du Rhône 2005, Les Cranilles (S-722991 : 19,30 $) ; commenté l'an dernier, les Cranilles 2005 – alors simple Côtes du Rhône – m'avait fait une excellente impression. Dégusté un an plus tard, il ne m'a pas semblé aussi éclatant. Néanmoins, un très bon vin relevé et gorgé de fruits, dense, passablement solide et doté d'un bon équilibre. ★★★ ②

TROP TARD !
Surveillez les prochains millésimes

**D'AUTRES BONS VINS DE LA VALLÉE DU RHÔNE
DÉGUSTÉS CETTE ANNÉE**

Domaine du Grand Veneur

Le viticulteur Alain Jaume et sa femme Odile ont déployé beaucoup d'efforts depuis qu'ils ont créé ce domaine en 1979. Les vins portent maintenant leurs plus beaux fruits alors que le domaine de 55 hectares produit une série de vins remarquables tant par leur qualité constante que par leur personnalité bien affirmée.

Châteauneuf-du-Pape 2005 blanc (S-967034 : 39 $) ; un vin chaleureux et vineux étalant la richesse typique des vins de cette appellation. Relevé à souhait, consistant, riche en saveurs et idéalement équilibré. Beau spécimen pour découvrir le caractère et la sève des meilleurs vins blancs du Rhône. À boire entre 2009 et 2012. ☆☆☆☆ ②

Delas, Châteauneuf-du-Pape 2005, Haute-Pierre (10857067) : 30 $

Sans égaler les meilleurs Châteauneuf-du-Pape, la cuvée Haute-Pierre 2005 est tout de même bien constituée, au goût fruité précis et bien encadré par des tanins mûrs et charnus. On annonce l'arrivée de 25 caisses du millésime 2006 en novembre 2008. ★★★→? ③

Saint-Joseph 2005, Sainte-Épine (S-10808361 : 44,25 $) ; droit, net et vigoureux, ce vin provenant d'une parcelle en coteaux exposée au sud se distingue par sa trame tannique serrée, sa franche expression fruitée et sa longue finale harmonieuse. Équilibré et déjà fort agréable, il sera à son apogée vers 2013. ★★★★ ③

Le Vieux Donjon 2005, Châteauneuf-du-Pape (S-10817441) : 52 $

Pour amateurs de vin robuste et musclé (14 % d'alcool), une profusion de goûts confits et une finale très chaleureuse. Imposant et particulièrement généreux, il continuera de se développer au fil des cinq prochaines années. ★★★→★ ③

Mousset, Guy ; Les Garrigues 2005, Côtes du Rhône-Villages
(S-10886482) : 22,10 $

Élaboré par Franck et Olivier Mousset du Clos St-Michel à Châteauneuf-du-Pape, ce Côtes du Rhône-Villages a une personnalité très affirmée. Son fruit pur, ses saveurs nettes et sa fraîcheur en bouche – malgré une richesse alcoolique de 14,5 % – méritent d'être soulignés. ★★★★ ② ♥

D'AUTRES VINS ROUGES DE QUALITÉ SATISFAISANTE ★★★

Château d'Aquéria, L'Héritage d'Aquéria 2005, Lirac (S-10779821) : 32,50 $; bon vin coloré, épicé, très mûr et presque sucré en attaque. Si l'ensemble laisse une impression un peu trop unidimensionnelle, on apprécie tout de même son profil vineux, plein en bouche et très fruité.

Diffonty, Cuvée du Vatican 2005, Châteauneuf-du-Pape (S-10918878) : 35,25 $; chaleureux, mais sans lourdeur et doté d'une bonne acidité ; des goûts agréables de fruits mûrs et de réglisse. Sans distinction particulière, mais satisfaisant.

Domaine Courbis, Saint-Joseph 2005, Les Royes (S-873307) : 41 $; cette cuvée compte régulièrement parmi les bons Saint-Joseph offerts au Québec. Très typé, d'envergure moyenne et agréablement charnu.

Domaine des Remizières, Crozes-Hermitage 2005, Cuvée Particulière (S-871657) : 23,45 $; de facture traditionnelle, un vin se signalant par sa tenue, ses saveurs franches et cette fraîcheur typique des vins du nord de la vallée du Rhône. Bon maintenant.

Domaine La Garrigue 2005, Vacqueyras (S-863787) : 23,15 $; la richesse fruitée de ce 2005 s'appuie sur un solide cadre tannique qui lui donne passablement d'élan et contribue à sa tenue et à sa fraîcheur.

Domaine Le Clos des Cazaux 2005, Cuvée des Templiers, Vacqueyras (S-10273070) : 26,05 $; riche en extraits, passablement structuré ; des goûts de fruits noirs et de poivre ; tonique sans être lourd et bien équilibré.

Domaine Les Aphillanthes, Le Cros 2003, Côtes du Rhône (S-10678173) : 27,15 $; pas spécialement élégant, mais planureux, corsé et capiteux.

Sabon, Roger ; Lirac 2005, Chapelle de Maillac (S-10779812) : 20,35 $; très bon Lirac tendre, juteux et flatteur. À défaut de profondeur, on apprécie son fruit généreux, sa forme sphérique et sa finale chaleureuse.

D'AUTRES VINS ROUGES DE QUALITÉ MOYENNE ★★

Bressy-Masson, Côtes du Rhône-Villages Rasteau 2005 (S-872382) : 20,10 $
Cave de Rasteau, Côtes du Rhône-Villages Rasteau 2005, Cuvée Prestige, Ortas (S-952705) : 21 $
Caves des Papes, Oratorio, Crozes-Hermitage 2005 (S-917534) : 27,25 $
Château Lamargue 2004, Cuvée Aegediane, Costières de Nîmes (S-10678923) : 21,30 $
Château Pesquié 2005, Quintessence, Côtes du Ventoux (S-969303) : 25,95 $
Prestige 2006, Côtes du Ventoux (S-743922) : 19,65 $
Les Hauts du Parandier 2006, Côtes du Ventoux (S-10255939) : 16,15 $
Clos de l'Oratoire St-Martin, Cairanne 2003, Haut-Coustias, Côtes du Rhône-Villages (S-918144) : 28,75 $
Domaine de la Citadelle 2005, Le Châtaignier, Côtes du Luberon (S-880831) : 15,85 $
Domaine de Montvac 2005, Vayqueras (S-875443) : 21,55 $
Domaine Duclaux 2005, Châteauneuf-du-Pape (S-10273483) : 37,75 $
Tardieu-Laurent, Les Becs Fins 2006, Côtes du Rhône-Villages (S-10204533) : 18,80 $

Vins de la Vallée du Rhône
au répertoire général

Benjamin Brunel 2006,
Côtes du Rhône-Villages
Rasteau
(C-123778) : 19,60 $
Vendu dans une jolie bou-
teille commémorant le
400ᵉ anniversaire de la ville

de Québec, ce vin fait toujours preuve d'une grande constance.
Charnu et généreux à souhait, mais aussi équilibré et facile à
boire. Satisfaction garantie à ce prix. ★★★★ ② ♥

Pour les amateurs de Châteauneuf-du-Pape, le **Château
de la Gardine 2005, Châteauneuf-du-Pape** (C-022889 : 34 $)
s'avère passablement structuré et satisfaisant. ★★★ ②

Cave des Papes, Héritage des Caves des Papes 2006,
Côtes du Rhône (C-535849) : 15,10 $
Bon Côtes du Rhône chaleureux ; un peu rectiligne, mais ses
franches saveurs de framboises sont agréables. ★★★ ②

Chapoutier, Côtes du Rhône 2006, Belleruche
(C-476846) : 17,05 $
De fruit, de la tenue en bouche et des saveurs relevées, le
tout porté par un bon équilibre. ★★★ ②

Château de Nages rouge 2006, Réserve, Costières de Nîmes
(C-427617) : 14,50 $
Vin à la fois juteux et débordant de vitalité ; une présence en
bouche plus nourrie que la moyenne et des saveurs bien ramas-
sées autour de tanins mûrs. Un modèle du genre. ★★★ ② ♥

Une bonne note aussi pour le **Château de Nages blanc
2007, Réserve, Costières de Nîmes** (C-427609 : 14,50 $) ; très
bon vin blanc rafraîchissant auquel les cépages grenache
blanc (60 %) et roussanne donnent un élan aromatique original et charmant. ☆☆☆ ① ♥

Domaine des Cantarelles 2007, Costières de Nîmes
(C-518720) : 11,35 $

Pour une chanson, un bon vin mettant en relief les goûts de poivre propres à la Syrah. Une attaque mûre et des formes rondes tonifiées par une saine vivacité. ★★ ♥

Guigal, Côtes du Rhône rouge 2004 (C-259721) : 19,15 $

Dans sa version 2004, ce classique des Côtes du Rhône se signale surtout par sa souplesse et sa texture tendre et déliée. Trois étoiles pour un bon vin à point et parfaitement ouvert. ★★★ ②

Côtes du Rhône blanc 2006 (C-290296 : 18,75 $) Comme toujours, le Côtes du Rhône blanc de Guigal offre des saveurs généreuses et vineuses, le tout agréablement mis en valeur par un bon équilibre. Bel exemple de vin blanc méridional. ☆☆☆ ②

Perrin, VF Lasira 2007, Costières de Nîmes (C-10540684) : 13,10 $

Peut-être un brin plus charnu que le 2006 recommandé l'an dernier, le 2007 est toujours aussi juteux et aimable. Totalement satisfaisant à ce prix. ★★★ ② ♥

Plus classique, **La Vieille Ferme 2007, Côtes du Ventoux** (C-263640 : 13,85 $) est l'exemple même du produit commercial honnête et de bon aloi. Lui aussi présenté dans une bouteille à capsule vissée, le 2007 est gorgé de fruits, franc et savoureux. Trois étoiles pour sa constance exemplaire au cours des dernières décennies. ★★★ ② ♥

Aussi, le **Perrin Réserve 2007, Côtes du Rhône** (C-363457 : 15,75 $) est de nouveau très bon en 2007. Joli relief fruité et tenue en bouche fort satisfaisante. ★★★ ② ♥

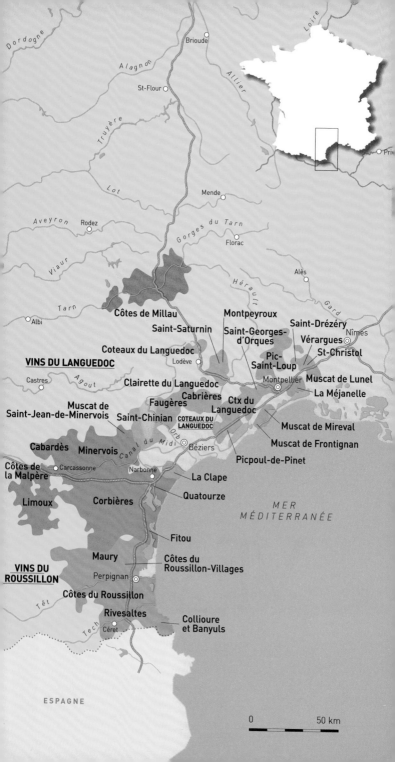

Brioude

Loire

Allier

Dordogne

Alagnon

St-Flour

Truyère

Lot

Mende

Gorges du Tarn

Florac

Alès

Aveyron   Rodez

Viaur

Hérault

Gard

Nîmes

Tarn

Albi

Côtes de Millau

Saint-Saturnin

Montpeyroux

Saint-Georges-
d'Orques

Saint-Drézéry

Vérargues

VINS DU LANGUEDOC

Castres

Agout

Coteaux du Languedoc

Lodève

Pic-
Saint-Loup

St-Christol

Clairette du Languedoc

Montpellier

Muscat de Lunel

Muscat de
Saint-Jean-de-Minervois

Faugères

Cabrières

Saint-Chinian

**COTEAUX DU
LANGUEDOC**

Ctx du
Languedoc

La Méjanelle

Cabardès

Minervois

Canal du Midi

Orb

Béziers

Muscat de Mireval

Muscat de Frontignan

Côtes de
la Malpère

Carcassonne

Narbonne

Picpoul-de-Pinet

La Clape

Quatourze

*MER
MÉDITERRANÉE*

Limoux

Corbières

Fitou

**VINS DU
ROUSSILLON**

Maury

Perpignan

Côtes du
Roussillon-Villages

Têt

Côtes du Roussillon

Rivesaltes

Tech

Céret

Collioure
et Banyuls

ESPAGNE

0   50 km

Priv

Sud de la France

Avec une superficie de 290 000 hectares, le Languedoc-Roussillon forme le plus vaste vignoble du monde et génère le tiers de la production vinicole française.

Autrefois dominés par les grands entrepreneurs et les coopératives, tristement reconnus pour leurs « gros rouges qui tachent », le Languedoc-Roussillon et la Provence ont vu naître une foule de domaines indépendants dont les vins sont souvent remarquables.

En un quart de siècle, cette vaste région viticole, en forme de croissant géant entre le Rhône et les Pyrénées, s'est littéralement transfigurée. Dans un contexte de surproduction mondiale, alors que la survie passe obligatoirement par la qualité, près de 6 000 viticulteurs – encouragés par les primes à l'arrachage de la communauté européenne – ont jeté l'éponge et cessé d'approvisionner les 300 coopératives locales. Les autres producteurs ont multiplié les efforts et les investissements pour faire de meilleurs vins. Et ça se goûte !

L'essor formidable de ce grand ensemble viticole constitue plus que jamais une aubaine pour l'amateur à la recherche de bons vins généreux. C'est sans doute ce que les amateurs d'ici ont compris, puisque de toutes les régions françaises, c'est le Languedoc qui domine les ventes au Québec, autant en volume qu'en valeur avec un chiffre d'affaires de 144 millions de dollars pour la campagne 2006-2007.

LES CINQ DERNIERS MILLÉSIMES

2007 Comme ailleurs en France, le printemps a été pluvieux et les températures estivales plus basses que la normale. Le beau temps de septembre a généré beaucoup de très bons vins bien équilibrés. Millésime généralement bon.

2006 Après des mois de juin et de juillet torrides, août a été frais et quelques pluies ont compliqué les vendanges. Les producteurs vigilants et appliqués ont obtenu des résultats satisfaisants. La qualité est hétérogène.

2005 Très bon millésime, des vins rouges solides et surtout mis en valeur par une saine acidité. Aux meilleures adresses, on trouve parfois des cuvées à l'égal des formidables 2001. Millésime moins favorable en Provence où des pluies juste avant les vendanges ont causé bien des soucis.

2004 Le mois d'août pluvieux a été précurseur de conditions peu favorables aux raisins blancs cueillis au début de septembre. Temps venteux ensuite et une bonne vendange de raisins rouges aptes à donner des vins flatteurs, au caractère fruité généreux. Récolte inférieure à la moyenne, sauf en Provence où les vins rouges sont excellents, notamment à Bandol.

2003 Comme partout en France, une année de grande chaleur. Les meilleurs terroirs ont produit les vins les mieux équilibrés. Excellents vins à Bandol où le mourvèdre s'est bien accommodé de la canicule. En général, les vins provençaux du littoral sont très satisfaisants.

DÉBOUCHER OU ATTENDRE?

Vins du Midi • Que boire en **2009**?

Dans l'ensemble, les vins rouges du Languedoc-Roussillon et de Provence sont bons à boire dès leur jeune âge. Et même si les cuvées plus élitistes provenant des domaines de pointe ont une tenue remarquable, et passablement de charpente, ils n'ont pas besoin de dormir en cave bien longtemps pour se révéler pleinement. On verra que la plupart des vins commentés dans les pages qui suivent sont à point. Exception à cette règle, certains titans comme Daumas Gassac ou encore les merveilleux vins de Bandol – Pibarnon, Pradeaux, Vannières, etc. – auxquels le mourvèdre confère un tempérament tannique et surtout une longévité digne des très bons Bordeaux.

Sud de la France

Sud de la France

Pour goûter le meilleur du Languedoc-Roussillon

- Château Coupe Roses 2006, Granaxa, Minervois
- Château de Cazeneuve, Le Roc des Mates 2004, Coteaux du Languedoc Pic Saint-Loup
- Domaine d'Aupilhac 2005, Coteaux du Languedoc Montpeyroux
- Domaine La Tour Vieille 2005, La Pinède, Collioure

Pour apprécier les charmes de la Provence

- Le Grand Rouge de Revelette 2005, Coteaux d'Aix-en-Provence
- Château Romanin 2003, Les Baux-de-Provence
- Domaine de l'Olivette 2004, Bandol

Pour découvrir les vins blancs du Languedoc

- ○ Château Coupe Roses 2006, Minervois
- ○ Château La Grave 2007, Expression, Minervois
- ○ Domaine de Mouscaillo 2005, Limoux

Pour se régaler à bon compte

- Château St-Martin de la Garrigue 2006, Bronzinelle, Coteaux du Languedoc
- Domaine de Terre Rousse 2005, Côtes du Roussillon-Villages
- Domaine La Madura 2005, Classic, Saint-Chinian
- Donnadieu, Saint-Chinian 2006, Cuvée Mathieu et Marie
- Mas Haut Buis, Les Carlines 2006, Coteaux du Languedoc

Pour se tirer d'affaire dans une SAQ Classique ©

- ○ Beauvignac, Hugues de ; Picpoul de Pinet 2007, Coteaux du Languedoc
- Château de Pennautier 2006, Cabardès
- Comtes de Rocquefeuil 2006, Coteaux du Languedoc Montpeyroux

147

Languedoc-Roussillon

Cave de Roquebrun, Fiefs d'Aupenac 2005, Saint-Chinian
(S-10559166) : 19,70 $
Pas vraiment original, mais ce bon vin du Midi est particulièrement généreux et solide en 2005. Il charme le palais par ses
goûts de fruits noirs et sa bonne consistance. ★★★ ②

Fiefs d'Aupenac 2006, Saint-Chinian (S-10559174) : 17,75 $
Cette cuvée composée majoritairement de roussanne, vinifiée et élevée neuf mois en fût de chêne m'a semblé de nouveau pleinement
recommandable en 2006. Les amateurs de vins blancs méditerranéens y trouveront toute la richesse aromatique et la vinosité voulues. Comme toujours, une valeur sûre. ☆☆☆ ② ♥

Cazes

Connus au Québec depuis plusieurs années, notamment grâce à
leur savoureux Muscat de Rivesaltes (page 470), les frères Cazes
signent également de bons vins de table dans le Roussillon.

La cuvée **Alter 2001, Côtes du Roussillon-Villages** (S-10507366 :
22,30 $) profite d'un élevage de 12 mois en fût de chêne, ce qui
lui ajoute de jolis accents torréfiés et de la présence en bouche.
Ouvert et prêt à boire. ★★★ ②

Un cran inférieur, l'**Ego 2005, Côtes du Roussillon-Villages**
(S-10507374 : 19,15 $) ne touche pas la barrique, mais mise plutôt
sur la vigueur du fruit. Agréable, mais pas une aubaine. ★★ ②

Grâce à une meilleure maîtrise œnologique, on produit maintenant d'excellents vins blancs secs dans les
appellations Coteaux du Languedoc et Minervois
ainsi qu'en Provence.

Les vins rouges du Languedoc-Roussillon sont principalement issus des cépages syrah, grenache, mourvèdre,
cinsault, etc. Seule l'appellation Cabardès autorise l'utilisation du cabernet sauvignon et du merlot.

La plupart des Minervois, Corbières, Costières de
Nîmes, Côtes de Provence et autres vins rouges avoi-
sinants sont prêts à boire dès leur commercialisation.
L'exception est évidemment le Bandol qui arrive à sa
plénitude après cinq ou six ans.

Les vins rouges du Languedoc sont souvent capiteux
et riches en alcool, mais sont beaucoup moins tanniques et astringents que ceux du Sud-Ouest : Madiran,
Cahors, etc.

À 20 ou 25 $, un très bon vin du Languedoc est sou-
vent aussi bon que des vins du Rhône plus chers.

bon à savoir

Château Belles Eaux 2003, Coteaux du Languedoc
(S-10779767) : 20,50 $
Cette propriété du Languedoc fait partie du portefeuille d'AXA Millésimes (Château Pichon-Longueville à Pauillac, Suduiraut, Quinta do Noval). Très convaincante, cette cuvée élevée en fût de chêne se signale par ses généreux goûts de fruits mûrs et sa tenue en bouche. Excellent vin séveux et persistant, prêt à boire et bon pour quelques années. Un achat avisé à ce prix ! Offert exclusivement à la SAQ Dépôt du Marché Central à Montréal. ★★★★ ② ♥

Plus chère et pourtant pas convaincante, la **Sainte-Hélène 2003, Coteaux du Languedoc** (S-10779732 : 31,75 $) m'a semblé inutilement boisée. Un vin flatteur certes, mais sans richesse réelle et un peu trop tape-à-l'œil à mon goût. Ambitieux, mais pas convaincant, surtout à ce prix. ★★→? ②

Château Cazal Viel
Propriété de la famille Miquel depuis la Révolution française, ce domaine est l'un des plus connus de Saint-Chinian.

L'Antenne 2005, Saint-Chinian (S-412007 : 24,40 $) ; provenant de l'un des terroirs de l'appellation les plus hauts en altitude – d'où son nom – et élevée pendant 12 mois en barrique neuve, cette cuvée se signale avant tout par son ampleur et sa fin de bouche empreinte de sève et d'élégance. ★★★ ②

Château Coupe Roses 2006, Minervois (S-894519) : 18,70 $
Au cœur du Minervois, sur la commune de La Caunette, Françoise Le Calvez gère avec rigueur et indépendance d'esprit ce domaine dont les origines remontent au XVIIᵉ siècle. À des années-lumière du vin blanc lessivé par la technologie, ce vin issu à 100 % de roussanne est de nouveau excellent en 2006. Pour en préserver la pureté aromatique, seulement 15 % de la récolte est élevé en fût de chêne neuf tandis que le reste est vinifié et élevé en cuve d'inox. Le résultat donne un Minervois blanc vibrant autant par sa vinosité que par sa fraîcheur. Quatre étoiles bien méritées pour un vin authentique et savoureux, à prix particulièrement invitant. ☆☆☆☆ ② ♥

Les deux vins rouges du domaine sont aussi recommandables :
Granaxa 2006, Minervois (S-862326 : 22,75 $) ; issue exclusivement de grenache et nourrie par un élevage d'un an en fût de chêne, cette cuvée se distingue avec brio du flot de vins techniques qui inondent le marché. Éminemment riche, presque sucré, le vin conserve une saine fraîcheur tout en déployant la générosité typique des vins méridionaux et la forte personnalité de ce cépage du Sud. Sérieux ! ★★★★ ②

Les Plots 2006, Minervois (S-914275 : 19,45 $) ; moins opulent que le Granaxa, mais compense par sa tenue en bouche et sa fraîcheur rassasiante. Une texture souple et coulante, du relief et un équilibre exemplaire. Fort satisfaisant. ★★★ ②

Château de Cazeneuve, Le Roc des Mates 2004, Coteaux du Languedoc Pic Saint-Loup
(S-881193) : 28 $

André Leenhardt est un acteur majeur de l'appellation Pic Saint-Loup. Majoritairement composée de 70 % de syrah – complétée de 20 % de grenache et du mourvèdre – et élevée pendant 18 mois en fût de chêne, la cuvée Roc des Mates se signale davantage par son style et ses saveurs précises que par sa puissance. En d'autres mots, n'y cherchez pas le profil chaleureux des vins rouges du Languedoc, mais appréciez plutôt le charme particulier d'un vin ferme, relevé et sans fioritures. Encore jeune et passablement vigoureux, il gagne à être aéré une heure en carafe. ★★★★ ②

Château de Gourgazaud, Réserve 2005, Minervois La Livinière
(S-972646) : 19,35 $

Établi à Gourgazaud depuis 1973, Roger Piquet fut l'un des pionniers de l'essor des vins du Minervois et du Languedoc. Trente ans plus tard, son vaste vignoble d'une centaine d'hectares produit d'excellents vins illustrant parfaitement les progrès accomplis en un quart de siècle. Riche et généreux, mais manifestement élaboré dans un esprit d'équilibre et de gastronomie, cet excellent 2005 déploie un relief aromatique persistant qui marie avec élégance les goûts de fruits aux accents épicés. Bon maintenant et pour encore les trois prochaines années. ★★★★ ② ♥

Château de Pennautier 2001, L'Esprit de Pennautier, Cabardès
(S-10222459) : 37,50 $

Outre deux très bons vins inscrits au répertoire général de la SAQ, Miren et Nicolas de Lorgeril produisent un ambitieux vin issu de vieilles vignes de syrah et de merlot, élevé pendant 18 mois en fût de chêne neuf. Sans basculer dans les excès – comme de nombreuses cuvées de luxe vendues à prix fort – ce vin se fait davantage valoir par ses formes généreuses et sa trame tannique infiniment suave que par sa complexité. ★★★ ②

Aussi au répertoire général, **Château de Pennautier 2006, Cabardès** (page 166) ⑥

Château de Sérame

La maison champenoise Thiénot est aujourd'hui un actionnaire majeur du négociant bordelais CVBG (Dourthe-Kressmann). Leur antenne languedocienne est sous la responsabilité de Guillaume Pouthier, également en charge du Château La Garde et du Château Pey La Tour à Bordeaux.

Corbières 2006 (S-10507121 : 17,65 $) ; élaboré avec soin, cet assemblage de syrah, de carignan et de grenache est un bon vin généreux et passablement nourri dont les tanins dodus lui apportent de la chair et une ampleur séduisante. ★★★ ②

Château Dona Baissas 2005, Vieilles vignes, Côtes du Roussillon Villages (S-966135) : 17,60 $

Les amateurs de vins ensoleillés retrouveront dans ce 2005 toute la générosité des meilleurs vins du Sud. Grenache, carignan, syrah et mourvèdre sont mis à contribution pour produire un vin riche de goûts de fruits noirs et rehaussé par un élevage de 12 mois en barrique. Très bon certes, mais la région foisonne de vins du même prix qui ont plus de sève et d'originalité. ★★★ ②

Château Étang Des Colombes 2005, Bois des Dames, Corbières (S-896514) : 19,25 $

La cuvée Bois des Dames de ce domaine de 80 hectares, s'étendant au nord de la vaste appellation Corbières, a toujours été de qualité impeccable au cours des dernières années. Le 2005 affiche un caractère tendre, relevé et savoureux, il laisse une finale chaleureuse agrémentée de notes florales. Déjà ouvert, et bon encore pour les trois prochaines années. ★★★ ②

Château La Grave 2007, Expression, Minervois (S-864561) : 16,35 $

Nul besoin de vider son portefeuille pour goûter un vin blanc d'envergure, franc et distinctif. La cuvée Expression de Jean-Pierre Orosquette illustre à quel point la technologie moderne permet aujourd'hui au Languedoc de produire des vins blancs substantiels et originaux. Cette combinaison gagnante de maccabeu et de marsanne se démarque par son ampleur aromatique aux parfums d'agrumes, sa bouche large et vigoureuse et sa légère amertume qui ajoute à son charme et à sa persistance. D'autant plus remarquable que depuis plusieurs années, cette cuvée est d'une qualité exemplaire. À ce prix, c'est presque imbattable ! ☆☆☆☆ ② ♥

Château Saint-Martin de la Garrigue 2005, Coteaux du Languedoc (S-10268828) : 25,40 $

Saint-Martin de la Garrigue est un vaste domaine de 170 hectares entouré de forêts où la vigne couvre 60 hectares. Sa renommée se confirme davantage à chaque millésime. L'austérité du mourvèdre est bien présente dans le 2005, ce qui n'est pas un défaut, bien au contraire. Excellent vin dense, séveux et pénétrant, déployant beaucoup de relief en bouche et dont la vivacité accentue les parfums de fruits noirs. Sa forte personnalité justifie pleinement son prix. Impeccable comme toujours. ★★★★ ②

Fidèle à son habitude, la cuvée **Bronzinelle 2006, Coteaux du Languedoc** (S-10268588 : 18,35 $) a la générosité rassasiante typique des bons vins du Midi. Mettant à profit les vertus conjuguées des cépages syrah, grenache, carignan et mourvèdre, le 2006 ne fait pas exception et s'avère plein de saveur, adéquatement équilibré et persistant. Que demander de plus à ce prix ? ★★★★ ② ♥

Même brio dans le **Château Saint-Martin de la Garrigue blanc 2006, Coteaux du Languedoc** (S-875328 : 18,45 $) ; l'un des bons exemples illustrant la progression qualitative des vins blancs du Languedoc. Une combinaison gagnante de roussanne, de viognier, de picpoul et de terret – variété locale plantée en 1948 à Saint-Martin –, déployant une grande richesse aromatique et une bouche quasi sucrée tant elle est mûre. Parmi les meilleurs et les plus constants de sa catégorie. ☆☆☆☆ ② ♥

Château Tour Boisée

Habilement géré par Jean-Louis Poudou, ce domaine de Minervois propose de nouveau un duo gagnant.

Composée de syrah, de grenache et de carignan, la cuvée **À Marie-Claude 2005, Minervois** (S-395012 : 22,10 $) s'avère fort satisfaisante par sa tenue en bouche, ses saveurs amples et sa texture sphérique. Savoureux, déjà très charmeur et bon pour encore quelques années. ★★★★ ②

Un peu plus simple, la cuvée **Marielle et Frédérique 2007, Minervois** (S-896381 : 17,30 $) met avant tout l'accent sur le fruit qui s'exprime avec beaucoup de vigueur et de précision. Un vin de soif, à boire jeune et frais, en toutes circonstances. ★★★ ② ♥

Château Villerambert-Julien 2003, Minervois (S-743385) : 24,35 $

Propriétaire d'un domaine de plus de 75 hectares, Michel Julien est un acteur principal du Minervois. Son vin est un classique de l'appellation, toujours bien constitué et s'exprimant avec aplomb et sens du détail. Le 2003 est impeccable et doté d'un bel équilibre. Net, tannique et long ; plein et savoureux. Solide et sérieux ! ★★★★ ②

Devois des Agneaux d'Aumelas 2006, Coteaux du Languedoc, Élisabeth et Brigitte Jeanjean (S-912311) : 20,50 $

Cumulant les succès depuis près de 10 ans, Élisabeth et Brigitte Jeanjean signent de nouveau un très bon 2006. Majoritairement composé de syrah et élevé un an en fût de chêne neuf, le vin offre une bonne tenue en bouche généreusement enrobée de tanins souples. Une bonne dose de fruit et une fraîcheur digne de mention. ★★★ ②

Domaine Clavel

À quelques kilomètres à l'est de Montpellier, le terroir de la Méjanelle est à plus basse altitude que le reste des coteaux du Languedoc. Pierre Clavel y façonne de magnifiques vins à la personnalité très affirmée.

Après un 2003 fort chaleureux, le **Copa Santa 2005, Terroir de la Méjanelle, Coteaux du Languedoc** (S-10282857 : 26,10 $) marque le retour à des formes plus classiques. Un vin d'une densité remarquable offrant beaucoup de relief en bouche, un équilibre irréprochable et une longue finale nourrie. Beaucoup de caractère et certainement l'un des meilleurs vins des Coteaux du Languedoc actuellement offerts. ★★★★ ②

Plus souple et plus accessible, la cuvée **Les Garrigues 2006, Terroir de la Méjanelle, Coteaux du Languedoc** (S-874941 : 18,80 $) est tout en rondeur, ample et charnue. Des proportions idéales, un vin juteux et savoureux à souhait, un goût relevé de fruits noirs. Un achat du tonnerre à ce prix. ★★★★ ② ♥

Domaine d'Aupilhac 2005, Coteaux du Languedoc Montpeyroux
(S-856070) : 22 $

Culminant à 300 mètres, Montpeyroux est le cru le plus élevé en altitude et certainement l'un des terroirs les plus intéressants de cette vaste région. Bien que les cépages syrah, grenache, mourvèdre et cinsaut connaissent une popularité croissante dans la région, certains vignobles profitent encore de l'apport original de vieilles vignes de carignan. C'est d'ailleurs cette particularité qui a longtemps fait la distinction du domaine d'Aupilhac, dirigé avec brio par Sylvain Fadat. De nature plutôt stricte, son 2005 a une structure tannique ferme et serrée, mais soutenue par un bon équilibre et compensée par une certaine suavité provenant de raisins très mûrs. L'agressivité initiale s'atténue à l'aération ; c'est donc une bonne raison pour l'aérer en carafe une heure avant de le servir. De nouveau cette année, un excellent vin à la personnalité distinctive qui vieillira sans doute favorablement. À boire entre 2009 et 2015. ★★★★ ② ♥

Domaine de la Rectorie, Coume Pascole 2004, Collioure
(S-10781242) : 29,55 $

Sur ce domaine ancestral, Marc et Thierry Parcé confectionnent des vins parmi les plus achevés de Collioure. Ce vin déjà très ouvert est un alliage exquis de suavité et de densité. Une superbe note pour la qualité de son fruit et de ses tanins. Le vin par excellence pour s'initier aux charmes du Collioure. À boire entre 2009 et 2012. ★★★★ ②

Domaine de Mouscaillo 2005, Limoux (S-10897851) : 22,40 $

Surtout connue pour sa Blanquette, la région de Limoux, à une dizaine de kilomètres au sud de Carcassonne, produit aussi de bons vins blancs secs. Profitant de l'influence climatique des Pyrénées, le chardonnay s'exprime ici avec beaucoup de fraîcheur, déployant de francs arômes fruités et floraux sur un fond minéral. Sec, pur et sans maquillage, il est aussi distinctif qu'attrayant. ☆☆☆☆ ② ♥

Domaine de Terre Rousse 2005, Côtes du Roussillon-Villages
(S-10918931) : 19,85 $

Comme plusieurs de ses pairs, le Libournais Serge Rousse a migré vers le midi de la France où il exploite un domaine de 22 hectares. Un encépagement typiquement languedocien et un élevage en fût de chêne donnent un vin passablement charnu et doté d'une agréable rusticité qui ajoute à son charme. Vif et fougueux, une aération en carafe calmera ses ardeurs juvéniles. ★★★ ② ♥

Clos des Fées, Les Sorcières 2006, Côtes du Roussillon
(S-10516406) : 21,80 $

En moins de 10 ans, Hervé Bizeul est devenu un acteur majeur de la viticulture roussillonnaise, notamment grâce à sa cuvée Petite Sibérie, un vin culte vendu à plus de 300 $ pièce ! Moins ambitieux, mais très satisfaisant, Les Sorcières 2006 est un très bon vin musclé, chaleureux et fruité. Une légère amertume en finale, ce qui n'est pas forcément un défaut, ajoute à son caractère. Simple, mais franc de goût, tonique et rassasiant. ★★★ ② ▼

Domaine La Madura 2005, Classic, Saint-Chinian
(S-10682615) : 18,40 $

Après avoir participé à la gérance du Château Fieuzal à Bordeaux pendant près de 10 ans, Cyril Bourgne s'est installé dans le Languedoc en 1998 où il excelle dans l'élaboration de vins distinctifs et séveux. De nouveau en 2005, son Saint-Chinian brille par son éclat aromatique, sa sève fruitée dense, complexe et nuancée et sa poigne tannique. Tous les éléments sont réunis, sans excès et dans de justes proportions. On peut acheter les yeux fermés. ★★★★ ② ♥

Domaine La Tour Vieille 2005, La Pinède, Collioure (S-914267) : 25 $

Christine Campadieu et Vincent Candié ont créé l'un des plus beaux domaines de la Côte Vermeille. Dans la continuité des millésimes précédents, La Pinède 2005 est un excellent vin rouge racé. Une recette éprouvée s'appuyant majoritairement sur les vertus du grenache noir lui confère un grain irrésistible – à la fois chaleureux et tonique – et une couleur résolument locale. D'autant plus savoureux que malgré une richesse alcoolique de 14 %, le vin conserve toute la fraîcheur voulue. Encore, quatre étoiles bien méritées. ★★★★ ②

Donnadieu, Saint-Chinian 2006, Cuvée Mathieu et Marie
(S-642652) : 16,05 $

Les propriétaires du Clos Bagatelle, Luc et Christine Simon, produisent ce vin délicieusement fruité et épicé au domaine Donnadieu, dans le nord de l'appellation. Encore plus savoureux en raison de son caractère juvénile et de sa vivacité, le 2006 plaira aux amateurs de vins souples et coulants. Très bon vin franc à boire jeune. ★★★ ② ♥

100 %
idées/vol.

L'actualité matières à réflexion

lactualite.com

Gaillard, Pierre ; Transhumance 2006, Faugères (S-10507307) : 22,90 $

Pierre Gaillard – toujours partenaire du projet des Vins de Vienne – dirige maintenant seul ce domaine languedocien. De nouveau très réussi, ce fringant 2006 aux accents anisés ne manque pas de tempérament ni d'attraits. Son savoureux goût de fruits mûrs et sa présence tannique affirmée sont fort agréables pour l'heure, encore que quelques années en cave lui permettront de s'affiner davantage. Les impatients qui le déboucheront maintenant auront intérêt à l'aérer en carafe une heure ou deux avant de le servir. ★★★→? ②

La Chapelle de Bébian 2005, Coteaux du Languedoc (S-10895557) : 19,30 $

Les anciens dirigeants de la *Revue du Vin de France,* Chantal Lecouty et Jean Claude Le Brun, ont racheté cette propriété de 35 hectares en 1994. Ils en tirent, entre autres, un très bon vin blanc sec et vif, mais conservent un caractère résolument méridional avec de savoureux parfums de fruits riches et nourris. Trois étoiles pour sa finesse plus que pour sa puissance. ☆☆☆ ②

Mas des Chimères 2006, Coteaux du Languedoc (S-863159) : 21,75 $

Guilhem Dardé a longtemps vendu ses raisins à la coopérative locale, mais il signe ses propres vins depuis 1993. Les amateurs de vins rouges costauds et capiteux apprécieront la texture grasse et la finale chaleureuse de ce 2006 faisant bien sentir ses 14,5 % d'alcool. À boire dans les trois prochaines années, bien frais. ★★★ ②

Mas Haut-Buis, Les Carlines 2006, Coteaux du Languedoc (S-10507278) : 16,95 $

Adepte de la biodynamie, Olivier Jeantet cultive cinq hectares de vignes sur les sols de shiste des terrasses du Larzac, un secteur réputé du Languedoc. Moins musclée qu'avant, la cuvée Les Carlines 2006 se signale avant tout par son authenticité et son attaque en bouche fraîche et rassasiante. Du grain, du relief et une finale chaleureuse distinguée. À ce prix, c'est un incontournable ! ★★★★ ② ♥

Alquier, Jean-Michel; Les Premières 2005, Faugères (S-10781672):
24,35 $; vin sérieux issu de syrah, de grenache et de mourvèdre. Solide
et charpenté, mais pourvu d'une saine fraîcheur qui rehausse son goût
de fruits noirs et révèle sa personnalité très affirmée. Prix pleinement
mérité. ★★★★ ②

Canet-Valette, Antonyme 2007, Saint-Chinian (S-10783117): 16,65 $; issu
d'un domaine de 18 hectares voué à l'agriculture biologique, ce très bon
Saint-Chinian déborde de fraîcheur et de vitalité. À boire dans les deux
prochaines années pour profiter de son caractère fruité juvénile. ★★★ ②

**Château de Lascaux 2003, Les Nobles Pierres, Coteaux du Languedoc Pic
Saint-Loup** (S-857441): 22,30 $; très bon 2003 plein et robuste mais sans
lourdeur. Plus distingué que la moyenne. ★★★★ ②

**Château Les Pins 2003, Côtes du Roussillon-Villages, Cave des Vignerons de
Baixas** (S-864546): 21,25 $; savoureux vin plein et nourri majoritairement
composé de syrah et de mourvèdre dont les goûts de fruits mûrs et les accents poivrés tapissent généreusement le palais. À boire d'ici 2010. ★★★★ ③

**Château Rouquette sur Mer 2005, Cuvée Amarante, Coteaux du Languedoc La
Clape** (S-713263): 19,20 $; un 2005 un peu moins dense et étoffé qu'à l'habi-
tude, mais suffisamment frais et gorgé de fruits. ★★★ ②

Domaine du Mas Blanc, Cosprons Levants 2003, Collioure (S-894493):
29,95 $; vin riche et puissant, long en bouche; bien équilibré et sans goût
de surchauffe. ★★★★ ②

Domaine Gardiès, Les Millères 2005, Côtes du Roussillon-Villages
(S-10781402): 24,70 $; savoureux vin poivré et droit en bouche. Très co-
loré, généreux et stylé; plein et ample en bouche. ★★★ ②

    Mieux encore, la cuvée **Vieilles vignes 2004, Côtes du Roussillon-
Villages Tautavel** (S-10781445): 36 $; beaucoup de corps, de profondeur,
de richesse et ce goût de fruits noirs torréfiés et chaleureux typiques des
bons vins rouges du Roussillon. ★★★★ ②

Domaine Lacroix-Vanel, Coteaux du Languedoc 2003, Clos Mélanie (S-10783723):
23,90 $; généreux, savoureux et de nature très flatteuse. Plein, charnu et gorgé
de bons goûts de fruits confits. Excellent vin individuel. ★★★★ ②

Domaine Le Pas de l'Escalette, Le Grand Pas 2004, Coteaux du Languedoc
(S-10781453): 29,65 $; puissance contenue, densité et équilibre. Ce vin
distingué et d'une droiture exemplaire procurera beaucoup de plaisir au
cours des cinq prochaines années. ★★★★ ②

Mas Cal Demoura 2004, L'Infidèle, Coteaux du Languedoc (S-973255):
22,30 $; très bon vin aux lignes élégantes et aux tanins fins. Bien qu'il
ait un relief fruité et une fraîcheur très agréable, on souhaiterait tout de
même y trouver un peu plus de poigne et de structure. ★★★ ②

Mas Foulaquier, Les Calades 2004, Coteaux du Languedoc (S-10780637):
27,75 $; bon vin sincère et authentique, un brin rustique, sauf qu'à ce prix,
on aimerait sentir la présence cette troisième dimension qui fait l'étoffe
des meilleurs vins du Languedoc. ★★★ →? ③

Mont Tauch, Fitou 2004, Vieilles vignes (S-10304067): 15,70 $; bel exemple de l'ef-
fort vers la qualité déployé par cette coopérative du Midi, ce 2004 dodu et gourmand est presque sucré tant ses saveurs évoquent les raisins mûrs. ★★★ ②

TROP TARD !
Surveillez les prochains millésimes

D'AUTRES BONS VINS DÉGUSTÉS CETTE ANNÉE

Cazes, Latour de France, L'Excellence de Triniac 2005, Côtes du Roussillon-Villages (S-10894853) : 16,40 $
De vieilles vignes de carignan, de syrah et de grenache donnent un vin élégant et distingué déployant une grande fraîcheur en bouche. Franc succès sur le thème de l'équilibre et de l'harmonie. ★★★★ ② ♥

Domaine de la Grange des Pères 2004, Vin de Pays de l'Hérault (62 $)
Avec le Mas de Daumas Gassac – simplement classé en Vin de Pays – le domaine de Laurent Vaillé compte parmi les sites viticoles mythiques du Languedoc. Encore jeune comme l'annonce sa couleur rubis, ce 2004 chaud et stylé porte les traits d'un vin de caractère offrant bien plus qu'un simple goût de cépage. Personnalité, profondeur et persistance. Un vin à laisser mûrir quelques années en cave. ★★★★ ③

Domaine L'Aiguelière 2004, Tradition, Coteaux du Languedoc Montpeyroux (S-864538) : 22,60 $
Situé dans le secteur de Montpeyroux – non loin des Aupilhac, Mas Jullien et Cal Demoura – et favorisant de faibles rendements, il n'est pas étonnant que L'Aiguelière produise des vins d'aussi grande qualité. Le 2004 est d'ailleurs l'un des meilleurs vins du Languedoc que j'ai dégustés récemment. Intense, profond et racé, ce modèle d'authenticité et de distinction est bâti pour vivre de longues années. Une expression absolument savoureuse des vertus du terroir languedocien. ★★★★ ② ♥

Domaine Navarre, Cuvée Olivier 2005, Saint-Chinian (S-10507331) : 22,20 $
Thierry Navarre cultive 13 hectares de vignes dans le secteur de Roquebrun. On peut apprécier ses efforts dans cette excellente cuvée résultant d'une sélection des meilleures parcelles. Un Saint-Chinian irrésistible par son éclat aromatique et son relief en bouche ; beaucoup de tonus et de volume, dans des proportions idéales. Du vin comme ça, j'en boirais à tous les jours. ★★★★ ② ♥

Mas Jullien 2005, Coteaux du Languedoc (S-10874861) : 37 $
Depuis plusieurs années, Olivier Jullien est un leader connu des Coteaux du Languedoc. À la hauteur de sa réputation et de celle du millésime dans la région, ce savoureux 2005 se signale par sa structure et sa tenue en bouche. Costaud et chaleureux, sans être brûlant, et doté d'un relief fruité passablement persistant. Excellent vin aussi typé qu'étoffé et bâti pour tenir longtemps la route. ★★★★ ②

D'AUTRES VINS ROUGES DE QUALITÉ SATISFAISANTE ★★★

Borie de Maurel, Esprit d'automne 2006, Minervois
(S-875567) : 17,20 $
Château de Lancyre 2002, Grande Cuvée, Pic Saint-Loup,
Coteaux du Languedoc (S-864942) : 25,80 $
Château des Erles 2003, Fitou (S-10664337) : 60 $
La Recaoufa 2004, Corbières (S-10781584) : 28,25 $
Château Flaugergues 2005, La Méjanelle, Cuvée Sommelière,
Coteaux du Languedoc (S-10897819) : 17,45 $
Château Mire L'Étang 2006, Cuvée des Ducs de Fleury,
Coteaux du Languedoc La Clape (S-859132) : 17,90 $
Clos Bagatelle, La Gloire de mon père 2003, Saint-Chinian
(S-10259796) : 39,50 $
Domaine La Croix d'Aline 2005, Saint-Chinian (S-896308) : 16,40 $
Domaine Lerys 2005, Cuvée Prestige, Fitou (S-976852) : 17,55 $
Domaine Lignères, Pièce de Roche 2003, Corbières
(S-10857147) : 33,75 $
Mas de Mortiès 2004, Coteaux du Languedoc, Pic Saint-Loup
(S-10507251) : 23,20 $

D'AUTRES VINS ROUGES DE QUALITÉ MOYENNE ★★

Château de Jau 2004, Côtes du Roussillon-Villages
(S-972661) : 16,45 $
Château de la Negly, Coteaux du Languedoc La Clape 2005,
La Falaise (S-10897894) : 26,80 $
Château des Estanilles 2005, Tradition, Faugères
(S-10272755) : 16,30 $
Château du Grand Caumont 2005, Cuvée Impatience, Corbières
(S-978189) : 19,95 $
Château Grand Chêne 2004, Côtes du Brulhois, Cave de Donzac
(S-10259770) : 17,55 $
Château Sainte-Jeanne 2005, Corbières, Jeanjean (S-861260) : 16 $
Domaine de Fenouillet 2005, Grande Réserve, Faugères, Vignobles
Jeanjean (S-881151) : 17,15 $
Domaine du Silène 2003, Coteaux du Languedoc
(S-10327980) : 25,95 $

Languedoc-Roussillon

Provence

Cette région viticole s'étend sur plus de 27 300 hectares, répartis en trois appellations : Côtes de Provence, Coteaux d'Aix-en-Provence et Coteaux Varois en Provence. Elle regroupe quelque 625 viticulteurs dont la production s'élevait à 160 millions de bouteilles en 2007.

Depuis une vingtaine d'années, la Provence oriente son industrie viticole vers la production de vin rosé et consolide ainsi son statut de chef de file mondial. En 2005, le Comité interprofessionnel des vins de Provence (CIVP) estimait à 84 % la part de production occupée par les rosés contre 60 % en 1985. Cette transition s'effectue le plus souvent au détriment de la production de vins rouges.

Château la Tour de l'Évêque 2004, Côtes de Provence
(S-440123) : 18,35 $

Dans son vignoble de la péninsule de Saint-Tropez, Régine Sumeire élabore bon an mal an d'excellents vins ayant valeur de référence dans la région. En plus de son célèbre Pétale de Rose, la brillante viticultrice signe un solide vin rouge illustrant à merveille la richesse du millésime dans la région. Issu de syrah à 92 % et de cabernet sauvignon, le vin est éminemment souple et rond, nourri de bons goûts de confiture de mûres et doté d'une sève digne de mention. Excellent, surtout que le 2004 est l'une des belles réussites des dernières années. Quatre étoiles bien méritées dans sa catégorie. ★★★★ ② ♥

Château Revelette

Depuis une dizaine d'années, l'Allemand Peter Fischer produit d'excellents Coteaux d'Aix-en-Provence. Les deux vendus régulièrement au Québec sont toujours irréprochables.

Le Grand Rouge de Revelette 2005, Coteaux d'Aix-en-Provence (S-10259745 : 35 $) ; le grain, la plénitude des saveurs fruitées et la texture à la fois serrée et veloutée de cet excellent vin provençal charment à tout coup. Cette année encore, c'est un incontournable. De la densité, de la concentration et un équilibre irréprochable. Déjà ouvert, mais si vous avez la patience d'attendre quelques années, vous serez sans doute récompensé. ★★★★ ③

Plus modeste, le **Château Revelette 2006, Coteaux d'Aix-en-Provence** (S-10259737 : 18,85 $) se signale de nouveau par son rapport qualité-prix avantageux et sa constance exemplaire. Son fruit franc, son profil ample et nourri, sa trame tannique charnue sont autant d'atouts qui jouent en sa faveur. À boire dans les trois prochaines années. ★★★ ② ♥

Château Romanin

Ce domaine au pied des Alpilles, à Saint-Rémy de Provence, appartient depuis 2006 à Anne-Marie et Jean-Louis Charmolüe, ex-propriétaires du Château Montrose à Saint-Estèphe. Aujourd'hui conseillé par Denis Dubourdieu, le couple a entrepris la conversion à la biodynamie des 60 hectares de cette belle propriété et génère d'excellents vins rouges qui comptent parmi les meilleurs de l'appellation.

Château Romanin 2003, Les Baux-de-Provence (S-10273361 : 32 $); aucunement handicapé par les excès de chaleur du millésime, le vin semble au contraire encore plus riche et nourri, tout en conservant de bonnes proportions. J'ai particulièrement aimé sa longue finale florale très élégante. Quatre étoiles pour un vin de Provence remarquablement généreux et étoffé. ★★★★ ②

Issu de jeunes vignes, **La Chapelle de Romanin 2003, Les Baux-de-Provence** (S-914515 : 22,10 $) est le deuxième vin du domaine. Grenache, syrah, cabernet sauvignon, mourvèdre, cinsault, counoise et carignan composent ce vin franc, au grain savoureux et soutenu par une jolie trame tannique. Pour en préserver tout le naturel fruité, il n'a jamais touché au bois. Heureuse idée qui nous fait apprécier pleinement le charme savoureux de ce très bon 2003. À boire jeune et frais. ★★★ ②

Domaine de la Vivonne 2003, Bandol (S-914077) : 27,60 $

Sans compter parmi les grands noms de Bandol, la famille Gilpin produit un vin de fort belle qualité dont la tenue droite, la fermeté et les tonalités épicées sont tout à fait représentatives de l'appellation Bandol. Très bon 2003 s'imposant par sa matière dense et sa finale chaleureuse sans pourtant sacrifier la fraîcheur ni l'équilibre. À boire entre 2009 et 2012. ★★★ ②

Domaine de l'Olivette 2004, Bandol

(S-10884567) : 24,10 $

Sauf erreur, c'est la première fois que ce domaine est vendu au Québec. À la faveur d'un millésime particulièrement favorable dans la région, ce vin solide et sans détour se révèle copieusement nourri et doté de cette structure tannique propre au mourvèdre. Sa finale relevée et persistante ajoute à sa personnalité. Bon vin distinctif que l'on peut commencer à boire sans trop se presser, car il a suffisamment d'étoffe pour vivre quelques années encore. ★★★→★ ②

Domaine du Clos de la Procure 2006, Côtes de Provence
(S-10783109) : 23,90 $

Sur leur domaine de Carnoules, dans le Var, le couple Dupéré-Barrera produit cette cuvée selon leur méthode Nowat, c'est-à-dire sans électricité, mais plutôt par intervention manuelle. Composé majoritairement de grenache, voici un excellent vin plein et épicé auquel une part de mourvèdre – la propriété n'est qu'à une trentaine de kilomètres seulement de Bandol – apporte fermeté et vigueur. L'un des bons Côtes de Provence dans cette fourchette de prix. ★★★★ ② ♥

Bandol 2005, Cuvée India (S-10884575 : 29,95 $) ; en plus de leurs très bons vins du Clos de la Procure, le duo franco-québécois opère un commerce de négoce haut de gamme comptant plusieurs vins savoureux. Sans avoir la race des meilleurs Bandol, on apprécie la générosité et la finale chaleureuse marquée d'accents floraux de cette Cuvée India. Bon vin charnu, à boire entre 2009 et 2012. ★★★ ②

Issu de la même méthode manuelle, le savoureux **Nowat 2005, Côtes de Provence** (S-10783096 : 31,25 $) tire sa vinosité et sa robustesse des cépages syrah, carignan, cabernet sauvignon et mourvèdre. Décidément chaleureux (15 % d'alcool) et relevé de jolies saveurs de fruits séchés, il déploie la générosité caractéristique des bons vins du Midi. Il commence à s'ouvrir et a sans doute de belles années devant lui. ★★★→? ②

Domaine du Gros'Noré 2004, Bandol
(S-10884583) : 31,50 $

Ayant longtemps vendu ses raisins aux domaines environnants – notamment Pibarnon –, Alain Pascal produit sous sa propre étiquette depuis la fin des années 1990. Un peu plus moderne que des classiques comme Pibarnon et Pradeaux, son Bandol 2004 est très satisfaisant par sa tenue en bouche et son attaque mûre passablement nourrie. Un peu plus de profondeur et c'était quatre étoiles. ★★★ ②

Domaine Gavoty 2003, Cuvée Clarendon, Côtes de Provence
(S-10783918) : 24,05 $

Le charme des vins rouges de Provence réside plus dans l'équilibre et la finesse du fruit que dans la puissance ; c'est le cas de ce très bon vin provenant de l'un des domaines les plus sérieux de la région. Dans les collines de l'arrière-pays, à l'abri des modes, la famille Gavoty continue de produire des vins classiques dont cette excellente Cuvée Clarendon au profil quasi bordelais, tant ses lignes sont droites et sans fioritures. Quatre étoiles pour son équilibre, sa pureté et son sens raffiné des proportions. ★★★★ ② ▼

Une fois
ouvert,
laissez décanter.

L'actualité matières à réflexion

Domaine Richeaume 2004, Cuvée Tradition 2004,
Côtes de Provence (S-10780733) : 26,95 $

Sis au pied de la montagne Sainte-Victoire qui domine la ville d'Aix-en-Provence et propriété de la famille Hoesch, ce domaine a adopté l'agriculture biologique il y a quelques années. Ce judicieux assemblage de cépages méridionaux assaisonné d'un peu de cabernet sauvignon donne un vin rouge charnu et tannique, exhibant des senteurs caractéristiques d'iode, de cèdre et de boîte à cigares. Excellent vin ayant beaucoup de relief en bouche et une finale longue et parfumée. Déjà impressionnant maintenant, mais bâti pour vivre longtemps. ★★★★ ②

Domaine St-André de Figuière, Côtes de Provence 2006,
Vieilles vignes (S-894659) : 24,55 $

Depuis une dizaine d'années, le domaine d'Alain Combard s'est hissé au sommet de son appellation. Au fil des millésimes, sa cuvée Vieilles vignes demeure une référence parmi les crus de Provence inscrits au répertoire de la SAQ. Le 2006 est riche en fruits et bâti autour de tanins bien mûrs. Un savant assemblage de 60 % de mourvèdre et de syrah lui confère un caractère aromatique original et une envergure appréciable. Déjà ouvert et généreux, cet excellent vin devrait être à son apogée vers 2010. De la mâche, du style et beaucoup de plaisir à moins de 25 $. ★★★★ ②

Corse

Arena, Antoine ; Patrimonio 2005, Carco (S-10780670) : 39,25 $

Après une trentaine d'années d'exploitation, le domaine familial d'Antoine Arena fait partie des perles du vignoble corse. Avec sa femme et ses deux fils, il a récemment entrepris le traitement de ses 14 hectares de vignes en viticulture biodynamique. Cette cuvée est issue du lieu-dit Carco, dont il détient 3 hectares plantés de vermentino (blanc) et de nielluccio (rouge). J'aime la rectitude et la tenue en bouche de ce vin distinctif, droit et stylé, à la personnalité très affirmée. L'un des meilleurs vins de Corse jamais vendus au Québec et une occasion rare de découvrir les vins d'Antoine Arena. Pas donné, mais hors du commun ! ★★★★ ②

Clos Signadore, Erasia 2005, Patrimonio (S-10780653) : 24,50 $

Dégusté en 2007, ce vin du Marseillais Christophe Ferrandis m'avait semblé un peu bourru. Un an plus tard, il m'a paru avoir évolué plutôt rapidement, du moins si j'en juge par la bouteille qui semblait un peu fatiguée. Rien de transcendant, mais un vin ouvert, à point et d'une rusticité sympathique. ★★★ ②

Leccia, Yves ; Domaine D'E Croce 2005, Patrimonio
(S-10783213) : 37,50 $

Il y a quelques années, Yves Leccia a quitté l'entreprise familiale de Patrimonio – le Domaine Leccia, cédé à sa sœur - pour fonder son propre domaine. Composée de nielluccio à 90 % et de grenache, sa cuvée 2005 présente une attaque sucrée suivie de tanins mûrs et enveloppants, le tout relevé de jolies notes épicées. Son caractère austère ajoute à son charme et à sa personnalité. Seul bémol, une sensation un peu fluide en fin de bouche pour un vin de ce prix. Malgré tout, un très bon vin distinctif et encore jeune et fringant qu'il serait avisé d'aérer en carafe une heure avant de le servir. ★★★→? ③

Orenga de Gaffory 2006, Patrimonio (S-10887426) : 22,20 $

En dépit du climat assez chaud de la Corse, le vermentino donne quelques très bons vins blancs. Modérément aromatique, chaleureux en bouche, vineux mais assez bien équilibré pour être tout à fait recommandable. Une légère amertume en finale ajoute à son charme et à sa persistance. Singulier et agréable à découvrir. Le domaine Orenga de Gaffory est le plus important de Patrimonio ☆☆☆ ②

D'AUTRES VINS ROUGES DE PROVENCE ET DE CORSE DE QUALITÉ MOYENNE ★★

Château du Rouët, Belle Poule 2004, Côtes de Provence
(S-10884604) : 20,05 $
Château Les Valentines 2004, Côtes de Provence
(S-10884591) : 23,20 $
Domaine de Torraccia 2005, Vin de Corse Porto-Vecchio
(S-860940) : 18,55 $
Domaine du Mas Bleu 2004, Coteaux d'Aix-en-Provence
(S-10884647) : 15,70 $
Domaine Houchart 2005, Côtes de Provence (S-10884612) : 14,45 $
Domaine Ludovic de Beauséjour 2005, Cuvée Tradition,
Côtes de Provence (S-895854) : 18,65 $

Corse

Vins du sud de la France
au répertoire général

| LANGUEDOC-ROUSSILLON |

Beauvignac, Hugues de ; Picpoul de Pinet 2007,
Coteaux du Languedoc, Cave Les Costières de Pomerols
(C-632315) : 12,70 $

La coopérative de Pomerols a joué un rôle important dans l'essor de cette spécialité languedocienne. Vin nourri, plus rond que d'habitude, mais conservant toute la légèreté et le caractère fringant qui font le charme du Picpoul. Légèrement perlant, sec et rafraîchissant, un très bon vin d'apéritif, à boire jeune. ☆☆☆ ① ♥

Château Capendu 2006, L'Esprit de Château Capendu,
Corbières (C-706218) : 15,70 $

Charnu, suffisamment structuré et doté d'une bonne dose de fruit. Son goût original et sa fraîcheur lui valent bien trois étoiles. ★★★ ②

Château de Gourgazaud 2006, Minervois (C-022384) : 13,95 $

Fidèle au rendez-vous année après année. Un vin coloré et nourri de fruit mûr, toujours aussi frais et vigoureux. ★★★ ② ♥

Château de Lastours 2005, Cuvée Arnaud de Berre, Corbières
(C-506295) : 13,45 $

Savoureux Corbières bien coloré, mûr, coulant et tout en fruit. Généreux et charnu, mais sans rudesse. On croque le fruit pour pas cher ! ★★★ ② ♥

Château de Pennautier 2006, Cabardès (C-560755) : 14,80 $

Très bon vin dont la constance qualitative mérite d'être soulignée. Les tanins fermes et les généreux goûts sauvages agrémentés de notes de kirsch donnent au 2006 une envergure appréciable pour un vin de ce prix. Bravo ! ★★★ ② ♥

Château du Grand Caumont 2005, Corbières
(C-316620) : 13,95 $

Spécialement bon et satisfaisant, ce 2005 a tous les attributs d'un bon Corbières courant : du fruit, du grain et une attaque mûre presque sucrée. Le bon goût de la garrigue à prix d'aubaine. ★★★ ② ♥

Château Mauléon 2005, Côtes du Roussillon-Villages Caramany, Vignerons Catalans (C-455972) : 11,60 $
Frais, droit et fort bien structuré, mais sans dureté et laissant une impression très nette en bouche. Aromatique à souhait, difficile de demander plus à ce prix. ★★★ ② ♥

Comtes de Rocquefeuil 2006, Coteaux du Languedoc Montpeyroux, Cave des Vignerons de Montpeyroux (C-473132) : 11,95 $
Haut perché à 300 mètres d'altitude, le cru Montpeyroux donne des vins généralement étoffés et pleins de sève. Celui de la cave coopérative en est un bel exemple. Sans avoir la profondeur des meilleurs crus, ce vin courant vendu à prix d'aubaine offre une tenue en bouche et une matière fruitée pleinement rassasiantes. ★★★ ② ♥

Terrasses de La Mouline 2007, Saint-Chinian, Cave de Roquebrun (C-552505) : 13,60 $
Élaboré par une coopérative des plus dynamiques du Languedoc, ce très bon Saint-Chinian a une étoffe et une matière enviable pour un vin de ce prix. Du fruit, de savoureuses notes d'épices et une jolie finale chaleureuse. ★★★ ② ♥

| PROVENCE |

Château La Lieue 2007, Coteaux Varois en Provence (C-605287) : 13,55 $
Le vin de cette propriété varoise est un incontournable dans sa catégorie. Issu de l'agriculture biologique et encore très jeune, ce petit régal de fruit et de vivacité est à la fois fringant, expressif, coulant et facile à boire. ★★★ ② ♥

| CORSE |

Union de Vignerons de l'Île de Beauté, Terra di Corsica 2007, Nielluccio-Syrah, Corse (C-10668186) : 14,45 $
Le nielluccio fut implanté en Corse par les Génois qui y régnèrent jusqu'à la fin du XVIIe siècle. Cousin du sangiovese toscan, c'est le principal cépage utilisé dans l'élaboration du Patrimonio, l'appellation la plus fameuse de l'île. Encore très jeune, ce vin charnu et vigoureux a un caractère individuel assez rare dans sa catégorie. Tonique et à la fois chaleureux, il gagne à être servi légèrement rafraîchi autour de 15 °C. Un achat avisé. ★★★ ② ♥

Nantes

Angers

Tours

Poitiers

La Rochelle

Saintes

Cognac

Limoges

Lesparre

Brive-la-Gaillarde

Libourne

Dordogne

Bordeaux

Rosette

Garonne

Bergerac
Côtes de Duras

Arcachon

Côtes du Marmandais

Langon

Cahors

Cahors

Lot

Marcillac

Aveyron

Rodez

Côtes de Buzet

Côtes du Brulhois

Montauban

Albi

Adour

Côtes du Frontonnais

Tursan

Côtes de Saint-Mont

Gaillac

Bayonne

Toulouse

Béarn

Madiran

Irouléguy

Pau

Garonne

Jurançon

ESPAGNE

0   50 km

Sud-Ouest

De la Dordogne, jusqu'à la frontière espagnole, le vignoble du Sud-Ouest couvre une superficie de près de 25 000 hectares s'étendant sur 10 départements.

Porté par une nouvelle vague de vignerons dynamiques, cet ensemble viticole a accompli des progrès considérables. En vérité, les vins du Sud-Ouest n'ont jamais été aussi connus et reconnus qu'aujourd'hui. Madiran, Cahors, Jurançon, Bergerac et les autres suscitent maintenant la curiosité et font surtout la joie des amateurs à la recherche de goûts différents. Et même si le merlot et le sauvignon sont cultivés dans certaines zones (voir encadré page 176), le Sud-Ouest est un véritable jardin ampélographique dédié à des variétés anciennes, le plus souvent uniques à la région. Plantés sur les terroirs appropriés, les cépages négrette, mauzac, duras, manseng, len de lel, fer servadou, tannat, malbec et plusieurs autres sont les gardiens de l'originalité des vins du Sud-Ouest.

LES CINQ DERNIERS MILLÉSIMES

2007 Millésime ingrat dont les vins ne passeront pas à l'histoire. Quelques producteurs ont su tirer profit du beau temps de l'arrière-saison. Qualité irrégulière.

2006 Millésime irrégulier avec des pluies pendant les vendanges. Le moment choisi pour récolter était un facteur crucial.

2005 Grande année. Des vins généralement concentrés, tanniques et de longue garde.

2004 Style classique et des vins plus légers misant davantage sur la fraîcheur et la droiture que sur la puissance.

2003 Comme ailleurs, année de canicule. Des vins hors normes et chaleureux qui évolueront rapidement.

DÉBOUCHER OU ATTENDRE?

Sud-Ouest • Que boire en **2009**?

En règle générale, les Buzet, Fronton, Gaillac et Bergerac sont prêts à boire avant leur cinquième année.

Grâce aux vinifications modernes, il n'est plus nécessaire d'attendre 10 ans pour déboucher les Cahors et les Madiran. Mais il est vrai que les meilleurs vins – surtout ceux du millésime 2005 – de ces deux appellations ont suffisamment de charpente et de richesse tannique pour vivre longtemps.

Brumont, Alain

Même s'il fait face à une concurrence de plus en plus nombreuse et dynamique, Alain Brumont demeure un grand nom de Madiran.

Argile Rouge 2004, Madiran (S-10779679 : 29,45 $) ; cette cuvée est l'exemple du Madiran moderne, nourri de tanins mûrs et rehaussé de subtiles notes torréfiées. Comme son nom l'indique, le vin provient d'une parcelle argileuse – fait apparemment rare à Madiran – plantée de 7 000 pieds à l'hectare, il y a une trentaine d'années. La recette : tannat (50 %), cabernet sauvignon (25 %), cabernet franc (20 %) et fer servadou (5 %). Les fans d'Alain Brumont apprécieront son ampleur et sa finale persistante. ★★★★ ②

Château Bouscassé 2002, Madiran (S-856575 : 22 $) ; issu du fief familial des Brumont, ce 2002 est excellent. Déjà passablement évolué, comme le laissent deviner ses subtiles notes de cuir et de fumée, et enrobé de tanins mûrs tout en conservant une belle fraîcheur et un heureux sens des proportions. Quatre étoiles pour un bon vin parfaitement ouvert et épanoui. ★★★★ ②

Aussi au répertoire général, **Torus 2006, Madiran** (page 178) ⊙

Sud-Ouest,
Jura et Savoie

Pour mesurer les progrès accomplis
- Château d'Aydie, Madiran 2005
- Château Lamartine 2005, Cuvée Particulière, Cahors
- Domaine Labranche Laffont, Madiran 2004, Vieilles vignes

Pour sortir des sentiers battus
- Domaine de Causse Marines, Peyrouzelles 2006, Gaillac
- Domaine le Roc, Cuvée Don Quichotte 2005, Fronton
- ○ Hours, Charles; Cuvée Marie 2006, Jurançon sec
- Magnin, Louis; Mondeuse Arbin 2006, Vin de Savoie

Pour un dépaysement à peu de frais
- ○ Château Calabre 2007, Montravel
- Château de Padère 2005, Buzet
- Matha, Jean-Luc; Cuvée Laïris 2006, Marcillac
- ○ Domaine Labbé, Abymes 2006, Vin de Savoie

Pour le dessert
- ○ Château d'Aydie 2006, Pacherenc du Vic-Bilh
- ○ Rolet, Vin de Paille 2002, Côtes du Jura

Pour acheter le meilleur dans une SAQ Classique Ⓒ
- Château Haut-Perthus 2005, Bergerac
- Clos La Coutale 2006, Cahors
- De Conti, La Truffière 2005, Bergerac

Cave de Labastide de Lévis, Perlé D'amour 2006, Gaillac
(S-912964) : 12,25 $
Élaboré par une importante coopérative de la région, ce Gaillac Perlé rappelle un peu le Vinho Verde portugais. Fruité, rond et perlant, comme le suppose son nom ; un reste notable de gaz carbonique rehausse ses saveurs et lui apporte une vitalité supplémentaire. Simple, mais de bon aloi. ☆☆ ① ♥

Château Calabre 2007, Montravel (S-10258638) : 14,70 $

Fruit d'un assemblage de 50 % de sauvignon, de sémillon et de muscadelle, le Château Calabre est un bon vin de Dordogne, sec, vif et original, aux francs accents minéraux. Pas de bois, mais une acidité bien sentie et passablement de caractère pour un vin de ce prix. ☆☆☆ ① ♥

Château d'Aydie, Madiran 2005 (S-10268553) : 25,90 $

La famille Laplace compte parmi les leaders de Madiran. Elle signe des vins au style droit, ferme et classique. Privilégiant comme toujours la pureté et l'harmonie à la concentration et à la puissance, le 2005 est excellent. Mûr et suffisamment nourri, il se distingue par cette fermeté empreinte d'élégance et de fraîcheur typique des très bons vins du Sud-Ouest. Bon à boire maintenant et jusqu'en 2013 au moins. ★★★★ ②

Le **Odé d'Aydie 2004, Madiran** (S-10675298 : 18,90 $) est le deuxième vin de la propriété. Bon Madiran secondaire à prix abordable, marqué de la fermeté typiquement associée à cette appellation. À la fois tonique et généreux, jeune et pourtant déjà prêt à boire. ★★★ ②

Pacherenc du Vic-Bilh 2006 (S-857193 : 17,50 $ – 500 ml) ; le domaine produit aussi cet excellent vin moelleux et délicieusement onctueux, aux accents typiques de fruits confits, de miel et d'épices. Un bon achat à ce prix, surtout que le 2006 me semble particulièrement nourri. ☆☆☆☆

Château de Padère 2005, Buzet (S-738252) : 16,35 $

Les vins de Buzet sont stylistiquement plus proches des Bordeaux courants et des Bergerac que des Cahors et des Madiran. Bon vin charmeur aux arômes nets de fruits noirs. Rien de spécialement étoffé, mais sa

souplesse et sa fraîcheur en font un bon compagnon de table. Avec un confit de canard, le bonheur à peu de frais... ★★★ ② ♥

Château du Cèdre

Les frères Verhaeghe se sont taillé une solide réputation à Cahors avec des vins séveux et solides, à la personnalité très affirmée.

Le **Prestige 2004, Cahors** (S-972463 : 24,45 $) ; comme d'habitude, ce vin s'impose par sa couleur et sa consistance. Le 2004 annonce une grande concentration de fruits mûrs ponctués de notes épicées ; il tapisse la bouche de tanins fermes et pénétrants sans laisser une impression de lourdeur. Déjà appréciable maintenant, il gagnera à mûrir encore quelques années. Qualité digne de mention et prix mérité. ★★★★ ②

Aussi au répertoire général, le **Chatons du Cèdre 2005, Cahors** (page 178) Ⓖ

Château Grinou

Depuis 1978, Guy Cuisset et son épouse ont déployé tous les efforts nécessaires pour hisser leur domaine de 35 hectares au sommet de l'appellation Bergerac. Avec leurs enfants, ils ont entrepris, il y a quelques années, le virage de la culture biologique et continuent de signer des vins d'une qualité et d'une constance irréprochables, contribuant ainsi au rayonnement de cette appellation encore trop méconnue.

Bergerac blanc 2007, Tradition (S-10674949 : 15,25 $) ; l'année 2007 semble une réussite pour les vins blancs de Bordeaux. Tout porte à croire que l'appellation voisine Bergerac a elle aussi profité des atouts du millésime, du moins si on en juge par ce très bon Bergerac, à la pureté aromatique et au caractère local bien affirmé. Loin d'être un défaut, sa légèreté alcoolique de 11,5 % est au contraire un atout et ajoute à son charme et à sa fraîcheur. Le vin d'apéritif idéal, à prix d'aubaine. ☆☆☆ ② ♥

Le **Château Grinou 2007, Bergerac, Réserve** (S-896654 : 17,15 $) ; souple et coulant, se signale surtout par la nature friande et juvénile de son fruit. Franc de goût, droit, passablement structuré et toujours animé d'une personnalité bien à lui. Un passage d'une heure en carafe permettra de tempérer son caractère fougueux. ★★★ ②

Château Laffitte-Teston, Madiran 2005, Vieilles vignes
(S-747816) : 23,70 $

Alors que beaucoup de vins de Madiran s'imposent par leur puissance au détriment de l'élégance, ceux du producteur Jean-Marc Laffitte comptent parmi les plus distingués de l'appellation. Issu de vieilles vignes de tannat de 70 ans, ce Madiran 2005 est éminemment plaisant et m'a semblé particulièrement structuré. Ferme et sérieux, les atouts de l'œnologie et de la technologie modernes lui ajoutent une sève, une générosité et un poli qui ont valeur d'exemple. Bon à boire dès maintenant, mais je suis persuadé que cet excellent 2005 est promis à une longue garde. Peu de vins de cette catégorie en offrent autant. ★★★★ ③ ♥

Château Lagrezette

Depuis qu'elle a été rachetée et ressuscitée par Alain-Dominique Perrin au début des années 1980, cette imposante propriété est devenue une vedette de Cahors. La présence de l'œnologue bordelais Michel Rolland dans les chais n'est pas étrangère au style accrocheur de ses vins.

Pour les amateurs de sensations fortes, le **Château Lagrezette 2004, Cahors** (S-972612 : 26,90 $) ; un vin costaud et concentré ; un Cahors solidement construit et appuyé sur des tanins serrés. La bouche est relevée de bons goûts de fruits mûrs, mais l'ensemble manque de nuances et de fraîcheur. ★★★ ②

Plus abordable, le **Moulin Lagrezette 2004, Cahors** (S-972620 : 17,55 $) ; un bon vin moderne et très mûr qui ne manque pas de faire son effet. À boire jeune pour en apprécier le fruit. ★★★ ②

Château Lamartine

Le viticulteur Alain Gayraud s'est imposé en chef de file de son appellation en signant des vins à la fois étoffés et équilibrés, illustrant à merveille les vertus du Cahors moderne.

 Cuvée Particulière 2005, Cahors (S-862904 : 22 $) ; racé et puissant sans être encombrant, le 2005 a ce charme exquis des bons Cahors marqués du caractère à la fois sauvage et généreux du malbec. Long, élégant et éminemment savoureux. Excellent achat à ce prix ! ★★★★ ② ♥

Château Montauriol 2005, Mons Aureolus, Côtes du Frontonnais (S-851295) : 18,95 $

Avec cette cuvée haut de gamme issue de vignes de négrette, de syrah et de cabernet sauvignon – dont le rendement est limité à 40 hectolitres à l'hectare –, ce domaine offre un vin robuste et coloré. Son profil chaleureux et flatteur et sa finale ponctuée de notes vanillées plairont certainement à l'amateur de vin moderne. ★★★ ②

Tradition 2006, Fronton (S-914127 : 13,45 $) ; bon vin facile à boire, plein de fruit et misant avant tout sur la souplesse. ★★ ②

Château Tour des Gendres

Acteur principal de la région de Bergerac, le producteur Luc de Conti favorise une œnologie la moins interventionniste possible, notamment en ayant recours aux levures indigènes et en usant modérément de la barrique de chêne. « Trop de bois, et on s'aperçoit qu'à la longue, le vin sèche », explique-t-il. Certains producteurs devraient prendre bonne note de sa remarque...

Pas de fléchissement pour **La Gloire de mon Père 2006 Côtes de Bergerac** (S-10268887 : 25,30 $) qui s'avère de nouveau savoureux. Réunissant les cépages cabernet sauvignon et merlot dans une forme toute bordelaise, cet excellent vin a toutes les vertus gastronomiques recherchées. Son profil tannique mûr et élégant et son ampleur en bouche lui confèrent une étoffe digne de mention. Au moins aussi satisfaisant que bien des Bordeaux plus coûteux. On se régale ! ★★★★ ② ♥

Par ailleurs, la **Cuvée des Conti 2007, Côtes de Bergerac** (S-858324 : 16,50 $) atteint un nouveau sommet. Misant de nouveau essentiellement sur le cépage sémillon (70 %) – auquel s'ajoutent sauvignon et muscadelle – Luc de Conti signe un vin blanc éclatant de fraîcheur et de vitalité. Ses saveurs précises et son élan aromatique réjouissent le palais à peu de frais. Quelle joie ! ☆☆☆☆ ② ♥

Aussi au répertoire général, **La Truffière 2005, Bergerac** (page 179) ©

Domaine de Causse Marines

Le producteur Patrice Lescarret s'indigne contre les politiques de l'INAO qui refuse de reconnaître certaines variétés autochtones du vignoble gaillacois, favorisant plutôt l'introduction de cépages plus commerciaux dans sa région. Sur son petit domaine, il pratique une viticulture biologique et utilise exclusivement des levures indigènes dans l'élaboration de ses vins qui ne sont ni filtrés, ni chaptalisés, ni acidifiés.

Issu des cépages syrah, duras et braucol – aussi connu dans le Sud-Ouest sous le nom de fer servadou –, le **Peyrouzelles 2006, Gaillac** (S-709931 : 17,80 $) se distingue par son caractère local affirmé et par ses saveurs franches et originales. Savoureux et en même temps facile à boire, le vin renferme un reste de gaz carbonique ; il serait donc avisé de l'aérer une heure en carafe pour tempérer ses ardeurs. À boire jeune et frais. Quatre étoiles de nouveau cette année. ★★★★ ② ♥

Depuis deux ans, **Les Greilles 2006, Gaillac** (S-860387 : 17,70 $) a retrouvé tout son éclat. Issu d'un assemblage de cépages bien locaux – loin de l'œil, mauzac, muscadelle et ondenc – le 2006 se signale par sa délicate vinosité et ses saveurs franches qui transpirent le raisin mûri à point. Un vin sec, distinctif, tonique et rassasiant. Extra ! ☆☆☆☆ ② ♥

Pour clore le repas, le **Grain de Folie 2006, Gaillac** (S-866236 : 21,85 $ – 500 ml) est issu des variétés locales mauzac, muscadelle et len de l'el. Un bon vin doux original, aux savoureux goûts de fruits confits et de poivre blanc. ☆☆☆☆

Domaine du Cros 2006, Lo Sang del Païs, Marcillac
(S-743377) : 15,15 $

Philippe Teulier signe un bon 2006 dont l'originalité tient du cépage local fer servadou. Coloré et gorgé de saveurs épicées, probablement moins dense que le 2005, mais néanmoins assez charnu et muni des angles tanniques typiques des vins du Sud-Ouest. Bien abordable. ★★★ ② ♥

Domaine Labranche Laffont, Madiran 2004, Vieilles vignes
(S-914192) : 22,75 $

Propriétaire d'un vignoble d'une vingtaine d'hectares, Christine Dupuy signe des Madiran dont la poigne et la plénitude sont dignes de mention. Des vignes âgées d'une cinquantaine d'années et un élevage en fût de chêne donnent un vin très étoffé, riche et empreint à la fois de finesse et d'un caractère local bien affirmé. Cet excellent Madiran se distingue par sa sincérité et sa typicité. Un achat avisé à ce prix. ★★★★ ② ♥

Domaine le Roc, Cuvée Don Quichotte 2005, Fronton
(S-10675327) : 20,05 $

Sur les terrasses du Tarn, au nord de Toulouse, Patrick Ribes s'est taillé une réputation enviable en produisant des vins marqués surtout par la finesse que par la puissance. Issue d'un assemblage de négrette, de syrah et de cabernet sauvignon, sa cuvée Don Quichotte 2005 offre en bouche une pluralité de saveurs intenses et persistantes portées par une ossature tannique parfaitement enrobée. À ce prix, pourquoi s'en priver ? ★★★★ ② ♥

Domaine Rotier 2004, Renaissance, Gaillac (S-10273803) : 20,85 $

Les producteurs Alain Rotier et Francis Marre confirment de nouveau leurs talents avec cette cuvée Renaissance issue de syrah et de duras. Dans la lignée des bons vins du Sud-Ouest, ce 2004 met les cépages locaux à profit. Un très bon Gaillac classique, élégant et frais ; le grain serré de ses tanins ajoute à sa présence en bouche. Très bon vin distinctif, pas du tout racoleur. ★★★ ②

Hours, Charles

Depuis plus de 20 ans, Charles Hours est une référence en Jurançon. Non seulement ses vins doux sont irréprochables, mais son Jurançon sec Cuvée Marie est d'une élégance rare.

Cuvée Marie 2006, Jurançon sec (S-896704 : 23,80 $) ; couleur jaune paille, nez puissant, 14,5 % d'alcool ; la cuvée Marie 2006 ne pèche pas par faiblesse. Bien au contraire, ce vin riche, vineux, intense et tout à la fois bien équilibré brille par son relief en bouche et sa profondeur. Sans doute une expression des plus achevées du Jurançon sec. À ce prix, c'est un incontournable ! ☆☆☆☆ ② ♥

À propos de Bergerac

Encore plutôt méconnue sur la sphère viticole, l'appellation Bergerac recèle d'excellents vins rouges et blancs à des prix fort compétitifs dont plusieurs spécimens sont actuellement offerts à la SAQ.

Contrairement aux autres appellations du sud-ouest de la France, Bergerac cultive surtout des variétés bordelaises, essentiellement merlot pour le vin rouge et sémillon pour le vin blanc.

Les vins des meilleurs producteurs rivalisent facilement avec de bons Bordeaux provenant d'appellations secondaires. Pour des valeurs sûres, retenez les noms de Luc de Conti du Château Tour des Gendres et Guy Cuisset du Château Grinou.

Matha, Jean-Luc ; Cuvée Laïris 2006, Marcillac (S-10217406) : 16,10 $

Jean-Luc Matha est l'un des principaux producteurs de cette appellation qui compte à peine 160 hectares de vignes dans les montagnes de l'Aveyron, à une soixantaine de kilomètres à l'est de Cahors. Tout aussi savoureux que le millésime précédent, cet excellent 2006 brille encore par sa fraîcheur et son profil aromatique original teinté de notes épicées. Quatre étoiles bien méritées pour son côté sincère et droit. ★★★★ ② ♥

Vins de l'Échanson

Partenariat entre le chanteur Francis Cabrel et le viticulteur Mathieu Cosse.

Cahors 2003, Édition spéciale (S-10465581 : 18,40 $) ; vin charnu, débordant de fruit et surtout n'accusant aucune rudesse en dépit d'une charpente tannique bien sentie. Du grain, du volume et une impression générale très franche. Bel exemple de Cahors moderne élaboré avec le souci évident de préserver le maximum de fruit. Savoureux et rassasiant, suffisamment équilibré pour être déjà apprécié maintenant. Un bon achat à moins de 20 $. ★★★★ ② ♥

D'AUTRES VINS ROUGES DE QUALITÉ SATISFAISANTE ★★★

Château Bellevue La Forêt, Optimum 2004, Fronton (S-10781605) : 24,45 $
Château Croze de Pys 2005, Prestige, Cahors (S-10674990) : 19,05 $
Château de Haute-Serre 2004, Cahors (S-947184) : 22 $
Château de Viella 2004, Madiran (S-881912) : 25,85 $
Union des producteurs Plaimont, Monastère de Saint-Mont 2003, Côtes de Saint-Mont, (S-10779003) : 28,70 $

D'AUTRES VINS ROUGES DE QUALITÉ MOYENNE ★★

Caves de Crouseilles, Château de Crouseilles 2004, Prenium, Madiran (S-895441) : 29,40 $
Château Belingard, Cuvée Champlain 2005, Bergerac (S-10922439) : 17,10 $
Château de St-Didier Parnac, Prieuré de Cénac 2004, Cahors (S-969659) : 18,90 $
Château Eugénie 2005, Tradition, Cahors (S-721282) : 15,15 $
Château la Coustarelle 2004, Grande Cuvée Prestige, Cahors (S-482240) : 18,25 $
Château Leret 2004, Tradition, Cahors (S-918557) : 15,10 $
Château Les Hauts d'Aglan 2003, Cahors (S-734244) : 18,50 $
Château les Tours des Verdots 2005, Côtes de Bergerac, Moelleux, David Fourtout (S-10889683) : 27,90 $
Château Peyros 2003, Madiran (S-488742) : 18,60 $
Domaine de Mourchette 2004, Madiran (S-738427) : 17,50 $
Ostau d'Estile 2004, Pacherenc du Vic-Bilh (S-10810998) : 19,50 $
Union des producteurs Plaimont, Côtes de Saint-Mont 2005, Les Vignes Retrouvées (S-10667319) : 16,90 $
Maestria 2005, Madiran (S-10675271) : 16,60 $
Vignerons de Buzet, Baron d'Ardeuil 2003, Buzet (S-446187) : 17,20 $

Vins du Sud-Ouest
au répertoire général

Brumont, Alain ; Torus 2006, Madiran (C-466656) : 17,20 $
Bon Madiran commercial relevé, suffisamment charnu et sphérique pour être apprécié dans l'immédiat. ★★★ ②

Castel Montplaisir 2004, Cahors (C-606426) : 13,25 $
Bon vin simple et franc de goût, plein de fruit et fort bien constitué. Un achat satisfaisant. ★★★ ♥

Château Bellevue La Forêt 2005, Fronton (C-198085) : 13,35 $
Franchise aromatique et sensation juteuse, gorgée de bon goût fruité. Simple, mais en même temps original et fort satisfaisant. ★★★ ② ♥

Château Cahuzac 2005, L'Authentique, Fronton
(C-606418) : 10,70 $
Particulièrement réussi en 2005. Bonne tenue en bouche, corps et consistance, du fruit et des tonalités aromatiques distinctives. Qualité remarquable pour un vin de ce prix. ★★★ ② ♥

Château Haut-Perthus 2005, Bergerac (C-10802955) : 13,10 $
Coloré, riche en matière et nourri par un élevage de 18 mois en fût de chêne, ce vin offre de généreuses notes de tabac et de fruits mûrs. À ce prix, je le préfère à bien des Bordeaux génériques. ★★★ ② ♥

Chatons du Cèdre 2005, Cahors (C-560722) : 13,50 $
Vin droit, bien structuré, plein de sève et suffisamment fruité. Le 2005 confirme son titre de champion dans la catégorie des vins du Sud-Ouest à moins de 15 $. Bientôt remplacé par le 2006. ★★★★ ② ♥

Clos La Coutale 2006, Cahors (C-857177) : 15,55 $

De nouveau en 2006, les habitués y retrouveront le fruit et la poigne tannique voulue, le tout agrémenté d'une jolie finale poivrée. À boire dans les trois prochaines années. ★★★ ② ♥

De Conti, La Truffière 2005, Bergerac (C-10846000) : 13,75 $

Une cuvée destinée exclusivement à la SAQ. Servi par un profil quasi bordelais avec une composition de merlot (90 %) et de malbec, ce vin se démarque par sa structure tannique digne de mention. Séveux, plein de fruit et de vitalité. Pleinement satisfaisant à ce prix. ★★★ ② ♥

Vigouroux, Georges ; Pigmentum 2004, Malbec, Cahors (C-10754412) : 14,15 $

Pour une chanson, ce Cahors offre tout le fruit, le grain juteux et la densité des bons vins modernes du Sud-Ouest. Original et avantageux. ★★★ ② ♥

Encore moins cher, **Les Comtes Cahors 2005, Cahors, Château de Mercuès** (C-315697 : 13,85 $) ; un bon vin, tout en fruit et en fraîcheur, mais suffisamment charpenté pour le recommander. ★★★ ②

Jura

Lornet, Frédéric ; Vin Jaune 1999, Arbois
(U-10813566) : 55 $ – 620 ml
Frédéric Lornet a repris le domaine familial de Montigny il y a une dizaine d'années. Grâce à son dynamisme et à celui d'autres vignerons de sa génération – Stéphane Tissot, Bernard et Guy Rolet –, l'appellation Arbois connaît un nouveau souffle et fait de plus en plus parler d'elle. Embouteillé dans le traditionnel clavelin de 620 ml et issu d'un très bon millésime, ce délice jurassien offre au nez des arômes à la fois expressifs et infiniment nuancés mêlant agréablement les fruits blancs et jaunes, les épices et les noisettes. Avec une force alcoolique de 15 %, le vin s'impose par une superbe texture, riche et onctueuse, sans pourtant basculer dans la lourdeur. Servi à la fin du repas – à 15 °C – en accompagnement d'un fromage Comté à point, ce vin hors norme donnera nettement plus de plaisir qu'un rouge tannique. Cinq étoiles, car il est exceptionnel ! ☆☆☆☆☆ ②

Rolet, Vin de Paille 2002, Côtes du Jura
(S-10809997) : 52 $ – 375 ml
En plus de ses remarquables vins secs d'Arbois, la famille Rolet élabore aussi cette originalité jurassienne très coûteuse, car produite à grands frais. Après la vendange, les raisins sont suspendus à des claies ou étalés sur des nattes de paille (d'où le nom). Trois mois plus tard, les raisins desséchés et gorgés de sucre sont mis à fermenter pendant deux ans. Le résultat est un vin de couleur ambrée, sirupeux, onctueux et remarquablement riche de 15 % d'alcool. Une curiosité locale fort intéressante que l'on savoure à petites gorgées. On peut le conserver assez longtemps une fois ouvert. ☆☆☆☆ ②

Savoie

Château de Ripaille 2007, Vin de Savoie Ripaille (S-896720) : 17 $

En direct des montagnes de Savoie et exclusivement issu du cépage chasselas, un savoureux vin léger agrémenté d'un reste de gaz carbonique rehaussant agréablement ses saveurs d'agrumes. Avec seulement 11,5 % d'alcool, c'est presqu'un produit d'une autre époque. Vin distinctif et authentique, tout à fait recommandable. ☆☆☆ ①

Domaine Labbé, Abymes 2006,
Vin de Savoie (S-10884680) : 15,35 $

Jérôme Labbé et sa cousine Alexandra ont repris ce domaine familial de 10 hectares en 2004. Issue d'un cru du même nom situé à une quinzaine de kilomètres au sud de Chambéry, leur cuvée Abymes mise sur l'originalité du cépage local jacquère qui lui apporte un caractère minéral bien senti évoquant les notes de pierre à fusil des bons Chablis. Ce très bon vin sec, distinctif, sincère et rafraîchissant vaut pleinement son prix. ☆☆☆ ② ♥

Magnin, Louis ; Mondeuse Arbin 2006, Vin de Savoie (S-10783272) : 24,65 $

Louis Magnin est un producteur réputé de Savoie, autant pour ses vins blancs que pour ses vins rouges. Son 2006 offre une version autrement polie et étoffée de la Mondeuse de Savoie. Un authentique vin de montagne, revigorant comme l'air des Alpes, léger en alcool (12,4 %) et bien équilibré. Un agréable dépaysement, excellent dans sa catégorie. ★★★★ ②

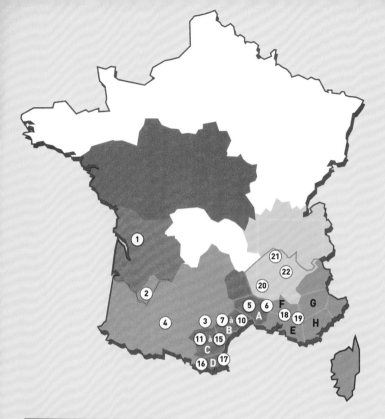

VIN DE PAYS DU JARDIN DE LA FRANCE

VIN DE PAYS DE L'ATLANTIQUE
    1. Vin de Pays Charentais

VIN DE PAYS DU COMTÉ TOLOSAN
    2. Vin de Pays de l'Agenais
    3. Vin de Pays des Côtes du Tarn
    4. Vin de Pays des Côtes de Gascogne

VIN DE PAYS D'OC
  A. Vin de Pays du Gard
    5. Vin de Pays des Sables du Golfe du Lion
    6. Vin de Pays des Cévennes

  B. Vin de l'Hérault
    7. Vin de Pays du Val de Montferrand
    8. Vin de Pays des Coteaux d'Enserune
    9. Vin de Pays des Coteaux de Murviel
    10. Vin de Pays des Côtes de Thongue

  C. Vin de l'Aude
    11. Vin de Pays des Coteaux de Peyriac
    12. Vin de Pays de la Haute Vallée de l'Aude
    13. Vin de Pays de la Cité de Carcassonne
    14. Vin de Pays du Torgan
    15. Vin de Pays du Val de Cesse

  D. Vin de Pays Pyrénées-Orientales
    16. Vin de Pays des Côtes Catalanes
    17. Vin de Pays de la Côte Vermeille

VIN DE PAYS DE MÉDITERRANÉE
  E. Vin de Pays des Bouches-du-Rhône

  F. Vin de Pays du Vaucluse
    18. Vin de Pays d'Aigues
    19. Vin de Pays de la Principauté d'Orange

  G. Vin de Pays des Alpes de Haute-Provence

  H. Vin de Pays du Var

VIN DE PAYS DES COMTES RHODANIENS
    20. Vin de Pays des Coteaux de l'Ardèche
    21. Vin de Pays des Collines Rhodaniennes
    22. Vin de Pays des Coteaux de Baronnies

Vins de Pays

Depuis le tournant du millénaire, la production de Vins de Pays a connu de nombreuses fluctuations, notamment en raison du programme d'arrachage mis en place par la communauté européenne. La qualité, en revanche, est de plus en plus constante, et surtout, plus significative des progrès accomplis dans tout le pays.

Avec plus de 150 dénominations, cette catégorie est aujourd'hui l'une des plus dynamiques de l'activité vitivinicole française. La production annuelle de vins de pays excède les 12 millions d'hectolitres. De ce nombre, quelque 8,4 millions d'hectolitres proviennent du Languedoc-Roussillon où sont situées les trois plus importantes dénominations : Vin de Pays d'Oc (4,4 millions d'hectolitres), Vin de Pays de l'Aude (1,1 million d'hectolitres) et Vin de Pays de l'Hérault (1,1 million d'hectolitres).

Au Québec, le répertoire de la Société des alcools fait état de 160 Vins de Pays. Un vaste échantillonnage dans lequel le meilleur côtoie le quelconque. Si on y retrouve plusieurs vins «usinés» dont le moule semble être le même, on découvre aussi, avec grand plaisir, de bons vins d'artisans distinctifs, le plus souvent à prix abordable.

Pour éviter d'encombrer cette section, je me limiterai à commenter les meilleurs vins et les plus avantageux.

bon à savoir

Les Vins de Pays se divisent en quatre groupes de dénomination :

- Dénomination nationale : Vin de Pays des vignobles de France ;
- Dénominations régionales : représentées en couleur sur la carte.
- Dénominations départementales : représentées par des lettres majuscules.
- Dénominations de zones : représentées par les chiffres.

De manière générale, les meilleurs vins portent la dénomination zonale.

Château de Campuget, Viognier de Campuget 2006, Vin de Pays du Gard (S-10327517) : 19,65 $

Bon Viognier de la région de Nîmes, bien parfumé, rond et quasi onctueux tant sa texture est grasse. Rien de complexe, mais ses saveurs franches sont fort agréables. À boire dans les deux prochaines années. ☆☆☆ ②

Domaine de la Janasse 2006, Terre de Bussière, Vin de Pays de la Principauté d'Orange (S-10258881) : 18,40 $

Ce domaine de Châteauneuf-du-Pape produit aussi un Vin de Pays remarquable par sa matière fruitée généreuse. Fruit d'une combinaison gagnante de merlot et de syrah, nourri d'une richesse alcoolique de 14 %, le 2006 donne pleine satisfaction à l'amateur de vin méditerranéen capiteux et gorgé de soleil. À boire jeune et rafraîchi. ★★★ ②

Domaine de la Marfée, Les Gamines 2004, Vin de Pays de l'Hérault (S-10781322) : 24,35 $

Propriétaire de près d'une dizaine d'hectares de vignes, Thierry Hasard se consacre à la viticulture depuis 1996. Sans être la plus étoffée, sa cuvée Les Gamines 2004 est un bon vin simple, fruité à souhait et doté d'une bonne structure tannique. Juteux et facile à boire, il gagnera à être servi légèrement rafraîchi. ★★★ ②

Domaine de Triennes 2004, Les Auréliens, Vin de Pays du Var (S-892521) : 17,80 $

Ce domaine provençal appartient à un trio de producteurs bourguignons dont Jacques Seysses (Domaine Dujac) et Aubert de Villaine (Domaine de la Romanée Conti). Composée de cabernet et de syrah, leur cuvée Les Auréliens a manifestement profité des largesses du millésime 2004 dans la région. Un vrai petit bijou, fruité à souhait, savamment boisé, charnu et encadré par des tanins soyeux. Il est rare qu'un Vin de Pays ait autant de grâce et d'équilibre. Les prochains millésimes sont à surveiller ! ★★★★ ② ♥ ▼

Domaine du Lys, Odyssée 2006, Vin de Pays des Cévennes (S-10531382) : 13,60 $

Ce domaine de 33 hectares appartient à un groupe d'investisseurs québécois. Au fil des ans, son principal administrateur, Daniel Richard, n'a cessé de hausser la qualité des vins. Cette année, on portera attention à la cuvée Odyssée, un assemblage de 70 % de cabernet sauvignon et de syrah, très charmeur et à prix d'aubaine. Souple, coulant et facile à boire, sans toutefois manquer de tenue en bouche, le 2006 est de nouveau pleinement satisfaisant. ★★★ ② ♥

Pour boire du bon vin sans se ruiner

- Dupéré-Barrera, Terres de Méditerranée 2006,
  Vin de Pays d'Oc
- La Préceptorie de Centernach, Zoé 2005,
  Vin de Pays des Côtes Catalanes
- Tardieu-Laurent, Les Grands Augustins 2006,
  Vin de Pays d'Oc

Pour se tirer d'affaire dans une SAQ Classique ⊙

- L'Orangerie de Pennautier 2006, Vin de Pays de
  la Cité de Carcassonne
- Domaine de Gournier, Merlot 2007, Vin de Pays
  des Cévennes, Uzège

Pour frayer avec le meilleur

- Gaillard, Pierre ; La Dernière Vigne 2007,
  Vin de Pays des Collines Rhodaniennes
- Mas de Daumas Gassac 2005, Vin de Pays
  de l'Hérault

Dupéré-Barrera, Terres de Méditerranée 2006, Vin de Pays d'Oc

(S-10507104) : 15,25 $

La Québécoise Emmanuelle Dupéré et son compagnon Laurent Barrera signent une gamme de vins savoureux dans le midi de la France. Fruit d'un travail d'artisan – sans filtration, ni collage, ni élevage en barrique – le Terres de Méditerranée s'avère de nouveau excellent en 2006. Dense, charnu et déployant beaucoup de relief ; sa fin de bouche nette et très franche est marquée d'accents tanniques qui ajoutent à sa tenue. Grandement recommandable. ★★★★ ② ♥

Foncalieu, Enseduna Prestige 2006, Vin de Pays des Coteaux Enserune, D. de Corneille (S-709253) : 18 $

Bon vin rouge moderne, solidement construit et relevé de bons goûts de cerises. Simple, mais passablement charnu et satisfaisant. ★★★ ②

Gaillard, Pierre ; La Dernière Vigne 2007, Vin de Pays des Collines Rhodaniennes (S-10678325) : 24,45 $

Nommée ainsi en raison de sa situation géographique, La Dernière Vigne est issue des quelques parcelles ayant survécu à l'essor démographique de Lyon. Sur la commune de Ternay, à 20 km au sud de la deuxième ville de France, Pierre Gaillard cultive avec grand soin cette minuscule parcelle plantée de syrah et en tire un excellent Vin de Pays. Encore irréprochable en 2007, ce vin joue magnifiquement bien la carte de l'élégance et des saveurs pures. L'amateur de Côtes du Rhône septentrional sera séduit par son caractère droit et vigoureux relevé des notes de poivre propres au cépage. Une longue finale aux saveurs multiples. Excellent ! ★★★★ ② ♥

Au moment de clore cette édition, on pouvait encore trouver quelques bouteilles du savoureux 2006, lauréat d'une Grappe d'or dans *Le guide du vin 2008*.

La Préceptorie de Centernach, Zoé 2005, Vin de Pays des Côtes Catalanes (S-10781277) : 18,15 $

Les frères Marc et Thierry Parcé gèrent avec brio le Domaine de la Rectorie. Depuis 2001, ils opèrent en plus cette cave de Maury, située à une quarantaine de kilomètres au nord de Collioure. Leur cuvée Zoé se veut une «expression la plus légère des grenache et carignan». À la fois fringant et chaleureux, son authenticité et sa franchise méritent bien trois étoiles. Un passage en carafe est recommandé. ★★★ ② ♥

Lurton, Terra Sana, Sauvignon blanc 2006, Vin de Pays Charentais (S-10884516) : 15,80 $

Distribué pour la première fois dans le réseau de la SAQ, un très bon Sauvignon issu de l'agriculture biologique. À défaut d'originalité, l'amateur pourra apprécier le caractère vif et droit de ce vin bien servi par la technologie moderne. ☆☆☆ ①

Mas de Daumas Gassac 2005, Vin de Pays de l'Hérault (S-714725) : 48 $

Aimé Guibert et ses héritiers restent fidèles à une philosophie du vin privilégiant la pureté et l'authenticité. Culture biologique désherbage manuel, vinification traditionnelle et élevage en fût de chêne sont autant de moyens mis en œuvre pour produire ce que plusieurs considèrent comme le vin le plus achevé du Languedoc-Roussillon. Dégusté à quelques reprises en 2008, le 2005 brillait toujours par sa race et son élégance. Un vin somptueux, à la couleur profonde et au nez invitant de fruits mûrs et dont la bouche charnue et nourrie séduit immédiatement par sa puissance contenue, son profil harmonieux, son relief et sa longueur. Sur la contre-étiquette, on lit ce conseil plein de sagesse : «Ce vin peut se boire en fruit de 3 à 5 ans, en maturité de 10 à 15 ans, en majesté de 15 à 25 ans.» Bref, un vin d'envergure, déjà charmeur, mais que l'on peut laisser dormir en cave en toute quiétude. ★★★★→? ②

Tardieu-Laurent, Les Grands Augustins 2006, Vin de Pays d'Oc
(S-10204381) : 15,95 $

Le dynamique tandem, le Bourguignon Dominique Laurent et le Rhodanien Michel Tardieu, a étendu son activité de négoce jusque dans le Languedoc. Cet excellent Vin de Pays est issu exclusivement de syrah et élevé en cuve d'inox pour en préserver le naturel fruité ; son relief et sa consistance séduisent immanquablement. Rien de transcendant, mais un vin savoureux, à la fois friand, fort généreux et bien construit. À sa manière et dans sa catégorie, il mérite bien quatre étoiles. ★★★★ ② ♥

Villard, François ; L'Appel des Sereines 2006, Syrah, Vin de Pays des Collines Rhodaniennes
(S-10780717) : 23,85 $

En plus de son implication dans le projet des vins de Vienne et de ses impeccables Côte Rôtie, Condrieu et Saint-Joseph, le producteur François Villard signe cet excellent Vin de Pays. Cent pour cent syrah et totalement méridional, ce vin charnu, mûr et engageant offre beaucoup de chair et de fruit, le tout soutenu par une vigoureuse acidité. Aussi bon que certains vins de Saint-Joseph ou de Crozes-Hermitage et offert à un prix tout à fait mérité. À boire jeune et à servir légèrement rafraîchi. ★★★★ ②

D'AUTRES VINS DE PAYS DÉGUSTÉS CETTE ANNÉE

Chateau Russol, Cuvée Raphaëlle 2006, Vin de Pays des Coteaux de Peyrac (S-10507067) : 17,25 $ ☆☆

Domaine Caton, Cabernet sauvignon 2006, Vin de Pays de l'Hérault
(S-10667394) : 8,40 $ ★

Domaine de Petit Roubié 2006, Syrah, Vin de Pays de l'Hérault
(S-913491) : 16 $ ★★

Domaine du Lys, Odyssée 2005, Sauvignon blanc, Vin de Pays de Cévennes (S-10531391) : 14,55 $ ☆☆

Domaine Grollet, Cabernet sauvignon-Merlot 2005, Vin de Pays Charentais (S-913038) : 16,15 $ ★★

La Baume, Sauvignon blanc 2006, Vin de Pays d'Oc
(S-477778) : 13,80 $ ☆☆☆
Syrah 2006, Vin de Pays d'Oc (S-535112) : 14,20 $ ★★

Latour, Louis ; Grand Ardèche 2004, Vin de Pays des Coteaux de l'Ardèche (S-10678211) : 18 $ ☆☆

Lurton, Mas Janeil 2005, Côtes du Roussillon-Villages
(S-10894837) : 18,70 $ ★★
Viognier 2007, Domaine des Salices, Vin de Pays d'Oc
(S-10265061) : 14,70 $ ☆☆

Mainart, Chardonnay 2006, Vin de Pays Charentais
(S-10884524) : 14,60 $ ☆☆

Vignoble du Loup Blanc 2005, Les Trois P'tits C, Vin de Pays de Cesse
(S-10528239) : 23,25 $ ★★★

Vins de Pays
au répertoire général

Brumont, Alain ; Gros manseng-Sauvignon 2007, Vin de Pays des Côtes de Gascogne (C-548883) : 13,25 $
Bon vin blanc du Sud-Ouest auquel le cépage gros manseng apporte de jolies tonalités originales, presque épicées. Sec, friand, croquant et pleinement rassasiant. ☆☆☆ ② ♥

Domaine de Gournier, Merlot 2007, Vin de Pays des Cévennes, Uzège (C-365957) : 10,45 $
Année après année, le Merlot de Maurice Barnouin compte parmi les Vins de Pays les plus avantageux. Le 2007 charme par son attaque sucrée et sa profusion de fruit sur fond poivré. Tendre et savoureux, sa tenue en bouche mérite d'être signalée. ★★★ ② ♥

L'Orangerie de Pennautier 2006, Vin de Pays de la Cité de Carcassonne (C-605261) : 13,45 $
Établie sur les contreforts du Massif central depuis 1620, la famille des Comtes de Lorgeril fait partie des acteurs importants de la scène viticole languedocienne. Composé de cabernet, de merlot, de grenache et de carignan, L'Orangerie est un délicieux vin franc et coulant offrant une matière on ne peut plus satisfaisante à ce prix. Servi autour de 15 °C avec des cochonnailles, c'est un vrai petit bonheur aux accents de la garrigue. ★★★ ② ♥

Lurton, Les Fumées Blanches 2007, Sauvignon blanc, Vin de Pays des Côtes du Tarn (C-643700) : 13,65 $
Sans rien révolutionner, le 2007 charme de nouveau par son expression aromatique et sa légèreté. Prix mérité. ☆☆☆ ①

UN CHOIX PERSONNEL

Moulin de Gassac

De concert avec la coopérative locale de Villeveyrac, la famille propriétaire du célèbre Mas de Daumas Gassac a mis au point une gamme de vins de très bonne qualité vendus pour une chanson.

Le **Moulin de Gassac, Terrasses de Guilhem 2007, Vin de Pays de l'Hérault** (C-554105 : 11,40 $) est le modèle idéal du vin quotidien : souple, tendre et coulant ; plein de fruit et frais comme doit l'être un bon compagnon de table. Un petit régal que l'on boira jeune et légèrement rafraîchi. ★★★ ② ♥

LES AUTRES VINS SUIVANTS SONT AUSSI
DIGNES DE MENTION ★★★

Les Domaines Paul Mas, Vignes de Nicole 2007, Cabernet sauvignon-Syrah, Vin de Pays d'Oc
(C-10273416) : 16,30 $
Fortant de France, Merlot 2006, Vin de Pays d'Oc
(C-293969) : 11,65 $

Italie

L'événement viticole qui a le plus retenu l'attention cette année est sans contredit l'affaire Brunello, ou le *Brunellogate* comme l'appellent à la blague les Anglo-Saxons. Au mois d'avril, la nouvelle annonçant l'existence possible de Brunello di Montalcino frauduleux (voir l'encadré en page 230) a eu l'effet d'une traînée de poudre dans les médias. Ce scandale a également rouvert le débat sur la pertinence – ou la désuétude – des décrets d'appellation.

Le système d'appellation italien est un véritable capharnaüm dans lequel le néophyte peut facilement se perdre. Non pas qu'il soit plus complexe que le modèle français, mais il compte de nombreux détracteurs, qui voient dans la rigidité de ses règles un frein à l'amélioration de la qualité.

En 2007, l'Italie enregistrait une augmentation des ventes de vin d'environ 7,8 %. Le pays continue donc de se disputer le rang de premier producteur mondial avec la France. Après avoir connu un léger fléchissement entre 2000 et 2004, il est redevenu bon premier en 2005 avec une production de plus de 54 millions d'hectolitres, soit 2 000 hectolitres de plus qu'en France.

Au Québec, les vins italiens connaissent une progression constante depuis plusieurs années. La part de marché actuelle se situe autour de 24,2 %, ce qui représente des ventes annuelles de plus de 26 millions de bouteilles.

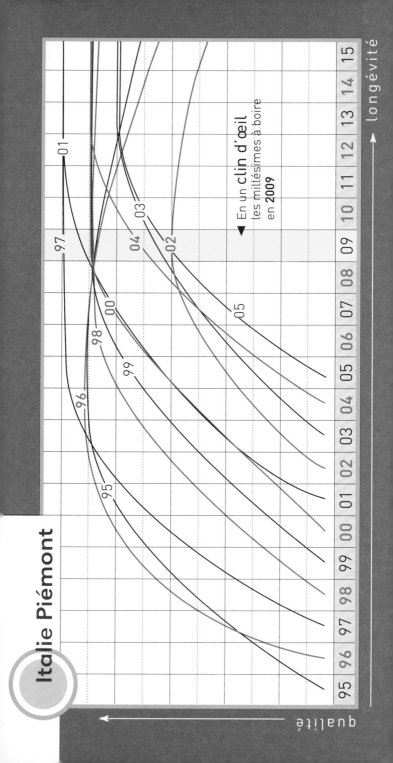

Italie Piémont

longévité

qualité

En un **clin d'œil**
les millésimes à boire
en **2009**

LES DIX DERNIERS MILLÉSIMES

2007 Millésime très prometteur dans le Piémont ; une récolte de vins structurés, déficitaire d'environ 25 % ; de la grêle à Barolo ! Dolcetto et barbera ont aussi donné des vins de belle qualité. Très belle récolte en Toscane où une météo idéale en arrière-saison a favorisé la parfaite maturité des raisins ; des vins que plusieurs comparent à 2004 et à 2001. Grand succès aussi à Bolgheri où le cabernet sauvignon semble avoir eu le meilleur sur le merlot. Bonne qualité en Vénétie, surtout chez les producteurs qui ont eu la patience d'attendre le beau temps. Pas d'Amarone en 2007 chez Romano del Forno où les vignobles ont été durement touchés par une tempête de grêle à la fin d'août. Ailleurs dans les Marches, les Abruzzes et en Campanie, une récolte exceptionnellement faible à cause de la sécheresse.

2006 Excellent millésime dans le Piémont en dépit de conditions climatiques parfois extrêmes ; plusieurs Barolo et Barbaresco de qualité comparable aux 2004 et aux 2001. Grand succès en Toscane où, selon l'œnologue Carlo Ferrini, le millésime a été l'un des plus gratifiants des 25 dernières années. Le Consorzio local a accordé cinq étoiles au Brunello di Montalcino. Des vins très bien charpentés sur la côte méditerranéenne de Toscane. Millésime jugé remarquable en Vénétie, en particulier pour les Amarone.

2005 Millésime hétérogène avec une grande disparité qualitative selon les soins apportés dans le vignoble et la date choisie pour récolter les raisins. Dans le Piémont, six jours de pluie consécutifs à compter du 2 octobre ont gâché bien des espoirs, tandis qu'en Toscane – autant dans le Chianti Classico qu'à Montalcino –, les températures fraîches de la fin de l'été n'ont pas favorisé le mûrissement idéal souhaité. Il faut choisir avec discernement et se fier aux signatures les plus réputées. À Bolgheri, où les conditions climatiques ont été sensiblement plus favorables, les résultats sont généralement satisfaisants. Qualité hétérogène en Vénétie.

2004 Récolte abondante dans le Piémont. Les producteurs ayant su contrôler les rendements ont obtenu des vins solides et prometteurs. Des conditions idéales dans le Chianti Classico. Qualité remarquable à Montalcino où plusieurs considèrent que c'est la meilleure récolte depuis le mémorable 1997 – cinq étoiles selon le Consorzio local. Qualité au-dessus de la moyenne à Bolgheri.

Italie

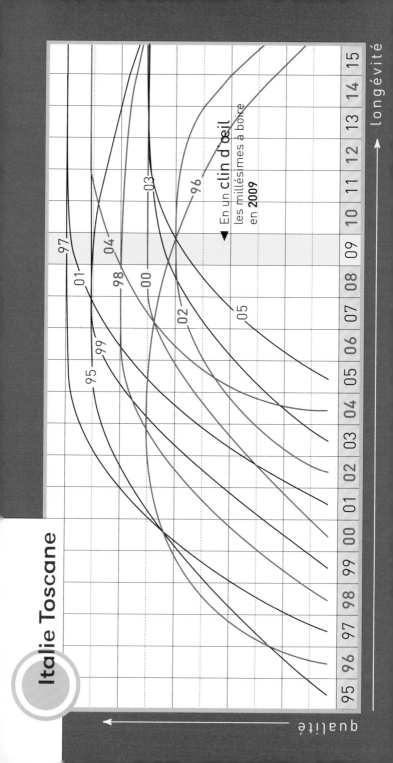

Italie Toscane

longévité

qualité

▼ En un **clin d'œil**
les millésimes à boire
en **2009**

2003 Dans le Piémont, la qualité est hétérogène ; les meilleurs vins de nebbiolo sont riches et exubérants mais n'arrivent peut-être pas à la hauteur de la splendide série 1997-2001 ; le barbera a donné plusieurs vins remarquables. Beaucoup de bons vins généreux et relevés en Vénétie et dans le Trentin. En Toscane, la canicule n'a pas toujours été propice à l'équilibre. Qualité disparate aussi à Bolgheri où la météo excessive a parfois généré des vins lourds, alcoolisés et manquant de fraîcheur.

2002 Année de misère autant dans le Piémont – en prime de la grêle à Barolo –, et en Toscane, pas de Tignanello. Des vins à boire tôt et qui ne passeront pas à l'histoire. Malgré tout – et sans doute en raison de sélections sévères –, plusieurs 2002 de Toscane sont loin d'être désastreux. Sur la Côte méditerranéenne – Maremma et Bolgheri –, les conditions ont été moins difficiles ; sans être puissants ni spécialement concentrés, les vins ont un bel équilibre et ne manquent pas de charme.

2001 Septième année de vaches grasses dans le Piémont ; quantité de vins riches et structurés. Excellent millésime en Toscane où le temps a été clément jusqu'au début d'octobre. Millésime classique et généralement très réussi à Montalcino. Des conditions idéales à Bolgheri, des vins puissants et charpentés.

2000 Sans tout à fait valoir les remarquables 1999 et 2001, le millésime 2000 a donné dans le Piémont une petite récolte de vins généreux, capiteux et fort satisfaisants. Année chaude et sèche en Toscane, des vins costauds, issus de raisins très mûrs. Bon millésime à Bolgheri, mais moins riche que 2001.

1999 Année disparate dans l'ensemble du pays. Beaucoup de vins sensationnels dans le Piémont. Excellent millésime dans le Chianti, à ranger parmi les meilleurs des 20 dernières années. Excellents Brunello étoffés et bons pour longtemps. Grande année à Bolgheri, en particulier pour le cabernet sauvignon.

1998 Excellent millésime dans le Piémont où des vendanges avant les pluies automnales ont donné beaucoup de vins de très belle qualité. En Toscane, les journées pluvieuses de la fin de septembre ont ensuite fait place à une belle veine de temps chaud et ensoleillé ; qualité très satisfaisante. Plusieurs vins remarquables à Montalcino et à Bolgheri.

Italie

Dans les bons millésimes, les meilleurs Chianti Classico et Brunello demandent du temps pour se révéler. Les 2005 et les 2004 ne sont pas encore totalement éclos. En 2009, on pourra commencer à ouvrir les 2003 et surtout les 2002. Particulièrement généreux, les 2001 ne s'exprimeront pleinement que dans quelques années, mieux vaut attendre un peu. Les 2000 et 1999 évoluent plus rapidement. Les excellents vins du millésime 1997 commencent à dévoiler leurs grandes qualités, mais comme rien ne presse, mieux vaut déboucher les 1998, maintenant à pleine maturité. Un conseil, surveillez de près les vins des années antérieures, car dans la période 1980-1995, beaucoup de vins toscans accusent avec l'âge une sécheresse décevante et une tendance à piquer du nez plus rapidement que prévu.

Les Barolo et les Barbaresco des grandes années demandent du temps pour arriver à pleine maturité. Les 2004 et les 2003 ainsi que tous les vins de la période 2001-1999 devraient mûrir en cave. Les 2002 seront aimables en 2009 et ne sont pas destinés à une longue vie. On commencera aussi à déboucher les 1998 et les 1997.

Piémont

Alfieri, Marchesi

Domaine familial ayant pour spécialité le Barbera d'Alba. Les deux cuvées régulièrement offertes au Québec sont exemplaires:

La cuvée **Barbera d'Asti 2004, Alfiera** (S-907378 : 42 $) est l'un des meilleurs spécimens du genre. Un remarquable vin robuste, épicé et profond qui vivra plusieurs années. Pas donné, mais au-dessus de la moyenne. ★★★★ ③ ▼

Plus modeste, mais certainement pas à court de charme, le **Barbera d'Asti 2006, La Tota** (S-978692 : 25,55 $); très bon vin costaud, volubile par son généreux caractère fruité et son acidité. Séveux et rassasiant. ★★★ ②

Aussi un savoureux **Monferrato 2005, San Germano** (S-10872970 : 35 $); issu exclusivement de pinot noir. Moderne et joliment relevé de notes vanillées, le San Germano se démarque avant tout par sa souplesse, sa suavité et ses formes délicates. De la fraîcheur en bouche, un bel équilibre et une jolie finale mûre et chaleureuse forment un heureux mariage. ★★★★ ②

Pour apprécier l'originalité des cépages italiens
- Pecchenino, Dolcetto di Dogliani 2005, Siri d'Jermu
- ○ Mastroberardino, Fiano di Avellino 2006
- Rivera, Il Falcone 2004, Riserva, Castel del Monte
- Tormaresca, Bocca di Lupo 2004, Castel del Monte
- Benanti, Rovittello 2001, Etna

Pour apprécier la grande tradition italienne
- Antoniolo, Gattinara 2003
- Vietti, Barbera d'Alba 2004, Scarrone Vigna Vecchia
- Marion, Valpolicella Superiore 2003
- Isole E Olena, Cepparello 2004, Toscana
- Piaggia di Vannucci Silvia, Carmignano Riserva 2003

Pour mesurer les progrès accomplis
- Ca'Viola, L'Insieme, Vino Rosso da Tavola
- ○ Gini, Soave Classico 2006
- ○ Ronco dei Tassi, Fosarin 2006, Collio
- Belguardo, Bronzone 2005, Morellino di Scansano
- Brancaia, Ilatraia 2005, Maremma

Pour savourer l'excellence sans se ruiner
- Clerico, Domenico; Dolcetto 2006, Visadi, Langhe
- Voerzio, Gianni; Nebbiolo 2005, Ciabot della Luna, Langhe
- ○ Lageder, Aloïs; Pinot bianco 2006, Haberle, Sudtyrol Alto Adige
- Zerbina, Torre di Ceparano 2003, Sangiovese di Romagna

Pour flirter avec le meilleur
- Giacosa, Bruno; Barolo 2003, Falleto di Serralunga
- La Spinetta, Barbaresco 2003, Vigneto Starderi, Vürsù
- Castello di Ama, Chianti Classico 2004, Vigneto Bellavista
- Masciarelli, Villa Gemma 2003, Montepulciano d'Abruzzo
- Montevetrano 2003, Colli di Salerno

Pour acheter le meilleur dans une SAQ Classique ◉
- Fontanafredda, Barolo 2004
- Antinori, Pèppoli 2005, Chianti Classico
- Castorani, Scià 2006, Sangiovese, Puglia

UN CHOIX PERSONNEL

Piémont

Antoniolo, Gattinara 2003 (S-10861023) : 43 $
On sait très peu de choses de cette zone historique dont les vins étaient jadis plus prisés que les Barolo et les Barbaresco. Située au pied du mont Rose dans les hauteurs de Vercelli, cette appellation mise elle aussi essentiellement sur le cépage nebbiolo – appelé ici spanna – pour produire des vins à forte identité piémontaise. Le 2003 d'Antoniolo ne table ni sur la puissance ni sur la concentration, mais plutôt sur l'équilibre et la distinction. Une robe claire ; un nez très discret, subtilement mentholé ; une acidité qui contraste agréablement avec les arômes nourris de fruits mûrs. Une interprétation distinctive et raffinée du vin piémontais. Maintenant ouvert, à boire d'ici 2012. ★★★★ ②

Profitez des nombreux vins de Toscane – Chianti surtout – du millésime 2006. Plusieurs professionnels estiment qu'il s'agit de l'une des meilleures réussites du dernier quart de siècle.

Personne ne nous oblige à dépenser toutes nos munitions pour les gros canons vendus épisodiquement. Solaia, Ornellaia, Sassicaia sont très bien, mais on peut aussi acheter les Vistorta, Fontalloro, Vigna del Sorbo et combien d'autres beaucoup moins coûteux.

Les cépages indigènes comme le nero d'avola en Sicile, l'aglianico en Campanie et le corvina en Vénétie sont de mieux en mieux maîtrisés par les viticulteurs. Dans les meilleurs cas, ils donnent des vins certes différents, mais aussi étoffés que le meilleur sangiovese. Plusieurs sont recommandés dans cette édition.

À quelques exceptions près – notamment quelques spécimens issus de variétés autochtones –, les vins blancs secs les plus raffinés proviennent du Frioul, du Trentin et, plus rarement, de Vénétie.

À cause de la vivacité naturelle de nombreux cépages italiens, il est préférable d'aérer les vins jeunes dans une carafe évasée une heure avant de les servir.

Les Abruzzes, les Marches, les Pouilles et surtout la Sicile continuent de progresser et donnent de plus en plus de bons vins aux goûts distinctifs. N'hésitez pas à explorer ces régions.

bon à savoir

Ascheri, Barolo 2003, Vigna dei Pola, Podere di Rivalta
(S-10269193) : 42,75 $

La couleur vermillon de ce 2003 annonce un vin évolué. En dépit d'un profil capiteux de 14,5% d'alcool, ce vin issu d'un millésime caniculaire atypique a su conserver une certaine fraîcheur. Bon Barolo manquant toutefois de relief, de chair et de la substance des meilleurs. Déjà prêt à boire et jusqu'en 2013. Prix élevé. ★★★ ②

Dolcetto d'Alba 2005, San Rocco (S-10856700 : 20,25 $) ; provenant d'un vignoble situé à Serralunga d'Alba, le San Rocco est bien mûr, enrobé d'une texture veloutée et présentant un juste équilibre entre la force et la fraîcheur ; généreux, sans être excessif. Tout à fait satisfaisant à ce prix. ★★★ ② ♥

Castorani, Barbaresco 2005, Oddìo (S-10946211) : 29,95 $

Offert pour la première fois au Québec, ce Barbaresco est distribué exclusivement dans les magasins SAQ Dépôt. Solidement charpenté, expressif et conservant toute la fraîcheur nécessaire, le 2005 a la fermeté caractéristique des vins du Piémont. Une aération d'une heure en carafe lui permettra de se révéler davantage. À boire entre 2009 et 2012. ★★★→? ②

Aussi au répertoire général, le **Barolo 2004** et le **Barbera d'Alba 2006, Follìa** (page 262) ⊙

Ca'Viola

L'œnologue consultant Beppe Caviola est en quelque sorte la star montante de la viticulture piémontaise. Nommé «winemaker of the year» par le *Gambero Rosso*, ce jeune homme ne compte plus les mentions *Tre Bicchieri* que ses vins ont récoltées.

Barbera d'Alba 2005, Brichet (S-10858238 : 29,95 $) ; ce vin idéalement équilibré réunit avec brio la vigueur, la fougue et la sève particulière associée aux bons Barbera de la région d'Alba. Du corps, du style et de la longueur, difficile de trouver mieux dans cette catégorie. ★★★★ ②

Vilot 2006, Dolcetto d'Alba (S-10858211 : 21,95 $) ; un autre bel exemple de Dolcetto, ce savoureux vin ferme et fougueux est d'autant plus attrayant que la richesse de son fruit est soulignée par une vivifiante acidité. Pas le plus cher et pourtant parmi les meilleurs du genre. ★★★★ ② ♥

Également, offert à *Signature*, **L'Insieme, Vino Rosso da Tavola** (U-10854940 : 51 $) ; même s'il est vendu sous la simple dénomination Vino da Tavola – et n'est donc pas millésimé comme l'exige la législation européenne – L'Insieme porte incontestablement l'empreinte du terroir piémontais. S'appuyant sur un assemblage peu orthodoxe de barbera, de pinot noir, de nebbiolo et de cabernet sauvignon, Beppe Caviola obtient un excellent vin plein et savoureux dont la texture se profile avec beaucoup d'élégance et déroule en bouche un tapis de saveurs relevées. Tout indique que le vin est relativement jeune, bien construit et apte à vieillir encore plusieurs années. Impeccable ! ★★★★ ②

Ceretto, Blangé 2006, Langhe Arneis (S-10872945) : 23,50 $

Surtout connus pour la qualité de leurs Barolo et Barbaresco, les frères Bruno et Marcello Ceretto sont également actifs dans l'appellation Langhe où ils élaborent un très bon vin sec, léger et original qui profite de la technologie moderne. Pas de bois, mais des saveurs pures de fruits et de fleurs sur un fond minéral. Comme il renferme une dose importante de gaz carbonique, il serait avisé de l'aérer en carafe deux heures avant de le servir. ☆☆☆ ②

Chiarlo, Michele

Michele Chiarlo célèbre ses 50 années d'activité au sein de l'appellation Barolo en 2008. Aujourd'hui, avec sa femme et ses deux fils, il exploite plus de 100 hectares de vignes dont il tire des vins savoureux, généralement bien servis par la technologie moderne.

Barolo 2003, Tortoniano (S-10254151 : 43,75 $) ; issu d'un millésime atypique, la cuvée Tortoniano 2003 se signale par sa bouche généreuse et gourmande, mais aussi par son solide cadre tannique lui donnant passablement d'envergure. Beaucoup de plaisir pour l'heure, mais il sera à son zénith autour de 2011-2013. ★★★→★ ③

Barolo 2003, Cerequio (S-10221579 : 75 $) ; le Cerequio est issu d'un cru du même nom, situé entre les communes de Barolo et de La Morra. Sa riche couleur vermillon annonce un nez épanoui, à la fois généreux et dépouillé. À défaut de réelle puissance, on appréciera sa souplesse et sa droiture. Fin et distingué, riche en nuances, mais je doute cependant que ce 2003 puisse tenir la route aussi longtemps que des millésimes plus classiques. Prix sévère. ★★★★ ② ▼

Montemareto Countacc! 2003, Monferrato (S-10271921 : 26,70 $) ; *Countacc!* est une vieille interjection du dialecte piémontais pour exprimer la surprise et l'émerveillement. Cet assemblage peu orthodoxe de barbera, de cabernet sauvignon et de syrah donne un vin doté d'une solide charpente tannique. Sa vinosité, sa vitalité, son relief et sa franche expression fruitée lui donnent beaucoup de personnalité. Une originalité digne de mention. ★★★★ ②

Le Monache 2006, Monferrato (S-10390583 : 15,90 $) ; bon vin commercial issu des cépages barbera, merlot et cabernet sauvignon. Vif, coulant et facile à boire ★★ ②

Clerico, Domenico ; Dolcetto 2006, Visadi, Langhe
(S-10861120) : 21,95 $

Domenico Clerico est l'un des artistes de la viticulture piémontaise. Son Dolcetto Visadi 2006 se distingue par sa vigueur tannique et son fruit précis. Un bon vin capiteux de 14,5 % d'alcool, mais sans lourdeur et dont la constitution solide et le caractère affirmé méritent d'être signalés. À boire jeune pour en apprécier tout le fruit. Excellent ! ★★★★ ② ♥

Coppo, Barbera d'Asti 2005, Camp du Rouss (S-10859628) : 23,50 $

Les frères Piero, Gianni, Paolo et Roberto Coppo ont repris le domaine familial en 1984 avec le désir d'y produire des Barbera d'envergure. Véritable porte-étendard de la maison, le Pomorosso est aujourd'hui inscrit sur les cartes des vins des meilleurs restaurants du monde. Certes moins ambitieux, le Camp du Rouss est un très bon vin ample auquel le bois de chêne apporte un élément aromatique distingué tout en mettant le fruit en relief. Il devrait se révéler pleinement dans deux ou trois ans. ★★★→? ②

Corino, Renato ; Barbera d'Alba 2003, Vigna Pozzo (S-10387384) : 34,50 $

Dans l'esprit du millésime, ce Barbera d'Alba 2003 s'impose par sa richesse et son intensité aromatique. Étoffé et chaleureux sans être lourd, le vin est enrichi par un séjour de 18 mois en fûts de chêne français – 50 % sont neufs – qui met le fruit en valeur et lui ajoute de subtiles notes fumées. Un vin solide qui devrait continuer de se développer dans les deux ou trois prochaines années. ★★★→? ③

À propos du dolcetto

Le dolcetto est une variété quasi exclusive au Piémont. En raison de son mûrissement précoce, on le cultive généralement dans les secteurs plus frais, là où les autres cépages, tels le nebbiolo et le barbera, arrivent difficilement à pleine maturité. De manière générale, il donne des vins colorés, ronds et fruités – son nom signifie littéralement « petite douceur » –, destinés à être bus jeunes. Toutefois, certains producteurs réussissent à obtenir des vins plus étoffés, notamment dans la région d'Alba où le dolcetto s'est particulièrement bien adapté à la marne blanche qui compose le sous-sol de la rive droite du Tanaro, ainsi que dans les zones d'appellation Dolcetto d'Ovada et Diano d'Alba.

On compte sept appellations produisant le dolcetto. Les trois plus importantes sont les Dolcetto d'Alba, di Dogliani et d'Ovada, suivies des Dolcetto d'Asti, d'Acqui et de Diano d'Alba ainsi que du Langhe Monregalesi. On évalue la superficie totale plantée de dolcetto à environ 7 300 hectares. Pour comparaison, les appellations Barolo et Barbaresco – fiefs du nebbiolo – couvrent ensemble 2 400 hectares.

Fontanafredda

Propriété depuis 1932 de la Banque Monte des Paschi de Sienne – la plus vieille institution bancaire au monde –, l'ancien domaine du roi Victor Emmanuel II a été vendu cette année pour la somme de 90 millions d'euros à un partenariat de financiers italiens. Depuis son arrivée à Fontanafredda il y a une dizaine d'années, l'œnologue Danilo Drocco a opéré un important redressement qualitatif.

Barbaresco 2004, Coste Rubin (S-10856806 : 35,50 $) ; très bon Barbaresco équilibré, relevé et persistant dont il faut signaler la droiture et la texture souple attribuable à des tanins très mûrs. ★★★→? ③

Barbera e Nebbiolo 2005, Eremo, Langhe (S-10399078 : 16,45 $) ; bon vin courant passablement charnu et doté d'une agréable fibre tannique. Sans complexité, mais franc de goût, plein de fruit et agréable à boire. Un bon achat à ce prix. ★★★ ② ♥

Giacosa, Bruno

Figure majeure de la viticulture piémontaise, Bruno Giacosa commercialise deux gammes de vins distinctes. La première regroupe des vins élaborés avec les raisins de producteurs environnants ; la seconde, supérieure, dont les vins proviennent exclusivement de ses propres vignobles et sont vendus sous l'étiquette Falletto di Serralunga.

Barolo 2003, Falleto di Serralunga (U-10448343 : 159 $) ; splendide Barolo, à la fois ferme et compact, mais aussi presque sucré tant son fruit est riche et concentré. Son caractère complexe empreint de plénitude offre une longueur sensationnelle. Encore jeune et certainement apte à vieillir encore plusieurs années. Grand vin ! ★★★★→★ ③

Dans son domaine de Falletto, Bruno Giacosa produit aussi un excellent **Barbera d'Alba Superiore 2003, Falletto di Serralunga d'Alba** (S-10445521 : 47,50 $) spécialement nourri et chaleureux (14,5 % d'alcool). Un vin mûr, quasi sucré tant il est riche, épicé et d'une longueur considérable. Pas donné, mais sérieux. ★★★★ ②

La Spinetta, Barbaresco 2003, Vigneto Starderi, Vürsù
(S-10781824) : 125 $

Issue d'un vignoble acquis en 1996 par le couple Giuseppe et Lidia Rivetti, cette cuvée Vigneto Starderi est pratiquement abonnée au *Tre Bicchieri* du *Gambero Rosso*. L'indication « Vürsù » sur l'étiquette signifie « désir » en dialecte piémontais, une mention tout indiquée pour un vin cousu main et produit à environ 15 000 exemplaires chaque année. Le 2003 est ample, riche et volumineux ; il a la profondeur, la longueur et cette troisième dimension qui le fait vibrer en bouche. Bon maintenant et pour longtemps. ★★★★ ②

l'amour
pour
passionné
des
vins
italiens

Latini

Restaurant enogastronomico
1130, RUE JEANNE-MANCE / MONTRÉAL (QUÉBEC) H2Z 1L7
514.861.3166

Monchiero Carbone

Francesco Monchiero est l'un des spécialistes de Roero, une appellation s'étendant sur les collines au nord de la ville d'Alba où le nebbiolo donne des vins passablement structurés.

Srü 2004, Roero (S-10253896 : 35,75 $) ; après un 2003 plus souple et plus coulant que d'habitude, retour à un style plus strict empreint de puissance contenue et de droiture. Très pur et stylé. À boire entre 2009 et 2014. ★★★★ ②

À propos de Langhe et Monferrato

Plusieurs vins des appellations Langhe et Monferrato sont apparus sur nos tablettes au cours des dernières années et connaissent une certaine popularité. Ce succès repose évidemment sur des prix plus accessibles que les Barolo et les Barbaresco, mais aussi sur une plus grande flexibilité des décrets d'appellations permettant notamment l'usage de cépages internationaux. Pour mieux vous y retrouver...

Langhe
C'est le nom des collines au nord et au sud de la ville d'Alba. Majoritairement composés d'argile, les sols sont reconnus pour générer de bons Nebbiolo et ils sont la pierre angulaire des plus célèbres crus de Barolo et de Barbaresco. Au sens plus spécifique, Langhe est une appellation (DOC) regroupant les vins issus de cépages internationaux ou de cépages locaux n'ayant pas obtenu de classification supérieure. Ainsi, un vin vendu sous l'appellation Langhe Rosso peut tout aussi bien être un Barolo déclassé qu'un assemblage de syrah, de cabernet sauvignon et de merlot.

Monferrato
Zone vinicole s'étendant sur les provinces d'Asti et d'Alessandria. Plus spécifiquement, le vignoble est bordé à l'ouest par la ville de Turin, au nord et à l'est par la vallée du Pô et au sud par la Ligurie. Monferrato a connu un essor important dans les années 1990 alors que le Piémont restructurait ses appellations. Ces modifications permirent aux producteurs, soit d'ajouter des variétés internationales au barbera pour l'élaboration du Monferrato Rosso, ou encore d'utiliser Monferrato comme appellation générique pour commercialiser des vins de cépage (ex. Syrah 2005, Langhe).

Paitin

À Nieve, au cœur du Barbaresco, la famille Pasquero s'est taillé une réputation enviable en produisant une gamme de vins piémontais de grande qualité.

Barbaresco 2000, Sori Paitin (S-10387350 : 78 $) ; ce vin en impose par son caractère profond, sa tenue et son équilibre. Ferme et solide sans être dur ni inutilement tannique, il a au contraire une grâce et une élégance dignes de mention. Excellent ! ★★★★ ②

Pecchenino, Dolcetto di Dogliani 2005, Siri d'Jermu (S-10860143) : 24,95 $

Au fil des ans, les frères Orlando et Attilio Pecchenino ont fait l'acquisition de plusieurs parcelles sur la commune de Dogliani où leurs Dolcetto ont aujourd'hui valeurs de référence. Le Siri d'Jermu 2005 est bien charnu ; ses éléments de fruit et de tanins se fondent pour créer un ensemble très harmonieux traduisant une pureté et une fraîcheur exemplaires. Grand succès ! ★★★★ ②

Pelissero

Après plusieurs années à la tête de l'entreprise avec sa femme, Luigi Pelissero a transmis le flambeau à son fils Giorgio. Œnologue de formation, ce dernier opère actuellement divers changements sur cette propriété d'une trentaine d'hectares qui figure déjà parmi les noms importants de la région.

Barbaresco 2003, Vanotu (S-10693331 : 73 $) ; la cuvée Vanotu – dialecte piémontais pour Giovanni, le grand-père de Giorgio – provient de vignes situées à 350 mètres d'altitude et profite d'un élevage en barrique de 18 mois dont 80 % sont neuves. Racé et puissant, marqué de l'austérité typique de l'appellation, ce vin très étoffé s'affirme par son style à la fois dépouillé et persistant. Un achat avisé qui comblera les amateurs de grands vins piémontais. Encore jeune, il continuera de se développer pour être à son apogée entre 2009 et 2016 au moins. ★★★→★ ③

Confectionné dans un style moderne, le **Dolcetto d'Alba 2006, Augenta** (S-10856793 : 22,35 $) témoigne d'une recherche de concentration et d'un caractère boisé plus prononcé que les autres Dolcetto. Un bon vin charnu et flatteur. ★★★ ②

Passablement nourri, le **Barbera d'Alba 2005, Piani** (S-10856785 : 26,10 $) est gorgé de fruits mûrs et de savoureuses notes de réglisse. Chaleureux, mais il conserve toute son acidité naturelle responsable du caractère fringant typique des bons Barbera. ★★★ ②

Pio Cesare

Menée avec rigueur et professionnalisme par Pio Boffa, cette affaire familiale fondée en 1881 est devenue, au fil des ans, une adresse sûre où dénicher une gamme de vins piémontais de belle facture.

Le **Barbaresco 2003** (S-905026 : 54 $) est à l'image des vins de Pio Boffa, c'est-à-dire toujours fins et élégants. Particulièrement mûr et chaleureux en 2003, son Barbaresco *tout court* conserve néanmoins la droiture tannique et la race des bons vins piémontais. À boire entre 2009 et 2013. ★★★★ ②

Alternative moins coûteuse, le **Nebbiolo d'Alba 2004** (S-544973 : 26,55 $) fait apprécier l'originalité et la race d'un grand cépage qui donne le meilleur de lui-même dans la terre d'Alba. Excellent 2004 aux tanins mûrs ; droit et dense, net et bien équilibré. À boire idéalement entre 2009 et 2014. ★★★→★ ③

Particulièrement bien nourri, le **Barbera d'Alba 2005** (S-968990 : 22,10 $) allie harmonieusement le caractère épicé et la vivacité naturelle du barbera à de savoureuses notes vanillées, résultat d'un élevage maîtrisé de deux ans en fût de chêne français. Typé et très satisfaisant. ★★★ ②

Pio Cesare produit aussi un bon vin blanc, le **Gavi 2006** (S-10387413 : 19,45 $) ; il offre une expression fraîche et désaltérante du cépage local cortese. Léger, modérément aromatique et misant avant tout sur le fruit. À boire dans les trois prochaines années. ☆☆☆ ①

Poderi Colla

Tino Colla s'est associé à sa nièce Federica en 1993 pour créer Poderi Colla. Leur entreprise compte aujourd'hui 27 hectares de vignes répartis sur trois propriétés : Cascine Drago dans l'appellation Langhe, Tenuta Roncaglia dans Barbaresco et Tenuta Dardi Le Rose dans Barolo. Ils peuvent encore bénéficier des conseils de Giuseppe « Beppe » Colla, le père de Federica, qui met à contribution cinq décennies de connaissance des terroirs régionaux. Tous trois persistent à croire que la seule façon de tirer son épingle du jeu dans un marché aussi vaste est d'offrir des vins qui demeurent à l'écart des tendances internationales. Leurs vins n'ont rien d'excessif ni de vraiment spectaculaire. Pour les effets de bois et de concentration, il faudra aller voir ailleurs ; ici on produit des vins piémontais authentiques qui ont tout pour faire un malheur à table.

Bricco del Drago 2004, Langhe (S-927590 : 29,05 $) ; créé en 1969 par le docteur Degiacomi, le Bricco del Drago a été le premier supervin de table produit dans le Piémont. Composé de 85 % de dolcetto et de nebbiolo, ce vin robuste, mais aussi fort élégant et bien proportionné est, à sa manière, un incontournable du Piémont. À la fois ferme et enrobé de tanins mûrs, il traduit bien sa personnalité aromatique et son caractère individuel marqué. À boire entre 2009 et 2014, au moins. ★★★★ ②

Plus simple, le **Nebbiolo d'Alba 2005** (S-10860346 : 26,25 $) révèle une bouche plutôt vive et semble un peu à court de chair. Pas très convaincant, du moins pour le moment. ★★→? ②

Prunotto

Depuis son acquisition par la famille Antinori en 1989, l'ancienne cave créée par Alfredo Prunotto en 1923 est devenue une référence dans le Piémont. Le porte-drapeau de la maison est le somptueux Barolo Bussia, un exemple de puissance et d'élégance qui provient d'un cru de sept hectares dans la commune de Monforte.

Dans un registre plus simple, mais néanmoins savoureux, le **Barbera d'Asti 2006, Fiulot** (S-10862608 : 23,65 $) se signale par son caractère authentique, son grain savoureux, sa structure généreuse et sa persistance. Les amateurs de vin piémontais y trouveront pleinement leur compte. ★★★★ ② ♥

Mompertone 2005, Monferrato (S-10862616) : 25,35 $ Peut-être encore secoué par le voyage, le Mompertone m'a semblé quelque peu renfrogné lors de la présentation à la presse en mars 2008. Compte tenu de la feuille de route de Prunotto, on peut espérer que le vin soit plus explicite dans quelques mois. Tout de même un très bon Monferrato franc de goût et offrant une bonne consistance. Il est préférable de l'aérer en carafe au moins une heure avant de le servir. ★★★ ②

Typiquement piémontais, le **Dolcetto d'Alba 2006,** (S-10386728 : 20,95 $) est un très bon vin droit et fringant, aux accents de fruits mûrs. Une bonne note pour sa personnalité affirmée et sa tenue en bouche. Prix mérité. ★★★ ②

San Romano

Créé en 1993 et profitant depuis quelques années des conseils de l'œnologue piémontais Beppe Caviola, ce domaine compte aujourd'hui 8,5 hectares de vignes plantés majoritairement du cépage local dolcetto.

Bricco delle Lepri, Dolcetto di Dogliani 2006 (S-10863731 : 14,95 $) ; un très bon vin particulièrement juteux et épicé ; généreux – 14,7 % d'alcool –, un brin rustique, mais sa fougue et son tempérament ne manquent pas de charme. Fort agréable et pas cher. ★★★ ②

Un cran plus nourri, le **Vigna del Pilone, Dolcetto di Dogliani 2006** (S-10863740 : 17,50 $) est aussi très riche en alcool (15 %), ce qui n'exclut pourtant pas l'équilibre. Charnu, mûr, vigoureux et gorgé de fruits ; un très bon vin aussi authentique que sympathique. ★★★ ②

San Romano produit aussi un très bon **Dolianum 2003, Dolcetto di Dogliani** (S-10863758 : 22,10 $) ; frais et tonique ; simple, mais nourri de bons fruits mûrs et suffisamment structuré. Bon vin friand et facile à boire. ★★★ ②

Le goût inimitable des vins du Piémont

CE TEXTE A ÉTÉ PUBLIÉ DANS *L'ACTUALITÉ* DU 1ER MAI 2008

Piémont rime avec tradition. On n'est qu'à une cinquantaine de kilomètres à l'est de Turin, la grande ville industrielle du Nord, et pourtant tout ici semble encore aussi calme qu'au temps de Garibaldi. Au gré des collines, une collection de villages paisibles où la vie bat tranquillement son cours, à l'abri de la tourmente. Et pourquoi changer ?

Alba fait partie des villes les plus riches d'Italie. Une fortune bâtie sur trois produits de la terre : le chocolat noir (c'est ici qu'est né le célèbre Nutella), les truffes blanches et le vin rouge. Des valeurs sûres, la troisième surtout.

Si le Piémont est d'ailleurs considéré par les purs et durs comme la région viticole italienne par excellence, c'est que dans ce coin de pays, on reste imperméable aux modes internationales et surtout farouchement attaché au goût distinctif des produits locaux. À une époque où les vins taillés pour plaire foisonnent, ceux du Piémont font presque figures d'anachronismes : des vins à contre-courant conçus pour les Piémontais d'abord, puis pour tous les amateurs du monde capables d'en apprécier l'individualité et la personnalité.

Dans les trattorias des villages de Monteforte et de La Morra, il est d'usage de servir la *finanziera* – le ragoût local – avec une bouteille de Dolcetto ou de Barbera. Les palais davantage habitués à des Merlot coulants de Californie ou à des Shiraz confiturés d'Australie risquent d'être déroutés par la fougue et la sève de ces vins uniques. Même les deux grands classiques piémontais, le Barolo et le Barbaresco, demandent qu'on ait certaines dispositions pour les apprécier. Robustes, tanniques et sans compromis, ils sont à des années-lumière des vins rouges modernes dodus et ultramûrs.

Mais cela ne veut pas dire que les Piémontais soient étrangers au progrès. En vérité, les vins de la région sont aujourd'hui bien meilleurs qu'il y a 30 ans, époque où des méthodes vitivinicoles désuètes donnaient des vins rouges râpeux vieillis tellement longtemps dans de gros tonneaux de bois qu'ils finissaient par jaunir et s'oxyder. Les gens du cru s'étaient habitués à ces vins usés et bourrés d'acidité volatile, mais il était devenu quasiment impossible de les vendre à l'étranger.

À son premier voyage aux États-Unis, en 1973, le producteur Angelo Gaja avait pris contact avec une trentaine de distributeurs pour les convaincre d'acheter ses Barbaresco. Aucun ne se montra intéressé. Aujourd'hui, il exporte les trois quarts de sa production, et les Américains s'arrachent ses vins... à des prix faramineux.

> *Barolo et Barbaresco sont les triomphes de la viticulture piémontaise. Ensemble, ces deux appellations couvrent moins de 2500 hectares de vignobles, exclusivement plantés sur des coteaux, et forment une mosaïque complexe de terroirs où s'épanouit le cépage nebbiolo. Son nom – en dialecte piémontais, nebbi signifie brouillard – évoque les brumes matinales qui enveloppent les vignobles de la région d'Alba.*

Le mérite des Piémontais est d'avoir su progresser tout en préservant l'originalité de leurs vins. Alors que les cépages internationaux, tel le cabernet sauvignon, ont envahi la planète viticole, les vignerons de la terre d'Alba ont conservé une foi inébranlable dans les grands cépages de leur région. Avec raison, car nebbiolo, dolcetto et barbera forment un trio d'enfer, qui donne tantôt des vins généreux et racés, tantôt des vins vifs et combien savoureux. Surtout, les meilleurs vins du Piémont sont de merveilleux compagnons de table. Leur droiture et leur fraîcheur – il est vrai qu'ils sont parfois teintés de sévérité – leur confèrent un inimitable caractère à la fois digeste et rassasiant.

Sebaste, Mauro

L'œnologue Mauro Sebaste ne possède pas de vignoble, il opère plutôt un commerce de négoce «haute couture» en entretenant des liens étroits avec des viticulteurs triés sur le volet chez qui il s'approvisionne.

Nebbiolo d'Alba 2005, Parigi (S-10858094 : 25,95$); la couleur soutenue de ce Nebbiolo et son nez ouvert, épicé et expressif sont spécialement invitants. Misant avant tout sur la générosité, ce 2005 s'impose par sa sève, sa solide charpente tannique et sa bouche relevée enrobée de tanins veloutés. Un bel exemple de Nebbiolo moderne laissant une impression de plénitude en finale. ★★★★ ③

Tout aussi moderne, le **Centobricchi 2005, Langhe** (S-10857391 : 32$) est issu des communes d'Alba, de La Morra, de Monforte, de Barolo et de Roero (voir l'encadré sur l'appellation Langhe, page 204). Solide couleur, nez franc et compact ; bouche ample et savoureuse, soutenue par des tanins mûrs. Très bon vin généreux déjà prêt à boire. ★★★ ②

Settimo, Aurelio ; Barolo 2000 (S-10386664) : 49,50$

Dans l'ombre des grandioses 1999 et 2001, le millésime 2000 dans la région du Piémont a pourtant donné plusieurs très bons vins étoffés et consistants comme en témoigne cet excellent Barolo. Passablement évolué comme l'annoncent sa couleur vermillon foncée et son nez de champignons, mais déployant aussi une matière fruitée encore étonnamment généreuse et une longue finale chaleureuse. Excellent Barolo à point et ouvert dont le prix me paraît justifié. ★★★★ ②

Sottimano

L'entreprise fondée en 1974 par Maggiore Sottimano compte aujourd'hui quelque 14 hectares de vignes que ses fils Rino et Andrea soignent avec une rigueur exemplaire.

Barbera d'Alba 2006, Pairolero (S-10856531 : 33,50$) ; cet excellent 2006 se distingue par sa générosité, ses saveurs denses et sa franche personnalité. Le caractère rustique de bon aloi du Barbera lui donne un charme certain. ★★★★ ②

Dans un registre différent, mais tout aussi excellent, le **Bric del Salto 2007, Dolcetto d'Alba** (S-10856558 : 17,95$) est un Dolcetto sérieux. Encore plus charnu que le 2006 commenté sur www.michelphaneufvin.com, il offre tout à la fois la vivacité et le caractère fruité original du dolcetto. Du relief, de la distinction et un équilibre irréprochable. Déjà prêt à boire, mais bon pour encore quelques années. ★★★★ ② ♥

Vietti

Profondément ancré dans la tradition viticole piémontaise, ce domaine familial de 35 hectares produit une série de vins de haute qualité dans plusieurs appellations piémontaises.

En 1990, lorsqu'il a pris les rênes de la propriété familiale après quelques années de stages à l'étranger – notamment au Château Mouton-Rothschild et à Opus One –, Luca Currado avait pour ambition de produire une gamme complète de vins de qualité irréprochable. Convaincu qu'il n'était pas difficile de faire de bons Barolo, il concentra ses efforts sur les cépages barbera et dolcetto qui à l'époque ne donnaient guère mieux que des vins de soif destinés à la consommation locale.

Pour assurer son succès et récolter des raisins mieux nourris, il multiplie la fréquence des vendanges vertes et diminue les rendements. Les bombes de bois de chêne concentré, très peu pour lui. Currado est plutôt resté attaché à l'usage des foudres de chêne traditionnels de Slavonie et persiste à signer des vins issus exclusivement de variétés locales.

Luca Currado préfère jouer les faire-valoir et travailler simplement à mettre en valeur le riche patrimoine viticole de sa région. «Dans le Piémont, l'œnologue y est pour peu de choses, expliquait-il. C'est le terroir qui fait la différence. Les egos de chacun n'ont pas leur place à côté de 700 ans d'histoire.»

Barolo 2003, Lazzarito (U-10927512 : 102$) ; vin robuste, capiteux et bien en chair, mais relevé par une bonne charpente tannique qui lui donne tout le tonus nécessaire pour conserver un solide équilibre et une saine fraîcheur. Quelque peu atypique en raison de la nature caniculaire du millésime, ce vin généreux semble vouloir s'ouvrir rapidement et atteindre son apogée entre 2010 et 2015. ★★★→★ ③

Sorte de brebis égarée, le **Barbera d'Alba 2004, Scarrone Vigna Vecchia** (U-10924135 : 65$) provient de l'unique parcelle de la commune Castiglione Falletto – au cœur même de l'appellation Barolo – qui soit plantée de barbera. Éminemment plantureux et nourri, ce 2004 démontre qu'il est possible de conjuguer harmonieusement l'opulence et la finesse. Large d'épaules, chaleureux et enrobé de tanins mûrs qui laissent une impression nourrie, presque sucrée en finale. Déjà ouvert et bon pour au moins 10 ans, ce vin imposant révèle une personnalité unique. Bravo ! ★★★★ ②

Moins cher sans toutefois être moins bon, le **Barbera d'Asti 2004, La Crena** (S-10820791 : 45,50$) est un vin remarquablement droit et étoffé issu du plus ancien vignoble de l'appellation Barbera d'Asti dont les vignes furent plantées en 1932. C'est sans doute ce qui donne au vin cette sève et cette profondeur teintées de minéralité et lui permet de conserver un équilibre exemplaire malgré une richesse alcoolique de 14,5 %. À la fois solide, ferme et dense, ce vin racé prouve éloquemment que le cépage barbera, s'il est bien traité, peut donner des résultats incomparables. ★★★★ ② ▼

Voerzio, Gianni ; Nebbiolo 2005, Ciabot della Luna, Langhe (S-10860303) : 44,50 $

Le Nebbiolo de Gianni Voerzio, le frère de Roberto, est une alternative aux grands Barolo et Barbaresco. Intense et pourtant remarquablement frais, le 2005 étonne par son profil aromatique quasi exotique mêlant harmonieusement les saveurs pures de fruits noirs à de subtiles tonalités vanillées. Son équilibre et sa finale persistante sont gages de longévité. ★★★★ ②

COMMENTÉS SOMMAIREMENT, D'AUTRES VINS ROUGES

Accornero, Giulin 2005, Barbera del Monferrato (S-10872996) : 21,60 $; à défaut de complexité, ce très bon vin de table, riche et équilibré, offre un caractère fruité très sain et une agréable sensation de fraîcheur en finale. Bon vin authentique. ★★★ ② ▼

Correggia, Matteo ; Barbera d'Alba 2005 (S-10856566) : 24,55 $; de facture conventionnelle, un vin fin et attrayant, aux notes prononcées de cassis. Malgré tout, un peu rustique, vif et piquant. Creux de vague ? ★★→? ②

Einaudi, Luigi, Barolo 2001 (S-10388176) : 78 $; très bon Barolo classique, anguleux et tannique, subtilement vanillé et long en bouche. Actuellement un peu sévère, mais il devrait être plus ouvert et aimable dans trois ou quatre ans. ★★★→? ③

Il Cascinone, Rive 2005, Barbera d'Asti, Araldica (S-10388133) : 24,65 $; bel exemple de Barbera d'Asti, le Rive 2005 a de bons tanins mûrs, sans rudesse, un très agréable relief fruité et une saine fraîcheur. Bon vin franc et savoureux, déjà prêt à boire. ★★★ ②

Vigne Regali, L'Ardì 2006, Dolcetto d'Acqui (S-10861146) : 18,95 $; juteux et débordant de vitalité. À défaut de profondeur, on appréciera son fruit opulent, sa rondeur et sa fraîcheur. L'aérer en carafe une heure avant de le servir. ★★★ ②

Villa Fiorita, Barbera d'Asti Superiore 2005 (S-10394007) : 18,50 $; bon Barbera épicé et bien constitué allant droit au but et traduisant la vivacité naturelle du cépage. Relevé sans être vraiment costaud, mais surtout expressif, franc de goût et fort attrayant. ★★★ ②

Vinchio & Vaglio Serra, Tutti Per Uno 2004, Monferrato (S-10872961) : 30,75 $; sur un mode à la fois sévère et corpulent, ce vin fait sentir sa richesse alcoolique de 14 % et laisse en finale une sensation plutôt vive et anguleuse. Cet assemblage de barbera, de cabernet sauvignon et de merlot laisse tout de même une rassasiante impression de générosité. ★★★ ②

ET D'AUTRES VINS ROUGES DE QUALITÉ MOYENNE ★★

Bava, Dolcetto d'Alba 2006, Controvento (S-863548) : 17,80 $
Boglietti, Enzo ; Barolo 2001, Fossati (S-10856540) : 83 $
  Dolcetto d'Alba 2006 (S-10856726) : 21,75 $
Castello del Poggio, Barbera d'Asti 2004 (S-10391447) : 16,70 $
La Gironda, Barbera d'Asti Superiore 2004, Le Nicchie, Nizza (S-10872988) : 32,25 $
Malgrà, M'2006, Nebbiolo, Coste della Sesia (S-10803018) : 15,55 $
Olim Bauda, Barbera d'Asti Superiore 2004, Le Rochette (S-10385995) : 30 $

Val d'Aoste

Castorani, Mille Pendii 2005, Chambave, Valle d'Aoste (S-10780418) : 25,35 $

En plus de son domaine des Abruzzes, le coureur automobile Jarno Trulli et ses associés opèrent un commerce de négoce dans plusieurs régions italiennes dont le Val d'Aoste. Au pied du majestueux mont Blanc, ils produisent ce bon vin friand issu majoritairement de petit rouge – une variété autochtone de la région – et de gamay. Sa richesse alcoolique modérée de 12,5 % traduit bien la fraîcheur typique des vins de montagnes ; une expression simple et fruitée rehaussée d'une saine acidité qui confère à l'ensemble un cachet certain. À boire jeune. ★★★ ②

Lombardie

Mazzolino, Blanc 2004, Oltrepo Pavese (S-10780514) : 21,40 $

Bon vin lombard issu de chardonnay et provenant d'une appellation peu connue au Québec. Vif, sec et droit, modérément aromatique. Un peu de bois pour étayer le tout et lui apporter quelques notes de *toffey*. ☆☆☆ ② ▼

Plus cher sans être vraiment convaincant, le **Pinot nero 2002, Oltrepo Pavese** (S-10780522 : 36 $) a bien plus de force que de finesse. Du poids en bouche et des saveurs relevées, mais l'impression d'ensemble manque de fini. À ce prix, on peut facilement trouver mieux. ★★ ②

D'AUTRES VINS ROUGES DE QUALITÉ MOYENNE ★★

Casteggio, Autari 2004, Barbera, Oltrepo Pavese (S-10780442) : 18 $
Negri, Nino ; Sfursat 5 Stelle 2004, Sforzato di Valtellina (S-10542330) : 62 $
Rainoldi, Inferno 2004, Valtellina Superiore (S-10270071) : 24,95 $

Trentin — Haut-Adige

Foradori

Dans les montagnes du Trentin, Elisabetta Foradori a créé de toutes pièces le vin rouge le plus achevé de sa région. Que le Granato soit issu exclusivement du cépage local teroldego ajoute à son individualité et prouve bien que le cabernet sauvignon et le merlot ne sont pas indispensables pour faire des vins de stature internationale.

Granato 2003, Vignetti delle Dolomiti Rosso (S-898130 : 61 $) ; c'est peut-être l'effet du millésime, mais il m'a semblé que le 2003 n'avait pas tout à fait la poigne et la longueur habituelles. Néanmoins, un très bon vin d'envergure qui exprime des nuances aromatiques fines et délicates, le tout animé par une saine vivacité. À laisser mûrir encore quelques années, car il n'a sans doute pas dit son dernier mot. ★★★→? ③

Moins charnu et étoffé, le **Teroldego Rotaliano 2004** (S-712695 : 25,70 $) est typique des vins de montagne où l'on mise davantage sur l'expression vive du fruit. Une acidité élevée donne beaucoup de nerf à ce vin original, plein d'esprit et de fraîcheur. Son caractère rustique ajoute à son charme et lui confère un profil très distinctif. ★★★ ② ▼

La Vis

La Vis signifie la force. Depuis sa fusion avec la coopérative de Valle du Cembra, cette union de 1300 producteurs est la troisième en importance dans le Trentin.

Ritratti 2005, Pinot Nero, Trentino (S-10780291 : 20,10 $) ; implanté sur les terrains montagneux de la région et par conséquent favorisé par un climat frais, le cépage bourguignon trouve ici une expression très franche et pleine d'élan. Sa couleur pâle aux reflets vermillon annonce un vin léger et dépouillé, mais plein de charme. Coulant et joliment fruité, ce 2005 se distingue avant tout par sa fraîcheur. Amateurs de gros vins costauds s'abstenir. ★★★ ②

Lageder, Aloïs

Depuis son arrivée sur le marché québécois il y a plus de 10 ans, Aloïs Lageder propose des vins d'une élégance et d'une constance remarquables. Maintenant en processus de conversion à la biodynamie, sa cuverie – essentiellement alimentée par l'énergie solaire – est un exemple de modernité. Aloïs Lageder accorde une importance cruciale à la notion de terroir dans une région qui compte autant de climats distincts. Dans son cas, le résultat est brillant sur toute la ligne.

Excellente note de nouveau pour le **Gewürztraminer 2007, Alto-Adige** (S-10780400 : 26,45 $) ; parfaitement sec, nullement pommadé, le 2007 joue avec brio la carte de la fraîcheur et de la nuance aromatique. Tout indiqué à table, comme à l'apéritif. Pas de doute, entre les mains expérimentées d'Alois Lageder, le gewürztraminer a beaucoup de classe. ☆☆☆☆ ♥ ②

Maintenant commercialisé sous le nom raccourci de Haberle – jadis, Haberlehof –, le **Pinot bianco 2006, Haberle, Sudtyrol Alto-Adige** (S-898395 : 24,15 $) m'a semblé meilleur que jamais. Épatant par son caractère friand, ce vin sec, dense et minéral est idéalement équilibré et surtout d'une précision exemplaire. Pour ajouter à sa complexité, 10 % du jus est fermenté et ensuite élevé en fût de chêne pendant neuf mois. À moins de 25 $, je connais peu de vins blancs aussi bons. Est-il nécessaire d'évoquer de nouveau le brio de ce producteur ? C'est simple, chez Lageder, tout est exquis, et plus encore... ☆☆☆☆ ② ♥

Plus modeste, le **Etelle 2006, Vigneti delle Dolomiti** (S-743500 : 23,10 $) est un assemblage de pinot grigio et de chardonnay. Sec, modérément aromatique et rafraîchissant ; léger et technologique, sans être aseptisé. ☆☆☆ ②

Mezzacorona

La coopérative de Mezzacorona jouit d'une bonne réputation malgré son importante production annuelle de 25 millions de bouteilles ! Sa force réside dans les bons vins simples vendus à prix abordables.

Pinot noir 2006, Vigneti delle Dolomiti (S-10780311 : 15,90 $) ; bon Pinot noir secondaire, de nouveau suffisamment nourri et fruité. ★★ ①

Pinot Grigio 2007, Trentino (S-302380 : 14,80 $) ; aromatique et léger, à la fois frais et rond en bouche ; sans conséquence. ☆☆ ①

Sur une note plus conventionnelle, le **Chardonnay 2006, Trentino** (S-10780303 : 14,40 $) ; friand, net et agréablement fruité. ☆☆ ②

Trentin – Haut-Adige

Vénétie

Allegrini, Amarone della Valpolicella Classico 2003 (S-907196) : 82 $
Pourtant élaboré par l'un des producteurs les plus réputés de Vénétie et grand spécialiste de l'Amarone, ce 2003 semble avoir souffert des excès de chaleur du millésime. Éminemment capiteux, le vin a une sucrosité hors du commun et une teneur alcoolique de 16 %. Du fruit et de la matière à profusion, à défaut d'équilibre et d'harmonie. ★★→? ③

Anselmi

Dans sa cave de Monforte, Roberto Anselmi confectionne des vins parmi les plus achevés de la région. Comme il a tourné le dos à l'appellation Soave en 2000, toute sa production est désormais commercialisée avec la simple mention Veneto.

Son **Capitel Croce 2006, Veneto** (S-928200 : 24,15 $) fait preuve d'une maîtrise exemplaire dans l'usage de la barrique de chêne. Juste de quoi donner au vin une ampleur et un jeu de nuances aromatiques irrésistibles. Pour le reste, le vin a un équilibre, une précision et une finesse hors du commun. Grand succès ! Et un achat combien avisé à ce prix. ☆☆☆☆ ②

Vinifié exclusivement en cuve d'inox, le **Capitel Foscarino 2007, Veneto** (S-928218 : 24,10 $) est un peu plus nerveux que le Capitel Croce. Une attaque friande, beaucoup d'élan aromatique, un fruit à la fois pur et dense et une fraîcheur exemplaire. De nouveau un excellent vin blanc véronais. ☆☆☆☆ ② ♥

Realda 2003, Veneto (S-729830 : 28,70 $) ; le seul vin rouge produit par Anselmi. Particulièrement nourri dans sa version 2003, ce vin de cabernet sauvignon est généreux, modérément tannique et bien équilibré en dépit d'une présence de bois, qui m'a paru un peu trop sentie. À boire d'ici 2011. ★★★ ②

Aussi au répertoire général, le **San Vincenzo 2007, Veneto** (page 262) ⓖ

Beretta, Cecilia ; Amarone della Valpolicella 2004, Terre di Cariano (S-10298234) : 54 $

Toujours très bon et de qualité constante, l'Amarone 2004 du domaine Cecilia Beretta m'a semblé notablement réussi. J'ai particulièrement aimé sa fraîcheur aromatique qui apporte une variante aux goûts confits souvent associés à cette spécialité véronaise. Du relief, une attaque très mûre sans être sirupeuse et beaucoup de chair. Ce vin puissant accompagnera avec brio les fromages bleus. Le vrai vin des soirées d'hiver. ★★★★ ②

Cappuccina, Fontego 2006, Soave (S-10858166) : 15,75 $

Sur la vingtaine d'hectares de leur domaine de Soave, les enfants de Lorenzo Tessari poursuivent l'œuvre de leur père avec brio et tirent du cépage local garganega un excellent vin aux notes prononcées de miel. Sec, vineux et animé par une saine acidité qui rehausse les saveurs et ajoute à sa fraîcheur rassasiante. Très bon Soave courant. ☆☆☆ ② ♥

Ca'Rugate, Soave Classico 2005, Monte Fiorentine (S-10775061) : 20,95 $

Cette cave familiale est une nouvelle star de Vénétie. Mariage heureux de la minéralité et de notes fruitées, cette cuvée offre plus de matière et un relief aromatique très au-dessus de la moyenne dans l'appellation Soave où le meilleur côtoie le pire. Une mention spéciale pour ce vin exemplaire vinifié entièrement en cuve d'inox. ☆☆☆☆ ②

Gini, Soave Classico 2006 (S-10858191) : 23,55 $

Les vins des frères Claudio et Sandro Gini et ceux de Leonildo Pieropan comptent parmi les plus authentiques de l'appellation Soave. Issu exclusivement de garganega, le Soave Classico Gini 2006 se distingue par ses parfums nets aux accents minéraux et floraux, sa vivacité et son équilibre. Pas de bois, mais une macération pelliculaire qui confère au vin une jolie rondeur et une richesse aromatique étonnamment pure et élégante. Impeccable ! ☆☆☆☆ ② ♥

L'Amarone

Pour produire l'Amarone, les ouvriers trient et étalent les grappes de raisins corvina, rondinella et molinara fraîchement cueillies sur de larges treillis qui sont ensuite empilés dans une grande pièce aérée pour que les baies se dessèchent graduellement et perdent jusqu'à 40 % de leur poids. À la mi-janvier, les raisins déshydratés sont pressés et de ce jus épais, concentré et gorgé de sucre, naîtra l'Amarone, un vin étonnamment puissant, capiteux, titrant facilement 15 % d'alcool et même plus.

Singulier, profond et généreux, l'Amarone est la spécialité de la région de Vérone, une sorte de super-valpolicella que les producteurs aiment bien savourer isolément, un *vino da meditazione*. Par sa puissance, l'Amarone se marie très bien aux viandes relevées et aux gibiers ; même les fromages les plus piquants lui conviennent.

Inama, Vin Soave 2007, Soave Classico (S-908004) : 19,60 $

En 1997, Stefano Inama a rejoint l'entreprise familiale créée par son père Giuseppe sur les terres volcaniques de Monte Foscarino. De nouveau fort satisfaisant en 2007, son Soave «d'entrée de gamme» charme par sa vivacité, son profil légèrement perlant et sa délicatesse aromatique. Digne de mention, à boire dans les trois prochaines années. ☆☆☆ ②

Stefano Inama signe aussi le **Bradisismo 2003, Veneto** (S-10542891 : 45 $) ; généreux vin rouge composé de cabernet sauvignon, de carmenère et de merlot. Un vin moderne, charnu, bien roulé et très charmeur que l'on boit déjà avec un plaisir certain. ★★★★ ②

Maculan

Entreprenant et perfectionniste, Fausto Maculan a ressuscité la cave familiale de Breganze. Aujourd'hui tous ses vins, des plus modestes aux plus grands, relèvent d'une maîtrise technique sans faille.

Pino & Toi 2007, Veneto (S-10218935) : 16,70 $; Fidèle à lui-même, ce très bon vin sec fait de 60 % de tocai, de 25 % de pinot blanc et de pinot gris demeure fort agréable par sa légèreté (11,5 % d'alcool) et son originalité aromatique. Tendre, net, désaltérant et franchement plaisant. Un achat avisé à ce prix. ☆☆☆ ① ♥

Même si la qualité des vins de Maculan est excellente, sa grande spécialité demeure le vin liquoreux. Et son plus grand triomphe est le **Acininobili 2000, Breganze Torcolato Riserva** (S-710095 : 85 $ – 375 ml) ; issu de raisins botrytisés de vespaiolo, de garganega et de tocai, ce vin somptueux, vinifié en cuve et élevé en fût de chêne est vraiment spectaculaire. Il déploie une puissance aromatique très complexe et fine, ainsi qu'une kyrielle de parfums d'agrumes, de fruits confits et d'épices. Maculan prétend qu'il est le Yquem d'Italie, ou plutôt que Yquem est le Acininobili de France... ☆☆☆☆☆ ②

Marion

Lorsqu'elle a acheté ce domaine en 1988, la famille Campedelli a d'abord mis la priorité sur la restauration et la réorganisation du vignoble. Encouragés par Celestino Gaspari – alors œnologue chez Quintarelli – qui croyait au potentiel du lieu,

Stefano Campedelli, son épouse Nicoletta et son frère Marco ont pris en main leur récolte jusqu'alors vinifiée à la coopérative locale. Aujourd'hui, leurs vins sont considérés parmi les plus achevés de la région.

Le **Valpolicella Superiore 2003** (S-10710268 : 37,75 $) n'a rien à voir avec les petits Valpolicella maigres et insipides qui inondent le marché et banalisent toute une appellation. Alors qu'une partie des raisins ultramûrs sont récoltés dans les 10 premiers jours d'octobre, d'autres grappes vendangées plus tôt en septembre sont mises à sécher pendant une quarantaine de jours. L'idée est de faire un vin puissant et gras, mais ne titrant pas plus de 13,5 % d'alcool. Charnu, raffiné, long en bouche et surtout très distingué, ce 2003 est un mélange exquis de fraîcheur et de vinosité. Qualité exemplaire. À boire entre 2009 et 2013. ★★★★ ②

Plus nourri, l'**Amarone della Valpolicella 2003** (S-10665057 : 97 $) se révèle sous un jour encore jeune et très proche du fruit. Ferme et tannique, remarquablement équilibré et surtout très raffiné, le 2003 repose sur un léger fond moelleux qui le rend éminemment long et savoureux. À défaut de s'offrir ceux de Quintarelli ou de Dal Forno, l'amateur d'Amarone sera conquis par sa bouche ample et vaporeuse. Extra ! ★★★★→? ②

Vénétie

DOC, DOCG ou IGT

Le système d'appellation italien ressemble en plusieurs points à ceux de ses voisins du pourtour méditerranéen. La **DOC** est l'équivalent de l'AOC en France. La **DOCG** (Denominazione di Origine Controllata e Garantita) répond sensiblement à la même réglementation que la DOC, mais offre au consommateur une garantie officielle en numérotant le col de chaque bouteille commercialisée sous cette dénomination. On compte aujourd'hui une trentaine de DOCG dont la production est limitée.

Chaque appellation comporte des règles de production auxquelles doivent se plier les producteurs pour y adhérer. À titre d'exemple, la zone de production du Chianti Classico exige que le vin contienne au minimum 75 % de sangiovese tout en tolérant jusqu'à 10 % de Canaiolo, 6 % de raisins blancs et un maximum de 15 % de cépages autorisés (cabernet sauvignon, merlot, syrah, etc.).

À défaut de rencontrer ces critères, un vin ne peut porter que la simple dénomination **IGT**, l'équivalent du vin de table français. Cette catégorie regroupe aussi tous les vins produits à l'extérieur des frontières des DOC et DOCG. De plus, dans un intérêt commercial et en raison d'une grande irrégularité au sein des DOC, certains producteurs préfèrent se soustraire volontairement à leur appellation d'origine pour s'en remettre exclusivement à l'identité – et au prestige – de leur marque.

Masi

Cette entreprise importante de Vénétie est l'une des locomotives qui ont conduit à la revitalisation du Valpolicella et de l'Amarone. Sandro Boscaini s'est toujours farouchement opposé à l'introduction des cépages internationaux dans sa région. Son fils Raffaele est adepte de la même philosophie et signe une vaste gamme de vins étoffés qui sont autant de reflets de la richesse du terroir véronais.

Le **Campolongo di Torbe 2001, Amarone della Valpolicella** (S-548677 : 88 $) est certainement le plus élégant des Amarone de la maison. La texture veloutée et la chair nourrie du 2001 mettent en valeur de subtiles notes fumées qui lui donnent un élan supplémentaire. Longue finale parfumée. Grand succès ! ★★★★ ②

Les amateurs d'Amarone devront surveiller l'arrivée du **Campolongo di Torbe 2003** en février 2009. Éminemment mûr et capiteux, le 2003 se signale surtout par sa richesse aromatique mêlant harmonieusement les goûts de confiture à des tonalités de vanille. Le vin tout indiqué pour les froides soirées d'hiver. ★★★★ ②

Même s'il n'a pas autant de finesse, le **Mazzano 2001, Amarone della Valpolicella** (S-545129 : 98 $) compense largement par son caractère affirmé et sa forme stricte, presque austère. Moins riche que les autres Amarone de la même gamme et doté d'une fermeté tannique bien sentie qui ajoute à sa netteté en bouche. Déjà bon maintenant, mais il gagnera certainement en complexité dans les cinq prochaines années. ★★★★ ②

Moins sévère, le **Mazzano 2003** sera aussi distribué en février 2009. Les tanins sont plus mûrs et enrobés – millésime oblige –, mais le vin conserve sa tenue et sa poigne caractéristiques. Excellent ! ★★★★ ②

Franc succès aussi pour le **Vaio Armaron 2001, Amarone della Valpolicella, Serègo Alighieri** (S-10896197 : 71 $) ; cette cuvée produite en partenariat avec la famille Serègo Alighieri est élevée en partie dans des fûts ayant servi à l'élaboration de Xérès. À partir du millésime 2000, ces barriques ont été utilisées dans des proportions moindres. Les habitués y trouveront donc un profil un peu moins expansif, mais non dépourvu de matière pour autant. Le 2001 se signale essentiellement par sa fraîcheur – relativement parlant ! – ses notes fumées et sa tenue en bouche. ★★★★ ②

Également attendu en février 2009, le **Vaio Armaron 2003** est excellent, plantureux et doté d'une attaque sucrée, mais soutenu par un cadre tannique qui atténue sa sensation alcoolique. Avec un fromage bleu, le bonheur ! ★★★★ ②

Un cran en dessous, le **Grandarella 2005, Appassimento, Rosso delle Venezie** (S-10431306 : 28,75 $) est une composition singulière de 75 % de refosco et de carmenère mis à sécher pendant 50 jours de façon à ce que les baies perdent 30 % de leur poids et acquièrent une concentration accrue de sucre. Le résultat se signale davantage par sa trame tannique costaude, presque sévère, que par son harmonie. Original, sans être spécialement distingué. ★★→? ②

Élaboré selon la méthode *ripasso*, le **Brolo di Campofiorin 2005, Rosso del Veronese** (S-583369 : 26,45 $) est une sorte de «bébé Amarone», pour citer Raffaele Boscaini. Les arômes de fruits se mélangent aux goûts d'épices. Riche, sans être lourd ; correct, mais pas spécial. ★★ ②

Valpolicella Superiore Classico 2003, 650 anni, Serègo Alighieri (S-10543404 : 27,10 $) ; profitant des largesses du millésime 2003, la cuvée anniversaire de la maison Serègo Alighieri s'avère particulièrement nourrie et étoffée. Par son attaque sucrée, ses saveurs généreuses de fruits secs et d'épices et sa structure dense, ce Valpolicella procurera un plaisir certain à l'amateur de vin véronais. D'autant plus agréable que sa générosité est conjuguée à une fraîcheur rassasiante. À boire entre 2009 et 2013. ★★★ ②

Osar 2001, Rosse del Veronese (S-580233 : 60 $) ; nullement intéressé par les variétés internationales, Sandro Boscaini persiste à mettre en valeur les cépages anciens de sa région. Il a ainsi ressuscité l'oseleta, une variété autochtone qui avait pratiquement été rayée de la carte. Ajouté au corvina, au rondinella et au dindarella, cela donne un vin fort original et rassasiant. Dégusté dans un contexte un peu ingrat qui ne le mettait pas vraiment en valeur, le 2001 a un peu souffert de la comparaison avec les supertoscans. Je suis toutefois persuadé qu'à table, il en aurait été tout autrement. Un vin passablement structuré ayant toute la vivacité souhaitée et une jolie finale aux accents évolués. Prix élevé. ★★★ ②

Enfin, distribué aussi à compter de février 2009, le **Osar 2003, Rosse del Veronese** semble avoir tiré avantage de l'été caniculaire. Plein, nourri et parfaitement mûr, mais conserve sa fraîcheur. ★★★ ②

Création unique de la maison Masi, le **Toar 2005, Rosso del Veronese** (S-10269530 : 25,95 $) est issu de corvina à 75 % et d'oseleta, une variété véronaise ressuscitée par la famille Boscaini. Bon vin vif et nerveux dont le charme repose davantage sur la fraîcheur et l'originalité aromatique que sur la puissance et la profondeur. ★★★ ②

Masi commercialise aussi le **Colbaraca 2006, Soave Classico** (S-10706681 17,80 $) ; un Soave bien construit et délicatement parfumé profitant d'une fermentation partielle en fût de chêne qui donne une substance supplémentaire aux cépages locaux garganega et garganega rosa. Très correct. ☆☆☆ ①

Enfin, pour renouer avec une grande tradition véronaise, le **Recioto della Valpolicella 2006** (S-868802 : 50 $) est un vin rouge doux original, tendre et friand, généreusement aromatique et animé d'une agréable acidité bien que manquant un peu de densité. ★★★ ②

Montresor, Lugana 2005, Gran Guardia (S-10705143) : 20,80 $
Originaire de la Loire, la famille de Montresor a émigré en Vénétie
au XVIe siècle. Offerte pour la première fois au Québec, cette cuvée
est entièrement issue de raisins lugana – ou trebbiano di soave
– cultivés en bordure du lac de Garde. Très agréable, tendre, suffisamment droit et bien équilibré. ☆☆☆ ①

Suavia

Cette propriété familiale est dirigée par les quatre filles de Rosetta
et Giovanni Tessari. Le cru de Monte Carbonare doit son nom aux
sols volcaniques de la parcelle située à 300 mètres d'altitude.

Monte Carbonare 2005, Soave Classico (S-10706701 : 30,25 $) ;
des arômes tranchants de pierre à fusil se mêlent savamment
à des notes d'amandes et de miel. Pas de bois, plutôt une fermentation et un élevage de cinq mois en cuve d'inox. Excellent
vin droit aux saveurs franches et distinguées. Dans le peloton de
tête des Soave actuellement offerts. Suavia est un nom à retenir.
Brillant ! ☆☆☆☆ ②

Tamellini, Soave 2006 (S-10858027) : 18,95 $
Sans avoir la dimension des meilleurs, le Soave 2006 des frères
Pio et Gaetano Tamellini se signale toutefois par sa vivacité et son
fruit riche. À la fois perlant et vineux, passablement expressif et
doté d'une finale chaleureuse. ☆☆☆ ②

Tommasi

Spécialiste des appellations véronaises, la famille Tommasi signe
une vaste gamme de vins dans les secteurs de Valpolicella et du
lac de Garde.

Dans la gamme Tommasi offerte au Québec, on retiendra
d'abord le **Crearo della Conca d'Oro 2004, Veronese** (S-707430 :
27,55 $) ; un excellent vin provenant d'un vignoble de 8 hectares
dans la zone dite Conca d'Oro où sont cultivés les cépages corvina, oseleta et cabernet franc. Après un 2003 atypique, le 2004
retrouve un profil plus classique. Excellent, ferme et épicé, au caractère distinctif très affirmé. ★★★★ ②

Valpolicella Classico 2006, Ripasso (S-862110 : 24,70 $) ; très
bon 2006 dont la texture nourrie et le fruit dense traduisent bien
la nature généreuse propre à ce genre de vin. ★★★ ②

Vigneto Rafael 2006, Valpolicella Classico Superiore
(S-711994 : 19,20 $) ; élaboré dans un style plus épuré et souple,
mais offrant plus de tonus que la moyenne des Valpolicella. À
boire jeune autour de 15 °C pour savourer pleinement la fraîcheur
de son fruit. ★★★ ②

Pinot grigio 2007, Vigneto Le Rosse, Venezie (S-10230555 :
16,10 $) ; profite de la technologie moderne ; généreusement par-
fumé et animé par une saine acidité. ☆☆ ①

Aussi au répertoire général, le **Vigneto Le Prunée 2006, Merlot
delle Venezie** (page 263) ⑥

TROP TARD !
Surveillez les prochains millésimes

D'AUTRES BONS VINS DE VÉNÉTIE DÉGUSTÉS CETTE ANNÉE

Dal Forno

Le vigneron-artiste Romano dal Forno ne fait pas de cadeau à ses clients. Ses prix sont astronomiques, mais en échange, il ne lésine sur aucun détail pour extraire la véritable quintessence du Valpolicella et de l'Amarone. Les deux vins suivants sont en quantité limitée.

Amarone della Valpolicella 2001 (U-10445273 : 367 $) ; ce vin sublime, aux allures de colosse, en impose par sa couleur profonde, son nez dense au fin caractère fumé et surtout par sa plénitude en bouche. Vrai géant, serré et tannique, mais n'accusant aucune lourdeur et s'appuyant sur un équilibre irréprochable. Hors de prix, mais dans une classe à part ! ★★★★→★ ②

Lui aussi exemplaire, le **Valpolicella Superiore 2002** (S-10445249 : 113 $) est un modèle du genre. Des tanins mûrs lui confèrent une texture harmonieuse très flatteuse tandis que le bois de chêne lui donne un caractère fumé très sophistiqué. Vraiment impeccable ! ★★★★→? ②

Marion, Cabernet sauvignon 1995, Veneto (95 $)

Inspiré de l'Amarone, ce vin sensationnel est issu en grande partie de raisins très mûrs récoltés dans les 10 premiers jours d'octobre et mis ensuite à sécher pendant plus d'un mois. L'idée est d'obtenir un vin puissant, et ayant un taux d'alcool élevé. Les amateurs du genre se régaleront de ce 1995 plein, long et caressant, déjà évolué et s'ouvrant sur un fond de tabac et de notes fumées. Hors normes et hors pair. ★★★★ ②

Teroldego 2003, Veronese (S-10863660 : 51 $) ; vinifié plus ou moins de la même manière que le Valpolicella, Teroldego prend une forme particulièrement riche et nourrie entre les mains talentueuses de Stefano Campedelli. Un vin ample et multidimensionnel qui conjugue parfaitement la puissance et la distinction. Pas donné, mais sérieux ! ★★★★ ②

Quintarelli, Giuseppe

« Bepi » Quintarelli est une figure légendaire de Vénétie. Cet artiste de la viticulture s'est taillé une réputation telle, qu'une légion de fidèles paient aujourd'hui des sommes folles pour des vins que le maître produit en quantité lilliputienne. Mais surtout, il y a un style Quintarelli, qui marque ses vins d'un caractère aussi affirmé qu'original.

Amarone della Valpolicella 1995 (U-10868188 : 685 $) est l'exemple au plus-que-parfait de la grande spécialité véronaise. Superbe vin bâti comme une forteresse, à la fois compact et puissant, riche en tanins gommeux et déployant des couches de saveurs persistantes. Maintenant à pleine maturité, ce vin étonnant a encore de longues années devant lui. Certes, le prix est extravagant, mais impossible d'imaginer meilleur Amarone. ★★★★★ ②

Rosso del Bepi 1999, Veneto (159 $) ; tendre, sucré et manifestement issu de raisins ultramûrs ; longueur et intensité. Déjà presque âgé de 10 ans et pourtant très riche et exubérant comme pas un. Excellent ! ★★★★ ②

Offert en quantité infime, le **Recioto della Valpolicella 1995** (U-10443729 : 171 $) est un formidable vin doux. À la fois riche en sucre et pourtant aucunement sirupeux, ce vin plein de saveurs profondes et complexes a préservé une fraîcheur étonnante. Idéal pour couronner un repas avec faste... ★★★★★ ②

D'AUTRES VINS ROUGES DE QUALITÉ MOYENNE ★★

Bertani, Catullo 2003, Veneto (S-602847) : 18 $

Bolla, Creso 2001, Cabernet sauvignon delle Venezie
(S-962175) : 37,25 $

Ca'Rugate, Valpolicella 2005, Rio Albo (S-10706736) : 18,95 $

Folonari, Pinot noir delle Venezie 2006 (S-10705004) : 14,75 $

Montresor, Santomio 2003, Veneto (S-10269281) : 26,20 $
Valpolicella Classico 2005, Capitel della Crosara, Ripasso
(S-10705178) : 19,05 $

Pasqua, Sagramoso 2005, Ripasso, Valpolicella Superiore
(S-602342) : 21,65 $

Righetti, Luigi ; Amarone della Valpolicella Classico 2005
(S-976183) : 28,90 $
Campolieti, Valpolicella Superiore Classico 2006 (S-964569) : 17,25 $
Sognum 2004, Cabernet sauvignon delle Venezie
(S-10705080) : 21,75

Santi, Solane 2005, Valpolicella Classico Superiore
(S-726687) : 22,05 $

Sartori, Valpolicella Superiore 2006, Ripasso (S-10669242) : 16,40 $

Tedeschi, Le Capital San Rocco 2005, Ripasso, Rosso del Veronese
(S-972216) : 22,10 $

Frioul —
Vénétie Julienne

Jermann

Dans les collines du Frioul près de la frontière slovène, Silvio Jermann produit des vins blancs hors pair. Si chacun a son style et sa personnalité, ils ont en commun une finesse et une pureté exceptionnelles. Ses cuvées Vintage Tunina, Dreams et Capo Martino sont autant de classiques de la viticulture frioulienne et comptent parmi les meilleurs vins blancs d'Italie.

Vinnae 2006, Venezia Giulia (S-10854018 : 27,60 $) ; un excellent vin distinctif majoritairement composé de ribolla, une variété indigène du Frioul. Fraîcheur, précision, pureté des saveurs et équilibre sont encore au rendez-vous en 2006. Prix pleinement mérité. ☆☆☆☆ ②

Lis Neris, Pinot grigio 2005, Venezia Giulia (S-10445644) : 30,25 $

Autre étoile du Frioul, le producteur Alvaro Pecorari signe un remarquable vin blanc misant sur les vertus du pinot gris. Ample et généreux de ses arômes, ce vin savamment boisé – 60 % du vin fermente en barrique de 500 litres – se fait valoir par son caractère nourri et vineux que met en relief une rafraîchissante acidité. Beaucoup de classe et de personnalité. ☆☆☆☆ ②

Ronco dei Tassi, Fosarin 2006, Collio (S-10445783) : 24,70 $

Issu des cépages pinot blanc, malvoisie et tocai, ce vin brille par son éclat aromatique, son caractère à la fois épicé et floral et ses tonalités minérales très affirmées. Suave et expressif, un soupçon de bois ajoute à son relief en bouche. Pas étonnant que Ronco dei Tassi fasse partie de l'élite du Frioul. À ce prix, les vins blancs au caractère aussi affirmé sont rares. ☆☆☆☆ ② ♥

Vistorta, Conti Brandolini d'Adda, Vistorta 2005, Merlot, Friuli (S-10272763) : 27,80 $

Au nord de la Sérénissime, le Vénitien Brandino Brandolini gère de main de maître la splendide propriété acquise par ses ancêtres en 1780. Assisté de Samuel Tinon et du Bordelais Georges Pauli du Château Guaud-Larose, il signe un vin rouge parmi les plus élégants du nord-est italien. S'il est moins lumineux que le 2004, le Vistorta 2005 se distingue tout de même par ses formes élégantes, sa fraîcheur et une impression irrésistiblement harmonieuse. Tous les éléments sont réunis dans des proportions idéales ; les saveurs sont à la fois longues et nuancées, empreintes de finesse. Quatre étoiles d'autant plus méritées que cet excellent vin vendu à un prix très convenable fait preuve d'une constance exemplaire depuis 10 ans. ★★★★ ②

Émilie-Romagne

Cesari, Umberto ; Liano 2005, Sangiovese Cabernet sauvignon, Rubicone (S-927707) : 29,05 $

Tout le monde aime le Liano. Personnellement, j'ai du mal à m'emballer pour ce vin flatteur et prévisible, aux arômes de fruits confits sur fond copieusement vanillé. Certes, je comprends son succès, mais je persiste à croire qu'à ce prix, on peut facilement trouver mieux. ★★ ②

La maison propose aussi le **Tauleto 2003, Rubicone** (S-10446962 : 49 $) ; issu de sangiovese à 90 % et de bursona longanesi. Un gros vin lourd conçu pour faire son effet auprès d'une clientèle en quête d'émotions fortes. Beaucoup de puissance et de chair à défaut de réelle profondeur. À ce prix, on trouve facilement mieux. ★★ ②

Guère plus d'émerveillement pour le **Sangiovese di Romagna 2004, Riserva** (S-10780338 : 20,70 $) ; facile, ténu et offrant un minimum de fruit ; sans réelle personnalité. ★★ ②

Torre Fornello, Latitudo 45, Bonarda 2001, Colli Piacentini (S-10780426) : 34,25 $

Dégusté de nouveau en juillet 2008, le vin d'Enrico Sgorbati m'a semblé encore plus éloquent et plus satisfaisant qu'à son arrivée sur le marché il y a un an. Maintenant bientôt âgé de 7 ans, davantage épanoui, il a acquis une troisième dimension qui le rend particulièrement satisfaisant. Le cépage bonarda lui apporte son originalité aromatique et son tempérament fougueux – sans toutefois basculer dans la rusticité –, tandis que la bouche ample et enrobée de tanins ronds laisse une impression fraîche et persistante. Pas donné, mais distinctif et satisfaisant. ★★★★ ②

Zerbina

Cristina Geminiani est une étoile de la viticulture en Émilie-Romagne. Cette brillante œnologue produit des vins remarquables ayant en commun la densité, la droiture et l'harmonie. Une adresse à connaître absolument d'autant plus que les prix de ses vins ne sont pas excessifs.

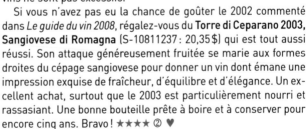

Si vous n'avez pas eu la chance de goûter le 2002 commenté dans *Le guide du vin 2008*, régalez-vous du **Torre di Ceparano 2003, Sangiovese di Romagna** (S-10811237 : 20,35 $) qui est tout aussi réussi. Son attaque généreusement fruitée se marie aux formes droites du cépage sangiovese pour donner un vin dont émane une impression exquise de fraîcheur, d'équilibre et d'élégance. Un excellent achat, surtout que le 2003 est particulièrement nourri et rassasiant. Une bonne bouteille prête à boire et à conserver pour encore cinq ans. Bravo ! ★★★★ ② ♥

Toscane

Altesino, Rosso 2006, Toscana (S-10969763) : 20,10 $

Outre ses très bons Brunello, ce domaine réputé de Montalcino signe un savoureux vin de table composé de sangiovese, de merlot et de cabernet sauvignon. Offert pour la première fois au Québec, ce vin soigneusement élaboré pour plaire offre en bouche un joli relief de saveurs mises en valeur par une saine fraîcheur. À boire maintenant. ★★★ ②

Ampeleia

La créatrice du Granato – vin rouge parmi les plus étoffés du Trentin –, Elisabetta Foradori s'est associée à deux amis pour concevoir un vignoble dans la région côtière de Maremma à une quarantaine de kilomètres à l'ouest de Montalcino. L'Ampeleia est issu de vignes de cabernet franc (60 %), de sangiovese et de merlot grimpant jusqu'à 500 mètres d'altitude.

Ampeleia 2004, Maremma Toscana (S-10496311 : 36,25 $) ; avec le millésime 2004, le projet commence à prendre sa vitesse de croisière. On reconnaît bien le souci d'équilibre et le sens du détail qui ont fait la réputation et le succès de la *bella donna* du Trentin ; des tanins droits qui se fondent rapidement et laissent une impression à la fois franche et suave en bouche. Bien que déjà ouvert, ce vin encore jeune devrait se développer davantage dans les prochaines années. ★★★★ ②

Antinori, Marchese

Au cours des 40 dernières années, le marquis Piero Antinori s'est imposé en chef de file de la renaissance viticole toscane. Maintenant entouré de ses trois filles, il dirige un véritable empire s'étendant du nord au sud de l'Italie, jusqu'au Chili, en passant par la côte ouest américaine, la Hongrie et l'île de Malte. Malgré tout, le nom d'Antinori reste indissociablement lié au Chianti, qu'il a plus que tout autre révolutionné, en créant notamment le Tignanello, l'un des meilleurs vins rouges du pays.

Tignanello 2005, Toscana (S-10820900 : 100 $) ; les années se suivent et le Tignanello, à mon avis, occupe toujours le premier rang. Plus de 35 ans après sa naissance – premier millésime en 1971 –, il demeure l'archétype du supertoscan moderne. Sans égaler le 2004, le 2005 est également une grande réussite. Résumant à merveille l'esprit du vin, sa silhouette à la fois fine et imposante dessine en bouche des saveurs d'une grande élégance. *Ancora bravo !* ★★★★ ②

À défaut d'avoir la fibre toscane du Tignanello, le **Solaia 2005, Toscana** (S-10821064 : 230$) séduit par la richesse de ses arômes et sa texture éminemment mûre. Majoritairement composé de 75% de cabernet sauvignon et élaboré dans un style plus moderne et flatteur que le Tignanello, c'est en quelque sorte le porte-étendard de la maison Antinori sur les marchés internationaux. Déjà agréable à boire, le 2005 est suffisamment structuré pour vivre jusqu'en 2015, au moins. Il faut toutefois déplorer un prix sérieusement en hausse ; l'an dernier le 2004 coûtait 149$. ★★★★ ②

Marchese Antinori, Chianti Classico 2003, Riserva (S-278671 : 33,50$) ; excellent Chianti Classico à l'enseigne de la générosité. Souple, éminemment suave et flatteur, mais nullement handicapé par la nature excessive de 2003, il devrait être à son meilleur entre 2009 et 2013. ★★★★ ②

Badia a Passignano 2001, Chianti Classico Riserva (S-403980 : 39$) ; maintenant habillé d'une nouvelle étiquette. Dans un grand millésime, le vin est ferme et austère, mais d'une réelle profondeur. ★★★★ ②

À surveiller aussi, l'arrivée au printemps 2009, du **Badia a Passignano 2005** ; généreux et doté d'une agréable fraîcheur et de saveurs mûres, sans toutefois avoir la profondeur ni la poigne des grandes années. Peut-être traverse-t-il un creux de vague. Laissons-lui quelques mois. ★★★→? ③

Vino Nobile di Montepulciano 2004, La Braccesca (S-868570 : 24,25$) ; profitant d'une œnologie bien maîtrisée, ce Vino Nobile ne manque pas d'attraits, son attaque est sucrée et ses saveurs bien concentrées. Le 2004 se signale par sa trame souple reposant sur des tanins très mûrs, mais n'accusant ni mollesse ni raideur. Nettement plus étoffé que la moyenne des vins de l'appellation. ★★★★ ② ♥

Pour couronner le repas, **Aleatico 2006, Maremma** (S-879791 : 32,25$ – 500 ml) ; un excellent vin aromatique et original. L'aleatico est un cépage rouge dont les parfums rappellent immanquablement un lien de parenté avec le muscat à petits grains. Son expression fruitée très franche est accentuée par un léger reste de sucre et relevée par un peu de gaz carbonique qui contribue à sa fraîcheur. Savoureux et unique en son genre ! ★★★★ ②

Aussi au répertoire général, on retiendra trois autres vins de Antinori (page 263) ◉

Belguardo

Après avoir donné ses lettres de noblesse à Fonterutoli, la famille Mazzei lance et compte de nouveau dans Maremma où elle a développé dans les années 1990 le Tenuta Belguardo, un beau domaine comptant 32 hectares de vignes. Déjà, ces vins font partie des plus belles réussites de l'appellation.

Bronzone 2005, Morellino di Scansano (S-10542090 : 28,85 $) ; majoritairement composé de sangiovese, le Bronzone est un vin de taille moyenne, à la fois ferme et soyeux en bouche. Il est doté d'une droiture qui lui confère une classe certaine. Une longue finale mûre et caressante ; beaucoup de vin dans le verre. À boire entre 2009 et 2014. ★★★★ ②

Serrata 2005, Maremma Toscana (S-10843394 : 23,75 $) ; ce très bon 2005 franc, droit et bien structuré, majoritairement issu de sangiovese doit sans doute un peu de son originalité aromatique à une légère proportion (20 %) d'alicante. Un modèle de fraîcheur et d'équilibre auquel un savant élevage de 12 mois en fût de chêne (30 % sont de bois neuf) ajoute sève et tenue. Du beau travail ! À boire entre 2009 et 2012. ★★★→? ②

Biondi-Santi, Brunello di Montalcino 2001, Greppo

(U-10750518) : 139 $

Ce domaine légendaire créé en 1866 par Ferruccio Biondi-Santi a longtemps exercé le monopole du Brunello di Montalcino. Loin d'être aussi imposant que le Brunello moderne qui fait aujourd'hui figure de référence, Franco Biondi-Santi reste attaché au style authentique – voire un peu rustique – du Brunello. À défaut de concentration, son relief de saveurs fines et subtiles, aux accents évolués, comblera les amateurs du genre. Quatre étoiles pour le plaisir académique – et ruineux – de goûter un vin d'une autre époque. ★★★★ ②

Borgo Scopeto

Ce domaine viticole de 67 hectares situé à Castelnuovo Berardenga, tout au sud de l'appellation Chianti, appartient à Tenuta Caparzo (Montalcino).

Fidèle à la réputation du millésime en Toscane, le **Chianti Classico 2004, Riserva** (S-10560351 : 26,50 $) est plein, riche et séveux, mais aussi empreint de cette fraîcheur rassasiante qui fait du sangiovese un si bon compagnon de table. L'un des meilleurs Chianti Classico dégustés cette année. Excellent ! ★★★★ ②

En avril dernier, le gouvernement italien a ouvert une enquête afin d'élucider des accusations de fraude portées à l'égard d'une douzaine de producteurs de Montalcino. Les maisons soumises aux investigations étaient soupçonnées d'avoir coupé leurs vins avec le jus d'autres cépages que le sangiovese. Les producteurs mis en cause se sont vu interdire toute exportation par le gouvernement, créant ainsi un véritable raz-de-marée médiatique. Pour mieux comprendre ces événements, il importe de comprendre les fondements mêmes de l'appellation.

Cette zone située à une trentaine de kilomètres au sud de Sienne s'est très vite élargie. Au début des années 1960, l'appellation comptait à peine 60 hectares de vignes exploitées par une vingtaine de vignerons ayant pour modèle historique le producteur Biondi Santi dont le vin était composé exclusivement du cépage sangiovese grosso, appelé brunello à Montalcino. Aujourd'hui, fort – ou victime, c'est selon – de son énorme succès, le Brunello est élaboré par plus de 250 producteurs qui se partagent un vignoble de quelque 2000 hectares.

« Il est reconnu à peu près unanimement aujourd'hui que la majorité des nouveaux vignobles n'ont pas les caractéristiques de sols et de climats qui conviennent pour produire un excellent sangiovese », expliquait cette année Angelo Gaja, le célèbre producteur piémontais aussi propriétaire d'un domaine à Montalcino. Dans une entrevue au quotidien florentin *La Nazione* en septembre, Gaja se montrait favorable à un assouplissement des règles quant aux cépages autorisés et à la durée minimale d'élevage en fût – trois ans actuellement. Selon lui, ces mesures permettraient aux gros producteurs de faire de meilleurs vins et d'arrondir la fougue du sangiovese, tout en conservant l'atout *marketing* que constitue l'appellation Brunello di Montalcino. Or, ce point de vue est loin de faire l'unanimité. Plusieurs autres producteurs ainsi que des membres de la presse spécialisée s'y sont opposés farouchement. Selon eux, un tel changement menacerait l'identité même du Brunello.

Au moment d'écrire ces lignes, aucune décision n'avait été prise par le Consorzio del Vino Brunello di Montalcino. Il faudra sans doute attendre encore quelques années pour connaître les répercussions réelles qu'aura ce scandale sur l'avenir du Brunello.

Brancaia

Propriété du Suisse Bruno Widmer depuis 1981, ce domaine produit de très bons vins modernes avec les conseils du célèbre œnologue Carlo Ferrini.

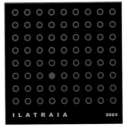

Ilatraia 2005, Maremma (S-10483317 : 70 $) ; un assemblage très soigné de cabernet sauvignon, de sangiovese et de petit verdot ainsi qu'un élevage de 18 mois en fût de chêne donnent un vin généreux. Le 2005 est certes opulent et flatteur, mais cette générosité ne fait pas obstacle à son équilibre et le vin se distingue brillamment par la plénitude de ses saveurs. À mon avis, peu de vins de Maremma ont autant d'étoffe et de caractère. Déjà ouvert, mais bon pour plusieurs années encore. ★★★★ ②

Il Blu 2006, Toscana (S-10769622) : 83 $; cet assemblage de sangiovese, de merlot et de cabernet sauvignon se signale de nouveau par sa solide constitution, sa profondeur, ses formes rondes et ses saveurs exubérantes. Excellent vin conjuguant la puissance, la générosité et le bon équilibre des deux. Bon dès maintenant et jusqu'en 2015. À sa manière et dans la catégorie des supertoscans au style moderne et très poli, la cuvée Il Blu est une référence. ★★★★ ②

Plus simple, le **Tre 2005, Toscana** (S-10503963 : 24,20 $) provient du secteur de Castellare in Chianti et doit son nom à son assemblage de sangiovese, de merlot et de cabernet sauvignon (5 %). Le 2005 est droit, suffisamment charnu, mais sans concentration inutile. Une légère amertume en fin de bouche lui donne un certain style et ajoute à sa persistance aromatique. Franchement savoureux ! ★★★ ②

Campo di Sasso, Insoglio de Cinghiale 2006, Toscana
(S-10483405) : 28,30 $

Situé au nord de Bolgheri, ce domaine est né en 1994 de l'association des frères Piero et Lodovico Antinori. Ils cultivent principalement des cépages bordelais avec une petite proportion de syrah et travaillent en collaboration avec le *flying winemaker* Michel Rolland. Composé de merlot (50 %), de syrah (20 %), de cabernet franc (15 %), de cabernet sauvignon (11 %) et de petit verdot (4 %), ce vin moderne, suave, savamment boisé et tout en rondeur est habilement profilé pour plaire. Suffisamment équilibré pour être déjà apprécié et bon encore pour les cinq prochaines années. ★★★ ②

Toscane

Carpineta Fontalpino

Située sur les Colli Senesi – les collines de Sienne –, la *fattoria* Carpineta Fontalpino est une propriété familiale dirigée par Gioia et son frère Filippo Cresti. Leur porte-étendard est le Do ut des dont le nom signifie : «On récolte ce que l'on sème»; une sorte d'hommage à leurs parents qui leur ont légué le vignoble.

Do ut des 2005, Toscana (S-10214441 : 49 $); issu à part égale de merlot, de sangiovese et de cabernet sauvignon, le 2005 ne manque pas d'envergure et se fait valoir par son ampleur enrobée de tanins ronds et sans rudesse. Encore jeune, il semble suffisamment nourri pour évoluer favorablement en bouteille. Prix élevé, mais la qualité est indiscutable. ★★★→★ ②

Signalons aussi une remarquable cuvée **Dofana 2004, Toscana** (S-10843351 : 76 $) faite à part égale de sangiovese et de petit verdot. Manifestement marqué par la richesse naturelle du millésime, le 2004 offre une couleur intense et un nez expressif très invitant. De la longueur, du relief et un spectre de saveurs irrésistiblement profond laissent en bouche une impression de concentration et de densité, tandis que le petit verdot lui confère un squelette et une envergure tannique garants de longévité. Pas donné, mais ce vin est une franche réussite. À boire entre 2009 et 2016. ★★★★ ③

Fruit d'un assemblage peu orthodoxe de sangiovese, de gamay et d'alicante élevé en fût de chêne, le **Montaperto 2006, Toscana** (S-10379245 : 23,60 $) est une expression jeune et originale de la Toscane viticole moderne. Servi frais à table, ce vin prend une dimension rafraîchissante. Pour en profiter pleinement, il est avisé de l'aérer en carafe une heure avant de le servir ★★★ ②

Plus simple, le **Chianti Colli Senesi 2005** (S-10854085 : 19,15 $) est un bon vin de taille moyenne ; le cépage local sangiovese s'exprime avec beaucoup de vivacité et de tonus. La fraîcheur à défaut de complexité. ★★ ②

Casanova di Neri, Rosso di Montalcino 2005 (S-10335226) : 29,50 $

Depuis les dernières années, le domaine créé en 1971 par Giacomo Neri s'est imposé comme l'une des locomotives de Montalcino. L'œnologue florentin Carlo Ferrini y prodigue ses conseils tout en démontrant un talent certain dans l'art d'élaborer des vins riches et denses. Le simple Rosso di Montalcino – reconnu pour sa fraîcheur et son caractère friand – est empreint d'une richesse et d'une concentration peu communes. Du grain, une trame tannique serrée et une solide poigne. Un peu sévère pour l'heure, mais quelques années en cave lui permettront de s'ouvrir et de se révéler pleinement. ★★★→★ ③ ▼

Castello del Terriccio, Lupicaia 2001, Toscana (10498551) : 144 $

Replanté vers la fin des années 1980, le domaine de Gian Annibale Rossi di Medelana profite des conseils de l'œnologue Carlo Ferrini depuis ses débuts. S'appuyant comme la plupart des vins de la région de Bolgheri sur un assemblage de cabernet sauvignon et de merlot, le Lupicaia 2001 se fait valoir par sa texture souple et charnue, ses généreuses notes de torréfaction et son ampleur en bouche. De facture moderne, techniquement impeccable. Prix élevé. ★★★→? ②

Le domaine produit aussi le **Con Vento 2005, Toscana** (S-10660352 : 30,25 $) ; un vin blanc entièrement fait de sauvignon blanc. Vif, frais et doté d'une longue finale mielleuse. Bon, mais un peu simple compte tenu de son prix. ☆☆☆ ②

Castello di Ama

L'actuel président du Consorzio du Chianti Classico, Marco Pallanti, produit de remarquables vins au Castello di Ama. Le porte-drapeau du domaine est certainement la cuvée Bellavista, un vin considéré à juste titre parmi les Chianti les plus achevés.

Chianti Classico 2004, Vigneto Bellavista (U-10903246 : 171 $) ; fruit d'un millésime exceptionnel, le 2004 déploie une sève et une matière hors du commun. Grand vin suffisamment structuré, mais misant davantage sur la finesse que sur la puissance. On peut le boire maintenant, mais cette pièce de collection sera à son apogée entre 2010 et 2016. ★★★★ ③

Assis sur une trame tannique encore plus dense et solide, **L'Apparita 2004, Toscana** (U-10542541 : 181 $) est riche, concentré et opulent, tant par ses formes que par son expression aromatique. Idéalement équilibré et issu exclusivement de vignes de merlot puisant leur sève dans des sols argileux, L'Apparita a une race et une profondeur peu communes. À en juger par sa longue finale chaleureuse, je ne doute pas que cet excellent vin tienne la route pendant au moins 20 ans. Cher, mais exceptionnel ! ★★★★→★ ③

Plus modeste, mais tout aussi excellent, le **Chianti Classico 2004** (S-10663810 : 42,75 $) est tout de même remarquablement savoureux et laisse en bouche une impression d'harmonie et de plénitude. Des tanins serrés et distingués, du grain, des saveurs pures, tout est réuni et l'ensemble a beaucoup de classe. Laissez-le reposer en cave quelques années, vous serez récompensé. Prix élevé, mais qualité irréprochable. ★★★★ ③

Marco Pallanti signe également le **Al Poggio 2006, Toscana** (S-10542401 : 32,75 $) ; un remarquable vin de chardonnay, aromatique, nourri et friand auquel une saine acidité lui apporte la fraîcheur voulue. Le 2006 est particulièrement expressif et distingué. ☆☆☆☆ ②

Col d'Orcia, Nearco 2003, Toscana (S-10540107) : 46 $

À défaut d'être vraiment toscan, ce vin moderne, issu de merlot, de cabernet sauvignon et de syrah, donne pleine satisfaction à l'amateur de vin mûr et généreux. J'ai beaucoup aimé sa sève et sa longue finale imprégnée du cabernet sauvignon avec des tonalités typiques de bois de cèdre et de cassis. Belle réussite ! ★★★★ ②▼

Olmaia 2004, Cabernet, Sant'Antimo (S-10861576 : 55 $) ; sous la dénomination Sant'Antimo, Col d'Orcia signe ce bon Cabernet de facture conventionnelle, charnu, savoureux et expressif, généreux et relevé à défaut d'originalité. ★★★ ②

d'Alessandro, Luigi

En 1988, l'architecte Massimo d'Alessandro et son frère Francesco créèrent un vignoble expérimental de cinq hectares sur la ferme familiale dans les collines de Cortona près d'Arezzo, au nord du lac Trasimeno. De tous les cépages plantés, c'est la syrah qui s'est adaptée le plus favorablement au climat de la région et qui traduit le mieux le terroir. Aujourd'hui, elle couvre majoritairement le vignoble d'une soixantaine d'hectares.

Syrah 2004, Il Bosco, Cortona Toscana (S-10490277 : 55 $) ; porté par la générosité du millésime 2004, le vin s'affirme avec une intensité considérable. La syrah est éblouissante et déploie une texture nourrie, séveuse et persistante ; le tout est savamment rehaussé par un élevage de 18 mois en barrique et laisse une impression à la fois racée et très élégante en fin de bouche. Un vin sérieux qui ne manque pas de panache. Bravo ! À boire entre 2009 et 2014 au moins. ★★★★ ③

Plus modeste, la **Syrah 2004, Cortona** (S-10540481 : 23,20 $) est agréablement épicée ; savoureux vin vigoureux, souple et charmeur. ★★★ ②

À propos de Carmignano

Située à une vingtaine de kilomètres au nord-ouest de Florence, à l'écart de la zone du Chianti Classico, l'appellation Carmignano est reconnue depuis le Moyen-Âge pour la qualité de ses vins rouges. En raison de sa situation géographique particulière – entre 50 et 200 mètres au-dessus du niveau de la mer – le sangiovese, qui constitue la base de l'assemblage, donne des vins plus mûrs, moins acides et aux tanins plus soutenus que ceux du Chianti Classico. C'est sans doute pour cette même raison qu'en 1975, Carmignano fut la première DOC de Toscane à autoriser l'utilisation du cabernet sauvignon dans ses vins.

Fèlsina

Dans son domaine de Castelnuovo Berardenga à l'est de Sienne, Giuseppe Mazzocolin peaufine le sangiovese et élabore parmi les meilleurs Chianti. Cet ancien professeur de littérature classique produit des vins solidement bâtis, mais toujours dotés d'un équilibre exemplaire.

Sa cuvée **Fontalloro 2003, Toscana** (S-10689260 : 44,75 $) est un vin d'envergure à la hauteur de la réputation du domaine. Issu de vignes de sangiovese situées à 410 mètres d'altitude, aux limites extérieures de la zone d'appellation Chianti Classico, son 2003 est dense et charnu, sa texture veloutée offre beaucoup de plaisir en bouche. J'aime beaucoup son profil classique et sa finale persistante et distinguée. L'un des bons supertoscans, et pas le plus cher ! Déjà ouvert et prêt à boire, mais bon encore pour quelques années. ★★★★ ② ▼

Rancia 2003, Chianti Classico Riserva (S-10268529 : 39,25 $) ; en dépit de la nature caniculaire du millésime, le Rancia conserve les vertus d'élégance et de raffinement qui ont fait la renommée des vins de Fèlsina. Dense, intense et pourtant riche en nuances et en détails aromatiques, le 2003 compte de nouveau parmi les Chianti les plus racés et les plus achevés. Grand vin, à laisser mûrir jusqu'en 2013. Bravo ! ★★★★→? ②

Le **Chianti Classico 2006, Berardenga** (S-898122 : 25,60 $) demeure un modèle du genre et se signale par son élégance et sa forme très pure et civilisée. Excellent vin à boire entre 2009 et 2014, au moins. ★★★★ ②

Fonterutoli

Vaste domaine de près de 500 hectares idéalement situé dans la partie sud du Chianti, Fonterutoli est dirigé avec brio par la famille Mazzei qui bénéficie des conseils de l'œnologue Carlo Ferrini qui en tire quelques-uns des meilleurs vins de la région. Un nom à retenir pour l'amateur de vins toscans modernes.

Castello di Fonterutoli 2004, Chianti Classico (S-10813769 : 44,25 $) ; profitant des largesses d'un millésime remarquable, le Castello di Fonterutoli 2004 est majestueux et s'affirme avec une autorité et une profondeur hors du commun. Le vin se signale par sa trame tannique suave et charnue, ses saveurs mûres et intenses, sa longue finale chaleureuse aux accents floraux. Les fans de Fonterutoli seront comblés ! ★★★★ ② ▼

Plus modeste, le **Chianti Classico 2006** (S-856484 : 25,35 $) est l'exemple du bon Chianti Classico moderne et flatteur. Beaucoup de chair autour de l'os, une structure tannique à la fois tendre et soutenue, le tout alimenté de riches saveurs fruitées sur fond vanillé. Qualité garantie ! ★★★ ②

Aussi au répertoire général, le **Poggio alla Badiola 2006, Toscana** (page 263) Ⓖ

Fontodi

Dans son domaine de Panzano en plein cœur du Chianti Classico, Giovanni Manetti est une star de la viticulture toscane. Les trois vins commentés ici sont remarquables et témoignent du travail bien fait. Des vins toscans de première qualité.

Chianti Classico Riserva 2004, Vigna del Sorbo (S-742072 : 61 $) ; complexe et riche d'une foule de détails aromatiques se déployant en bouche comme un tapis de saveurs exquises, le 2004 est certainement l'une des meilleures réussites des dernières années. Une petite proportion de cabernet sauvignon apporte la juste structure et tenue en bouche. Que d'éloges pour un Chianti Classico exceptionnel conjuguant l'élégance et la puissance au plus-que-parfait. À boire entre 2009 et 2014. ★★★★★ ③

Également d'une richesse impressionnante, le **Flaccianello della Pieve 2004, Colli Toscana Centrale** (S-708792 : 70 $) est exclusivement composé de sangiovese provenant d'un vignoble juché à 400 mètres d'altitude. Le 2004 déploie une attaque sucrée, riche et nourrie, mais laisse néanmoins en bouche cette impression de fraîcheur rassasiante typique des meilleurs Sangiovese. Sa finale empreinte de subtils accents fumés lui ajoute de la longueur et de la présence en bouche. Excellent ! ★★★★ ②

Toujours impeccablement réussi, le **Chianti Classico 2005** (S-879841 : 27 $) a juste ce qu'il faut de fruit, de savoureuses notes épicées, de la longueur et un équilibre irréprochable. L'archétype du bon Chianti Classico. ★★★★ ②

Frescobaldi, Marchesi de'

Propriétaires de 1000 hectares de vignes répartis sur neuf propriétés, les marquis de Frescobaldi sont parmi les plus importants producteurs de vins toscans. La famille est aussi propriétaire d'Ornellaia et de Luce, l'ancien partenariat qu'elle avait créé avec Robert Mondavi.

Mormoreto 2005, Toscana (S-864512 : 58 $) ; au fil des ans, ce *vino da tavola* composé majoritairement de cabernet sauvignon est devenu un supertoscan classique. Le 2005 est de pointure moyenne, sans intensité particulière, mais suffisamment fruité et assaisonné des notes vanillées et grillées du bois de chêne. Très bon, mais à ce prix, on souhaiterait un peu plus de profondeur et de nuances. ★★★ ②

Montesodi 2004, Chianti Rufina (S-204107 : 55 $) ; pourtant issu d'un excellent millésime dans la région, le Montesodi 2004 m'a semblé un peu plus linéaire et moins équilibré que d'habitude. À défaut d'y retrouver l'élégance habituelle, on appréciera ses formes généreuses et son caractère aromatique expressif. Bien, mais pas tout à fait à la hauteur des attentes et du prix, du moins pour l'instant. ★★→? ③

Castello di Pomino, Vendemmia Tardiva 2006 (S-10322089 : 29,80 $ – 500 ml) ; pinot blanc, pinot gris, chardonnay et gewürztraminer donnent un vin liquoreux, tendre, velouté, charmeur et parfumé. ☆☆☆ ②

Guado al Tasso

L'immense domaine de 1000 hectares de la famille Antinori à Bolgheri compte actuellement quelque 300 hectares de vignes en production.

Guado al Tasso 2005, Bolgheri Superiore (S-977256 : 89 $) ; de mémoire, le 2005 est le meilleur millésime de Guado al Tasso que j'ai goûté. Beaucoup de volume, de grain et de longueur qui, en quelque sorte, en font l'archétype du bon vin moderne de Bolgheri. Moins flatteur et racoleur que l'Ornellaia, il compense largement par sa présence affirmée en bouche. Brillant ! Ce vin sera mis en vente en février 2009. ★★★★ ②

Seconde étiquette de la propriété, **Il Bruciato 2006, Bolgheri** (S-10468141 : 27,95 $) est un vin moderne, charnu et sans rudesse que l'on apprécie pour sa rondeur et son profil aromatique généreux. À boire jeune et frais, autour de 15 °C. ★★★ ②

Le domaine produit également un très bon vin blanc **Vermentino 2006, Bolgheri** (S-10221309 : 24,05 $) ; issu du cépage du même nom, un bon vin rond et croquant à la fois, enrichi de subtiles notes minérales sur un fond de miel et de fruits mûrs. Sec, frais et tout à fait recommandable. ☆☆☆ ②

Isole E Olena

Paolo de Marchi est sans doute l'un des plus brillants viticulteurs de Toscane. En deux décennies, son domaine est devenu l'un des plus prestigieux du Chianti. Ses vins sont racés et élaborés avec un soin de tous les instants.

Cepparello 2004, Toscana (S-928911 : 69 $) ; créé à l'époque de la prolifération des supertoscans, le Cepparello demeure une référence et l'un des vins les plus achevés de sa catégorie. Le 2004 a une densité remarquable et une trame tannique empreinte de plénitude. Sa texture suave éminemment séduisante est enrichie de saveurs nuancées très élégantes. D'autant plus recommandable qu'il n'est pas affecté par la même surenchère que d'autres supertoscans. À boire entre 2009 et 2014. ★★★★ ②

Chianti Classico 2005 (S-515296 : 25,75 $) ; le vin toscan à son meilleur ! De la droiture, du fruit et une très bonne acidité, ce Chianti a tout ce qu'il faut pour accompagner – et combien agréablement ! – les fettucini à l'huile d'olive. Plutôt fougueux, il serait sage de le passer en carafe une heure avant de le servir. L'un des meilleurs vins de sa catégorie. ★★★★ ②

La Massa

Installé en Toscane depuis 1992, le Napolitain Giampaolo Motta élabore des vins de facture moderne comptant parmis les plus achevés de la région.

Giorgio Primo 2003, Toscana (S-10487529 : 76 $) ; archétype du supertoscan, ce vin ratisse large en bouche ; compact, dense et concentré, il porte en lui le caractère très mûr du millésime. Il ne laisse pas indifférent. À boire entre 2009 et 2015 au moins. ★★★★→? ④

La Massa 2006, Toscana (S-10517759 : 27,60 $) ; sans égaler le 2005 commenté l'an dernier, cet assemblage de 60 % de sangiovese, de merlot et de cabernet sauvignon se signale avant tout par sa fraîcheur et son caractère friand. Une bonne dose de fruit et une jolie finale chaleureuse et persistante qui plaira certainement aux fans de La Massa. À boire dans les cinq prochaines années. ★★★ ②

Le Cinciole, Chianti Classico Riserva 2003, Petresco
(S-10844590) : 41,50 $

Les Milanais Luca et Valeria Orsini ont racheté cette magnifique propriété de Panzano dont une partie du vignoble se situe à plus de 450 mètres d'altitude, sur les hauteurs de la célèbre Conca d'Oro. Ce n'est donc pas un hasard si malgré les excès de chaleur du millésime, cet excellent 2003 conserve tout l'équilibre souhaité. Suave, charnu et très mûr certes, mais aussi solidement constitué et animé d'une saine acidité, ce qui lui donne passablement de corps et d'envergure. Longueur en bouche et caractère authentique, l'amateur de Chianti Classico sera comblé ! À boire entre 2009 et 2013. ★★★★ ②

Luce della Vite

Depuis le démembrement de l'empire Mondavi, le projet Luce a été racheté par la famille Frescobaldi. Les vins sont produits avec des raisins provenant des domaines de Nipozzano (Chianti Rufina) et de Castelgiocondo (Montalcino), et élaborés dans les règles de l'art par l'œnologue de formation bordelaise Nicolò d'Afflitto.

Luce 2004, Toscane (S-10222766 : 98 $) ; particulièrement bien servi par la richesse du millésime, le 2004 déploie beaucoup d'ampleur et de rondeur en bouche. Il a tout le panache des vins de luxe modernes, mais reflète davantage un savoir-faire que le caractère distinct d'un grand terroir viticole. ★★★→★ ②

Moins étoffé, le **Luce 2005, Toscane** (S-10222766 : 99 $) a une structure plus ferme et plus concentrée que le 2004, au détriment de l'harmonie et de l'élégance. Finale persistante. ★★★→? ②

Plus simple le **Lucente 2005, Toscane** (S-860627 : 38,50 $) est également élaboré dans l'esprit flatteur qui a fait le succès de la marque. Rond et agréable, mais un peu prévisible avec ses notes vanillées prononcées. À ce prix, on trouve meilleur vin toscan. ★★★ ②

Enfin, attendu sur le marché en mars 2009, le **Lucente 2006, Toscane** (S-860627 : 39 $) m'a paru encore plus mûr et flatteur avec son attaque sucrée ; plein en bouche, juteux et assez corpulent. Très bon, mais loin d'être une aubaine. ★★★ ②

Ornellaia, Tenuta dell'

De nos jours, le monde du vin foisonne de nouvelles cuvées de luxe qui se veulent toutes la révélation de l'heure en matière de goût, mais qui n'ont souvent de spectaculaire que le prix. Le tapage médiatique et promotionnel qui les entoure nous fait presque oublier qu'un grand vin est, par définition, issu d'un terroir noble qui signe sa personnalité propre et son caractère singulier.

C'est précisément ce que l'on découvre dans la région de Bolgheri, ce lieu qualifié à tort ou à raison de Californie italienne. À peine deux heures de route séparent cette zone côtière de Florence, et nous sommes pourtant bien loin des paysages vallonnés auxquels on associe la Toscane vinicole. Situés à mi-chemin entre la côte méditerranéenne et les collines Métallifères, les quelque 100 hectares que couvre la magnifique propriété d'Ornellaia recèlent une véritable mosaïque de terroirs qui s'apparentent en plusieurs points aux descriptions littéraires des vignobles mythiques du Médoc, de Pomerol ou d'ailleurs. Que ce soient les plaines sablo-graveleuses plantées de cabernet sauvignon ou la croupe argileuse où pousse le merlot qui donnera le Masseto, tout ici laisse croire à une situation géographique exceptionnelle, idéale pour la viticulture.

Cette impression n'est que plus forte lorsqu'on goûte les récents millésimes des différentes cuvées de la Tenuta dell'Ornellaia. Tous ont bien sûr en commun ce profil généreux qui a grandement contribué à leur succès international, mais surtout, les vins portent les traits de leurs millésimes et laissent le terroir s'exprimer.

Depuis le démembrement de l'empire Mondavi, le magnifique domaine développé par Lodovico Antinori dans les années 1980 est la propriété quasi exclusive de la famille Frescobaldi. En dépit de tous les changements de direction, et 20 années plus tard, le style Ornellaia demeure sensiblement fidèle à celui que préconisait son créateur : des vins complexes, mais aussi modernes qui séduisent immenquablement.

Ornellaia, Bolgheri Superiore 2005 (S-908061 : 159 $) ; à son arrivée à la direction du domaine en 2005, le jeune œnologue Axel Heinz a effectué quelques changements d'ordre technique dont notamment une manipulation plus délicate des raisins pendant la vinification. Cette modification se traduit par une trame tannique soyeuse plus empreinte de finesse que d'élégance. Suave et flatteur comme toujours, le 2005 est animé d'une saine fraîcheur qui tonifie ses rondeurs et laisse une impression de plénitude en finale. Déjà ouvert et prêt à boire, mais bâti pour tenir la route jusqu'en 2015, au moins. ★★★★ ②

Jouant à fond la carte de la volupté des vins modernes, le **Masseto 2005, Toscane** (S-10816636 : 299 $) affiche son pouvoir infini de séduction encore cette année. Ce vin composé exclusivement de merlot provient d'un vignoble de 8 hectares dont les sols argilo-sableux rappellent le célèbre plateau de Pomerol à Bordeaux. Sa texture veloutée, ses formes plantureuses et sa longue finale chaleureuse en mettent plein la bouche. À vous ensuite de juger s'il vaut 299 $... ★★★★ ②

Particulièrement réussi, **Le Volte 2006, Toscana** (S-878322 : 27,95 $) est plus étoffé que d'habitude. Élaboré avec 20 % des raisins de la propriété – le reste provient des viticulteurs de la région – et composé de 60 % de sangiovese, ce vin plein et dodu se fait valoir par la netteté de ses saveurs fruitées et son équilibre. Quatre étoiles bien méritées. Il serait même intéressant de le laisser mûrir encore quelques années, le temps de développer tout son potentiel. ★★★★ ②

Piaggia di Vannucci Silvia, Carmignano Riserva 2003 (S-10784064) : 56 $

Avec Capezzana, le domaine de Mauro Vanucci est l'un des plus réputés de Carmignano. Très bien servi par les largesses de son millésime, ce 2003 affiche une couleur soutenue et un nez riche et engageant. Conjuguée avec une trame tannique sérieuse et une intensité contenue, la bouche est dotée d'une sève indiscutable et laisse une savoureuse impression de plénitude. Sa longue finale chaleureuse soutenue par 14 % d'alcool ajoute à sa générosité sans pour autant l'alourdir. Cet excellent vin distinctif et à la personnalité très affirmée sera à son apogée entre 2009 et 2015. ★★★★ ②

Poggerino, Primamateria 2003, Rosso di Toscana (S-741280) : 42,75 $

Excellent supertoscan issu de sangiovese et de merlot. Le 2003 a un caractère particulièrement mûr et nourri ; un vin coloré, au nez compact et séveux, son attaque franche et ferme s'appuie sur des tanins mûrs. Charnu et concentré sans être handicapé par les notes confiturées qui encombrent les vins issus de millésimes aussi chauds que 2003. Un franc succès ! Et bon pour longtemps. ★★★★ ③

Dans un registre plus simple, le **Chianti Classico 2005** (S-878777 : 22,50 $) se signale par sa tenue en bouche et son équilibre. Simple, mais gorgé de fruits, tonique et bien équilibré. Un bon verre de Chianti. ★★★ ②

Rocca di Montemassi

Dans la foulée des nombreuses maisons italiennes vers le milieu des années 1990, le producteur Zonin s'est implanté à Maremma, véritable eldorado viticole situé en bordure de la mer Tyrrhénienne, tout au sud de la Toscane. La propriété de Montemassi s'étend sur plus de 430 hectares dont 160 sont voués à la viticulture.

Vermentino 2006, Zonin (S-10843482 : 17,20 $) ; sans rien révolutionner, ce bon Vermentino charme par son expression aromatique originale, sa fougue et son profil plus vineux que la moyenne. Un bon achat au rayon des vins blancs italiens. ☆☆☆ ② ♥

Sassabruna 2005, Monteregio di Massa Marittima (S-10538701 : 23,35 $) ; merlot et syrah s'expriment avec générosité et consistance dans ce très bon 2005 aux saveurs mûres presque confites. Non seulement le vin a une bonne structure tannique qui ajoute à sa fraîcheur en bouche, mais il s'affirme par sa longue finale suave teintée de nuances minérales. Bon vin moderne. ★★★ ②

Tenimenti Angelini

Important propriétaire terrien avec plus de 170 hectares de vignes, le groupe familial Angelini possède trois domaines viticoles en Toscane : San Leonino (Chianti Classico), Tre Rose (Montepulciano) et Val di Suga à Montalcino qui produit la cuvée Vigna Spuntali.

Brunello di Montalcino 2001, Vigna Spuntali (S-10816767 : 84 $) ; bénéficiant d'une exposition sud-ouest, cette parcelle donne un vin fin et distingué dont la réputation me semble pleinement méritée. Séveux et passablement strict, le 2001 se signale par sa densité, sa fermeté et son profil très noble. Sa finale raffinée et persistante lui confère une race certaine. Un bel exemple de Brunello classique déjà prêt à boire et pour encore les 10 prochaines années au moins. ★★★★ ②

Le **Chianti Classico Riserva 2003, San Leonino** (S-10533492 : 32 $) ; un bon vin nourri, suffisamment structuré et fort bien servi par un élevage de 18 mois en fût de chêne neuf et usagé. Belle réussite dans un millésime souvent peu propice à l'équilibre. ★★★ ②

Tenuta Argentiera

Créé au tournant de la décennie, aux limites sud de l'appellation Bolgheri, cet ambitieux projet est né d'un partenariat entre les frères Corrado et Marcello Fratini, d'importants entrepreneurs florentins, et le marquis Piero Antinori. Bien qu'une partie importante du vignoble soit encore très jeune, les efforts commencent à porter fruit et les trois vins dégustés en août 2008 augurent pour le mieux.

Bolgheri Villa Donoratico 2005 (S-10845074 : 29,45 $) ; s'appuie sur un assemblage de cabernet sauvignon (65 %), de merlot et de cabernet franc. Le 2005 est à retenir pour son style détaillé et sa fine ligne tannique. Non pas massif et confituré comme beaucoup de vins de la région, il se démarque par sa texture suave et sa longue finale chaleureuse. ★★★→? ②

Encore meilleur, le **Villa Donoratico 2006, Bolgheri** (S-10845074 : 29,70 $) arrivera sur le marché en mars 2009. Modérément aromatique, le vin se fait surtout valoir par sa tenue en bouche et sa finale persistante aux tonalités florales. Un bel exemple du potentiel de Bolgheri. À boire entre 2010 et 2013. ★★★→★ ③

Dans un registre plus simple et friand, le **Poggio ai Ginepri 2006, Bolgheri** (S-10843474 : 22,95 $) est le résultat d'un assemblage de cabernet sauvignon, de merlot et de syrah. Proche du fruit, éminemment flatteur et conçu pour être bu jeune. Fort plaisant. ★★★ ②

COMMENTÉS SOMMAIREMENT, D'AUTRES VINS DE TOSCANE

Banfi, Brunello di Montalcino 2002 (S-10884073) : 57 $; goûts de fruits mûrs et texture plutôt veloutée ; à point, bonne consistance, mais pas spécialement profond. ★★★ ②

Centine 2006, Toscana (S-908285 : 18,65 $) ; fluide et capiteux ; sangiovese, cabernet sauvignon et merlot. Pas spécial. ★★ ②

Barbi, Brunello di Montalcino 2003 (S-742478) : 43,25 $; chaleureux, mais rectiligne et sans profondeur. Prêt à boire, je doute qu'il évolue favorablement. ★★→? ③

Brunello di Montalcino 2003, Vigna del Fiore (S-10217300) : 69 $; bon vin de style classique présentant des arômes évolués et une saine fraîcheur. Très bien, mais pas donné. ★★★ ②

Caparzo, Cà del Pazzo 2004, Sant'Antimo (S-928960) : 48 $; sangiovese et cabernet sauvignon. Un bon vin moderne et généreux ; une attaque mûre presque sucrée et une longue finale chaleureuse. Prix élevé. ★★★ ②

Sant'Antimo 2004, Le Grance (S-10845154) : 25,40 $; un assemblage original de chardonnay, de sauvignon et de traminer, ce vin blanc élaboré dans la région de Montalcino se signale davantage par sa puissance et son opulence aromatique que par sa finesse. ☆☆ ②

Carpineto, Cabernet sauvignon 2003, Farnito, Toscana (S-963389) : 30,50 $; à saveur internationale ; un vin généreux, ample, tannique, mais sans distinction réelle. ★★★ ②

Castello dei Rampolla, Chianti Classico 2004 (S-10843280) : 25,95 $; d'ampleur moyenne, fruité et bien proportionné, mais sans la race des meilleurs. ★★★ ②

Castello della Paneretta, Chianti Classico Riserva 2003, Vigneto Torre a Destra (S-10818551) : 46,25 $; attaque soyeuse, presque capiteuse, opulence et longue finale aux accents floraux ; richesse et concentration à défaut de finesse. Prêt à boire. ★★★ ②

Castello di Volpaia, Chianti Classico 2006 (S-10858262) : 25,20 $; vin de bonne facture, pas spécialement puissant, mais bien appuyé par une trame tannique serrée qui souligne sa belle finale aux accents vanillés. À boire entre 2009 et 2012. ★★★ ②

Cecchi, Chianti Classico 2004, Riserva di Famiglia (S-10844418) : 26,20 $; simple et sans la sève des meilleurs, mais charmeur, franc de goût et tout à fait honnête. ★★★ ②

Fattoria di Magliano, Poggio Bestiale 2005, Maremma Toscana (S-10845091) : 37,50 $; riche et solidement constitué ; fini tannique un peu cru ; bonne dose de fruit ; encore jeune et fougueux. ★★★ ②

Fattoria di Presciano, Pietraviva 2006, Canaiolo (S-10843503) : 23,15 $; nouvelle appellation créée en 2005 autour de la ville d'Arezzo. Bien que le cépage canaiolo lui apporte une certaine originalité aromatique, ce 2006 aux accents fumés rudimentaires, rectiligne et même un peu osseux ne s'impose pas vraiment. Laissons la chance au coureur et attendons les prochains millésimes. ★★ ②

Il Molino di Grace, Chianti Classico Riserva 2003 (S-10843301) : 33 $; dégusté une seule fois en 2008, le vin présentait des accents confits rustiques ; puissant et capiteux, mais pas spécialement profond ni complexe. Creux de vague ? Fatigue du transport récent ? Il pourrait se révéler sous un meilleur jour au cours de la prochaine année. ★★→★ ②

Il Palazzone, Brunello di Montalcino 2001 (U-10919416) : 77 $; de style passablement évolué, sur des notes de prunes confites, un bon vin classique pas vraiment concentré, mais très ouvert, rectiligne et fort savoureux. ★★★ ②

Le Corti, Chianti Classico 2004, Principe Corsini (S-10844442) : 23,05 $; rond, coulant et rafraîchissant ; n'y cherchez pas la profondeur des meilleurs, mais appréciez la chair et le caractère friand de ce très bon Chianti. À boire jeune pour profiter pleinement de son fruit. ★★★ ②

Pacenti, Siro ; Rosso di Montalcino 2006 (S-10851124) : 32,50 $; vin chaleureux, fort de 14,5 % d'alcool ; charmant, mais il lui manque l'équilibre des meilleurs. Prix élevé. ★★★ ②

Ricasoli, Barone, Rocca Guicciarda 2005, Chianti Classico Riserva (S-10253440) : 25,95 $; très bon Chianti aimable et facile à boire, plein de charme et mettant davantage l'accent sur la générosité et les rondeurs fruitées que sur la finesse et le détail. À boire entre 2009 et 2012. ★★★ ②

Rocca delle Macie, Roccato 2001, Toscana (S-10254514) : 45,75 $; costaud et boisé ; un peu osseux et sec en finale. Prix élevé. ★★→? ②

Ruffino, Chianti Classico Riserva 2003, Riserva Ducale Oro (S-10254063) : 44 $; un peu bancal et excessif, des goûts de raisins surchauffés ; le vin n'a certes pas la grâce des millésimes classiques. Évolution rapide à prévoir. ★★ ②

TROP TARD!
Surveillez les prochains millésimes

D'AUTRES BONS VINS DE TOSCANE DÉGUSTÉS CETTE ANNÉE

Col d'Orcia, Banditella 2005, Rosso di Montalcino (S-10540326) : 29,65 $
L'archétype d'un bon Rosso di Montalcino : à la fois séveux, nourri, frais et désaltérant. Ampleur en bouche, texture tendre, mais ne manquant pas de tonus, une belle finale chaleureuse aux goûts de fruits mûrs et épicés, à la fois riche et nuancé. Sa fraîcheur et son équilibre sont autant d'atouts à table. ★★★★

La Fiorita, Brunello di Montalcino 2001, Reserva (U-10868321) : 84 $
Fondé en 1992, ce domaine bénéficie de la compétence de l'œnologue de renom Roberto Cipresso. Le 2001 s'affirme avec une race et une grâce hors de l'ordinaire. Sans être le plus puissant, ce vin pourtant ample, pénétrant et long en bouche s'appuie sur des tanins soyeux, mûrs à souhait. Déjà ouvert et à point, mais bon pour de nombreuses années. Première classe ! ★★★★★ ②

Sapaio
Massimo Piccin a fondé cette propriété de Bolgheri en 1999. Les variétés bordelaises qu'il a plantées commencent déjà à donner leurs plus beaux fruits. L'œnologue florentin Carlo Ferrini y signe d'excellents vins de facture moderne.

Sapaio 2004, Bolgheri Rosso Superiore (S-10860805 : 49 $) ; majoritairement composé de 70 % de cabernet sauvignon auquel s'ajoutent d'égales proportions de cabernet franc, de merlot et de petit verdot, le «grand vin» du domaine ne manque pas de séduire par sa forme à la fois classique et généreuse ; ses tanins mûrs et ses couches de saveurs persistantes lui donnent du panache. Vraie révélation, ce Sapaio 2004 est stylé et certainement excellent. On peut commencer à le boire sans urgence. Magnifique ! ★★★★ ③

Tenuta San Guido, Guidalberto 2005, Toscana (S-10483384) : 50 $
Guidalberto est l'autre vin produit au Tenuta San Guido. Commercialisé pour la première fois dans le millésime 2000, ce vin provient de terrains contigus à la DOC Sassicaia et plantés de 45 % de cabernet sauvignon, de 45 % de merlot et de sangiovese. La vinification est conduite dans une cave aménagée spécialement à proximité du village de Bolgheri. Le Guidalberto est donc un vin distinct et non une étiquette de repli (ou deuxième vin) pour le Sassicaia. Le 2005 est excellent, ses tanins sont suaves, son grain serré et sa sève distinctive et gracieuse. Déjà passablement ouvert, il gardera sa forme au moins jusqu'en 2010. ★★★★ ②

Terralsole, Brunello di Montalcino 2001 (U-10854915) : 75 $
Créé en 1997, ce domaine compte une douzaine d'hectares répartis sur deux parcelles dans le sud de l'appellation. Le 2001 se signale par sa légère teinte vermillon et son nez relevé de fines senteurs de sous-bois et de champignons. Il n'accuse aucune sécheresse et offre beaucoup de chair et une étoffe digne de mention. Déjà agréable, et bon pour plusieurs années encore. Excellent ! ★★★★ ②

Banfi, **Rosso di Montalcino 2006** (S-864900) : 28,80 $

Caparzo, **La Caduta 2004, Rosso di Montalcino** (S-857987) : 31 $

Capoverso, **Capoverso di Adriana 2004, Toscana, Adriana Avignonesi** (S-10442603) : 26,75 $

Casaloste, **Chianti Classico Riserva 2003** (S-10706648) : 42,75 $

Cecilia, **Vermentino 2006, Zeta del Tucano, Toscana** (S-10845138) : 21 $

Folonari, **Cabreo Il Borgo 2003, Toscana** (S-10506081) : 50 $

Il Grillesino, **Ciliegiolo 2005, Maremma Toscana** (S-10845146) : 21,70 $

La Calonica, **Girifalco 2005, Cortona Sangiovese** (S-10845189) : 34,75 $

Melini, **Chianti Classico Riserva 2003, La Selvanella** (S-961698) : 25,60 $

Monte Antico **2004, Toscano, Empson & Co** (S-907519) : 17,30 $

Nittardi, **Chianti Classico Riserva 2003** (S-10247736) : 46,25 $

Santedame, **Chianti classico 2005, Ruffino** (S-523076) : 22,95 $

Villa Cerna, **Chianti Classico Riserva 2004** (S-904359) : 25,20 $

Ombrie

Salviano, Orvieto Classico Superiore 2006, Titignano (S-10782034) : 15,70 $

Propriété de la marquise Nerina Corsini Incisa della Rocchetta, Tenuta Salviano fait partie du vaste domaine de Titignano, situé dans le village médiéval du même nom, au cœur de la zone d'Orvieto Classico. Tout indiqué à l'apéritif, ce bon vin légèrement perlant, simple et sans prétention offre néanmoins une matière un peu plus vineuse et un caractère plus affirmé que la moyenne. ☆☆☆☆ ① ♥

Sportoletti, Assisi 2005 (S-10782077) : 21,40 $

Vers la fin des années 1970, les frères Ernesto et Remo Sportoletti ont converti à la viticulture, une exploitation agricole d'une vingtaine d'hectares située près de la ville d'Assise, à l'extrémité est de l'Ombrie. Ils y produisent aujourd'hui un très bon vin résultant d'un assemblage de sangiovese, de merlot et de cabernet sauvignon. Conçu dans un style international, ce vin de belle facture offre des goûts de fruits mûrs dans une enveloppe tannique harmonieuse. Rien d'exceptionnel, mais un bon vin chaleureux, bien construit et satisfaisant, à boire dans les cinq prochaines années. ★★★ ②

Tabarrini, Colle Grimaldesco 2003, Montefalco Rosso (S-10782296) : 28,30 $

Giampaolo Tabarrini et son épouse Federica élaborent un vin de facture plutôt internationale misant avant tout sur la structure du sangiovese, le tout complété d'un peu de cépage local sagrantino (15 %). Outre sa chair et son goût de fruits bien mûrs, on apprécie surtout ce 2003 pour sa générosité, sa rondeur et sa finale chaleureuse. À boire dans l'immédiat pour profiter de sa fraîcheur juvénile. ★★★ ②

Marches

Garofoli

Garofoli a célébré son centième anniversaire en 2001. En un peu plus d'un siècle, cette entreprise spécialiste du Verdicchio dei Castelli di Jesi est devenue l'une des plus dynamiques et innovatrices de la région des Marches.

Grosso Agontano 2004, Rosso Conero (S-905679 : 25,50 $) ; cet excellent vin provient d'une minuscule appellation des Marches, située entre Florence et Rome, au bord de la mer Adriatique. Le 2004 est charnu et consistant, il offre beaucoup de fruit et une matière suave et ample en bouche. Issu exclusivement du cépage montepulciano, ce n'est certes pas le plus raffiné, mais le vin est franc de goût, original et savoureux. Quatre étoiles pour son caractère unique. ★★★★ ②

Podium 2005, Verdicchio dei Castelli di Jesi Classico Superiore (S-711820 : 20,20 $) ; tant par sa couleur que par sa bouche remarquablement nourrie, le Podium est une sorte de super Verdicchio. Puisant sa richesse dans des rendements limités, le vin regorge d'une étoffe digne de mention et de tonalités minérales bien senties. Excellent et authentiquement italien. ☆☆☆☆ ②

Serra Fiorese 2003, Verdicchio Castelli di Jesi (S-10781980 : 23,75 $) ; également une sorte de super Verdicchio élevé en fût de chêne. Sa texture grasse en bouche et ses légères notes de beurre se marient agréablement à des accents mentholés qui ajoutent à sa fraîcheur. Une originalité locale intéressante. ☆☆☆ ②

Monte Schiavo, Coste del Molino 2005, Verdicchio dei Castelli di Jesi (S-10781998) : 15,15 $

Bon vin tirant profit de la technologie moderne et offrant une bonne dose de fruit et une agréable fraîcheur. ☆☆☆ ①

Umani Ronchi, Casal di Serra 2006, Verdicchio dei Castelli di Jesi (S-10254725) : 16,95 $

En plus de deux vins fort recommandables inscrits au répertoire général et commentés en page 264, la maison Umani Ronchi élabore un très bon Verdicchio de style moderne, à la fois frais et rond en bouche, nourri de savoureux arômes de fruits exotiques. Simple, mais sa couleur régionale est fort sympathique. ☆☆☆ ②

Velenosi, Il Brecciarolo 2004, Rosso Piceno superiore (S-10542647) : 14,35 $

Issu d'un assemblage de sangiovese et de montepulciano, ce 2004 déjà passablement ouvert et évolué est un bon vin coulant, révélant une texture tendre et délicate sans toutefois manquer de tenue en bouche. Les amateurs du genre aimeront son caractère très méditerranéen marqué par des goûts de fruits secs un peu rustiques, mais animé d'une saine fraîcheur. Très satisfaisant à ce prix. ★★★ ② ♥

Abruzzes

Castorani, Podere

Situé près de Pescara, le domaine de 30 hectares appartenant au pilote de Formule Un Jarno Trulli produit des vins modernes, techniquement impeccables et aptes à séduire un large public.

Jarno 2003, Colline Pescaresi (S-10463025 : 71 $) ; version abruzzaise de l'Amarone de Vérone, ce vin est fait de raisins cueillis en octobre et mis ensuite à sécher pendant 50 jours dans une salle équipée de la plus récente technologie et conçue spécialement pour l'élaboration de ce produit hors norme. Le 2003 en impose par sa couleur profonde et son caractère chaleureux et capiteux, presque 15 % d'alcool ; des tanins droits laissent une sensation de netteté et de fraîcheur en bouche. Cher, mais hors de l'ordinaire. ★★★★ ③▼

Montepulciano d'Abruzzo 2003 (S-10383113 : 32,50 $) ; deux fois moins cher, mais pas deux fois moins bon. Un vin savoureux auquel une trame tannique bien mesurée apporte consistance et suavité. Franc de goût et généreux. Très recommandable. ★★★★ ③

De bons mots aussi pour le duo abordable de Podere Castorani :

Coste delle Plaie 2006, Trebbiano d'Abruzzo (S-10383076 : 20,40 $) ; vin blanc moderne, vif, friand et délicatement parfumé. Un élevage de cinq mois sur lies lui confère richesse et vinosité. D'autant plus digne de mention que cette appellation a rarement donné des vins aussi nourris. ☆☆☆ ①

Coste delle Plaie 2005, Montepulciano d'Abruzzo (S-10788911 : 22,20 $) ; franc et droit ; une saine structure tannique lui confère une certaine fermeté qui le rend particulièrement satisfaisant. À boire dans les deux prochaines années. ★★★ ②

Composé de syrah, de cabernet sauvignon, de merlot et de montepulciano, le **Amorino rouge 2005, Colline Pescaresi** (S-10859265 : 22,95 $) profite lui aussi des atouts de la technologie moderne. Très bon vin rouge frais, fringant, savoureux, doté d'un bon équilibre et agréablement étoffé. À boire dans les trois prochaines années. ★★★ ②▼

Aussi au répertoire général, le **Majolica 2007, Montepulciano d'Abruzzo** (page 264) ☺

Farnese Cinque Autoctoni, Edizione 7 (U-10681882) : 33,75 $

Cette cuvée numérotée et non millésimée de la maison Farnese se veut une composition ambitieuse de cinq variétés autochtones – montepulciano, primitivo, sangiovese, negroamaro et malvasia nera – cultivées dans les régions méridionales des Pouilles et des Abruzzes. Le résultat en impose par sa couleur profonde, son nez de confitures ouvert et invitant et sa largeur en bouche. Résolument méditerranéen, mais il conserve un heureux sens des proportions. Une mauvaise note toutefois pour une bouteille ridiculement lourde et encombrante. À boire au cours des cinq prochaines années. ★★★★ ②

Il Feuduccio di S. Maria d'Orni, Ursonia Il 2000, Montepulciano d'Abruzzo (S-10782114) : 33,75 $

Dans les hauteurs d'Orsogna, à une vingtaine de kilomètres de la côte Adriatique, la famille Lamaletto exploite un vignoble d'une cinquantaine d'hectares. Encore très jeune, par sa couleur d'encre et son nez expressif aux accents de fruits noirs, ce vin robuste et un brin rustique reste fidèle à son style traditionnel. ★★★ ②

Illuminati

Ce domaine d'environ 90 hectares est situé près de la commune de Controguerra, tout au nord des Abruzzes, aux limites des Marches. Depuis qu'il est aux commandes, Dino Illuminati a pris tous les moyens techniques et humains pour améliorer la qualité des vins.

Zanna 2003, Montepulciano d'Abruzzo (S-10858060 : 29,95 $) ; issue du cépage local montepulciano, cette cuvée est le porte-étendard de la maison. Ouvert et invitant par ses accents de fruits noirs, le vin a beaucoup de corps, une matière riche et une très bonne longueur en bouche. Substantiel et convaincant. ★★★★ ②

La Valentina, Trebbiano d'Abruzzo 2006 (S-10859783) : 14,50 $

Fondée en 1990, La Valentina fait partie de la « nouvelle école » des vins des Abruzzes. Le Trebbiano est un vin blanc sec moderne et technologique ; léger et délicatement aromatique. ☆☆ ①

Masciarelli

Décédé prématurément en août dernier à l'âge de 53 ans, Gianni Masciarelli était l'un des hommes forts des Abruzzes. Sa rigueur, son humilité et son respect du terroir suscitaient l'admiration de tous. Lorsqu'il a repris le domaine familial dans les années 1980, cet Abruzzais

formé en économie n'avait pour seuls outils que le savoir-faire de ses ancêtres et l'ambition d'élaborer, dans sa région natale, des vins authentiques d'envergure internationale.

Pour y parvenir, il fallait prendre les bouchées doubles. D'abord, réduire les rendements des vieilles vignes cultivées en *pergola*, puis augmenter les densités de plantation et introduire la fermentation et l'élevage en fût de chêne neuf de première qualité. Masciarelli a tenu le pari. Sur les 300 hectares de vigne de la propriété, aucun désherbant chimique n'est répandu et on pratique une agriculture raisonnée. Et pour garantir un goût distinctif, la fermentation de tous les vins des gammes Marina Cvetic et Villa Gemma est provoquée par l'intervention exclusive des levures indigènes. Autant de moyens génèrent des coûts élevés, mais c'est le prix à payer pour avoir le meilleur dans son verre.

Haut de gamme de la propriété, le **Villa Gemma 2003, Montepulciano d'Abruzzo** (S-10863782 : 76 $) a reçu la mention *Tre Bicchieri* (trois verres) dans l'édition 2007 du guide italien *Gambero Rosso*. Récompense pleinement justifiée pour un Montepulciano d'Abruzzo de cette stature. Couleur profonde, nez dense et compact ; des saveurs intenses et des tanins serrés lui confèrent beaucoup de tonus et de consistance. Le 2003 brille par une longueur et une plénitude remarquables. Très distingué et encore jeune, ce vin conservera toute sa richesse pendant plusieurs années. ★★★★ ②

Baptisée du nom de son épouse et collaboratrice d'origine serbe, la gamme Marina Cvetic compte quatre cuvées dont trois ont été offertes cette année à la SAQ :

Introduit sur le marché dans le cadre du numéro du magazine *Cellier* consacré aux vins d'Italie, le **Marina Cvetic 2004, Montepulciano d'Abruzzo** (10863766 : 31 $) est un très bon vin charnu, volumineux déployant une fin de bouche savoureuse et relevée. Encore jeune et fringant, il devrait gagner en étoffe et en complexité d'ici 2010-2012. Franc succès ! ★★★→★ ③

Mentionnons aussi le très bon vin blanc, le **Marina Cvetic, Trebbiano d'Abruzzo 2005** (S-10863803 : 48 $) ; un élevage de 22 mois en fût de chêne neuf lui apporte un élément aromatique très subtil tout en mettant le fruit en relief. Certes pas le plus puissant, mais il compense largement par son équilibre, son sens du détail et sa jolie finale empreinte de notes florales. Cher, mais authentique et savoureux. ☆☆☆ ②

Dans un autre style et lui aussi fort bien réussi, le **Marina Cvetic, Chardonnay 2004, Colline Teatine** (S-10863791 : 45,50 $) est issu de vignes cultivées à 390 mètres d'altitude et a toute la vinosité associée au chardonnay, sans basculer dans la caricature. Du gras et des saveurs riches, mais surtout une saine fraîcheur et une puissance élégamment profilée. Bravo ! ☆☆☆ ②▼

Enfin, le simple **Montepulciano d'Abruzzo 2006** (S-10863774 : 15,95 $) est passablement typé, droit et franc de goût. Sa fraîcheur et sa légèreté alcoolique de 13 % le rendent d'autant plus agréable à table. ★★★ ②

Nestore Bosco

Fondée à la fin du xixᵉ siècle, cette entreprise familiale avait déjà bien des millésimes à son actif lorsque Montepulciano d'Abruzzo a obtenu la mention DOC en 1967.

Pan 2003, Montepulciano d'Abruzzo (S-907436 : 20,30 $) ; confectionné pour plaire, ce bon gros vin charnu offre du fruit à revendre, une solide charpente, du grain et une fin de bouche chaleureuse. Flatteur et de facture moderne – récolte tardive, élevage de 12 mois en fût de chêne français –, le vin joue la carte du goût boisé sans pour autant tomber dans la caricature. ★★★ ②

Plus simple, le **Don Bosco 2001, Montepulciano d'Abruzzo** (S-10782106 : 16,70 $) ; un bon vin rouge piquant et rustique qu'un profil rond et gorgé de fruits mûrs rend plutôt sympathique. À servir légèrement rafraîchi autour de 15 °C. ★★★ ②

Zaccagnini, San Clemente 2004, Montepulciano d'Abruzzo
(S-908459) : 43,50 $

À Bolognano, à une dizaine de kilomètres au sud-ouest de Pescara, la *fattoria* fondée par Ciccio Zaccagnini célèbre cette année son trentième anniversaire. Provenant d'un vignoble du même nom, le San Clemente fait preuve d'un caractère nettement plus affirmé que la moyenne des vins de cette appellation où le rustique côtoie souvent le quelconque. Un nez franc, expressif et nuancé annonce pour le mieux. L'attaque en bouche très mûre est tout aussi rassasiante et déploie beaucoup de fruit, de concentration et de persistance ; ce vin charnu et généreux (14,5 % d'alcool) n'accuse toutefois aucune lourdeur. Déjà passablement ouvert, cet excellent 2004 gagnera certainement en complexité dans les cinq prochaines années. ★★★→★ ③

Du même producteur, **Sallis Castrum, La Cuvée dell'Abate 2006, Montepulciano d'Abruzzo** (S-908954 : 18,10 $) est une invitation renouvelée à découvrir le cépage montepulciano, juteux et coulant à souhait. Charnu, très mûr – presque sucré – et généreux sans accuser aucune lourdeur (12,5 % d'alcool), ce vin savoureux doit être bu jeune pour apprécier pleinement son caractère fruité. ★★★★ ② ♥

Latium

Falesco

Les deux frères Riccardo et Renzo Cotarella forment une équipe hors pair. Le premier est un œnologue consultant parmi les plus réputés du pays et le second est directeur technique de la maison Antinori. Ensemble, ils ont développé la marque Falesco, un projet expérimental couvrant aujourd'hui près de 400 hectares de vignes en Ombrie et dans le Latium.

Ferentano 2004, Lazio (S-10782085 : 20,20 $) ; sans être particulièrement dépaysant, ce vin blanc sec, suffisamment vineux issu de roscetto – un cépage autochtone rare – est doté de subtilités aromatiques originales qui ne manquent pas de caractère. ☆☆☆ ②

Campanie

Colli di Lapio

Créé en 1994, le domaine de Clelia Romano produit l'un des meilleurs Fiano. Offert pour la première fois au Québec, c'est une occasion en or d'apprécier les vertus d'un vin blanc particulièrement unique.

Fiano di Avellino 2005 (S-10675976 : 29,45 $) ; ce remarquable vin sec et merveilleusement floral s'exprime avec une droiture et une densité aromatique franchement irrésistibles. Une note quasi parfaite pour un vin aussi enchanteur. Souhaitons maintenant que la SAQ en fasse une habitude. ☆☆☆☆ ②

Feudi di San Gregorio

Créé de toutes pièces en 1986 par la famille Ercolino, ce domaine est devenu une star de la scène vitivinicole italienne. Elle produit des vins imposants qui mettent en relief les vertus trop longtemps insoupçonnées des variétés indigènes de la région.

Campanaro 2005, Fiano di Avellino (S-10296466 : 33,50 $) ; issu d'un assemblage de greco et fiano, le Campanaro offre à la fois richesse, fraîcheur et une belle finale harmonieuse aux goûts de noisettes fraîches. Excellent vin original que l'on boira dans les deux prochaines années. ☆☆☆☆ ②

Autre spécialité locale, **Pietracalda 2004, Fiano di Avellino** (S-907758 : 27,85 $) ; partiellement vinifiée en foudre de 50 hectolitres et élevée sur lies pendant six à huit mois, la cuvée Pietracalda est marquée par des accents minéraux assouplis par des notes de fruits blancs mûrs. Frais, original et distinctif. ☆☆☆☆ ②

Mastroberardino

Maintenant dirigée par Piero Mastroberardino, cette entreprise réputée de Campanie commercialise une gamme de vins remarquables empreints d'originalité et d'une grande typicité.

Fiano di Avellino 2006 (S-972851 : 22,35 $) ; léger et pourtant intense, ce vin blanc sec issu du cépage local fiano brille par sa finesse, sa fraîcheur et sa personnalité marquée du goût du lieu. Un heureux dépaysement ! ☆☆☆☆ ② ♥

Presque aussi enthousiasmant, le **Greco di Tufo 2006** (S-411751 : 22,35 $) charme également par son profil aromatique épuré et pourtant affirmé. Que de bons mots pour un duo aussi réussi. ☆☆☆ ②

Montevetrano 2003, Colli di Salerno
(S-10324156) : 85 $

Mené avec brio par Silvia Imparato, Montevetrano est une superstar de la viticulture de Campanie. Son succès retentissant, dès son premier millésime officiel en 1993, a largement contribué au renom de son créateur, l'œnologue consultant Riccardo Cotarella. Produit dans le prolongement de la côte amalfitaine, à proximité de la Méditerranée, cet assemblage de cabernet (60 %), de merlot (30 %) et d'aglianico (10 %) est manifestement confectionné avec grand soin. Excellent vin moderne et charnu à souhait auquel une fermeté bien dosée ajoute un panache indéniable. Même si ce vin très ciselé n'est pas le plus typique de Campanie, sa facture élégante et racée est digne de mention. Produit en quantité limitée – à peine 5 hectares de vignes – et, par conséquent, vendu à un prix élevé. ★★★★ ②

Pouilles

Rivera, Il Falcone 2004, Riserva, Castel del Monte (S-10675466) : 23,30 $
Leader de cette appellation des Pouilles, la famille De Corato signe de nouveau un excellent vin rouge typique du sud. La cuvée Il Falcone est majoritairement composée de nero di troia – une variété propre à Castel del Monte – et bénéficie d'un élevage de 12 mois en fût de chêne français. S'appuyant sur un cadre tannique plus ferme que le 2003 commenté plus tôt en 2008 sur www.michelphaneufvin.com, le 2004 se signale à la fois par sa fraîcheur et par son caractère séveux gorgé de fruits mûrs et relevé d'accents épicés. À prix abordable, un bon vin rouge du sud de l'Italie. ★★★★ ② ♥

Taurino, Cosimo

Cosimo Taurino a été un pilier de la viticulture des Pouilles. Son fils Francesco a pris le relais et signe un très bon Salice Salentino.

Notarpanaro 2001, Rosso del Salento (S-709451) : 20,10 $

La famille Taurino élabore avec brio cet assemblage de 85 % de negroamaro et de malvasia nera, un franc succès sur le thème du fruit mûr très ensoleillé, aux savoureux accents méditerranéens. Plein et charpenté, pourtant irrésistiblement frais et rassasiant, ce vin est une brillante illustration de la parfaite acclimatation des cépages indigènes à leur terroir. Excellent, surtout s'il est servi légèrement rafraîchi autour de 14-15 °C. ★★★★ ② ♥

Tormaresca

Déjà omniprésente en Toscane et en Ombrie, la famille Antinori a conçu cet important domaine de 600 hectares dans les Pouilles avec l'intention de sauvegarder les cépages autochtones de la région. Deux belles invitations à découvrir un visage différent du vin italien.

Bocca di Lupo 2004, Castel del Monte (S-10675394 : 33 $) ; exclusivement composé d'aglianico – un cépage d'origine grecque surtout cultivé en Campanie –, ce vin a un tempérament méditerranéen à la fois tonique, velouté et généreusement charnu. Du relief et des saveurs chaleureuses, sans aucun excès. Dépaysant, mais excellent. ★★★★ ②

Également très bon, le **Masseria Maime 2005, Salento** (S-10675386 : 31,75 $) mise sur le negroamaro – victime des politiques d'arrachage de l'Union européenne au début des années 1990 – qui lui apporte d'agréables nuances poivrées. Beaucoup de fruit et une finale passablement relevée et persistante. À boire d'ici 2012. ★★★ ②

Primitivo 2006, Torcicoda, Salento (S-10542073 : 19,90 $) ; une couleur noire, une attaque sucrée en bouche et une finale chaleureuse, ce vin n'a rien d'un faiblard. Sa générosité toute méditerranéenne est agréablement soutenue par une trame tannique bien appuyée qui harmonise le tout. Savoureux et rassasiant. ★★★ ②

D'AUTRES VINS ROUGES DE QUALITÉ MOYENNE ★★

Cantele, Primitivo 2004, Salento (S-10675870) : 15,80 $
Salice 2002, Salice-Salentino (S-10675909) : 15,80 $
Soluna, Primitivo 2004, Puglia, Mare Nostrum (S-10675941) : 15 $
Tatu, Primitivo del Tarantino 2005 (S-10675992) : 15,60 $

Basilicate

Taverna, Shiraz 2005, Basilicata (S-10675925) : 16,15 $
Bel exemple de vin quotidien ; sa qualité repose essentiellement sur son expression fruitée très méditerranéenne, friande sans être lourde. Simple, abordable et facile à boire ★★★ ②

Tenuta del Portale, Aglianico del Vulture 2004 (S-907667) : 17,75 $
Cette petite appellation de 400 hectares est située dans la région du Basilicate, au sud de Naples, entre les Pouilles et la Calabre. Sur le versant du mont Vulture et profitant de l'altitude, le cépage local aglianico s'exprime ici avec fraîcheur et vitalité. Sans être un modèle de profondeur, il se signale par une saine acidité mettant en relief de savoureuses notes d'épices et un caractère local bien affirmé. Très bon vin souple et coulant. Prêt à boire. ★★★ ②

Sardaigne

Argiolas
La maison Argiolas se distingue de la plupart des caves de Sardaigne par l'utilisation exclusive de cépages locaux pour faire des vins distinctifs.

Turriga 2003, Isole dei Nuraghi (S-718627 : 71 $) ; cette cuvée ambitieuse est majoritairement composée de cannonau (grenache), d'un peu de malvasia nera, de carignan et de bovale. La couleur d'encre de ce 2003 annonce un vin musclé, confit et capiteux. Évidemment, ce n'est pas le champion de la finesse, mais il offre en revanche une trame tannique dense et serrée ainsi que d'agréables tonalités épicées qui lui ajoutent de l'ampleur. Beaucoup de tempérament. ★★★→? ②

S'elegas 2007, Nuragus di Cagliari (S-10675159 : 15,65 $) ; les origines du cépage nuragus sont assez obscures et remontent probablement au temps des colonies phéniciennes. Généralement réputé pour ses vins insipides et sans grand intérêt, cet Argiolas m'a plutôt semblé très satisfaisant. Sa couleur jaune or annonce un vin rond et onctueux, manifestement issu de raisins mûrs et gorgés de soleil. Très bon vin parfumé, animé d'un reste de gaz carbonique. Dépaysant et abordable. ☆☆☆ ② ♥

Costamolino 2005, Vermentino di Sardegna (S-10675095 : 16,85 $) ; tout aussi distinctif par son élan aromatique et sa vivacité. Excellent vin sec cédant toute la place au fruit. ☆☆☆☆ ② ♥

Ces deux vins rouges sont toujours aussi satisfaisants :

Le **Perdera 2006, Monica di Sardegna** (S-424291 : 15,70 $) demeure l'un des meilleurs vins italiens à près de 15 $. Son caractère distinct est attribuable en partie au cépage monica, une ancienne variété indigène inconnue ailleurs dans le monde. Un vin jeune, aux accents de fruits mûrs, charnu et savoureux. À servir légèrement rafraîchi autour de 16 °C. ★★★ ② ♥

Plus robuste, le **Cannonau di Sardegna 2006, Costera** (S-972380 : 20,65 $) tire sa vinosité et ses goûts de fruits séchés du cépage grenache, connu sous le nom de cannonau en Sardaigne. À boire jeune. ★★★ ②

Contini, 'Inu 2003 Riserva, Cannonau di Sardegna
(S-10675191) : 41,25 $

Cette cave centenaire de Sardaigne a acquis ses lettres de noblesse grâce à son Vernaccia di Oristano. Elle commercialise aussi à fort prix ce vin ambitieux issu exclusivement de grenache et élevé 12 mois en fût de chêne. Le résultat en impose par sa force, sa chaleur et son caractère volubile. Relevé et rassasiant certes, mais justifie-t-il un prix aussi élevé ? ★★★★ ②

Sella & Mosca, Terrerare 2003, Riserva, Carignano del Sulcis
(S-10675431) : 21,70 $

Avec un vignoble de plus de 500 hectares, Sella & Mosca est une force majeure de la viticulture en Sardaigne. Située tout au sud de l'île, l'appellation Carignano del Sulcis est un terroir très propice à la culture du cépage carignan. Déjà passablement ouvert et évolué, ce vin chaleureux et capiteux a tout le charme des bons vins nourris par le soleil méditerranéen. Encore meilleur s'il est servi frais. ★★★ ②

Sicile

Baglio di Pianetto

Le riche homme d'affaires Paolo Marzotto – notamment propriétaire des marques Hugo Boss et Valentino – est parmi les nombreux investisseurs qui ont flairé le grand potentiel vinicole de la Sicile. Il s'est associé au viticulteur vénitien Fausto Macalan, responsable technique du projet, pour développer une gamme complète de vins soigneusement élaborés.

Ramione 2004, Nero d'avola-Merlot, Sicilia (S-10675693 : 20,70 $) ; en associant nero d'avola – pour la couleur locale – et merlot – pour le charme et la souplesse –, le comte Marzotto a réussi une combinaison gagnante. Le 2004 se signale de nouveau par son équilibre, son éclat aromatique et l'impression générale de fraîcheur qu'il laisse en bouche. Authentiquement méditerranéen, mais élaboré avec un souci d'élégance et d'harmonie. Bravo ! ★★★★ ② ♥

Plus charnu et enrobé, le **Shymer 2006, Syrah-Merlot, Sicilia** (S-10859804 : 19,70 $) déploie une attaque mûre et sucrée faisant bien sentir la rondeur propre du merlot. Généreux, dodu et relevé de notes vanillées. Moins original que le Ramione, mais pleinement satisfaisant. ★★★ ②

Également en quantités minimes, le **Ficiligno 2007, Sicilia** (S-10675677 : 19,05 $) est issu également de viognier et d'insolia. Ses saveurs franches et expressives, et sa saine acidité, procurent un plaisir certain à table. ☆☆☆ ② ♥

Benanti, Rovittello 2001, Etna (S-10541038) : 43 $

Nommé producteur italien de l'année 2007 par le *Gambero Rosso*, Giuseppe Benanti est une star de l'appellation Etna. Avec ses fils, Antonio et Salvino, il signe des vins savoureux, parmi les plus achevés de toute la Sicile. Provenant de sols volcaniques plantés de nerello mascalese, le Rovittello est un vin singulier, robuste et généreux. Sa forte personnalité est d'autant plus affirmée que le vin est à pleine maturité. Un autre exemple de la richesse viticole de la Sicile. Excellent et bon pour encore cinq ans au moins. Surveillez les prochains millésimes. ★★★★ ② ▼

Castorani, Picciò 2006, Sicilia (S-10859214) : 15,15 $

Picciò signifie « petit homme » et fait référence aux hommes de main de la mafia Sicilienne. Composé de syrah à 100 %, le 2006 est tout à fait satisfaisant, sa forme charnue est nourrie de bons goûts de poivre et de fruits noirs. À la fois agréablement corsé, plein de fraîcheur et facile à boire. Bravo picciò ! ★★★ ② ♥

Donnafugata

La situation très méridionale et même quasi africaine de la Sicile n'est pas un obstacle à la production de bons vins. Pilier de l'appellation Contessa Entellina, la famille Rallo célèbre le vingt-cinquième anniversaire de leur domaine en 2008. Anthìlia est leur premier vin et il demeure, à ce jour, l'un de leurs grands succès.

Authentiquement sicilien, le **Anthìlia 2007, Sicilia** (S-10542137 : 15,95 $) est composé à part égale des cépages locaux ansonica – aussi nommé inzolia – et catarratto qui lui confèrent des tonalités aromatiques fort originales. J'ai beaucoup aimé son ampleur et sa présence en bouche conjuguant la vivacité et la rondeur dans des proportions idéales. Savoureux et pas cher ! ☆☆☆☆ ② ♥

Anthìlia
DONNAFUGATA

Mille e una Notte 2005, Contessa Entellina (U-10223460 : 70 $) ; située au sud de Palerme, l'appellation DOC Contessa Entellina a été décrétée en 1993 et produit parmi les meilleurs vins de l'île. Issu exclusivement de variétés autochtones – nero d'avola à 90 % –, cette cuvée supérieure bénéficie manifestement d'une œnologie soignée. Tout est mis en œuvre pour faire le meilleur et ça se sent. Des saveurs denses et persistantes, une trame tannique serrée et beaucoup de grain laissent une impression de plénitude en bouche. Vraiment, ce vin quasi envoûtant porte bien son nom. ★★★★ ②

Commenté très favorablement dans *Le guide du vin 2008*, le **Tancredi 2005, Contessa Entellina** (S-10542129 : 33,75 $) est de nouveau excellent. Composé de nero d'avola à 75 % et de cabernet sauvignon, ce vin d'envergure se signale par sa bouche tendre et suave et par son caractère aromatique délié. Savamment boisé, tannique et nourri. Dense, équilibré et profond. ★★★★ ②

Moins convaincant, le **Sedàra 2006, Sicilia** (S-10276457 : 17,85 $) est plus puissant et concentré que distinctif. Une attaque sucrée et gorgée de soleil certes, mais somme toute assez rudimentaire et plutôt court en bouche. ★★ ②

Ben Ryé 2006, Passito di Pantelleria (S-10520309 : 34,75 $ – 500 ml) ; un vin liquoreux produit dans l'île de Pantelleria, au large de la Tunisie. Des raisins *passito,* c'est-à-dire passerillés ou desséchés, donnent un vin très riche, sirupeux et spectaculaire, aux goûts de confiture d'abricots et de fruits secs, étalant une finale onctueuse – mais pas épaisse – et persistante. Cher, mais hors de l'ordinaire. ☆☆☆☆ ②

Fondo Antico, Grillo Parlante 2005, Sicilia (S-10675685) : 17,20 $

Autrefois utilisé dans l'élaboration du Marsala, le grillo est un cépage indigène qui n'occupe maintenant que 3 % de la superficie du vignoble sicilien. Bon vin blanc distinctif auquel de généreux parfums de fruits exotiques confèrent beaucoup de charme. Assez frais pour l'apéro, mais aussi suffisamment relevé et vineux pour en faire un bon compagnon de table. Prix attrayant. ☆☆☆ ② ♥

Morgante, Don Antonio 2004, Sicilia (S-10542903) : 32,75 $

Plein, tannique, vigoureux et très droit, ce vin issu de vignes de nero d'avola âgées de 30 ans et plantées à 500 mètres d'altitude s'impose par sa tenue. Un élevage bien maîtrisé de 12 mois en fût de chêne français lui donne une sève supplémentaire, sans masquer le fruit ni le terroir. Les vins siciliens de cette trempe ne sont pas légion. Ouvert et à point, à boire entre 2009 et 2012. Prix justifié. ★★★★ ②

Planeta

Chez Planeta, on trouve de tout, des vins aux saveurs typiques de l'île issus de cépages indigènes, mais aussi des vins de style plus international produits avec les cépages «planétaires» classiques : chardonnay, syrah, merlot, etc.

Syrah 2005, Sicilia (S-747097 : 38 $) ; s'il m'est arrivé de déplorer l'utilisation des cépages internationaux en Sicile, je dois admettre que la syrah donne ici un résultat particulièrement convaincant et démontre sans l'ombre d'un doute que le cépage rhodanien a des atomes crochus avec le climat de l'île. Mis à contribution savamment et avec retenue, le bois de chêne met subtilement en relief les saveurs de fruits et d'épices tout en soulignant le caractère fumé propre à la syrah. Beaucoup de race et d'intensité aromatique. Déjà ouvert, mais suffisamment charnu et riche en matière pour tenir la route au moins jusqu'en 2015. ★★★★ ②

Santa Cecilia 2005, Sicilia (S-705947 : 33,25 $) ; sans être aussi brillant que par le passé, ce vin issu exclusivement de nero d'avola séduit par sa vigueur et par ses tonalités d'épices sur fond de fruits sauvages. Passablement satisfaisant et doté d'une finale généreuse qui ne sacrifie en rien sa fraîcheur. J'aurais tout de même aimé y trouver plus de relief et de détail fruité. À boire entre 2009 et 2012. ★★★ ②

Bien que techniquement irréprochable, j'avoue avoir assez peu d'affinité pour le **Merlot 2005, Sicilia** (S-705962 : 33,25 $) ; un vin de facture moderne et internationale, certes charnu et savoureux, mais stéréotypé et sans distinction particulière. Moins chère, je lui préfère nettement la sève sicilienne affirmée du Cerasuolo. ★★★ ②

S'il est plus vif et un peu moins complet que d'habitude, **La Segreta rouge 2006, Sicilia** (S-898296 : 17,10 $) est tout de même un très bon vin plein d'élan et gorgé de bons goûts de fruits. Comme toujours, un achat avisé. ★★★ ② ♥

Vin blanc à signaler, le **Cometa 2006, Sicilia** (S-705046 : 34,75 $) est issu du cépage local fiano, une variété aromatique du sud de l'Italie rendu populaire grâce au Fiano di Avellino, une appellation de Campanie. Tout simplement délicieux, le 2006 est riche et exotique avec une palette de saveurs mêlant la poire mûre à la vanille. Acidulé, sec et vineux ; original et étoffé. ☆☆☆☆ ②▼

La Segreta blanc 2006, Sicilia (S-741264 : 17,65 $) ; fidèle à son habitude, cet excellent vin composé de grecanico à 50 % se fait plutôt valoir par son empreinte aromatique originale que par sa puissance ou sa vinosité. Frais, sec et très net, sa finale teintée d'une légère amertume lui donne un élan supplémentaire. Prix attrayant. ☆☆☆☆ ② ♥

Mieux dosé qu'avant, le **Chardonnay 2006, Sicilia** (S-855114 : 34 $) a de la richesse et de la vinosité tout en préservant un très bel équilibre. Boisé certes, mais assez riche et parfumé de bons goûts de fruits mûrs évoquant les bananes flambées qui lui permettent de conserver un style harmonieux. ☆☆☆ ②

Moscato di Noto 2005 (S-10540406 : 37,75 $ – 500 ml) ; provenant de Buonivini – la plus méridionale des quatre *cantine* de Planeta –, cet excellent Muscat déborde de fruit et de parfums, comme une pêche très mûre. Sirupeux sans être épais ni coulant, on apprécie son relief raffiné et sa longue finale savoureuse. Pas donné, mais impeccable. ☆☆☆☆ ②

Santa Anastasia, Baccante 2005, Sicilia (S-10540035) : 38 $
Le célèbre œnologue-consultant, Riccardo Cotarella, dispense ses conseils dans cette propriété réputée du centre-nord de l'île. Assemblé au chardonnay, le cépage local grillo – l'épine dorsale du Marsala – donne un vin à la franche acidité, presque tranchant, marqué d'un goût d'amandes et animé d'une vinosité fort rassasiante. Excellent vin blanc distinctif. ☆☆☆☆ ②▼

Tasca d'Almerita

Grand nom de la viticulture sicilienne et toujours propriété familiale, Tasca d'Almerita produit d'excellents vins authentiquement siciliens.

Le **Regaleali blanc 2007, Sicilia** (S-715086 : 16,35 $) est le fruit d'un assemblage de inzolia, de grecanico et de cattarato. Son caractère juvénile le rend particulièrement agréable. Légèrement perlant, frais et tonique, un bon vin sec et aromatique ayant plus de vinosité et de personnalité que la moyenne. Qualité constante et prix pleinement mérité. ☆☆☆ ② ♥

COMMENTÉS SOMMAIREMENT, D'AUTRES VINS DE SICILE

Cusumano, Benuara 2005, Sicilia (S-10539915) : 18,55 $; nero d'avola et syrah. Un vin costaud, vigoureux, aux goûts de fruits noirs ; trapu et un brin rustique, mais sa fraîcheur et son allant lui façonnent une personnalité agréable. ★★★ ②

Fazio, Grillo 2005, Sicilia (S-10675781) : 16,05 $; vin copieusement nourri par le soleil sicilien. Le cépage grillo lui façonne une personnalité distincte. Frais, expressif et modérément aromatique. À boire jeune. ☆☆☆ ②

D'AUTRES VINS ROUGES DE QUALITÉ MOYENNE ★★

Fazio, Cabernet sauvignon 2002, Sicilia (S-741561) : 20,55 $
Feudo Arancio, Syrah 2007, Sicilia (S-10915079) : 13,25 $
Firriato ; Chiaramonte, Nero d'avola 2004, Sicilia (S-10675511) : 18,45 $
  Santagostino Baglio Soria 2006, Sicilia (S-10327605) : 23,95 $
Inycon, Aglianico 2005, Sicilia (S-10675503) : 16,10 $
Morgante, Nero d'avola 2005, Sicilia (S-10542946) : 17,60 $
Pasqua, Nero d'avola-Shiraz 2007, Mezzo Giorno, Sicilia (S-898783) : 15,80 $
Principi di Butera, Merlot 2004, Sicilia (S-10675554) : 18,70 $
Rapitalà, Nero d'avola 2006, Sicilia (S-928739) : 14,95 $
  Catarratto-Chardonnay 2007, Sicilia (S-613208) : 13,95 $
Settesoli ; Mandra Rossa, Bendicò 2003, Rosso di Sicilia (S-10542575) : 20,60 $
  Nero d'avola-Shiraz 2006, Sicilia (S-10544731) : 13,45 $

Vins d'Italie
au répertoire général

| PIÉMONT |

Castorani, Barolo 2004, Follìa (C-10966845) : 32 $
Simple et sans trop de profondeur, mais tout de même fort savoureux, avec ses accents délicats de sous-bois et sa trame tannique fondue. ★★★ ②

Plus simple, le **Barbera d'Alba 2006, Follìa** (C-10966811 : 15,75 $) est suffisamment nourri, souple et aimable pour plaire à un grand public. ★★ ②

Fontanafredda, Barolo 2004
(C-020214) : 30,25 $
Un 2004 particulièrement convaincant sur le thème de l'équilibre et de la puissance aromatique contenue. Une trame tannique solidement constituée

et tricotée serrée lui confère la vinosité et la fraîcheur typiques des bons vins piémontais. Prix justifié. ★★★★ ②

| TRENTIN – HAUT-ADIGE |

Mezzacorona, Teroldego Rotaliano 2006 (C-573568) : 12,60 $
Le cépage teroldego communique à ce 2006 un grain fruité distinctif et plaisant. Un bon vin commercial juteux et guilleret, à boire jeune et rafraîchi. ★★★ ② ♥

| VÉNÉTIE |

Anselmi, San Vincenzo 2007, Veneto (C-585422) 17,10 $
Roberto Anselmi joue de nouveau gagnant en 2007. Résultat d'un assemblage de garganega, de chardonnay et de trebbiano di Soave, le San Vincenzo se signale par une présence en bouche et un caractère nettement plus affirmé que la moyenne des vins de sa catégorie. ☆☆☆☆ ② ♥

Tommasi, Vigneto Le Prunée 2006, Merlot delle Venezie
(C-10544757 : 17,15 $)
Souple avant tout. Rien de complexe, mais une profusion de
fruit noir et des rondeurs charmantes. À servir frais autour
de 15 °C. ★★★ ② ♥

Également, le **Valpolicella 2007** (C-560797 : 14,60 $) ; mo-
deste certes, mais plus significatif que la moyenne. Simple,
plein de fruit et doté d'une saine fraîcheur. ★★ ①

| TOSCANE |

Antinori, Pèppoli 2005, Chianti Classico
(C-10270928) : 23,70 $

Vingt ans après sa création par Piero
Antinori, le Pèppoli demeure fidèle à
lui-même, c'est-à-dire un Chianti d'envergure moyenne mettant avant tout
l'accent sur le fruit et la rondeur. Un vin
flatteur, riche en fruit, sans aspérités.
L'exemple même du Chianti moderne.
Extra ! ★★★★ ②

Plus classique, le **Villa Antinori 2004,
Toscana** (C-053876 : 23,70 $) s'appuie sur
un assemblage de 60 % de sangiovese, de cabernet sauvignon, de merlot et de syrah. Excellent 2004 appuyé de tanins
fermes, une solide constitution et une longue finale savoureuse. ★★★★ ②

Aussi, le **Santa Cristina 2006, Toscana** (C-076521 : 14,75 $) ;
sangiovese et merlot donnent un vin simple, mais franc de
goût et facile à boire. ★★★ ② ♥

Mazzei, Poggio alla Badiola 2006, Toscana (C-897553) : 17,05 $
Nouveauté cette année au répertoire général, ce vin ample
et coloré offre à la fois une richesse fruitée des bons vins
modernes et la fraîcheur naturelle du sangiovese. On peut
acheter les yeux fermés. ★★★ ② ♥

**Frescobaldi, Marchesi de' ; Chianti Rufina 2005, Riserva,
Castello di Nipozzano** (C-107276) : 21,85 $
Très bon comme toujours ; un bon vin nourri et enrobé de
tanins fondus très savoureux. ★★★ ②

San Felice, Chianti Classico 2005 (C-245241) : 22,05 $
Bon Chianti traditionnel ; sa légèreté alcoolique de 12,5 % le
rend d'autant plus coulant et aimable. ★★★ ②

**Lungarotti, Sangiovese-Canaiolo 2005, Rubesco,
Rosso di Torgiano** (C-041947) : 15,60 $

Ce classique de la famille Lungarotti offre toujours suffisamment de fruit et de matière. Bon 2005 bien constitué, équilibré et digeste. ★★★ ②

**Umani Ronchi, Sangiovese 2007,
Medoro, Marche**
(C-565283) : 12,45 $

Rien de complexe, mais un bon vin de *trattoria* : souple, friand, gorgé de fruits et facile à boire. Sa belle finale chaleureuse et sa légèreté de 12,5 % d'alcool le rendent d'autant plus attrayant. ★★★ ② ♥

Aussi, le **Verdicchio dei Castelli di Jesi 2007** (C-10544790 : 12,35 $) ; un vin sec et frais, aux saveurs franches de poire mûre. Un bon apéritif simple, léger et facile à boire. ☆☆ ①

Castorani, Podere ; Majolica 2007, Montepulciano d'Abruzzo
(C-10754252) : 13,20 $

Sous une attrayante étiquette orangée, ce vin gorgé de fruits, charnu et expressif a vraiment tout pour plaire à un large public. Impeccable à ce prix ! ★★★ ② ♥

Farnese, Sangiovese 2007, Daunia (C-10669331) : 10,05 $

De la province de Chieto au sud-est de Rome, un bon produit commercial, frais, facile à boire, tout en rondeur et plein de francs goûts de fruits mûrs. L'archétype du vin quotidien abordable, très satisfaisant. ★★★ ②

Sella & Mosca, Cannonau di Sardegna 2005, Riserva
(C-425488) : 17,35 $

Léger, souple et coulant sans être maigre ; plein de vitalité et relevé de franches tonalités épicées qui ajoutent à son caractère et lui donnent passablement d'envergure. Un dépaysement agréable ! ★★★ ②

Castorani, Scià 2006, Sangiovese, Puglia
(C-10966765) : 12,60 $

Scià est une vieille interjection du dialecte des Pouilles que l'on pourrait traduire par «allez, oust!». Un vin de bon aloi dont on apprécie la consistance, les généreuses saveurs de fruits noirs et l'agréable fraîcheur. Tout à fait satisfaisant à ce prix. ★★★ ② ♥

Pervini, Primitivo del Tarantino 2006, I Monili (C-577684) : 10,95 $

Ce vin modeste se signale par sa couleur riche, son fruit franc, sa vivacité et sa chair. Bon vin rouge quotidien souple, facile à boire et savoureux qui gagne à être aéré en carafe. ★★★ ② ♥

Surani, Lapaccio 2006, Primitivo Salento (C-610204) : 14,10 $

Ce vin se distingue par sa riche matière fruitée et sa trame tannique charnue. Pas compliqué, mais juteux, plein de fruit et de caractère. Particulièrement savoureux s'il est servi légèrement rafraîchi autour de 15 °C. ★★★ ② ♥

Corvo 2006, Rosso, Sicilia, Duca di Salaparuta
(C-034439) : 13,55 $

Probablement parmi les vins rouges siciliens les plus connus. Bon produit commercial simple, franc de goût et suffisamment fruité. ★★★ ② ♥

Firriato, Primula 2006, Catarratto, Sicilia (C-606350) : 10,45 $

Bon vin courant rustique, jeune et chaleureux, issu du cépage local catarratto; peu aromatique, mais sa rondeur est agréable, surtout à ce prix. ☆☆☆ ②

Meridiane, Nero d'avola 2004, Notalusa, Sicilia
(C-10845710) : 11,35 $

Pas cher, un bon vin rouge d'une générosité typiquement méditerranéenne. À la fois souple et costaud, le cépage nero d'avola lui confère des arômes invitants de fruits noirs et une couleur locale fort sympathique. ★★★ ② ♥

Péninsule ibérique

Espagne

Avec 645 000 exploitations viticoles et un vignoble de 1,18 million d'hectares, l'Espagne fait figure de géant. En plus de compter sur le plus vaste vignoble au monde, le pays profite d'une législation maintenant mieux adaptée qui renforce la crédibilité des meilleures appellations tout en assouplissant les règles visant à concurrencer les vins du Nouveau Monde. Bref, l'Espagne s'est doté de tous les atouts nécessaires pour faire face à ses deux rivaux de toujours, la France et l'Italie. Une étude menée pour le compte des Vignerons Indépendants de France prévoyait même que la production espagnole dépasserait celle de la France d'ici 2015.

Pour l'heure, les structures coopératives assurent 65 % de la production nationale, un taux record en Europe. Les cinq premières entreprises du pays – dont celle de Miguel Torres – représentent pour leur part, environ 23 % de la production de vins tranquilles.

Au Québec, le volume des ventes de vins espagnols a légèrement baissé depuis l'année dernière. En revanche, et signe d'une meilleure consommation, la valeur des ventes a connu une augmentation notable de 850 000 $.

LES CINQ DERNIERS MILLÉSIMES

2007 Récolte déficitaire de 30 % dans la Rioja, mais la qualité s'annonce fort satisfaisante. Grand succès dans les Penedès ; rendements inférieurs à la moyenne, mais des raisins à maturité idéale. Moins de chance dans Ribera del Duero où les vendanges ont été faites dans des conditions cauchemardesques ; la plus mauvaise récolte depuis 1997.

2006 Millésime globalement favorable dans les principales régions. Beaucoup de bons vins dans la Rioja. Idem dans les Penedès et dans le Priorat où la qualité s'annonce généralement excellente. Des conditions plus difficiles dans Ribera del Duero où le moins bon côtoie le meilleur.

2005 L'un des étés les plus secs jamais vus et des rendements de 11 % inférieurs à la moyenne des cinq dernières années, et moins 30 % dans les Penedès. Des vins rouges solides et charpentés en Catalogne et dans la Rioja. Qualité plus irrégulière dans Ribera del Duero.

2004 En Rioja, excellent millésime que le Consejo Regulador a qualifié d'historique. Un cycle végétatif idéal a donné des vins riches et particulièrement structurés. Dans les Penedès, une météo de rêve à compter du 17 septembre a favorisé des vins de qualité mémorable. Qualité excellente dans Ribera del Duero.

2003 En général, des petits rendements, mais une qualité très bonne, souvent excellente. De nombreuses réussites dans la Rioja et dans Ribera del Duero. Partout ailleurs, qualité hétérogène.

La plupart des vins rouges d'Espagne sont prêts à boire dès leur commercialisation. À part quelques exceptions, notamment les gros noms de Rioja, du Priorat et de Ribera del Duero, il n'est pas nécessaire d'attendre des années pour les apprécier.

Le goût parfois fortement boisé de certains vins espagnols s'explique par l'utilisation de bois de chêne américain. Moins coûteux que le bois français, il communique facilement des senteurs envahissantes de vanille et de résine.

Les vins blancs espagnols atteignent rarement des sommets.

Le développement accéléré de l'appellation Ribera del Duero fait en sorte que les vins ne remplissent pas toujours leurs promesses. Le meilleur côtoie le quelconque.

Bierzo est une appellation à surveiller.

UN CHOIX PERSONNEL

Espagne

Pour apprécier les progrès accomplis

- Buil & Giné, Baboix 2004, Montsant
- Allende 2004, Rioja
- Dominio de Tares, Exaltos 2004, Bierzo
- Luzon, Altos de Luzon 2004, Jumilla

Pour le goût classique espagnol

- Marqués de Cáceres, Rioja Gran Reserva 2001
- Marques de Murrieta, Ygay 2003, Rioja Reserva

Pour redécouvrir les vins blancs d'Espagne

- Pazo de Señorans, Albariño 2005, Rias Baixas
- Terras Gauda O Rosal 2007, Rias-Baixas
- Torres, Fransola 2006, Penedès

Pour savourer le meilleur

- Mas Martinet, Clos Martinet 2004, Priorat
- Parés Baltà, Gratavinum 2004, GV5, Priorat
- Torres, Mas La Plana 2003, Penedès
- Marques de Murrieta, Dalmau 2003, Rioja

Pour le quotidien

- Torres, Coronas 2005, Tempranillo, Catalunya
- Marqués de Riscal, Riscal, Tempranillo 2006, Vino de la Tierra de Castilla y Leon

| GALICE |

Pazo de Señorans, Albariño 2005, Rias Baixas (S-898411) : 23,15 $

Cépage typique de la péninsule ibérique, l'albariño cultivé en Galice au nord-ouest de l'Espagne et aussi planté au Portugal où il donne le fameux Vinho Verde. Loin d'être un défaut, la légèreté naturelle et la fraîcheur de ce 2005 le rendent d'autant plus agréable. Vif, légèrement perlant et franchement rassasiant. On peut profiter de ce vin original et distinctif jusqu'en 2011. ☆☆☆☆ ②

Terras Gauda O Rosal 2007, Rias-Baixas (S-10858351) : 24,90 $

Cette appellation galicienne compte cinq zones de production. O Rosal, la plus méridionale, est située aux limites de la frontière avec le Portugal, sur la rive nord de la rivière Miño. Ce n'est donc pas un hasard si les vins blancs de la région ont le même caractère sec, vif et fringant des Vinho Verde. Nettement plus étoffé que son voisin portugais, le Rias-Baixas de Terras Gauda se distingue par son profil aromatique déployant une franche minéralité et des notes presque salines. Ce vin frais, vivifiant et original mérite d'être découvert. ☆☆☆☆ ② ♥

Albet i Noya, Tempranillo 2006, Clàssic, Penedès (S-10985801) : 17,10 $
Les frères Josep Maria (Mas Igneus) et Antoni Albet i Noya comptent parmi les pionniers de la viticulture biologique dans le Penedès. Issu de tempranillo et de 10 % de syrah, ce très bon vin souple, friand et encadré de tanins très mûrs offre une belle tenue en bouche, des saveurs franches et un bon équilibre d'ensemble. Arrivée prévue à l'hiver 2009. ★★★ ② ♥

Buil & Giné, Baboix 2004, Montsant (S-10856355) : 27,30 $
Javier Buil est la force motrice de ce domaine familial fondé en 1998 dans la prestigieuse région du Priorat. Provenant de l'appellation limitrophe Montsant, le Baboix 2004 est issu d'un assemblage de grenache, de carignan, d'ull de llebre – variété dont le nom se traduit par œil de lièvre, terme catalan pour désigner le tempranillo –, de cabernet sauvignon et de merlot. Nez généreux de réglisse et de fruit noir ; une bonne structure tannique, du corps, beaucoup de sève et de saveurs. Suffisamment équilibré pour vieillir en beauté. À boire entre 2010 et 2014. ★★★→★ ②

Castell de Falset, Old Vines Selection 2003, Montsant (S-10358364) : 24,15 $
Bon 2003 aux notes confites typiques des vins de régions ensoleillées. Flatteur et savoureux, mais construit d'une seule pièce et alourdi par une fin de bouche chaude et capiteuse. ★★★ ②

Celler Cooperatiu de Capçanes

Fondée en 1933, la coopérative de Capçanes est un moteur principal de Montsant, une appellation de création récente (2001) où les vignes grimpent parfois jusqu'à 600 mètres d'altitude. La rigueur du travail de ses quelque 80 adhérents se traduit par des vins d'une qualité et d'une constance irréprochables.

Le **Vall del Calas 2004, Montsant** (S-10858297 : 24,95 $) est issu de vignes de merlot (60 %) plantées à environ 1800 mètres d'altitude ainsi que de vieilles vignes de grenache et de tempranillo. Savamment boisé et conjuguant harmonieusement la délicatesse et la puissance, ce très bon vin souple est soutenu par une trame serrée qui lui donne passablement de poigne et d'étoffe. Large en bouche, généreusement fruité et laissant une impression de plénitude en finale. Cet excellent vin sera à son zénith entre 2009 et 2015. Un achat avisé à ce prix. ★★★→★ ②

Costers del Gravet 2003, Montsant (S-898551 : 19,05 $) ; issu de vignes de cabernet, de tempranillo, de grenache et de carignan, et élevé en fût de chêne, le 2003 m'a semblé avoir une assez bonne constitution et une concentration de fruit appréciable. Prix pleinement justifié pour un vin savoureux, à boire dans les trois ou quatre prochaines années. ★★★ ② ♥

Aussi au répertoire général, le **Mas Collet 2005, Barrica, Montsant** (page 288) ⊜

Celler de Cantonela, Cervolès 2005, Costers del Segre
(S-736827) : 26,95 $
Un vin moderne de Catalogne combinant les cépages espagnols tempranillo et garnacha à des variétés bordelaises, et élevé en fût de chêne pendant un an. Le résultat est un vin très mûr et charnu, un peu unidimensionnel, mais corsé et relevé de goût d'épice. Il est préférable de l'aérer en carafe une heure avant de le servir. ★★★ ②

Celler Piñol, Sacra Natura 2006, Terra Alta (S-10985771) : 21,95 $
Cette appellation voisine de Tarragona compte actuellement 9 000 hectares de vignes en production à l'extrémité sud-ouest de la Catalogne. Ce domaine familial est l'un de ses acteurs majeurs. Issu de l'agriculture biologique, le 2006 s'appuie sur un assemblage de cariñena, de merlot, de cabernet sauvignon, de syrah et de tempranillo. Le résultat est un vin ample et bien proportionné, aux tonalités franches et précises de fruits des champs. Mis en carafe une heure avant de le servir, il se révèle davantage. ★★★ ②

Laurona, 6 Vinyes de Laurona 2003, Monstant (S-10855811) : 59 $
Maison de négoce haut de gamme fondée par le Français René Barbier et le marchand britannique Christopher Cannan. Créée en 2001, l'appellation Montsant, à l'ombre du Priorat, donne de très bons vins qui, en raison de prix plus compétitifs que ceux de son prestigieux voisin, ont bénéficié d'une hausse de popularité notable au cours des dernières années. Pour la cuvée 6 Vinyes, on a misé sur de très vieilles vignes de grenache (60 %) et de cariñena et sur un élevage de 16 mois en fût de chêne de 500 litres. Le résultat est un vrai vin du Sud, passablement structuré, charnu et presque confit. Le visage flatteur et chaleureux de l'Espagne moderne, à défaut de raffinement. Plein et savoureux, mais un peu trop unidimensionnel pour justifier son prix. ★★★ ②

Les appellations espagnoles

Le *vino de mesa* est l'équivalent du « vin de table » français.

Le *vino de la tierra* est l'équivalent du « vin de pays ».

La *denominacion de origen* est l'équivalent d'une « appellation d'origine contrôlée ».

Les mentions suivantes réfèrent au temps de vieillissement :

Crianza : vin âgé de 2 à 3 ans ayant profité d'un élevage d'au moins six mois en fût de chêne ;

Reserva : vin vieilli pendant un minimum de trois ans, dont au moins une année en fût de chêne ;

Gran reserva : vin vieilli pendant un minimum de cinq ans dont au moins deux années en fût de chêne.

Une famille catalane

| CE TEXTE A ÉTÉ PUBLIÉ DANS *L'ACTUALITÉ* DU 1ER AVRIL 2008 |

Le 1er février 2008, la famille Torres inaugurait une nouvelle cave dans son domaine de Pacs del Penedès, à quelque 40 km à l'ouest de Barcelone. Conçu par l'architecte catalan Javier Barba et aménagé au coût de 12 millions d'euros, cet impressionnant bâtiment, qui abrite aussi des salles de dégustation et de conférences ainsi qu'un musée, servira à la vinification et à l'élevage des crus Torres.

Jusque-là élaborés dans la gigantesque *winery* avec les cuvées plus courantes de cette célèbre marque espagnole, les Mas La Plana, Grans Muralles, Milmanda, Fransola et Mas Borras – le fin du fin chez Torres (voir saq.com) – naîtront désormais dans un gîte conçu spécialement pour eux et équipé de la technologie la plus moderne.

Pour cette entreprise fondée en 1870 et figurant au premier rang de la filière vinicole espagnole, il s'agit de l'aventure la plus ambitieuse de son histoire. «Un investissement majeur pour les générations futures», indique Miguel Torres. Âgé de 67 ans, l'homme a eu une brillante carrière. Après des études en viticulture à l'Université de Montpellier – un jeune Espagnol qui apprenait le métier en France n'était pas monnaie courante à l'époque –, il revient en Catalogne en 1966 avec des idées qui bousculent certaines traditions sclérosées. C'est ainsi notamment qu'il ose planter du cabernet sauvignon sur une parcelle du Mas La Plana. Aujourd'hui, ce vignoble couvre 29 hectares et donne chaque année 10 000 caisses de l'un des vins rouges les plus élégants d'Espagne.

La vie professionnelle de Miguel Torres a été guidée par le sens de l'innovation. En important des méthodes modernes de viticulture et de vinification et en expérimentant l'élevage des vins rouges en fût de chêne, il a favorisé la renaissance de la viticulture espagnole. Son influence s'est aussi fait sentir au Chili, où il fut, en 1978, le premier producteur européen à investir dans un pays accusant un sérieux retard technologique. Il se souvient du jour où les Chiliens ont vu débarquer ses cuves d'acier inoxydable dans le port de Valparaiso en se demandant à quoi elles allaient bien servir... Trente ans plus tard, la cave de Curico, à 200 km au sud de Santiago, produit quatre millions de bouteilles annuellement et compte pour 1 % de toutes les exportations de vins chiliens.

En comptant l'expérience sud-américaine, la *winery* californienne, créée il y a 20 ans avec sa sœur Marimar, et la société
de distribution de vins mise sur pied en Chine – la deuxième en
importance dans ce pays avec un chiffre d'affaires annuel de
10 millions d'euros ! –, l'empire Torres regroupe 1 100 employés
et produit annuellement 40 millions de bouteilles.

Maintenant secondée par sa fille Mireia et son fils Miguel,
Torres continue de diversifier sa production. L'entreprise a investi
dans la région de Ribera del Duero, où elle a élaboré un excellent
vin rouge, appelé Céleste, et elle s'est attaquée au développement d'un vignoble dans la Rioja. Dans leur Catalogne natale, les
Torres construisent actuellement, au coût de trois millions d'euros,
une cave dans les spectaculaires montagnes du Priorato, où sont
produits quelques-uns des vins les plus recherchés – et les plus
chers – du pays. «Nous souhaitons être présents partout où sont
faits les meilleurs vins d'Espagne», dit Miguel Torres.

Plus important encore, il faut assurer la pérennité de cette entreprise familiale, tout en tenant compte des nouvelles réalités du
xxie siècle, en particulier du réchauffement climatique. «Depuis
40 ans, nous avons pris 1 °C et d'ici 100 ans, nous aurons 2 °C de
plus, note Torres. De tous les secteurs agricoles, c'est la viticulture
qui est la plus touchée par ces bouleversements.» La carte des
cépages sera inévitablement modifiée. En Catalogne, les vignes de
grenache plantées près de la côte devront migrer vers les vallées
centrales, plus fraîches, et seront remplacées par le monastrell
(mourvèdre), vieux cépage méditerranéen mieux adapté aux cha-
leurs torrides. Idem pour les variétés nordiques, comme le riesling
ou le pinot noir, qui déménageront dans les hauteurs afin de profiter des nuits fraîches nécessaires à leur épanouissement. C'est
pourquoi les Torres ont acquis une centaine d'hectares de terre à
1 500 mètres d'altitude dans les Pyrénées. «C'est une police d'assurances pour l'avenir de mes petits-enfants», explique-t-il.

Pour faire face à tous ces défis, Torres consacre 1 % de son
chiffre d'affaires à la recherche (deux millions d'euros en 2007).
Cela lui permet de travailler à la préservation de vieux cépages catalans et de procéder, en serre, à des expériences de culture hydro-
ponique et à des simulations de réchauffement climatique. Le but
est de s'adapter à ce nouvel environnement tout en concevant des
stratégies pour limiter les dégâts. Ainsi, d'ici cinq ans, l'entreprise
aura ramené au neutre ses émissions de carbone. Cette année, elle
entend mener, au moment de la vendange au Chili, une expérience
visant à récupérer le gaz carbonique produit pendant la fermentation. «La pollution est un fléau et nous avons le devoir d'agir, insiste
Miguel Torres. Il y va de l'avenir du vin et de la planète.»

Mas d'en Gil, Coma Vella 2003, Priorat (S-10857657) : 36,25 $

À environ 150 km au sud-ouest de Barcelone, le vignoble de la famille Rovira jouit d'une excellente réputation. Malgré tout, ce vin ne m'a pas emballé outre mesure. Élevé pendant 12 mois en fût de chêne et affichant un taux de 14,5 % d'alcool, il ne manque pas de charme avec son attaque sucrée et sa texture suave, coulante et sans mollesse, mais l'ensemble demeure plutôt linéaire. À défaut de réelle profondeur, l'amateur de vin charnu appréciera son relief fruité et sa finale chaleureuse. La cuvée Coma Vella est composée de 40 % de grenache, complété de cabernet sauvignon, de cariñena, de syrah et de merlot. ★★★ ②

Mas Igneus

Dans ce domaine de création récente, l'œnologue Albet i Noya pratique une viticulture biologique et produit trois vins rouges appelés FA (pour *fusta allier,* les vins étant élevés en fût de chêne français). Pour les distinguer, on ajoute un numéro faisant référence à la durée de l'élevage et à l'âge des barriques.

FA 206 2003, Priorat (S-10358671 : 28,65 $) ; le chiffre 206 indique que le vin a été élevé dans des fûts de deux ans (2) pendant six mois (06). Provenant de vignes de grenache et de carignan cultivées en terrasses et en coteaux, ce vin sombre se distingue à la fois par sa souplesse et sa fibre tannique bien appuyée. Très bon 2003 regorgeant de fruit ; frais, franc et doté d'une longue finale chaleureuse. ★★★ ②

Mas Martinet, Clos Martinet 2004, Priorat (S-10860899) : 65 $

Avec le Français René Barbier, José Luis Pérez fut l'un des artisans majeurs de la renaissance du Priorat au cours des années 1990. La magnifique propriété qu'il a créée est aujourd'hui dirigée avec brio par sa fille Sara. Issu de vignes de grenache, de syrah, de carignan et de cabernet sauvignon dont les

rendements sont limités à 20 hectolitres à l'hectare, le Clos Martinet est ensuite élevé en barrique de chêne français pendant 18 mois. Le résultat est un vin éminemment riche et profond qui se démarque par son grain fruité, sa complexité aromatique et sa longue finale parfumée. Excellent 2004 dont le prix élevé me semble pleinement mérité, car il fait partie de l'élite du Priorat. À boire entre 2009 et 2015 au moins. ★★★★ ③

Palacios, Alvaro ; Les Terrasses 2005, Priorat

(S-10931562) : 34,75 $

En 1989, Alvaro Palacios a quitté l'affaire familiale de Rioja – Palacios Remondo –, et a trouvé son eldorado dans les montagnes de Priorat, là où il pouvait laisser libre cours à une ambition grandiose, celle de créer le plus grand vin d'Espagne. C'est ainsi qu'en 1993 est né l'Ermita, un vin culte dont le 2003 coûtait environ 450 $ à la SAQ ! Pour le commun des mortels, Alvaro Palacios a aussi eu la bonté de mettre au point la cuvée Les Terrasses. À prix d'entendement, cet assemblage de 60 % de grenache, de carignan et de cabernet sauvignon est le fruit de son activité de négoce. Éminemment suave et flatteur – à défaut de réelle complexité –, le 2005 a de savoureux goûts de fruits noirs et une sucrosité rassasiante. À boire dès maintenant et jusqu'en 2015. ★★★→★ ②

Parés Baltà, Gratavinum 2004, GV5, Priorat (S-10857711) : 59 $

Développée en 2001 dans le secteur de Gratallops, cette *bodega* de 17 hectares est le petit bijou de la famille Cusiné de Parés Baltà. En goûtant ce 2004, on devine vite la raison de cette fierté dans les yeux de Juan Cusiné lorsqu'il en parle. Issu d'un savant assemblage de grenache, de cariñena, de cabernet sauvignon et de syrah, ce vin habilement élevé en fût de chêne se signale par son ampleur et sa richesse. À la fois relevé et élégant, il n'accuse aucun excès de bois ; racé, expressif, voluptueux. Épatant ! ★★★★ ②

Torres, Miguel

La grande entreprise de Villafranca de Penedès fait chaque année la preuve que quantité et qualité ne sont pas forcément incompatibles (voir le texte p. 272). L'entreprise vient au troisième rang de l'activité vinicole espagnole – après Frexenet et Codorniu – avec un chiffre d'affaires de 165 millions d'euros en 2006. Avec 1 850 hectares de vignes et une production annuelle tournant autour de 40 millions de bouteilles, Torres continue d'exercer un rôle de locomotive pour la viticulture espagnole, notamment par ses investissements massifs dans la recherche. Spécialiste des vins des Penedès, la famille a aussi développé des vignobles dans Ribera del Duero (Céleste) et dans Priorato (Salmos). Du plus grand au plus modeste, les vins de Torres sont tous exemplaires.

Mas La Plana 2003, Penedès (S-10796410 : 45 $) ; dégusté de nouveau en septembre 2008, cet excellent vin n'avait rien perdu de son charme. À la fois ample, soyeux et pourtant pénétrant et long en bouche, le Mas La Plana 2003 se distingue par sa plénitude et son sens du détail. Bien que passablement charnu, il conserve, année après année, cette élégance et ce profil hautement civilisé dignes des meilleurs vins d'Espagne. Déjà éminemment charmeur, mais bâti pour tenir la route jusqu'en 2018, au moins. ★★★★→? ②

Gran Coronas 2002, Cabernet sauvignon, Penedès (S-928812 : 38,75 $ – 1,5 l) ; les fans de Torres voudront faire provision de ce grand classique catalan, pour une rare fois offert en magnum. Même s'il est maintenant à point, ce vin riche, à la fois souple et structuré conserve beaucoup de fraîcheur et vivra encore de longues années. À prix d'aubaine, un superbe vin à boire d'ici 2012-2015. ★★★★ ②

Salmos 2005, Priorat (S-10857690 : 30,25 $) ; planté à partir de 1996, le vignoble de Salmos dans le Priorat commence à donner des résultats convaincants. Le 2005 s'impose davantage par son équilibre et son élégance que par sa profondeur, mais il charme déjà le palais par son relief fruité et sa trame tannique mûre et dodue. Comme disent les Anglais : « it's a work in progress » dont il faudra surveiller attentivement les prochains millésimes. ★★★ ② ▼

Torres produit aussi des vins blancs impeccables :

Fransola 2006, Penedès (S-10270047 : 25,40 $) ; comme toujours excellent, ce vin issu de 95 % de sauvignon et de paralleda profite d'un élevage partiel en fût de chêne qui ajoute à sa vinosité sans toutefois le dépouiller de son éclat aromatique. Plus qu'un simple Sauvignon technologique, c'est un vin étonnamment ample et élégant doté d'une personnalité toute singulière. Il faut aussi signaler que le Fransola ne craint pas le temps, même qu'après quelques années, il dévoile des nuances aromatiques encore plus complexes. Aurez-vous la patience d'attendre ? ☆☆☆☆ ②

Lui aussi très constant et résultant d'un assemblage de chardonnay et de parellada, le **Gran Vina Sol 2007, Penedès** (S-064774 : 16,95 $) est de nouveau friand, modérément aromatique et nourri d'une agréable vinosité attribuable à une fermentation partielle en fût de chêne. Un champion dans sa catégorie ! ☆☆☆ ② ♥

Et pour l'apéritif, le **Viña Esmeralda 2007, Catalunya** (S-10357329 : 14,95 $) ; à la fois très parfumé, sec et frais, cet heureux assemblage de moscatel (85 %) et de gewürztraminer ne « pèse » pas plus de 11,5 % d'alcool. ☆☆☆ ② ♥

Plusieurs vins de Torres sont inscrits au répertoire général (page 289) Ⓖ

Trio Infernal, No 2/3 2004, Priorat (U-10776380) : 87 $
Dans le secteur de Gratallops, les vignerons Peter Fischer (Château Revelette, Provence), Laurent Combier (Crozes-Hermitage) et Jean-Michel Gerin (Côte-rôtie) signent un très bon vin issu exclusivement de vieilles vignes de carignan. Moderne, chaud, puissant ; passablement concentré et long. Typique de la vague des vins modernes et coûteux qui sortent actuellement du Priorat. ★★★→★ ③

Allende 2004, Rioja (S-10360202) : 28,25 $

Cette cave de la Rioja Alta a été fondée en 1995 par la famille De Gregorio qui y cultive une trentaine d'hectares à plus de 400 mètres d'altitude. Issu de vignes de tempranillo âgées d'environ 40 ans, le 2004 m'a semblé passablement nourri, savoureux et persistant. Un Rioja de bonne facture enrobé de tanins suaves, mais conservant une fraîcheur exemplaire en bouche. Du beau travail ! ★★★→★ ②

Altanza, Lealtanza 2001, Rioja Reserva (S-10857526) : 66 $

Après la dégustation de vins rouges jeunes et robustes – le vin ayant été servi à la toute fin après El Albear, Clos Martinet et Xisto –, il a été difficile d'apprécier avec justesse les nuances et l'équilibre de ce Rioja «haute couture» formant la série Artistas Españoles de Altanza (le même vin est présenté sous trois étiquettes différentes illustrées d'œuvres de Mirò). Exclusivement composé de tempranillo et élevé pendant 18 mois en fût de chêne, ce vin délié m'a semblé miser davantage sur la finesse que sur la puissance. Apparemment séveux et encore ferme, il mériterait d'être dégusté de nouveau dans un contexte plus favorable. ★★★→? ②

Finca Valpiedra 2001, Rioja Reserva (S-882704) : 30,50 $

Propriété de Martinez Bujanda, le domaine de Finca Valpiedra est conçu à la manière d'un château bordelais. Ce vaste vignoble de 80 hectares, planté il y a 25 ans sur un coteau caillouteux au bord de l'Ebro, produit aujourd'hui un vin droit et distingué, aux accents minéraux bien affirmés. Bel exemple de Rioja moderne que l'on apprécie davantage pour son équilibre et son profil élégant que pour sa puissance. ★★★★ ②

Ijalba

Suscitant régulièrement des commentaires élogieux dans *Le guide du vin*, cette cave de Logroño dynamique s'est donné pour mission de préserver le patrimoine viticole de la Rioja en réintroduisant des variétés que l'INDO – équivalent de l'INAO français – avait fait arracher au profit du populaire tempranillo. Sa production de graciano – 20 hectares au total – serait la plus importante au monde !

Reserva 2004, Rioja (S-478743 : 20,85 $) ; les fans d'Ijalba peuvent se réjouir puisque la cuvée Reserva m'a semblé meilleure que jamais en 2004. Fruit d'un millésime qualifié d'historique dans la Rioja, ce vin réunit tout ce qui, à mon avis, fait le charme des bons vins espagnols. Mûr et charnu, mais frais, tonique, équilibré et nuancé. Impeccable ! ★★★★ ② ♥

Graciano 2004, Rioja (S-10360261 : 20,65 $) ; la vigueur et le caractère tonique du 2004 contribuent à mettre en valeur le terroir de la région et en même temps à créer une expression originale du Rioja. Frais, franc de goût et fort relevé. Spécialement recommandable à ce prix. ★★★★ ② ♥

Même s'il n'offre qu'une matière moyenne, j'avoue avoir un certain attachement pour le **Genoli 2007, Rioja** (S-883033 : 13,60 $) ; de nouveau fort convaincant, ce vin frais, friand et original issu du cépage local viura mérite d'être découvert, surtout qu'il est vendu à prix d'aubaine. ☆☆☆ ② ♥

Marqués de Cáceres

Fondée en 1970 et ayant bénéficié à ses débuts des conseils de l'œnologue bordelais Émile Peynaud, cette *bodega* de la Rioja Alta a toujours façonné des vins équilibrés, inspirés par les crus de Bordeaux. Généralement moins boisés que d'autres, charpentés sans être lourds, ils ont été parmi les premiers Rioja à jouer la carte du fruit et de l'harmonie.

Rioja Gran Reserva 2001 (S-865535 : 35,50 $) ; ce vin s'inscrit à merveille dans l'esprit du Rioja classique, c'est-à-dire sobre, net et équilibré, sans pour autant sacrifier la matière et la chair fruitée. Cet excellent 2001 ouvert et à point déploie déjà un joli spectre aromatique aux délicates notes vanillées, mais il continuera de se développer favorablement au cours des cinq prochaines années, au moins. Avec une viande rôtie... un régal ! ★★★★ ②

Rioja 2006 (S-10857551 : 14,60 $) ; bon vin blanc technologique vif et légèrement perlant auquel le cépage viura ajoute une touche d'originalité. ☆☆ ②

Aussi au répertoire général, le **Marqués de Caceres, Vendimia Seleccionada 2004, Rioja** (page 288) ☺

Marqués de Murrieta, Dalmau 2003, Rioja (S-10857577) : 94 $

Fondé en 1872, Marqués de Murrieta est un nom des plus réputés de la Rioja. Des plus grands aux plus modestes, les vins sont des modèles de qualité et de classicisme. Depuis 1995, la famille Cebrián-Sagarriga élabore également ce vin rouge au profil un peu plus moderne provenant d'une parcelle du vignoble de Castillo Ygay produit à moins de 20 000 exemplaires. Excellent 2003 mis en valeur par un savant élevage de 19 mois en barrique neuve. Infiniment flatteur et stylé. Cher certes, mais c'est un vin très complet. Extra ! ★★★★ ②

Célèbre pour sa cuvée Castillo Ygay Gran Reserva, Marqués de Murrieta produit aussi le **Ygay 2003, Rioja Reserva** (S-903906 : 27,95 $) ; un excellent vin équilibré et frais, ce qui n'exclut pas la densité ni la longueur en bouche. Ses savoureux goûts de réglisse noire et de fruits secs enrobés de tanins mûrs et caressants forment un heureux mariage qui laisse en bouche une sensation de plénitude. À boire entre 2009 et 2013. ★★★★ ②

Muga

Cette *bodega* de la Rioja Alta n'a pas la réputation de produire les vins les plus puissants de la région, elle mise plutôt sur la finesse et l'originalité aromatique.

Muga, Rioja Reserva 2004 (S-855007 : 24,65 $) ; compte tenu de la qualité du millésime 2004, je dois avouer que j'attendais mieux de ce Rioja 2004. Un vin moderne aux accents fumés prononcés laissant une impression à la fois osseuse et chaleureuse en finale. Peut-être est-il encore jeune et bourru pour l'heure ? ★★→? ②

Le **Rioja blanc 2007** (S-860189 : 17,75 $) est issu d'un assemblage de 90 % de viura et de malvasia vinifié et élevé en fût de chêne pendant trois mois. Le résultat est un vin moderne, voire un brin aseptisé, mais doté d'une bonne acidité qui ajoute à sa fraîcheur. Pas spécial. ☆☆ ②

Palacios Remondo, Propiedad H. Remondo 2005, Rioja
(S-10256131) : 33,75 $

Élaboré par la famille du renommé Alvaro Palacios, ce très bon 2005 plaira aux amateurs de Rioja moderne. Consistant, plein de fruit et volumineux. Plus puissant qu'élégant, mais élaboré avec un souci manifeste d'équilibre et doté d'une finale distinguée et persistante aux accents de fruits mûrs. À boire d'ici 2012. ★★★★ ②

Palacios Remondo, La Vendimia 2006, Rioja (S-10360317 : 17,05 $) ; une expression souple et charmeuse du Rioja. Les amateurs du genre apprécieront ses formes très arrondies et son caractère fruité savoureux. Bon vin facile à boire. ★★ ②

Valdemar, Conde de Valdemar 2000, Rioja Gran Reserva
(S-325084) : 32 $

Membre du groupe familial Martinez Bujanda, cette *bodega* possède 400 hectares de vignes dans la Rioja et produit des vins rouges de facture moderne privilégiant la rondeur et le fruit à la puissance. Passablement épanoui, le 2000 laisse en bouche de bons goûts de fruits séchés sur fond vanillé, le tout enrobé par des tanins souples et mûrs. L'amateur de Rioja évolué appréciera sa souplesse et sa finale nourrie et chaleureuse. ★★★ ②

Condado de Haza 2005, Ribera del Duero (S-978866) : 26,55 $

De l'avis même du producteur Alejandro Fernandez, Condado de Haza n'est pas une marque secondaire, mais bien un vin à part entière, de valeur égale au Pesquera, son autre propriété. Moins éclatant que le 2004 commenté l'année dernière mais tout de même très bon, le Condado de Haza 2005 se signale surtout par sa vivacité et sa structure tannique dense et appuyée. Les amateurs de Ribera del Duero moderne apprécieront son attaque sucrée et son rappel de fruits très mûrs. ★★★ ②

Descendientes de J. Palacios

Après avoir contribué à la résurrection du Priorat, la superstar de la viticulture ibérique Alvaro Palacios s'est consacré à la mise en valeur de Bierzo, une appellation située au nord du Portugal. Avec son neveu, Ricardo Pérez Palacios, il a racheté une quinzaine d'hectares de vieilles vignes de mencia – une variété aussi connue sous le nom de jaen dans la région du Dão – qu'il cultive selon les principes de la biodynamie.

Villa de Corullon 2004, Bierzo (S-10823140 : 62 $) ; moderne et misant sur la puissance et la générosité enjôleuse, ce 2004 ne manque pas de présence, mais j'aurais souhaité y trouver plus de nuance et surtout de sève et de personnalité. Cette année, d'autres vins de Bierzo – moins chers, dont Dominio de Tares, Pittacum – m'ont semblé meilleurs. Un passage en carafe quelques heures avant de le servir lui fera le plus grand bien. ★★→? ②

Dominio de Tares, Exaltos 2004, Bierzo
(S-10858203) : 26,50 $

Vinificateur en chef de Dominio de Tares et président du conseil interprofessionnel local, Pedro González est un acteur majeur de l'appellation Bierzo. S'il n'a pas été élaboré par González – il prit les rênes de la propriété en 2005 –, l'Exaltos 2004 défend tout de même admirablement bien la réputation du domaine. Excellent vin structuré et ample, offrant une longue finale chaleureuse relevée de notes d'épices et de fruits. Beaucoup d'étoffe, une palette aromatique originale et un prix invitant. *Me encanta !* ★★★★ ② ▼

Elias Mora, Crianza 2004, Toro, Bodegas y Viñas Dos Victorias
(S-10856443) : 28,05 $

La couleur d'encre et le nez intense de ce Toro annoncent un vin puissant. En bouche, sa matière fruitée chaleureusement nourrie s'appuie sur un solide cadre tannique qui ajoute à sa tenue et maintient un certain équilibre malgré une richesse alcoolique bien sentie de 14,5 %. Un peu carré pour l'heure, il serait avisé d'attendre encore quelques années pour en tirer le maximum. ★★→? ③

Palacios, Petalos 2006, Bierzo (S-10551471) : 25,10 $

Joliment présenté et particulièrement ouvert et invitant, Petalos offre tout le charme des bons vins espagnols aux généreux parfums de fruits mûrs et d'épices. Cet excellent Bierzo moderne, charnu et distinctif a vraiment tout pour plaire. Encore jeune et pourtant déjà ouvert, il sera vraisemblablement à son meilleur entre 2009 et 2012. ★★★★ ② ♥

Palomero 2001, Ribera del Duero, Uvaguilera (S-10856831) 108 $

Le groupe d'actionnaires ayant lancé ce projet il y a une dizaine d'années a fait appel au jeune vinificateur Isaac Fernandez Montaña. Il a fait ses classes chez Mauro, la *bodega* appartenant à son illustre oncle Mariano Garcia, lui-même ancien œnologue de Vega Sicilia (voilà pour la généalogie !). Archétype de ces nouveaux vins espagnols modernes et spectaculaires vendus à prix d'or, le Palomero s'impose d'emblée par sa couleur épaisse et ses notes de fruits ultramûrs marquées par un élevage partiel en fût de chêne américain. Pas de doute, il en met plein la bouche, mais est-ce réellement un grand vin ? À ce prix, je passe mon tour. ★★★→? ②

Quinta Quietud 2002, Toro (S-10254979) : 33,50 $

Reconnue appellation d'origine en 1987, Toro est une petite zone viticole située entre le Ribera del Duero et la frontière portugaise. La région possède sa propre variété de tempranillo – ici appelé tinta de toro – qui est généralement cultivé en altitude, parfois jusqu'à 750 mètres. Dans la foulée des Magrez et Lurton, le Français Jean-François Hébrard a créé en 1999, ce domaine de 22 hectares déjà reconnu pour ses très bons vins dans l'appellation. Pour preuve, ce 2002 encore très jeune, coloré et vigoureux a autant de sève et de corps que de rigueur. Il profiterait actuellement d'un passage en carafe de deux heures ; à plus long terme, quelques années en cave lui seront certainement bénéfiques. Un franc succès ! ★★★★ ②

À propos de Bierzo

Après Priorat et Ribera del Duero, la nouvelle vedette de la viticulture espagnole est la petite appellation Bierzo. Située tout au nord du Portugal, cette zone de 4000 hectares, comptant actuellement une cinquantaine de domaines, a accueilli de nombreux investisseurs au cours de la dernière décennie. Principal outil des vignerons, le cépage mencia est aussi connu sous le nom de jaen dans la région du Dão. Une analyse d'ADN a récemment permis de dissiper la théorie soutenant que cette variété serait un proche parent du cabernet franc.

Tilenus

Cette *bodega* d'une trentaine d'hectares a été fondée en 2000 par un important producteur laitier de la région de Burgos. Le porte-étendard de la maison est certainement le Pagos De Posada, une cuvée phare de l'appellation Bierzo. Les deux vins commentés ici sont exclusivement issus du cépage local mencia.

Pagos de Posada 2001, Mencia, Bierzo, Bodegas Estefania (S-10855889 : 46,25 $) ; provenant d'une parcelle unique dont les vignes ont atteint l'âge vénérable de 85 ans et fruit d'un excellent millésime en Espagne, le 2001 a beaucoup de caractère et se signale par un grain, une poigne et un équilibre exemplai-

res. Les couches de saveurs se succèdent en bouche et laissent une irrésistible sensation de plénitude. Raffiné, idéalement équilibré et encore étonnamment jeune et vigoureux pour un vin âgé 7 ans. Passez-le en carafe au moins une heure avant de le servir, ses parfums s'en trouveront décuplés. *Estupendo !* ★★★★ ② ▼

Moins étoffé, le **Crianza 2003, Mencia, Bierzo, Bodegas Estefania** (S-10856152 : 29,50 $) offre néanmoins une attaque sucrée agréable qui, conjuguée à un cadre tannique serré, met en relief la générosité du fruit. Très bon Crianza savoureux et distinctif, plein de vivacité et de fraîcheur. ★★★ ②

Torres, Miguel ; Celeste 2006, Crianza, Ribera del Duero
(S-10461679) : 20,85 $

Hors de son royaume catalan, la famille Torres a établi un vignoble à 900 mètres d'altitude dans Ribera del Duero. Clairement, les efforts commencent à porter fruit et annoncent de bien belles choses pour le futur. Évitant le piège de la concentration et de la puissance à outrance – comme c'est trop souvent le cas dans la région –, cet excellent 2006 brille par ses formes élégantes et sa texture veloutée. Suave, tendre et généreux, mais doté d'un équilibre irréprochable qui garantit beaucoup de plaisir à table. ★★★★ ② ♥

Viña Pedrosa 2005, Ribera del Duero, Pérez Pascuas
(S-10459843) : 20,85 $

Avec Alejandro Fernandez, créateur du fameux Pesquera, les trois frères Pérez comptent parmi les producteurs seniors de Ribera del Duero. À la faveur d'un millésime exceptionnel dans la région, ils avaient signé un magnifique 2004 commenté dans *Le guide du vin 2008*. Même s'il m'a semblé un peu moins consistant, ce 2005 s'impose par son fruit pur, sa fraîcheur et sa souplesse. Un très bon Crianza ; simple mais fort plaisant et élaboré avec un souci manifeste d'équilibre. ★★★ ②

Alto Moncayo

Bodega de création récente née d'un parte-nariat entre l'importateur bostonnais Jorge Ordoñez et le *winemaker* australien Chris Ringland.

Garnacha 2005, Campo de Borja (S-10860944 : 48,25 $) ; les amateurs d'Amarone seront en pays de connaissance avec ce vin costaud et chaleureux titrant 16 % d'alcool. En dépit de sa générosité débridée, ce vin puissant et concentré n'est aucunement sirupeux et a même un équilibre d'ensemble surprenant. Il est impératif de servir un tel colosse à une température n'excédant pas 16 °C, au-delà de quoi il devient lourd et brûlant. ★★★→? ②

Atteca 2005, Old Vines, Calatayud

(S-10856873) : 19,80 $

De vieilles vignes de grenache fournissent toute la chair, le gras et la richesse fruitée voulus. Sans grande originalité et s'inscrivant dans la lignée des bons vins espagnols modernes, ce 2005 a un goût à la fois fumé et subtilement chocolaté, caractéristique du grenache mûri par le soleil de la Méditerranée. L'amateur en aura pour son argent. Fondée en 2005, la *bodega* Atteca est de plus en plus connue ; un nom à surveiller. ★★★→? ②

Borsao

L'importante cave coopérative de Borsao réunit quelque 620 viticulteurs œuvrant sur plus de 2400 hectares où règne le grenache.

Borsao 2005, Crianza, Campo de Borja (S-10463631 : 15,25 $) ; bien qu'elle ait séjourné pendant au moins huit mois en fût de chêne français et américain, la cuvée Crianza conserve une saine fraîcheur et met avant tout l'accent sur le fruit. Savoureux et suffisamment aromatique ; coulant et facile à boire, tout en étant généreux et fort rassasiant. ★★★ ② ♥

Seleccion Joven blanc 2006, Campo de Borja (S-10856161 : 13,15 $) ; bon vin blanc technologique misant sur l'originalité aromatique du cépage macabeo. Sec, frais et suffisamment vineux pour être recommandable. Simple, mais pas cher. ☆☆ ② ♥

El Sequé

Figure très connue de la Rioja, Juan Carlos Lopez de la Calle – Domaine Artadi – a récemment conçu un projet dans la région d'Alicante où il cultive principalement du monastrell ou mourvèdre.

Laderas de El Sequé 2006, Alicante (S-10359201 : 12,75 $) ; bien servi par la technologie, le Laderas de El Sequé a une bonne consistance, une générosité rassasiante et un caractère épicé et nourri par un savant mariage de monastrell, de syrah et de cabernet sauvignon. Sans originalité particulière certes, mais un bon vin aux couleurs locales qui fera le bonheur quotidien des chasseurs d'aubaines. ★★★ ② ♥

Castano, Chardonnay-Maccabeo 2006, Yecla (S-10855758) : 13 $
Bon vin blanc auquel le cépage maccabeo apporte des tonalités aromatiques originales. Suffisamment vineux et pleinement satisfaisant à ce prix. ☆☆☆ ② ♥

El Nido 2005, Jumilla (S-10826957) : 136 $
Boisé, chaud et costaud, mais un peu trop confit à mon goût (l'auteur est un Australien ayant fait ses armes dans Barossa...). Prix ridicule pour un exercice de style sur le thème de la puissance. ★★→? ③

Luzon, Altos de Luzon 2004, Jumilla
(S-10858131) : 26,50 $

Ce domaine de 700 hectares fondé en 1916 a été entièrement restauré vers la fin des années 1990 suite à son rachat par une importante entreprise spécialisée dans le secteur agroalimentaire. À en juger par la qualité de ce 2004, les travaux ont porté fruit. Chaleureux, mûr, nourri et pourtant bien équilibré, le vin se distingue par sa structure et sa longueur. Rares sont les vins de Jumilla ayant autant de panache. Prix au-delà de la moyenne, mais nettement justifié. Du beau travail ! ★★★★ ②

Luzon, Organic 2006, Jumilla (S-10985780 : 16,35 $) ; conçu pour être bu dans sa prime jeunesse, ce très bon vin de viticulture biologique mérite d'être signalé. Une matière assez charnue, du relief et des saveurs nourries et pleines d'élan. Charmant ! Arrivée prévue à l'hiver 2009. ★★★ ② ♥

Finca Antigua, Syrah 2005, La Mancha

(S-10498121) : 16,20 $

Créé en 1998 dans la région de la Mancha, ce domaine viticole de 400 hectares s'ajoute au vaste portefeuille de *bodegas* du groupe familial Martinez Bujanda. Proposant une expression originale et rassasiante de la syrah en climat méridional, ce vin moderne, tout en fruit et en rondeur, plaira à coup sûr à l'amateur de Shiraz du Nouveau Monde. Savoureux et d'autant plus recommandable qu'il n'accuse aucune lourdeur malgré un volume alcoolique de 14,5 %. ★★★ ② ♥

Palacio de Ibor 2003, Reserva, Valdepeñas, Bodegas Real

(S-927749) : 17,65 $

Bon vin savoureux, typique de Valdepeñas – même latitude que la Sicile – où les vins ne sont pas toujours aussi lourds et épais qu'on pourrait le penser. De vieilles vignes de tempranillo et de cabernet sauvignon ainsi qu'un élevage en chêne de l'Allier donnent un vin à la fois chaleureux, coulant et facile à boire. Doit être consommé entre 2009 et 2013. ★★★ ②

Espagne

TROP TARD !
Surveillez les prochains millésimes

D'AUTRES BONS VINS ESPAGNOLS DIGNES DE MENTION

Alion 2003, Ribera del Duero (59 $)
Ce vin a été créé en 1986 par la famille Álvarez, propriétaire de Vega Sicilia. Le vin est issu de tempranillo, élevé en fût de chêne français neuf et profite de méthodes de vinifications plus modernes que celles en usage à Vega Sicilia. Le résultat est un vin fin, minéral, doté d'une personnalité affirmée et d'un bel équilibre. Prix pleinement mérité. ★★★★ ②

Buil & Giné, Nosis 2005, Rueda (S-10860928) : 19,95 $
Bon vin blanc du Sud issu exclusivement de verdejo. Rien de complexe, mais beaucoup de fruit et des arômes invitants de fruits exotiques ; léger et tout à fait savoureux. À boire jeune et bien frais. ☆☆☆ ② ▼

Cusiné, Tomàs ; Vilosell 2005, Costers del Segre (S-10858511) : 20,95 $
Fort de ses 20 années d'expérience au sein de l'appellation Costers del Segre – notamment chez Castell del Remei et Cervoles –, Tomàs Cusiné a développé son propre vignoble à El Vilosell, à environ 100 km à l'ouest de Barcelone. Fruit d'un assemblage de tempranillo, de cabernet sauvignon, de merlot, de grenache et de syrah ayant effectué un séjour de neuf mois en fût de chêne français, ce 2005 fait preuve d'une droiture et d'une plénitude dignes de mention. Beaucoup de style. ★★★→★ ③

Juan Gil, Monastrell 2005, Jumilla (S-10758325) : 21,60 $
Issu de vignes de monastrell âgées de 40 ans et habilement élevé en fût de chêne français pendant 12 mois, le vin s'affirme par son attaque sucrée, ses saveurs généreuses de fruits rouges et de réglisse sur un fond délicatement boisé et vanillé. Tout semble avoir été mis en œuvre pour faire un vin à la fois charpenté, succulent et plein de caractère. ★★★★ ② ♥ ▼

Pittacum, Barrica 2005, Bierzo (S-10860881) : 19,50 $
La jeune œnologue Elisa Gomez dirige cette *bodega* de 6 hectares fondée en 1999. Elle élabore, entre autres, un vin séveux auquel de vieilles vignes du cépage local mencia (voir encadré p. 281) confèrent un profil aromatique distinctif. Plein, ouvert et savoureusement original ; une légère amertume en finale met le fruit en relief et ajoute à son charme. ★★★ ② ♥

Roda, Rioja 2004, Reserva (U-10956284) : 51 $
Ce domaine fondé vers la fin des années 1980 par les Barcelonais Mario Rotllant et Carmen Daurella – d'où le nom Roda – produit d'excellents Rioja d'inspiration moderne. Issu d'un assemblage de tempranillo (81 %), de graciano (14 %) et de garnacha, le Reserva 2004 témoigne avec brio des vertus du millésime dans la région. Soigneusement élevé pendant 16 mois en fût de chêne français – dont la moitié sont neufs –, le bois y joue bien son rôle, c'est-à-dire de mettre en valeur une matière fruitée particulièrement généreuse. Rioja équilibré et remarquablement bien structuré. ★★★★ ②

D'AUTRES VINS BLANCS DE QUALITÉ SATISFAISANTE ☆☆

Lurton, Hermanos ; Verdejo 2007, Rueda (S-727198) : 15,70 $
Prado Rey, Bribon 2006, Verdejo, Rueda (S-10856371) : 15,25 $

D'AUTRES VINS ROUGES DE QUALITÉ MOYENNE ★★

Aalto 2004, Ribera del Duero (S-10860864) : 52 $
Azul, Ribera del Queiles 2005, Vino de la Tierra, Bodegas Guelbenzu
(S-973248) : 18,60 $
Campos Reales, Canforrales 2006, La Mancha (S-10327373) : 13,95 $
Castaño, Pozuelo Reserva 2004, Yecla (S-725150) : 17,05 $
Castell del Remei, Oda 2004, Costers del Segre (S-899013) : 24,70 $
Castillo de Monséran, Garnacha 2005, Vieilles vignes, Carinena
(S-10898723) : 14,80 $
Domini de la Cartoixa, Galena 2003, Priorat (S-10860901) : 34,75 $
Dominio de Aranléon, Blés 2005, Crianza, Valencia
(S-10856427) : 15,85 $
El Albar, Excelencia 2003, Toro (S-10858457) : 49,75 $
Espelt, Saulo 2005, Empordá (S-10856241) : 14,30 $
Gran Feudo, Crianza 2004, Navarra (S-176768) : 14,20 $
Monasterio de Las Vinas, Gran Reserva 2001, Carinena
(S-10359156) : 19,95 $
  Reserva 2002, Cariñena (S-854422) : 15,70 $
Navarro López, Laguna de la Nava 2002, Reserva, Valdepeñas
(S-902973) : 13,80 $
  Laguna de la Nava 2001, Gran Reserva, Valdepeñas
(S-902965 : 16,15 $) ;
Real Sitio de Ventosilla, Prado Rey 2005, Roble, Ribera del Duero
(S-928762) : 12,25 $
  Recorba 2004, Crianza, Ribera del Duero (S-10463826) : 18,40 $
Señorio de Barahonda, HC 2005, Heredad Candela, Yecla
(S-10910913) : 23,50 $
Urbina, Rioja Reserva Special 2001 (S-10857585) : 27,20 $
Vallformosa, Reserva 2001, Penedès (S-10254207) : 17,40 $

Espagne

Vins d'Espagne
au répertoire général

Candidato blanc 2007, Vino de la Tierra de Castilla, Cosecheros Y Criadores (C-598615) : 8,55 $

Légèreté alcoolique (11,5 %) et fraîcheur ; produit commercial de bon aloi modérément aromatique, sec et facile à boire. ☆☆ ② ♥

Celler Cooperatiu de Capçanes, Mas Collet 2005, Barrica, Montsant (C-642538) : 17,10 $

Sur un mode souple et friand, ce bon 2005 n'offre certes rien de complexe ni de profond, mais il compense par son fruit franc et son caractère désaltérant. ★★★ ②

Dominio de Eguren, Protocolo 2006, Vino de la Tierra de Castilla (C-10754439) : 12,90 $

En plus de sa vaste gamme de vins de la Rioja, la famille Eguren – Sierra Cantabria – signe un très bon vin de tempranillo misant avant tout sur une expression franche du fruit. Simple, mais savoureux. L'archétype du bon vin quotidien joufflu et friand. ★★★ ① ♥

Marqués de Caceres, Vendimia Seleccionada 2004, Rioja (C-103887) : 17,95 $

Bon vin souple, droit, relevé et rond en bouche. Simple, mais suffisamment typé pour être recommandable. ★★★ ②

Marqués de Riscal, Riscal, Tempranillo 2006, Vino de la Tierra de Castilla y Leon (C-10362435) : 15,75 $

Cette maison réputée de la Rioja signe également, sous la dénomination Vino de la Tierra – équivalent du vin de pays –, un savoureux Tempranillo moderne, modérément fruité, bien construit et offert à prix invitant. ★★★ ② ♥

Raimat, Albarino-Chardonnay 2006, Costers del Segre (C-10845841) : 13,70 $

Bon vin blanc sec, citronné, net et friand auquel une proportion du cépage albariño – variété aromatique surtout implantée en Galice – ajoute un caractère aromatique singulier. ☆☆☆ ② ♥

Torres, Miguel

Célébrant cette année son centenaire, le **Coronas 2005, Tempranillo, Catalunya** (C-029728 : 13,95 $) demeure un modèle de constance et de qualité. Le 2005 est droit et ferme tout en demeurant résolument méridional. Après autant d'années, il demeure un champion dans la catégorie des vins à prix modique. Cela vaut bien un coup de chapeau. ★★★★ ② ♥

Depuis plusieurs années, **le Gran Coronas 2004, Don Miguel Torres, Reserva, Penedès** (C-036483 : 19,95 $) est l'un des meilleurs vins inscrits au répertoire général de la SAQ. Loin d'y faire exception, le 2005 m'a semblé encore meilleur. Charnu et volumineux, ferme, sans être dur, il laisse une impression de plénitude fort rassasiante. ★★★★ ② ♥

Sur un mode plus friand, le **Sangre de Toro 2006, Catalunya** (C-006585 : 12,95 $) est droit, franc de goût et relevé de savoureuses notes épicées. Un achat du tonnerre ! ★★★ ② ♥

Misant avant tout sur la souplesse, l'**Atrium 2007, Merlot, Penedès** (C-640201 : 15,95 $) exprime avec franchise et charme la nature fruitée du cépage merlot. Vin estival par excellence à servir autour de 14 °C. ★★★ ② ♥

Enfin, le **Viña Sol 2007, Penedès** (C-028035 : 11,95 $) est un classique espagnol issu du cépage parellada. Pas compliqué, mais un bon vin sec, léger et désaltérant faisant preuve d'une constance remarquable. ☆☆☆ ① ♥

EN VRAC, D'AUTRES VINS OFFRANT UN BON RAPPORT QUALITÉ-PRIX. ★★ ♥

Osborne, Solaz 2005, Tempranillo-Cabernet sauvignon, Vino de la Terra de Castilla (C-610188) : 11,85 $
Castillo de Monséran, Garnacha 2007, Carinena (C-624296) : 8,95 $
Borsao 2007, Seleccion Joven, Campo de Borja (C-10324623) : 11,65 $

Portugal

Jadis isolé du reste du continent européen, tant par sa situation géographique que politique, le Portugal ne cesse de surprendre depuis son entrée dans l'Union Européenne. Révélé au monde entier grâce à l'Exposition Universelle de Lisbonne en 1998, cet ancien empire colonial promet de nous étonner dans le futur.

S'il fut longtemps considéré comme un handicap pour le développement de la viticulture, le climat politique sous l'Estado Novo (voir l'encadré en p. 294) a également tenu les vignerons portugais à l'écart de la tendance mondiale, favorisant la culture de cépages dits internationaux : cabernet sauvignon, merlot, etc. Aujourd'hui, les 238 647 hectares que compte le vignoble portugais regroupent une cinquantaine de variétés autochtones sur lesquelles misent près de 7 000 vignerons pour assurer la singularité de leurs vins.

Au Québec, le numéro du magazine *Cellier* du printemps dernier, portant sur les vins de la péninsule ibérique, a permis d'élargir considérablement la gamme offerte. Avec un chiffre d'affaires annuel d'environ 31,4 millions – dont plus du tiers est attribuable aux produits de spécialités –, le Portugal occupe le huitième rang au palmarès des meilleurs vendeurs. Les vins commentés dans cette édition se signalent généralement par leur rapport qualité-prix assez avantageux et témoignent du dynamisme actuel du pays.

LES CINQ DERNIERS MILLÉSIMES DANS LE DOURO

2007 Récolte inférieure à la moyenne, des raisins cueillis dans d'excellentes conditions. On annonce des vins rouges à la fois solides et bien équilibrés.

2006 Une saison estivale chaude et sèche a donné des vins rouges généralement généreux, consistants et bien structurés.

2005 Un été chaud, des raisins très mûrs et des vins rouges puissants très charpentés.

2004 Très belle année ; un été idéal et des vins rouges charnus et équilibrés.

2003 Chaleur record et des vins ultramûrs dont la longévité reste incertaine.

Un grand millésime pour le Porto n'est pas nécessairement aussi grand pour les vins de table du Douro et vice versa. Si les années de grande chaleur et de surmaturité comme 2000 sont idéales pour le Porto, un millésime climatiquement plus modéré comme 2002 est plus favorable aux vins de table équilibrés et distingués.

D'abord connu pour le Porto, le Douro produit aujourd'hui plus de grands vins de table que toute autre région viticole portugaise.

La région d'Alentejo, à une centaine de kilomètres à l'est de Lisbonne, connaît un développement remarquable depuis quelques années. Son vaste vignoble de 22 000 hectares donne généralement de très bons vins plus généreux et chaleureux que ceux du Douro.

Il n'y a aucune restriction sur l'utilisation de variétés internationales; les conseils régionaux formulent plutôt des recommandations de cépages locaux appropriés au terroir. On peut ainsi boire un vin blanc du Douro issu exclusivement de chardonnay.

Le système de dénomination portugais est semblable en plusieurs points au modèle français:
DOC (Denominação de Origem Controlada): classification supérieure, équivalent des AOC;
IPR (Indicação de Proveniencia Regulamentada): en attente de DOC, équivalent des VDQS; Vinho Regional: équivalent des Vins de Pays;
Vinho de Mesa: équivalent du vin de table.

| VINS DU DOURO |

Altano Reserva 2004, Douro, Silva & Cosens (S-10370814): 24,75 $
Les Symington – Graham's, Dow's, Warre's – sont, sans l'ombre d'un doute, les propriétaires terriens les plus influents de toute la région du Douro. Sous l'étiquette Altano, ils produisent cet excellent Reserva, généreux tant par ses arômes que par son attaque en bouche, suave, presque sucrée. Des accents de fruits noirs se mêlent aux notes vanillées résultant d'un savant usage de la barrique. Un vin ample et persistant que les amateurs de Douro doivent absolument découvrir. À boire entre 2010 et 2014. Prix pleinement mérité. ★★★→★ ③
Aussi au répertoire général, le **Altano 2005, Douro** (page 303) ⊖

Alves de Sousa

Spécialiste des vins de table du Douro, le producteur Domingos Alves de Sousa signe une gamme de produits impeccables tous entièrement issus de cépages portugais et ayant en commun l'équilibre. Les quatre vins présentés dans cette édition sont autant d'exemples des progrès accomplis au Portugal au cours des dernières années.

Le porte-drapeau d'Alves de Sousa est le **Quinta da Gaivosa 2003, Douro** (S-883462 : 46,25 $) ; composé des cépages locaux roriz, tinto cão, touriga nacional, touriga franca, ce vin a une puissance et une profondeur considérables. Particulièrement opulent dans sa version 2003, il évoluera peut-être plus rapidement que d'habitude. Prix élevé, mais la qualité est au-dessus de la moyenne. ★★★★ ② ▼

Caldas 2004, Reserva, Douro (S-10838923 : 19,95 $) ; issu de tinta roriz, de tinta barroca et de touriga nacional et habillé d'une nouvelle étiquette, le Reserva 2004 est plein en bouche, costaud et encadré par des tanins bien affirmés. Actuellement un peu sévère, mais sa richesse en extraits et sa finale relevée sont de bon augure. Une aération en carafe d'une heure lui sera bénéfique. ★★→★ ②

Vale da Raposa 2004, Douro (S-883454 : 16,45 $) ; offert à bon prix et issu de cépages locaux, ce savoureux 2004 coloré, charnu, débordant de fruit et bien équilibré donnera pleine satisfaction à l'amateur de vin nourri et authentique. ★★★ ② ♥ ▼

Enfin, l'excellent vin blanc **Quinta da Gaivosa, Branco da Gaivosa 2005, Douro** (S-902288 : 18,90 $) ; très sympathique originalité du Douro issue des variétés locales gouveio, cerceal, viosinho et malvasia fina. À la fois sec et très mûr ; une fermentation partielle en fût de chêne lui ajoute une dimension supplémentaire. Plus cher que la moyenne des vins blancs du Portugal, ce 2005 me semble mériter pleinement son prix. Vinosité et sève sont dignes de mention ; tout cela, à moins de 20 $... ☆☆☆☆ ② ♥ ▼

Casa Ferreirinha

Propriété du géant Sogrape, la maison de Porto Ferreira produit aussi une série d'admirables vins de table du Douro. Du plus grand au plus modeste, tous ont en commun une individualité exemplaire.

Reserva Especial 1997, Douro (S-865337 : 64 $) ; petit frère du célébrissime Barca Velha, le Reserva Especial est un vin remarquablement constant et étoffé. À sa manière, le 1997 m'a semblé particulièrement réussi. Rien en excès, mais tout est là, aux bons endroits : une matière

fruitée très dense, des tanins fermes, très mûrs et cette originalité aromatique que lui confèrent des cépages exclusivement portugais. Déjà âgé de 11 ans et pourtant encore jeune et bon pour de longues années. Impeccable ! ★★★★ ② ▼

Portugal

Pour profiter des progrès accompli

○ Altano Reserva 2004, Douro, Silva & Cosen
● Quinta da Ponte Pedrinha 2004, Reserva, Dão

Pour bien boire sans se ruiner

● Casa Ferreirinha, Vinha Grande rouge 2002, Douro
● Coroa d'Ouro 2001, Douro
● Ramos Pinto, Duas Quintas 2006, Douro
● Sogrape, Duque de Viseu 2004, Dão

Pour flirter avec le meilleur

● Casa Ferreirinha, Quinta da Leda 2005, Douro
● Chryseia 2005, Douro, Prats & Symington
● Roquette & Cazes, Xisto 2004, Douro

Quinta da Leda 2005, Douro (S-10273213 : 39,75 $) ; outre le Porto, ce beau domaine d'une quarantaine d'hectares fait aussi un excellent vin de table, actuellement classé parmi les meilleurs du Douro. Composé de touriga nacional, de touriga franca et de tinta roriz, ce vin coloré exhale des parfums de fruits noirs très mûrs et conjugue l'élégance et l'intensité au plus-que-parfait. Des saveurs intenses et nuancées ainsi qu'une bouche ample déroulant un tapis de tanins soyeux sur la langue. Ce véritable délice de pureté et de plénitude est d'autant plus savoureux que son volume alcoolique n'est que de 12,5 %, ce qui ne l'empêchera pas de vivre longtemps. ★★★★ ②

Vinha Grande rouge 2002, Douro (S-865329 : 19,60 $) est le résultat d'un encépagement typiquement portugais : tinta roriz, touriga franca et barroca. Le 2002 est particulièrement satisfaisant, séveux, solide et ferme, mais n'accuse aucune raideur tannique. J'aime son style droit et sans détour. Un achat avisé à ce prix. ★★★★ ② ♥

Vinha Grande blanc 2006, Douro (S-10838878 : 19,20 $) ; ce vin original emprunte son caractère aromatique à un assemblage de viosinho, de gouveio et de codega élevé en fût de chêne et nourri par des bâtonnages successifs pendant six mois. Le résultat est un très bon 2006 vineux, aux saveurs originales de fruits confits. Un très bon vin de repas. ☆☆☆ ② ♥

Chryseia 2005, Douro, Prats & Symington (S-10814892) : 74 $

Élaboré avec brio par Bruno Prats – ancien propriétaire du Château Cos d'Estournel à Bordeaux – et la famille Symington (Graham's, Dow's, Warre's), ce vin classique est la démonstration éclatante que la région du Douro peut donner des vins rouges fins, empreints de nuances et d'élégance. Des notes de fruits confits et des nuances minérales animent ce vin authentique et sans artifices dont on apprécie l'individualité. À une époque où de plus en plus de vins rouges nous imprègnent le palais d'alcool, celui-ci fait preuve d'une modération rafraîchissante avec 13 % d'alcool. Ce qui n'est certainement pas étranger à son équilibre et à son irrésistible souplesse. Déjà étonnamment ouvert, mais bon pour longtemps. Cher et brillant ! ★★★★ ②

Le tandem signe aussi depuis 2002 un vin junior, à boire jeune. Le **Post Scriptum de Chryseia 2005, Douro** (S-10838780 : 25,95 $) fait allusion aux initiales des deux familles (P+S). De toute évidence élaboré dans un esprit d'harmonie, le 2005 provient de trois superbes propriétés de l'écurie Symington : Quinta do Bomfim, Quinta do Vesuvio et Quinta da Perdiz, acquise en 2004. Plus dense que vraiment puissant, son équilibre et sa droiture lui confèrent un classe certaine. Quatre étoiles bien méritées pour un vin savoureux, distinctif et déjà ouvert. ★★★★ ② ▼

Portugal, un survol historique

On a beaucoup entendu parler du régime franquiste qui a sévi en Espagne pendant une trentaine d'années, mais très peu de gens savent qu'à la même époque, son voisin portugais était lui aussi sous l'emprise d'un régime totalitaire, l'Estado Novo. Cette dictature prit fin avec la Révolution des Œillets – nom donné aux événements d'avril 1974 – et la la chute du régime qui contrôlait le Portugal depuis 1933. Ces 40 années de noirceur ont notamment causé beaucoup de tort à l'économie et aux infrastructures – immobilières comme viticoles – qui faisaient figure d'anachronismes dans une Europe en plein essor. Depuis, le retard se rattrape à grande vitesse, et surtout, avec sagesse. Les viticulteurs ont misé sur ce qu'ils savaient être leur plus grande richesse, les cépages autochtones. Du nord au sud, ces variétés uniques donnent au vin portugais un goût inimitable qui gagne à être découvert. Consultez également le « Petit guide des cépages portugais », pages 297-298.

Poças

Fondée en 1918 par Manoel Domingues Poças Junior, cette maison de Vila Nova de Gaia est l'une des rares propriétés familiales demeurées portugaises. La direction est aujourd'hui assurée par les trois petits-fils du fondateur tandis que le département d'œnologie relève de Jorge Manuel Pintão, fier représentant de la quatrième génération. Les Porto comme les vins de tables sont de qualité exemplaire.

Coroa d'Ouro 2001, Douro (S-743252 : 13,40 $); marqué du sceau des cépages locaux et du généreux climat du Douro, ce très bon 2001 charpenté et nourri en donne beaucoup pour le prix. D'autant plus satisfaisant qu'il est parfaitement à point. Un achat avisé. ★★★★ ② ♥

Quinta de la Rosa 2006, Douro (S-928473) : 20,65 $

Dans son domaine de 55 hectares, la famille Bergqvist fait majoritairement du Porto, mais signe aussi une quantité appréciable de vin de table. En dépit d'une bonne présence du fruit, ce nouveau millésime m'a semblé moins achevé qu'auparavant. Malgré tout, un bon vin droit faisant ressortir les saveurs originales des cépages locaux, le tout agrémenté de notes fumées bien dosées. À boire entre 2009 et 2012. ★★★ ②

Quinta de Roriz, Douro 2003, Reserva (S-10838966) : 39,50 $

Cette *quinta* historique appartenant à la famille Van Zeller depuis des générations était, depuis 1999, gérée en partenariat par la famille Symington. En juin 2008, les Van Zeller ont racheté la totalité des parts de l'entreprise et la direction technique est aujourd'hui sous la responsabilité de Cristiano Van Zeller (cousin de l'actuel propriétaire) et de Sandra Tavares (Pintas). Le 2003 est un vrai bon vin joufflu et juteux, avec du grain en bouche et des tanins doux très enveloppants. Chaleureux, étoffé et volumineux, mais aussi doté d'une certaine austérité qui, loin d'être un défaut, ajoute à son relief en bouche et lui confère passablement de caractère. Une longue finale laisse une impression de plénitude. Vin sérieux et combien délicieux ! ★★★★ ② ▼

Quinta do Cotto 2005, Douro (S-882712) : 16,10 $

Empruntant la voie tracée par le célèbre Barca Velha, le domaine de la famille Champalimaud fut parmi les premiers à produire des vins de table d'envergure dans le Douro et la cuvée Grande Eschola demeure une référence dans la région. Plus modeste, le vin courant de Cotto résulte d'une composition à part égale de touriga nacional, de tinta roriz et de sousão. À défaut de réelle profondeur, le 2005 a un caractère aromatique original, suffisamment de fruit et cette sévérité typique des vins traditionnels du Douro. L'un des rares vins portugais vendus dans une bouteille à capsule vissée. ★★★ ②

Quinta do Vallado 2005, Reserva, Douro (S-10540271) : 44,50 $

Propriété de la famille Ferreira depuis 1818, ce domaine du Douro produit des Porto et des vins de table depuis le début des années 1990. Avec brio s'il faut en juger par cet excellent 2005 provenant de vieilles vignes des cépages traditionnels de la région : roriz, amarela, sousão, touriga nacional et franca. Le résultat en impose par sa chair, son volume et son nez à la fois généreux et distingué. Sa tenue en bouche et sa longue finale parfumée sont le signe d'un vin étoffé, bâti pour vivre plusieurs années. Épatant ! ★★★★ ③ ▼

Ramos Pinto

Œnologue de la maison Ramos Pinto depuis plus de 30 ans, João Nicolau de Almeida est un personnage incontournable du Douro. Non seulement il fut une présence phare pour les vignerons de sa génération, mais ses travaux de recherche sur les variétés autochtones continuent d'éclairer les jeunes viticulteurs qui prennent aujourd'hui le relais.

João Nicolau de Almeida a commencé sa carrière au sein de la maison Ramos Pinto en 1976. À cette époque, les viticulteurs de la région établissaient l'encépagement de leur vignoble de manière approximative en choisissant parmi une soixantaine de variétés dont la qualité était souvent irrégulière. Les travaux qu'il a menés aux côtés de son illustre oncle José Ramos Pinto Rosas ont conduit à la sélection des cépages traduisant le mieux le riche terroir du Douro, mais aussi de concevoir des méthodes agriculturales mieux adaptées aux célèbres terrasses de la région. D'une certaine manière, ces avancées ont contribué à assurer la pérennité du vignoble portugais. À l'heure où le marché global est confronté à une homogénéisation du goût, la singularité ampélographique et géologique de la région du Douro prend, plus que jamais, une valeur inestimable.

Propriété de la maison champenoise Roederer depuis 1990, Ramos Pinto compte environ 300 hectares de vignes répartis sur quatre propriétés du Haut-Douro et du Douro Supérieur où elle produit une gamme complète de vins de table fins et distingués. Tous sont issus d'un assemblage des raisins de deux *quintas*. D'où le nom...

Pour goûter le meilleur de la maison, le **Duas Quintas 2003, Reserva Especial, Douro** (U-10710153 : 60 $) ; issu de vieilles vignes provenant de Quinta do Bom Retiro et de sa voisine immédiate, Quinta da Urtiga, le 2003 s'impose par sa structure et son fruit dense. Une trame tannique serrée et un caractère séveux bien senti lui assurent beaucoup de présence en bouche. Sa plénitude et sa longueur sont un gage de longévité. Un vin authentique dont le prix me semble tout à fait justifié. ★★★★ ③

Le **Duas Quintas 2003, Reserva, Douro** (S-10276596 : 40,25 $) est un succès tout aussi éclatant. Empruntant les méthodes bordelaises, les meilleurs raisins de touriga nacional et de barroca sont vinifiés séparément et, après l'assemblage, le vin est élevé en fût de chêne neuf. Ce qui explique son profil européen très chic. Le 2003 m'a semblé particulièrement nourri, volumineux et riche en tanins mûrs. Déjà impressionnant, mais il a tout le coffre nécessaire pour vivre de longues années. ★★★★ ② ▼

Au répertoire général, le **Duas Quintas 2006, Douro** (page 303) ☺

Roquette & Cazes, Xisto 2004, Douro (S-10838915) : 55 $

Jean-Michel Cazes du Château Lynch-Bages à Pauillac s'est associé à la famille Roquette – Quinta do Crasto – pour mettre en place ce projet d'envergure dans la région du Haut Douro. Ce partenariat vient enrichir le portefeuille déjà enviable de la famille Cazes qui, en plus de son actif bordelais, est notamment présente dans le Roussillon (Domaine Cazes), en Australie (Tapanappa) et à Châteauneuf-du-Pape (Domaine des Sénéchaux). Fruit d'un judicieux assemblage de touriga nacional, de tinta roriz et de touriga franca, le Xisto – prononcer chistou – est élevé pendant 18 mois en fût de chêne français dont près des deux tiers sont neufs. Le résultat est un vin strict et pourtant intense et imposant, tant par sa forme tannique que par son ampleur aromatique. Vraiment, Xisto a beaucoup de classe. Encore jeune, il n'a pas révélé son plein potentiel, laissons-lui encore trois ou quatre ans. ★★★→★ ③

Sogrape, Douro blanc 2006, Reserva (S-412585) : 18,90 $

Très bon vin blanc issu de malvoisie, un cépage parfumé très particulier. Sec et friand, il a un caractère unique qui séduira les amateurs en quête de sensations nouvelles. ☆☆☆ ②

Petit guide des cépages portugais

| BLANCS |

Alvarinho : aussi nommé albariño dans le nord de l'Espagne, il est le cépage principal – avec le loureiro et le trajadura – du Vinho Verde. On le reconnaît à son caractère minéral et à ses notes citronnées.

Fernão pires : cépage blanc le plus planté au pays ; on le trouve surtout dans les régions de Ribatejo et de Bairrada où il porte le nom de maria gomes. Il est bien adapté au climat chaud du centre du pays.

Encruzado : cépage exigeant beaucoup d'attention, mais reconnu par plusieurs viticulteurs comme l'un des plus qualitatifs. Il est cultivé presque exclusivement dans le Dão où il donne des vins gras et vineux dont la texture en bouche rappelle celle du chardonnay.

ROUGES

Touriga nacional: star du Douro et pierre angulaire de la viticulture portugaise, le touriga nacional était pourtant menacé d'extinction au milieu du xxe siècle, car il ne répondait pas aux critères de productivité de l'époque. Un peu comme le sangiovese en Toscane, il a bénéficié de nombreuses études qui ont conduit à sa réintroduction massive depuis une vingtaine d'années. En 2004, il couvrait environ 3500 hectares du Douro à l'Alentejo.

Touriga franca: autrefois nommé touriga francesca, ce cépage est surtout utilisé dans les assemblages pour sa structure tannique. Moins charmeur que le touriga nacional, mais plus profond et doté de ce que les Anglais appellent *grip,* c'est-à-dire la poigne essentielle à tout bon Porto.

Tinto cão: l'un des cinq cépages du Porto; recommandé dans les endroits frais où la maturation est plus lente. Tout comme le touriga nacional, ses faibles rendements lui ont longtemps valu d'être délaissé au profit de variétés plus productives. Toutefois, en raison d'un potentiel de vieillissement excellent, il suscite un regain d'intérêt depuis quelques années.

Tinta roriz: aussi nommé tempranillo en Espagne et aragonês dans l'Alentejo; cépage tardif riche en couleur et en arômes entrant aussi dans la composition des vins de Porto.

Tinta barroca: variété robuste et productive résistant bien au climat frais des pentes exposées au nord. En raison d'une teneur en sucre particulièrement élevée, il est souvent utilisé pour les assemblages de Porto.

Periquita: les amateurs de vins portugais sont familiers avec ce nom qui désigne à la fois une variété de la région de Ribatejo et un vin rouge commercialisé par José Maria da Fonseca. En 2004, le periquita – aussi connu sous le nom de castelão – se situait au premier rang des variétés les plus répandues au pays avec une superficie de plus de 20 000 hectares.

Jaen: variété à maturation précoce surtout répandue dans le Dão. Le plus souvent, il est assemblé avec le touriga nacional et l'alfrocheiro. On le retrouve aussi en Espagne, notamment dans la région de Bierzo où il porte le nom de mencía.

TROP TARD !
Surveillez les prochains millésimes

D'AUTRES BONS VINS DU PORTUGAL DÉGUSTÉS CETTE ANNÉE

Quinta do Crasto, Flor de Crasto 2005, Douro (S-10838579) : 12,95 $

Depuis 1981, Jorge Roquette et sa femme Leonor se sont taillé une solide renommée en peaufinant des vins de table au style moderne dont la qualité est généralement irréprochable. Misant essentiellement sur le fruit, franc de goût et idéalement proportionné, le Flor de Castro – le vin «quotidien» du domaine – révèle une matière dense et suave soutenue par une trame tannique bien mûre. Savoureux 2005 auquel les cépages locaux – roriz, franca, nacional... – apportent toute la couleur, la poigne et la personnalité nécessaires. Une aubaine à ce prix. ★★★★ ② ♥

Quinta do Infantado 2003, Reserva, Douro (S-10839045) : 40 $

Outre ses excellents Porto, la famille Roseira commercialise de savoureux vins dans l'appellation Douro. Nullement handicapé par le millésime, le Reserva 2003 est dense et chaleureux, il laisse une sensation de plénitude en bouche. En plus de contribuer à son originalité aromatique et à sa couleur, les cépages locaux touriga nacional et touriga franca lui donnent toute la structure, la longueur et l'équilibre nécessaires pour vieillir en beauté. Un bon vin du Douro à boire entre 2009 et 2013. ★★★→★ ③

Quinta do Vale da Perdiz, Cistus 2003, Douro (S-10841161) : 13,95 $

L'œnologue Alvaro Van Zeller gère cette *quinta* de 14 hectares située de part et d'autre de la vallée à laquelle elle doit son nom. À la faveur d'un millésime particulièrement riche, le Cistus 2003 est un vin robuste dont le caractère fruité évoque la cerise noire et le kirsch. Mûr et généreux, mais surtout frais en bouche et relevé par un cadre tannique digne de mention. À ce prix, on n'a aucune raison de se plaindre... ★★★ ② ♥

D'AUTRES VINS DE QUALITÉ MOYENNE

Calem, Curva 2006, Douro (S-10839070) : 21,95 $ ☆☆
Lurton, J & F ; Pilheiros 2004, Douro (S-10841196) : 19,95 $ ★★
Castelinho, Colheita seleccionada 2004, Douro (S-10370734) : 19,75 $ ★★

Aveleda, Touriga Nacional 2004, Follies, Bairrada
(S-10839029) : 23,75 $

Surtout connu pour ses deux vins inscrits au répertoire général – Charamba et Vinho Verde –, Quinta da Aveleda signe également une gamme de vins de plus grande envergure sous l'étiquette Follies (prononcer à l'anglaise). Le Touriga Nacional 2004 se signale avant tout par son attaque en bouche très franche aux parfums de fruits rouges et par sa structure. Un peu rustique, mais franchement sympathique. ★★★ ②

Casa de Sezim, Vinho Verde 2006, Grande Escolha
(S-10838940) : 13,50 $

Bel exemple de Vinho Verde : léger, perlant, frais et sec. Des arômes presque muscatés ; désaltérant et abordable. ☆☆ ①

Cortes de Cima, Chaminé 2007, Vinho Regional Alentejano
(S-10403410) : 16,45 $

Au sud de l'Alentejo, le Danois Hans Kristian Jørgensen contribue avec brio à l'essor de la région. Le Chaminé est le vin d'entrée de gamme du domaine. Vif, vigoureux et gorgé de fruits mûrs, c'est un assemblage du cépage local aragonez (tempranillo) et de syrah. Pour profiter pleinement de sa jeune fougue, il vaut mieux le rafraîchir à 14-15 °C et le passer en carafe une heure avant de le servir. ★★★ ②

Dona Maria 2004, Alentejano (S-10839061) : 18,95 $

Arômes de fruits secs dans un vin au profil plutôt international. Rectiligne, tannique, concentré et bâti d'une seule pièce. Le temps pourrait l'assouplir et l'enrichir de nuances. ★★→? ③

Fonseca, José Maria da ; Periquita Classico 2004, Special Reserve, Terras do Sado (S-464453) : 27,95 $

Ne pas confondre avec le très bon Periquita courant inscrit au répertoire général et commenté en page 303. Il s'agit ici d'une cuvée spéciale élevée en fût et composée exclusivement de castelão. Bien qu'il provienne d'une région particulièrement méridionale, située à une centaine de kilomètres au sud de Lisbonne, le vin n'accuse aucune lourdeur. Équilibré, soutenu par une trame tannique bien dosée et relevé de délicieuses saveurs fruitées. ★★★ ②

Albis 2007, Terras do Sado (S-319905 : 11,70 $) ; une touche de changement et d'exotisme à l'apéritif ; un bon vin sec et parfumé composé de moscatel et d'arinto. ☆☆ ①

Herdade do Esporão, Esporão 2004, Reserva, Alentejo
(S-10838616) : 25,95 $

Situé à 180 km à l'est de Lisbonne, cet immense domaine viticole compte quelque 600 hectares de vignes répartis sur 5 propriétés. Fruit d'un assemblage d'aragonez (tempranillo), de trincadeira et de cabernet sauvignon, l'Esporão est un très bon vin capiteux, juteux et plein en bouche. Ouvert et déjà prêt à boire. ★★★ ②

Quinta da Ponte Pedrinha 2004, Reserva, Dão (S-883645) : 25,25 $

Une très bonne note pour cet excellent vin portugais provenant d'un vignoble vieux de 30 ans planté sur des sols granitiques. Les cépages autochtones touriga nacional, tinta roriz et jaen donnent un vin à la forte saveur locale, à la fois ferme et de belle tenue, sans rudesse, mais déployant relief et fraîcheur en bouche. J'ai d'autant plus aimé la droiture et le caractère affirmé de ce vin, qu'il est l'un des rares bons exemples de la région du Dão actuellement offerts au Québec. Un excellent achat à ce prix. ★★★★ ②

Quinta da Terrugem

Cette propriété de l'Alentejo, dont la création remonte à 1927, a récemment été restaurée par un partenariat entre les Caves Aliança et le consultant bordelais Pascal Chatonnet.

Ils y produisent entre autres ce robuste **T 2002, Alentejo** (S-10271154 : 56 $) ; un vin moderne et imposant issu d'aragonez, de cabernet sauvignon et de trincadeira. On est charmé par ses tanins mûrs et soyeux, sa matière riche et dense. Bref, tout y est, mais il relève davantage de la prouesse technique que du terroir. Le prix est très élevé pour un exercice de style somme toute plutôt convenu. ★★★→? ②

Moins convaincant, le **Alentejo 2004** (S-10838894 : 24,50 $) est taillé à gros traits, au caractère fruité concentré et surtout très mûr ; chaleureux, mais un peu monolithique et sans race particulière. ★★ ②

Quinta dos Roques

Sur leur domaine d'une quarantaine d'hectares, Manuel Lopes de Oliveira et son gendre Luis Lourenço prônent une approche peu interventionniste.

Reserva 2003, Dão (S-894121 : 33 $) ; excellent vin élaboré exclusivement avec des cépages locaux – touriga nacional (55 %), jaen, alfrocheiro preto, tinta roriz et tinto cão – qui traduisent à merveille le terroir et donnent au vin un caractère aromatique distinctif. Sa solide matière fruitée laisse une franche impression de plénitude. Un remarquable 2003 ayant tout l'élan, l'équilibre et la longueur nécessaires pour se hisser au rang des meilleurs vins portugais offerts cette année. Pas donné, mais impeccable. ★★★★ ② ▼

Nouveau cette année, le **Touriga Nacional 2003, Dão** (S-10838827 : 30,25 $) m'a semblé un peu plus simple et unidimensionnel ; costaud, généreux et fort agréable. Sans être une aubaine, cet exercice de style est une belle occasion de découvrir le cépage vedette du Portugal sous un jour singulier. ★★★ ②

Plus simple, le **Quinta Dos Roques 2006, Dão** (S-744805 : 16,10 $) adopte un style plus délié privilégiant la rondeur fruitée sur fond vanillé ; sa vivacité naturelle ajoute à sa franchise et à sa droiture. Sain et équilibré. ★★★ ②

Enfin, sur un mode plus rustique, le **Quinta das Maias 2006, Dão** (S-874925 : 16,70 $) ne m'a pas paru spécialement convaincant. Son attaque très mûre quasi sucrée et ses tonalités confites laissent une impression plutôt rudimentaire. Finale courte. ★★ ②

Ramos, João Portugal ; Marques de Borba 2005, Alentejo
(S-10838667) : 15,95 $

Considéré comme l'une des locomotives de l'Alentejo, l'œnologue João Portugal Ramos possède aujourd'hui plus de 130 hectares de vignes répartis sur 5 parcelles dans le secteur d'Estremoz à 150 km à l'est de Lisbonne. Majoritairement issu des cépages aragonês et trincadeira, ce 2005 aux bons goûts de fruits est soutenu par une saine acidité fort agréable. Rien de compliqué, mais un vin mûr et juteux offrant un très bon rapport qualité-prix. ★★★ ② ♥ ▼

Sogrape, Duque de Viseu 2004, Dão (S-546309) : 14,80 $

Sogrape est le plus important producteur de vins portugais. En plus de ses propriétés de Porto – Ferreira, Offley et Sandeman –, et ses nombreux domaines viticoles dans le Douro, le Dão et l'Alentejo, l'entreprise possède maintenant Finca Flichman en Argentine. Au Portugal, l'entreprise reste fidèle à une philosophie privilégiant exclusivement les cépages autochtones. Dans la région du Dão, l'entreprise élabore cet excellent vin riche et charnu, à des lieues des vins rugueux de l'appellation. Son volume, son fruité chaleureux et sa générosité, portés par un équilibre irréprochable, laissent une impression de plénitude en finale. Dans sa catégorie, il mérite bien quatre étoiles ! ★★★★ ② ♥

Tercius 2004, Ribatejano, Falua-Sociedade de Vinhos
(S-893107) : 19,30 $

Excellent vin rouge confectionné par Joao Ramos, une star de l'œnologie moderne portugaise. Provenant de la région de Ribatejo, la cuvée Tercius est un assemblage très réussi de trincadeira preta, de tinta roriz et de touriga nacional. Savant compromis entre la modernité et l'authenticité portugaise, ce vin au fort tempérament se distingue par son grain serré, sa tenue en bouche et son caractère individuel bien affirmé. À boire maintenant et d'ici 2015. Un très bon achat à ce prix. ★★★★ ② ♥

D'AUTRES VINS BLANCS DE QUALITÉ MOYENNE ☆☆

Marques de Marialva 2006, Bairrada (S-626499) : 10,40 $
Reguengos 2005, Alentejo, Cooperativa Agricola de Reguengos de Monsaraz (S-928879) : 11,40 $

D'AUTRES VINS ROUGES DE QUALITÉ MOYENNE ★★

Fontanario de Pegões, Palmela 2004 (S-10432376) : 13,30 $
Miolo, Quinta do Seival 2004, Castas Portuguesas (S-10744812) : 18,45 $
Palacio da Bacalhoa 2003, Vinho regional Terras do Sado
(S-10540060) : 34,50 $
Quinta da Alorna, Cardal 2005, Vinho regional Ribatejano
(S-10838675) : 13,95 $

Vins du Portugal
au répertoire général

Altano 2006, Douro, Silva & Cosens (C-579862) : 12,45 $
Cette année encore, impossible de passer sous silence ce très bon Douro, certainement parmi les meilleurs vins de table à moins de 15 $. Frais et à la fois chaleureux, le 2006 puise encore son originalité dans les cépages portugais tinta roriz et touriga franca. ★★★ ② ♥

Fonseca, José Maria da ; Periquita 2005, Vinho Regional Terras do Sado (C-025262) : 11,85 $
Peut-être entre-t-il dans la modernité, mais ce grand classique portugais, jadis de facture très traditionnelle, me semble miser davantage sur le fruit et la fraîcheur que dans le passé. Le 2005 est charnu, juteux, souple et charmeur, tout en conservant les tonalités aromatiques des cépages autochtones. ★★★ ② ♥

Herdade das Albernoas 2006, Vinho Regional Alentejano (C-10803051) : 10,10 $
Les variétés locales aragonez (tempranillo), trincadeira et castelão donnent un fruit mûr et généreux, des parfums d'épices et beaucoup de charme à ce vin idéal pour le quotidien. Le servir rafraîchi autour de 15 °C. ★★★ ② ♥

Ramos Pinto, Duas Quintas 2006, Douro (C-10237458) : 17,80 $
Toujours aussi séveux et plein de caractère, le 2006 mise avant tout sur la fraîcheur et l'équilibre des éléments. Excellent vin dont la qualité, l'authenticité et la régularité méritent d'être soulignées. À boire entre 2009 et 2012. ★★★★ ② ♥

Sogrape, Vinha do Monte 2005, Alentejano (C-501486) : 12,75 $
La preuve que le marché du vin abordable n'offre pas que des produits stéréotypés et anodins. Bon vin rouge typique, aux arômes soutenus de fruits très mûrs et enjolivé de jolies notes chocolatées. L'archétype même du vin des régions ensoleillées. Capiteux, un brin rustique, mais très aimable, surtout à ce prix. ★★★ ② ♥

Vila Regia 2005, Douro (C-464388 : 9,95 $) ; comme toujours, un très bon vin friand, guilleret, juteux et savoureux, qui doit son goût original aux cépages locaux touriga nacional, touriga franca, tinta roriz et tinta barroca. Plaisir simple, mais assuré. ★★★ ② ♥

Quelques autres pays d'Europe

Allemagne

L'Allemagne produit près de 10 millions d'hectolitres, mais peine aujourd'hui à satisfaire la demande mondiale de Riesling qui ne cesse de croître depuis quelques années. Le pays exporte annuellement environ 2,3 millions d'hectolitres, principalement vers la Grande-Bretagne (40 %), les Pays-Bas (13 %) et plus récemment, les États-Unis.

Afin de répondre à la consommation domestique, de plus en plus de vignerons s'adonnent à l'élaboration de vins rouges qui représentent aujourd'hui 37 % de la production nationale. L'Allemagne est d'ailleurs le troisième plus important producteur de Pinot noir, avec une surface plantée supérieure à celle de l'Australie, de la Nouvelle-Zélande et du Chili réunis.

Au Québec, l'offre demeure assez limitée, mais tout de même satisfaisante compte tenu du faible intérêt des consommateurs. Pourtant, ce pays viticole, célèbre pour la grâce et le style unique de ses Riesling, a beaucoup à offrir. De nouveau cette année, les quelques vins commentés sont autant d'invitations à sortir des sentiers battus et à découvrir le charme inimitable des bons vins allemands.

La revanche du Riesling

Dans l'ombre des Chardonnay, Sauvignon et Pinot grigio pendant des années, voilà enfin que le Riesling connaît un regain de popularité sur les marchés internationaux. À un point tel que l'Allemagne peine à répondre à la demande. La valeur des importations américaines de Riesling aurait connu une hausse de 27 % en 2006. Ce réveil soudain suscite l'intérêt de nombreux producteurs du Nouveau Monde qui incluent désormais le cépage germanique dans leur gamme. Les résultats s'avèrent souvent intéressants, notamment en Nouvelle-Zélande et dans le sud de l'Australie où certains producteurs signent de très bons Riesling empreints de fraîcheur et de raffinement.

LES CINQ DERNIERS MILLÉSIMES

2007 Comme en France, juillet et août n'ont pas été brillants, mais le soleil de septembre est arrivé comme un baume. Au début d'octobre, après une saison végétative exceptionnellement longue, on a ramassé des raisins riches en matière. Une récolte abondante de vins annoncés excellents.

2006 Après une série climatique de rêve depuis 2001, les vignerons allemands ont composé avec un mois d'août frais et des conditions météo précaires en fin de saison. Résultat, une petite quantité de vins de qualité hétérogène. Plus que jamais, les amateurs devront se fier à la réputation et à la feuille de route du producteur.

2005 Des rendements 6 % inférieurs à la moyenne, mais une qualité générale exemplaire ; des vins à la fois mûrs et soutenus par une acidité idéale.

2004 Excellent millésime de style classique et des vins en général équilibrés, soutenus par une saine acidité. Peu de vins botrytisés.

2003 Millésime hors norme ayant donné des vins exceptionnellement riches. Seul bémol, des taux d'acidité parfois un peu bas, en raison de la chaleur, laissent planer certains doutes sur leur longévité. Mais il est vrai que les grands vins allemands ne cessent de surprendre...

Les vins allemands classiques ont un profil unique : une faible teneur en alcool – entre 7,5 et 9 % pour la plupart –, une forte acidité et une quantité plus ou moins importante de sucre résiduel.

Même si leur douceur charme rapidement, les meilleurs vins allemands exigent du temps pour développer tout leur potentiel. Les amateurs qui auront la sagesse et la patience de conserver quelques bouteilles seront récompensés dans 10-15 ans.

Les vins allemands ont leur place à table et accompagnent parfaitement plusieurs plats : langoustines au safran, terrines de légumes, quenelles de poisson en sauce, sushi, etc. Un petit bonheur d'été sur la terrasse : melon et prosciutto avec un bon Kabinett bien frais.

Généralement, les vins de Moselle sont plus vifs et plus minéraux, alors que ceux du Rheingau et de Pfalz sont plus opulents.

bon à savoir

Divers pays d'Europe et du Proche-Orient (09)

Allemagne

○ Losen, Dr. L 2006, Riesling, Mosel-Saar-Ruwer
○ Schloss Lieser, Lieser Niederberg Helden 2005, Riesling Auslese, Mosel-Saar-Ruwer
○ Selbach-Oster, Zeltinger Sonnenuhr 2005, Spätlese Trocken, Riesling, Mosel-Saar-Ruwer

Autriche

○ Bründlmayer, Riesling 2006, Trocken, Kamptaler Terrassen
○ Schloss Gobelsburg, Gobelsburger Messwein 2006, Grüner Veltliner, Trocken, Kamptal

Hongrie

○ Tinon, Samuel ; Tokaji Aszù 5 Puttonyos 2001

Grèce

○ Biblia Chora, Ovilos 2006, Pangeon
○ Domaine Hatzimichalis, Ambelon 2006, Vin de Pays d'Opountia Locris
○ Gerovassiliou, Vin de Pays blanc d'Epanomi 2007

Liban

● Kefraya, Comte de M 2002, Vallée de la Bekaa

Bischöfliche Weingüter, Eitelsbacher Marienholz 2005, Riesling Kabinett, Mosel-Saar-Ruwer (S-10228877) : 18,85 $

Regroupement de trois domaines à vocation charitable, le Bischöfliche Weingüter constitue la plus importante entité viticole de Moselle avec plus de 100 hectares de vignes. À prix abordable, ce très bon Kabinett est à la fois moelleux et très droit en bouche ; sa légèreté alcoolique de 10,5 % et son acidité rafraîchissante en font un compagnon tout indiqué pour l'apéritif. ☆☆☆ ②

Christoffel Erben, Joh. Jos. ; Ürziger Würzgarten 2004, Riesling Auslese, Mosel-Saar-Ruwer (S-10786300) : 44 $

Un vin rond et plantureux s'appuyant sur une dose importante de sucre résiduel. À défaut de réelle finesse, on appréciera sa légèreté alcoolique de 8 %, sa généreuse bouche gorgée de fruits et sa jolie finale parfumée. Prix élevé. ☆☆☆ ②

Emrich-Schönleber

Domaine familial vieux de 250 ans, mais surtout réputé depuis une vingtaine d'années et maintenant considéré comme l'un des meilleurs de la Nahe.

Monzinger Halenberg 2001, Riesling Auslese, Nahe (S-10258398 : 125 $ – 500 ml) ; son prix est élevé, mais par sa richesse, sa bouche complexe au caractère exotique et sa trame acidulée rehaussant ses saveurs, ce vin doux et combien racé est l'un des meilleurs exemples du genre. Même s'il est déjà extrêmement charmeur, ce 2001 gagnera encore en complexité dans les prochaines années. Du grand art ! ☆☆☆☆→☆ ③ ▼

Loosen, Dr.

Nommé « Man of the Year » en 2005 par la célèbre revue britannique *Decanter*, le Dr. Ernst Loosen a rejoint d'autres grandes pointures de la viticulture mondiale dont Miguel Torres, Paul Draper et Angelo Gaja. Véritable maître du Riesling, il mène de front plusieurs projets en Allemagne et dans l'État de Washington.

Dr. L 2006, Riesling, Mosel-Saar-Ruwer (S-10685251 : 14,85 $) ; peu alcoolisé (8,5 %), mais plein de saveurs, ce vin savoureux a tout le caractère aromatique du Riesling, et en prime, une saine acidité qui lui apporte un tonus et une franchise exemplaires. Difficile de trouver meilleur Riesling à moins de 15 $. ☆☆☆☆ ② ♥

Reinhold Haart

Ce domaine familial occupe le paysage de la vallée de la Moselle depuis 1337. Près de Piesport, Edith et Theo Haart perpétuent la tradition avec des vins d'une grande pureté.

Goldtröpfchen 2005, Riesling Spätlese, Mosel-Saar-Ruwer (S-10708416 : 34,50 $) ; le nez déploie cette minéralité typique aux vins de la région. Bien que léger (8 % d'alcool), le vin offre une richesse débordante et embaume le palais d'arômes floraux. Pas donné, mais fort substantiel, ce vin continuera de se développer au cours des trois ou quatre prochaines années. ☆☆☆☆ ③

Ress, Balthasar ; Hattenheimer Schutzenhaus 2006, Riesling Kabinett, Rheingau (S-10244551) : 18,05 $

Bon vin rond et floral, délicatement parfumé et frais en bouche (10 % d'alcool). Pas très complexe, mais original et fort plaisant. ☆☆ ②

Schloss Lieser, Lieser Niederberg Helden 2005, Riesling Auslese, Mosel-Saar-Ruwer (S-10687109) : 30,50 $ – 375 ml

Ce petit domaine de 9 hectares produit des Riesling remarquables sur le vignoble Niederberg Helden. Ce savoureux vin doux traduit l'inimitable caractère minéral et la nervosité des meilleurs vins de Moselle. Dense, pénétrant et pourtant léger, 8,5 % d'alcool, c'est le vin allemand à son meilleur. Déjà ouvert et agréable, quoique ces vins à l'équilibre légendaire ont depuis longtemps prouvé leur capacité à vieillir en beauté. Grand succès ! ☆☆☆☆ ②

Selbach, J & H

Décédé en 2004, Herr Selbach a fait de l'affaire familiale établie en Mittel Mosel l'une des entreprises viticoles les plus respectées d'Allemagne. Aujourd'hui, son fils Johannes est aux commandes et dirige aussi parallèlement une activité de négoce appelée J & H Selbach visant à commercialiser des vins de belle qualité à prix plus abordables.

Sous la marque **Selbach-Oster**, on retiendra les deux vins suivants :

Zeltinger-Sonnenuhr 2005, Riesling Auslese, Mosel-Saar-Ruwer (S-10750809 : 38,50 $) ; à la fois doux et nerveux en bouche, ce vin typé, au relief aromatique éclatant, est encore jeune et n'a pas développé tout son potentiel. Prix justifié pour un vin allemand d'une telle grâce. À laisser mûrir idéalement jusqu'en 2010-1012. ☆☆☆☆ ③

Le **Zeltinger Sonnenuhr 2005, Spätlese Trocken, Riesling, Mosel-Saar-Ruwer** (S-904243 : 26,20 $) est un remarquable vin sec qui a toute la vigueur, le nerf et le splendide caractère minéral des meilleurs Riesling. Racé et pur comme une eau de source, un vrai bonheur. Parfait pour ceux qui n'apprécient pas la douceur des vins allemands. Personnellement, j'en boirais encore et encore... ☆☆☆☆ ②

Zilliken

Référence dans la région, les Zilliken comptent parmi les membres fondateurs du VDP (Verband Deutscher Prädikats), une association de l'élite viticole allemande, dont les positions sur la teneur en sucre résiduel des QmP, ont récemment suscité la controverse.

Butterfly 2005, Riesling, Mosel-Saar-Ruwer (S-10748098 : 16,80 $) ; cette cuvée illustre bien la philosophie de la maison. Un soupçon de sucre résiduel certes, mais une acidité soutenue qui laisse une empreinte d'harmonie en bouche. Pas le plus parfumé, mais fin, élégant et très frais. Un vrai plaisir à moins de 20 $! ☆☆☆☆ ② ♥

Autriche

Bründlmayer, Riesling 2006, Trocken, Kamptaler Terrassen
(S-10369311) : 22,55 $

Véritable locomotive pour le Kamptal – région viticole située à 70 km au nord-ouest de Vienne, le long du Danube –, le domaine de Willi Bründlmayer est une référence en viticulture autrichienne. Sa cuvée Ried Lamm compte parmi les Grüner Veltliner les plus achevés. Moins ambitieux, celui-ci se signale néanmoins par sa franchise et sa droiture. À la fois léger et intense, porté par une franche acidité et doté d'une longue finale parfumée et distinguée. Une excellente occasion de découvrir les charmes des vins blancs d'Autriche. ☆☆☆☆ ② ♥

Domäne Wachau, Loibenberg 2005, Grüner Veltliner, Federspiel
(S-10769420) : 19,30 $

Établie au bord du Danube, cette cave coopérative de la région de Wachau regroupe environ 600 membres. Ce vin sec et nerveux renferme une dose considérable de gaz carbonique, ce qui accentue ses saveurs minérales et le caractère aromatique à la fois épicé et discret du cépage grüner veltliner. Simple et sans complexité, mais charmeur. ☆☆☆ ①

Heinrich, Blaufränkisch 2005, Burgenland, Neusiedlersee
(S-10768478) : 22,15 $

La région vinicole Burgenland est tempérée par la proximité du lac Neusiedler et donne parmi les meilleurs vins – rouges, blancs et liquoreux – du pays. Sur une vingtaine d'hectares, la famille Heinrich produit ce très bon vin issu de blaufränkisch, le cépage rouge le plus planté en Autriche et que l'on a longtemps associé au gamay du Beaujolais. Le 2005 révèle d'agréables notes confites mises en valeur par l'acidité caractéristique du cépage. Une originalité locale à découvrir. Bouteille scellée d'un bouchon de verre *Vino Lock*. ★★★ ②

Schloss Gobelsburg

Sur leurs 35 hectares de vignes cultivées en terrasses, Michael & Eva Moosbrugger produisent des vins remarquables dont la réputation n'est plus à faire.

Gobelsburger Messwein 2006, Grüner Veltliner, Trocken, Kamptal (S-10790317 : 15,45 $) ; sec, vibrant et idéalement équilibré, le Gobelsburger 2006 traduit de manière pure et précise les saveurs à la fois citronnées et poivrées du cépage local grüner veltliner. Beaucoup de personnalité pour un vin de ce prix. ☆☆☆ ② ♥

Mieux encore, le **Heiligenstein 2005, Riesling** (S-10685285 : 30,50 $) ; robuste, moelleux et exubérant, ce vin se distingue par son harmonie. Grande vivacité et généreuse longueur. Pour apprécier les vertus des très bons crus autrichiens. ☆☆☆☆ ②

Hongrie

Le succès du renouveau viticole hongrois repose essentiellement sur un seul vin, mais quel vin! Le Tokaji (prononcer To-Caille) provient d'un hameau situé au nord-est du pays. Fort apprécié de Louis XIV, il a aussi été le nectar quotidien des tsars de Russie jusqu'à la Révolution de 1917. Par la suite, à l'est du rideau de fer, il est devenu communiste. Vinifié industriellement, ce vin de légende a sombré dans l'oubli pendant plus d'un demi-siècle.

En 1990, après la chute de l'empire soviétique, le gouvernement hongrois a autorisé l'entrée des investisseurs étrangers et a ainsi ouvert la porte aux capitaux et au savoir-faire de l'Ouest. C'est à ce moment que plusieurs domaines de qualité ont été créés: Diznoko (AXA Millésimes), Oremus (Vega Sicilia), Royal Tokaji Company, etc.

Des années d'obscurantisme communiste avaient dégradé l'état des installations, mais on avait conservé le terroir, le climat et le cépage furmint, la grande originalité locale.

Tokaj Kereskedohaz Rt

Aussi connue sous les noms anglais de Trading House Company ou de Crown Estates of Hungary, cette ancienne coopérative est le plus important producteur hongrois de Tokaji. Son fleuron est le fabuleux vignoble de Szarvas, l'un des crus les plus fameux de la région.

Tokaji Aszù 6 Puttonyos 1994 (S-892315: 79 $ – 500 ml); à vrai dire, je m'attendais à mieux que ce vin ambré et oxydé, certes moelleux, mais privé de la vraie richesse d'un grand Tokaji. À mon avis, ce genre de produit ne contribue pas au rayonnement de ce grand vin hongrois. ☆☆ ②

Furmint et Tokaji

Le cépage furmint donne également de très bons vins secs qui, sans avoir la sève des vins Aszù, offrent un plaisir plus abordable à l'amateur en quête de dépaysement.

Grâce à leur acidité naturelle, les Tokaji Aszù peuvent vivre de longues années.

Tinon, Samuel ; Tokaji Aszù 5 Puttonyos 2001
(U-10907394 : 56 $ – 500 ml)

Fils de viticulteur né à Sainte-Croix du Mont, Samuel Tinon est arrivé en Hongrie en octobre 1991, peu de temps après que le pays eut ouvert son marché aux investisseurs étrangers. Après avoir baigné dans le Tokaji des autres pendant quelques années à titre de consultant, il s'est installé dans la région avec sa femme Mathilde. «J'avais déjà en tête une idée bien précise de ce que je voulais pour mon Aszù», dit-il. Il ne restait plus qu'à trouver les raisins chez des petits producteurs. C'est ainsi qu'en 2000, Tinon produisit son premier Tokaji. Offert pour la première fois au Québec, le 5 Puttonyos 2001 est un vin brillant réunissant la richesse, l'onctuosité et la vigueur qui ont fait la renommée de ce grand vin hongrois. Quelques bouteilles étaient à Signature à la fin de septembre 2008, je vous invite fortement à surveiller l'arrivée des prochains millésimes. ☆☆☆☆ ②

Disznoko, Tokaji Aszù 4 Puttonyos 2001 (S-880203 : 33,75 $ – 500 ml)
Version simple et plutôt rudimentaire du grand vin hongrois. Malgré tout, un bon Tokaji généreux et onctueux évoquant les tonalités aromatiques épicées propres au cépage furmint. Correct, sans être vraiment distingué. ☆☆☆ ②

Château Pajzos, Tokaji Hárslevelü Late Harvest 2005
(S-10217414 : 20,10 $ – 375 ml)

Cette sympathique originalité hongroise – à ne pas confondre avec le Tokaji Aszù – est issue de vendanges tardives de raisins hárslevelü. Le résultat ne manque pas de charme. Les tonalités aromatiques épicées du cépage magyar lui confèrent un caractère distinct très agréable tandis qu'une acidité naturelle soutient idéalement une trame moelleuse caressante et savoureuse. Excellent vin doux dont le prix me paraît pleinement justifié. ☆☆☆☆ ②

Tokaji 2007, Furmint (S-860668 : 13,90 $) ; mis à contribution dans l'élaboration des vins Aszù, le cépage furmint représente environ 70 % de la superficie totale du vignoble hongrois. Sans sacrifier l'individualité, la technologie moderne apporte à ce vin une fraîcheur et une vitalité très agréables. Le plaisir d'un bon vin blanc original vendu pour une chanson. ☆☆☆ ② ♥

TROP TARD !
Surveillez les prochains millésimes

D'AUTRES BONS VINS DE HONGRIE DÉGUSTÉS CETTE ANNÉE

Hunyady, Kékfrankos 2006, Kéthely (S-10791379) : 19,70 $

Sur les rives du lac Balaton, la famille Hunyady est dédiée à la culture de la vigne depuis le XVIIIe siècle. Dépossédés de leur vignoble peu après la Seconde Guerre mondiale, ce n'est qu'en 1993, avec l'aide d'une famille d'investisseurs suisses, que József et Étienne-Henri Hunyady – petits-fils du marquis Mario Incisa della Rocchetta (Sassicaia) – ont pu se réapproprier une partie de leurs terres. Le cépage local kékfrankos – équivalant du blaufränkisch autrichien – lui confère une expression aromatique pour le moins singulière évoquant l'anis et la quinine. Rien de compliqué, mais un bon vin souple, coulant et bien équilibré. Trois étoiles en soutien au patrimoine viticole hongrois qu'il faut préserver en dépit des modes internationales. Vive la diversité ! ★★★ ②

Oremus, Tokaji Aszù Eszencia 1999, Vega Sicilia (275 $ – 375 ml)

Les propriétaires de Vega Sicilia ont été parmi les investisseurs de l'Europe de l'Ouest à s'installer à Tokaji au début des années 1990. Éminemment riche et complexe, ce nectar multidimensionnel est soutenu par une acidité du tonnerre conférant à l'ensemble un profil étonnamment harmonieux. Hors de prix, mais sensationnel et sans égal. ☆☆☆☆☆ ②

Bulgarie

Bessa Valley Winery, Enira 2005, Pazarjik (S-10748080) : 18,60 $

Le 2005 est le deuxième millésime de ce vin bulgare créé par Stephan von Neipperg, propriétaire des châteaux Canon-La Gaffelière et La Mondotte à Saint-Émilion. Composé de merlot, de cabernet sauvignon et de syrah, ce vin laisse une impression sucrée en raison d'une forte présence alcoolique de 15 %. L'expression généreuse du fruit est rehaussée d'une bonne dose de bois qui lui ajoute des notes chocolatées. Suffisamment frais, mais un peu austère et alourdi par une certaine amertume en fin de bouche. Le projet Enira n'en est qu'à ses balbutiements. Donnons la chance au coureur. ★★★ ②

Grèce

Depuis son entrée dans l'Union Européenne et la tenue des Jeux olympiques à Athènes, la Grèce a profité d'un important développement économique. Ce vent de renouveau est providentiel pour l'industrie vitivinicole qui accusait près d'un siècle de retard. Certaines régions du nord du pays, comme la Macédoine, en sont encore à la reconstruction post-phylloxérique du vignoble. Plus au sud, comme c'est le cas du Péloponnèse, le retard se rattrape à grande vitesse et l'on ne cesse d'accroître la qualité des équipements et des méthodes culturales.

Aujourd'hui, la Grèce expédie plus de 28 millions de litres à l'étranger et entend miser principalement sur la typicité de ses vins pour rivaliser avec la concurrence étrangère.

D'ailleurs, si quelques producteurs privilégient les cépages internationaux à la kyrielle de variétés autochtones dont ils disposent, de nombreux viticulteurs persistent à défendre la biodiversité et l'identité ampélographique de leur pays. La commercialisation outre frontière de ces vins aux noms étranges s'avère sans doute plus laborieuse, mais n'est-ce pas un mince prix à payer pour préserver 3500 années d'histoire vinicole ?

Au Québec, les ventes de vins grecs ont connu un bond considérable alors que le chiffre d'affaires annuel en 2007 atteignait 3 516 680 $, une hausse de 32,2 % sur l'année précédente. Même si l'offre se concentre essentiellement dans la région métropolitaine, quelques vins grecs sont aussi distribués dans plusieurs succursales du réseau de la SAQ. Autant d'occasions de découvrir un pan trop souvent ignoré de la viticulture européenne.

Biblia Chora, Ovilos 2006, Pangeon (S-10703594) : 25,75 $

Biblia Chora est né d'un partenariat entre les œnologues de renom Vangelis Gerovassiliou et Vassilis Tsaktsarlis. Créé au tournant du millénaire dans leur Macédoine natale, leur domaine compte actuellement une quinzaine d'hectares et les résultats semblent fort prometteurs. Un assemblage très réussi d'assyrtico et de sémillon à part égale donne un vin d'une fraîcheur exemplaire, à la fois intense et complexe, avec des nuances minérales très plaisantes en fin de bouche. Sec et vineux ; distingué et distinctif. Sérieux ! ☆☆☆☆ ②

Boutari

L'entreprise fondée en 1879 s'étend du sud au nord, depuis la Crète jusqu'aux frontières de la Macédoine.

Filiria 2003, Goumenissa (S-10701345 : 22,35 $) ; produit entièrement en agriculture biologique avec des raisins xynomavro et negoska, le Filiria est un exemple classique de la tradition grecque. J'aime son côté droit, très strict, voire rustique, qui ne manque pas de personnalité. Sa couleur locale ajoute beaucoup à son charme. Une originalité valant pleinement son prix. À découvrir ! ★★★★ ② ▼

Des cépages singuliers

La Grèce est un vaste musée viticole de 130 000 hectares – plus grand que Bordeaux – où l'on retrace encore aujourd'hui d'anciens cépages tout à fait particuliers. Pour s'y retrouver, voici quelques précisions :

Agiorgitiko (saint-georges) : cépage rouge principalement répandu dans l'appellation Nemea dans le Péloponnèse. Il se caractérise par une texture souple, un caractère aromatique relevé d'épices et une saine acidité.

Xynomavro : premier cépage rouge en importance, il est surtout cultivé dans le nord, près de la Macédoine, dans les appellations Naoussa, Goumenissa et Rapsani. L'un des rares cépages à maturation tardive du pays, il peut paraître un peu austère dans sa jeunesse, mais il a la réputation de vieillir en beauté.

Assyrtiko : ce cépage blanc originaire de l'île de Santorini est maintenant planté sur l'ensemble du vignoble grec. Il est reconnu pour son profil aromatique très minéral et sa propriété à conserver une bonne acidité malgré les excès de chaleur du climat.

Malagousia : cette variété ressuscitée il y a quelques années produit de très bons vins blancs aux parfums riches et intenses.

Naoussa 2001, Grande Réserve (S-140111 : 16,70 $) ; depuis plusieurs années, ce vin grec issu du cépage xinomavro est plutôt de style traditionnel. Des senteurs de fruits secs un brin rustiques, un début d'évolution et une bouche avivée par des tanins un peu secs. Pour connaître le goût de la Grèce à l'ancienne. ★★ ②

Domaine Hatzimichalis, Ambelon 2006, Vin de Pays d'Opountia Locris (S-702373) : 18,90 $

Produit dans la vallée d'Atalante au nord d'Athènes, ce vin blanc fera le bonheur des curieux en quête de nouvelles flaveurs. Le cépage robolla – un parent du ribolla cultivé dans le Frioul italien – lui donne cette couleur locale teintée de notes citronnées fort attrayantes. À moins de 20 $, ce vin sec, vibrant, nourri et léger en alcool (12 %) est une invitation irrésistible à découvrir une facette encore trop inconnue du vin européen. ☆☆☆☆ ② ♥

Sans être dépaysant, le **Merlot 2004, Vin de Pays de la Vallée d'Atalanti** (S-10291526 : 34,25 $) se signale par son relief aromatique aux accents fumés élégants. En bouche, il déploie à la fois la rondeur typique du cépage ; sa fraîcheur tannique laisse une impression d'équilibre. Pas mal, mais un brin de déjà vu. Prix élevé. ★★★ ②

Domaine Katsaros 2003, Vin de Pays de Krania (S-974725) : 38,25 $

Loin d'être une démonstration convaincante du potentiel viticole de la Grèce, ce Cabernet est empreint d'un caractère vaguement végétal qui se traduit en bouche par un fini tannique ferme et anguleux. Bon, mais un peu trop rustique pour justifier son prix. ★★ ②

Domaine Mercouri 2003, Vin du pays des Letrinon (S-707893) : 21,90 $

Du Péloponnèse, un vin original composé de refosco – la mondeuse de Savoie – et de mavrodaphné ; vif et nerveux, agréablement aromatique par ses arômes originaux presque salins. À noter, le vin ne titre que 13 % d'alcool et a une tenue en bouche très droite. Distinctif et très satisfaisant. Une leçon à retenir pour les sceptiques qui croient que la Grèce est trop méridionale pour produire de bons vins. ★★★ ②

Gaia

Fondée en 1994 au nord du Péloponnèse, la maison Gaia s'est rapidement imposée comme l'un des grands noms de la viticulture grecque. Tout en restant fidèles à la tradition, ses vins – présentés sous quatre étiquettes au design différent – adoptent un style moderne de belle facture. Le copropriétaire et œnologue de formation bordelaise, Yiannis Paraskevopoulos, se fait un point d'honneur de n'employer que des variétés autochtones.

Notios 2007, Vin de Pays du Péloponnèse (S-10700924 : 15,95 $) ; très bon vin blanc résultant d'un habile assemblage des cépages moschofilero et rotidis ; droiture et charmants parfums d'agrumes. Plaisant et original. ☆☆☆ ① ♥

Inoubliable...

Gerovassiliou

Après avoir œuvré à titre d'œnologue au Château Carras, Evangelos Gerovassiliou a fondé son propre domaine en Macédoine en 1981. Aujourd'hui, ses 45 hectares de vignes donnent une série de vins de conception moderne et techniquement très au point.

De nouveau excellent, le **Vin de Pays d'Epanomi 2007** (S-10249061 : 20,90 $) se distingue de la cohorte de vins à saveur internationale par sa composition originale d'assyrtiko et de malagousia. Frais, vineux et agréablement relevé par un reste de gaz carbonique, ce vin distinctif charmera les amateurs de sauvignon blanc avec sa longue finale parfumée aux accents de fleurs et d'agrumes. Savoureux ! ☆☆☆☆ ② ♥

En rouge, le **Vin de Pays d'Epanomi 2003** (S-10248931 : 26,90 $) est composé de 85 % de syrah, de merlot et d'un peu de grenache. On l'apprécie pour son ampleur, ses goûts généreusement fruités teintés d'accents anisés et ses tanins souples. Très mûr, ouvert et satisfaisant. ★★★ ②

Lazaridi, Costa ; Amethystos 2005, Vin de Pays de Drama
(S-10318434) : 24,90 $

Le domaine de Costa Lazaridi est l'un des plus réputés de cette région viticole située en Macédoine, tout au nord du pays, en bordure de la frontière bulgare. Composée de cabernet, de merlot et du cépage autochtone limnio, la cuvée Amethystos se signale par sa tenue, son grain et son relief en bouche. Savoureux, distinctif, bien équilibré et méritant pleinement son prix. Excellent ! ★★★★ ②

Lazaridi, Nico ; Magic Mountain 2006, Vin de Pays de Dráma (S-10701020) : 28 $

En 1987, Nico Lazaridi fut l'un des premiers à établir un domaine viticole moderne, dans la région de Dráma au nord du pays, aux limites de la Bulgarie. Issu de sauvignon blanc à 100 %, ce vin déploie une agréable vinosité teintée de notes florales persistantes. Très bien, mais pas donné. ☆☆☆ ②

Lyrarakis, Kotsifali 2005, Vin Régional de Crète
(S-10703818) : 14,80 $

Issu exclusivement du cépage local kotsifali, ce vin offre une bonne matière fruitée et des tanins souples, mais une acidité bien marquée qui relève les saveurs. Un voyage en Crète en classe économique ! ★★★ ② ♥

Palivou, Stone Hills 2006, Vin de Pays de Corinthe
(S-10703738) : 19,30 $

Sur la péninsule du Péloponnèse, George Palivos a conçu ce vignoble où il produit des vins de pays et des VDQS. Composé de chardonnay, de roditis et de malagousia – un cépage local qui ressemble au muscadet –, ce vin se distingue par une forte minéralité qui ajoute à sa fraîcheur. Une curiosité régionale qui gagne à être connue. ☆☆☆ ②

Tsantalis

Autrefois spécialisée dans la distillation d'ouzo, cette entreprise fondée en 1860 produit des vins de facture traditionnelle dans plusieurs appellations du nord du pays. Tsantalis opère également un commerce de négoce.

Cabernet sauvignon 2002, Mount Athoc Vineyards, Vin de Pays d'Agiorgitikos (S-10701290 : 19,65 $) ; bien qu'il soit majoritairement composé de cabernet sauvignon, une bonne proportion de limnio – une variété originaire de l'île de Lemnos – préserve son identité locale. Encore très jeune comme en font foi sa couleur foncée et sa structure, ce 2002 est toutefois passablement délié et déploie déjà d'agréables arômes de fruits sauvages. Franc de goût, vivace et fringant. Pour en profiter pleinement, le servir frais autour de 15 °C et le passer en carafe une heure avant. ★★★ ②

Rapsani 2005, Reserve (S-741579 : 18,60 $) ; issu des cépages xinomavro, stavroto et krassato, cet assemblage est nourri par un élevage de 12 mois en barrique. Le résultat est un vin méditerranéen à la fois ferme et chaleureux dont la franchise et le caractère individuel valent le signalement. ★★★ ②

Tsantalis, Nemea 2006 (S-713602 : 10,65 $) ; semble avoir perdu un peu de son charme juvénile qui le rendait si attrayant. Malgré tout, j'avoue avoir un préjugé favorable pour ce vin, certes sans prétention, mais au caractère bien individuel. Souple, friand et original ; un peu court, mais à ce prix... ★★ ② ♥

Un climat favorable

Contrairement à l'idée préconçue, la Grèce n'est pas un pays trop chaud pour produire du vin. La plupart des vignobles sont orientés vers le nord et établis dans des régions fraîches. Les vins surprennent souvent par leur caractère fringant et ont un pH généralement très faible, autour de 3,2.

Grèce

Vins de divers pays d'Europe
au répertoire général

| ALLEMAGNE |

**Deinhard, Riesling 2007,
Rheinhessen** (C-060004) : 12,85 $
Une expression minimaliste du grand cépage allemand sur le thème de la légèreté et de la fraîcheur. Sec, net et modérément aromatique, un bon vin commercial tout à fait recommandable à ce prix. ☆☆ ① ♥

Pinot gris 2007, Baden (C-473595 : 12,85 $); un vin plus rond et conventionnel, mais suffisamment parfumé, frais et franc de goût. Tous les deux sont mis en bouteille à capsule vissée. ☆☆ ① ♥

| GRÈCE |

Tsantalis Rapsani 2005
(C-590836) : 12,25 $
Issu des cépages xinomavro, stavroto et krassato, ce vin est simple, mais franchement rassasiant avec ses bons goûts de fruits mûrs et sa générosité toute méditerranéenne conjuguée à une saine fraîcheur. Un agréable dépaysement à prix d'aubaine ! ★★★ ② ♥

Proche-Orient

Liban

Bien que son histoire remonte au temps des Phéniciens, la viticulture libanaise telle qu'on la connaît aujourd'hui est relativement récente. Sur la vingtaine d'entreprises viticoles que compte le pays, seules Musar et Ksara possèdent des vignes de plus de 50 ans. Plantée essentiellement dans la vallée de la Bekaa, la vigne couvre environ 2000 hectares, soit l'équivalent approximatif de l'appellation Entre-deux-Mers. En 2005, l'Organisation internationale de la vigne et du vin estimait la production annuelle de vin libanais à 15 millions de litres. Kefraya et Ksara demeurent les chefs de file et commercialisent environ 70 % de la production nationale.

Les principaux cépages cultivés sont d'origine méditerranéenne : grenache, cinsault, syrah, carignan auxquels s'ajoutent le cabernet sauvignon et un peu de merlot.

En raison des crises politiques qui ont ravagé le pays, la viticulture libanaise a été ponctuée de victoires dans l'adversité. Dans des conditions aussi hostiles, la seule survie des vins de la Bekaa les rend encore plus précieux.

Renouer avec l'histoire...

Contre toute attente, plusieurs pays arabo-musulmans – dont la tradition viticole remonte parfois jusqu'à l'Antiquité – emboîtent aujourd'hui le pas sur leurs voisins du nord de la Méditerranée dans la commercialisation de vins à grande échelle. La production annuelle de vin des pays du Maghreb, du Liban et de la Jordanie est évaluée à 1,3 million d'hectolitres. En 2007, le chiffre d'affaires atteignait presque 220 millions d'euros et l'industrie vitivinicole employait environ 50 000 personnes.

Château Kefraya

Kefraya est un important domaine de 300 hectares établi au pied du mont Liban. Des vignes plantées entre 950 et 1 100 mètres donnent un vin rouge conséquent issu de multiples cépages : cabernet sauvignon, mourvèdre, carignan, cinsault, grenache.

Comte de M 2002, Vallée de la Bekaa (S-722413 : 48 $) ; sans égaler le 2001 – grappe d'or dans *Le guide du vin 2008* –, la cuvée haut de gamme de cet important domaine viticole demeure tout de même l'un des vins les plus achevés du pays. Composé à part égale de cabernet sauvignon et de syrah et élevé pendant un an en fût de chêne, le 2002 m'a semblé plus marqué par le caractère méditerranéen : chaleureux et volumineux, mais également doté de cette plénitude et de cette forme multidimensionnelle propres aux grands vins. Plus cher que la moyenne des vins du Liban, mais dans une classe à part. À boire entre 2009 et 2014. ★★★★ ②

Plus abordable, la cuvée **Les Bretèches 2006, Vallée de la Bekaa** (S-443317 : 15,55 $) ; les racines méditerranéennes s'expriment avec générosité et style dans ce vin issu de cinsault, de cabernet sauvignon, de syrah, de carignan, de grenache et de mourvèdre. Très bon 2006 souple, droit et précis. Très bon achat à ce prix. ★★★ ② ♥

Château Les Cèdres 2002, Vallée de la Bekaa, Domaine Wardy

(S-927806) : 19,95 $

Le meilleur vin rouge du Domaine Wardy est commercialisé sous le nom de Château Les Cèdres. Cabernet sauvignon, syrah et merlot donnent un vin très consistant, structuré et riche en tanins. Excellent 2002 plein en bouche et animé d'une saine vivacité. À défaut d'être spécialement raffiné, ce vin charpenté ne manque pas de tempérament. ★★★★ ② ♥

Château Musar

Domaine légendaire où Serge Hochar produit un vin rouge à la forte personnalité et réputé pour sa longévité. Il est vrai que les vieux millésimes de Musar sont parfois somptueux et uniques.

Hochar Père et Fils 2001, Vallée de la Bekaa (S-484964 : 23,25 $) ; si le vin du Château doit obligatoirement vieillir, la cuvée Hochar Père et Fils est conçue pour être consommée dès sa mise en marché. Dans un style à des années-lumière des « bombes de fruit » du Nouveau Monde, ce vin à l'ancienne, aux saveurs hérissées par une acidité bien sentie, désarçonnera sans doute plusieurs amateurs plus habitués aux vins modernes. Les palais plus aguerris apprécieront sa sève spéciale. ★★★ ②

Clos St-Thomas, Les Gourmets 2005 (S-927814) : 13,15 $

Provenant d'un domaine viticole libanais créé en 1997 au pied du mont Liban, un bon vin chaleureux, souple et facile à boire. Simple, mais plein de fruits gorgés de soleil. ★★ ②

Ksara

Fondée en 1857 par les pères jésuites, Ksara est la plus ancienne et la plus importante entreprise viticole du Liban avec plus de 400 hectares répartis sur 7 parcelles différentes.

Composé de cinsault, d'un peu de syrah et de cabernet sauvignon, le **Prieuré Ksara 2005, Vallée de la Bekaa** (S-927848 : 14,10 $) est un bon vin charnu, ouvert, plutôt sphérique et sans lourdeur. Le plaisir du dépaysement à bon compte. ★★★ ②

Réserve du Couvent 2006, Vallée de la Bekaa (S-443721 : 14,80 $) ; s'appuyant sur un assemblage de cabernet sauvignon, de syrah et de carignan, ce bon vin méditerranéen charnu et sans détour offre de bons goûts de fruits confits sur un fond de vanille. À boire jeune. ★★★ ②

Un cran inférieur, le **Prieuré Ksara 2006, Vallée de la Bekaa** (S-927848 : 14,10 $) est un bon vin modérément aromatique, un peu pointu en bouche, mais suffisamment frais et fruité. ★★ ②

Turquie

Kocabag, Kapadokya rouge 2005 (S-10703754) : 12,10 $

La Turquie est le quatrième pays producteur de raisins au monde, mais sa production de vin demeure quand même marginale. Bien que la viticulture soit liée à son histoire depuis six millénaires, le pays a été marqué par le long règne ottoman au cours duquel le raki – un spiritueux parfumé à l'anis – était la boisson de prédilection du peuple turc. Ce n'est qu'en 1925, dans le cadre de son programme d'occidentalisation, que Kemal Atatürk, fondateur de la Turquie laïque, a inauguré le premier établissement vinicole moderne du pays. Le domaine familial de Kocabag a été créé en 1972, sa production actuelle s'étend sur 35 hectares dans la région volcanique de Cappadoce. Habillé d'une étiquette d'un autre âge, ce vin rouge ne paie pas de mine. Pourtant, cette curiosité locale – à ma connaissance, c'est le premier vin turc vendu au Québec – n'en est pas moins digne d'intérêt. Élaboré exclusivement avec des variétés cappadociennes aux noms aussi exotiques qu'imprononçables, ce vin souple et juteux est ponctué de jolies notes épicées qui ajoutent à son caractère et à son charme. Un sympathique voyage en Turquie, en classe économique. ★★★ ② ♥ ▼

Une moins bonne note toutefois pour le **Kapadokya blanc** (S-10703762 : 12,10 $) qui m'a paru plus banal, aseptisé par la technologie et sans personnalité. ☆☆ ①

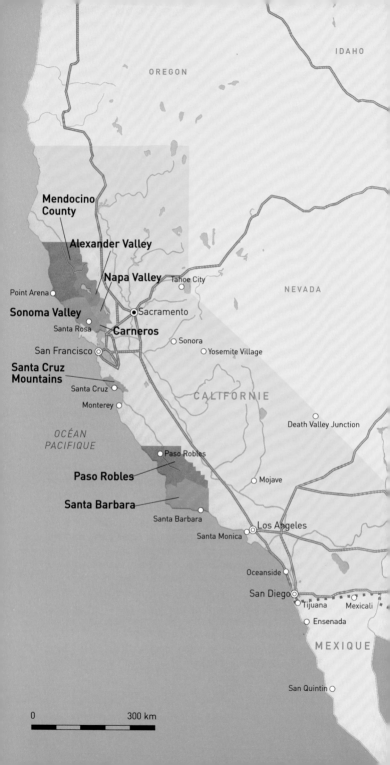

Amérique du Nord

États-Unis

Les États-Unis – dont 95 % des vins proviennent de Californie – occupent le quatrième rang des pays producteurs après la France, l'Italie et l'Espagne. En 2007, la valeur des exportations de vins américains s'élevait à 1,083 milliard de dollars.

Avec 2687 entreprises et 325000 hectares de vignes, la Californie est évidemment en tête des États producteurs. Cependant, la progression s'explique aussi par un développement considérable de la viticulture dans d'autres États américains tels Washington (22000 hectares), New York (12500 hectares), l'Oregon (4775 hectares) et la Pennsylvanie (4770 hectares).

Au Québec, les États-Unis occupent le cinquième rang des meilleurs vendeurs avec un chiffre d'affaires frôlant les 100 millions de dollars, en hausse de 15,9 % sur l'année précédente.

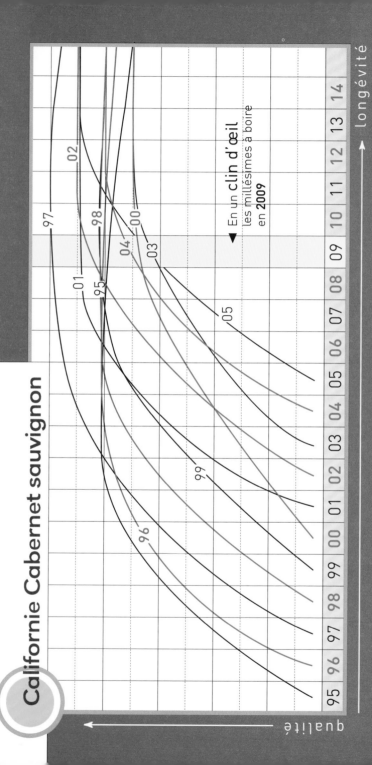

Californie Cabernet sauvignon

▶ En un clin d'œil
les millésimes à boire
en **2009**

longévité

qualité

LES CINQ DERNIERS MILLÉSIMES

2007 Dans Napa, des conditions idéales en juillet et en août ont précédé un mois de septembre inhabituellement frais. Au final, des Cabernet sauvignon apparemment fins et bien équilibrés. Dans Sonoma et Santa Barbara, des rendements réduits ont donné des Pinot noir solides et charpentés.

2006 Millésime irrégulier et difficile, des conditions non propices à une qualité homogène. Des pluies en juillet ont entraîné des problèmes de pourriture. Malgré tout, on annonce beaucoup de bons vins équilibrés, du moins chez les producteurs les plus rigoureux.

2005 La récolte la plus abondante de l'histoire après 2000 avec 3,15 millions de tonnes de raisins. Dans la vallée de Napa, une longue saison végétative et des conditions généralement excellentes ont donné des vins de grande qualité. Des conditions plus humides dans Sonoma ont entraîné une plus grande disparité ; bonne année pour le pinot noir (cépage plus précoce), mais les Zinfandel ne sont pas aussi riches que souhaités. Bons Pinot noir dans Santa Barbara.

2004 Récolte déficitaire de 10 % par rapport à 2003 et des vendanges très précoces. En général, des maturations idéales, une acidité naturelle et des vins rouges équilibrés. De Santa Barbara à Napa, très bon millésime pour les vins blancs.

2003 Des vendanges plus tardives que d'habitude et des Cabernet puissants et charpentés. Dans les zones plus fraîches, pinot noir et chardonnay ont donné des résultats très satisfaisants autant dans Carneros et dans Russian River que dans Santa Barbara.

DÉBOUCHER OU ATTENDRE ?

Californie • Que boire en **2009** ?

Tous les Sauvignon californiens sont prêts à boire jeunes. Cependant les avis sont partagés sur les possibilités de vieillissement des Chardonnay. À mon avis, la plupart sont bons à boire dès leur jeune âge et leur espérance de vie est plutôt limitée. Dans ce cas-ci, la prudence s'impose. En 2009, buvez sans plus attendre les 2003 et tous les vins antérieurs à 2001.

Les meilleurs Cabernet sauvignon peuvent vivre plusieurs années. Les vins de la période 2005-2002 devraient mûrir encore. En 2009, on pourra commencer à boire les 2001 et les 2000.

Belle Glos, Pinot Noir 2006, Meiomi, Sonoma (S-10944208) : 31,50 $

Joseph Wagner a nommé son entreprise en l'honneur de sa grand-mère Lorna Belle Glos Wagner, cofondatrice de Caymus Vineyards avec son mari, le légendaire Charlie Wagner. L'idée est de produire des vins de pinot noir provenant des zones les plus propices, de Sonoma à Santa Barbara en passant par Monterey. Par sa couleur profonde, son nez exubérant et concentré, aux tonalités de fruits rouges et de violette, ce vin provenant de différents vignobles de Sonoma s'annonce spécialement invitant. S'il n'est pas le plus puissant, cet excellent Pinot noir se révèle typiquement californien par son attaque sucrée savoureuse, son relief et sa générosité. À ranger parmi les meilleurs spécimens du genre retenus cette année par la SAQ. Franc succès ! ★★★★ ②

Bonterra Vineyards, Zinfandel 2005, Mendocino County
(S-530139) : 23,55 $

Cette importante marque appartenant au géant Fetzer se spécialise dans la viticulture biologique et n'hésite pas à en faire un argument commercial. Le 2005 n'a certainement pas l'étoffe des grands Zinfandel californiens, mais il plaira à coup sûr à l'amateur en quête d'un vin coulant et facile à boire. Frais en bouche comme un jus de fruit, malgré sa richesse alcoolique élevée de 14,5 %. Fort sympathique ! ★★★ ②

Trop de vins sont stéréotypés et copient le même modèle. La technologie prend souvent le dessus sur la notion de terroir et crée ainsi des produits à saveur industrielle.

Certains vins blancs, surtout des Chardonnay, ont un reste de sucre résiduel dérangeant. Les vins sont onctueux, mais manquent de vitalité et saturent vite le palais.

Sauf quelques exceptions, le goût de chêne dans les vins, blancs et rouges, est moins présent.

Les secteurs de Carneros, de Russian River et de Santa Barbara confirment leur propension à produire d'excellents Pinot noir et Chardonnay.

Les cépages rhodaniens à vins rouges – syrah, mourvèdre et les autres – ont prouvé qu'ils ont maintenant leur place en Californie.

Le pinot noir est maintenant solidement enraciné en Californie. Les 10 000 hectares plantés ne comptent que pour 5 % de la superficie ; c'est pourtant presque autant qu'en Bourgogne où le cépage couvre 10 500 hectares, soit 40 % du vignoble régional.

UN CHOIX PERSONNEL

Pour le quotidien

- Easton House 2003, California
- Kenwood, Cabernet sauvignon 2005, Yulupa, Sonoma
- Ravenswood, Zinfandel 2006, California, Vintner's Blend

Pour le savoir-faire californien

- Calera, Pinot noir 2006, Mt. Harlan Cuvée, Mt. Harlan
- Caymus, Conundrum 2006, California
- Laurel Glen, Cabernet sauvignon 2004, Counterpoint, Sonoma Mountain
- Vie, L'Etranger 2005, Sonoma County

Pour flirter avec le meilleur

- Caymus Vineyards, Cabernet sauvignon 2005, Special Selection, Napa Valley
- Heitz Cellars, Cabernet sauvignon 2002, Martha's Vineyard, Napa Valley

Calera

Imperméable aux modes et avant tout soucieux de produire un vrai vin de terroir, Josh Jensen est depuis plus de 30 ans l'un des maîtres du Pinot noir californien. Inspiré par un stage au domaine de la Romanée Conti au début des années 1970, il avait entrepris de trouver une terre d'accueil pour le cépage bourguignon en Californie.

Pinot noir 2006, Mt. Harlan Cuvée, Mt. Harlan (S-10944216 : 36,75 $) ; issu de quatre différentes parcelles situées dans les hauteurs de Mt. Harlan, ce vin se signale par sa suavité exquise, ses saveurs à la fois subtiles et pénétrantes et sa longueur en bouche. À défaut de grande puissance, les amateurs de Pinot noir retrouveront toute la personnalité et l'individualité qui ont fait le succès et la réputation de Calera. Exquis ! ★★★★ ②

Le **Pinot noir 2006, Central Coast** (S-898320 : 30,50 $) est également un vin très achevé. Son attaque mûre et nourrie, sa vitalité et son profil aromatique original témoignent d'une viticulture soignée. Pas d'arômes boisés superflus, mais un vin vibrant alliant pureté et personnalité. À noter que ces deux bouteilles sont scellées d'un bouchon de verre *vinolock*. ★★★★ ②

Cambria

L'ancienne *winery* Tepusquet a été rachetée en 1986 par Kendall-Jackson. On y produit une large gamme de vins, allant du Barbera au Viognier, en passant par le Sangiovese. Mais le porte-étendard de la marque est le Pinot noir Julia's Vineyard.

Pinot noir 2005, Julia's Vineyard, Santa Maria Valley (S-424457 : 28,20 $) ; bon vin charnu, vif et relevé, mêlant avec succès des notes boisées à de jolies saveurs de fruits mûrs évoquant la framboise. Satisfaisant, à boire jeune préférablement. ★★★ ②

Caymus Vineyards, Cabernet sauvignon 2005, Special Selection, Napa Valley
(S-10828602) : 146 $

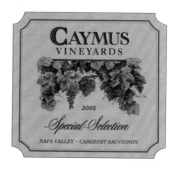

La création mythique du regretté Charlie Wagner est devenue un vin culte de Napa. Après une période où la recherche de concentration et de puissance devenait excessive, la Special Selection me semble avoir adopté des proportions plus harmonieuses depuis quelques années. Encore très jeune, ce vin statuesque et imposant (15,4 % d'alcool) déploie un grain tannique éminemment mûr et des saveurs amples. Excellent vin multidimensionnel que l'on peut déjà apprécier grâce à son équilibre, mais qui continuera de se bonifier jusqu'en 2015. ★★★★→? ③

Conundrum 2006, California (S-865998 : 27,05 $) ; créé en 1989, le Conundrum de Caymus est l'un des vins blancs les plus originaux de Californie. Ce cocktail peu orthodoxe de chardonnay, de sauvignon, de viognier et de muscat joue avec brio la carte du fruit Des raisins provenant à la fois de Napa, de Monterey, de Santa Barbara et de Tulare donnent un vin à la fois sec, frais et surtout vigoureusement aromatique. Bouteille à capsule vissée. ☆☆☆ ②

Chateau St-Jean, Cinq cépages 2003, Sonoma (S-902460) : 93 $
Maintenant dans le giron du géant international Foster's, cette *winery* a connu son heure de gloire dans les années 1980 alors que les vinifications étaient confiées à Richard Arrowood. Résultant davantage d'une recette œnologique que de la véritable expression d'un terroir, cette cuvée de luxe – au demeurant fort prisée des critiques américains –, composée de variétés bordelaises, se signale avant tout par sa corpulence et sa générosité que par sa complexité. Imposant, mais décidément trop cher. Pas mon style. ★★→? ②

Dominus Estate

Commencée en 1983, la grande aventure américaine de Christian Moueix – Pétrus, Magdelaine, etc. – donne maintenant ses plus beaux fruits. Depuis 1991, le magnifique vignoble de Yountville exprime toute sa splendeur et ne cesse d'aligner des vins raffinés qui conservent leur sève californienne. Dans une *winery* spectaculaire, on continue d'appliquer les principes qui ont fait la renommée des Moueix : un soin méticuleux dans les vignes et une vinification peu interventionniste respectant la personnalité de chaque millésime.

Dominus 2005, Napa Valley (S-869222 : 99 $) ; profitant d'une longue saison végétative, le 2005 s'avère particulièrement étoffé. Sa bouche ample est riche de saveurs mûres et le vin respire la plénitude et la race. Composé de 92 % de cabernet sauvignon – auquel s'ajoutent du cabernet franc et du petit verdot –, il a une structure solide qui devrait lui permettre de vivre longtemps et de vieillir en beauté. Grand succès ! Sera mis en vente en janvier 2009. ★★★★→? ②

Napanook 2005, Napa Valley (S-897488 : 45 $) ; produit pour la première fois en 1996, Napanook célèbre son 10e anniversaire en beauté avec un savoureux 2005, « probablement le meilleur millésime à ce jour » selon Christian Moueix. Reposant sur un assemblage semblable à celui de Dominus – cabernet sauvignon (76 %), cabernet franc (14 %) et petit verdot –, il se signale à la fois par sa précision, sa tenue en bouche et son équilibre. À la fois généreusement californien et empreint d'une élégance exemplaire. Conçu pour être bu jeune, mais bon jusqu'en 2015 au moins. ★★★★ ②

Easton

Spécialiste des cépages du midi de la France, Bill Easton signe une vaste gamme de vins dans les hauteurs de Sacramento.

Fruit d'un assemblage de cabernet sauvignon et de syrah, le **Easton House 2003, California** (S-10744695 : 17 $) est l'exemple même du bon vin quotidien *made in USA*. Charnu, relevé et savoureux ; généreux sans être lourd et enrobé de tanins ronds qui donnent pleine satisfaction. À boire dans les deux prochaines années pour en apprécier le charme juvénile. ★★★ ② ♥

Natoma 2007, Sierra Foothills (S-882571 : 18,80 $) ; typiquement californien et chaleureux tant par sa forme mûre que par ses tonalités de miel sur fond floral, mais conservant un bel équilibre. ☆☆☆ ②

En revanche, les vins du **Domaine de la Terre Rouge** arrivés en 2008 n'impressionnent guère. Les cinq vins rouges dégustés avaient des signes de surmaturité et titraient tous 14,5 % d'alcool. Chaque bouteille est un rendez-vous avec des vins capiteux et sirupeux ; pour la finesse, le détail et la fraîcheur, il faut aller voir ailleurs.

La même note (★★) pour les vins suivants, tous corrects, à condition d'aimer les gros rouges costauds, capiteux et taillés d'une seule pièce.

Mourvèdre 2002, Amador County, Californie (S-921601 : 26,70 $)

Syrah 2004, Sierra Foothills (S-10271058 : 30,75)

Syrah 2005, Les Côtes de l'Ouest, California (S-897124 : 23,05 $)

Noir 2000, California (S-866012 : 35 $)

Tête-à-Tête 2004, Sierra Foothills, California (S-10745989 : 21,65 $)

Signalons aussi le **Enigma 2006, Sierra Foothills** (S-921593 : 28 $) ; très vineux, voire capiteux, avec une richesse alcoolique à 14,5 %. Composé de marsanne, de viognier et de roussanne, le vin déploie de puissants parfums de fruits exotiques et de subtiles notes minérales. Hélas ! l'ensemble manque de fraîcheur et d'équilibre. ☆☆ ②

Estancia

Membre de l'empire Constellation, ce domaine de plus de 800 hectares produit une vaste gamme de vins dans les secteurs de Monterey et de Paso Robles.

De style mûr et nourri, le **Pinot noir 2007, Pinnacles Ranches, Monterey** (S-10354232 : 24,95 $) s'avère particulièrement coloré et correctement équilibré. Encore jeune et vigoureux, il serait préférable de le laisser reposer quelques mois. ★★→? ②

Heitz Cellars

Décédé en décembre 2000, Joe Heitz a été un pionnier de l'histoire moderne du vin de Californie. Dans les années 1960, ses Cabernet – spécialement le légendaire Martha's Vineyard – se sont imposés en ténors de la vallée de Napa, des vins relevés, au fort tempérament. Aujourd'hui les héritiers de Joe Heitz, Kathleen et David, appliquent l'enseignement de leur père et signent des vins empreints d'une forte personnalité.

Au sommet de la gamme, le **Cabernet sauvignon 2002, Martha's Vineyard, Napa Valley** (U-10975936 : 168 $) est devenu un mythe chez les vinophiles californiens. Le 2002 est racé et profond, son intensité met en relief une sève débordante aux accents subtils d'eucalyptus. Prix élevé, mais il s'agit d'un grand classique aussi consistant que constant. ★★★★→★ ②

À moindre coût (tout étant relatif...), le **Cabernet sauvignon 2002, Trailside Vineyard, Napa Valley** (U-10977819 : 105 $) est une alternative au Martha's Vineyard. Provenant du secteur prisé de Rutherford, ce vin à la fois concentré, dense et élégant ne manque pas de caractère. Relevé, solide, bien équilibré et persistant. ★★★★ ②

Également issu du terroir de Rutherford, le **Cabernet sauvignon 2002, Bella Oak Vineyard, Napa Valley** (U-10975979 : 81 $) est un autre classique de la maison. De son profil droit marqué par la typicité du cépage émane une saine fraîcheur mettant en valeur la subtilité de ses arômes. Excellent ! ★★★★→? ②

Enfin, sur une note plus modeste, le **Cabernet sauvignon 2003, Napa Valley** (S-702092 : 46 $) est passablement charpenté, structuré et très marqué par les notes de fruits noirs et de réglisse typiques du cabernet sauvignon. Suave, généreux et empreint d'une élégance toute californienne. À boire entre 2009 et 2013, au moins. ★★★→? ②

Si vous n'avez pas mis la main sur les bouteilles disponibles à l'automne 2008, rassurez-vous car un autre arrivage est attendu en avril 2009. Tous excellents, les 2003 m'ont semblé un peu sur la réserve. Question de temps ? Quelques brefs commentaires :

Cabernet sauvignon 2003, Martha's Vineyard, Napa Valley (U-10975936 : 169 $) ; un peu plus ténu que le 2002, mais déployant tout de même un relief de saveurs riches et nuancées garantes de longévité. Finale persistante aux accents fumés. ★★★★→? ②

Cabernet sauvignon 2003, Trailside Vineyard, Napa Valley (U-10977819 : 105 $) ; coloré, dense et soyeux, avec la juste trame tannique pour appuyer le fruit ; ses arômes à la fois intenses et délicats se déclinent avec une élégance certaine. ★★★★ ②

S'il est moins flamboyant que le 2002, le **Cabernet sauvignon 2003, Bella Oak Vineyard, Napa Valley** (U-10975979 : 81 $) se fait valoir par sa franchise et la netteté de ses arômes de fruits noirs. Savoureux et étonnamment nuancé, sa longueur en bouche le rend encore plus agréable. ★★★★ ②

Du même vignoble, le **2004** est empreint d'une fraîcheur supplémentaire. Plus étroit et moins opulent, mais il compense par sa tenue. ★★★→★ ②

Enfin, le **Cabernet sauvignon 2004, Napa Valley** (S-702092 : 46 $) ne semble pas avoir souffert de la vague de chaleur intense de l'été 2004. Évidemment, son expression aromatique évoque le fruit mûr, mais sa présence en bouche ne s'en trouve nullement alourdie. À boire dès maintenant pour en savourer le grain fruité, mais il tiendra la route encore plusieurs années. ★★★★ ②

Kenwood, Cabernet sauvignon 2005, Yulupa, Sonoma
(S-862953) : 17,55 $

Depuis plusieurs années, ce Cabernet sauvignon prouve avec brio que quantité et qualité peuvent aller de pair. Kenwood produit chaque année environ 25 000 caisses de ce vin plein et savoureux auquel un élevage bien maîtrisé de 24 mois en fût de chêne fournit une sève et une tenue dignes de mention. À la fois droit et sphérique, frais, franc de goût et facile à boire ; l'archétype du Cabernet californien courant. Déjà prêt à boire. ★★★ ② ♥

Le choc des bouteilles

CE TEXTE A ÉTÉ PUBLIÉ DANS *L'ACTUALITÉ* DU 1ER MARS 2008

Après *Mondovino* et *Sideways* (À la dérive), le vin revient au grand écran avec *Bottle Shock,* de Randall Miller. Présenté en janvier 2008 au Festival de Sundance, ce film raconte l'éclosion de la viticulture californienne dans les années 1960 et les circonstances entourant la séance de dégustation sans doute la plus lourde de conséquence de toute l'histoire du vin.

Le 24 mai 1976, à Paris, peu avant les célébrations du bicentenaire de la Constitution américaine, le marchand britannique Steven Spurrier – alors propriétaire des Caves de la Madeleine, rue Royale – organisa un match comparatif entre 10 vins blancs et 10 vins rouges de France et de Californie. Pour goûter ces 20 bouteilles, il forma un jury de spécialistes français, chroniqueurs, sommeliers et producteurs. Le programme : comparer à l'aveugle des Bourgogne blancs et des Chardonnay de Californie, et des Bordeaux rouges avec des Cabernet sauvignon de Napa Valley et de Santa Cruz.

Il y a 30 ans – l'équivalent de trois siècles tant le monde viticole a explosé –, les vins californiens n'avaient qu'une réputation glauque : bibine rustique dont on ne donnait pas cher. Or, en s'amenant au chic Hôtel Inter-Continental par ce bel après-midi de printemps, les dégustateurs ne se doutaient pas qu'ils allaient plutôt vivre leur Waterloo et plonger le monde du vin français dans l'embarras. À la fin de la séance, c'est stupéfaits qu'ils entendirent les résultats : victoire des vins californiens dans les deux manches.

Au lieu de prendre acte de l'avènement d'une viticulture de qualité en Californie, les jurés – et l'ensemble de la profession française – ont invoqué toutes sortes de raisons pour expliquer la défaite, certains accusant Spurrier de tricherie. L'homme fut d'ailleurs longtemps *persona non grata* dans tout l'Hexagone viticole.

Ce qu'il est convenu d'appeler «Le jugement de Paris» eut des répercussions sur la côte ouest américaine. Débarrassés de leurs complexes, les producteurs californiens pouvaient prétendre accéder à la cour des grands. Les efforts déployés par les *wineries* fondées pendant la vague des années 1968-1976 – Stag's Leap, Caymus, Clos du Val, Diamond Creek, Chateau Montelena... – avaient porté fruit. Il avait été démontré qu'en Californie on pouvait faire de très bons vins.

Même des Français en vinrent à oublier leur chauvinisme. Deux ans plus tard, le baron Philippe de Rothschild invita le producteur américain Robert Mondavi à lui rendre visite dans son luxueux château Mouton Rothschild, au cœur du Médoc. En quelques jours, les deux hommes se mirent d'accord pour créer Opus One, le premier partenariat franco-américain en terre californienne. «If you can't beat them, join them»...

À la fin des années 1970, le «Golden State» était devenu un nouvel eldorado viticole, la terre promise attirant investisseurs et entrepreneurs de tous les milieux. Au cours des 15 années qui suivirent, les vignobles de Californie connurent un développement exponentiel, et s'il est vrai qu'un seul événement ne saurait expliquer tout un phénomène, il ne fait aucun doute que «Le jugement de Paris» n'a pas été étranger à cet essor soudain.

Le livre Judgment of Paris, *de George M. Taber (Scribner, 2006) raconte la genèse de la dégustation de 1976. Le film* Bottle Shock *s'en est inspiré.*

Pour expliquer la déconfiture de 1976, les Français répétèrent que les Bordeaux et Bourgogne dégustés ce jour-là étaient trop jeunes. De toute façon, selon eux, les vins américains allaient mal vieillir. Une idée reçue qui, encore aujourd'hui, a la vie dure dans la tête de bien des Français. Or, 30 ans plus tard, Steven Spurrier organisa une nouvelle dégustation avec les mêmes vins rouges, dans les mêmes millésimes qu'en 1976. Le 24 mai 2006, deux jurys formés de dégustateurs chevronnés des deux continents se sont réunis simultanément, l'un à Londres, l'autre à Napa. De nouveau, victoire encore plus cinglante des vins californiens... et face longue des Français (voir les tableaux à la page 559).

Quelle conclusion tirer de tout cela? Oui, les meilleurs vins californiens de cette période étaient remarquables. Oui, ils ont vieilli admirablement. Non, les grands crus de Bordeaux n'ont pas produit les meilleurs vins de leur histoire en 1970 et en 1971, et non, ils n'ont pas toujours tenu leurs promesses. Plus important, si le concours de Paris n'a pas prouvé que les vins californiens étaient sans l'ombre d'un doute et en toutes circonstances les meilleurs – la dégustation à l'aveugle n'est pas une science exacte et ne doit pas conduire à des affirmations aussi catégoriques –, il a révélé que la France ne détenait plus l'exclusivité des vins fins et que d'autres régions viticoles du monde pouvaient engendrer des bouteilles d'exception. Le nier ne serait qu'arrogance.

L'Aventure

En 1997, le Bordelais Stéphane Asséo a conçu ce domaine dans la partie ouest de Paso Robles.

L'Aventure 2005, Optimus, Paso Robles (S-725648 : 51 $) ; composé de 51 % de syrah, de 44 % de cabernet sauvignon et de petit verdot, le 2005 m'a semblé encore plus solide que le 2004 commenté l'an dernier, au point même d'accuser une certaine lourdeur. Malgré tout, sa couleur riche et sa matière fruitée généreuse ponctuée de notes vanillées plairont à coup sûr à l'amateur de vin californien. À boire d'ici 2012. ★★★→? ③

Un cran en dessous, le **Stephan Ridge, Syrah 2004, Paso Robles** (S-10829664 : 27,20 $) est une expression vigoureuse et rustique de la syrah. Costaud et taillé d'une seule pièce. ★★→? ②

La Crema, Pinot noir 2006, Sonoma (S-860890) : 26,75 $

Propriété du géant Kendall-Jackson depuis 1993, La Crema se consacre principalement à la culture de cépages bourguignons. Le nez de ce 2006 annonce un vin d'une jolie richesse aromatique agrémenté d'un soupçon boisé. À défaut de profondeur et de complexité, il offre une bonne dose de fruit et laisse une sensation à la fois suave et rafraîchissante en bouche. Un bon vin que l'on devrait idéalement servir à 15 °C. À boire d'ici 2012. ★★★ ②

De style très convenu, le **Chardonnay 2006, Sonoma Coast, Californie** (S-740084 : 23,65 $) est un vin rond et flatteur, sans distinction. ☆☆ ②

Laurel Glen, Cabernet sauvignon 2004, Counterpoint, Sonoma Mountain (S-10354427) : 32,75 $

Depuis 1980, Patrick Campbell produit des Cabernet sauvignon remarquables dans les montagnes de Sonoma à l'ouest de Glen Ellen. La marque Counterpoint désigne le vin secondaire de la propriété. L'envergure tannique de ce 2004 lui donne beaucoup de prestance et d'autorité en bouche. Généreux et très californien certes, mais nullement confituré et doté d'une sève distinctive. Dans sa catégorie, il mérite bien quatre étoiles. Excellent ! À boire entre 2009 et 2015 au moins. ★★★★ ②

Markham, Petite Syrah 2003, Napa Valley (S-924639) : 26,20 $

Cette *winery* de St. Helena élabore un vin de petite sirah partiellement vinifié et élevé en fût de chêne. Le résultat est très satisfaisant : couleur intense, nez très fruité, quasi exubérant, du grain et beaucoup de fruit. Sa rusticité de bon aloi et son tempérament fougueux le rendent encore plus attrayant. Original et fort savoureux. ★★★ ②

Mondavi, Robert ; Cabernet sauvignon 2005, Oakville, Napa Valley
(S-975482) : 60 $
Ce classique de la maison est une heureuse alternative à la très
coûteuse cuvée Reserve. Savoureux Cabernet dont l'attaque en
bouche mûre et généreuse laisse une impression de richesse
et de plénitude. Savamment boisé, marqué de subtiles notes de
torréfaction ; son équilibre, sa sève et sa puissance contenue lui
donnent un style bien affirmé. Savoureux et bâti pour vivre longtemps. À boire entre 2010 et 2018. ★★★→★ ②

Plus souple et ouvert, le **Cabernet sauvignon 2005, Napa Valley**
(S-255513 : 39,25 $) est un bel exemple des vins conçus pour être
bus dès leur mise en marché. Très charmeur par ses accents va-
nillés et son généreux profil aromatique. Sa trame tannique soutenue n'accuse aucune rudesse. Prêt à boire. ★★★ ②

En revanche, une moins bonne note pour le **Merlot 2005, Napa
Valley** (S-898866 : 35 $) ; à la fois sucré et à court de chair et de
personnalité. Pas terrible. ★★ ②

Le **Fumé blanc 2006, Napa Valley** (S-221887 : 26,50 $) est sec,
frais et modérément aromatique. Correct, mais trop cher. ☆☆ ②

Syrah, Shiraz et Petite Sirah : proches parents ou faux amis ?

La syrah est l'une des plus vieilles variétés de France. Originaire de la région de Shiraz en Perse, elle a été trans-
plantée en France par les Phocéens et cultivée sur la
butte de l'Hermitage dès le Ve siècle avant Jésus-Christ.

Aujourd'hui, la syrah est une composante indis-
pensable dans la plupart des bons vins du sud de la
France. Ce cépage n'est d'ailleurs pas étranger à l'essor qualitatif de plusieurs vins rouges du Languedoc
et de Provence.

Le shiraz n'est qu'un synonyme de la syrah, le plus
souvent employé par les pays du Nouveau Monde. En
revanche, la petite sirah désigne un tout autre cépage :
le durif, une variété rhodanienne qui n'est pratiquement plus cultivée en France. La petite sirah est majoritairement cultivée en Californie où elle donne de
bons vins friands et originaux. Paul Draper, le brillant
winemaker Ridge Vineyards, croit par ailleurs en son
potentiel dans les assemblages avec le Zinfandel dont
il enrichirait la structure tannique et prolongerait la
durée de vie.

Ravenswood, Zinfandel 2005, Lodi, Californie (S-630202) : 22 $

Dans le giron de Constellation, cette *winery* de Sonoma s'approvisionne dans plusieurs secteurs de la Californie et fait des vins relevés et généreux. Issu d'une zone que certains considèrent comme la capitale du zinfandel, ce 2005 révèle toute la texture onctueuse et l'expression aromatique qui ont fait le succès du cépage en sol californien. Le vrai plaisir d'un vin juteux et charnu, débordant de fruit et ayant suffisamment de corps et de tonus. Savoureux ! ★★★ ②

Compte tenu de son prix, le **Zinfandel 2005, Napa Valley** (S-437764 : 29,30 $) n'impressionne pas particulièrement. Généreux et costaud certes, mais inutilement ambitieux et alourdi par une attaque en bouche sucrée un peu rustique. ★★ ②

Aussi au répertoire général, le **Zinfandel 2006, California, Vintner's Blend** (page 344) ⓖ

Schug, Pinot noir 2006, Carneros (S-706598) : 31,75 $

Cinquante années d'expérience acquise tant en Europe qu'en Californie ont conduit l'Allemand Walter Schug à une connaissance remarquable du cépage pinot noir. À en juger par la couleur claire et le nez discret de ce 2006, son credo ne semble être ni la concentration ni l'extraction boisée. Un bon vin plein et savoureux dont le grain fruité et la suavité en bouche ne manquent pas de charme. Une bonne dose de matière et une finale chaleureuse à 14,5 % d'alcool qui, pour l'heure, contraste un peu avec son caractère fringant, mais devrait s'assagir d'ici quelques années. Une belle réussite ! ★★★→★ ② ▼

St. Supéry, Sauvignon blanc 2006, Napa Valley (S-10352608) : 25,80 $

Le créateur de Fortant de France, Robert Skalli, a créé cette *winery* de Rutherford dans les années 1980. Avec plus de 200 hectares de vignes aujourd'hui, St. Supéry produit une gamme de vins de belle qualité dont un très bon Sauvignon blanc déployant un fruit riche, manifestement bien nourri par le chaud soleil de la Californie, mais ayant conservé une agréable fraîcheur. ☆☆☆ ②

Torres, Marimar ; Pinot noir 2003, Don Miguel Vineyard, Russian River Valley (S-702514) : 57 $

Adepte de la biodynamie depuis 2003, la Catalane Marimar Torres produit maintenant ses meilleurs vins depuis qu'elle a conçu son domaine californien au milieu des années 1980. Couvrant aujourd'hui 25 hectares également partagés entre le pinot noir et le chardonnay, ce vignoble bénéficie des nuits fraîches favorisées par la proximité de l'océan Pacifique qui n'est qu'à une quinzaine de kilomètres. Son Pinot noir 2003 m'a semblé meilleur que tout ce que j'ai dégusté à date de ce domaine. Soyeux et nourri d'élégantes saveurs de fruits mûrs, ce vin fin et distingué, droit et idéalement équilibré se démarque par sa densité teintée de fraîcheur. Grand succès et bon pour au moins une dizaine d'années. ★★★★ ② ▼

Treana 2005, Paso Robles (S-875088) : 35,75 $

Très connue au Québec pour ses populaires vins de Liberty School, cette *winery* de Paso Robles produit un vin rouge sérieux sous le simple nom de Treana. Principalement composé de cabernet sauvignon auquel s'ajoutent de la syrah et du merlot, ce vin est très généreux sans pour autant tomber dans la lourdeur ni dans la concentration extrême. L'archétype du gros vin joufflu, costaud et déployant une profusion de fruit dont l'amateur de vin californien se régalera entre 2009 et 2013. ★★★ ②

Le **Viognier-Marsanne 2006, Mer Soleil Vineyard, Central Coast** (S-903112 : 40 $) se signale surtout par sa vinosité et sa corpulence. Un élevage en fût de chêne ajoute certes à sa vinosité, mais dépouille le vin de son naturel fruité au profit de notes beurrées plutôt convenues. Prix élevé pour un vin ambitieux et prévisible. ☆☆ ②

Vie, L'Etranger 2005, Sonoma County
(S-10903490) : 60 $

Cette *winery* de création récente a été fondée sous l'impulsion de l'œnologue Brian Kane, accompagné de quelques amis œnophiles et apparemment francophiles comme le laissent deviner les noms de leurs différentes cuvées. S'appuyant sur l'originalité aromatique des cépages zinfandel (60 %), syrah et petite syrah, l'Étranger 2005 conserve un sens de l'harmonie tout en restant résolument californien par

sa vinosité et ses généreux arômes de fruits confits sur fond boisé. Sans basculer dans la lourdeur, sa richesse alcoolique de 15,3 % laisse une impression tendre et chaleureuse en finale. Excellent en son genre! À boire entre 2009 et 2015 au moins. ★★★→★ ③

D'AUTRES VINS BLANCS DE QUALITÉ MOYENNE ☆☆

Benziger, Chardonnay 2004, Sangiacomo Vineyards, Carneros (S-10328018) : 29,10 $
Sauvignon blanc 2005, North Coast (S-859306) : 16,80 $
Beringer Vineyards, Chardonnay 2006, Founder's Estate, California (S-534230) : 19,75 $
Ca' Del Solo, Big House White 2007, California (S-10354005) : 16,80 $
Folie à Deux, Ménage à Trois 2007, California (S-10709988) : 19,75 $
Frei Brothers, Sauvignon blanc 2005, Redwood Creek, California (S-10325271) : 14,70 $
Ironstone, Chardonnay 2006, Lodi (S-979294) : 15,85 $
Liberty School, Chardonnay 2005, Central Coast (S-719443) : 18,25 $
Markham Vineyards, Sauvignon blanc 2005, Napa Valley (S-892364) : 18 $
Phillips, R.H. ; Viognier 2005, EXP, Dunnigan Hills (S-894980) : 19,55 $
Ravenswood, Chardonnay 2007, California (S-862946) : 19,50 $
Simi, Sauvignon blanc 2007, Sonoma County (S-488734) : 22 $
St. Francis, Chardonnay 2005, Sonoma County (S-747915) : 20,50 $

D'AUTRES VINS BLANCS DE QUALITÉ PASSABLE ☆

Benziger, Sauvignon blanc 2006, North Coast (S-859306) : 16,80 $
Chardonnay 2005, Carneros (S-10352675) : 19,20 $
Phillips, R.H. ; Chardonnay 2006, Toasted Head, EXP, California
(S-594341) : 17,50 $

D'AUTRES VINS ROUGES DE QUALITÉ SATISFAISANTE ★★★

Clos du Bois, Cabernet-Merlot 2003, Marlstone (S-10683757) : 66 $
Kendall-Jackson, Cabernet sauvignon 2005, Vintner's Reserve,
California (S-427153) : 21,55 $
Nichols, Pinot noir 2001, Edna Ranch Vineyard, Edna Valley
(S-10833760) : 41 $
Oakville Ranch, Cabernet sauvignon 2003, Napa Valley
(S-10834041) : 73 $
Pepi, Sangiovese 2004, California, Kendall-Jackson
(S-540195) : 18,40 $

D'AUTRES VINS ROUGES DE QUALITÉ MOYENNE ★★

Benziger, Cabernet sauvignon 2004, Sonoma County
(S-857706) : 27,85 $
Bonterra, Merlot 2006, Mendocino (S-897645) : 20,80 $
Ca' Del Solo, Sangiovese 2005, California (S-10268431) : 23,45 $
Cardinal Zin, Zinfandel 2006, California (S-10253351) : 24,80 $
Folie à Deux, Ménage à Trois 2006, California (S-10709152) : 19,75 $
Forest Glen, Merlot 2005, Barrel Select, California
(S-708263) : 19,05 $
Gallo, Pinot noir 2006, Sonoma County (S-463810) : 20 $
Cabernet sauvignon 2005, Sonoma County (S-354274) : 20 $
Kendall-Jackson, Cabernet sauvignon 2006, Vintner's Reserve,
California (S-427153) : 21,55 $
Liberty School, Syrah 2005, California (S-10355454) : 18,90 $
Liberty School, Zinfandel 2006, California (S-10709021) : 18,45 $
Lohr, J. ; Cabernet sauvignon 2006, Seven Oaks, Paso Robles
(S-313825) : 20,50 $
Syrah 2006, South Ridge, Paso Robles (S-425272) : 18,80 $
Pepi, Shiraz 2005, California (S-10354574) : 17,35 $
Simi, Merlot 2004, Sonoma (S-10354582) : 29,35 $
St. Francis, Cabernet sauvignon 2005, Sonoma County
(S-421990) : 28,40 $

D'AUTRES VINS ROUGES DE QUALITÉ PASSABLE ★

Benziger, Cabernet sauvignon 2006, Sonoma County
(S-857706) : 27,85 $
Pinot noir 2006, Sonoma (S-470807 : 27,20 $)
Easton, Zinfandel 2006, Amador County, Terre Rouge
(S-897132) : 20,55 $
Phillips, R.H. ; Syrah 2006, Toasted Head, California (S-864801) : 19,60 $
Rutherford Hill, Merlot 2003, Napa Valley (S-860874) : 25,20 $
Cabernet sauvignon 2002, Napa Valley (S-10354291) : 35,25 $

TROP TARD !
Surveillez les prochains millésimes

D'AUTRES BONS VINS DE CALIFORNIE DÉGUSTÉS CETTE ANNÉE

Goldeneye, Pinot noir 2004, Anderson Valley (55 $)

Goldeneye est la plus récente création de Dan et Margaret Duckhorn (les propriétaires de la célèbre *winery* de Napa), un domaine d'une soixantaine d'hectares situé dans Anderson Valley, à une centaine de kilomètres au nord-ouest de Napa, proche du Pacifique, là où le climat plus frais semblait particulièrement propice à la culture du pinot noir. Le *winemaker* Zach Rasmuson mise sur une grande diversité variétale (19 clones différents) ainsi que sur de nombreux microclimats pour produire des vins distinctifs. Pari tenu, du moins si on en juge par cet excellent 2004 au nez riche et invitant. Sa bouche ample et mûre est relevée de savoureuses notes d'épices qui se déclinent avec du relief et une généreuse persistance. Excellent ! ★★★★ ②

Radio Coteau, La Neblina 2005, Sonoma Coast (75 $)

Le New-Yorkais Eric Sussman a fait connaissance avec le pinot noir lors d'un séjour en Bourgogne, notamment au Domaine Jacques Prieur. Sa cuvée La Neblina – brouillard en espagnol – mise avant tout sur le caractère fruité irrésistible du pinot noir ; charnu, gras et marqué par une finale chaude, mais aussi vif, nerveux et légèrement bancal. Quelques années en cave devraient l'assagir. ★★★→? ③

Sequoia Grove, Cabernet sauvignon 2003, Rutherford Reserve, Napa Valley (U-10874828) : 60 $

Au cœur de la vallée de Napa, le secteur de Rutherford est parfois surnommé le Pauillac de Californie en raison de la qualité de ses vins de cabernet sauvignon. À la limite sud de la zone – juste au nord d'Oakville –, ce domaine produit une gamme de très bons vins dont la qualité est en progression constante depuis quelques années. Résolument californien par sa sève nourrie et son intensité aromatique teintée d'agréables notes fumées, et pourtant fort bien équilibré grâce à une fermeté tannique bien dosée. Sa longue finale est chaleureuse et parfumée. À boire entre 2009 et 2013. ★★★★ ②

Togni, Philip ; Cabernet sauvignon 2001, Napa Valley (139 $)

Après avoir passé une vie entière à faire le vin des autres, notamment chez Mayacamas Vineyards, Chappellet Vineyard et Cuvaison, Philip Togni a fondé son propre domaine à Spring Mountain dans les hauteurs de la vallée de Napa. Offert en minuscule quantité, ce remarquable Cabernet s'avère très californien par sa texture séveuse et sa puissance. Beaucoup de style ; riche, pénétrant et long en bouche. Cher, mais excellent. ★★★★ ②

Rex Hill, Pinot noir 2006, Willamette Valley (S-10947855) : 32 $

Bel exemple du genre, ce 2006 procure un plaisir certain à l'amateur de Pinot noir joufflu et nourri. Ses tanins souples et soyeux sont animés par une saine fraîcheur qui lui donne déjà passablement de charme, mais le vin est jeune et pourrait évoluer favorablement au cours des prochaines années. ★★★→? ②

Eola Hills, Pinot noir 2006, Reserve, La Creole, Oregon (S-10947783) : 59 $

Ce 2006, ne m'a pas vraiment emballé. Certes, le vin ne manque pas de fruit et les saveurs s'expriment avec franchise, sauf qu'à ce prix, bien d'autres Pinot noir offrent plus de sève et de substance. ★★→? ②

Sur une note encore plus simple, voire rudimentaire, le **Pinot noir 2006, Oregon** (S-10947759 : 24 $) est un bon vin coulant et facile à boire, mais surtout mince et à court de chair. On reste sur sa soif. ★★ ②

Chateau Ste-Michelle Dr. Loosen, Riesling 2007, Eroica (S-10749681) : 27,15 $

En partenariat avec l'œnologue allemand de réputation internationale, Dr. Ernst Loosen, le Château Ste-Michelle entend explorer les différents styles que pourrait adopter le célèbre cépage allemand dans la vallée de Columbia. Vin frais et original, tout juste arrondi par un reste de sucre, mais conservant une vitalité appréciable. Bon vin blanc moderne et technologique dont les élans aromatiques produisent un effet charmant. ☆☆☆ ②

**Columbia Crest, Syrah 2005, Reserve, Horse Heaven Hills,
Columbia Valley** (S-10273862) : 51 $

«Créé dans le style de Côte Rôtie», annonce-t-on sur le site Internet de cette *winery* appartenant à Chateau Ste-Michelle. Pourtant, ce vin concentré, presque épais et marqué par de forts accents de vanille me semble avoir peu de choses en commun avec le célèbre vin de la vallée du Rhône. Le fait qu'il renferme une dose significative de gaz carbonique n'améliore pas son cas. Si vous avez la foi, vous pouvez toujours attendre quelques années et espérer une évolution favorable. Franchement, à ce prix, je préfère miser sur un autre cheval. ★★→? ②

L'Ecole no. 41

Cette *winery* réputée de l'État de Washington s'est imposée en commercialisant des vins aimables et dotés d'un fort pouvoir de séduction, mais dans lesquels la notion de terroir s'éclipse au profit du simple goût du cépage. Les prix demandés me semblent excessifs.

Généreux, chaleureux et dessiné à gros traits, le **Syrah 2004, Columbia Valley** (S-10709030 : 33 $) arbore les accents fumés caractéristiques du célèbre cépage rhodanien. Suffisamment de fraîcheur et de fruit, mais sans complexité. À ce prix, on souhaiterait plus de profondeur et de relief. ★★★ ②

Aussi dégusté, le **Merlot 2004, Walla Walla Valley** (S-10709558 : 37,75 $) ; un vin moderne, muni d'une attaque très mûre et d'une solide charpente tannique laissant une impression vive et sèche en fin de bouche. Prix élevé. ★★★ ②

Vins des États-Unis
au répertoire général

CALIFORNIE

Ravenswood, Zinfandel 2006, California, Vintner's Blend (C-427021) : 19,75 $

Rachetée par le géant Constellation en 2001, cette *winery* de Sonoma s'est bâti une bonne réputation avec des Zinfandel vibrants et chaleureux. Véritable cheval de bataille de l'entreprise, cette cuvée s'avère de nouveau très satisfaisante en 2006. Charnu, généreux et doté d'une matière fruitée très mûre et conservant pourtant une agréable fraîcheur. Sans doute l'un des meilleurs Zinfandel à moins de 20 $. ★★★ ② ♥

Ca' Del Solo, Big House Red 2006, California (C-308999) : 16,75 $
Cocktail composé d'une vaste palette de cépages ; bon vin juteux et expressif. Rien de compliqué, mais un vin de soif, à boire jeune et légèrement rafraîchi. ★★★ ②

Liberty School, Cabernet sauvignon 2006, California (C-856567) : 18,45 $

Avec des ventes frôlant les 9 millions de dollars, le Cabernet de Liberty School se classe au huitième rang des meilleurs vendeurs de la SAQ. Le 2006 m'a laissé une impression plus favorable que les millésimes antérieurs. Rien de trépidant, mais tout de même fort aimable par sa souplesse et son fruit généreux. Un produit taillé pour plaire dont le succès commercial n'étonne pas. ★★★ ②

Canada

Après des années passées à miser presque exclusivement sur le *Icewine*, le Canada s'éveille et son industrie viticole connaît un essor fulgurant. Dans son *Canadian Wine Annual 2007*, un numéro spécial consacré au vignoble national, la revue *Wine Access* recensait une centaine de nouvelles *wineries*.

Même s'il est encore dominé par l'empire Constellation-Vincor (Jackson-Triggs, Inniskillin, Sumac Ridge, Osoyoos-Larose, Clos Jordanne), le vignoble canadien doit également son développement à de nombreux investisseurs, canadiens comme étrangers, qui déploient tous les efforts technologiques et financiers pour obtenir des vins de classe internationale.

Le pays compte maintenant plus de 500 domaines viticoles qui s'étendent sur 11 000 hectares. L'Ontario arrive bonne première avec un vignoble d'un peu plus de 6500 hectares, suivie par la Colombie-Britannique (2900 hectares) et le Québec (250 hectares).

Au Québec, la gamme de vins canadiens actuellement offerte est loin de refléter cet essor. La SAQ promet toutefois de corriger la situation dès l'an prochain. D'ici la parution du *Guide du vin 2010*, les lecteurs pourront prendre connaissance des nouveautés sur www.michelphaneufvin.com. En attendant, un séjour s'impose dans la belle région de Niagara-on-the-Lake, devenue l'une des plus touristiques du pays, où foisonnent hôtels, *bed & breakfasts* et bons restaurants. On trouvera d'ailleurs plusieurs bonnes adresses aux pages 354-355.

La gamme étant à ce point limitée au Québec, rien ne vaut un séjour dans la péninsule du Niagara, ou encore une excursion aux magasins Vintages d'Ontario.

Cave Spring

Fondé en 1986, Cave Spring est un pilier de la viticulture ontarienne. Avec la complicité du *winemaker* Angelo Pavan, la famille Pennachetti produit une gamme de vins soigneusement élaborés.

Dans la gamme supérieure de Cave Spring (CSV), ce très bon **Chardonnay 2004, CSV, Niagara Peninsula** (S-529941 : 30,50 $) provient de deux parcelles idéalement situées dans le secteur réputé de Beamsville Bench. Équilibré et animé d'une saine acidité qui ajoute à sa tenue en bouche, le 2004 m'a tout de même semblé marqué par des notes boisées et caramélisées un brin omniprésentes. Prix dissuasif. ☆☆☆ ②

Riesling 2005, Niagara Peninsula (S-10270194 : 25,90 $) ; issu de vignes âgées d'une trentaine d'années, ce 2005 s'avère fort agréable par sa sève fruitée et ses saveurs nettes arrondies par un peu de sucre résiduel, le tout relevé par une bonne acidité. Très bon vin franc et savoureux. ☆☆☆ ②

Château des Charmes

La *winery* fondée en 1978 par l'immigré français Paul Bosc est un haut lieu de la viticulture ontarienne.

Gewürztraminer 2006, St-Davids Bench (S-10745479 : 19,95 $) ; les amateurs de gewürztraminer se régaleront de ce très bon vin aromatique. Plein et savoureux, le 2006 contient un léger reste de sucre qui ne l'alourdit pas, au contraire, il met en évidence ses parfums de litchi. À boire d'ici deux ans. ☆☆☆ ②

Vidal Icewine 2005, Niagara-on-the-Lake (S-413732 : 42,75 $) ; bon vin typique, acidulé, aux parfums exubérants évoquant la confiture de citrouille. Riche et flatteur, sans détour. Excellent, sans être spécialement racé. ☆☆☆☆ ②

Le riesling donne des vins de glace et des vins de Vendanges tardives plus racés que le vidal.

À part le vidal utilisé pour le vin de glace et quelques exceptions, les hybrides du passé – maréchal foch, de chaunac, baco noir, etc. – sont disparus de la péninsule du Niagara et ont été remplacés par des vinifera : riesling, chardonnay, cabernet, pinot noir, etc.

À ce jour, le pinot noir, le riesling, le chardonnay et le sauvignon semblent les cépages les plus prometteurs dans la péninsule du Niagara. Mais les expériences se multiplient et d'autres variétés – marsanne, petit verdot et même savagnin – donnent déjà des résultats étonnants.

La SAQ promet d'élargir la gamme de vins canadiens au cours de 2009. À surveiller...

Pour le quotidien
- ○ Mission Hill Family Estate, Pinot blanc 2007, Five Vineyards, Okanagan Valley
- ○ Henry of Pelham, Baco Noir 2005, Ontario

Pour apprécier les progrès accomplis
- ○ Cave Spring, Chardonnay 2004, CSV, Niagara Peninsula
- ● Osoyoos Larose, Le Grand Vin 2004, Okanagan Valley
- ● Toute la gamme de Clos Jordanne

Clos Jordanne

Convaincu d'avoir trouvé un nouvel eldorado pour les cépages bourguignons, le groupe canadien Vincor et la famille Boisset ont formé un partenariat pour développer un vignoble dans les hauteurs de l'escarpement. Les différentes cuvées de chardonnay et de pinot noir ont une étoffe qui ne laissera pas insensibles les amateurs du bon Bourgogne.

Chardonnay 2005, Claystone Terrace, Niagara Peninsula (S-10697331 : 37,50 $) ; bel exemple de Chardonnay ontarien portant l'empreinte du terroir dans le secteur de Jordan. Minéral, droit et doté d'une franche acidité. Un élevage en fût de chêne lui donne une onctuosité supplémentaire sans le dépouiller de sa fraîcheur. Pas donné, mais passablement persistant et au moins aussi intéressant que bien des Chardonnay modernes produits ailleurs dans le monde. ☆☆☆☆ ②

Colio Estate Wines

Fondée en 1980, cette *winery* produit annuellement plus de 240 000 bouteilles dans le secteur de Harrow, en bordure du lac Érié.

Merlot Reserve 2002, Lake Erie North Shore (S-10745516 : 21,55 $) ; misant avant tout sur l'expression aromatique de la barrique, ce vin d'ampleur moyenne accuse une fin de bouche plutôt sèche, à court de relief et de chair. ★★ ②

Henry of Pelham

Sur un site historique de St. Catharines dont leur ancêtre fut propriétaire dès 1794, la famille Speck produit des vins de bonne qualité.

Spécialité de la maison, le **Baco Noir 2005, Ontario** (S-270926 : 14,85 $) est une curiosité ontarienne cultivée depuis longtemps et donnant des vins au style peu orthodoxe. À mi-chemin entre un Zinfandel et un Dolcetto, le nez franc et expressif de ce 2005 déploie des parfums mûrs évoquant les fruits noirs. Bon vin fougueux, un brin rustique et au goût distinctif que l'on appréciera davantage à table, servi autour de 15 °C. ★★★ ②

Cabernet-Merlot 2004, Niagara Peninsula (S-10745444 : 24,90 $) représente bon Meritage élaboré dans un style droit et filiforme. Franc et net, mais sans dimension particulière. Hélas ! peu compétitif à ce prix... ★★ ②

Le **Chardonnay 2005, Reserve, Niagara Peninsula** (S-252833 : 16,20 $) ; un bel exemple des progrès accomplis par la viticulture de la région de Niagara depuis une décennie. Un bon Chardonnay moderne, fruité, modérément boisé et frais en bouche. Tout à fait recommandable. ☆☆☆ ② ♥

Riesling Icewine 2004, Niagara Peninsula (S-430561 : 55 $ – 375 ml) ; un vin de glace exemplaire, riche, intense et parfumé. Le riesling sans détour, des parfums racés. Parmi les meilleurs. ☆☆☆☆☆ ②

Peninsula Ridge

Le Bourguignon Jean-Pierre Colas dirige l'une des caves les plus dynamiques de la péninsule du Niagara.

Sauvignon blanc 2006, Niagara Peninsula (S-10745541 : 18,70 $) ; bon vin sec, droit et modérément parfumé. Sans être particulièrement étoffé, il a suffisamment de netteté. ☆☆☆ ②

Pillitteri, Merlot 2002, Family Reserve, Niagara Peninsula
(S-10283411) : 39,25 $

Un autre vin qui s'ajoute à la liste de produits technologiques conçus et profilés pour faire son effet. Sans être épais ni concentré outre mesure, il accuse une présence encombrante de bois au détriment du fruit. Un vin chaud aux accents torréfiés dont le prix me paraît injustifié. La péninsule du Niagara produit en ce moment des vins beaucoup distingués et authentiques. ★★ ②

Stratus Vineyards

Sur la route menant à Niagara-on-the-Lake, cette *winery* ultra-moderne est l'une des plus dynamiques de la péninsule. Hélas ! le seul vin actuellement offert au Québec ne permet pas vraiment d'apprécier les prouesses accomplies à Stratus par l'œnologue Jean-Laurent Groux.

Riesling Icewine 2006, Niagara Lakeshore (U-10856937 : 41 $ – 200 ml) ; élaboré avec des raisins achetés à différents viticulteurs de la région, un bon Icewine suave, très doux et appuyé par une acidité bien sentie. ☆☆☆☆ ②

uivez le Guide

vins canadiens exclusifs

dnarestaurant.com

cuisine complice

Jackson-Triggs

Membre de l'empire Constellation-Vincor, le géant canadien Jackson-Triggs semble accomplir des progrès sensibles en Colombie-Britannique.

Merlot 2002, Proprietor's Grand Reserve, Okanagan (S-10745410: 23,90 $) ; bon vin de facture moderne, au boisé un peu sucré, construit dans un style charmeur, mais offrant un bon équilibre. Sans être l'aubaine du siècle, ce vin s'avère très correct. ★★★ ② ▼

Cabernet sauvignon-Shiraz 2005, Gran Reserve, Okanagan Estate (S-10327613 : 24,70 $) ; d'un style moderne, un vin ample et tannique fortement marqué par le bois de chêne. Correct, mais pas spécialement inspiré. ★★ ②

Mission Hill Family Estate

Restaurée au coût de 35 millions de dollars en 2002, Mission Hill est une locomotive de la viticulture en Colombie Britannique.

Merlot 2004, SLC, Okanagan Valley (S-10745524 : 39,50 $) ; « SLC » pour Select Lot Collection. Un vin expansif, volumineux et révélant le caractère flatteur et juteux du merlot, mais doté d'une droiture et d'une longueur non négligeable. De légères notes fumées ajoutent à son caractère. Il n'est évidemment pas une aubaine, mais certainement un exemple des progrès en marche en Colombie-Britannique. ★★★ ②

Cabernet-Merlot 2006, Five Vineyards, Okanagan Valley (C-10544749 : 17,70 $) ; souple et offrant une saine fraîcheur en bouche ; le fruit est relevé de généreuses tonalités vanillées qui ajoutent à son relief. ★★ ②

Aussi au répertoire général, le **Pinot blanc 2007, Five Vineyards** (page 351) ⓖ

Osoyoos Larose, Le Grand Vin 2004, Okanagan Valley
(S-10293169) : 41,50 $

L'amateur désireux de tâter le pouls de la viticulture canadienne se régalera de ce vin remarquable produit en bordure du lac Osoyoos, tout au sud de la vallée d'Okanagan. Le projet, né il y a 10 ans d'un partenariat entre le Groupe Taillan – Châteaux Gruaud-Larose, Ferrière, Chasse-Spleen – et la canadienne Vincor, commence à donner de beaux fruits. Déjà excellent, le 2003 avait été récompensé d'une Grappe d'or dans *Le guide du vin 2008*. Or, le 2004 me semble encore plus complet. Son grain fin, sa structure dense marquée de tonalités de bois de cèdre et d'accents minéraux est empreinte d'une sève remarquable. Les vins rouges canadiens ayant autant d'étoffe et de plénitude sont rares. Bon dès maintenant et pour au moins 10 ans. Exceptionnel au sens propre du terme, par conséquent, cinq étoiles. ★★★★★ ②

Vins du Canada
au répertoire général

Inniskillin

La plus célèbre *winery* canadienne appartient maintenant au géant Constellation et le duo fondateur Ziraldo-Kaiser a tiré sa révérence. Pour l'heure, et à l'exception d'un Cabernet franc 2004 à la maigreur décevante, les vins d'Inniskillin sont fiables et les Icewine sont flamboyants.

Issu de la gamme courante d'Inniskillin et vendu à prix abordable, un bon **Cabernet franc 2006, Niagara Peninsula** (C-317016 : 12,95 $) ; vif et fringant agrémenté des arômes herbacés typiques du cépage. Simple et fruité, mais tout de même un peu fluide. À boire jeune et rafraîchi. ★★ ②

Même s'il m'a semblé avoir un peu perdu de sa fraîcheur, le **Chardonnay 2006, Niagara Peninsula** (C-066266 : 12,95 $) demeure un bon vin de taille moyenne, franc et bien équilibré. Tout à fait comparable à bien des Chardonnay courants de Californie, du Chili ou d'ailleurs. ☆☆☆ ①

Mission Hill Family Estate, Pinot blanc 2007, Five Vineyards, Okanagan Valley (C-300301) : 16,10 $

Bon vin sec et expressif auquel une jolie minéralité confère du charme et de la distinction. Tout à fait recommandable. ☆☆☆ ② ♥

Le nouvel or du Niagara

CE TEXTE A ÉTÉ PUBLIÉ DANS *L'ACTUALITÉ* DU 1ER NOVEMBRE 2008

«Vous verrez, dans 10 ans, nous serons rendus loin», me disait John Howard. C'était en 1999, lors d'un séjour dans la péninsule du Niagara pour la préparation d'un reportage dans *L'actualité.* L'homme était alors propriétaire de Vineland, la belle *winery* ontarienne qu'il avait acquise en 1993 après avoir gagné gros dans la bureautique.

À cette époque, à peine 17 licences d'exploitation viticole étaient accordées en Ontario. Aujourd'hui, environ 150 domaines sont en activité et on y cultive 6500 hectares de vignes. Pour la période 2006-2007, les ventes au détail de vins ontariens portant la mention VQA (Vintners Quality Alliance, l'équivalent des appellations contrôlées françaises, autrement dit les meilleurs) s'élevaient à 190 millions de dollars.

En 2004, John Howard a vendu Vineland pour se consacrer à une aventure viticole plus personnelle. Ainsi est né Megalomaniac. Si le nom fait sourire – «Un peu d'autodérision ne fait pas de mal», confie-t-il –, l'affaire n'a rien d'une plaisanterie. Ce splendide domaine s'étendant sur 50 hectares entoure une cave souterraine high-tech et a nécessité un investissement de plus de sept millions de dollars. L'intention de Howard n'est donc pas d'y faire de la piquette...

Megalomaniac n'est qu'un exemple parmi d'autres de ces nouvelles exploitations créées par des entrepreneurs fortunés qui ont dynamisé la viticulture ontarienne au cours des dernières années, au point de donner à la région de Niagara des airs de Napa Valley du Nord. En sillonnant les nombreuses routes de campagne qui quadrillent la péninsule de part et d'autre de la ville de St. Catharines, on s'étonne de voir un peu partout des domaines ultramodernes surgissant au milieu de vignes impeccablement entretenues. Hidden Bench, par exemple. Cette *winery* nichée dans les hauteurs de Beamsville a été créée en 2003 par le Montréalais Harald Thiel. Riche de la vente de son entreprise de services audiovisuels, il a plié bagage pour le Niagara afin d'y réaliser un vieux rêve. Quelques années ont suffi pour faire de sa cuvée Nuit Blanche, composée de sémillon et de sauvignon, l'un des vins les plus prisés de la région.

Plus spectaculaire encore, Tawse Winery est le joujou du financier torontois Moray Tawse, lui aussi fasciné par l'idée de signer des vins fins sur les bords du lac Ontario. Il suffit de voir ses installations réparties sur six étages, permettant au vin de circuler en douceur – par gravité et sans pompage –, pour se rendre compte que rien n'est négligé pour obtenir la qualité, y compris les conseils de Pascal Marchand, un Québécois installé en Bourgogne qui mène depuis longtemps une brillante carrière de consultant dans plusieurs pays.

Plus à l'est, à Niagara-on-the-Lake, Stratus Winery doit son existence aux ambitions de David Feldberg, magnat du mobilier de bureau, lui aussi déterminé à prouver qu'en y mettant les moyens on pouvait produire dans le Niagara des vins de calibre international. Là comme ailleurs, ça sent non seulement le bon vin, mais aussi l'argent. « On peut facilement imaginer que c'est plus d'un milliard de dollars qui a été investi dans la région depuis 15 ans », estime John Howard.

En plus de ces investissements massifs, la viticulture ontarienne a aussi profité de l'évolution des mentalités. Après s'être longtemps contentés de cultiver les cépages à la mode, les producteurs – les plus appliqués, du moins – s'obligent à mieux composer avec les divers terroirs de la région. Ces « terroiristes » ont compris que c'est avant tout la nature des sols, leur pente, leur drainage et leur orientation qui devaient les guider. Autrement dit, planter le bon cépage au bon endroit. Cette chasse au terroir, pour reprendre l'expression de Thomas Bachelder – Montréalais d'origine qui est maintenant au gouvernail de Clos Jordanne, ambitieux partenariat créé par la société bourguignonne Jean-Claude Boisset et la canadienne Vincor –, lui a permis en quelques années d'obtenir une gamme de vins aussi achevés que distinctifs. « Même si seulement 300 mètres séparent les deux vignobles, fait-il remarquer, mon pinot noir de Claystone est plus costaud, plus sauvage, alors que celui du Clos Jordanne est plus parfumé et plus rond. » Cet attachement nouveau à la notion de terroir est le signe que la viticulture ontarienne entre dans sa maturité.

Dans les années 1970, Donald Ziraldo fondait Inniskillin et Paul Bosc créait son Château des Charmes. À une époque où peu de gens y croyaient, ces deux pionniers ont montré la voie. Trente-cinq ans plus tard, de nouveaux acteurs, à la fois fortunés, inspirés et bien avisés, ont pris le relais et façonnent les meilleurs vins de la courte histoire de la viticulture ontarienne. Prochain rendez-vous en 2019...

Tournée dans la péninsule du Niagara

Restaurant Tony de Luca at the Oban Inn
160, Front St.
Niagara-on-the-Lake
905 394.7900

Excellente cuisine dans un petit hôtel design. Un menu soigné, une atmosphère agréable, une belle carte de vins locaux et internationaux.

Vineland Estates Winery Restaurant
3620, Moyer Road, Vineland
888 846.3526

Au milieu des vignes, une cuisine raffinée et un service professionnel accompagnent les vins du réputé domaine Vineland.

About Thyme Bistro
3457, King Street, Vineland
905 562.3457

Bistro coquet proposant une très bonne cuisine. Le chef-propriétaire a travaillé dans quelques bons restaurants de Montréal. Les producteurs de vin s'y donnent rendez-vous.

REST, Stone Road Grille
238, Mary St.
Niagara-on-the-Lake
905 468.1802

Niché dans un centre commercial sans attrait, le Rest est l'une des tables les plus courues de la péninsule. Ambiance chaleureuse et accueillante. Une bonne cuisine moderne, beaucoup de vins locaux.

Treadwell
61, Lakeport Road, Port Dalhousie
905 934.9797

Les embarcations de plaisance et les canards défilent devant cet établissement réputé longeant le canal. Cuisine raffinée, excellent choix de vins locaux et service professionnel.

Charles Inn Restaurant
209, Queen St.
Niagara-on-the-Lake
866 556-8883

Dans une somptueuse maison historique, le restaurant du Charles Inn est chic et classique. Classé parmi les meilleures tables de la ville, il offre un bon choix de vins locaux et internationaux.

Inn on the Twenty
3845, Main St., Jordan
905 562-5336

Réputé restaurant du domaine Cave Spring. Cuisine, vins et ambiance ont tout pour combler les convives.

Old Winery Restaurant
2228, Niagara Stone Road
Niagara-on-the-Lake
905 468.8900

Pizzeria très achalandée logée dans un grand local d'un immeuble rénové. Service amical et menu à l'avenant. On peut y apporter son vin.

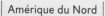

| HÔTELS ET AUBERGES |

Pour connaître les services et les tarifs des quelques hôtels ci-dessous, veuillez visiter leurs sites internet.

Oban Inn
160, Front St.
Niagara-on-the-Lake
905 394.7900
www.obaninn.ca

Charles Inn
209, Queen St.,
Niagara-on-the-Lake
866 556.8883
www.charlesinn.ca

Inn On The Twenty
Cave Springs Cellar
3836, Main Street, Jordan
905 562.3581
www.innonthetwenty.com

Shaw Club Hotel
92, Picton St.
Niagara-on-the-Lake
905 468.5711
www.shawclub.com

Prince of Wales Hotel
6, Picton St.
Niagara-on-the-Lake
888 669.5566
www.vintage-hotels.com

The Pillar and Post
King and John Streets
Niagara-on-the-Lake
905 468.2123
www.vintage-hotels.com

Queen's Landing
Inn & Conference Resort
155, Byron St.
Niagara-on-the-Lake
905 468.1362
www.vintage-hotels.com

De plus, les *Bed & Breakfasts* foisonnent à Niagara-on-the-Lake, ils sont parfois logés dans de somptueuses demeures historiques.

Renseignements : Niagara-on-the-Lake Bed & Breakfast Association 905 468.0123 ou visitez le site
www.niagarabedandbreakfasts.com

Hémisphère Sud

Chili

Le Chili est la deuxième force viticole sud-américaine après l'Argentine. Le pays est dixième producteur mondial, mais arrive au cinquième rang des nations exportatrices. Alors qu'au début des années 1990, à peine le quart de la production chilienne était exporté, c'est aujourd'hui 65 % des 800 millions de bouteilles qui partent pour l'étranger. Au Québec comme ailleurs, les consommateurs découvrent que ce pays aux multiples régions viticoles a bien plus à offrir que du vin de table bon marché.

Pour l'heure, le vignoble couvre un peu plus de 115 000 hectares et la production oscille autour de 8 millions d'hectolitres, ce qui équivaut à plus d'un milliard de bouteilles !

Numéro un parmi les cépages nobles, le cabernet sauvignon occupe plus du tiers de cette surface avec environ 40 000 hectares. Viennent ensuite le païs – majoritairement destiné à la consommation locale – avec 15 000 hectares, le merlot, 13 000 hectares et le carmenère qui couvre près de 7 200 hectares. Virtuellement absente du pays il y a à peine 10 ans, la syrah s'étend maintenant sur plus de 3 300 hectares et connaîtra certainement une forte progression au cours des prochaines années.

Au Québec, le vin chilien poursuit sa progression alors que le pays occupe le septième rang, en volume comme en valeur. En 2008, la part de marché des vins chiliens se maintient autour de 3 %, ce qui représente plus de 3,3 millions de bouteilles et des ventes annuelles de plus de 41 millions de dollars.

Arboleda, Cabernet sauvignon 2006, Valle de Colchagua (S-10967434) : 18,80 $

Depuis 2005, ce projet conçu en partenariat avec le regretté Robert Mondavi est la propriété exclusive d'Eduardo Chadwick (Errazuriz). Nouvellement inscrit au répertoire de la SAQ, le Cabernet sauvignon déborde de fruit et se signale davantage par sa vitalité quasi croquante que par sa puissance. Rond, sphérique et relevé de goûts prononcés de cassis. À boire entre 2009 et 2011. ★★★ ② ♥

Baron Philippe de Rothschild

Outre son partenariat avec Concha y Toro dans Almaviva, la baronne Philippine de Rothschild a créé une entreprise indépendante au Chili et commercialise des vins de marque de bonne qualité.

Escudo Rojo 2007, Valle Central (S-577155 : 17,95 $) ; Escudo Rojo – écusson rouge – est un clin d'œil au patronyme familial, *Roth* pour rouge et *schild* pour écusson. S'il demeure résolument chilien dans la forme, ce vin droit et franc de goût fait preuve d'une certaine élégance. Sa trame tannique mûre et nourrie révèle une jolie palette d'arômes multiples et détaillés. À servir frais autour de 15 °C. ★★★★ ② ♥

Aussi, à prix d'aubaine, le **Mapu 2007, Valle Central** (S-10530283 : 12,55 $) ; un bon vin charnu et fruité ; vif, rafraîchissant et facile à boire. ★★★ ② ♥

Chili ⑨

UN CHOIX PERSONNEL

Chili

Pour le quotidien
- Cono Sur, Cabernet sauvignon-Carmenère 2006, Valle de Colchagua
- ○ Concha y Toro, Trio 2007, Sauvignon, Casablanca

Pour en avoir pleinement pour son argent
- Baron Philippe de Rothschild , Escudo Rojo 2007, Valle Central
- Chateau Los Boldos, Merlot 2004, Valle del Rapel
- De Martino, Legado Reserva 2005, Cabernet sauvignon, Valle del Maipo

Pour apprécier les progrès accomplis
- Concha y Toro, Pinot noir 2007, Explorer, Casillero del Diablo, Valle de Casablanca
- Errazuriz, Shiraz 2006, Max Reserva, Aconcagua
- Viña La Rosa, Carmenère 2005, Don Reca, Valle de Cachapoal

Pour acheter le meilleur dans une SAQ Classique ©
- Concha y Toro, Carmenère 2007, Reserva, Casillero del Diablo, Valle del Rapel
- Edwards, Luis Felipe ; Cabernet sauvignon 2006, Gran Reserva, Valle de Colchagua
- Errazuriz, Cabernet sauvignon 2007, Aconcagua

Carmen

Cette importante cave appartient au même propriétaire que Santa Rita, mais elle est gérée indépendamment. La qualité générale des vins est tout aussi régulière que satisfaisante.

Parmi les vins rouges de Carmen, je signale le **Carmenère-Cabernet sauvignon 2005, Valle del Maipo** (S-856013 : 19 $) ; le carmenère est un ancien cépage préphylloxérique venu jadis de Bordeaux et planté depuis longtemps au Chili où on l'a souvent confondu avec le merlot. Depuis quelques années, ce cépage intéresse de plus en plus de producteurs qui y voient un apport distinctif à la viticulture chilienne, une sorte de spécialité nationale équivalant au malbec d'Argentine et au zinfandel de Californie. Comme c'est souvent le cas, le carmenère est ici jumelé au cabernet sauvignon (40 %) pour donner un vin ample, nourri et tannique, mais sans rudesse, déployant des saveurs généreuses de fruits mûrs. Excellent 2005 plein, volumineux et doté d'une personnalité affirmée. ★★★★ ②

Aussi au répertoire général, **Cabernet sauvignon 2005, Reserve** (page 368) ©

359

Casa Lapostolle

Membre de la famille propriétaire de Grand Marnier, Alexandra Marnier-Lapostolle s'est lancée dans l'aventure chilienne en 1994. En une dizaine d'années, avec l'aide entre autres de l'œnologue Michel Rolland, elle a développé un vignoble de 300 hectares produisant annuellement quelque deux millions de bouteilles. Le style est résolument moderne, les vins sont généreux et dotés d'un pouvoir de séduction certain.

Le **Merlot 2005, Cuvée Alexandre, Valle de Colchagua** (S-459206 : 28,90 $) illustre parfaitement le style Casa Lapostolle : sphérique, riche en matière et encadré de tanins dodus ; une impression rustique en fin de bouche ne justifie pas son prix. ★★ ② ▼

Chateau Los Boldos

En février 2008, l'entreprise fondée par la famille alsacienne Massenez est passée aux mains du groupe portugais Sogrape qui continue d'étendre son empire (Mateus, Ferreira, Offley, Sandeman au Portugal et en Espagne, Finca Flichman en Argentine, Framingham en Nouvelle-Zélande). Le vignoble de Los Boldos s'étend sur 275 hectares dans la vallée de Rapel à 100 km au sud de Santiago et profite d'une situation géographique enviable où une bonne amplitude thermique entre le jour et la nuit assure une longue période de mûrissement du raisin.

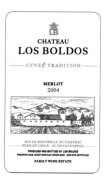

 Merlot 2004, Vieilles vignes, Valle del Rapel (S-10693921 : 23,20 $) ; de vieilles vignes donnent un vin solide, intense et profond mettant en relief une sève fruitée ponctuée de notes anisées. La fin de bouche est chaleureuse et volumineuse sans être lourde en dépit d'une force alcoolique de 14,5 %. L'un des meilleurs Merlot chiliens actuellement sur le marché. ★★★★ ②

De plus, notez bien les deux autres vins de Los Boldos commentés à la page 367.

Le carmenère

Le carmenère est un cépage noble de Bordeaux qui fut délaissé en raison de son mûrissement tardif. Importé au Chili vers la fin du XIXᵉ siècle, il était depuis confondu avec le merlot. Ce n'est qu'en 1994 que des études ampélographiques révélèrent sa véritable identité. Aujourd'hui, il couvre environ 6000 hectares et donne des résultats de plus en plus convaincants. Tous deux inscrits au répertoire général de la SAQ, les Carmenère d'Errazuriz et de Concha y Toro (Casillero del Diablo) sont deux valeurs sûres pour s'initier à cette originalité chilienne.

Concha y Toro

Acteur principal de la viticulture chilienne, le domaine des familles Guilisasti et Larrain compte plus de 3000 hectares dans la région de la vallée Centrale, au sud de Santiago.

Pinot noir 2007, Explorer, Casillero del Diablo, Valle de Casablanca (S-853390 : 14,95 $) ; favorable aux cépages bourguignons en raison d'un climat plus frais, le secteur de Casablanca, entre Santiago et Valparaiso, donne un vin passablement coloré et généreux. Malgré une force alcoolique bien sentie de 14 %, le 2007 conserve une fraîcheur agréable tout en misant sur la souplesse et le grain fruité propres au cépage. Simple et franc de goût. Les Pinot noir ayant autant à offrir à ce prix sont rares. À boire jeune et frais pour apprécier son caractère fruité. ★★★★ ② ♥

Trio 2007, Sauvignon blanc, Valle de Casablanca (S-10327672 : 14,95 $) ; ce délicieux vin blanc sec et à la personnalité affirmée est l'œuvre du vinificateur réputé Ignacio Recabarren qui assemble les fruits de trois vignobles – d'où le nom Trio – situés dans le secteur de Casablanca. Par son expression vive et croquante, ses saveurs franches et son acidité du tonnerre, c'est l'un des meilleurs Sauvignon à moins de 20 $. Quatre étoiles pleinement méritées dans sa catégorie. ☆☆☆☆ ① ♥

Trio 2006, Merlot-Carmenère-Cabernet sauvignon, Valle del Rapel (S-10694510 : 15 $) ; ses saveurs originales aux tonalités herbacées et fumées satisferont pleinement l'amateur à l'affût d'aubaines. Pleinement savoureux et rassasiant ; flatteur, mais bien tourné. À boire jeune. ★★★ ② ♥

Aussi au répertoire général, deux vins de la gamme Casillero del Diablo (page 368) ⊖

Cono Sur

Cono Sur a été créé il y a une quinzaine d'années par le groupe Concha y Toro dans la région de Chimbarongo, au sud de la vallée de Rapel. Ce fut aussi la première *winery* sur la planète à se voir attribuer le statut de Carbone Neutre (R), une mention décernée aux entreprises qui « neutra-

lisent » leurs émissions de carbone par des mesures compensatoires telles la plantation d'arbres. Fort bien, mais pourquoi alors utiliser des bouteilles aussi lourdes dont le transport occasionne une dépense énergétique additionnelle ?

Cabernet sauvignon-Carmenère 2006, Valle de Colchagua (S-10694376 : 15,20 $) ; délicieux vin issu de l'agriculture biologique, plein de caractère et de saveurs. Tendre, juteux et sphérique, sa finale originale aux savoureuses notes poivrées lui ajoute beaucoup de charme et une personnalité remarquable pour un vin de ce prix. Un achat du tonnerre ! ★★★ ② ♥

Merlot 2004, 20 Barrels, Limited Edition, Valle de Colchagua (S-904490: 26,35 $); très flatteur à défaut d'être vraiment complexe, ce vin charme par sa rondeur et sa texture soyeuse. Gorgé de fruits et élaboré avec soin, mais ce n'est pas l'aubaine du siècle. ★★★ ②

Plus simple, le **Merlot 2007, Reserva, Valle de Colchagua** (S-904508: 16,55 $) a un nez de tonalités herbacées typiques des Merlot chiliens. Pas transcendant, mais bien fait et à prix réaliste. Une fin de bouche un peu vive. ★★ ②

Une très bonne note aussi pour le **Pinot noir 2007, Vision, Valle de Colchagua** (S-10694309: 19,60 $); simple, mais loin d'être dépourvu de charme, il réunit toutes les qualités recherchées dans ce genre de vin : une profusion de fruit, de la fraîcheur et cette texture tendre associée au cépage bourguignon. À prix accessible, c'est une belle occasion d'apprécier les vertus du pinot noir en terre sud-américaine. Dans une bouteille à capsule vissée. ★★★ ② ♥

Cousiño-Macul

Le domaine historique de Cousiño-Macul, au sud-est de Santiago, a été grugé par l'étalement urbain. Pressée par les investisseurs immobiliers et la classe politique, la famille Cousiño a conçu un nouveau domaine viticole de 600 hectares ainsi qu'un centre de vinification ultramoderne près de Buin dans la vallée de Maipo. Ce déménagement s'accompagnait du départ de Jaime Ríos, l'œnologue de formation bordelaise qui est à l'origine du style classique qui a fait la réputation de Cousiño-Macul. Son remplaçant, Matías Rivera, a vinifié sa première cuvée en solo en 2004. Continuera-t-il de privilégier le classicisme raffiné qui a fait la renommée de cette grande marque chilienne ? Certains estiment que les plus récents millésimes adoptent un style plus moderne.

Merlot 2006, Antiguas Reservas, Valle del Maipo (S-866723: 17,95 $); bel exemple de merlot chilien mariant un certain classicisme à la rondeur des vins modernes. À la fois frais, bien en chair et franchement savoureux, le 2006 a des tonalités originales de fruits noirs sur un fond anisé. Une structure digne de mention pour un vin de ce prix. ★★★ ② ♥

Aussi au répertoire général, le **Cabernet sauvignon 2006, Antiguas Reservas** (page 368) ⊖

De Martino

À Isla de Maipo, à 50 km au sud-ouest de Santiago, la maison De Martino produit de bons vins rouges le plus souvent étoffés et riches en extraits, assez typiques des vins de Maipo.

Legado Reserva 2005, Cabernet sauvignon, Valle del Maipo (S-642868: 17,85 $); profitant d'un élevage bien maîtrisé de 12 mois en fût de chêne français, ce solide vin à la structure tannique bien sentie déploie en bouche de savoureux arômes de cassis et d'eucalyptus, typiques des Cabernet de Maipo. Parmi les bons vins rouges sud-américains à moins de 20 $. ★★★★ ② ♥

Edwards, Luis Felipe

Depuis leur premier millésime en 1994, Luis Felipe Edwards et son fils se sont dotés des meilleurs atouts techniques et humains pour faire des vins de qualité.

Au sommet de la gamme, le **Dona Bernarda 2003, Valle de Colchagua** (S-10259411 : 33,75 $) est un assemblage de 50 % de cabernet sauvignon, de 30 % de carmenère, de petit verdot et de cabernet franc. Généreux, mais bien équilibré, son épaisseur tannique et son fruit dense lui donnent beaucoup d'envergure. Son expression aromatique aux généreux parfums de cassis est enrichie de notes fumées subtiles qui ajoutent à sa longueur. Excellent, à boire d'ici 2013. ★★★★ ②

Aussi au répertoire général le **Cabernet sauvignon 2006, Gran Reserva, Valle de Colchagua** (p. 368) ⓖ

Errazuriz

Sur ce splendide domaine fondé en 1870 dans la vallée d'Aconcagua, Eduardo Chadwick produit une gamme de vins impeccables qui justifient la place de choix qu'occupe Errazuriz au sein de l'élite viticole chilienne.

Shiraz 2006, Max Reserva, Valle de Aconcagua (S-864678 : 18,45 $) ; plus proche d'un Crozes-Hermitage que d'un Shiraz australien, le Max Reserva 2006 se signale encore par cette élégance distinctive qui confirme le potentiel du cépage rhodanien au Chili. Riche et nourri, et pourtant parfaitement équilibré, son fruit ample et son caractère vanillé laissent en bouche une savoureuse impression de plénitude. Une finale persistante et chaleureuse. À boire idéalement entre 2009 et 2014. Servi frais autour de 15 °C, un régal ! ★★★★ ② ♥

Chardonnay 2007, Wild Ferment, Valle de Casablanca (S-860213 : 22,75 $) ; depuis plusieurs années, Eduardo Chadwick met tout en œuvre pour faire un Chardonnay de première qualité. La mention *wild ferment* sur l'étiquette indique que la fermentation est conduite exclusivement avec les levures naturelles. L'idée est de faire un vin qui dépasse

le simple résultat d'une formule industrielle ; en d'autres mots, plus qu'un simple *Chardonnay-comme-tant-d'autres*. Ses tonalités minérales, sa richesse et son équilibre le démarquent avec brio. Certainement l'un des meilleurs vins blancs chiliens actuellement offerts. ☆☆☆☆ ②

Plusieurs vins de Errazuriz sont inscrits au répertoire général (page 369) ⓖ

Fèvre, William ; Chardonnay 2007, Gran Cuvée, Valle del Maipo (S-10692629) : 17,75 $

Le Chablisien William Fèvre a consacré sa vie à la politique et au vin. Après la vente de son prolifique domaine de Bourgogne au négociant Bouchard Père & Fils, il a mis en place un partenariat avec la famille Arrigorriaga dans la région de Maipo au Chili. Ce 2007 m'a paru s'affirmer en bouche avec plus de fraîcheur que le 2006 commenté dans *Le guide du vin 2008*. Certes, le bois est présent, mais il joue un rôle de faire-valoir plutôt que d'alourdir le vin. Bon Chardonnay sans surprise, mais bien ficelé. ☆☆☆ ②

Lurton

Collaborateurs globe-trotters depuis 1988, les frères Jacques et François Lurton ont mis fin à la plupart de leurs partenariats en 2007. Le projet de la vallée de Colchagua est aujourd'hui sous la responsabilité de François.

Araucano, Carmenère 2005, Reserva, Valle Central (S-10694413 : 15,10 $) ; un bel exemple du cépage carmenère ayant atteint sa pleine maturité. Éminemment charmeur avec son fruité riche et sa texture dense et nourrie ; le profil franc et droit typique du carmenère laisse en bouche une agréable sensation de fraîcheur. Original et rassasiant. Très bon produit grand public à servir rafraîchi autour de 15 °C. ★★★ ② ♥

Tout aussi bon, mais sans l'originalité du précédent, le **Cabernet sauvignon 2005, Reserva, Valle Central** (S-10693154 : 15,10 $) séduit par la générosité et la souplesse de sa chair fruitée. Tenue en bouche digne de mention pour un vin de ce prix. ★★★ ② ▼

Clos de Lolol 2005, Valle de Colchagua (S-10689868 : 24,70 $) ; fruit d'un judicieux assemblage de cabernet sauvignon et de carmenère, le Clos de Lolol charme par sa forme droite et ses justes proportions. Des tanins mûrs, de la tenue et d'invitantes notes fumées. Un très bon vin que l'on boira au cours des trois prochaines années. ★★★ ②

Sauvignon blanc 2007, Araucano Reserva, Valle Central (S-10692688 : 15,20 $) ; un Sauvignon blanc particulièrement nourri et généreux. Rien de compliqué, mais un bon vin aux goûts de fruits mûrs auquel un léger reste de sucre apporte une agréable rondeur. ☆☆ ②

Matetic, Sauvignon blanc 2007, Equilibrio, San Antonio
(S-10986361) : 20,75 $

Matetic est un nom important de San Antonio, une appellation émergente située à une vingtaine de kilomètres au sud de la vallée de Casablanca. Profitant des bienfaits conjugués d'un climat relativement frais et de la technologie moderne, ce très bon Sauvignon blanc se distingue par ses saveurs nettes et délicates. Un léger reste de gaz carbonique ajoute à sa vitalité. Arrivée prévue à l'hiver 2009. ☆☆☆ ①

Montes

Aurelio Montes a fait sa marque et son succès en confectionnant des vins rouges modernes qui plaisent aux amateurs à la recherche de vin opulent et généreux.

Pinot noir 2007, Vieilli en fût de chêne, Valle de Curico (S-10944187 : 16,75 $); vin coloré, passablement étoffé et savamment boisé laissant place à un relief aromatique à la fois intense, nuancé et persistant. Bien équilibré, il a juste ce qu'il faut de tanins pour soutenir sa masse fruitée et sa richesse alcoolique. Déjà fort agréable, ce 2007 se révélera sans doute davantage au cours des prochaines années. Franc succès! ★★★→? ③ ♥

Seña 2005, Valle de Aconcagua (S-898858) : 77 $

Seña est né d'un partenariat créé dans les années 1990 entre le Chilien Eduardo Chadwick et l'Américain Robert Mondavi. À la suite du rachat de la société californienne, Chadwick s'est porté acquéreur de la totalité des actions. Parfois bancal et un peu surfait dans les premiers millésimes, Seña me semble gagner en finesse depuis quelques années. Le 2005 a beaucoup à offrir. Un vin droit et équilibré, pas aussi puissant que les mastodontes sud-américains, mais il compense largement par son sens du détail et sa finale persistante aux accents fumés. Pas donné, mais franchement excellent. Bon maintenant et au moins jusqu'en 2015. ★★★★ ②

Chili

Viña La Rosa

Fondée en 1824, cette *bodega* de 700 hectares est l'une des plus anciennes du Chili. Depuis 2004, l'œnologue de formation bordelaise, Jaime Ríos – dont le précieux travail a contribué à bâtir la solide réputation des vins de Cousiño Macul – est le directeur de cette entreprise.

Dans la gamme Don Reca, l'entreprise signe un excellent **Carmenère 2005, Don Reca, Valle de Cachapoal** (S-10694229 : 20,60 $) ; vin ferme, droit – ce qui n'exclut pas la suavité des tanins – et se dessinant avec beaucoup de nuances et de relief. L'amateur averti en quête de dépaysement appréciera le profil aromatique distinctif et la robustesse que lui confère le cépage carmenère. Excellent et d'autant plus satisfaisant que ce 2005 a tout l'équilibre nécessaire pour tenir longtemps. À boire entre 2008 et 2015. ★★★★ ② ♥

Aussi très réussi, le **Merlot 2005, Don Reca, Valle Cachapoal** (S-10694149 : 20,60 $) a passablement de corps et de volume. Très bon vin substantiel offrant à la fois la souplesse et le gras naturel du cépage ainsi qu'un généreux caractère relevé. ★★★★ ②

D'AUTRES VINS BLANCS DE QUALITÉ MOYENNE ☆☆

Casa Marin, Sauvignon blanc 2005, Cipreces, Valle de San Antonio (S-10692733) : 24,40 $
Montes, Chardonnay 2006, Montes Alpha, Special Cuvée, Valle de Curico (S-390203) : 23,15 $
Veramonte, Sauvignon blanc 2007, Reserva, Vallée de Casablanca (S-10694499) : 14,25 $

D'AUTRES VINS ROUGES DE QUALITÉ CONVENABLE ★★

Calina, Carmenere 2006, Valle del Maule (S-10692696) : 15,65 $
Casas Patronales, Merlot 2005, Valle del Maule (S-10694472) : 19,25 $
Montes, Cabernet sauvignon 2005, Montes Alpha, Santa Cruz (S-322586) : 23,15 $
Santa Amalia, Sanama, Cabernet sauvignon 2003, Reserva, Valle del Rapel (S-10694368) : 17,85 $
Santa Rita, Carmenère 2005, Valle del Rapel (S-10694317) : 15,75 $

TROP TARD !
Surveillez les prochains millésimes

D'AUTRES BONS VINS DU CHILI DÉGUSTÉS CETTE ANNÉE

Chili

**Chateau Los Boldos, Cabernet sauvignon 2006, Vieilles vignes,
Valle del Rapel** (S-10327592) : 23,85 $
Avec sa couleur vive, son nez intense aux accents mentholés typiques et
sa tenue en bouche, ce Cabernet encore jeune et fringant affiche beaucoup de personnalité et de caractère. Sa constitution solide, son bon goût
de fruits noirs et ses accents fumés laissent une impression de plénitude
en finale. Prix attrayant pour un vin aussi étoffé. ★★★★ ② ♥

Dans un registre plus imposant, le **Grand Cru 2004, Vin icône, Requinoa**
(U-10878626 : 48,75 $) présente des arômes de fruits très mûrs et une
grande concentration, tout en conservant un bon équilibre. Lui aussi majoritairement composé de cabernet sauvignon (80 %) auquel une petite
proportion de merlot ajoute rondeur et suavité, le 2004 brille par l'intensité et la complexité de son relief aromatique et s'appuie sur des tanins
irrésistiblement suaves et caressants. Du corps, de la charpente, mais
aucune dureté et une longue finale parfumée. Franc succès ! ★★★★ ②

Concha y Toro, Carmenère 2003, Carmin de Peumo, Valle del Rapel (85 $)
Acteur principal de la viticulture chilienne, le domaine des familles
Guilisasti et Larrain compte pour plus de 30 % des exportations du pays.
L'œnologue Ignacio Recabarren – à qui l'on doit aussi les gammes Amelia,
Trio et Terrunyo – est l'auteur de cette grande cuvée issue presque essentiellement de carmenère. Son Carmin de Peumo est le résultat d'années
de recherches dans l'art de mettre en valeur les qualités aromatiques et la
structure tannique de ce cépage d'origine bordelaise. Mission accomplie
si on en juge par ce savoureux vin ample et nourri de tanins mûrs et bien
enveloppants. Riche et consistant, le vin chilien à son meilleur ! Hélas !
seulement 90 bouteilles étaient offertes cette année dans le *Courrier vinicole*. ★★★★ ②

Vins du Chili
au répertoire général

Caliterra

Établie dans Colchagua, l'entreprise Caliterra est un peu la «petite étiquette» d'Eduardo Chadwick, aussi propriétaire de Errazuriz. Il y produit une gamme de vins aussi bons qu'à prix abordables.

Un très bon vin dans sa catégorie, le **Cabernet sauvignon 2006, Reserva, Valle de Colchagua** (C-257329 : 12,65 $) ; souple, suffisamment fruité et franc de goût. ★★★ ② ♥

Carmen, Cabernet sauvignon 2005, Reserve, Valle del Maipo (C-358309) : 17,95 $

Bon Cabernet s'appuyant sur des tanins passablement serrés et relevé de parfums de cassis fort agréables. ★★★ ②

Concha y Toro, Carmenère 2007, Reserva, Casillero del Diablo, Valle de Rapel (C-10915052 : 12,80 $) ; solide et ponctué de riches goûts fumés. Souple et chaleureux, sans aucune lourdeur. Difficile de demander mieux à ce prix. ★★★ ② ♥

Cabernet sauvignon 2007, Casillero del Diablo, Valle de Maipo (C-278416 : 13,35 $) s'avère de nouveau un produit commercial passablement nourri et doté d'une agréable fraîcheur. Très bon vin quotidien. ★★★ ② ♥

Cousiño-Macul, Cabernet sauvignon 2006, Antiguas Reservas, Valle del Maipo (C-212993) : 17,95 $

Même si le classicisme des années passées fait maintenant place à plus de chair et robustesse, ce Cabernet aux accents torréfiés, ample, généreux et capiteux (14 % d'alcool) ne manque pas d'attraits. ★★★ ②

Edwards, Luis Felipe ; Cabernet sauvignon 2006, Gran Reserva, Valle de Colchagua (C-10272510) : 16,60 $

Nouveauté cette année au répertoire général. Couleur soutenue ; nez généreux et concentré évoquant les fruits noirs ; solide cadre tannique, sans aucune dureté et des saveurs amples et gourmandes. Déjà ouvert et prêt à boire, mais ce Cabernet sauvignon a suffisamment d'envergure pour tenir jusqu'en 2012, au moins. ★★★ ② ♥

Errazuriz, Cabernet sauvignon 2006, Max Reserva, Valle de Aconcagua (C-335174) : 18,45 $

Beaucoup de fruit, un brin mentholé. Sans égaler les millésimes précédents, ce vin droit, franc de goût et persistant demeure parfaitement recommandable. ★★★ ② ♥

Particulièrement nourri, le **Cabernet sauvignon 2007, Estate, Valle de Aconcagua** (C-262717 : 14,95 $) étonne par sa consistance et ses saveurs denses. Chaleureux et très mûr, mais remarquablement équilibré grâce à sa trame tannique serrée qui lui assure une présence en bouche peu commune dans sa catégorie. Extra ! ★★★★ ② ♥

Sur une note plus friande, le **Carmenère 2007, Valle de Aconcagua** (C-10673575 : 14,80 $) est un excellent vin gorgé de fruits auquel les tonalités aromatiques du carmenère confèrent un charme certain. Original, affriolant, passablement substantiel et vendu à prix d'aubaine. ★★★★ ② ♥

Moins étoffé, mais savoureux en son genre, le **Shiraz 2007 Valle del Rapel** (C-604066 : 14,95 $) se fait valoir par sa chair fruitée ponctuée d'agréables notes fumées. Souple, dodu et pleinement satisfaisant, surtout à ce prix. ★★★ ② ♥

Errazuriz produit aussi des vins blancs de belle qualité, parfaitement nets et pleins de vitalité :

Fumé blanc 2008, Valle de Casablanca (C-541250 : 14,95 $) ; goût de fruits exotiques, frais, suffisamment aromatique, mais sans excès. ☆☆☆ ② ♥

Chardonnay 2007, Valle de Casablanca (C-318741 : 13,95 $) ; franc de goût, net et bien aromatique ; frais et rond en bouche. ☆☆☆ ② ♥

Santa Carolina, Cabernet sauvignon 2007, Valle de Colchagua (C-11015988) : 13,95 $

Située à 200 kilomètres au sud de Santiago, la vallée de Colchagua est une sous-région de la vallée de Rapel. Offert pour la première fois au Québec, cet excellent Cabernet élaboré dans les règles de l'art par l'œnologue Sven Bruchfeld – anciennement chez Errazuriz – comblera à coup sûr l'amateur de Cabernet sauvignon chilien. De la poigne, un fruit dense et chaleureux, des saveurs franches et persistantes et un équilibre impeccable. Champion dans sa catégorie ! ★★★★ ② ♥

Argentine

Déjà cinquième producteur mondial, l'Argentine poursuit son expansion viticole. Au début de 2004, le pays a adopté le Plan stratégique vitivinicole 2020. Son objectif : faire grimper la valeur des exportations à deux milliards de dollars et s'accaparer de 10 % du marché mondial d'ici la fin de la prochaine décennie.

En quelques années seulement, la vigne a gagné beaucoup de terrain pour occuper aujourd'hui 210 000 hectares, soit deux fois plus que tout le vignoble bordelais. La région de Mendoza est certainement la plus importante zone viticole avec 150 000 hectares de vignes.

Au Québec, le marché des vins argentins semble se porter plutôt bien alors que les ventes en volume sont en progression de 27,9 % par rapport à l'année 2007. Avec 10 millions de bouteilles écoulées au cours de l'année financière 2007-2008, l'Argentine se hausse au troisième rang des meilleurs vendeurs. En revanche, le pays fait moins bonne figure au palmarès des valeurs et occupe le sixième rang avec un chiffre d'affaires se situant légèrement sous la barre des 100 millions de dollars. Cela signifie que le prix moyen dépensé par bouteille est inférieur à 10 $. Ce résultat s'explique facilement par l'imposant volume de vente de deux marques : Fuzion (3 millions de bouteilles) et Finca Flichman (1,9 million), respectivement vendues 8,10 $ et 8,55 $ (petit commentaire, le second est infiniment plus intéressant que le premier...).

Altos las Hormigas, Colonia las Liebre, Bonarda 2006, Mendoza
(S-10893421) : 11,35 $

Misant à fond sur le naturel fruité et friand du cépage bonarda, ce vin argentin est probablement l'un des plus satisfaisants à moins de 12 $. La contre-étiquette mentionne que le vin n'est ni boisé ni filtré. Heureuse idée, si on en juge par son expression aromatique pure et franche. Frais, rassasiant et dépaysant. Un champion dans la catégorie des vins quotidiens ! ★★★ ① ♥

Catena Zapata

Nicolas Catena a été un pionnier de la révolution viticole argentine. Inspiré par la philosophie californienne, il a introduit dans Mendoza des méthodes visant à obtenir des vins modernes et structurés qui ont vite fait de se tailler une place sur les marchés d'exportation.

De style plantureux, le **Chardonnay 2004, Adrianna Vineyard, Mendoza** (S-521856 : 47 $) résulte d'une fermentation en barrique suivie d'un élevage de 11 mois en fût de chêne français. Un vin blanc riche et puissant, large en bouche et suffisamment bien équilibré. Prix élevé. ☆☆☆ ②

Des vins rouges pour le quotidien

- Norton, Malbec 2005, Barrel Select, Mendoza
- Altos las Hormigas, Colonia las Liebre, Bonarda 2006, Mendoza

Pour juger des progrès accomplis

- Terrazas de Los Andes, Malbec 2005, Reserva, Mendoza
- Ruca Malen, Cabernet sauvignon 2004, Mendoza
- Masi, Malbec-Corvina 2006, Passo Doble, Tupungato
- Lurton, Bonarda 2007, Reserva, Valle de Uco

Pour acheter le meilleur dans une SAQ Classique ⊙

- Finca Flichman, Malbec 2007, Mendoza
- Etchart, Cabernet sauvignon 2007, Cafayate
- Trumpeter, Familia Rutini Wines, Malbec 2006, Mendoza

Encore cette année, Nicolas Catena signe un très bon **Malbec 2005, Catena, Mendoza** (S-478727 : 21,35 $) ; franc de goût et parfaitement typé, au nez de fruits sauvages caractéristique du cépage malbec. Croquant, frais en bouche et encadré de tanins fermes ; généreux et misant davantage sur le fruit que sur le bois. Déjà passablement ouvert et bon jusqu'en 2011. ★★★ ②

Sous la marque Alamos, Catena produit une gamme de vins abordables ayant en commun la charpente et la générosité caractéristiques de Mendoza.

Bonarda 2006, Alamos, Mendoza (S-10893885 : 15,65 $) ; misant avant tout sur la franchise et la générosité du fruit, ce très bon vin ne manque pas de charme ni de caractère. Chaleureux et passablement concentré, mais conservant toute la fraîcheur voulue. ★★★ ② ♥

Moins distinctif, le **Cabernet sauvignon 2007, Alamos, Mendoza** (S-972687 : 15,65 $) m'a semblé tout aussi satisfaisant que d'habitude. Bon vin trapu, nourri de goûts de fruits mûrs et appuyé par des tanins sans rudesse. À ce prix, il a toute la substance voulue. ★★★ ②

Viognier 2007, Alamos, Mendoza (S-10692418 : 15,65 $) ; pas le plus complexe, mais un bon vin frais et une expression délicate et discrète du viognier. Trois étoiles pour une qualité en progression. ☆☆☆ ② ▼

De style quasi californien, le **Chardonnay 2007, Alamos, Mendoza** (S-467969 : 15,65 $) est chaleureux et tout en rondeur, il mêle les goûts de fruits exotiques à de légères tonalités boisées. Correct, mais sans surprise. ☆☆ ②

Cuvelier Los Andes, Grand Malbec 2005, Mendoza (U-11011741 : 56$)

Le propriétaire du Château Léoville Poyferré fait partie du groupe des sept Français (Los Siete) – avec Michel Rolland comme chef de troupe – qui ont investi en Argentine à la fin des années 1990. En raison de son prix, j'aurais aimé trouver plus de profondeur et une race particulière à ce vin. Hélas! le qualificatif Grand fait plutôt référence à l'abondance des éléments qu'à leur harmonie. Une couleur noire et un nez dense et concentré; en bouche, une richesse alcoolique de 15,5% laisse une sensation chaleureuse qui verse dans la lourdeur. Flatteur et imposant certes, mais ensuite? ★★→? ②

Moins cher, mais non moins concentré, le **Grand Vin 2005, Mendoza** (U-11011821 : 38,25$) s'impose également par sa concentration. Sa présence en bouche capiteuse – 15% d'alcool – laisse une impression brûlante en finale. Certains aimeront, pas moi. En goûtant ces deux vins me revenaient en tête les commentaires de Denis Dubourdieu à propos de ces matamores qu'il qualifie de «vins d'orgueil» (voir p. 49). ★★ ②

Flechas de Los Andes, Gran Malbec 2006 (S-10689876) : 20,95$

Un autre domaine impliqué dans le projet Clos de los Siete. Propriété de Laurent Dassault et de Benjamin de Rothschild, il doit d'ailleurs son nom aux flèches du blason de la famille Rothschild. D'un style un peu convenu, un bon Malbec dont la bouche sphérique, riche en nuances vanillées et fumées est fort charmeuse. De toute évidence conçu pour plaire. Les amateurs du genre apprécieront. ★★★ ②

De l'autre côté des Andes, privé de l'influence maritime, le climat de l'Argentine est beaucoup plus chaud que celui du Chili. D'où le style généralement plus robuste et alcoolisé des vins rouges.

Comme au Chili, la méthode *innerstave* – des planches de bois immergées dans les cuves – est grandement répandue pour donner un goût boisé aux vins.

À cause des conditions climatiques stables, les variations qualitatives sont minimes d'un millésime à l'autre.

Plusieurs nouveaux entrepreneurs se sont installés dans les zones viticoles d'Argentine et y ont investi des sommes considérables. Pressés de faire leurs frais, ils demandent souvent des prix faramineux pour des vins qui ne les valent pas. Méfiez-vous des supposés nouveaux vins cultes.

Dans la province de Salta, près de Cafayate, on produit aussi de très bons vins, souvent moins robustes que ceux de Mendoza. La maison Etchart est certainement le représentant le plus connu de cette région dont les vignes – majoritairement torrontes, cabernet sauvignon et malbec – grimpent parfois jusqu'à 2 400 mètres d'altitude.

Infinitus

Outre ses vins de Mendoza, le domaine Vistalba a développé un vignoble dans le Rio Negro en Patagonie.

Cabernet-Merlot 2005, Patagonia (S-883769 : 16,95 $) ; la fraîcheur et l'équilibre de cet assemblage de cabernet sauvignon et de merlot témoignent du potentiel de la Patagonie pour produire des vins élégants. Sans être spécialement puissant, le vin se signale par son attaque en bouche à la fois franche et généreuse. Du fruit, de l'élan aromatique et beaucoup de charme. ★★★ ② ♥

Lurton

Maintenant présent dans plusieurs pays viticoles, le nom Lurton est devenu synonyme de vins techniquement impeccables et façonnés pour plaire à un large public.

Pinot gris 2008, Valle de Uco, Mendoza (S-556746 : 15,25 $) ; très bon vin sec et rehaussé d'une franche acidité auquel le pinot gris donne un caractère aromatique original qui nous change des sempiternels Chardonnay. Net, pur et franc de goût sans être trop aseptisé par la technologie. ☆☆☆ ②

Bonarda 2007, Reserva, Valle de Uco, Mendoza (S-10893359 : 15,75 $) ; très bon vin juteux, coulant et franchement rassasiant auquel le cépage bonarda confère de savoureux goûts de fruits sauvages. C'est l'exemple même du vin de soif à boire à lampée (modérément tout de même !) surtout qu'il ne titre que 12,5 % d'alcool. ★★★ ② ♥

Également très satisfaisant, le **Malbec 2005, Reserva, Valle de Uco, Mendoza** (S-10395034 : 16,80 $) ; un vin rond et flatteur offrant une bonne dose de fruit et une matière passablement nourrie. Sans surprise, mais un bon produit technologique élaboré avec un souci d'équilibre. ★★★ ②

Gran Lurton, Corte Friulano 2006, Mendoza (S-10893367 : 24,30 $) ; un vin fabriqué laissant peu de place à l'expression du cépage pourtant original. ☆☆ ② ▼

Masi

Le spécialiste italien du Ripasso de Vénétie, Sandro Boscaini, a exporté son savoir-faire outre-Atlantique pour produire le même genre de vin dans le secteur de Tupungato au sud de Mendoza.

Malbec-Corvina 2006, Passo Doble, Tupungato (S-10395309 : 16,70 $) ; s'inspirant de la tradition du Ripasso véronais, ce 2006 riche et savoureux paraît presque sucré tant son attaque en bouche est mûre et généreuse. Une combinaison singulière de malbec et de corvina donne un vin original et passablement substantiel. Prix attrayant. ★★★ ② ♥

Argentine

Monteviejo

Monteviejo est l'une des sept *bodegas* impliquées dans l'énorme projet Clos de los Siete. À sa barre, la Bordelaise Catherine Péré-Vergé, aussi propriétaire de vignobles à Pomerol et à Lalande de Pomerol. (Elle est *mise en valeur* dans le film *Mondovino*, au milieu du cuvier du Château Le Gay en compagnie de Michel Rolland...).

Petite fleur de Lindaflor 2004, Mendoza (S-10692469 : 26,30 $) ; techniquement bien fait et de style moderne, on peut en apprécier la structure tannique dense et le fruit généreux. Malgré tout, ce vin prévisible et stréréotypé semble avant tout – et comme tant d'autres – façonné pour plaire à un large public. ★★★ ② ▼

Norton

Cette *bodega* fondée par un Britannique à la fin du XIXᵉ siècle a été rachetée en 1989 par un homme d'affaires autrichien, Gernot Langes-Swarovski – numéro un mondial du cristal. Aujourd'hui, Pablo Minatelli veille sur cette immense propriété de près de 700 hectares de vignes incluant quelques vieux plants de malbec quasi centenaires.

Malbec 2005, Barrel Select, Mendoza (S-860429 : 14,80 $) ; de nouveau fort satisfaisant, ce vin mûr et charnu a les bons goûts de fruits noirs propres au Malbec et toute la structure voulue. ★★★ ② ♥

Poesia, Clos des Andes 2005, Mendoza, Hélène Garcin
(S-10689921) : 25,55 $

Initialement impliqués dans le projet Clos de los Siete, les Français Hélène Garcin et Patrice Lévesque ont racheté ce domaine viticole situé au pied de la cordillère des Andes. Le Clos des Andes est le second vin du domaine. Entièrement élaboré avec le malbec, c'est l'exemple même du vin technologique généreux et flatteur certes, mais sans étoffe et sans surprise. ★★→? ②

Ruca Malen, Cabernet sauvignon 2004, Mendoza (S-10693162) : 17,45 $

L'ancien président de Bodegas Chandon, Jean-Pierre Thibaud, s'est associé au Bourguignon Jacques-Louis de Montalembert pour créer ce domaine de 27 hectares à l'est de la cordillère des Andes. Ce très bon Cabernet typique de Mendoza, à la fois solide, vineux mais sans rudesse, avait déjà été commenté en 2007 sur www.michelphaneufvin.com. Dégusté un an plus tard, il n'a rien perdu de son charme, même qu'il m'a semblé plus expressif et toujours empreint d'une saine fraîcheur mettant en relief ses saveurs de fruits noirs. Un achat particulièrement recommandable à ce prix. ★★★★ ② ♥

Santa Ana, Cabernet sauvignon 2005, La Mascota, Mendoza

(S-10895565) : 17,25 $

Cette vieille propriété familiale de Mendoza signe une vaste gamme de vins de facture moderne. Sans être particulièrement puissant ni complexe, le 2005 offre un très joli nez de framboise et de bois de chêne et des tanins manifestement bien nourris par le climat de Mendoza. Souple et flatteur, mais sans aucune mollesse. À boire d'ici 2010 pour profiter de son charme juvénile. ★★★ ② ♥

Terrazas de Los Andes, Malbec 2005, Reserva, Mendoza

(S-10399297) : 18,50 $

Établie en Argentine depuis fort longtemps, la maison champenoise Moët et Chandon produit de bons vins mousseux sous l'étiquette Bodegas Chandon. En 1999, elle a créé un projet ambitieux dans le secteur de Lujan de Cuyo. Le Reserva 2005 est irréprochable : sphérique, éminemment séduisant – sans être racoleur – et doté d'une fin de bouche persistante qui met en relief des parfums fort distingués. Quatre étoiles pour autant de franchise et de droiture. ★★★★ ② ♥

Le bonarda

Le bonarda est une variété d'origine italienne qui occupe une place importante en Argentine puisqu'elle couvre environ 17 000 hectares et vient au deuxième rang derrière le malbec, le cépage le plus répandu du pays. Longtemps utilisé essentiellement dans les assemblages de vins bon marché – notamment pour apporter un peu de rondeur au caractère bourru du malbec –, le bonarda connaît actuellement un essor considérable. Des vinificateurs habiles en tirent de bons vins fruités et originaux. Altos las Hormigas, Alamos (Catena) et Lurton sont autant de noms à retenir pour juger des progrès accomplis.

Trapiche

Cette marque bien connue des consommateurs québécois appartient à Peñaflor, un véritable empire viticole occupant le premier rang des exportations et comptant parmi les 10 plus grands producteurs de vin au monde.

Malbec 2006, Broquel, Mendoza (S-10318160 : 16,90 $) ; nettement plus intéressante que les deux Malbec inscrits au répertoire général, la cuvée Broquel séduit par sa franche expression fruitée. Un vin robuste, charnu, vibrant et bien équilibré. Un cran au-dessus de la moyenne. Extra ! ★★★★ ② ♥

Medalla, Cabernet sauvignon 2004, Mendoza (S-10493806 : 21,30 $) ; moderne et boisé, un peu trop torréfié à mon goût. Pas mal et bien équilibré, mais d'un style convenu, sans surprise. ★★★ ②

Pinot noir 2007, Mendoza (S-10669533 : 14,75 $) ; vin rudimentaire, sans relief particulier qui ne convaincra personne de l'avenir du cépage bourguignon à l'est des Andes. ★ ②

Weinert

Cette cave d'Argentine a été l'une des premières à attirer l'attention sur les marchés d'exportation au milieu des années 1980. Elle continue de produire des vins de facture traditionnelle qui ne font pas l'unanimité et qui détonnent comparativement aux nombreux *blockbusters* produits dans le pays.

Cabernet sauvignon 2002, Luyan de Cuyo, Mendoza (S-863340 : 16,75 $) ; les amateurs de vins à l'ancienne apprécieront sa pleine maturité. Très bon 2002 séveux, consistant et doté d'une fraîcheur fort agréable. À boire entre 2009 et 2012. ★★★ ②

Sur un mode plus ferme et serré, le **Malbec 2003, Lujan de Cuyo** (S-10823220 : 19 $) offre lui aussi un bon équilibre et demeure un bel exemple du genre. ★★★ ②

D'AUTRES VINS BLANCS DE QUALITÉ MOYENNE ☆☆

Catena, Chardonnay 2006, Mendoza (S-865279) : 20,85 $
Funky Llama, Chardonnay 2007, Mendoza, Finca Eugenio Bustos (S-10906543) : 11,90 $
Santa Julia, Chardonnay 2006, Reserva, Mendoza, Familia Zuccardi (S-516443) : 14,70 $

D'AUTRES VINS ROUGES DE QUALITÉ MOYENNE ★★

Clos de los Siete 2006, Mendoza (S-10394664) : 24,20 $
Del Fin del Mundo 2005, Special Blend Reserva, Patagonie (S-10894394) : 24,45 $
Doña Paula Estate, Malbec 2006, Mendoza, Lujan de Cuyo (S-10692143) : 17,45 $
Fabre Montmayou, Malbec 2005, Lujan de Cuyo, Mendoza (S-10326080) : 18,40 $
Fuzion Alta, Malbec-Tempranillo 2007, Reserva, Mendoza, Zuccardi (S-10967611) : 10,85 $
Zuccardi, Tempranillo 2004, 'Q', Mendoza (S-10848005) : 20,40 $

TROP TARD !
Surveillez les prochains millésimes

D'AUTRES BONS VINS D'ARGENTINE DÉGUSTÉS CETTE ANNÉE

Catena, Nicolas Catena Zapata 2004, Mendoza (S-10707122) : 76 $

Nicolas Catena aurait-il appris de son partenariat – Bodega Caro – avec le baron Éric de Rothschild ? La grande cuvée de son domaine de Mendoza me semble maintenant plus élégamment profilée et de style quasi bordelais. J'aime sa longue finale suave et caressante ; la matière riche et volumineuse est conduite par une ligne tannique très droite qui contribue à son équilibre et confère une impression de plénitude à l'ensemble. Certes, le tout n'est pas donné, mais avec le Cheval des Andes, c'est certainement l'un des meilleurs vins argentins disponibles sur le marché. Excellent ! ★★★★ ②

Luca, Chardonnay 2005, Altos de Mendoza, Mendoza (S-10692451) : 26,30 $

Outre son implication dans l'entreprise fondée par son père, Laura Catena a conçu son propre vignoble dans les hauteurs de Mendoza. Elle élabore entre autres ce Chardonnay moderne, sans surprise, mais techniquement irréprochable. Le vin offre aussi une saine fraîcheur, des saveurs précises et bien dessinées ainsi qu'une jolie rondeur qui ajoute à son charme. Une moins bonne note toutefois pour la bouteille inutilement lourde et encombrante. Un choix bien peu avisé, considérant l'impact du transport de marchandises sur l'environnement. ☆☆☆ ②

Mendel, Malbec 2004, Unus, Mendoza (32 $)

En plus de travailler conjointement avec Pierre Lurton (Cheval Blanc, Yquem) à l'élaboration du Cheval des Andes, Roberto de la Mota élabore des vins sous sa propre étiquette dans les hauteurs de Lujan de Cuyo. Cultivées entre 900 et 1100 mètres d'altitude, les vieilles vignes de malbec donnent un vin coloré au nez riche et somptueux. Beaucoup de détail aromatique, du relief, de la chair et du grain ; un vin digne de mention. Excellent ! Offert cette année dans le *Courrier vinicole*. ★★★★ ②

Brésil

Brazilio, Syrah-Cabernet sauvignon 2006, Vale do São Francisco (S-10746703) : 9,80 $

Produit au nord-est du Brésil – au 8ᵉ parallèle au sud de l'équateur –, ce vin sans prétention provient d'une région viticole en pleine expansion où le climat chaud et la faible pluviométrie offrent des conditions de culture apparemment favorables. Cet assemblage de syrah et de cabernet sauvignon donne un produit certes rustique, mais ayant aussi une bonne dose de fruit sur un fond légèrement fumé. Bon vin simple, mais surtout une curiosité. À boire jeune et légèrement rafraîchi. ★★ ① ♥

Uruguay

Irurtia

Un important vignoble de 360 hectares planté de variétés originaires de France et d'Italie.

Reserva del Virrey 2002, Vallée de Carmelo (S-10710495 : 15,90 $) ; une trame tannique serrée et pointue, une acidité assez prononcée ; le tannat sur un mode vif et nerveux. ★★★ ②

Posada del Virrey 2005, Vallée de Carmelo (S-10746471 : 11,80 $) ; vif, mince, tannique et sans charme réel. ★★ ②

Pisano, Rio de Los Pajaros, Merlot 2006, Reserve, Région Côtière
(S-10746463) : 14,45 $

Typique des vins de merlot, charme par une structure souple et ronde enrobant des saveurs généreuses de réglisse et de fruits noirs. Suffisamment droit, franc de goût et savoureux à défaut d'être réellement original. ★★★ ② ▼

Pizzorno, Tinto Reserve 2004, Region Canelone Chico
(S-10295375) : 18,65 $

Vieille entreprise d'origine italienne fondée en 1910 à une vingtaine de kilomètres au nord de Montevideo. Tannat, merlot et cabernet sauvignon donnent un vin consistant, modérément tannique et assez souple pour être déjà apprécié maintenant. ★★★ ②▼

Viña Progreso

Cette marque est le fruit d'un partenariat entre le magnat bourguignon Jean-Claude Boisset et la famille Pisano.

Tannat Reserve 2003, Costal Region, Viñedos Familia Pisano (S-10295711 : 18,55 $) ; vin moderne, charpenté et boisé. ★★★ ②

D'AUTRES VINS ROUGES DE QUALITÉ MOYENNE ★★

Castillo Viejo, Tannat 2006, Catamayor, San Jose (S-10264376) : 12,45 $
Don Adelio Ariano, Tannat 2004, Reserve Oak Barrel
(S-10746527) : 15,30 $
Don Pascual, Shiraz-Tannat 2004, Reserve, Juanico
(S-10748371) : 12,45 $
Tannat 2007, Reserve, Juanico (S-10299122) : 12,75 $
Filgueira, Tannat 2004, Canelones (S-10299481) : 11,90 $
Irurtia, Gewürztraminer 2006, Vallée de Carmelo (S-10816951) : 13,05 $
Juanico, Tannat-Merlot 2007, Don Pascual (S-10746501) : 9,75 $
Pisano, Rio De Los Pajaros 2006, Reserve, Progreso
(S-10746463) : 14,45 $
Varela Zarranz, Cabernet sauvignon 2006, Canelones
(S-10295181) : 9,30 $
Viticultores del Uruguay, Tannat 2002, Arerungua (S-10745401) : 22,40 $

Vins d'Argentine
au répertoire général

Etchart

Propriété du groupe international Pernod-Ricard, Etchart exploite des vignobles dans Mendoza et dans Salta au nord-ouest du pays.

Cabernet sauvignon 2007, Privado, Cafayate (C-362186 : 13,85 $) ; issu de vignes cultivées à 1700 mètres d'altitude au nord du pays dans le secteur de Salta, ce Cabernet se signale toujours par sa constance et sa qualité exemplaires. Sans y faire exception, le 2007 est parfaitement équilibré et a toute la tenue et la chair voulues. Parmi les meilleurs Cabernet sauvignon à moins de 15 $. ★★★ ② ♥

Un cran inférieur, mais tout aussi recommandable, le **Malbec 2006, Rio de Plata, Mendoza** (C-391573 : 10,95 $) a suffisamment de chair et de fruit. ★★ ② ♥

Torrontes 2008 (C-283754 : 13,15 $) ; un vin blanc original dont le nom est celui d'un cépage indigène génétiquement apparenté au muscat auquel il emprunte la volubilité aromatique. Ce vin léger et débordant de fruit, mais suffisamment sec, est toujours fort agréable à l'apéritif. ☆☆☆ ① ♥

Finca Flichman, Malbec 2007, Mendoza (C-10669832) : 8,55 $

Cette *bodega* centenaire créée par la famille Flichman a été rachetée en 1998 par Sogrape, le numéro un de la viticulture portugaise. Ce Malbec s'avère un très bon vin commercial, rond, généreusement fruité et appuyé sur un cadre tannique digne de mention pour un vin de cette catégorie. ★★★ ② ♥

La Riojana, Santa Florentina, Malbec - Syrah (C-10845584) : 7,80 $

Au nord de Mendoza, la coopérative de la province de La Rioja produit ce vin d'envergure moyenne, charnu, fruité et tout en rondeur. Beau, bon, pas cher. ★★ ② ♥

Trumpeter, Familia Rutini Wines, Malbec 2006, Mendoza (C-552497) : 13,75 $

À la fois aimable et généreux, le Malbec de la famille Rutini s'avère toujours un achat avisé à moins de 15 $. Riche en saveurs, souple, assez corsé et plein d'attraits. ★★★ ② ♥

Également soigneusement élaboré, le **Cabernet sauvignon, 2006, Maipu, Argentine** (C-537902 : 13,55 $) est plus conventionnel, mais bien relevé, charnu et sans rudesse. ★★★ ② ♥

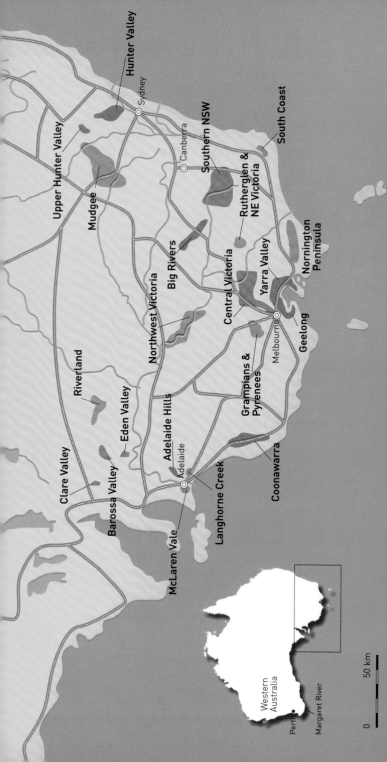

Hunter Valley

Sydney

Southern NSW

South Coast

Canberra

Upper Hunter Valley

Rutherglen & NE Victoria

Mudgee

Big Rivers

Central Victoria

Yarra Valley

Mornington Peninsula

Northwest Victoria

Riverland

Melbourne

Geelong

Eden Valley

Grampians & Pyrenees

Adelaide Hills

Clare Valley

Adelaide

Coonawarra

Barossa Valley

Langhorne Creek

McLaren Vale

Western Australia

Perth

Margaret River

0   50 km

Australie

Avec un vaste vignoble de 170 000 hectares, l'Australie occupe le sixième rang parmi les pays producteurs de vin, mais vient en quatrième position des nations exportatrices avec une part de marché mondial de 8,7 %.

Mauvaise nouvelle, on annonçait en août dernier que pendant les 12 mois précédents, les exportations avaient chuté de 13 %, soit 8 millions d'hectolitres en moins. En valeur, cela signifie un recul du chiffre d'affaires de 2,5 milliards de dollars.

Le marché est toujours dominé par les gros noms tels Pernod-Ricard et Constellation Brands (Hardys), mais on observe depuis quelques années l'émergence de plusieurs producteurs indépendants qui mettent davantage l'accent sur la qualité du produit que sur le volume. Certaines appellations de la région de Melbourne font de plus en plus parler d'elles en produisant des vins mieux équilibrés et empreints d'une identité beaucoup plus authentique que la masse de produits commerciaux qui inondent – et encombrent – les marchés.

Au Québec, après un léger fléchissement enregistré en 2007, le marché du vin australien semble retrouver sa vitesse de croisière. Il occupe le troisième rang au tableau des meilleurs vendeurs, derrière la France et l'Italie, avec des ventes annuelles de près de 109 millions de dollars.

Si l'offre se limite encore souvent aux vins des grands opérateurs habituels, on note la présence nouvelle cette année de *wineries* comme Yering Station, Frankland, Kilikanoon, Tapanappa et Mount Langi Ghiran. La gamme devrait à s'élargir encore cet automne avec la commercialisation d'une quinzaine de nouveaux produits qui seront présentés dans un numéro du magazine promotionnel *Cellier*.

Barossa Valley Estate Winery

Créée en 1985, la cave coopérative de Barossa regroupe aujourd'hui quelque 80 viticulteurs.

Shiraz 2003, E & E Black Pepper, Barossa Valley (S-898379 : 89 $) ; issue des lots des meilleures parcelles – majoritairement des vieilles vignes – et ayant profité d'un sérieux élevage en fût de chêne (80 % américain, 20 % français), cette cuvée de luxe s'avère plutôt un exercice de style sur le thème de la concentration et de l'opulence. Un colosse aux goûts de fruits confits et de fumée qui en met plein la bouche ; son prix me semble démesuré. ★★★ ②

Brothers in Arms, Shiraz 2002, Langhorne Creek

(U-10866570) : 36,75 $

Provenant du réputé vignoble de Metala et issu de vieilles vignes de syrah, le vin des frères Adams est un modèle du genre ; très australien sans sacrifier l'équilibre ni tomber dans les excès. Riche, très mûr, ample et fondu. Vraiment savoureux ! ★★★★ ②

Le goût boisé est presque disparu des vins blancs, les producteurs de chardonnay cherchent maintenant à préserver le goût du fruit. Généralement, les vins blancs sont beaucoup plus frais et plus purs qu'auparavant.

De nombreux vins australiens accusent une forte teneur alcoolique, certains spécimens titrant parfois jusqu'à 16 % d'alcool. Ces vins sont issus de raisins tellement mûrs qu'il faut ensuite acidifier le moût pour tenter d'extraire une certaine fraîcheur. Cette pratique, consistant à ajouter de l'acide tartrique pour compenser une carence en acidité du raisin, est généralisée en Australie et a souvent pour effet de laisser une impression bancale en bouche.

La constance est un élément clé, surtout chez les gros opérateurs. Pour s'en assurer et être en mesure de produire du vin en quantité industrielle, on ratisse large et on assemble des vins de diverses provenances. Très fréquemment indiquée sur l'étiquette, la mention South Eastern Australia signifie que le vin peut provenir d'Australie du Sud, de Victoria, des Nouvelles Galles du Sud (New South Wales).

Les vignobles autour de Melbourne – Yarra Valley, Geelong, Mornington Peninsula – et ceux de Tasmanie produisent de plus en plus de bons Pinot noir. La gamme offerte au Québec est encore limitée, mais s'élargit progressivement depuis quelques années.

Les secteurs de McLaren Vale et de Eden Valley produisent maintenant d'excellents Riesling secs, délicatement aromatiques et non boisés.

Pour prendre congé du shiraz

- Pirramimma, Petit Verdot 2003, McLaren Vale
- Yalumba, Bush Vine Grenache 2006, Barossa

Pour prendre congé du chardonnay

- ○ Burge, Grant; Riesling 2007, Thorn, Eden Valley
- ○ Cape Mentelle, Sauvignon blanc - Sémillon 2006, Margaret River
- ○ D'Arenberg, The Money Spider 2007, Roussanne, McLaren Vale
- ○ Yering Station, M.V.R. 205, Yarra Valley

Pour apprécier le pinot noir à l'australienne

- Coldstream Hills, Pinot noir 2006, Yarra Valley
- Ninth Island, Pinot noir 2006, Tasmania, Piper's Brook Vineyards
- Tamar Ridge, Pinot noir 2005, Kayena Vineyard, Tasmania

Pour acheter le meilleur dans une SAQ Classique ☉

- Lehmann, Peter Clancy's 2005, Barossa
- ○ McWilliams, Riesling 2006, Hanwood Estate, South Eastern Australia
- Deakin Estate, Shiraz 2006, Victoria

Burge, Grant

À la force du poignet, le producteur Grant Burge est devenu l'un des producteurs indépendants les plus importants de Barossa avec une production annuelle de 200 000 caisses. Si ses vins blancs sont passablement harmonieux et distingués, on ne peut pas dire que ses vins rouges font dans la dentelle…

Riesling 2007, Thorn, Eden Valley (S-10257070 : 18,75 $) ; Clare Valley et la région de Eden Valley, au nord d'Adélaïde, étant la source d'excellents Riesling, la cuvée Thorn est marquée par la droiture aromatique typique du cépage. À la fois sec et friand, un vin aucunement boisé et plein d'une vitalité digne de mention. Excellent 2007 vigoureux et aromatique. ☆☆☆☆ ②

The Holy Trinity, Grenache-Shiraz-Mourvèdre 2003, Barossa (S-10257871 : 29,50 $) ; si je n'affectionne généralement pas ce genre de vin, je dois admettre que la générosité de ce GMS – grenache, mourvèdre, shiraz – ne laisse pas indifférent. Volumineux, dense et chaleureux, comme le commande le climat de Barossa, sans pour autant être épais ni sirupeux. À défaut de finesse et de subtilité, les palais aguerris aimeront ses saveurs riches et amples. Très bon, à sa manière. ★★★ ②

Filsell 2004, Shiraz, Barossa (S-10257601 : 28,15$); gros vin coloré, tannique, confituré et taillé d'une seule pièce qui offre certes beaucoup de concentration, mais pas une once de fraîcheur. ★★ ②

Cape Mentelle, Sauvignon blanc-Sémillon 2006, Margaret River

(S-10209588) : 25,20$

Au même titre que Cloudy Bay, cette *winery* renommée d'Australie de l'Ouest appartient au groupe français LVMH (Louis Vuitton, Moët-Hennessy). Cet excellent vin blanc conjugue avec éloquence le franc caractère aromatique du sauvignon blanc à la vinosité naturelle du sémillon. Sec, rafraîchissant et assez persistant; ses arômes d'agrumes et ses délicates notes minérales sont un délice. Avec un pavé de saumon, miam, miam ! ☆☆☆☆ ②

Coldstream Hills

Fondée en 1985 par James Halliday – l'un des hommes forts du vin australien –, cette *winery* fait maintenant partie de l'empire Foster's. Malgré cela, cette petite propriété nichée dans les collines de Yarra Valley au nord-est de Melbourne est toujours dirigée indépendamment et produit des vins de grande finesse.

Pinot noir 2006, Yarra Valley (S-472613 : 30,50$); présenté dans une bouteille à capsule vissée, le 2006 me semble être une des plus belles réussites de Coldstream Hills. Une couleur soutenue, de la longueur et une très bonne consistance tannique lui apportent à la fois tonus et fraîcheur. Ce vin plaira certainement aux amateurs de Pinot noir dodu et suave, aux généreux goûts de fruits rouges. Déjà fort aimable par son caractère fruité juvénile, cet excellent vin continuera de s'épanouir au cours des cinq prochaines années. L'un des bons spécimens du genre actuellement. ★★★★ ②

Également très satisfaisant, le **Chardonnay 2006, Yarra Valley** (S-472605 : 27,70$) joue la carte du fruit, de la fraîcheur et de l'équilibre. ☆☆☆ ②

D'Arenberg

Situé dans McLaren Vale au sud d'Adélaïde, le vignoble d'Arenberg appartient à la famille Osborn depuis sa fondation en 1912. Réputé pour ses vins robustes, au caractère traditionnel souvent exubérant, le domaine accorde une place de choix aux cépages rhodaniens.

Tout aussi bon que le 2006 commenté l'an dernier, **The Money Spider 2007, Roussanne, McLaren Vale** (S-10748397 : 22,60 $) est inspiré de la tradition rhodanienne. Tout à fait séduisant par son caractère perlant et ses saveurs intenses. Fin, frais et choyé d'une matière généreuse qui laisse en bouche une impression vineuse et rassasiante. Le caractère distinctif de cet excellent vin blanc australien fera bien des heureux. ☆☆☆☆ ② ♥

Plus simple, mais fort charmant, **The Stump Jump 2007, McLaren Vale** (S-10748400 : 16 $) ; cette composition originale de riesling, de sauvignon blanc, de marsanne, de viognier et de chardonnay se signale surtout par son originalité aromatique et sa fraîcheur. Rien de complexe, mais une valeur sûre pour les amateurs en quête de dépaysement. Sec, rond et franchement savoureux ! ☆☆☆☆ ② ♥

Les vins rouges offerts en 2008 étaient de qualité disparate :

Le **Cabernet sauvignon 2006, The High Trellis, McLaren Vale** (S-10968146 : 22,50 $) est avant tout une expression fraîche et friande du fruit. Généreux, mais équilibré et franc de goût ; pleinement recommandable. ★★★ ②

The Laughing Magpie 2006, Shiraz-Viognier, McLaren Vale (S-10250855 : 26,65 $) ; un très bon vin conjuguant la richesse fruitée du shiraz et la fraîcheur du viognier. Le 2006 m'a semblé un peu plus structuré que le 2005 commenté l'an dernier. Passablement dense et nourri de saveurs riches ; une aimable rusticité ajoute à son élan et à son charme. ★★★ ②

Dans un registre plus simple, le **d'Arrys Original 2005, Shiraz-Grenache, McLaren Vale** (S-10346371 : 23,25 $) en met plein la bouche avec son attaque mure quasi sucrée ; costaud et confituré. Vif, piquant, somme toute assez rudimentaire. ★★ ②

Dans le même style tapageur, **The Footbolt, Shiraz 2005, McLaren Vale** (S-10959717 : 21,50 $) m'a paru bien épais et sirupeux, dense et confit. Plus généreux que réellement distingué. ★★ ②

Plus rustique, **The Stump Jump 2006, Grenache-Syrah-Mourvèdre, McLaren Vale** (S-10748418 : 15,75 $) est nettement moins convaincant que le 2005 recommandé l'an dernier. Un reste important de gaz carbonique lui donne une attaque en bouche vive et un peu bancale. À servir frais autour de 14 °C et à passer en carafe. ★★ ②

Vendu à prix fort, **The Ironstone Pressings 2004, Grenache-Syrah-Mourvèdre, McLaren Vale** (S-736686 : 47,75 $) est un bon gros vin juteux et robuste dont le profil aromatique exubérant révèle de généreux fruits confits aux accents épicés. Puissant et trapu certes, mais son acidité lui permet de conserver la vigueur nécessaire. Aussi singulier qu'imposant, mais pourtant meilleur que bien d'autres bombes australiennes. ★★★★ ②

Australie

De Bortoli

Rendu célèbre grâce à son Noble One, cet important domaine a des vignes dans la plupart des régions viticoles d'Australie.

Black Noble (S-733196 : 37,50 $ - 375 ml) ; curiosité australienne issue de raisins sémillon botrytisés et vieillis ensuite pendant huit ans. Le résultat est un vrai sirop de couleur acajou, onctueux, très liquoreux et envahissant, au goût prononcé de mélasse. À boire à petites gorgées. ☆☆☆ ②

Elderton, Cabernet sauvignon-Shiraz-Merlot 2002, Ode to Lorraine, Barossa (S-10829331) : 39,50 $

Le vieux vignoble de Elderton a été créé vers 1900 par Samuel Elderton Tolley. Déjà passablement évolué, comme l'annonce sa couleur vermillon, ce 2002 a un nez très mûr et expressif nuancé de notes de tabac et de poivron. Hélas ! la bouche riche de 14,5 % d'alcool s'avère plutôt lourde, robuste et confiturée. Bref, un vin assez typique de Barossa, certes imposant, mais tout de même rustique et vendu à prix fort. Une mauvaise note environnementale pour la grosse bouteille inutilement lourde. ★★★ ②

S'il n'offre rien de complexe ni de particulièrement étoffé, le **Shiraz 2005, Barossa Valley, The Ashmead Family** (U-10665372 : 30,25 $) est un bon vin ayant une matière ample et nourrie ; franc de goût et soutenu par une saine acidité. Son caractère friand et son joli relief fruité lui confèrent un certain charme. À boire dans les trois prochaines années. ★★★ ②

Evans & Tate

L'un des plus importants producteurs indépendants d'Australie a déclaré faillite en 2007 et a été repris par la société McWilliams.

Le **Cabernet-Merlot 2003, Margaret River** (S-10341386 : 20,20 $) ; se signale par sa fraîcheur aromatique et son équilibre ; aucun excès de bois ni de concentration. Trois étoiles pour un vin très satisfaisant à table. ★★★ ②

Chardonnay 2006, Margaret River (S-10831262 : 20,25 $) ; bon vin conventionnel privilégiant la fraîcheur du fruit à la puissance. Très bien, mais sans surprise. ☆☆☆ ②

Hardy's Tintara

Dans McLaren Vale, au sud d'Adélaïde, la vieille *winery* Tintara avait été acquise par Thomas Hardy. Aujourd'hui, le vinificateur Simon White applique des méthodes traditionnelles, notamment les fermentations en cuves ouvertes.

Cabernet sauvignon 2005, McLaren Vale (S-10865041 : 25,75 $) ; cet excellent Cabernet aux épaules larges plaira aux amateurs du genre : droit, bien structuré, volumineux et doté d'une longue finale aux accents floraux. Beaucoup de vin dans le verre. ★★★★ ②

Moins éclatant que le Cabernet sauvignon, le **Shiraz 2005, McLaren Vale** (S-10671609 : 25,70 $) est plantureux et très nourri ; velouté et gorgé de fruit sur fond chocolaté. Une certaine fermeté tannique assure sa fraîcheur et sa tenue en bouche. ★★★ ②

Hewitson, Miss Harry 2006, Vieilles vignes, Barossa Valley

(S-10256093) : 24,80 $

Anciennement à l'emploi de Petaluma, Dean Hewitson produit à son propre compte, depuis 1996, une gamme de vins de qualité provenant de différents secteurs d'Australie du Sud. De nouveau très réussie, sa cuvée Miss Harry 2006 est un fructueux assemblage de grenache, de shiraz et de mourvèdre provenant de vignes de plus de 80 ans et profitant d'un élevage de 10 mois en fût de chêne français. La formule donne un vin musclé et charnu qui révèle des notes de fruits noirs sur un fond légèrement chocolaté et vanillé. Dans une bouteille à capsule vissée. ★★★ ②

Kaesler, Grenache-Shiraz-Mourvèdre 2005, Stonehorse, Barossa

(S-10758309) : 23,20 $

Ce domaine de Barossa a été fondé en 1893 par la famille Kaesler, des pionniers d'origine silésienne. Il a été repris en 1998 par Reid Bosward et quelques associés qui y produisent près de 300 000 caisses par année. Leur cuvée Stonehorse 2005 s'avère très charmeuse par sa texture souple et ses tanins quasi juteux alors que l'ensemble a passablement de netteté et de rondeur. Chaleureux sans être brûlant. Bon vin représentatif de Barossa. ★★★ ② ▼

Katnook Estate

Dans la plaine de Coonawarra, le vinificateur Wayne Stehbens affectionne des vins au style particulièrement puissant, tannique et boisé.

Shiraz 2004, Founder's Block, Coonawarra (S-10831342 : 19,80 $) ; même s'il n'est pas remarquable, le 2004 déploie en bouche de riches saveurs de fruits sur fond boisé. Généreux et charnu sans être le vin épais et massif que l'on pourrait craindre, ce très bon Shiraz s'avère satisfaisant et recommandable. ★★★ ②

Kilikanoon

Fort de ses expériences en tant qu'assistant *winemaker* – notamment pour Kendall-Jackson en Californie et d'Arenberg –, Kevin Mitchell dirige cette cave de Clare Valley depuis 1997.

Riesling Watervale 2004, Mort's Block, Clare Valley (S-10758384 : 24,70 $) ; les amateurs de Riesling aimeront ce très bon vin dont le nom est un clin d'œil à Mort Mitchell – le père de Kevin – qui a eu l'heureuse initiative d'introduire de la vigne sur ses terres. Sec, minéral et très aromatique, ce vin plein de charme et de franchise ne titre que 12 % d'alcool, ce qui le rend d'autant plus digeste et facile à boire. Distinctif et parfaitement recommandable. ☆☆☆ ②

Langmeil

Fondée dans les années 1930, cette propriété de Barossa a été reprise en 1996 par trois entrepreneurs de la région qui l'ont complètement restaurée.

Shiraz-Viognier 2006, Hangin'Snakes, Barossa Valley (S-10829103 : 22,45 $) ; les amateurs de vins épais et concentrés seront comblés. Pour ma part, j'avoue ne pas avoir d'atomes crochus avec des vins aussi trapus et robustes. ★★ ②

Lehmann, Peter

Peter Lehmann est en quelque sorte le parrain de Barossa, un défricheur visionnaire dont le travail a influencé une région entière au cours des dernières décennies. Même si son entreprise est aujourd'hui cotée en bourse, Lehmann conserve son indépendance face à l'industrie.

Shiraz 2004, Barossa (S-10829031 : 21,55 $) ; savoureux 2004 robuste, nourri de tanins gommeux et offrant des saveurs amples de fruits secs, sur un fond légèrement mentholé. Shiraz australien typique et de bonne facture qui plaira aux amateurs du genre. ★★★ ②

N'accusant aucun excès, le **Cabernet sauvignon 2004, Barossa** (S-10345205 : 21,55 $) est un excellent vin droit, classique et vinifié dans les règles de l'art. J'aime beaucoup son goût de fruits mûrs très dense et généreux. Les tanins sont suaves et polis ; une tenue irréprochable lui assure une finale en bouche très nette et remarquablement généreuse pour un vin de ce prix. ★★★★ ② ▼

Aussi au répertoire général, le **Clancy's 2005** (page 395) ⓖ

Margan, Shiraz 2005, Hunter Valley (S-10831326) : 21,15 $

À 130 km au nord de Sydney, la célèbre vallée de Hunter ne compte que pour moins de 3 % du volume national, mais elle est réputée entre autres pour la longévité de ses vins de shiraz. Le caractère fruité juvénile de ce très bon 2005 est déjà particulièrement rassasiant et mérite d'être signalé. Mûr et généreux, en même temps vigoureux et animé par une jolie fraîcheur, le vin a une fin de bouche chaleureuse passablement persistante. Comme beaucoup de vins rouges vendus en bouteille à capsule vissée, il est souhaitable l'aérer en carafe une heure avant de le servir. ★★★ ②

Ninth Island, Pinot noir 2006, Tasmania, Piper's Brook Vineyards

(S-927954) : 21,50 $

La société commerciale belge G & C Kreglinger s'est lancée dans le commerce du vin en 2000 en rachetant Piper's Brook Vineyards, le numéro un de la viticulture tasmanienne. Sous la marque secondaire Ninth Island, l'entreprise commercialise un délicieux Pinot noir à la couleur claire et au nez aussi expressif qu'invitant. La bouche est tendre, nourrie de saveurs de fruits mûrs et de tanins doux. Quatre étoiles bien méritées pour un excellent vin moderne, empreint de fraîcheur, coulant, facile à boire et vendu à prix abordable, dans une bouteille à capsule vissée. L'aérer en carafe une heure avant de le servir rafraîchi à 16 °C. ★★★★ ② ♥

Penfolds

Penfolds est un géant de l'industrie viticole australienne. Outre son légendaire Grange, cette entreprise produit une gamme de vins rouges très étoffés et toujours robustes, mais généralement bien proportionnés.

Fort bien réussi, le **Shiraz 2004, Coonawarra, Bin 128** (S-509919 : 29,70 $) est un bel exemple de Shiraz de cette région du sud d'Adélaïde. On l'appréciera pour sa puissance tempérée par une saine acidité. De bons goûts de fruits mûrs épicés sont enrichis par une savante touche boisée. À boire entre 2009 et 2012. ★★★→? ③

Pike & Joyce, Pinot noir 2006, Adelaide Hills (S-10342961) : 26,65 $

Cette entreprise familiale produit un agréable Pinot noir dont la vigueur et la franche expression fruitée exercent un certain charme. Rien de complexe, mais sa fraîcheur et son caractère coulant lui valent une bonne note. Hélas ! le prix n'est pas spécialement attrayant. ★★→? ③

Pirramimma, Petit Verdot 2003, McLaren Vale (S-10829120) : 26,05 $

Le petit verdot est un cépage à maturation très tardive. C'est peut-être pour cette raison qu'il suscite l'intérêt de plus en plus de viticulteurs de régions chaudes. Quoi qu'il en soit, celui de Pirramimma est un bon spécimen : plein en bouche, à la fois mûr, frais et enjolivé par une belle finale florale sur fond boisé. Le carafer une heure

lui permet de s'ouvrir avantageusement. Trois étoiles pour son originalité. ★★★ ②

Scotchmans Hill

Établie à Bellarine Peninsula dans le secteur de Geelong, au sud-ouest de Melbourne, la *winery* fondée en 1978 par Vivienne et David Browne est un haut lieu de la viticulture de Victoria. Sous la marque Swan Bay, Scotchmans Hill met à profit des raisins provenant de différentes régions au climat frais de Victoria pour produire des vins souples, fruités et à jeunes.

Le **Pinot noir 2005, Geelong** (S-576553 : 32 $) conjugue brillamment l'élégance et la générosité. Les amateurs y retrouveront la densité et la texture à la fois sphérique et satinée généralement associées au cépage bourguignon. De la matière en bouche, du relief et une longue finale chaleureuse, aux parfums vaporeux de fruits et d'eau-de-vie. Exquis ! ★★★★ ②

En revanche, le **Chardonnay 2006, Geelong** (S-10829277 : 29 $) m'a paru un peu conventionnel et stéréotypé. Frais, mais inutilement chargé d'arômes caramélisés. Dommage que le bois prenne autant de place. ☆☆ ②

Taltarni Vineyards

Après avoir dirigé cette *winery* de Victoria, le Français Dominique Portet a quitté le domaine et fondé sa propre entreprise dans Yarra Valley. Le domaine de 132 hectares appartient toujours à John Goelet – aussi propriétaire de Clos du Val en Californie – qui a créé Taltarni en 1972.

Alors que tant de Shiraz australiens s'imposent d'abord par leur force et leur goût souvent confituré, celui de Taltarni se distingue par son harmonie et son heureux sens des proportions.

Le **Shiraz 2003, Pyrenees Victoria** (S-10272464 : 26,20 $) est savoureux, juteux et ample, aux accents poivrés. Une très bonne note pour un vin droit et stylé. On peut déjà commencer à le boire, mais il vivra plusieurs années. ★★★★ ② ▼

Lui aussi fort réussi, le **Cabernet sauvignon 2005, Pyrenees Victoria** (S-10273977 : 26,20 $) s'affirme par sa structure, sa fermeté tannique et ses goûts de fruits noirs. Sa longueur et sa tenue sont un gage de longévité. À boire entre 2009 et 2012. ★★★→? ②

Même franc succès pour le **Sauvignon blanc 2007, Victoria** (S-423756 : 19 $) ; débordant de vitalité et de jeunesse, ce Sauvignon se distingue par la pureté de son fruit et la netteté de ses accents minéraux. Quatre étoiles pour une belle réussite sur le thème de la fraîcheur et de l'élégance. ☆☆☆☆ ② ♥

Tamar Ridge, Pinot noir 2005, Kayena Vineyard, Tasmania (S-10947732) : 28,10 $

Avec un vignoble de plus de 300 hectares, Tamar Ridge est la plus importante entreprise viticole de Tasmanie. Située sur la rive gauche de la rivière Tamar, à une dizaine de kilomètres au sud du détroit qui sépare l'île de Tasmanie du continent australien, la *winery* est actuellement sous la direction d'Andrew Pirie, fondateur de Pipers Brook. Manifestement élaboré avec un souci d'élégance, le Pinot noir de la gamme Kayena Vineyard a une netteté aromatique et une rondeur fruitée très invitantes. Chaleureux sans être lourd, très net et agrémenté d'un savoureux goût de confiture de fraises. Excellent ! ★★★★ ②

Sous la marque **Devils's Corner**, le **Pinot noir 2007, Tasmania** (S-10947741 : 24 $) s'avère satisfaisant par son attaque sucrée très mûre, ses saveurs friandes et sa fin de bouche chaleureuse, mais sans lourdeur. Simple, fruité et facile à boire. ★★★ ②

Tapanappa, Cabernet Shiraz 2004, Whalebone Vineyard, Wrattonbully (U-10793913) 69 $

Tapanappa est un partenariat formé par l'Australien Brian Croser (Petaluma), le Bordelais Jean-Michel Cazes (Château Lynch-Bages) et la maison champenoise Bollinger. En rachetant en 2003 la plus vieille propriété de Wrattonbully, le trio a grandement contribué au rayonnement de cette appellation de 2600 hectares située au nord de Coonawarra. En plus d'un Merlot et d'un Chardonnay, Tapanappa produit un remarquable Cabernet Shiraz à la fois riche et empreint d'une élégance peu commune. Mélange exquis de nuance et d'intensité, le 2004 déroule des couches de saveurs laissant une irrésistible impression de plénitude en finale. Cher, mais cet excellent vin a décidément beaucoup de style et de tempérament. Quelques bouteilles étaient encore offertes aux magasins Signature. Ce vin sera à surveiller dans l'avenir. ★★★★ ② ▼

Torbreck, Semillon 2006, Woodcutters, Barossa (S-10662999) : 24,10 $

Le producteur David Powell s'est taillé une réputation enviable dans la vallée de Barossa ; la **gamme** Woodcutters fait référence à ses années de bûcheron dans le nord de l'Écosse. Il y élabore ce vin blanc d'envergure auquel le cépage sémillon apporte une dimension particulièrement originale. Partiellement vinifié et élevé en fût de chêne, le 2006 se signale par son caractère vineux relevé de bons goûts de fruits mûrs et d'amandes sur fond boisé. ☆☆☆ ②

Vasse Felix, Shiraz 2004, Margaret River (S-10250231) : 36 $

Avec Cullen – toujours absent au Québec – Vasse Felix est l'autre grand nom de la viticulture en Australie de l'Ouest. À eux deux, ils ont grandement contribué à la renommée du secteur de Margaret River. Moins convaincu toutefois par ce gros Shiraz puissant, rustique et dominé par des notes fumées envahissantes. Prix élevé pour un vin taillé d'une seule pièce et sans véritable finesse. ★★ ②

Cabernet sauvignon 2004, Western Australia (S-10250265 : 33,50 $) ; vin à la bouche vive et anguleuse et au nez herbacé typique du cabernet sauvignon manquant de maturité. Creux de vague ponctuel ? Attendons les prochains millésimes pour juger. ★★→? ②

Yalumba

L'Australien Robert Hill-Smith manifeste un intérêt pour les cépages rhodaniens depuis longtemps. Par ses travaux de recherche, il veut en préserver les meilleurs clones.

Bush Vine Grenache 2006, Barossa (S-902353 : 19,60 $) ; le vignoble de Yalumba compte quelques vieilles vignes taillées en gobelet qui donnent un vin plein de caractère. Le grenache lui confère des tonalités de fruits secs et des parfums confits très engageants qui agrémentent sa longue finale à la fois fraîche et chaleureuse. Typiquement australien et pourtant très harmonieux. ★★★★ ② ♥

À mon avis moins complet, le **Shiraz & Viognier 2005, Barossa** (S-524926 : 20,40 $) est à la fois chaleureux et nerveux en bouche ; rustique et dessiné à gros traits, mais savoureux et fort sympathique. ★★★ ②

Yering Station

Ressuscitée après son rachat en 1997 par une riche famille de Melbourne, Yering Station est l'une des plus vieilles *wineries* de Yarra. Fort d'un séjour en Bourgogne – Domaine Bernard Moreau, Chassagne-Montrachet – le *winemaker* Tom Carson y signe des vins fort distingués.

M.V.R. 2005, Yarra Valley (S-10760505 : 22,30 $) ; assemblage fort réussi de marsanne (54 %), de viognier (36 %) et de roussanne (10 %). Dans un style très méridional, ce vin déploie une agréable vinosité teintée de fraîcheur, le tout agrémenté de notes d'agrumes vibrantes. Distinctif et digne de mention. ☆☆☆☆ ② ♥

Chardonnay 2005, Yarra Valley (S-10829040 : 22,50 $) ; bon vin au profil épuré, savamment boisé et misant avant tout sur la fraîcheur du fruit. Nuancé et harmonieux. ☆☆☆ ②

D'AUTRES VINS BLANCS DE QUALITÉ MOYENNE ☆☆

Amberley, Sémillon-Sauvignon blanc 2005, Margaret River (S-10342531) : 16,80 $
Cumulus, Chardonnay 2006, Climbing Orange (S-10829066) : 21,75 $
Lindemans, Chardonnay 2006, Reserve, Padthaway, South Australia (S-415067) : 16,20 $
Norman Estates, Greg ; Chardonnay 2006, Eden Valley (S-10329299) : 23,25 $

D'AUTRES VINS ROUGES DE QUALITÉ CONVENABLE ★★★

Cumulus, Cabernet sauvignon 2005, Climbing Orange, Australie (S-10829082) : 21,75 $
Green Point, Shiraz 2004, Victoria (S-10758296) : 26,15 $
Rosemount Estate, Merlot 2005, South Eastern Australia (S-542431) : 17,25 $
Cabernet sauvignon 2005, Diamond Label, South Eastern Australia (S-334870) : 17,25 $
Pinot noir 2006, South Eastern Australia (S-184267) : 17,25 $
Shotfire Ridge, Quartage 2005, Barossa, Thorn-Clarke (S-10339032) : 23,85 $

ET D'AUTRES VINS ROUGES DE QUALITÉ MOYENNE ★★

Barossa Valley Estate, Spires 2004, Shiraz, Barossa Valley
  (S-904540) : 18,25 $
Château Reynella, Cabernet sauvignon 2005, McLaren Vale
  (S-510636) : 32,25 $
Coriole, Shiraz 2005, Redstone, McLaren Vale (S-10831300) : 21,05 $
Goundrey Wines, Cabernet sauvignon 2004, Offspring
  (S-10365847) : 19,60 $
Hewitson, Shiraz 2006, The Mad Hatter, McLaren Vale
  (S-10680097) : 43,75 $
Leasingham, Cabernet-Malbec 2005, Bin 56, Clare Valley
  (S-478552) : 22,75 $
Norman Estates, Greg ; Cabernet-Merlot 2005, Limestone Coast
  (S-552075) : 24,45 $
Palandri, Cabernet sauvignon-Merlot 2003, Western Australia
  (S-10343365) : 19,95 $
Rolf Binder, Shiraz-Grenache 2005, Halliwell, Barossa Valley
  (S-10829349) : 24,80 $
Sandalford, Element 2005, Shiraz-Cabernet, Western Australia
  (S-904482) : 17,85 $
The Islander Estate, Yakka Jack 2005, Kangaroo Island
  (S-10877471) : 47,25 $
Tyrrell's, Shiraz 2005, Brokenback, Hunter Valley
  (S-10836856) : 24,20 $
Wirra Wirra, Church Block 2005, McLaren Vale (S-10340316) : 22,95 $
Wolf Blass, Cabernet sauvignon 2005, Premium Selection
  (S-321927) : 26,60 $
  Pinot noir 2006, Victoria (S-902940) : 19,15 $
  Shiraz 2004, Premium Selection, South Australia
  (S-10253925) : 25,60 $
Yangarra, Cadenzia 2005, McLaren Vale (S-10829357) : 27,70 $

Australie

TROP TARD !
Surveillez les prochains millésimes

D'AUTRES BONS VINS D'AUSTRALIE DÉGUSTÉS CETTE ANNÉE

Brokenwood, Sémillon 2007, Hunter Valley (S-10342741) : 21,15 $
Revu et corrigé selon l'école australienne, le sémillon prend ici une allure particulièrement guillerette et originale. On l'apprécie essentiellement pour sa légèreté alcoolique de 11,5 % et sa fraîcheur qui souligne les franches saveurs de miel caractéristiques du cépage. Distinctif et recommandable. ☆☆☆ ②

Cape Mentelle, Shiraz 2004, Margaret River (S-10756389) : 30,75 $
Au même titre que Cloudy Bay, cette *winery* renommée d'Australie de l'Ouest appartient au groupe français LVMH (Louis Vuitton, Moët-Hennessy). Élaboré avec un heureux sens des proportions, la plénitude et la finesse composent ici un mariage irrésistible grâce à un fruit généreux et à des tanins suaves. Excellent vin à la hauteur de la réputation de Cape Mentelle. Quatre étoiles bien méritées dans sa catégorie. ★★★★ ②

Frankland, Olmo's Reward 2002, Frankland River Region, Western Australia (U-10919221) : 33 $
Arrivé à Frankland River au milieu des années 1950, le viticulteur américain Harold Olmo fut le premier à croire au potentiel vinicole de la région, y ayant observé une grande similitude avec le climat bordelais. Ce n'est donc pas un hasard si cette cuvée hommage résulte d'un assemblage de cabernet franc (49 %), de merlot (33 %), de petit verdot, de malbec et de cabernet sauvignon. Privilégiant la finesse à la puissance, ce savoureux vin mûr et raffiné réunit tous les éléments dans des proportions idéales. Stylistiquement plus proche d'un bon Médoc que d'un *blockbuster* moderne, ses saveurs gracieuses, précises et nuancées révèlent une élégance et une race indéniables. Maintenant ouvert et épanoui, ce 2002 déjà fort aimable par sa persistance aromatique et sa plénitude en bouche continuera de se développer favorablement au cours des cinq prochaines années. Digne de mention ! ★★★★ ②

Kilikanoon, Shiraz 2004, Oracle, Clare Valley (S-10759678 : 65 $) ; voici en quelque sorte le porte-étendard de la maison. De style puissant, très musclé et certes imposant, ce vin issu de vignes d'une quarantaine d'années offre une matière étonnamment dense, presque épaisse. Malgré tout, on se laisse facilement charmer par autant de générosité, surtout qu'il conserve un certain sens des proportions. Excellent, dans le genre plantureux. ★★★★ ②

Mount Langi Ghiran, Shiraz 2004, Billi Billi, Victoria (S-10758835) : 17,95 $
Fondée dans les années 1870 et maintenant propriété de Yering Station (Yarra Valley), cette *winery* est l'une des plus réputées de Victoria. Sous l'étiquette Billi Billi, l'entreprise commercialise un vin élaboré avec des raisins achetés de plusieurs agriculteurs de la région. Le résultat est un bon Shiraz conçu pour plaire immédiatement, suffisamment charnu, frais et fruité ; apprécié par l'amateur de vin australien coulant, aimable et facile à boire. ★★★ ② ♥

Vins d'Australie
au répertoire général

Penfolds, Cabernet sauvignon 2006, Koonunga Hill, Australia (C-10845980) : 17,80 $

Penfolds est un géant de l'industrie viticole australienne. Outre son légendaire Grange, cette entreprise commercialise, sous la marque Koonunga Hill, une gamme de vins rouges très étoffés et toujours robustes, mais généralement bien proportionnés. Costaud et franc de goût, ce Cabernet va droit au but et ne manque pas de faire son effet. Savoureux, suffisamment équilibré et rassasiant. ★★★ ②

Une bonne note aussi pour le **Shiraz Cabernet 2006, Koonunga Hill, South Eastern Australia** (C-285544 : 18,20 $) ; costaud, franc de goût et sans détour. À boire jeune. ★★★ ②

McWilliams, Riesling 2006, Hanwood Estate, South Eastern Australia (C-10754607) : 14,50 $

McWilliams est la plus importante entreprise viticole indépendante des Nouvelles Galles du Sud. Très agréable vin demi-sec, friand et généreusement aromatique, heureusement soutenu par une saine acidité. Très bien. Et puis, c'est différent des sempiternels Chardonnay. ☆☆☆ ② ♥

Lehmann, Peter ; Clancy's 2005, Barossa (C-10345707) : 17,90 $

S'il ne possède plus que 10 % des parts de l'entreprise – le reste appartient au Suisse Donald Hess de la Hess Collection dans la vallée de Napa –, Peter Lehmann continue d'offrir une gamme de vins de qualité à prix abordables. Le Clancy's est issu d'un judicieux assemblage de shiraz, de cabernet sauvignon et de merlot. Une recette éprouvée donnant un vin savoureux, franc de goût et relevé. La structure vigoureuse et la fraîcheur du cabernet sauvignon ajoutent à sa personnalité et à son charme. Bon an mal an, le Clancy's figure parmi les meilleurs vins australiens à moins de 20 $. ★★★ ② ♥

Deakin Estate, Shiraz 2006, Victoria, Wingara (C-560821) : 14,85 $

Deakin Estate est la gamme « grand public » de Katnook Estate. Beaucoup plus intéressant que le flot de vins issus d'appellations aussi globales que South Eastern Australia, ce vin est de nouveau très recommandable. Un bon Shiraz frais, juteux et plein de bons arômes de fruits sur un fond fumé. Pleinement satisfaisant pour le prix ! ★★★ ② ♥

NORTHLAND

⊙ Matakana

AUCKLAND ⊙ Waiheke Island
⊙ Auckland

BAY OF PLENTY

MER DE TASMAN **WAIKATO** **EAST CAP**

⊙ Gisborne

NOUVELLE-ZÉLANDE

Napier ⊙
Hastings

HAWKES BAY

NELSON Masterton
⊙

WELLINGTON **WAIRARAPA**
⊙ Nelson ★
⊙ Martinborough
⊙ Blenheim

MARLBOROUGH

Waipara ⊙

CANTERBURY / WAIPARA
Christchurch ⊙

OCÉAN
PACIFIQUE

Queenstown
⊙
⊙ Cromwell

CENTRAL OTAGO

0 ____ 100 km

Nouvelle-Zélande

La production viticole néo-zélandaise a atteint un niveau record en 2008 en enregistrant un volume de vendanges en hausse de 39 % par rapport à 2007. Cette récolte pléthorique de 285 000 tonnes de raisin est certes attribuable à des conditions climatiques très favorables dans la plupart des régions viticoles, mais aussi à l'extension de la superficie du vignoble qui est passée de 7 410 hectares à 22 616 hectares en une dizaine d'années. L'accroissement du volume de production devrait permettre à la Nouvelle-Zélande de développer les ventes sur le marché global et aux exportations de franchir la barre du milliard de dollars ($ NZ) d'ici 2010.

Le sauvignon blanc occupe 40 % du vignoble national – soit une superficie totale de 8 860 hectares – et représente les trois quarts des ventes à l'exportation.

En 2008, les ventes au Québec ont de nouveau connu une hausse de près de 50 % en un an. La part de marché – en valeur – est passée de 0,6 % à 0,9 % pour atteindre 13 millions de dollars, soit quatre millions de plus que l'an dernier !

---

bon à savoir

Central Otago est la zone viticole la plus au sud de la planète. En plus de jouir d'un climat frais, la région bénéficie d'une amplitude thermique qui est un atout précieux, car elle préserve l'éclat aromatique du raisin et favorise la production de vins généralement équilibrés.

Si le sauvignon a fait la fortune des viticulteurs de Marlborough, ce sont les cépages à vin rouge originaires de Bordeaux qui ont trouvé une terre d'accueil à Hawke's Bay, la zone viticole la plus étendue de l'île du Nord.

La capsule vissée est très populaire en Nouvelle-Zélande, même pour les vins les plus fins.

La gamme de vins néo-zélandais continue de s'élargir avec l'arrivée, en novembre 2008, d'une vingtaine de produits présentés dans une édition du magazine *Cellier* consacré aux vins d'Australie et de Nouvelle-Zélande.

Akarua, Pinot noir 2006, Gullies, Central Otago, Bannockburn Hights Winery (S-10947960) : 33 $

À l'est de la ville de Queenstown, le secteur de Bannockburn est considéré comme l'un des plus prometteurs de Central Otago. Ce 2006 brille autant par son éclat aromatique irrésistiblement nuancé que par son équilibre irréprochable. Pas particulièrement riche ni concentré, mais sa profondeur et sa longueur en bouche révèlent une classe indéniable. Encore jeune, cet excellent Pinot noir devrait évoluer favorablement au cours des cinq prochaines années. Dégusté en avant-première, ce vin sera présenté dans l'édition de novembre 2008 du magazine *Cellier*. ★★★★ ②

Alpha Domus

Créé de toutes pièces par une famille d'émigrants hollandais arrivés sur l'île du Nord au début des années 1960, ce vignoble compte aujourd'hui 35 hectares dans le secteur de Hastings.

Merlot-Cabernet 2004, Hawke's Bay (S-10826535 : 21,05 $) ; cet heureux assemblage de merlot et de cabernet sauvignon donne un vin net et franc, au fruité généreux et aux tanins nourris. Sans grande profondeur, on l'apprécie davantage pour son équilibre et sa fraîcheur. De style plus proche de Bordeaux que du Nouveau Monde, un bon vin offert à prix honnête et commercialisé dans une bouteille à capsule vissée. ★★★ ②

Amisfield

Depuis 2001, le Sud-Africain Andre Lategan gère cette propriété de 60 hectares idéalement située sur les rives du lac Dunstan.

Pinot noir 2005, Central Otago (S-10826084 : 45,25 $) ; très bon vin affichant une jolie couleur soutenue et déployant un invitant nez de cerises. Une attaque vive et charnue, un goût intense de fruits mûrs et des tanins fondus, le tout bien lié dans un ensemble harmonieux ayant passablement de caractère. Offert dans une bouteille à capsule vissée ; il serait avisé de l'aérer en carafe une bonne heure avant de le servir. ★★★→? ② ▼

Plus simple, mais fort savoureux, le **Lake Hayes, Pinot noir 2006, Central Otago** (S-10948057 : 34 $) séduit par son attaque généreuse et rassasiante, presque sucrée tant elle est mûre. Sa matière fruitée dense et relevée est encadrée par des tanins fins, mais suffisamment fermes pour laisser en bouche une impression d'équilibre et de fraîcheur. Lake Hayes est la marque secondaire de Amisfield. Présenté dans l'édition de novembre 2008 du magazine *Cellier*. ★★★ ②

Les amateurs de vins blancs généreux et parfumés retiendront aussi le **Pinot gris 2006, Central Otago** (S-10826076 : 35,75 $) ; vif et perlant, franchement savoureux avec ses notes gourmandes de poires en sirop. Chaleureux et arrondi par un poil de sucre, mais suffisamment équilibré pour être tout à fait recommandable. ☆☆☆ ②

Nouvelle-Zélande

Vins blancs

- Kumeu River, Chardonnay 2005, The Brajkovich Family Properties
- Saint Clair, Sauvignon blanc 2007, Marlborough
- Crawford, Kim ; Sauvignon blanc 2006, SP State Highway, Marlborough

Vins rouges

- Akarua, Pinot noir 2006, Gullies, Central Otago, Bannockburn Hights Winery
- Schubert, Pinot noir 2006, Marion's Vineyard, Wairarapa
- Te Mata, Syrah 2005, Woodthorpe Vineyard, Hawkes Bay

Pour acheter le meilleur dans une SAQ Classique ◐

- Kim Crawford, Sauvignon 2007 et Pinot noir 2007, Marlborough

Babich

Créée en 1916, Babich est l'une des entreprises viticoles fondées par des émigrants croates qui s'installèrent en Nouvelle-Zélande à la fin du XIXᵉ siècle. Résidant près d'Auckland, mais propriétaire de vignobles dans Marlborough et dans Hawkes Bay, la famille Babich produit des vins de bon aloi bénéficiant de la technologie moderne.

Sauvignon blanc 2008, Marlborough (S-560144 : 18,75 $) ; un bel exemple de parfums de pamplemousse, fraîcheur et vitalité. Plaisir assuré ! ☆☆☆ ② ♥

Pinot noir 2005, Marlborough (S-10826092 : 27,70 $) ; à défaut de subtilité et de profondeur, un Pinot noir ayant suffisamment de fruit et de matière. Bon sans toutefois être une aubaine. ★★ ②

Churton Vineyards

Propriétaire d'un vignoble d'à peine 12 hectares à 150 mètres d'altitude dans le secteur de Marlborough, Sam Weaver produit un très bon Pinot noir jouissant d'une bonne réputation.

Plus achevé que le 2006 commenté l'an dernier, le **Pinot noir 2007, Marlborough** (S-10383447 : 29,45 $) est souple, coulant et flatteur, sans grande complexité aromatique, mais suffisamment fruité, nourri et équilibré pour être recommandé. ★★★ ②

Sauvignon blanc 2007, Marlborough (S-10750091 : 20,65 $) ; résultat d'une fermentation conduite avec des levures indigènes, ce 2007 fringant, aux francs arômes d'agrumes et de fruits exotiques, ne manque pas de cachet. Fraîcheur et droiture sont au rendez-vous. Bel exemple de Sauvignon néo-zélandais. ☆☆☆ ②

Craggy Range Winery

Aménagé au coût de 50 millions de dollars au pied du mont Te Mata dans Hawkes Bay, le spectaculaire domaine créé par le magnat australien Terry Peabody produit des vins parmi les plus imposants de Nouvelle-Zélande.

Chardonnay 2005, Gimblett Gravels Vineyards, Hawkes Bay (S-10399916 : 31,50 $) ; provenant du secteur de Gimblett Gravels, sorte de Rutherford Bench local, le Chardonnay de Craggy Range se distingue par ses parfums délicats, sa touche subtilement boisée et son excellente acidité. Plus que simplement un autre Chardonnay, c'est un très bon vin blanc nourri et empreint d'élégance. ☆☆☆☆ ② ▼

Crawford, Kim ; Sauvignon blanc 2006, SP State Highway, Marlborough (S-10866721) : 28,35 $

La gamme SP – pour *Small Parcel* – regroupe les meilleurs vins de cette *winery* appartenant au géant Constellation. Très bon Sauvignon élaboré dans les règles de l'art et offrant plus que les simples notes d'agrumes associées aux Sauvignon de Marlborough. Sec, relevé et franc de goût ; longueur et vinosité à défaut de profondeur. ☆☆☆ ②

Au répertoire général, trois vins de Kim Crawford (page 405) ⓖ

Kumeu River, Chardonnay 2005, The Brajkovich Family Properties (S-10281184) : 32 $

Établie au nord d'Auckland dans le secteur de Kumeu, cette *winery* de taille modeste est réputée à juste titre pour ses vins parmi les plus fins du pays. Le secret de Michael Brajkovich réside dans une viticulture raisonnée, une approche non interventionniste et une volonté de faire un vin pur traduisant le mieux possible le goût du lieu. Même enthousiasme pour ce Chardonnay 2005 que pour le 2004 commenté dans les éditions antérieures du *Guide du vin*. Sur un mode un peu plus nerveux et minéral, mais élaboré dans le même esprit de précision, ce vin impeccablement équilibré, vibrant et franchement savoureux a valeur d'exemple. Impeccable ! ☆☆☆☆ ②

L'eldorado du pinot noir

Souvent réputé pour son tempérament capricieux et difficile à maîtriser, le pinot noir semble s'être particulièrement bien adapté à l'île du sud. Nulle part ailleurs dans le monde, ce cépage n'a donné aussi rapidement des résultats à ce point convaincants et prometteurs. Même si la plupart des vignes n'ont guère plus de 15 ou 20 ans, certains Pinot noir de Marlborough, de Martinborough, de Nelson et surtout de Central Otago révèlent déjà une qualité étonnante. Bien sûr, ces jouvenceaux n'ont pas la profondeur des grands Bourgogne, mais on y dénote déjà un fort caractère traduisant le goût du lieu et l'originalité du terroir.

Margrain, Pinot noir 2006, Martinborough (S-10383261) : 31,75 $

Le secteur de Martinborough est situé au cœur de la région viticole de Wairarapa, tout au sud de l'île du nord. Bon Pinot se signalant par ses arômes charmeurs de fruits très mûrs sur un fond vanillé et chocolaté. Un vin sphérique et velouté de toute évidence conçu pour plaire. Les amateurs du genre apprécieront. ★★★ ②

Mount Cass

Au nord de Christchurch dans l'île du Sud, la région vinicole de Canterbury est reconnue pour son climat propice à la culture de cépages dits septentrionaux. Ce n'est donc pas un hasard si le riesling y occupe la troisième place des variétés les plus cultivées, après le pinot noir et le chardonnay. Créée en 1982, Mount Cass fut l'une des toutes premières *wineries* développées dans Waipara. Le vignoble couvre aujourd'hui 20 hectares.

Pinot noir 2006, Waipara Valley (S-10826181 : 24,25 $) ; vif, fougueux, plein d'élan et de franches saveurs fruitées. Encore jeune, le vin renferme un reste de gaz carbonique. Il vaut mieux l'aérer en carafe une heure avant de le servir. ★★★ ②

Riesling 2006, Waipara (S-10383658 : 18,35 $) ; très bon vin dont le caractère moelleux rehausse l'expression aromatique du fruit. Malgré un sucre résiduel de 23 grammes au litre, le vin s'appuie sur une saine acidité garante de fraîcheur. Droit, désaltérant et fort agréable. ☆☆☆ ②

Mt. Difficulty

Fondée en 1992, Mt. Difficulty est une *winery* des plus réputées de Central Otago. Roaring Meg est une marque secondaire attribuée aux vins produits avec les plus jeunes vignes.

Pinot noir 2006, Roaring Meg, Central Otago (S-10383762 : 26,80 $) ; très bon Pinot noir jeune et fringant, au bon goût de fruit mûr évoquant la framboise. Pour en profiter pleinement, il faut le passer en carafe au moins deux heures avant de le servir. Rafraîchi autour de 14 °C, ce vin fruité et coulant est un vrai régal. À boire dans l'immédiat et d'ici 2010. ★★★ ② ▼

Mud House, Sauvignon blanc 2007, Swan, Marlborough
(U-10944646) : 23,10 $

Vendu uniquement dans les magasins Signature, un bon Sauvignon déployant en bouche de généreuses saveurs d'agrumes et la vivacité propre au cépage. Frais et rassasiant à défaut d'être véritablement distinctif. ☆☆☆ ②

Pask, C. J. ; Merlot 2006, Roy's Hill, Hawkes Bay (S-10382727) : 18,75 $

L'ancien pilote d'épandage Chris Pask a fondé sa propre *winery* en 1985 dans le secteur de Hawkes Bay. D'un style très fougueux, ce Merlot souple et facile à boire se signale plus par sa vivacité que par sa réelle profondeur. Un bon vin, malheureusement rendu un peu rustique et agressif en raison d'un reste important de gaz carbonique. Le carafer au moins deux heures avant de le servir. ★★ ②

Peregrine

Cette spectaculaire *winery* compte parmi les stars de Central Otago. Jusqu'ici, seul le Pinot noir a été offert à la SAQ.

Pinot noir 2006, Central Otago (S-10382831 : 47 $) ; un bon vin d'envergure moyenne et savamment boisé dont le joli fruit est agrémenté de notes torréfiées. Fin et distingué, mais tout de même à court de chair. En proposant des prix aussi élevés, certains producteurs néo-zélandais jouent avec le feu... ★★★ ②

Saint Clair

Parmi les plus dynamiques de Marlborough, la *winery* de Neil et Judy Ibbotson exporte ses vins dans environ 35 pays.

Sauvignon blanc 2007, Marlborough (S-10382639) : 18,75 $
Très bon en son genre, mais frôlant tout de même un peu la caricature, le 2007 est un bon vin technologique doté d'une acidité tranchante – arrondie par un léger reste de sucre – et misant avant tout sur l'expression du fruit. Les amateurs de vins fringants et très sauvignonnés en auront pour leur argent. ☆☆☆ ②

Schubert

Les Allemands Kai Schubert et Marion Deimling se sont établis en Nouvelle-Zélande en 1998 après avoir cherché un peu partout dans le monde, le lieu idéal pour produire du pinot noir. Ils ont choisi le secteur de Martinborough à l'extrémité sud de l'île du Nord, non loin de Wellington. Aujourd'hui, sur un vignoble d'une quarantaine d'hectares, ils produisent des vins très en vue.

Pinot noir 2006, Marion's Vineyard, Wairarapa (S-10774288 : 35,75 $) ; ce remarquable Pinot noir provient d'un petit vignoble planté des clones able et pommard. Dans la foulée du 2005 avantageusement commenté l'an dernier, le 2006 est toujours aussi gourmand, savoureux et gorgé de fruit. Sa délicate acidité ajoute à son relief et à sa fraîcheur. Bon à boire maintenant. Franc succès ! ★★★★ ②

Seifried Estate

Dans la partie nord de l'île du Sud, à l'ouest de Marlborough, Siefried est la plus importante exploitation viticole avec une production annuelle de 100 000 caisses.

Chardonnay 2005, Nelson (S-10383201 : 21,35 $) ; un bon vin franc et bien équilibré. Non pas spécialement original, mais un produit de belle facture partiellement vinifié en fût de chêne. Tout à fait satisfaisant. ☆☆☆ ②

Te Awa, Cabernet-Merlot 2004, Hawkes Bay (S-10382882) : 24,05 $
Dans le secteur réputé de Gimblett Gravels, Te Awa – rivière de Dieu en maori – a été racheté par le richissime financier américain Julian Robertson. Misant sur les vertus du cabernet sauvignon, ce bon vin vigoureux ne manque ni d'élan ni de caractère. Un peu pointu et tannique pour l'heure, il serait préférable de le laisser reposer une heure en carafe avant de le servir. ★★★ ②

Te Mata

Fondée à la fin du XIXe siècle, Te Mata est la plus ancienne *winery* de Nouvelle Zélande. Plus récemment, l'actuel propriétaire John Buck a aussi créé la gamme Woodthorpe regroupant des vins provenant d'un vaste vignoble de 210 hectares.

Syrah 2005, Woodthorpe Vineyard, Hawkes Bay (S-10826391 : 25 $); des parfums très nets de poivre et de vanille donnent à ce vin fruité et modérément corsé un caractère exotique quasi irrésistible. Expressif, relevé et pourtant doté d'une fraîcheur exquise, il illustre à merveille les charmes de la syrah cultivée en climat plus frais. Original et d'autant plus attrayant qu'il n'a pas plus de 13 % d'alcool. Excellent ! À boire maintenant et dans les cinq prochaines années. ★★★★ ② ♥

Plus simple, le **Cabernet-Merlot 2005, Woodthorpe Vineyard, Hawkes Bay** (S-10383498 : 22,10 $) est souple, vif, léger et enrichi de notes vanillées que l'on apprécie davantage pour sa souplesse et sa fraîcheur que pour sa puissance. Exemple typique de cépage bordelais cultivé dans un climat frais. Stylistiquement plus près d'un Chinon de la Loire que d'un Médoc. ★★★ ②

Tohu

Première *winery* maori à exporter ses vins sur le marché international. Le vignoble de la Tohu s'étend du nord au sud, de Gisbourne à Marlborough.

Le **Chardonnay 2006, Unoaked, Marlborough** (S-10826121 : 20,05 $) a des senteurs de caramel et de fruits surmûris. Un vin ample et aromatique, de consistance moyenne, mais suffisamment équilibré. ☆☆☆ ②

Plus léger, le **Sauvignon blanc 2006, Marlborough** (S-10826156 : 20,05 $) est parfumé comme du jus de fruit ; bon et flatteur, mais pas vraiment complexe. ☆☆ ②

Vinoptima, Gewürztraminer 2004, Ormond Reserve (U-10874609) : 48,50 $

En 2000, après avoir vendu son entreprise au géant australien Hardy's – aujourd'hui propriété du colosse américain Constellation –, le dynamique Nick Nobilo a fondé ce domaine dans le secteur de Gisborne, à l'extrémité est de l'île du nord. Le vignoble actuel compte un peu moins de 10 hectares plantés exclusivement de gewürztraminer. À en juger par l'éclat de ce 2004, les résultats sont prometteurs. Très parfumé et arrondi par un léger reste de sucre, mais aucunement pommadé et surtout soutenu par une saine acidité qui lui donne considérablement d'étoffe. Pas donné, mais le gewürztraminer s'exprime ici dans toute sa splendeur. Excellent ! ☆☆☆☆ ②

Waimea, Pinot noir 2007, Nelson (S-10826447) : 23,90 $

Avec les 150 hectares que compte son vignoble, Waimea est une propriété des plus importantes du secteur de Nelson, à l'ouest de Marlborough. Encore très jeune, ce 2007 mise avant tout sur une expression mûre et nourrie du pinot noir. Sa vivacité et son reste de gaz carbonique lui assurent une certaine présence en bouche, mais il vaudrait mieux le passer quelques heures en carafe pour l'apprécier à sa juste valeur. Sera en magasins en février 2009. ★★★ ②

Wild Rock, Merlot-Cabernet franc-Malbec 2005, Hawkes Bay (S-10826519) : 19,40 $

En raison de ses sols graveleux et d'un microclimat favorable, la région de Hawkes Bay est devenue le fief néo-zélandais des cépages bordelais. Sans être le plus complexe, ce savant assemblage conjugue habilement les vertus des cépages cabernet franc et malbec. Ceux-ci apportent au caractère souple et friand du merlot une structure et une tenue dignes de mention. À boire entre 2009 et 2012. ★★★ ②

D'AUTRES VINS BLANCS DE QUALITÉ CONVENABLE ☆☆

Coopers Creek, Sauvignon blanc 2006, Marlborough
(S-10826316) : 18,15 $
Nobilo, Sauvignon blanc 2006, Marlborough (S-10826412) : 22,60 $
Oyster Bay, Chardonnay 2007, Marlborough (S-10383691) : 18,70 $
Sacred Hill, Sauvignon blanc 2006, Marlborough
(S-10826367) : 19,30 $
Scott, Allan ; Chardonnay 2005, Marlborough (S-10826050) : 19,30 $
Sauvignon blanc 2006, Marlborough (S-10826068) : 18,20 $
Wild South, Sauvignon blanc 2006, Marlborough
(S-10826383) : 18,80 $

ET D'AUTRES VINS ROUGES DE QUALITÉ MOYENNE ★★

Cooper's Creek, Merlot-Cabernet franc 2004, Gravels and Metals,
Hawkes Bay (S-10826359) : 21,70 $
Oyster Bay, Pinot noir 2006, Marlborough (S-10826105) : 23,90 $
Merlot 2006, Hawkes Bay (S-10826113) : 19,75 $
Sileni, Merlot-Cabernet franc 2006, Cellar Selection, Hawkes Bay
(S-10826210) : 18,70 $

Vins de Nouvelle-Zélande et d'Afrique du Sud
au répertoire général

| NOUVELLE-ZÉLANDE |

Crawford, Kim

Distribués dans l'ensemble du réseau, les trois vins suivants prouvent de nouveau l'habileté de cette entreprise à produire en grande quantité des vins de qualité tout à fait acceptable.

Sauvignon 2007, Marlborough (C-10327701 : 18,50 $) ; fidèle à lui-même, le 2007 est très bon, volubile, sec et rafraîchissant. Pas compliqué, un produit commercial parfaitement honnête dont les parfums expressifs d'agrumes sont agréablement rehaussés par une saine acidité. ☆☆☆ ②

Tout aussi recommandable, le **Chardonnay 2006, Unoaked, Marlborough** (C-10669470 : 18,95 $) offre une matière généreuse tout en conservant une saine fraîcheur qui valorise son caractère aromatique aux accents d'agrumes. ☆☆☆ ②

Nouveau au répertoire général, le **Pinot noir 2007, Marlborough** (C-10754244 : 21,75 $) ; un très bon vin simple et tout en souplesse, modérément aromatique, mais suffisamment fruité pour être recommandable. L'aérer en carafe pour éliminer un reste de gaz carbonique. Prix justifié. ★★★ ②

| AFRIQUE DU SUD |

Robertson Winery, Chapel Red, Robertson (C-10845568) : 9,85 $
Vin simple mettant à contribution la technologie moderne ; sec, nerveux et déclinant de bons goûts de fruits rouges sur fond subtilement fumé. Un bon achat à moins de 10 $. ★★★ ② ♥

Une bonne note aussi pour le **Chenin blanc 2008, Robertson** (C-10754228 : 9,85 $) ; bon vin facile, suffisamment sec et tonifié par un reste de gaz carbonique ; sa légèreté est un atout. ☆☆☆ ②

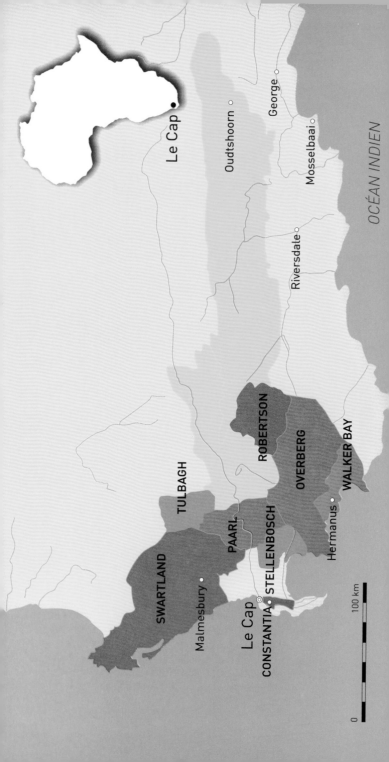

OCÉAN INDIEN

Le Cap

Oudtshoorn

George

Mosselbaai

Riversdale

ROBERTSON

OVERBERG

WALKER BAY

TULBAGH

PAARL

STELLENBOSCH

SWARTLAND

Malmesbury

Le Cap

CONSTANTIA

Hermanus

0   100 km

Afrique du Sud

Développé par les premiers colons hollandais, le vignoble sud-africain fêtera son 350e anniversaire en 2009. Le pays a d'ailleurs plein de bonnes raisons de célébrer puisqu'en une quinzaine d'années, le volume des exportations est passé d'un faible 22 millions à plus de 310 millions de litres.

Dans le bilan des vendanges 2008, la WOSA (Wines of South Africa) estimait la production totale à 787,2 millions de litres, un résultat de 56,8 millions supérieur au compte de l'année précédente.

Au Québec, l'Afrique du Sud n'a jamais été aussi bien représentée. Le catalogue de la SAQ compte plus d'une centaine de produits. Suite à la parution du numéro de *Cellier* consacré aux vins d'Australie et d'Afrique du Sud en 2007, les ventes sont passées de 16 à 27 millions de dollars, une croissance de 66 % !

Et la qualité direz-vous ? Les produits commentés dans *Le guide du vin 2009* confirment de nouveau que les viticulteurs du Cap ont accompli des progrès remarquables au cours des dernières années.

À peu près grand comme le vignoble bordelais, le vignoble d'Afrique du Sud couvrait un peu plus de 100 000 hectares en 2006. La superficie occupée par les cépages blancs (55 %) et les rouges est sensiblement la même.

Tous les vignobles sont à l'intérieur des terres dans la province du Cap. Les deux plus importantes régions, en quantité et en qualité, sont Stellenbosch et Paarl.

Si l'Afrique du Sud est surtout connue pour ses vins rouges costauds aux accents fumés, on y produit également d'excellents Chenin blanc dont la qualité et l'expression aromatique n'ont souvent rien à envier aux bons vins de la Loire.

bon à savoir

Alto, Cabernet sauvignon 2003, Stellenbosch (S-10703261) : 24,70 $
Le vignoble d'Alto s'étend sur les flans du mont Helderberg à une altitude variant entre 100 et 500 mètres. Ce Cabernet offre une tenue en bouche franche et droite et un style résolument classique qui trouvera certainement sa place à table. Un bon vin surtout bien équilibré plutôt que puissant. ★★★ ② ▼

Anwilka

Anwilka est un autre de ces partenariats de viticulteurs français venus explorer le Nouveau Monde. Il est dirigé par Bruno Prats (ex-propriétaire de Château Cos d'Estournel) et Hubert de Boüard (Château Angélus) qui se sont associés à Lowell Jooste de Klein Constantia. Leur domaine compte actuellement une quarantaine d'hectares.

Cabernet sauvignon-Syrah 2005, Stellenbosch (S-10556619 : 57 $) ; un assemblage sérieux profitant d'une grande maîtrise technique et d'un élevage de quelques mois en fûts dont les trois quarts sont neufs. Le résultat est un vin d'envergure mêlant adroitement le fruit mûr aux notes vanillées et toastées générées par la barrique. Il en impose surtout par sa matière dense, sa richesse tannique et sa tenue ; semble avoir le nécessaire pour se révéler davantage dans trois ou quatre ans. Attendons pour voir... ★★★→? ③

Vendu à prix aussi ambitieux, le **Cabernet sauvignon-Syrah 2006, Stellenbosch** (S-10826551 : 58 $) est encore très jeune et largement dominé par le bois, au point de lui profiler une allure un peu lourde et caricaturale ; strict et pas spécialement charmeur actuellement. Pour en profiter pleinement, il faudra attendre au moins quatre ou cinq ans. À près de 60 $, il faut avoir la foi. ★★→? ③

Le pinotage

Le pinotage est une variété hybride spécifique à l'Afrique du Sud. Résultat d'un croisement entre le cinsault et le pinot noir, ce cépage unique a été créé en 1924 par Abraham Izak Perold, un professeur de chimie à l'université de Cape Town. Malgré tous les efforts déployés et en raison de ses difficultés à percer les marchés d'exportation, des producteurs sud-africains l'abandonnent au profit du cabernet (17 % de tout le vignoble) et de la syrah (25 %), deux variétés commercialement plus prometteuses.

Afrique du Sud ⑨

Bellingham

Autrefois nommé Bellinchamp (jolis champs), cette *winery* a été fondée en 1693 par un couple franco-hollandais qui avait fui la persécution religieuse qui sévissait alors en France envers les huguenots. L'œnologue Niël Groenewald dirige aujourd'hui ce domaine qui exporte ses vins dans plus de 50 pays.

S.M.V 2003, Syrah-Mourvèdre-Viognier, The Maverick, Coastal Region (S-10703295 : 32 $) ; un très bon vin concentré et coloré ; une attaque presque sucrée doublée d'une forte épaisseur tannique lui donne beaucoup volume. Est-ce le viognier qui lui apporte cette agréable fraîcheur aromatique ? Bref, ce vin robuste et trapu ne manque pas de personnalité. À boire dans les trois prochaines années. ★★★ ② ▼

Destiné à plaire à un large public – et sans pour autant être une aubaine –, le **Syrah 2005, The Maverick, Coastal Region** (S-10703341 : 28,65 $) est bien coloré, au nez expressif, dense et fumé ; corpulent et tannique en bouche. Un peu rustique, mais sa matière fruitée généreuse et sa finale chaleureuse sont fort rassasiantes. ★★★ ② ▼

Boschendal

L'un des plus vieux domaines viticoles du Cap créé en 1685 par des huguenots. Il couvre aujourd'hui plus de 250 hectares le long des pentes de la montagne de Groot Drakenstein dans le secteur de Franschoek. Distribué au Québec depuis plus de 10 ans, le Chardonnay est de qualité aussi constante que satisfaisante.

La Grande Reserve 2003, Coastal Region (S-10703210 : 29,05 $) ; se distingue surtout par son profil racé et sa forte personnalité. Une composition originale privilégiant le cabernet franc à 70 % auquel s'ajoutent malbec, shiraz et cabernet sauvignon donne un bon vin séveux, droit et vigoureux. Une bonne note pour sa fraîcheur et son élan malgré une richesse alcoolique de 14,5 %. ★★★ ②

De Trafford

En dépit de l'intérêt que suscitent les vins de David Trafford auprès des critiques internationaux, j'avoue ne pas avoir d'affinité particulière pour ces deux cuvées dégustées cette année. Plutôt musclées et vendues à prix forts, elles semblent taillées sur mesure pour plaire à une clientèle en quête de vins puissants.

L'ambitieuse cuvée **Elevation 393 2003, Stellenbosch** (U-10710241 : 64 $) est un vin sérieux issu d'un assemblage de cépages bordelais et de shiraz, aux notes de fruits mûrs très goûteuses quasi exacerbées. Le cabernet sauvignon lui assure une solide tenue, mais ses goûts confiturés et sa richesse alcoolique de 15 % le font basculer dans la lourdeur. ★★★→? ③

Un peu moins cher, mais tout aussi imposant, le **Shiraz 2004, Stellenbosch** (U-10710233 : 58 $) offre de généreux arômes fumés et une structure tannique solide et dense, sans pourtant être abrasive. Sa longue finale florale lui confère un charme certain. Autant de puissance et de concentration deviennent bien encombrantes à table. ★★★ ②

Plus sobre, le **Merlot 2004, Stellenbosch** (S-10710225 : 30,75 $) est souple, coulant, fruité et facile à boire, mais son envergure étroite ne justifie pas son prix. ★★ ② ▼

Goats do Roam, Goat-Roti 2006, Coastal Region (S-10440691) : 22,10 $

En guise de clin d'œil aux vins de la vallée du Rhône, le viticulteur Charles Back (Fairview) a lancé cette gamme en 1999. La cuvée Goat-Roti, vous l'aurez deviné, fait référence au plus septentrional des crus de la région. Sans en égaler la profondeur ni la finesse, cet habile assemblage de shiraz (96 %) et de viognier s'avère relevé, chaleureux, harmonieux dans sa générosité et suffisamment équilibré en dépit d'une richesse alcoolique de 15 %. Trois étoiles pour son goût franc et son caractère gourmand. ★★★ ②

Ingwe

Un autre domaine viticole détenu par des intérêts français. Sur sa trentaine d'hectares, le Bordelais Alain Moueix cultive des cépages bordelais, mais aussi du shiraz, du tempranillo et du chardonnay, et entend bien miser sur les vertus des assemblages.

Ingwe 2003, Stellenbosch (S-10706525 : 24,65 $) ; cette combinaison de cabernet sauvignon et de merlot offre des notes torréfiées, une bonne tenue en bouche et de la fraîcheur. Pas mal, en dépit d'une bouche plutôt mince et d'une finale un peu sèche. Franc de goût, mais pas spécialement complexe ni profond. Les prochains millésimes devraient être plus étoffés. ★★★ ② ▼

Kanonkop

Cette célèbre *winery* du Cap est connue pour sa contribution à l'essor et à la mise en valeur du pinotage dans la région du Cap.

Pinotage 2003, Stellenbosch (S-940288 : 41,50 $) ; pendant ses 20 années chez Kanonkop, le *winemaker* Beyers Truter n'a ménagé aucun effort pour donner ses lettres de noblesse au pinotage, le cépage le plus authentiquement sud-africain. En 2004, avant son départ pour travailler à la cave Beyerskloof, il avait signé un puissant et vigoureux 2003 aux notes épicées et aux senteurs caractéristiques de cuir. Le Pinotage de Kanonkop ne manque certes pas de tempérament. À boire idéalement entre 2009 et 2015. ★★★→★ ④

Le Bonheur, Cabernet sauvignon 2004, Simonsberg-Stellenbosch (S-710731) : 26,20 $

En plus d'un très bon Chardonnay, ce domaine réputé de Stellenbosch produit ce savoureux Cabernet aux goûts chocolatés bien dosés. Chaleureux, mais sans excès, il conserve une agréable fraîcheur en bouche. Simple et facile à boire. ★★★ ②

Plus rudimentaire, le **Chardonnay 2007, Simonsberg-Stellenbosch** (S-710780 : 15,80 $) est un bon vin riche, un peu trop caricatural à mon goût. ☆☆ ②

Newton Johnson, Chardonnay 2004, Overberg (S-10704950) : 19,80 $

Partenaire de cette affaire familiale établie au bord de l'Atlantique à une cinquantaine de kilomètres au sud-est du Cap, le vinificateur Gordon Johnson élabore ce bon Chardonnay selon la recette classique : vinification en fût de chêne avec bâtonnages fréquents, élevage pendant 10 mois en barrique bourguignonne (dont 40 % sont neuves), puis interruption de la transformation malolactique pour assurer sa fraîcheur. Rien de révolutionnaire, mais un Chardonnay moderne, modérément boisé, suffisamment sec et bien construit. ☆☆☆ ②

Johnson commercialise aussi un **Syrah-Mourvèdre 2004, Wakerbay, Durbanville** (S-10704917 : 24,40 $) ; très bon vin dont la fraîcheur est certainement son atout principal. La combinaison de syrah et de mourvèdre révèle un joli relief aromatique aux tonalités distinctives. Satisfaisant à ce prix. ★★★ ②

Remhoogte Estate, Bonne Nouvelle 2003, Stellenbosch (U-10250417) : 62 $

Cabernet, merlot et 20 % de pinotage, le tout assemblé par Michel Rolland qui s'est associé au Sud-Africain Murray Boustred pour créer Bonne Nouvelle. On n'est pas surpris par ce vin bien en chair, riche en tanins mûrs et généreusement boisé, taillé sur mesure pour plaire. D'autant plus charmeur que le pinotage lui donne une certaine originalité aromatique. Déjà ouvert et bon pour au moins 10 ans encore. Quelques bouteilles étaient offertes à Signature en octobre 2008. ★★★★ ② ▼

Rupert & Rothschild, Classique 2005, Coastal Region
(S-904144) : 19,25 $
Le regretté Edmond de Rothschild du Château Clarke et le magnat sud-africain de l'industrie du luxe Anton Rupert (Cartier, Alfred Dunhill, Piaget, Baume & Mercier, Mont Blanc, etc.) ont créé un partenariat en 1997 pour produire des vins haut de gamme dans la région du Cap. D'influence bordelaise – 51 % de merlot et de cabernet sauvignon –, la cuvée Classique 2005 est particulièrement satisfaisante. Certes, sa masse tannique est plus imposante qu'élégante, mais ses saveurs gourmandes et son profil généreux compensent. ★★★ ②

Saxenburg, Sauvignon blanc 2005, Private Collection, Stellenbosch
(S-10678392) : 17,80 $
Cette *winery* du Cap est la propriété d'un partenariat franco-suisse. Sans rien révolutionner, ce vin blanc moderne et technologique se fait valoir par sa matière généreuse enrobée d'une touche de sucre résiduel, le tout soutenu par une ferme acidité qui rehausse son caractère aromatique. ☆☆☆ ②

The Winery

The Winery est un partenariat multiple impliquant, entre autres, le natif de Barossa Ben Radford, le Britannique de formation bourguignonne Alex Dale et l'œnologue-consultant rhodanien Edouard Labeye. Le nom Swartland signifie littéralement *black land*. Il fut nommé ainsi en raison de la brousse noire qui couvrait son territoire et dont s'alimentaient les rhinocéros.

Black Rock blanc 2005, Swartland (S-10702778 : 24,60 $) ; très charmeur, le Black Rock – seconde gamme de la maison – est composé de 69 % de chenin blanc pour la couleur locale, de chardonnay et de viognier. Des rendements limités à 25 hectolitres à l'hectare ne sont pas étrangers à sa qualité. Excellent vin nourri, vineux et généreusement aromatique, soutenu par une franche acidité, sec et laissant une vigoureuse impression fruitée. Une belle découverte, à prix tout à fait mérité. ☆☆☆☆ ② ▼

L'entreprise commercialise aussi le **Black Rock rouge 2005, Swartland** (S-10702591 : 24,85 $) ; un assemblage fort réussi de shiraz (60 %), de carignan, de grenache, de mourvèdre et de viognier. Un très bon vin évoquant le raisin mûr qui offre une attaque sucrée et savoureuse, des saveurs prenantes dans une enveloppe tannique souple et veloutée. Plein et chaleureux, mais doté d'un bon équilibre d'ensemble, ce vin rouge relevé devrait évoluer favorablement dans les prochaines années. ★★★→? ②

Sous l'étiquette **Radford Dale**, The Winery produit aussi un impeccable **Chardonnay 2005, Stellenbosch** (S-10702954 : 26,65 $) ; sans excès ni maquillage. Des saveurs denses aux accents minéraux et une bonne longueur en bouche, le tout subtilement mis en valeur par un usage raisonné du fût de chêne. Excellent vin témoignant d'un savoir-faire évident. Belle réussite ! ☆☆☆☆ ②

Vergelegen 2002, Stellenbosch (U-10442769) : 61 $

La cave d'André van Rensburg est une référence en Afrique du Sud. Très bon 2002 solidement constitué et assez équilibré, mais tout de même un peu rudimentaire et unidimensionnel pour le prix. Un passage d'une heure en carafe lui fera certainement du bien. ★★★ ②

Dans un style plus consistant, charnu et épicé, on trouve le **Shiraz 2004, Stellenbosch** (S-10703279 : 31 $) ; ce vin chaleureux qui titre pourtant 15 % d'alcool laisse une impression de plénitude en fin de bouche. Bel exemple de Shiraz sud-africain. ★★★ ② ▼

D'AUTRES VINS BLANCS DE QUALITÉ MOYENNE ☆☆

Bellingham, Sauvignon blanc 2006, Our Founder's, Coastal Region (S-10678376) : 14,90 $
Boschendal, Chardonnay 2006, Coastal Region (S-935833) : 14,90 $

D'AUTRES VINS ROUGES DE QUALITÉ MOYENNE ★★

Azania, Shiraz 2004, Western Cape, African Terroir (S-10703164) : 17,65 $
Beck, Graham ; The Ridge 2001, Syrah, Robertson (S-10328835) : 26,70 $
Brampton, Shiraz 2006, South Africa, Rustenberg (S-10678341) : 19,80 $
Cabernet sauvignon 2005, Coastal Region (S-10678421) : 19,75 $
Cathedral Cellar, Shiraz 2005, Stellenbosch, KWV (S-902429) : 18,55 $
Fleur du Cap, Shiraz 2006, Coastal Region (S-340422) : 15,90 $
Liindjorst, Max's Shiraz 2003, Coastal Region (S-10679344) : 26,60 $
Man Vintners, Cabernet sauvignon 2006, Coastal Region (S-10802832) : 13,80 $
Porcupine Ridge, Cabernet sauvignon 2006, Coastal Region, Boekenhoutskloof (S-573717) : 17,25 $
Simonsig, Syrah 2002, Merindol, Stellenbosch (S-10703172) : 27,15 $
Stellenzicht, Shiraz 2004, Golden Triangle, Stellenbosch (S-10679272) : 22,20 $

TROP TARD !
Surveillez les prochains millésimes

D'AUTRES BONS VINS D'AFRIQUE DU SUD DÉGUSTÉS CETTE ANNÉE

Boekenhoutskloof, The Chocolate Block 2005, Western Cape
(S-10703412) : 43 $

Aussi propriétaire de la marque Porcupine Ridge déjà bien implantée chez nous, cette *winery* est établie dans la vallée de Franschhoek. L'œnologue Mark Kent en assure le succès depuis bientôt 15 ans. Composé de syrah, de grenache, de cabernet sauvignon, de cinsault et d'un poil de viognier, son Chocolate Block est plantureux et ne laisse pas indifférent ; un vin musclé, boisé certes, mais surtout riche d'une matière fruitée et chaleureuse, sans excès. Solide, charpenté et prometteur, il faudra le revoir dans trois ou quatre ans. Pas donné, mais son prix me paraît justifié. ★★★→? ③

Bon Cap, Pinotage 2006, Les Ruines, Eilandia, Robertson (S-10678501) : 14,95 $

Cette entreprise familiale de la région de Breede River applique une agriculture biologique sur la cinquantaine d'hectares de leur vignoble de Robertson. Bel exemple de Pinotage, la cuvée Les Ruines 2006 présente une attaque riche appuyée sur des tanins mûrs laissant une impression presque sucrée. On apprécie sa fin de bouche franche, droite et savoureuse. Distinctif, typiquement sud-africain et parfaitement recommandable à ce prix. Le passer en carafe une heure avant de le servir. ★★★ ② ♥

De Toren, Fusion V 2004, Stellenbosch (S-10704888) : 39,75 $

Ce domaine de Stellenbosch a été rendu célèbre grâce à cette cuvée Fusion V, un assemblage des cinq cépages bordelais classiques : 55 % de cabernet sauvignon, cabernet franc, malbec, merlot et petit verdot. Subtil mélange d'élégance et de puissance, sa sève et sa tenue en bouche le rendent très complet et laissent une impression de plénitude. Ce vin encore jeune devra mûrir quelques années pour se déployer pleinement. ★★★→? ②

Plus modeste et de style plus souple, inspirée par les vins de la rive droite de Bordeaux et d'ailleurs dominée par le merlot (34 %), la cuvée **Z 2004, Stellenbosch** (S-10704837 : 24,95 $) joue la carte de la souplesse. Un vin charnu, fumé et sphérique. À boire d'ici 2010. ★★★ ②

Engelbercht Els, Proprietor's Blend 2004, Western Cape
(S-10703421) : 30,75 $

Le golfeur de renommée internationale Ernie Els s'est associé à son ami Jean Engelbrecht, jadis à l'emploi de la célèbre cave Rust en Vrede, pour créer cette marque. Ce vin est le fruit d'un assemblage bordelais complété d'environ 20 % de syrah ; le tout a séjourné pendant 18 mois en fût de chêne majoritairement neuf à 80 %. Le vin se distingue par une palette aromatique à la fois généreuse et nuancée ; riche et mûr, mais tout de même doté d'un heureux sens des proportions. Bon vin en devenir, à boire à compter de 2010. ★★★→? ③

Forrester, Ken

Sur son domaine historique d'une trentaine d'hectares, Ken Forrester s'est taillé une solide réputation en élaborant notamment de superbes vins blancs de chenin. Offert pour la première fois au Québec, le duo suivant comblera l'amateur en quête de nouvelles sensations.

Le **Chenin blanc 2006, Stellenbosch** (S-10702946 : 19,95 $) enchante par sa vinosité et ses savoureuses nuances de fruits mûrs et de miel. Le vin a aussi cette acidité propre au chenin qui assure sa vivacité et sa tenue en bouche. Savoureux et distinctif, il a tout l'équilibre nécessaire pour continuer de se développer favorablement au cours des prochaines années. ☆☆☆☆ ② ♥

Plus modeste et moins cher, le **Petit Chenin 2006, Stellenbosch** (S-10702997 : 14,95 $) est un très bon vin à la fraîcheur et à la vivacité aromatique irréprochables. Simple, friand et abordable, autant de qualités qui le rendent franchement agréable. ☆☆☆ ♥

Forrester produit aussi un excellent **Shiraz-Grenache 2003, Stellenbosch** (S-10703084 : 23,95 $) qui conjugue brillamment la fraîcheur et la générosité. Sans être spécialement complexe ni profond, son relief et son franc goût de fruit mûr lui confèrent une personnalité très affirmée. Excellent vin distinctif et pleinement recommandable ★★★★ ②

The Gypsy 2004, Stellenbosch (U-10703148 : 64 $) ; issu de la gamme Icon – le haut du panier chez Forrester –, ce vin fait partie de l'élite. Nommé ainsi en raison de sa fougue et de son caractère quelque peu débridé, cet assemblage de shiraz et de grenache déploie en bouche une généreuse expression de fruits mûrs agrémentée par les notes fumées caractéristiques de la syrah. Encore jeune, ce 2004 robuste et consistant devrait vieillir favorablement. ★★★→? ② ▼

Glen Carlou, Syrah 2005, Paarl (S-10679310) : 20,05 $

Depuis 2003, le vignoble de David Finlayson est géré en partenariat avec le richissime Suisse Donald Hess (Hess Collection dans la vallée de Napa). Généreux, suave et ample, le Syrah 2005 a une bonne longueur teintée de fraîcheur et de densité ; relevé et plein de fruit. Un achat très satisfaisant à ce prix. ★★★★ ②

Mulderbosch

Mike Dobrovic gère avec brio ce domaine d'une trentaine d'hectares situé à Koelenhof dans le secteur de Stellenbosch.

Shiraz 2003, Western Cape (S-10702971 : 29,75 $) ; une petite proportion de 14 % de petit verdot n'est sans doute pas étrangère à la saine acidité et à la fermeté tannique qui assurent une fraîcheur tonique à ce vin. Très bon Shiraz solide, riche en fruit et volumineux ; un élevage de 19 mois en barrique neuve lui apporte une dimension supplémentaire. ★★★ ②

Vins rosés

Depuis quelques années, cette boisson millénaire (voir pages 422-423) connaît un fort regain de popularité d'un bout à l'autre de la planète. Selon une étude publiée l'an dernier par Vinexpo, la consommation mondiale de vin rosé pourrait doubler d'ici 2010.

Le rosé est en quelque sorte une expression minimaliste du vin. Comme pour le vin rouge, on reconnaît un bon rosé par son équilibre et ses fins parfums. Il doit être délicat et surtout très sec. Rien de plus désagréable qu'un rosé arrondi par un reste de sucre.

En France, le millésime 2007 n'a généralement pas donné des rosés très exubérants ; les vins se caractérisent généralement par leur côté franc et frais en bouche.

L'élaboration du vin rosé n'est pas soumise aux mêmes règles dans les différents pays. On trouve donc sur le marché des rosés issus d'assemblages de cépages blancs – notamment des cépages aromatiques tels le sauvignon blanc, le riesling et le muscat – et des cépages rouges qui apportent une certaine structure au vin.

Généralement, une couleur très pâle annonce un vin léger et délicat. Les rosés plus colorés, parfois presque rouges, sont plus vineux et plus texturés.

Sauf exception, le vin rosé doit être bu avant l'âge de 3 ans. Après, il risque fort d'avoir perdu son fruit et sa fraîcheur. Buvez de préférence des vins du millésime 2007 jusqu'à l'arrivée du millésime 2008, au printemps prochain.

Par sa nature polyvalente, le vin rosé se prête à une foule de plats : poissons, fruits de mer, charcuteries, volailles, etc.

bon à savoir

Les meilleurs rosés dégustés cette année

| FRANCE |

Vieux Château d'Astros 2007, Côtes de Provence (S-10790843) : 14,95 $
Sur leur superbe propriété de Vidauban, le banquier Bernard Maurel et son fils Bruno se consacrent plus que jamais à l'élaboration de vin rosé qui représente aujourd'hui 75 % de la production annuelle. Spécialisation qui semble porter fruit s'il faut en juger par cet excellent 2007, l'un des seuls rosés – avec le Pétale de Rose – ayant une véritable personnalité. Très bon, fin et distingué, sa légèreté et sa pureté sont autant d'atouts. ★★★★ ♥

| ITALIE |

Castello di Ama 2007, Rosato, Toscana (U-10540895) : 19,60 $
Les magasins Signature offrent cet excellent rosé provenant de l'un des domaines les plus réputés de Toscane. Composé de 90 % de sangiovese et de canaiolo, le vin résulte de la saignée de cuves servant à élaborer le Chianti Classico, ce qui explique sans doute sa couleur soutenue et sa tenue particulière. Débordant de fruit, savoureux et franchement désaltérant, il fait encore une fois la preuve que la nature aromatique du sangiovese convient particulièrement bien à la production de vin rosé. ★★★★ ♥

Masi, Modello delle Venezie 2007, Veneto (S-10791803) : 13,10 $
Très bon vin coloré et abondamment fruité. Sec, droit et d'une agréable fraîcheur. ★★★

| PORTUGAL |

Adegaborba.pt 2007, Alentejo, Adega Cooperativa de Borba (S-10938941) : 12,10 $
Fondée en 1955, cette cave est la plus ancienne coopérative de la région d'Alentejo. Exclusivement composé d'Aragonez – nom local du tempranillo –, ce 2007 s'avère un bien rond et fruité ; pas spécialement aromatique, mais facile à boire et tout à fait recommandable à ce prix. ★★★

| ÉTATS-UNIS |

Bonny Doon, Vin Gris de Cigare 2007 (S-10262979) : 19,90 $
Depuis 2006, l'excentrique viticulteur Randal Grahm pratique une agriculture biodynamique sur son domaine de Santa Cruz. Issu d'un assemblage de grenache, de cinsault, de mourvèdre, de counoise – l'un des 13 cépages autorisés dans le Châteauneuf-du-Pape –, de syrah et de viognier, son Vin Gris de Cigare 2007 se signale de nouveau par son joli relief fruité et sa finale florale fort agréable. Équilibre et délicatesse à défaut de vinosité. ★★★

Babich, Joe's Rosé 2007, East Coast (S-10938908) : 14,75 $
Une curiosité néo-zélandaise mettant à profit la rondeur fruitée
du merlot (55 %) et l'originalité du cépage sud-africain pinotage.
Particulièrement aromatique et plus relevé que la moyenne, le vin
offre une généreuse dose de fruit tout en conservant l'acidité et
l'équilibre nécessaires. Gourmand et savoureux. ★★★
www.babichwines.co.nz

D'AUTRES VINS DÉGUSTÉS CETTE ANNÉE, TOUS FRUITÉS, SIMPLES
ET FACILES À BOIRE ★★

Botter Carlo, Vivolo di Sasso 2007, Pinot grigio, Veneto
(S-10790771) : 11,20 $
Casa Girelli, Lamura 2007, Rosato, Sicilia (S-10510151) : 12,30 $
Catamayor, Cabernet franc 2007, San José, Bodegas Castello Viejo
(S-10769892) : 10,75 $
Château Bellevue La Forêt 2007, Côtes du Frontonnais
(S-219840) : 14,25 $
Croix Saint-Martin, rosé 2007, Bordeaux (S-10795572) 12,30 $
Fuzion 2007, Shiraz, Mendoza (S-10938781) : 9,85 $
Kumala 2007, Western Cape (S-10938887) : 9,85 $
Rock N' Rhône 2007, Côtes du Rhône (S-10938836) : 13,80 $
Santa Rita, Cabernet sauvignon rosé 2007, Valle del Maipo
(S-266502) : 12,50 $
Settesoli, Inycon 2007, Shiraz, Sicilia (S-10790798) : 13,75 $
Solis, Felix ; Los Molinos 2007, Tempranillo, Valdepeñas
(S-10791125) : 9,80 $
St-Didier Parnac 2007, Fronton (S-10938844) : 12,15 $
Trapiche, Astica 2007, Malbec-Cabernet sauvignon, Cuyo
(S-10385565) : 8,40 $
Two Oceans, Shiraz 2007, Western Cape (S-10938764) : 11,80 $

De meilleurs rosés svp !

Chaque année avec le retour des beaux jours, la SAQ
propose une gamme étendue de rosés. Dans le lot
cette année, quelques vins certes satisfaisants, mais
aussi beaucoup de produits bon marché et sans distinction, ressemblant davantage à des boissons industrielles plus ou moins doucereuses. Pourtant, il existe
des rosés tellement plus distingués et significatifs. À
Bandol, à Marsannay et à Chinon, par exemple, sans
oublier les Clairet et les rosés de certains crus réputés
de Bordeaux. Au Québec, il y a assurément de nombreux amateurs prêts à payer plus cher pour des rosés
de qualité supérieure. Souhaitons que la SAQ entende
cet appel et améliore son offre du printemps 2009.

Vins rosés
au répertoire général

Château La Tour de l'Évêque, Pétale de Rose 2007, Côtes de Provence (C-425496) : 16,95 $

Régine Sumeire continue de porter un soin particulier à sa cuvée Pétale de rose. Depuis quelques années, elle s'est dotée de pressoirs horizontaux venus de Champagne, pour extraire davantage de matière et de sève aromatique. Toujours aussi savoureux et présenté dans une jolie bouteille élancée, un excellent rosé animé d'un soupçon de gaz qui déploie une trame fruitée tendre et délicate, et de jolis accents floraux en prime. Une autre belle réussite sous le signe de l'élégance. ★★★★ ♥

Roseline 2007, Côtes de Provence (C-534768) : 15,75 $

Le Château Sainte-Roseline existe toujours, sauf que les propriétaires ont élargi leur source d'approvisionnement et commercialisent, sous la simple marque Roseline, une gamme de vins provenant d'une activité de négoce. Délicieux rosé, savoureux par sa vinosité et son expression fruitée opulente mettant à contribution les cépages cinsault et grenache. Plus de caractère que la moyenne et une régularité qualitative digne de mention. ★★★ ♥

La Tour Grand Moulin 2007, Corbières (C-635235) : 13,25 $

Jean-Noël Bousquet a tout fait pour améliorer la qualité de ses rosés : pressurage direct, débourbage au froid, fermentation en cuve thermorégulée, etc. Le tout se traduit par un très bon 2007 dont la couleur pâle rappelle plutôt les rosés de Provence que ceux du Languedoc. Rond et substantiel, en même temps sec, droit et franc de goût. Très plaisant. ★★★ ♥

Domaine de Gournier 2007, Vin de pays des Cévennes
(C-464602) : 11,30 $

Bon an mal an, le rosé de Maurice Barnouin est d'une qualité irréprochable. Très bon 2007 coloré et plein de fruit. Plutôt simple, mais net, coulant et facile à boire. ★★★ ♥

Marqués de Cáceres 2007, Rioja
(C-10263242) : 14,05 $

La famille Forner signe régulièrement de bons Rioja au profil classique. Issu du vignoble de la Rioja Alta et composé de 80 % de tempranillo et de garnacha, ce savoureux vin coloré et gorgé de fruit comblera l'amateur de rosé un peu plus substantiel. Son bon goût de fraise est rehaussé par un léger reste de gaz qui lui donne une fraîcheur et un élan irrésistibles. ★★★ ♥

D'AUTRES VINS ROSÉS DE QUALITÉ SATISFAISANTE ★★★

Domaine du Vieil Aven 2007, Tavel, Les Vignerons de Tavel
(S-640193) : 19,95 $

Typique de l'appellation Tavel, un rosé puissant et vineux, coloré et consistant. Très bon, mais on peut trouver mieux pour le même prix. ★★★

Clos de l'Orb 2007, Saint-Chinian, Les Vins de Roquebrun
(S-642504) : 13,25 $

La couleur foncée de ce Saint-Chinian évoque les Clairet bordelais. En bouche, ce bon vin à la fois sec et rond a une tenue qui en fera un compagnon tout indiqué pour les poissons grillés. ★★★

Castillo de Liria 2007, Valencia, Gandia (S-897728) : 8,15 $
Pour une chanson, une agréable boisson estivale sans prétention ; un vin frais, souple et vendu à prix d'aubaine. ★★ ♥

Le goût retrouvé du rosé

CE TEXTE A ÉTÉ PUBLIÉ DANS *L'ACTUALITÉ* DU 1ᴱᴿ JUILLET 2008

Entre Avignon et Nice, l'autoroute du Soleil déroule son long ruban au fil des montagnes et des vallées fleuries. Si vous êtes l'un de ces millions de touristes qui ont roulé sur cette voie spectaculaire, vous avez peut-être remarqué, une fois passé Aix-en-Provence, un grand panneau sur lequel est simplement écrit «Les paysages de Cézanne».

C'est là, au pied de la montagne Sainte-Victoire, que le peintre avait trouvé la plus belle lumière du monde. «Une lumière qui n'abîme pas les couleurs», disait-il. C'est sans doute cette luminosité particulière qui incita les Grecs à s'établir sur la côte provençale bien avant l'ère chrétienne. Comme à Delphes, c'est la lumière qui les avait poussés à choisir ce lieu. Au bord de la Méditerranée, cette belle région ensoleillée allait leur offrir une terre et un climat idéaux pour la culture de la vigne et de l'olivier.

Il y a plus de 2500 ans, les Grecs produisaient donc du vin entre Marseille et Nice. Du rosé, certainement, car c'était la boisson que l'on savait faire à l'époque (le vin rouge ne sera inventé qu'au XVIIᵉ siècle). Ainsi, le rosé n'est pas une création commerciale moderne, mais un pur produit du terroir et la vraie boisson provençale traditionnelle. Comme le pastis et la pétanque, impossible d'imaginer la Provence sans un verre de rosé. Voilà pourquoi ce gentil vin coule à flots pendant l'été sur toutes les terrasses, de Manosque à Antibes. Aujourd'hui, il compte encore pour près de 80 % de toute la production viticole régionale et continue d'apporter le pain et le beurre des viticulteurs. Pour les Provençaux, il est plus qu'une spécialité locale, c'est un héritage et, d'une certaine manière, un art de vivre. Chauvins peut-être, ils sont persuadés que leurs rosés sont les meilleurs du monde. Ils sont par ailleurs convaincus qu'il n'y a rien de mieux pour accompagner la tapenade, la pissaladière et l'aïoli.

Trop longtemps snobé et considéré comme un produit de second ordre dont la légèreté est souvent confondue avec l'insipidité, le vin rosé est plus qu'un banal mélange de blanc et de rouge. Sur le plan technique, l'élaboration d'un bon rosé exige même un certain doigté, car il faut veiller à sa pureté aromatique et s'assurer d'obtenir la juste dose de fruit et de matière. Et surtout pas de tanin, car ici tout est question de fraîcheur et de souplesse.

Aussi favorisée soit-elle, la Provence n'a toutefois pas le monopole du vin rosé. Partout en France où on fait du vin rouge – Bourgogne, Loire, Rhône, Languedoc, Bordeaux –, des producteurs s'adonnent un peu ou beaucoup à l'élaboration de rosés. Si bien que le pays est au premier rang mondial : il assure 25 % d'une production globale estimée à 20 millions d'hectolitres, soit 7 % de tout le vin produit sur la planète.

Ailleurs en Europe, certains rosés ne manquent pas d'attraits, notamment en Toscane, où le cépage sangiovese se prête avec bonheur à la production de vins frais débordant de vitalité. Idem en Espagne, où la *garnacha* (grenache) donne des rosés au grain et au fruité irrésistibles.

À une époque où la puissance et la concentration sont trop souvent les seuls critères pour juger de la qualité, le rosé nous rattache aux origines lointaines, alors que le jus de la vigne était tout simplement considéré comme une boisson saine et désaltérante.

Champagne et vins mousseux

Champagne

Depuis des siècles, la suprématie de ce grand vin mousseux, produit dans le nord-est de la France, n'a cessé de se confirmer. En dépit des efforts déployés ailleurs dans le monde, aucun autre vin effervescent n'atteint un tel sommet d'excellence. Un terroir crayeux unique, un climat propice régulé par la Marne, des cépages parfaitement adaptés et un savoir-faire séculaire font de cette région un haut lieu inimitable, incomparable et inexportable.

Le prestige unique du Champagne explique sans doute pourquoi la région champenoise est la seule région française à ne pas souffrir de la crise viticole qui frappe l'ensemble du pays. Pour la septième année consécutive, les ventes ont progressé de manière constante pour atteindre 338 millions de bouteilles en 2007. Ce volume représente un sommet inégalé depuis les 10 dernières années, surpassant de plus de 10 millions de bouteilles les ventes du passage à l'an 2000!

En valeur, les 2,36 milliards d'euros générés en 2007 correspondent à une progression de 10,4 % par rapport à l'année 2006.

Enfin, au Québec, l'engouement se fait également sentir alors que la SAQ enregistre une progression annuelle des ventes de près de 3,5 millions de dollars. Au moment d'écrire ces lignes en septembre 2008, les ventes annuelles de la SAQ frôlaient les 34 millions de dollars.

LES PLUS RÉCENTS MILLÉSIMES COMMERCIALISÉS

2002 Excellent et abondant millésime ayant donné des vins riches et profonds, au caractère très mûr.

2000 Plusieurs cuvées millésimées. Très bon sans être une année exceptionnelle. Les meilleurs sont fins et vivront longtemps.

1999 Récolte abondante et qualité satisfaisante. Des vins plutôt ronds et généreux.

1998 Récolte généreuse en quantité. Les meilleurs vins se signalent avant tout par leur vivacité et leur élégance.

1997 Très bon millésime de vins fins et élégants, plus fermes et plus vifs ; leur style tranche avec les deux millésimes précédents.

1996 Superbe récolte et des vins à la fois intenses et profonds. Les meilleures cuvées devraient mûrir encore en cave.

1995 Grand millésime de vins classiques que l'on peut commencer à boire sans se presser.

---

bon à savoir

Pour en profiter pleinement, le Champagne doit être servi entre 8 et 10 °C. Au-delà de 13 ou 14 °C, l'effervescence prend plus de volume et alourdit les sensations.

Le Champagne et tous les vins mousseux doivent être servis dans des flûtes élancées. La fameuse coupe évasée est désuète et toute autre forme de verre ne met pas le vin en valeur.

Le Champagne brut n'a pas sa place au dessert. Le plat sucré aura vite éclipsé la meilleure des cuvées. Il vaut mieux servir un champagne demi-sec.

En principe, le Champagne est prêt à boire dès sa commercialisation. Cependant, des bouteilles de qualité, surtout des grands millésimes, peuvent non seulement conserver leurs qualités, mais se développer pleinement pendant quelques années en cave.

Le Champagne millésimé est l'équivalent du Porto Vintage. Il est produit seulement dans les grandes années et il est apte au vieillissement.

L'amateur de Champagne qui profite d'une cave aux conditions idéales peut faire provision des quelques bouteilles du fabuleux millésime 1996 encore sur le marché.

Pour les grands soirs de bonheur

- Giraud-Hémart, Henri Giraud 1995, Ay Grand Cru, Cuvée Fût de Chêne
- Dom Pérignon Brut 1999

Pour se gâter sans se ruiner

- Agrapart, Minéral Blanc de blancs 2000, Extra Brut
- Heidsieck, Charles; Brut Réserve
- Paillard, Bruno; Brut Première Cuvée

Pour la cave

- Veuve Clicquot-Ponsardin; La Grande Dame 1998
- Pol Roger, Sir Winston Churchill 1998

UN CHOIX PERSONNEL

Champagne

Agrapart, Minéral Blanc de blancs 2000, Extra Brut

(S-10812951) : 68 $

Les caves familiales de Champagne ne sont pas légion au Québec. La maison Agrapart compte à peine 9,7 hectares de vignes qu'elle soigne jalousement. Le labour des sols est fait à l'ancienne, les fermentations sont conduites avec les seules levures indigènes et les vins profitent d'élevages sur lies en fût de chêne. Cette cuvée de Chardonnay provient de vieilles vignes des villages d'Avize et de Cramant. Son nez n'est pas le plus exubérant, mais ses délicates notes briochées et sa vinosité méritent d'être signalées. Une excellente note pour ce vin fin et distingué dont le prix me paraît pleinement justifié. ☆☆☆☆

Billecart-Salmon, Brut rosé (S-10812942) : 101 $

Cette maison réputée de Champagne appartient majoritairement à la Compagnie financière Frey, aussi propriétaire du Château La Lagune à Bordeaux et de la maison rhodanienne Paul Jaboulet Aîné. En dépit de sa notoriété, ce rosé ne m'a pas spécialement emballé. Certes, on reconnaît l'esprit d'élégance de la maison, mais l'ensemble demeure un peu court et sans réel panache. À apprécier pour ses notes fruitées subtiles, plus que pour sa sève. ★★★

Bollinger

Marque culte, Bollinger est un grand nom de Champagne. De nombreux amateurs dans le monde ne jurent que par ses vins riches et profonds, parmi les plus étoffés de la région. Bollinger reste fidèle à la tradition et surtout attaché aux vinifications en fût de chêne qui ont tant contribué au style unique des vins de cette grande maison.

Special Cuvée Grande Année 1999 (S-145169 : 154 $) ; pour adhérer au club des *bollingistes*, il suffit de goûter à la Grande Année millésimée. Splendide vin riche et complexe qui offre toujours cette vinosité typique à la marque. Vous pouvez en garder quelques bouteilles en cave, car ce fabuleux Champagne affronte les années avec une élégance rare. Le 1999 comble le palais par sa puissance teintée de finesse. ☆☆☆☆☆

Toujours impeccable, la **Special Cuvée Brut** (S-384529 : 83 $) est un modèle d'excellence parmi les bruts non millésimés. Plus consistant et structuré que la moyenne. ☆☆☆☆

De Saint Gall

Fondée en 1966 à Avize, la coopérative Union Champagne est un groupement rassemblant quelque 1 860 vignerons sur 1 200 hectares et dont les 10 millions de bouteilles représentent 4 % de toute la production champenoise.

Fleuron de la marque, la **Cuvée Orpale 1996, Grand Cru Brut Blanc de blancs** (S-10839686 : 116 $) se distingue par sa délicatesse, ses saveurs fines et son caractère subtilement brioché, sur fond minéral. Excellent exemple de Blanc de blancs. Classique et raffiné. ☆☆☆☆

Premier Cru Blanc de blancs, Brut (C-542209 : 58 $) ; distribuée dans l'ensemble du réseau, la cuvée Blanc de blancs non millésimée est tout à fait recommandable. Très bon vin charmeur, rond et facile à boire. ☆☆☆

Premier Cru Blanc de blancs, Brut 2002 (S-10653283 : 54 $) ; toujours très régulier, ce Champagne frais et droit offre une agréable vinosité. Prix attrayant. ☆☆☆

Delamotte Brut (S-10839660) : 49 $

Cette petite maison de Champagne située à Le Mesnil appartient à la firme Laurent-Perrier. À moitié issu de chardonnay ; il n'est pas le plus exubérant, mais sa finesse aromatique teintée de notes minérales et son équilibre méritent d'être signalés. Une belle mousse fine et durable et une élégance en fin de bouche. ☆☆☆

Deutz, Brut Classic (S-10654770) : 67 $

Fondée en 1838, cette cave champenoise de renom appartient aujourd'hui à Roederer et est gérée avec brio par Fabrice Rosset. La cuvée Brut Classic est un incontournable dans sa catégorie. Composé de pinot noir, de pinot meunier et de chardonnay à part égale, le vin offre un équilibre idéal. Son relief aromatique, aussi nuancé que savoureux, se décline avec beaucoup de vitalité. Excellent ! ☆☆☆☆

Duval-Leroy

Cette importante entreprise familiale fondée en 1859 est propriétaire de 170 hectares de vignes, un fait insolite en Champagne.

Dans une élégante bouteille évoquant les lieux célèbres de la Ville Lumière, la cuvée **Design Paris** (S-10516414 : 75 $) est un excellent vin d'assemblage dominé par 60 % de pinot noir d'où cette agréable vinosité teintée de finesse. Un léger caractère brioché ajoute à son charme raffiné. ☆☆☆☆

Duval-Leroy produit aussi un **Blanc de Chardonnay Brut 1998** (S-10653304 : 69 $) ; très fin et délicatement brioché, d'une fraîcheur exquise. J'aime beaucoup sa vinosité subtile et son élégance. Encore jeune, il continuera de se développer et vivra au moins une dizaine d'années. ☆☆☆☆

Giraud-Hémart

Créée au début du xxᵉ siècle, la maison Giraud-Hémart est née de l'alliance entre Léon Giraud et Madeleine Hémart. Claude Giraud, son actuel maître d'œuvre, est un ardent défenseur de l'usage du fût de chêne pour l'élevage des vins d'Ay. Une marque à surveiller.

Henri Giraud 1995, Ay Grand Cru, Cuvée Fût de Chêne (U-10539755 : 195 $) ; tout dans ce vin est hors du commun. Non seulement les quelques milliers de bouteilles et de magnums – produits exclusivement dans les meilleurs millésimes – sont coiffés d'une agrafe plaquée or 24 carats, mais le vin se distingue par ce caractère inimitable qui lui donne tant de charme. Le 1995 est composé de pinot noir à 70 %, puis vinifié et élevé en fût de chêne provenant de la forêt historique d'Argonne, située à une soixantaine de kilomètres à l'est de la commune d'Ay. Le résultat est un Champagne gras et vineux dont le profil aromatique, presque animal, rappelle ce goût particulier d'oxydation que l'on retrouve dans les vieux vins blancs. Un vin d'une infinie distinction dont les palais avertis apprécieront la complexité et la richesse. Quelques bouteilles sont offertes à Signature. ☆☆☆☆☆

Gosset

Depuis son rachat par Béatrice Cointreau en 1994, cette vieille maison champenoise fait preuve d'un dynamisme remarquable et fait une gamme de vins réputés pour leur vinosité et leur profondeur.

Élaboré avec soin et majoritairement issu des terroirs de grands crus, le **Grande Réserve Brut** (S-10839619 : 71 $) est un Champagne mûr et ouvert. Une bonne proportion de pinot noir et de pinot meunier lui ajoute une ampleur digne de mention. Le vin n'en est pas moins équilibré et conserve une saine fraîcheur. Excellente bouteille dont le prix me paraît tout à fait justifié. ☆☆☆☆

Heidsieck, Charles

Propriété du groupe Rémy-Cointreau, cette maison de Champagne fait preuve de régularité exemplaire en produisant des vins toujours de haut calibre.

Brut Réserve (C-031286 : 57 $) ; en plus de la mention de la date de mise en cave, on indique aussi celle du dégorgement. L'amateur a donc tous les repères nécessaires s'il en conserve quelques bouteilles. Ce Champagne fait preuve d'une grande régularité et se signale toujours par son élégante vinosité et par sa classe. Une marque très fiable. Deux bouteilles dégustées cette année se sont révélées particulièrement satisfaisantes. ☆☆☆☆

Au magasin Signature, on trouvait quelques bouteilles du **Blanc des Millénaires, Brut 1995** (S-10276836 : 134 $) ; le fleuron de la marque, un remarquable vin issu exclusivement de chardonnay provenant des meilleurs crus de la Côte des Blancs. Superbe Champagne épanoui, très riche en bouche et conservant une fraîcheur exemplaire. ☆☆☆☆☆

Henriot

Fondée en 1808 par Apolline Godinot, veuve de Nicolas Simon Henriot, cette maison réputée de Reims célébrait cette année ses deux siècles d'existence.

Brut Rosé (S-10839635 : 86 $) ; impeccable vin souple et savoureusement fruité se distinguant par sa délicatesse, son équilibre et sa finesse. L'un des meilleurs Champagne rosé cette année. ★★★★

Jacquart

Jacquart est la marque commerciale d'Alliance Champagne, une union de coopératives totalisant 2200 hectares en production. En 2004, on enregistrait un chiffre d'affaires de plus de 85 millions d'euros. Malgré ce volume impressionnant, la qualité des vins demeure très satisfaisante.

Mosaïque 1999, Brut Blanc de Blancs (S-10653224 : 66 $) ; bon vin empreint de finesse, dont les subtiles notes iodées et beurrées laissent une impression favorable. ☆☆☆

Plus cher et vendu à rabais (94 $ l'an dernier), le **Nominée Brut** (S-10664695 : 79 $) est léger, élégant et aimable, mais sans panache particulier. ☆☆☆

Jacquesson, Cuvée No 730 (S-10758819) : 67 $

Fondée en 1798 et reprise en 1974 par la famille Chiquet qui l'a brillamment remise sur les rails, Jacquesson est l'une des plus « grandes » parmi les « petites » marques de Champagne et demeure l'une des rares à conduire encore les vinifications en foudre de chêne. De la gamme offerte, il faut signaler l'excellente Cuvée 730. Fait de raisins provenant exclusivement de grands et de premiers crus (48 % de chardonnay), cet assemblage compte 60 % de vins issus de la récolte 2002. Ce Champagne fin, distingué et délicatement vineux fait preuve d'une race indéniable. Excellent ! ☆☆☆☆

Krug

Dans l'empire LVMH depuis 1999, cette entreprise mythique de Champagne est toujours menée avec brio par la famille Krug.

Grande Cuvée (S-727453 : 237 - 261 $) ; dès la première édition du *Guide du vin*, la Grande Cuvée de Krug était commentée. Avec la précision d'une grande complication de l'horlogerie suisse, ce Champagne d'exception déploie une richesse et une finesse uniques. Triomphe de vinosité subtile et d'équilibre, ce vin élaboré en petits fûts de chêne – Krug est l'une des dernières maisons à s'offrir ce luxe – est en quelque sorte le meilleur Champagne possible. ☆☆☆☆☆

Lanson

La société fondée en 1760 a été reprise au début de l'année 2006 par le groupe Boizel, Chanoine Champagne – mené entre autres par Bruno Paillard – au coût de 123 millions d'euros.

Black Label Brut (S-041889 : 55 $) ; le seul Champagne brut non millésimé à ne pas faire de fermentation malolactique afin d'en préserver la vitalité, le Black Label est vif, nerveux et bien construit ; il développe un caractère vineux et brioché fort relevé après quelques années de cave. ☆☆☆☆

Moët et Chandon

Membre fondateur de l'empire LVMH, la maison Moët et Chandon a longtemps été, avec Mumm, une figure emblématique de la Champagne. Fort de son succès, Moët écoule annuellement plus de 25 millions de bouteilles à travers le monde.

Le **Dom Pérignon Brut 1999** (S-280461 : 229 $) est sans conteste le Champagne de luxe le plus connu au monde. Loin d'être surfaite, la réputation de ce vin est justifiée par une qualité toujours impeccable et un style privilégiant avant tout la finesse et le sens du détail. Grand vin droit, à la fois fin et majestueux dont la tenue en bouche et la classe impressionnent. ☆☆☆☆☆ ②

Plus modeste et surtout plus accessible, le **Impérial Brut 2000** (S-10453601 : 86 $) offre néanmoins une très bonne tenue et de la persistance en bouche. Les amateurs du genre apprécieront ses délicates notes briochées et grillées sur fond minéral. ☆☆☆☆ ②

Sur un mode coloré, le **Impérial Brut Rosé 2000** (S-461160 : 97 $) fera plaisir aux friands du Champagne rosé. Sa jolie couleur aux reflets cuivrés, son parfum opulent et nuancé, et sa bouche expressive où se mêlent des notes de fruits rouges, de beurre et de brioche, sont autant de sources de plaisir. Pas donné certes, mais franchement excellent. ★★★★

Pour couronner un repas, le **Nectar Impérial** (S-509695 : 69 $) demi-sec est tout indiqué pour accompagner le dessert. Ample, suave, doux et généreux, il n'est pas le plus complexe, mais il distille un charme certain. ☆☆☆

Enfin, les deux cuvées non millésimées de Moët s'avèrent satisfaisantes par leur équilibre :

Moët et Chandon, Impérial Brut (C-453084 : 63 $) ☆☆☆
Moët et Chandon, Impérial Brut Rosé (S-482026 : 77 $) ★★★

Paillard, Bruno

Créée en 1981, produisant aujourd'hui un demi-million de bouteilles, la société Bruno Paillard s'est vite taillé une réputation enviable dans cette région où règnent des institutions centenaires. Ses Champagne se distinguent par leur finesse.

Brut Première Cuvée (S-411595: 65$); les amateurs de Champagne à point, vineux et généreusement briochés seront comblés par ce vin mûr, ample et très sec, d'une droiture et d'une franchise impeccables. À noter que depuis 1985, cette maison indique systématiquement la date de dégorgement sur la contre-étiquette, un repère utile pour connaître la fraîcheur du produit. ☆☆☆☆

Brut 1996 (S-632430: 86$); issu d'un millésime sensationnel, ce délicieux Champagne se distingue par ses saveurs fines totalement épanouies. Composé de 48% de pinot noir et de chardonnay, il s'impose par son caractère fin et aérien, et par une fraîcheur exemplaire. Dégorgé en novembre 2006. Maintenant à point, mais pouvant vivre encore une dizaine d'années au moins. ☆☆☆☆

Perrier, Joseph

Vieille maison de Châlons-sur-Marne fondée en 1825 et aujourd'hui propriétaire d'une vingtaine d'hectares de vignes. Sauf erreur, c'est la première fois que les vins de Joseph Perrier sont vendus au Québec.

Cuvée Royale 1998, Brut (S-10654796: 83$); superbe Champagne issu d'un assemblage quasi égal de chardonnay et de pinot noir. Des bulles fines, un nez délicat, subtilement brioché et annonçant un vin très mûr. Impossible de rester insensible aux charmes et à l'harmonie de ce vin distingué dont la qualité lui permet de rivaliser avec des marques plus célèbres. Particulièrement recommandable. L'une des belles surprises de l'année au rayon des Champagne. ☆☆☆☆

Pol Roger

Cette entreprise restée familiale s'est gagné la confiance d'amateurs des cinq continents qui ne jurent que par le style droit et raffiné de ses vins. Tous sont l'incarnation même de l'élégance.

Sir Winston Churchill 1998 (S-892166: 200$). C'est en 1984 – dans le millésime 1975 – que fut lancée cette superbe cuvée portant le nom du plus célèbre buveur de Pol Roger. On raconte que pendant les 10 dernières années de sa vie, l'ancien premier ministre britannique a consommé 500 caisses de son Champagne préféré. La cuvée qui lui fait honneur est, à mon avis, l'une des plus achevées du genre. Splendide vin déployant en bouche des couches de saveurs riches et complexes. Encore bien jeune, le 1998 est un vin fougueux qui devrait dormir en cave encore au moins trois ou quatre ans. Des vins d'une telle envergure méritent qu'on leur laisse le temps de s'épanouir; les fruits de la patience sont alors immenses. ☆☆☆☆→☆ ③

Brut 1998 (S-10663123 : 85 $) ; composé de 60 % de pinot noir et de 40 % de chardonnay provenant de 20 grands et premiers crus de Champagne, ce vin a profité d'un mûrissement de sept ans en cave avant d'être mis en vente. Splendide, riche, plein, long et d'une vinosité exquise. Encore jeune, « dans le printemps de sa vie », pour reprendre l'expression de Christian Pol Roger. Extra ! ☆☆☆☆☆

Dans le même esprit de raffinement, mais jouant davantage la carte de la finesse et de la fraîcheur, le **Brut Chardonnay 1998** (S-10663166 : 87 $) proviennent exclusivement de grands crus de la Côte des Blancs. Superbe Champagne au chic fou, à la fois plein et suave. Pénétrant et long en bouche ; sa distinction et son équilibre ont valeur d'exemple. Tout aussi remarquable. ☆☆☆☆☆

Plus modeste, mais toujours impeccable, le **Pol Roger Brut** non millésimé (C-051953 : 60 $) compte pour 70 % de toute la production de la maison. Pinot noir, pinot meunier et chardonnay à part égale proviennent de 55 crus différents. Au final, un Champagne classique et un modèle du genre. Des bulles très fines, un nez riche et somptueux ; fin et exquis, à la fois léger, vineux et tendre, mais sans mollesse et persistant. Les années passent et il demeure l'un de mes favoris. ☆☆☆☆

Pommery

Depuis 1976, cette célèbre maison appartient à Vranken Pommery Monopole, deuxième groupe en importance derrière LVMH.

Grand classique champenois, la **Cuvée Louise 1998** (S-10425002 : 185 $) rend hommage à Louise Pommery qui a fondé cette maison 10 ans après avoir prématurément perdu son époux en 1858. Le 1998 exhale de délicats arômes de levure qui rappellent immanquablement le pain fraîchement sorti du four. Épanoui et complexe, il déploie une fine minéralité et un fruité d'une vitalité exemplaire. Encore très jeune, il a suffisamment d'étoffe et d'équilibre pour vivre longtemps. Très chic ! ☆☆☆☆

Brut Royal (C-346106 : 61 $) ; une quarantaine de crus et 20 % de vin de réserve assurent la qualité et la constance de cette cuvée. Sa finesse aromatique, son délicat caractère brioché et son équilibre méritent d'être signalés ainsi que sa vinosité et sa rondeur. ☆☆☆

Brut Rosé (S-158543 : 73 $) ; en parfait équilibre, les notes de beurre et de fruits frais se marient à merveille dans ce vin rond et élégant. Assez frais et souple pour l'apéritif, et aussi suffisamment vineux pour être servi à table. ★★★★

Prin Père et Fils

Fondé en 1978, ce domaine familial d'Avize couvre 65 hectares. C'est la première fois que ce vin est vendu au Québec.

Grande Réserve Brut (S-10840880 : 57 $); excellent Champagne composé de de 70 % de chardonnay et de pinot noir. Sa vinosité, son acidité rafraîchissante et ses saveurs amples et mûres aux tonalités de pain grillé lui confèrent un charme certain. Une heureuse addition très recommandable. ☆☆☆☆

Roederer

Dirigée avec brio par Jean-Claude Rouzaud et son fils Frédéric, la maison Roederer fait partie de l'élite et signe des vins de grande qualité, élaborés avec soin et maîtrise. Chez Roederer, tout est bon.

Brut Premier (C-268771 : 66 $); une référence en Champagne non millésimé. La forte contribution de deux tiers de raisins noirs explique son caractère vineux et sa plénitude ; des saveurs riches et une fraîcheur exemplaire. Une régularité à toute épreuve. ☆☆☆☆

Ruinart

La plus ancienne des maisons champenoises appartient au groupe LVMH depuis 1988. Les deux vins suivants défendent avec brio la réputation de la marque.

Dom Ruinart 1996, Blanc de blancs (S-533851 : 244 $); un autre vin référence en Blanc de blancs. Le Dom Ruinart est, à juste titre, réputé pour sa finesse et sa gracieuse légèreté. Issu d'un brillant millésime, le 1996 est à la hauteur des attentes et révèle un Champagne riche et volumineux, d'une longueur et d'une profondeur exemplaires. ☆☆☆☆

De bons mots aussi pour le **Brut Rosé** (S-10654850 : 88 $), pour sa générosité et ses saveurs fines. Très sec et parfaitement équilibré. Un Champagne flatteur dans le meilleur sens du terme. ★★★★

Veuve Clicquot-Ponsardin

Rigoureusement menée par Jacques Peters et son équipe d'œnologues, cette grande maison champenoise reste bien présente dans le peloton de tête. Autant La Grande Dame fait partie de l'élite, autant la simple cuvée Carte Jaune représente le brut non millésimé excellent.

Le fin du fin est évidemment **La Grande Dame 1998** (S-354779 : 239 $). Ce grand Champagne fait partie de ces vins de rêve que le commun des mortels ne peut malheureusement pas boire souvent. Superbe, riche et intense, sa plénitude en bouche et son harmonie ont un côté souverain. Et toujours ce mélange exquis de finesse et de vinosité propres à cette grande marque. Sa classe folle ne doit pas faire oublier qu'il continuera de se développer au cours des prochaines années. Des Champagne de cette trempe vivent aisément 20 ans, sinon plus. ☆☆☆☆☆

Depuis longtemps une référence incontournable dans la catégorie des Champagne millésimés, la cuvée **Vintage Reserve 2002** (C-508614 : 96 $) joue admirablement la carte de la finesse. Délicatesse des saveurs, équilibre impeccable, ce vin encore jeune ne prendra vraiment son envol que dans cinq ou six ans. C'est alors qu'il révélera toute sa plénitude. ☆☆☆☆→?

Comme toujours, une bonne note pour le brut non millésimé **Carte Jaune** (C-563338 : 73 $) ; une référence dans sa catégorie, ce qui justifie un prix plus élevé que la moyenne. Un assemblage d'une cinquantaine de crus et du vin de réserve donnent un produit de grande qualité. Pas le plus vineux ni le plus puissant, mais son équilibre et sa finesse compensent largement. D'autant plus recommandable que sa constance est exemplaire depuis quelques années. ☆☆☆☆

Grand succès aussi pour le **Brut Rosé 2002** (S-325688 : 102 $) ; ce vin brillant et achevé est la preuve que le Champagne rosé peut être bien plus qu'un coûteux produit de fantaisie. Les amateurs apprécieront cet équilibre parfait entre des notes briochées subtiles et des tonalités fruitées très fines. À ranger parmi les meilleurs du genre offerts actuellement. ★★★★ ②

BRIÈVEMENT, D'AUTRES CHAMPAGNE DÉGUSTÉS CETTE ANNÉE

Boizel, Brut Réserve (S-10653321) : 53 $; une saine fraîcheur et des saveurs franches supportées par une bonne effervescence ; pas très consistant, mais honnête et plaisant. ☆☆☆

Forget-Brimont, Brut Premier Cru Rosé (C-10845883) : 54 $; provenant d'un petit domaine de 15 hectares, ce rosé brut offre d'invitants parfums de fruits rouges ; l'attaque en bouche est ample et soyeuse, mais tout de même un peu rudimentaire. Bon vin satisfaisant. ★★★

Laurent-Perrier, Brut (C-340679) : 65 $; saveurs très mûres, passablement vineux et crémeux ; beaucoup de classe et de caractère. ☆☆☆
    Brut Rosé (S-158550 : 93 $) ; très bon vin parfumé, rond et flatteur ; prix élevé. ★★★

Paul Goerg 2004 (C-439190) : 51 $; Champagne de bonne facture offrant un agréable caractère brioché et une texture passablement vineuse. ☆☆☆ ②

Taittinger, Cuvée Prestige Rosé (S-372367) : 84 $; l'élégance très épurée de la marque Taittinger se distingue dans ce très bon vin rosé. Une belle couleur saumon ; un nez relevé, mûr et très attrayant, à la fois frais et vineux ; une bonne acidité et beaucoup de fruit. ★★★

D'AUTRES CHAMPAGNE MOINS CONVAINCANTS ☆☆

Collet, Raoul ; Grande Cuvée Carte Rouge Brut (S-10654753) : 49,50 $
Devaux, Blanc de Noirs Brut (S-871954) : 53 $
Feuillatte, Nicolas ; Réserve Particulière, Premier cru (C-578187) : 52 $
Lanson Rosé (C-172130) : 59 $
Mumm Cordon Rouge (C-308056) : 63 $
Pannier, Brut Rosé (S-10839678) : 49,25 $
Piper-Heidsieck Brut (C-462432) : 56 $

Vins mousseux

Antech, George et Roger ; Cuvée Expression 2006, Crémant de Limoux (S-10666084) : 20,15 $
Une petite proportion de chenin ajoutée au mauzac et au chardonnay donne à ce Crémant une grande vitalité et une jolie dimension aromatique. Sec, droit et suffisamment vineux, le 2006 se signale par sa netteté, sa vigueur et sa franche minéralité. Parfaitement recommandable. ☆☆☆☆ ♥

Au Québec, les vins effervescents ont le vent dans les voiles. En un an seulement, les ventes de la SAQ ont augmenté de cinq millions de dollars pour atteindre, en septembre 2007, des recettes annuelles de plus de 40 millions.

L'Alsace est la plus importante région française productrice de Crémant. Viennent ensuite la Bourgogne, la Loire et le Languedoc avec les vins de Limoux.

Contrairement à ce que l'on pourrait penser, les cépages riesling, pinot gris et gewürztraminer entrent peu ou pas du tout dans la composition des Crémant d'Alsace. Ce sont surtout le pinot blanc et l'auxerrois qui sont mis à contribution, avec un peu de chardonnay et de pinot noir.

Les meilleurs Crémant de Bourgogne empruntent au Champagne les mêmes cépages chardonnay et pinot noir. Il rappelle le caractère brioché du Champagne.

Les *cava* d'Espagne sont en nette progression qualitative. Codorniu, Freixenet et les autres commercialisent annuellement plus de 200 millions de bouteilles.

En Lombardie, au nord du pays, le Franciacorta est le Champagne des Italiens.

Il est inutile de conserver des vins mousseux plus de trois ans. Plus longtemps, ils ne seront certainement pas meilleurs au risque même d'avoir perdu leur fraîcheur.

bon à savoir

Pour le plaisir quotidien
○ Santi Nello, Prosecco di Valdobbiadene
○ Codorniu, Brut Classico

Pour les soirs où le Champagne est trop cher
○ Laurens, Crémant de Limoux 2005, Clos des Demoiselles
○ Ferrari, Perlé 2001, Talento Trento
○ Gramona 2003, Gran Reserva Crianza Brut
○ Ca'del Bosco, Franciacorta Brut
○ Domaine Chandon, Blanc de Noirs, Carneros

Pour goûter au meilleur hors de la Champagne
○ Parés Baltà, Brut Selectio, Cava
○ Bellavista, Gran Cuvée Pas Opéré 2002, Franciacorta
○ Roederer Estate, Brut, Anderson Valley

UN CHOIX PERSONNEL

Vins mousseux

Cave de Lugny, Crémant de Bourgogne, Blanc de blancs
(S-733451) : 18,95 $
Avec une production annuelle excédant 5,5 millions de bouteilles – dont plus de 500 000 de Crémant –, cette coopérative fondée en 1926 compte parmi les trois plus importantes caves productrices de vin d'appellation en France. Composé à 100 % de chardonnay, le vin est sec, léger et vif en bouche ; une bonne effervescence, plus fruité et minéral que brioché, franc de goût. Un très bon Crémant tout à fait convenable à ce prix. ☆☆☆ ② ♥

Gratien & Meyer, Cuvée Flamme, Saumur (S-165100) : 22,15 $
Cette importante maison de négoce est l'antenne angevine de la société champenoise Alfred Gratien. Bon mousseux de qualité constante mettant en relief les attributs du chenin blanc. Généreusement fruité et fort charmant, des notes aromatiques typiques des bons mousseux d'Anjou. ☆☆☆

Laurens, Crémant de Limoux 2005, Clos des Demoiselles, Domaine J. Laurens (S-10498973) : 22,65 $
Au sud de Carcassonne, le Champenois Michel Dervin produit un excellent Crémant composé de chardonnay, de chenin et de mauzac. Malgré un prix légèrement en hausse, ce vin frais, savoureux et élégant demeure l'un des meilleurs mousseux. ☆☆☆☆ ♥

Moingeon, Crémant de Bourgogne, Prestige (S-871277) : 22,80 $
Propriété du domaine Bertagna, cette maison produit un Crémant de belle facture, très sec et droit en bouche. Dans le style frais et nerveux, un bon mousseux authentique. Pas le moins cher, mais la qualité est digne de mention. ☆☆☆☆

Simonnet-Febvre, Crémant de Bourgogne (S-10840628) : 21,90 $

Cette entreprise chablisienne fondée en 1840 a été rachetée en 2003 par Louis Latour et commercialise annuellement environ 300 000 bouteilles. En plus de très bons Chablis, elle produit aussi un très agréable Crémant à la fois sec et friand, présentant une franche minéralité. Les stocks étaient limités en septembre 2008. ☆☆☆☆ ♥ ▼

Sparr, Pierre ; Crémant d'Alsace, Brut Réserve (S-10464651) : 21,65 $

Pinot blanc (40 %), pinot auxerrois (40 %) et pinot noir (20 %) donnent un mousseux à la fois sec, fruité et modérément aromatique. ☆☆☆

Union des producteurs de Die, Cuvée Titus, Clairette de Die (S-333575) : 20,65 $

De la vallée du Rhône, une Clairette traditionnelle principalement faite de muscat et ne titrant que 7 % d'alcool. Moelleux, léger, parfumé et savoureux, ce vin n'est pas sans rappeler l'Asti Spumante. À servir très frais au dessert ou après le repas. ☆☆☆

Wolfberger, Crémant d'Alsace, Cave vinicole d'Eguisheim (S-732099) : 20,20 $

Bon mousseux riche et imprégné du caractère aromatique naturel des cépages alsaciens. Rond et aimable, surtout bien fruité. Bonne qualité à ce prix. ☆☆☆

| ITALIE |

Bellavista

Parmi les producteurs leaders de Franciacorta, cette entreprise réputée commercialise une gamme de vins mousseux de qualité exemplaire.

Même la simple cuvée courante **Franciacorta Brut** (S-340505 : 37,25 $) est raffinée. Excellent mousseux au délicat caractère floral enviant peu de choses à de nombreuses cuvées régulières de Champagne. Droit, sec et impeccable. ☆☆☆☆

À un échelon supérieur et aussi racé que de très bons Champagne, la **Gran Cuvée Pas Opéré 2002, Franciacorta** (S-10540078 : 69 $) se démarque par une vinosité et une richesse remarquables. La mention Pas Opéré indique qu'aucune liqueur de tirage n'a été ajoutée après le dégorgement, le vin est donc absolument sec. Vineux, riche, complexe et surtout d'une grande élégance. ☆☆☆☆☆

Mettant davantage l'accent sur le fruit et la fermeté, la **Gran Cuvée Rosé 2002, Franciacorta** (S-10540051 : 56 $) s'impose par son relief, son caractère vibrant et sa classe. Excellent ! ☆☆☆☆

Ca'del Bosco, Franciacorta Brut (S-10655342) : 30,50 $

Maurizio Zanella a été un artisan majeur de l'essor des vins de Franciacorta. Bénéficiant d'un nouvel habillage plus attrayant, sa cuvée brut non millésimée est un classique du genre. Non pas un vin profond ni complexe, mais un excellent mousseux dont la finesse aromatique et la vivacité méritent d'être signalées. Charmés par ses saveurs invitantes de pain brioché et sa belle mousse persistante, on a envie de prolonger l'apéritif. Momentanément en rupture de stock en septembre 2008. ☆☆☆☆

Ferrari, Perlé 2001, Talento Trento (S-10268414) : 37 $

Spécialiste du genre avec une production annuelle de plus de 700 000 bouteilles, la famille Lunelli excelle dans l'élaboration de vins mousseux de qualité. Comme toujours empreinte d'élégance, la cuvée Perlé 2001 se distingue par son profil aromatique raffiné et délicat dont les subtiles tonalités briochées ne sont pas sans rappeler les parfums du bon Champagne ouvert et évolué. Une mousse fine et persistante, une onctuosité remarquable pour un vin de ce prix. ☆☆☆☆

Giacosa, Bruno ; Extra Brut 2001 (S-10445492) : 33,50 $

Figure légendaire du Piémont, Bruno Giacosa a bâti sa réputation en signant de splendides Barolo et Barbaresco que plusieurs considèrent comme des références. Dans son domaine de Falletto, il produit aussi un excellent *spumante* issu entièrement de pinot noir et dont le caractère un peu austère n'est pas sans rappeler les vins de la région. La mention Extra Brut indique que le vin ne renferme que 3,5 grammes de sucre par litre ; en comparaison, le Champagne Brut peut en contenir de 6 à 15 grammes. Le vin est donc très sec et a beaucoup de poigne en bouche, mais sans dureté. Du bel ouvrage ! ☆☆☆☆ ▼

Nino Franco, Prosecco di Valdobbiadene (S-349662) : 20,20 $

Dans les collines du nord de la Vénétie, Primo Franco produit de délicieux vins mousseux fruités, élégants et d'une pureté exemplaire. Référence dans son appellation, son Prosecco di Valdobbiadene est légèrement aromatique et surtout doté d'une fraîcheur idéale. À 20 $, il demeure mon préféré. ☆☆☆☆ ♥

Rotari Riserva Brut 2002, Trento, Mezzacorona (S-884460) : 22,40 $

Aussi du nord de l'Italie, un bon mousseux simple, suffisamment frais en bouche. Un caractère discret, mais sec, net et facile à boire. ☆☆☆

Gramona 2003, Gran Reserva Crianza Brut (S-10275016) : 21,75 $
Créée en 1881, cette cave familiale de Catalogne jouit d'une excellente réputation parmi les producteurs de *cava*. Le terme Gran Reserva indique que le vin a vieilli en cave pendant au moins 30 mois. Les cépages xarello, macabeo et parellada ajoutent de la personnalité au caractère aromatique de ce superbe *cava* sec, vineux et fort relevé en bouche. Très convaincant et certainement l'un des bons mousseux offerts actuellement. ☆☆☆☆ ♥

Aussi la cuvée **Allegro, Brut Reserva** (S-10896453 : 20,95 $) ; sans être un modèle de finesse, on appréciera son bon goût brioché et son caractère minéral appuyé. ☆☆☆

Parés Baltà, Brut Selectio, Cava
(S-10896390) : 29,95 $

Grâce aux efforts constants de la famille Cusiné, le domaine historique de Parés Baltà a énormément progressé au cours des 20 dernières années. La responsabilité technique relève aujourd'hui des épouses de Joan et Josep Cusiné qui élaborent une vaste gamme de vins et de *cava*. Issu de xarello, de chardonnay, de macabeo et de parellada cultivés à différentes altitudes et provenant de quatre vignobles distincts, cet excellent mousseux laisse en bouche une impression crémeuse infiniment séduisante. Minéral, franc, droit et empreint d'une délicatesse et d'une élégance peu communes. Excellent ! ☆☆☆☆

Segura Viudas
Cette maison fondée en 1950 est maintenant dans le giron du groupe Freixenet. Ses *cava* offrent généralement de bons rapports qualité-prix.

Le **Brut 2004** (S-10467931 : 18,60 $) est un bon vin sec, délicat et ponctué de subtils accents minéraux ; suffisamment aromatique et ayant une très bonne tenue en bouche. Très bon et valant pleinement son prix. ☆☆☆ ♥

Moins convaincant que le précédent, le **Aria Brut** (S-10653443 : 17,40 $) est un mousseux d'envergure moyenne ; une effervescence plutôt rustique, vineux et manquant un peu de fraîcheur. Correct, mais pas spécial. ☆☆ ▼

| ALLEMAGNE |

Fürst von Metternich, Riesling (S-10655393) : 15,15 $
Idéal pour le dessert ; un reste de sucre lui ajoute de la matière en plus de rehausser les savoureuses vertus aromatiques du riesling. Fort agréable, surtout à ce prix. ☆☆☆

Domaine Chandon

Moët & Chandon a été la première entreprise champenoise à s'implanter en Californie en 1973.

Blanc de noirs, Carneros (S-100693 : 23,95 $) ; excellent mousseux au style plus vineux ; le pinot noir lui confère un caractère presque brioché fort distingué et rassasiant. Deux bouteilles dégustées en août 2008 étaient franchement satisfaisantes. ☆☆☆☆ ♥

Brut Classic (S-10542031 : 22,95 $) ; à la fois ample, velouté, très frais et révélant des nuances minérales très plaisantes en fin de bouche. L'élégance pour pas cher. ☆☆☆☆

Roederer Estate

À son arrivée en Californie au début des années 1980, Roederer s'est établi dans Anderson Valley. À une centaine de kilomètres au nord-ouest de Napa, en longeant la côte du Pacifique, le climat plus frais semblait particulièrement propice à la production de vin mousseux.

Brut, Anderson Valley (S-294181 : 28,30 $) ; dégusté régulièrement chaque année – c'est l'un de mes préférés dans cette catégorie –, le Roederer Estate Brut se distingue toujours par sa vinosité, sa finesse et son harmonie d'ensemble. On peut acheter les yeux fermés. ☆☆☆☆

| AUSTRALIE |

Greg Norman Estates, Sparkling Wines, South East Australia
(S-606962) : 24,55 $

Bon vin mousseux australien produit en vérité par le géant Wolf Blass et auquel le célèbre golfeur australien apporte son prestige. Composé de chardonnay à 57 % et de pinot noir, il est à la fois frais et vineux, tout à fait correct. Loin d'être un défaut, sa légèreté – 11,4 % d'alcool – est au contraire un atout qui ajoute à son charme. Sans être une véritable aubaine, ce vin désaltérant et distingué est tout à fait agréable. ☆☆☆

D'AUTRES VINS MOUSSEUX DE QUALITÉ CONVENABLE ☆☆

Bortolomiol, Banda Rossa 2004, Prosecco di Valdobbiadene (S-10654956) : 21,80 $
Ca'Bolani, Chardonnay delle Venezie (S-211847) : 16,95 $
Massard, Bernard ; Cuvée de l'Écusson, Luxembourg (S-095158) : 18,85 $
Villa Sandi, Prosecco di Valdobbiadene (S-10654981) : 21,80 $
Zonin, Prosecco Special Cuvee, Brut (S-10540721) : 15 $

Vins mousseux
au répertoire général

Château Moncontour 2005, Cuvée Prédilection, Brut, Vouvray
(C-430751) : 19,95 $

Cette ancienne propriété touran-gelle produit régulièrement un très bon vin mousseux auquel le chenin blanc apporte un caractère original. De nouveau impeccable, cette cuvée 2005 élaborée par la famille Feray se signale par son caractère friand animé par l'acidité caractéristique du cépage chenin. ☆☆☆☆ ♥

Sieur d'Arques, Blanquette de Limoux 2004
(C-094953) : 17,95 $

Depuis quelques années, cette cave coopérative du Languedoc bénéficie des conseils du professeur Denis Dubourdieu. Distribué dans l'ensemble du réseau, la Blanquette est encore un très bon mousseux sec, frais et relevé de saveurs mûres. Simple, mais satisfaisant à ce prix. ☆☆☆ ②

Monmousseau, Cuvée J.-M. 2003, Touraine (C-223255) : 17,70 $

Toujours très régulier, un bel exemple de mousseux touran-geau. On apprécie son franc caractère fruité, sa fraîcheur et son agréable tenue en bouche. À la fois sec et friand. Très recommandable à ce prix. ☆☆☆☆ ♥

Botter Carlo, Santi Nello, Prosecco di Valdobbiadene
(C-10540730) : 15,95 $
Nouveauté cette année au répertoire général, un mousseux de Vénétie que l'on appréciera pour sa légèreté, sa rondeur et son aimable caractère aromatique. Suffisamment sec et équilibré. ☆☆☆ ♥

Codorniu, Brut Classico
(C-503490) : 13,35 $
Le plus connu des *cava* espagnols est toujours de qualité constante. Bien sûr, on est loin

du Dom Pérignon, mais à ce prix, ce vin est agréable par sa fraîcheur, sa légèreté et ses saveurs franches. Sans doute grâce à une œnologie mieux maîtrisée, le caractère surchauffé très souvent répandu dans les *cava* semble maintenant chose du passé. ☆☆☆ ♥

Segura Viudas, Brut Blanc de blancs (C-158493) : 13,35 $
Bon mousseux aux saveurs soutenues et marquées. Sans complexité, mais se défend tout de même très bien dans sa catégorie. ☆☆☆ ♥

Mumm, Cuvée Napa Brut (C-265678) : 27,85 $
La société champenoise Mumm produit en Californie un bon mousseux fin, bien proportionné et d'une généreuse vinosité. Une classe certaine. ☆☆☆☆

Aussi au répertoire général, la **Cuvée Napa rosé, Blanc de noirs** (C-433144 : 30,50 $) ; un bon mousseux rosé. Une jolie couleur saumon ; sec en bouche et modérément vineux, de corpulence moyenne, un bon équilibre, une fraîcheur et une vive effervescence. Satisfaisant sans être réellement complexe. ☆☆☆

Vins fortifiés

Cette section regroupe tous les vins auxquels de l'alcool a été ajouté au cours de leur élaboration. Le principe consiste à ajouter de l'eau-de-vie avant, pendant ou après la fermentation. Avant et pendant, elle a pour but de préserver du sucre naturel du raisin, après, elle contribue à hausser le taux d'alcool final du produit.

Porto

Après avoir atteint des sommets de popularité au début de la présente décennie, les ventes de Porto au Québec ont sensiblement ralenti depuis cinq ans. Alors qu'en 2001 les Québécois achetaient pour 56,6 millions de dollars de Porto, les ventes annuelles en août 2008 n'atteignaient pas tout à fait 35 millions de dollars. En quantité, le recul représente près de 600 000 bouteilles entre 2003 et 2007.

On peut présumer que pendant les belles années, les amateurs ont fait bonne provision de bouteilles, plus qu'ils en ont bu. Leurs caves étant pleines, les ventes ne pouvaient que régresser. La Société des alcools a donc ralenti ses achats, ce qui explique une stagnation notable au rayon des Porto. Malgré tout, comme on le verra à la lecture des pages qui suivent, ce n'est pas le choix qui manque...

Porto Vintage

En un clin d'œil
les millésimes à boire
en 2009

qualité

longévité

LES 10 DERNIERS MILLÉSIMES

2007 Récolte inférieure à la moyenne, mais des raisins de grande qualité. Plusieurs déclarations probables.

2006 Des conditions difficiles aux vendanges et des vins de qualité moyenne avec quelques bons succès. Très peu de déclarations.

2005 Troisième année de sécheresse et un été torride. Des rendements de 10 à 40 % inférieurs à la moyenne et des vins de bonne qualité, colorés et charpentés. Peu de déclarations, mais plusieurs Single Quinta Vintage.

2004 Après une saison végétative en montagnes russes, les vendanges ont été faites par le très beau temps de la fin de septembre. Des raisins en parfait état ont donné des vins dotés d'une très bonne structure. Année favorable à la production de Single Quinta Vintage.

2003 Un été torride et des vignes heureusement arrosées d'un peu de pluie avant les vendanges. Des rendements inférieurs à la moyenne avec environ 30 % moins de vin qu'en 2000. Une qualité générale très satisfaisante ; les vins sont colorés, puissants et concentrés ; le style se rapproche peut-être des 1997. Déclarations générales.

2002 Année moyenne. Un été sec, mais des vendanges interrompues par les fortes pluies de septembre. De quoi produire quelques bons Single Quinta Vintage, mais pas de grands Vintage.

2001 Millésime abondant, soit 20 % de plus que la moyenne de la dernière décennie. Des conditions idéales aux vendanges et des vins très prometteurs. Un millésime à retenir pour les Single Quinta Vintage.

2000 Une très belle fin de saison et une récolte de raisins sains et très mûrs. Déclarations générales. Les vins ont en commun la richesse, la structure et la complexité aromatique propres aux très grands millésimes.

1999 Autre année gâchée par la pluie. Ceux qui ont récolté plus tard en octobre ont obtenu quelques bons vins. Peu de déclarations en perspective. Des Single Quinta Vintage de nature généralement assez ferme.

1998 L'une des plus petites récoltes du siècle. Une vendange prometteuse gâchée par des vendanges sous la pluie. Peu de déclarations, mais quelques bons vins de Quinta (Vargellas, Terra Feita, Panascal, Vesuvio, Quinta da Senhora da Ribeira).

Porto Vintage • Que boire en **2009**?

La richesse et la générosité spontanée des Vintage jeunes peuvent faire oublier que ces vins puissants et concentrés atteignent réellement leur apogée après une quinzaine d'années, voire plus. Les 2003 ne seront vraiment à leur zénith... qu'en 2020. Les 2000 sont encore dans l'enfance et devraient dormir au moins jusqu'en 2015. Idéalement, il faudrait aussi laisser mûrir encore quelques années tous les vins des millésimes 1997 et 1994. Même s'ils sont encore bien jeunes, les 1991 – ainsi que les 1992 de Taylor-Fonseca – commencent à dévoiler leurs atours. Les 1991, 1985 et 1983 seront délicieux en 2009. Idem pour la plupart des Single Quinta Vintage antérieurs à 2001.

Même si le Vintage est le porte-étendard du Porto – il ne compte que pour seulement 5 % de la production –, les professionnels de la région ont autant d'estime pour le Tawny. Avec raison, car un bon 20 ans d'âge a tout autant de qualité. De fait, ces vins uniques n'ont aucun équivalent ailleurs dans le monde.

Les meilleurs Vintage arrivent rarement à maturité avant l'âge de 15 ans.

Tawny, Late Bottled Vintage et Vintage doivent être servis à 16-18 °C.

Il faut servir le Porto dans un vrai verre à vin – le modèle INAO est parfait – et surtout pas dans les petits verres à remède d'autrefois. L'architecte Alvaro Siza Vieira a conçu un verre spécialement adapté au Porto (www.ohmdesign.com).

Les bouteilles de Porto Vintage et de Late Bottled Vintage dit Traditional sont toujours bouchées d'un long bouchon de liège pleine longueur et par conséquent doivent être entreposées en position horizontale et décantées avant l'usage. Par contre, les bouteilles scellées d'un court bouchon doivent être conservées debout.

Une bouteille entamée de Ruby et de Late Bottled Vintage ne doit pas être conservée plus de trois ou quatre jours. Par contre, un Tawny peut garder sa fraîcheur pendant quelques semaines.

Le Porto est le compagnon idéal des fromages relevés : vieux cheddar, stilton, parmesan, gorgonzola, autres fromages bleus, etc.

La mention Vintage Character a été récemment remplacée par les termes Reserve ou Reserva. Cette catégorie regroupe des vins plutôt jeunes, colorés, costauds et très fruités.

bon à savoir

Vins fortifiés ⑨

Porto
- Ramos Pinto Late Bottled Vintage 2003
- Graham Vintage 1983
- Dow's Vintage 1985
- Quinta do Infantado Ruby Meio-seco
- Noval Tawny 20 ans

Madère
- Henriques & Henriques, Single Harvest 1995
- Leacock's Blandy's, Bual 1977

Xérès
- Gonzalez Byass, Matusalem, Oloroso Dulce Muy Viejo, VORS
- Lustau, Puerto Fino, Solera Reserva

Montilla Moriles
- Alvear, Carlos VII, Amontillado

Autres vins fortifiés
- Cazes, Rivesaltes Ambré 1995
- Domaine de la Rectorie, Banyuls 2006, Cuvée Parcé Frères

Barros Almeida

Détenteur de 5 % du total des ventes de Porto, Barros Almeida est l'un des plus gros producteurs de la région. L'empire comprend Kopke, Feist ainsi qu'Hutcheson et Feuerheerd, deux marques inconnues chez nous. Une grande partie de sa renommée repose sur le succès de ses Colheita.

Colheita 1997 (S-10328034 : 33,25 $) ; excellent Tawny millésimé correspondant à un 10 ans d'âge. Les amateurs y retrouveront la texture veloutée et caressante des meilleurs vins de cette catégorie. Doux, tendre et long en bouche. ★★★★

Burmester

Cette vieille maison d'origine allemande fondée en 1750 est contrôlée depuis 2005 par le groupe espagnol Sogevinus. Le géant qui possède déjà Calem et Barros ne cesse d'élargir son portfolio et s'installe un peu partout dans le Douro.

Tawny 10 ans (S-632349 : 32,25 $) ; excellent vin tendre et fondu ; sa texture veloutée et son caractère vanillé se comparent avantageusement à des marques plus connues. Tout à fait recommandable. ★★★★

Du Porto pour tous les goûts

Vintage

Le Porto Vintage est le plus prestigieux. Il compte peu dans les statistiques de vente, car on en produit seulement trois fois par décennie en moyenne et il ne représente qu'une infime partie de la production. Son panache est inégalé et sa valeur symbolique incalculable. C'est la crème de la crème, le vin produit dans les grandes années seulement, avec les meilleurs raisins provenant des crus les mieux cotés. Une matière première tellement précieuse qu'on la conserve en fût de chêne seulement deux ou trois ans pour préserver toute son individualité. Ensuite, la patience est de rigueur, car un vin aussi riche nécessite du temps pour développer son immense potentiel. Une fois arrivé au sommet, il peut affronter les années avec un aplomb rare.

Late Bottled Vintage

Vin issu d'une seule année et conservé en fût entre quatre et six ans, le LBV est prêt à boire dès sa commercialisation. Ses caractères font penser à un Vintage mûr sans en avoir la concentration ni la richesse, bien que certains, surtout les LBV de type traditionnel – appelés ici Traditional –, sont franchement remarquables. Smith Woodhouse et Ferreira par exemple.

Reserve (ex-Vintage Character), Crusted et Ruby

Une catégorie un peu floue regroupant différentes sortes de Porto ayant en commun la jeunesse, la couleur, la vigueur et le caractère fruité intense. Ils ne sont jamais millésimés, mais ont souvent autant de vigueur, sinon plus que les Late Bottled Vintage.

Vieilli en fût – Tawny

Au contact prolongé du bois, le vin prend une couleur fauve et tuilée d'où le mot Tawny. Il devient en même temps plus léger et un peu moins doux que le Vintage. Dans la barrique, le vin acquiert aussi un bouquet, un goût de noix et un caractère boisé plus ou moins prononcé. Tous les Tawny sont prêts à boire dès leur commercialisation.

Cabral, Vallegre

Cabral est une marque créée spécialement pour notre marché. Les vins sont achetés à la société Vallegre et embouteillés sous le nom de l'importateur québécois.

Tawny 20 ans (C-10682623 : 49,25 $) ; droit et suave, moins onctueux et gras que d'autres, mais tout de même frais, expressif et savoureux. ★★★★

Plus modeste, le **Tawny 10 ans** (C-10270741 : 26,80 $) est rond et fondu, il goûte le caramel et le sucre brun ; du charme à défaut de complexité. L'un des moins chers de sa catégorie. ★★★

La cuvée **Reserva Especial** (C-625871 : 16,65 $) est le résultat d'un assemblage de vins de 7 ans. Il s'agit en fait d'un Tawny courant sans envergure particulière. ★★

Calem

Vieille maison fondée en 1859 et appartenant depuis 1998 au groupe espagnol Sogevinus. Des 100 hectares de vignes actuellement plantés, 95 % l'ont été après 1992.

Vintage 2000 (S-728378 : 75 $) ; de facture classique, tannique, serré et bien relevé, au goût prononcé d'eau-de-vie. Une finale chaude et persistante. Encore quelques bouteilles étaient disponibles ici et là en septembre 2008. ★★★→★ ④ ▼

Plus ouvert, le **Vintage Quinta da Foz 1996** (S-884387 : 94 $) ; encore jeune et vigoureux, un Porto qui mériterait de mûrir encore quelques années. Prix élevé. ★★★★ ④▼

Cockburn's

Fondée en 1815, cette marque appartient à l'américaine Fortune Brands (Jim Beam, Courvoisier, etc.). En juin 2006, l'entreprise vendait tous les actifs (vignobles, *quintas*, équipements de production et stocks), à l'exception de la marque, à la famille Symington.

Vintage 2000 (S-709048 : 117 $) ; encore très jeune, fougueux et tricoté serré. Un vin massif s'imposant davantage par sa force que par son raffinement, du moins pour le moment. ★★★→? ④

Le **Vintage 1997** (S-892844 : 113 $) ne m'a pas emballé. Certes ferme, costaud et surtout contrastant étrangement avec la finesse et la classe des meilleurs vins de ce splendide millésime. ★★→★ ④

Cockburn propose aussi deux *wood ports* impeccables. Un **Tawny 20 ans** (S-338665 : 30,50 $ – 375 ml) ; vanillé et velouté, aux délicieuses notes de caramel. ★★★★

À peine moins bon, le **Tawny 10 ans** (S-156844 : 30,25 $) ; une couleur brillante et des saveurs exquises de noisettes et de café. Un vin de grande qualité, modérément sucré, élégant et facile à boire. L'un des meilleurs et des plus avantageux de sa catégorie. ★★★★

Croft

Les origines de cette maison remontent au fondement même du vin de Porto. Fondée en 1678, la firme a été acquise par le groupe Taylor-Fonseca en 2001.

Vintage 2000 (S-727701 : 117 $) ; sans doute moins imposant que d'autres du millésime 2000, mais fin et très épuré. Vintage ferme et tannique, au style strict et séveux. Impeccable et cher. ★★★→★ ④

Mieux enrobé, le **Quinta da Roeda 1997** (S-551242 : 84 $) est un excellent Vintage extrêmement fruité, imposant et puissant, doté d'une longue finale vaporeuse. Grand succès ! ★★★★→? ④

Delaforce

Cette entreprise a été fondée en 1868 par une famille de huguenots londoniens. Elle est aujourd'hui dirigée par les descendants de la famille Yeatman en partenariat avec le groupe Taylor-Fonseca.

His Eminence's Choice 10 ans (S-112060 : 29,45 $) ; sa qualité constante justifie amplement son excellente réputation, en particulier sur le marché anglais où plusieurs le considèrent comme l'un des meilleurs Tawny courants. Coloré, fruité, plein et savoureux. Qualité irréprochable à ce prix. ★★★★

Peut-être pas de la trempe des meilleurs, le **Vintage 1994** (S-157669 : 128 $) s'avère tout de même plein et relevé en bouche. *Spirity* disent les Anglais, c'est-à-dire chaud et faisant bien sentir sa force alcoolique. Généreux, des tanins doux, pas spécialement complexe. Prix dissuasif. ★★★→? ④

Dow's

Cette ancienne maison fondée en 1798 est dirigée depuis plus d'un siècle avec brio par la dynastie Symington. La marque a bâti sa réputation avec ses remarquables Vintage à la fois puissants et élégants, réputés plus secs et plus fermes que ceux de Graham's ou de Warre's.

Le **Vintage 2003** (S-10456546 : 85 $) est séveux et tannique, ferme, droit et d'une harmonie exemplaire. Très distingué. Pour en boire, il faudra être patient, au moins jusqu'en 2020. ★★★★→? ④

Également imposant et distingué, le **Vintage 2000** (S-708917 : 91 $) a encore une fois le tempérament austère et sans fioritures, caractéristique de la marque, ce qui n'exclut pas la plénitude ni la longueur en bouche. La race des grands crus. Si Graham est un peu le Mouton Rothschild du Vintage, Dow's en est le Lafite. Pas avant 2015. ★★★★→? ④ ▼

Le **Vintage 1994** (S-10320534 : 110 $) est un splendide Porto qui a commencé à s'ouvrir et qui s'impose immédiatement par sa riche texture veloutée. Grand vin profond et racé que l'on peut commencer à boire, mais qui devrait gravir encore quelques échelons d'ici 2012-2013. ★★★★→★ ③ ▼

Le **Vintage 1985** (S-214460 : 95 $) est aussi l'un des grands succès du millésime. Dans le style très classique et presque strict, caractéristique de cette marque, un superbe Vintage fin et gracieux. Moins sucré et moins flatteur que d'autres, ce vin concentré et dense a néanmoins très fière allure. Maintenant à point, mais bâti pour vivre longtemps. ★★★★ ②

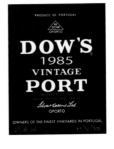

Dow's commercialise aussi un très bon **Late Bottled Vintage 2001** (S-533364 : 19,95 $) ; de style moderne – par opposition au *LBV Traditional* – riche en fruits mûrs et bien en chair. Excellent 2001 droit et généreux. ★★★★ ♥

Même si la famille Symington a surtout bâti sa renommée sur sa formidable gamme de Vintage, elle élabore avec brio des Tawny fins et distingués.

Équivalent à un 10 ans d'âge, le **Colheita 1997** (S-604751 : 33,50 $) charme immédiatement par sa texture veloutée, sa douceur et ses accents torréfiés. ★★★★

Mieux encore, le **Tawny 20 ans** (S-10658295 : 59 $) est en quelque sorte l'archétype du Tawny. Un vin exquis, aux irrésistibles senteurs de toffey ; plein, suave et idéalement fondu. ★★★★

Feist

Marque d'origine allemande faisant aujourd'hui partie du groupe Barros Almeida et propriété de la société espagnole Sogevinus.

Colheita 1998 (S-734632 : 32 $) ; très bon Tawny fin, frais et suave auquel il ne manque que la profondeur des meilleurs. ★★★

Ferreira

Cette firme portugaise appartenant au géant Sogrape – numéro un de la viticulture portugaise – produit toujours des Porto de grande qualité, des vins concentrés et solides provenant de quelques-uns des meilleurs terroirs du Douro.

Le **Vintage 2000** (S-718411 : 86 $) est moins robuste et moins ferme que ceux des grandes marques britanniques. Le 2000 est très caressant, riche en fruits mûrs et idéalement équilibré. L'élégance avant la puissance. Les Vintage de Ferreira ont prouvé depuis longtemps qu'ils acquièrent une suavité exquise avec le temps. ★★★→★ ④

Ferreira offre aussi un **Porto blanc** (S-571604 : 14,70 $) ; doré et très doux, à la texture tendre et onctueuse. Ne pas confondre avec le type de porto *Extra Dry*. On peut le servir nature, très frais, à l'apéritif ou à la fin du repas en guise de vin de dessert. ☆☆☆☆ ♥

Fonseca

Longtemps dirigée avec un brio exemplaire par le regretté Bruce Guimaraens, c'est maintenant son fils David qui lui a succédé. Cette maison associée à Taylor Fladgate produit des Porto – en particulier des Vintage – à faire rêver.

Le **Vintage 2003** (S-10456714 : 142 $) est un géant. Une couleur d'encre et une texture compacte et concentrée déploie des couches de saveurs. Imposant et combien prometteur. Grand vin ! Quelques bouteilles étaient encore offertes en septembre 2008. ★★★★→★ ▼ ④

À défaut de 2003, on trouvera le **Vintage 2000** (S-708990 : 130 $) ; à mon avis, le plus complet de ce millésime : multidimensionnel, profond et pénétrant, un vin vraiment impressionnant. On voudrait accélérer le passage du temps pour le goûter dès maintenant à maturité, tel qu'il sera vers 2015-2018. Un placement sûr. ★★★★→★ ④

Late Bottled Vintage 2001 (S-046979 : 20,75 $) ; autant elle produit des Vintage de première qualité, autant cette grande marque soigne son LBV. Comme toujours, ce vin fera le bonheur quotidien des amateurs de Porto riche, ample et bâti sur des tanins assez fermes. ★★★★

Dans la catégorie des Ruby, Fonseca propose le **Bin N° 27** (S-211466 : 17,80 $) ; un vin connu pour son succès auprès des amateurs de Porto vigoureux, serré et très mûr. Riche en sucre et pleinement savoureux. ★★★★ ♥

Dans l'ensemble du réseau, un bon **Tawny** (C-499145 : 14,80 $) ; franc de goût et facile à boire, assez généreux pour être recommandé, surtout à ce prix. ★★★ ♥

Mieux encore, le **Tawny 10 ans** (S-344101 : 34,50 $) offre une texture suave et caressante, marquée d'un goût de fruits secs très relevé. Une belle finale sucrée et vaporeuse. Impeccable. ★★★★

Enfin, une bonne note pour un agréable **Porto blanc** (C-276816 : 14,80 $) sentant bon les amandes et les noisettes. Style moelleux très caressant. ☆☆☆ ♥

Gould Campbell

Vieille maison britannique fondée en 1797 et rachetée par la famille Symington au début des années 1960. À retenir pour ceux qui veulent investir dans des Vintage sans devoir payer les gros prix des noms plus fameux.

Vintage 2003 (S-10456466 : 66 $) ; très bon Vintage ferme et tannique ; solide charpente et profusion de fruit mûr. Convaincant et prometteur. Pour 2012-2015. ★★★→★ ④

Vintage 2000 (S-727214 : 71 $) ; texture tannique ferme et solide, long et nourri. Pas le plus profond des 2000, mais sa sève caractéristique est très rassasiante. ★★★→★ ④ ▼

Graham's

Porte-drapeau de l'empire Symington, l'entreprise tricentenaire est l'un des grands noms du Vintage et propose une gamme complète de vins tous plus impeccables les uns que les autres.

Le **Vintage 2003** (S-10456503 : 97 $) ; du Graham à son meilleur. Splendide vin à la fois gras et tannique dont la dimension et la profondeur témoignent d'un grand millésime. Dans le peloton de tête, à laisser dormir au moins 15 ans. ★★★★→★ ④

Pour avoir une idée du 2003 une fois arrivé à pleine maturité, on peut goûter le splendide **Vintage 1983** (U-882928 : 120 $) ; on en trouvait encore quelques bouteilles en octobre 2008. Ouvert certes et surtout riche d'une foule de détails aromatiques, et pourtant ce vin robuste et dense affiche encore une étonnante jeunesse. Texture veloutée et caressante – comme un chat sur la langue – et une finale... qui n'en finit plus. Bon pour encore au moins 20 ans. Le prix me semble très acceptable pour un vin de cet âge. ★★★★★ ② ▼

Bien que d'évolution plus rapide, le **Vintage Malvedos 1998** (S-10320665 : 56 $) est encore jeune et fougueux. Solide Porto ferme, riche en matière et déployant une race certaine. Même s'il a commencé à s'ouvrir, ce vin sérieux ne sera à son apogée que dans trois ou quatre ans. ★★★★ ③

Late Bottled Vintage 2003 (C-191239 : 20,75 $) ; moins complet que d'habitude ; malgré tout. Un bon vin doux, souple et coulant. Simple et facile à boire. ★★★

Graham's Six Grapes (S-208405 : 22,95 $) ; particulièrement riche et concentré, noir comme de l'encre et sentant bon la violette ; sucré, presque épais en bouche et pleinement rassasiant. Probablement l'un des plus généreux de sa catégorie. Parfait ! ★★★★ ♥

Enfin, au répertoire général, un duo de première classe :

Tawny 20 ans (C-284216 : 59 $) ; ce remarquable Tawny illustre avec éclat que 20 ans est sans doute l'âge idéal pour ce type de vin. Plus complexe et plus raffiné que le 10 ans, plus doux et plus charnu, et surtout beaucoup moins cher que le 30 et le 40 ans. À la fois puissant et velouté, très onctueux, vaporeux, et cette finale typique teintée de vanille et de crème brûlée. Sensationnel ! ★★★★★

À peine moins bon, le **Tawny 10 ans** (C-206508 : 31,75 $) est un impeccable vin riche et fruité, aux délicieux accents chocolatés ; très nourri et parfaitement épanoui. Excellent. ★★★★

Martinez Gassiot

Avec l'acquisition de Cockburn's & Smithes par la famille Symington en juin 2006, cette vieille firme hispano-britannique fondée en 1790 est maintenant détenue par la famille Symington.

Tawny 10 ans (S-297127) : 37,75 $; excellent Porto à la belle couleur fauve et au nez engageant de fines odeurs de caramel, de vanille et de noisettes. Une texture onctueuse et douce, et surtout des saveurs relevées, raffinées et persistantes. Impeccable. ★★★★

Niepoort

Maison hollandaise fondée 1842. Dirk Niepoort signe une gamme de très bons Porto et de remarquables vins de table. La fonction de maître de chai est assurée depuis cinq générations par la famille Nogueira.

Dégusté une seule fois, le **Vintage 2003** (S-10469291 : 96 $) était très costaud et tannique ; un vin concentré et massif qui nécessitera sans doute beaucoup de temps pour s'exprimer pleinement. ★★★→★ ④

Offley

Ayant successivement été le bien de Seagram puis de Martini & Rossi, l'ancienne firme fondée en 1737 par William Offley appartient aujourd'hui à Sogrape qui produit une gamme complète de vins de qualité.

Le **Vintage Boa Vista 2003** (S-10449987 : 78 $) ; sombre, riche et opulent, un peu carré pour l'heure, mais il devrait se développer favorablement dans la prochaine décennie. ★★★→? ④

Également très convaincant, le **Vintage Boa Vista 2000** (S-718437 : 81 $) est vigoureux, gorgé de fruits et très flatteur ; sa fin de bouche ample et franche ajoute à sa tenue. Très bien et prometteur. ★★★→★ ④

Encore plus juteux et gorgé de fruits mûrs suaves, le **Vintage Boa Vista 1999** (S-10236121 : 55 $) est passablement souple et savoureux. Déjà très invitant, il ne sera pas nécessaire d'attendre 15 ans pour en profiter pleinement. ★★★→★④

Offley propose aussi un excellent LBV de style traditionnel, c'est-à-dire non filtré et mis en bouteille après seulement quatre ans. Le **Late Bottled Vintage 2000** (C-483024 : 20,75 $) a été embouteillé en 2004 et a ainsi préservé toute sa sève et sa riche matière fruitée. Tannique, ferme et très rassasiant. L'un des meilleurs de sa catégorie. ★★★★

La gamme des Tawny de Offley est aussi impeccable :

Colheita 1980, Baron de Forrester (S-599944 : 57 $) ; mis en bouteille en 2004. Ce long mûrissement en fût lui confère une inimitable onctuosité. Stylistiquement semblable à un 30 ans d'âge, c'est donc un Tawny merveilleusement suave en bouche, allégé par les années et dont les notes de caramel et de vanille sont un vrai régal. Pour être apprécié à sa juste valeur, ce grand vin ne doit pas être servi à plus de 12 -13 °C. ★★★★★

Colheita 1995, Baron de Forrester (C-440370 : 31 $) ; plus jeune, mais aussi très moelleux et au caractère torréfié fort savoureux. Un bon achat à ce prix. ★★★★

Encore plus épanoui et plus fluide, mais combien racé, le **Tawny 30 ans** (S-441618 : 88 $) s'impose par sa vitalité et sa couleur encore soutenue. Riche, complexe et multidimensionnel, il fond littéralement dans la bouche. ★★★★★ ▼

Au répertoire général, une excellente note pour le **Tawny 20 ans** (C-284224 : 58 $) ; une texture veloutée irrésistible, une finale vanillée très fine. Prix élevé pour une qualité impeccable. ★★★★

Le **Tawny 10 ans** (C-260091 : 28,60 $) est aussi très bon ; un joli relief et une finale enveloppante. Très agréable. ★★★

Je signale aussi le **Porto blanc Cachucha** (C-582064 : 18,95 $) ; couleur topaze très chatoyante et dimension aromatique remarquable. Un vin riche et onctueux, puissant et pourtant frais en bouche et facile à boire, muni d'une longue finale parfumée et chaleureuse. Toujours impeccable. Cinq étoiles bien méritées, car il domine la catégorie du Porto blanc. ☆☆☆☆☆ ② ♥

Poças

Formé à Bordeaux au milieu des années 1980, Jorge Manuel soutient que ses études bordelaises et les notions d'assemblage qu'il y a acquises lui sont toujours bénéfiques pour l'élaboration de différents vins de table et des Porto Tawny qui ont fait la réputation de l'entreprise. Avec une production annuelle de Porto s'élevant à plus de trois millions de bouteilles, Poças relève avec brio le défi de concilier la qualité et la quantité.

Vintage 2001 (S-718429 : 53 $) ; dans un millésime secondaire, un bon vin coloré, très doux et sirupeux s'imposant immédiatement par sa rondeur et son velouté très enrobant. À défaut d'avoir la profondeur des grands millésimes, ce Vintage compense largement par sa rondeur et sa généreuse expression fruitée. On n'attendra pas 20 ans pour en profiter. ★★★→★ ④

Comme d'habitude chez Poças, le **Late Bottled Vintage 2000** (S-603480 : 22,60 $) est de nouveau très réussi. Dans le style traditionnel, un excellent LBV coloré, musclé, à la fois riche et serré. Généreux et satisfaisant. ★★★★

Quinta do Infantado

Après avoir longtemps vendu ses raisins à Sandeman et à Taylor, la famille Roseira commercialise ses vins sous leur propre étiquette depuis la fin des années 1970.

Vintage 2000 (S-728790 : 75 $) ; très bon vin à la couleur profonde, plein de fruit et de chair, suave et nourri, à défaut de réelle profondeur. ★★★→? ④

Late Bottled Vintage 2001 (S : 884361 : 32,75 $) ; excellent LBV dans le style traditionnel, non filtré et mis en bouteille en 2006. Beaucoup de chair, de substance et de tenue. J'aime sa sève et son individualité. ★★★★

Inscrit au répertoire général, le **Ruby Meio-seco** (C-612325 : 16,65 $) est pourtant un délicieux vin jeune, opaque, tannique, chaud et solidement charpenté. Sa finale chocolatée lui ajoute beaucoup de charme. Parmi les meilleurs à moins de 20 $, une aubaine imbattable. ★★★★ ♥

Le **Porto blanc** (S-884437 : 18,25 $) est aussi fort recommandable. L'étiquette indique sec, mais le vin est moelleux – moins toutefois que le Lagrima de Ramos Pinto ou que le Cachucha de Offley. Agréable Porto blanc traditionnel, à la couleur topaze et aux notes épicées passablement subtiles. ☆☆☆

Quinta do Noval

Dans les collines dominant la vallée de Pinhao, cette splendide *quinta* appartenant à AXA Millésimes produit quelques-uns des meilleurs vins du Douro.

Le **Vintage 2003** (S-10449979 : 90 $) n'est rien de moins qu'un triomphe. Grand vin à la fois puissant, chic et velouté. Une richesse impressionnante et une classe exemplaire, une longueur et une race considérables. Cinq étoiles garanties, mais la patience s'impose. ★★★★→★ ④

Noval propose aussi le **Vintage Silval 1998** (S-884650 : 62 $) ; une sorte de Vintage générique élaboré avec des raisins provenant non seulement de Noval, mais d'autres vignobles des environs. Ce 1998 se caractérise par une trame tannique serrée et une forme très compacte. J'aime beaucoup son style direct, ferme et sans détour. On peut commencer à le boire sans se presser. ★★★★ ③

Le **Late Bottled Vintage 2001** (S-734657 : 25,45 $) demeure l'un des plus complets de sa catégorie ; passablement nourri et solide, il se signale par sa richesse, sa fermeté et sa longue finale savoureuse. Complet et rassasiant. Embouteillé en 2007. ★★★★

Noval excelle aussi dans la production de remarquables Tawny. Le **Tawny 20 ans** (S-10658244 : 61 $) me semble la quintessence du Porto longuement et savamment mûri en fût de chêne. Son onctuosité, sa texture coulante et sa puissance aromatique en font un vin complet. Y en a-t-il de meilleur ? ★★★★★

Infiniment suave et coulant, le **Colheita 1986** (S-10658455 : 54 $) rappelle le savoureux goût de caramel caractéristique des Porto vieillis longtemps en fût de chêne. Brillant ! ★★★★

Quinta do Vesuvio

Ce spectaculaire vignoble de 400 hectares surplombant le Douro a été principalement développé au XIXe siècle alors qu'il appartenait à Dona António Ferreira, une figure légendaire de l'histoire du Porto. Virtuellement laissé à l'abandon par ses héritiers, le domaine a été racheté en 1989 par la famille Symington qui en tire depuis un splendide Vintage.

Vintage 2003 (S-10456474 : 85 $) ; ultraserré et doté d'une structure marquante ; beaucoup de grain laissant une impression de puissance. Ce vin promet de grandes choses dans 15 ans. ★★★★→? ④

Le **Vintage 2000** (S-708933 : 96 $) est un autre grand succès. Un mélange exquis de puissance et de finesse, compact, mais distillant une harmonie remarquable. Doté de subtiles notes mentholées, persistantes et combien rassasiantes. ★★★★→★ ④

Un cran inférieur et pourtant excellent, le **Vintage 2001** (S-744458 : 57 $) est le fruit d'une sélection rigoureuse alors que seulement 6 % de la production du domaine a été retenu. Le vin brille par sa couleur profonde et par sa texture riche et intense. Grand succès ! ★★★→★ ④

Pour le plaisir...

Qualité-fraîcheur

HEYEZ

CHOCOLATIER

16, rue Rabastalière est, Saint-Bruno 450-653-5616 www.heyez.com

Ramos Pinto

Surtout connue pour ses délicieux Tawny des *quintas* de Bom Retiro et de Ervamoira, la maison produit aussi des Vintage et des LBV très satisfaisants alliant richesse et raffinement.

Vintage 2000 (S-708800 : 82 $) ; excellent Vintage sur le thème de l'amabilité et de la suavité. Il a passablement de chair et de fruit sucré et laisse une impression surmûrie très charmeuse. Attendre encore sept ou huit ans au moins. ★★★→★ ④ ▼

Late Bottled Vintage 2003 (S-743187 : 27,25 $) ; impeccable LBV traditionnel, c'est-à-dire embouteillé après quatre ans, non filtré et formant un dépôt dans la bouteille. Savoureux 2003 musclé, capiteux et très généreux, au goût de confitures de fruits. Un vin d'envergure, concentré et révélant une matière fruitée très riche. Excellent ! Bon pour plusieurs années. ★★★★

Tawny 20 ans, Quinta do Bom Retiro (S-133769 : 78 $) ; une référence dans sa catégorie. Couleur soutenue, ambrée et brillante ; un nez évolué et complexe, aux accents de fruits secs ; un goût de *toffey*, savoureux et caressant. Cher, mais parmi les meilleurs de sa catégorie. ★★★★★

Tawny 10 ans, Quinta da Ervamoira (S-133751 : 42,75 $) ; remarquable vin dont l'équilibre, la vigueur et la plénitude des saveurs en ont fait un classique. Excellent comme toujours. ★★★★

Enfin, le **Porto blanc Lagrima** (S-338632 : 20,15 $) rappelle un très bon Pineau des Charentes, fruité et onctueux. Excellent à l'apéritif, car il est suffisamment frais et équilibré. ☆☆☆☆ ♥

Smith Woodhouse

Membre du groupe Symington, Smith Woodhouse est l'une de mes marques préférées. Moins prestigieuse que Graham et Dow's, mais elle offre des vins de qualité exemplaire à des prix plus abordables. Le Vintage 1977 est une pièce d'anthologie, à ranger avec les meilleurs vins du millésime.

Vintage 2003 (S-10450021) : 71 $; deux fois moins cher que Fonseca et Taylor, il a pourtant bien peu à leur envier. Formidable Vintage puissant et multidimensionnel, considéré à juste titre parmi les meilleurs 2003. Un achat avisé. ★★★★→★ ④

Dégusté à quelques reprises ces dernières années, le **Vintage 1994** (S-156885 : 86 $) a aussi beaucoup de prestance. Ferme, tannique et solidement construit, il commence maintenant à s'ouvrir, mais donnera du plaisir pendant de longues années encore. ★★★★ ③

Tout aussi complet, de type traditionnel, le **Late Bottled Vintage 1995** (S-743781 : 34 $) compte parmi les plus achevés. Un vin classique et étoffé dont la qualité en fait le Vintage du pauvre par excellence. Une poigne tannique bien sentie en finale lui donne de l'étoffe. Excellent ! ★★★★

Dans un registre plus coulant, le **Tawny 10 ans** (S-575456 : 29,90 $) est un très bon vin généreux, aux riches saveurs rôties et vanillées. Tendre et onctueux. ★★★★

Taylor Fladgate

Plus de trois siècles après sa création en 1692, Taylor Fladgate trône toujours au royaume du Porto. Cette grande maison doit son immense prestige à ses somptueux Vintage, profonds et indestructibles. Toute la gamme des Porto Taylor est de qualité exemplaire.

Vintage 2003 (S-10455383 : 140 $) ; alors que les jeunes Vintage de Taylor s'imposent par leur concentration et par leur poigne du tonnerre, le 2003 m'a semblé plus tendre et plus sphérique que d'habitude. Moins imposant que Fonseca dégusté en même temps, mais il a une finesse et une suavité incomparables. Excellent et sans doute prometteur. ★★★★→? ④

Lui aussi monumental, le **Vintage 2000** (S-708966 : 130 $) est un vin multidimensionnel dont le fruit mûr et doux est entouré de tanins serrés. Puissant et pourtant frais en bouche. Sa longueur kilométrique confirme la race et le potentiel de ce vin monumental. ★★★★→★ ④

Vintage Quinta de Vargellas 2001 (S-10325010 : 85 $) ; niché dans les collines abruptes du Douro Supérieur, Vargellas compte parmi les grands crus de la région et ses vieilles vignes donnent régulièrement un Porto des plus étoffés. Tellement complet et racé, qu'il constitue toujours la colonne vertébrale des Vintage de Taylor. Dans les millésimes non déclarés, le vin est alors commercialisé sous le nom du cru, ce que les Anglais appellent un Single Quinta Vintage. Le 2001 est très achevé, dense et compact, il devrait dormir encore au moins cinq ou six ans en cave. ★★★→★ ④ ▼

Encore jeune et vigoureux, le **Vintage Quinta de Vargellas 1998** (S-480566 : 63 $) est déjà impressionnant, mais il donnera pourtant le meilleur de lui-même dans une dizaine d'années. ★★★★→? ④

Pour le quotidien, Taylor propose un duo de Porto riche et savoureux à prix abordables : **Late Bottled Vintage 2002** (C-046946 : 20,20 $) ; fidèle à lui-même, c'est-à-dire plein, fruité et droit. ★★★ ♥

First Estate, Lugar das Lages (C-309401 : 17,65 $) ; probablement l'un des meilleurs Porto à moins de 20 $, surtout si on aime ce style ferme, vigoureux et plein de fruit. Impeccable. ★★★ ♥

Taylor Fladgate n'excelle pas seulement dans les *full Port*, elle commercialise aussi une gamme de brillants Tawny :

Tawny 20 ans (C-149047 : 69 $) ; splendide, onctueux et subtilement parfumé de notes affriolantes de vanille et de cacao. La quintessence du Tawny. ★★★★★

Également inscrit au répertoire général, le **Tawny 10 ans** (C-121749 : 36,50 $) est flamboyant par sa riche couleur fauve et par sa complexité aromatique. Excellent ! ★★★★

Taylor propose aussi un Porto blanc sec **Chip Dry** (S-164111 : 21,80 $) ; le cépage malvoisie lui apporte un caractère vaguement *rancio* et des goûts de noisettes. Idéal à l'apéritif *avec du Tonic*. ☆☆☆

Warre's

Fondée en 1670, Warre's est la plus ancienne compagnie exportatrice de Porto. Propriété de la famille Symington depuis 1905, elle produit encore des vins remarquables. Ses Vintage et ses LBV ont l'étoffe des meilleurs.

Vintage 2003 (S-10456458 : 85 $) ; goûté à plusieurs reprises. Trop jeune bien sûr, mais il faut bien se sacrifier... le vin s'est avéré chaque fois nourri et bien construit. Très bien, mais moins profond que celui de Graham et de Dow. ★★★→★ ④ ▼

Vintage 2000 (S-708941 : 86 $) ; probablement à ranger parmi les grands succès de ce millésime. Des couches de saveurs, volumineux et offrant une mâche particulièrement savoureuse. Sera à maturité autour de 2015. ★★★★ →★ ▼ ④

Vintage 1994 (S-10320542 : 110 $) ; superbe vin traduisant bien la richesse du millésime. Profond, beaucoup de force et de poigne. À laisser reposer encore jusqu'en 2014-2015. ★★★★→★ ④ ▼

Late Bottled Vintage 1999 (S-10474980 : 36 $) ; avec Smith Woodhouse, Warre se distingue dans la gamme des Porto Symington et offre des LBV *Traditional* traduisant le vrai caractère de Vintage. D'évolution tout de même plus rapide, ces vins peuvent néanmoins se conserver longtemps et même se bonifier en bouteille. C'est la justification de son long bouchon classique au lieu du petit bouchon surmonté d'une rondelle de plastique. Excellent 1999, riche, serré et doté d'une solide poigne. Prêt à boire, mais pouvant attendre au moins jusqu'en 2015. L'un des meilleurs de sa catégorie. ★★★★

Warre's produit de superbes Tawny dont un remarquable **Colheita 1986** (S-10658471 : 54 $) ; sorte de 20 ans millésimé, ce vin clair, tendre, satiné et très persistant est sans doute l'un des meilleurs spécimens du genre. Exemplaire. ★★★★

Les amateurs de Tawny retiendront aussi le **Tawny Sir William 10 ans** (C-320788 : 31 $) ; à prix raisonnable, cet excellent vin ne manque pas de qualité : une jolie couleur ambrée, un nez exquis de vanille, de noisettes et de crème brûlée, tendre, fruité et soyeux en bouche. ★★★★

Taillé sur mesure pour séduire une clientèle plus jeune et lui faire découvrir les charmes du Porto, Warre a créé la gamme **Otima.** Le **20 ans** (S-10667360 : 39 $ – 500 ml) est suave et parfumé, sa texture et son relief distillent un charme irrésistible. ★★★★

Le **Otima 10 ans** (C-565705 : 24,95 $ – 500 ml) est lui aussi soyeux, velouté et d'une tendreté vraiment irrésistible. Warre's recommande de servir ces deux vins rafraîchis pour profiter, selon ses mots, de cette boisson idéale pour les journées plus chaudes. Entièrement d'accord ! ★★★★

Enfin, le **Fine Selected White Port** (S-925461 : 17,95 $) ; une invitante couleur topaze annonce un vin très à point ; un nez très fin, fruité et délicatement boisé évoque les fruits tropicaux. À la fois onctueux et glycériné, mais sans mollesse, de la tenue et de la profondeur. Un régal à prix économique. ☆☆☆☆ ♥

D'AUTRES LATE BOTTLED VINTAGE

Cruz, Late Bottled Vintage 2000, Gran Cruz (C-560151) : 19,75 $; coloré et ferme, une tenue digne de mention. En progrès cette année. ★★★

Gilbert's, Late Bottled Vintage 2001 (S-734525) : 17,35 $ (500 ml) ; bon LBV courant, suffisamment charnu. ★★

Quinta do Castelinho, Late Bottled Vintage 1997 (S-884809) : 26,15 $; embouteillé en 2001 ; fruité, sans détour et sans envergure particulière. ★★

Romariz, Late Bottled Vintage 2001 (S-734996) : 22,70 $; généreusement fruité, charnu et bien constitué. ★★★

D'AUTRES RUBY ET RESERVE

Burmester Sottovoce Reserve, Ruby (S-632364) : 16,70 $; bon Ruby au goût de fruits mûrs ; compact et tannique, une bonne texture et du grain. ★★★

Cabral Character Reserva, Vallegre (S-10270717) : 16,65 $; bon produit commercial ; des goûts de pruneau et de fruits secs ; assez bien structuré. ★★

Cockburn's Special Reserve (C-063180) : 16,95 $; bon vin commercial produit à grande échelle ; fort savoureux, chaud et généreux. ★★

Gran Cruz, Tribute Ruby (S-573436) : 17,80 $; plutôt commercial et un peu simpliste, mais fruité et suffisamment relevé ; correct, à défaut d'être réellement inspiré. ★★

Special Reserve Ruby (C-10331778) : 16,80 $; quelconque. ★

Sandeman Ruby (C-023366) : 14,95 $; qualité en progression ; de la chair et une bonne dose de fruit. ★★★ ♥

D'AUTRES BONS TAWNY ★★★

Calem, Tawny 10 ans (S-943811) : 33,75 $; bon vin d'envergure moyenne, fin, onctueux, coulant, au goût agréable de *toffey*.

Ferreira, Dona Antonia Réserve Personnelle (S-865311) : 20,60 $; bon Porto courant tendre et fruité, sa texture onctueuse charme immédiatement ; pas spécialement complexe ni profond, mais franc et savoureux.

Quinta de Santa Eufêmia, Tawny 10 ans (S-733121) : 28,20 $; un brin rustique, mais ouvert, bien équilibré ; des notes de *toffey* et de vanille ; chaleureux et satisfaisant.

Tawny (S-733378) : 14,55 $; un bon vin courant au goût caractéristique de fruits confits ; sans envergure particulière, mais tout à fait satisfaisant à ce prix.

D'AUTRES TAWNY PLUS COURANTS ★★

Barros, Imperial Tawny (C-544205) : 14,75 $

Messias 1990 (S-334771) : 38 $

Offley, Porto Rei (C-157438) : 14,95 $

Quinta do Castelinho, Tawny 10 ans (S-734079) : 24,35 $

Madère

Comme le Xérès, le Madère demeure tout à fait méconnu et mésestimé chez nous. Les quelques nouveaux vins commercialisés cette année coïncidaient avec la publication du magazine *Cellier* consacré aux vins d'Espagne et du Portugal. Une nouvelle invitation à découvrir les charmes de l'un des vins les plus originaux du monde.

Le Madère provient de l'île du même nom située à environ 600 kilomètres au large de l'Afrique, à la hauteur de Casablanca. Cas unique dans le monde vinicole, le vin est obligatoirement chauffé à 50 °C pendant trois mois, d'où ce goût caractéristique de caramel et de fruits séchés. Le Madère est un vin fortifié, c'est-à-dire qu'on lui ajoute une certaine quantité d'eau-de-vie au cours de son élaboration pour hausser son taux d'alcool à 18 %.

Le Sercial est le Madère le plus sec ; ce cépage est à l'origine de son goût acide qui le rend très rafraîchissant. Le Verdelho est un peu plus doux, le Bual est riche, moelleux et profond. Le plus doux est le Malmsey – Malvoisie en France –, très riche et presque sirupeux.

Le Sercial et le Verdelho sont servis l'après-midi ou à l'apéritif. Le Bual et le Malmsey sont surtout appréciés en fin de repas. Comme le Porto, ils sont délicieux avec les fromages bleus.

La concurrence n'est pas nombreuse au royaume du Madère, l'île ne dénombre que six compagnies dont les vins sont principalement destinés à l'exportation.

En raison de son processus d'élaboration, le Madère fait preuve d'une longévité remarquable. Une bouteille débouchée peut facilement être gardée réfrigérée pendant plus d'un an.

bon à savoir

Henriques & Henriques, Single Harvest 1995 (S-10808927) : 23,95 $
Ce Single Harvest est issu exclusivement du cépage local tinta ne-
gra mole, une variété largement répandue dans l'île, mais moins
estimée en raison d'un potentiel de garde inférieur à celui des
cépages « nobles ». Quoi qu'il en soit, cet excellent vin moelleux et
riche en goûts chocolatés ne manque certainement pas de poigne
et sa tenue en bouche est digne de mention. ☆☆☆☆

Madeira Wine Company

Fondée au début du xxᵉ siècle, cette compagnie est née d'un
regroupement de plusieurs marques – Blandy's, Leacock's,
Cossart Gordon, etc. – qui ont assuré la survie de leur entreprise
en mettant en commun leurs coûts de production et de promotion. Aujourd'hui, la Madeira Wine Company appartient aux
familles Blandy et Symington qui ont multiplié les investissements pour rénover notamment le chai à barriques et remplacer
les *estufas* modernes – énormes réservoirs servant à réchauffer
le vin artificiellement – par un système de chambres climati-
sées qui s'apparente davantage à la méthode traditionnelle des
canteiros. Quoique plus lent, ce dernier génère des vins nettement plus racés.

Leacock's, 5 ans Dry Sercial (S-10896664 : 25,95 $) ; officielle-
ment sec, mais en réalité contenant une appréciable dose de sucre
résiduel, ce vin dégage d'agréables notes de noisettes et de torréfaction. Un plaisir simple à servir frais à l'apéritif. ☆☆☆

Un cran plus nourri, le **Cossart Gordon, Bual Colheita 1997**
(S-10898731 : 45,25 $) se signale surtout par sa poigne solide et
sa longue et succulente finale aux accents caramélisés. ☆☆☆☆

Pour découvrir le bonheur rare d'un Madère à point, le **Blandy's,
Bual 1977** (S-10758341 : 99 $) résume l'essentiel de ce vin éter-
nel : complexe, multidimensionnel et doté de ces multiples couches de saveurs et de parfums qui sont la marque des grands
vins. Unique en son genre et muni de la poigne caractéristique
des Madère, le Bual 1977 laisse une note terminale chaleureuse
et infiniment caressante qui donne l'impression de côtoyer le
meilleur. Exceptionnel ! ☆☆☆☆☆

Enfin, le **Blandy's, Malmsey, 10 ans d'âge** (S-10896701 :
49,75 $) ; le plus riche d'entre tous. Couleur marron foncé, par-
fums de torréfaction et de caramel brûlé ; chaleureux sans être
sirupeux et nourri par une saine acidité qui supporte l'ensemble
et laisse une sensation harmonieuse en finale. ☆☆☆☆

Xérès

L'authentique Xérès est sans aucun doute le plus mésestimé des grands vins du monde. En Espagne comme à l'étranger, les ventes sont en régression constante. En 2006, le *Consejo Regulador de Jerez* a enregistré une chute de plus de 9 % pour un total de vente de 75 millions de bouteilles. Même si les marchés historiques démontrent une fidélité quasi inébranlable – le Royaume-Uni, l'Espagne et la Hollande représentent 77 % du marché –, les traditions se perdent et la clientèle vieillissante est difficile à renouveler.

Au Québec, ce n'est pas la piètre qualité de l'étroite gamme offerte qui pourra dynamiser les ventes de Xérès. Cette année, les amateurs ont cependant pu se réjouir de l'arrivée au printemps de quelques nouveaux produits présentés dans un numéro du magazine *Cellier* consacré aux vins de la péninsule ibérique.

Pour séduire davantage de consommateurs, le *Consejo Regulador* encourage les producteurs à adopter la capsule vissée et prescrit la mention de la date de mise en bouteille sur l'étiquette.

Gonzalez Byass

Entreprise familiale de première importance en Andalousie et connue mondialement pour son Tio Pepe, Gonzalez-Byass commercialise une gamme complète de Xérès.

Tio Pepe (S-242669 : 15,75 $) ; rajeuni par sa nouvelle présentation, le Fino le plus connu du monde est toujours aussi bon. Un délicieux Xérès jeune et merveilleusement frais en bouche, étonnamment facile à boire en dépit de ses 14,5 % d'alcool. ☆☆☆☆ ♥

Plus riche et plus moelleux, le **Solera 1847, Oloroso Dulce** (S-10896584 : 14,95 $) est un bon produit pour s'initier au plaisir du Xérès. Riche, velouté et intense ; très plaisant goût de noix et des proportions justes d'acidité et de moelleux. À consommer à la fin du repas avec une crème catalane. ☆☆☆☆

Plus grand encore, il faut signaler le **Matusalem, Oloroso Dulce Muy Viejo, VORS** (U-10382410 : 30,75 $ – 375 ml) ; magnifique vin complexe, à la superbe couleur acajou foncé ; épicé et riche d'une palette de parfums qui n'appartient qu'au Xérès vieilli à point. Les amateurs seront comblés. ☆☆☆☆

Gonzalez Byass produit aussi un **Xérès Noe, Pedro Ximenez Muy Viejo, VORS** (S-744185 : 30,75 $ – 375 ml) ; ce vin issu du jus de raisins pedro ximenez hyperconcentré est une sorte d'originalité ressemblant davantage à du sirop de raisin qu'à du vin. Manière peu élégante de décrire un produit remarquablement élaboré et issu d'une noble tradition andalouse. Hors norme. ☆☆☆☆

Lustau

Propriété du groupe Caballero, Lustau est un grand nom du Xérès. Du plus sec au plus doux, tous les vins de la marque sont admirablement typés et dotés d'une forte personnalité.

Puerto Fino, Solera Reserva (S-10808901 : 18,50 $) ; offert à prix d'aubaine, ce remarquable Fino a été élaboré à Puerto de Santa María, ville portuaire située tout près de Cádiz. Très sec, savoureusement désaltérant et doté d'une complexité aromatique incomparable que met en relief une acidité tranchante, il est certainement le meilleur exemple du genre que l'on puisse acheter actuellement. Servi bien rafraîchi (8-9 °C) à l'apéritif ou en accompagnement de poissons grillés et de crustacés, ce vin impeccable et d'une absolue fraîcheur s'avère irrésistiblement désaltérant et tonique. Je ne peux imaginer meilleur Fino, allons-y pour cinq étoiles. ☆☆☆☆☆ ♥

Papirusa, Manzanilla, Very Dry (S-10896470 : 9,95 $ – 375 ml) ; le Manzanilla est en fait un Fino provenant exclusivement de Sanlucar de Barrameda en bordure de l'Atlantique. Du fait d'un climat océanique plus frais et de raisins légèrement moins riches en sucre, le Manzanilla est connu pour sa légèreté. Il est souvent qualifié du plus délicat des Xérès. Par ailleurs, la présence plus importante d'une *flor* sur la surface du vin en tonneau lui confère une personnalité mieux sentie agrémentée d'une odeur de pain frais sortant du four. On retrouve très nettement cette caractéristique dans ce vin très sec, aérien, dont la fraîcheur repose sur un équilibre parfait entre l'acidité et l'alcool. Une nouvelle occasion – serait-ce enfin la bonne? – de découvrir l'un des grands vins du monde les plus sous-estimés. Superbe apéritif à servir autour de 9 °C. ☆☆☆☆

Sur un mode plus riche et vineux, le **Don Nuno, Oloroso Solera Reserva, Dry** (S-10896525 : 13,95 $ – 375 ml) est sec et relevé de notes complexes de torréfaction. Persistant et savoureux, excellent compagnon des poissons grillés. ☆☆☆☆

Enfin, le **Escuadrilla, Amontillado** (S-10896550 : 13,95 $ – 375 ml) ; un Fino vieilli, de là sa couleur ambrée et ses arômes évolués. Profond, complexe et arrondi par un poil de sucre, ce vin est empreint d'une senteur inimitable de figues et de noix. À la fin du repas avec les fromages... Un délice ! ☆☆☆☆

Williams & Humbert, Alegria, Manzanilla (S-10808839) : 13,30 $

Excellent Manzanilla, sec, droit et parfumé, au caractère salin typique. Pour une chanson, un apéritif aussi original qu'agréable. ☆☆☆☆ ♥

Dans une nouvelle présentation plus moderne, le **Dry Sack** (S-013565 : 13,60 $) demeure le même bon Xérès riche, moelleux et facile à boire. Bon produit d'initiation au Xérès, à prix d'aubaine. ☆☆☆ ♥

Du même producteur, le **Canasta Cream Oloroso** (S-416966 : 13,60 $) ; un bon Xérès doux, au goût de chocolat et de *toffey*. Un produit commercial rudimentaire, de bonne facture et bon marché. ☆☆☆

Les dénominations Xérès, Jerez et Sherry désignent le même produit, en français, en espagnol et en anglais. Le Sherry anglais est un dérivé de Sherish, nom que les explorateurs arabes du XIIe siècle donnaient à la ville de Jerez.

Les Xérès secs, Fino et Manzanilla, doivent être servis à 10 °C environ, purs et sans glaçons.

Comme le Porto blanc, Fino et Manzanilla sont excellents lorsque coupés de moitié de Seven Up et servis avec des glaçons et des agrumes. Une boisson estivale parfaite !

Fino et Manzanilla sont agréables à l'apéritif, mais peuvent aussi accompagner des poissons grillés et des crustacés.

Une bouteille de Xérès sec ne doit pas rester entamée plus d'une semaine. Si possible, éviter d'acheter des bouteilles qui ont séjourné des mois sur les étagères.

Afin de distinguer et de certifier les Xérès très longtemps mûris en fûts, le Consejo Regulador a créé deux catégories spéciales. La mention VORS (Very Old Rare Sherry) indique que les vins composant l'assemblage sont âgés d'au moins 30 ans, tandis que les vins de plus de 20 ans portent le label (Vinum Optimum Signatum ou Very Old Sherry).

bon à savoir

Montilla Moriles

Les vins de Montilla Moriles proviennent d'une appellation située à une centaine de kilomètres à vol d'oiseau au nord-est de Jerez. Ils résultent des mêmes méthodes d'élaboration – *flor et solera* – et ont les mêmes dénominations : Fino, Oloroso et Amontillado. La différence est que le Montilla Moriles est issu exclusivement de cépage pedro ximenez et qu'il n'est pas nécessairement fortifié. La richesse en sucre des raisins est telle que le vin atteint naturellement une teneur alcoolique de 18 et même 19 %. Les vins de Montilla Moriles se distinguent par leur fraîcheur et leur équilibre ; ils sont puissants sans être lourds ni épais.

Alvear

Le plus important producteur de Montilla Moriles, le spécialiste Alvear commercalise cinq vins à la SAQ. Tous sont franchement remarquables.

Du plus sec au plus doux :

Capataz, Fino, Montilla Moriles (S-884833 : 14,70 $ – 500 ml) : très sec et pourtant délicieusement fruité, un mélange exquis de vinosité et de légèreté titrant 15 % d'alcool naturel. Les amateurs de Xérès Fino seront comblés et apprécieront son goût généreux et flatteur. ☆☆☆☆ ♥ ▼

Carlos VII, Amontillado, Montilla Moriles (S-884866 : 18,45 $ – 500 ml) ; splendide couleur topaze, vineux, 19 % d'alcool ; très sec – à peine 5 grammes de sucre naturel –, un style puissant et un goût fumé et épicé très complexe quasi exotique ; d'agréables notes de tabac. ☆☆☆☆ ♥

Asuncion, Oloroso, Montilla Moriles (S-884825 : 19,15 $ – 500 ml) ; également 100 % pedro ximenez et 19 % d'alcool naturel. Ambré, riche et plein en bouche, très nourri et enrobé de douceur et de goûts d'amandes, 29 grammes de sucre résiduel. Une longue finale parfumée, de la poigne et de la tenue, mais aucune lourdeur. Très fin. ☆☆☆☆ ♥

Solera Cream, Montilla Moriles (S-884874 : 18,85 $ – 500 ml) ; enrichi d'eau-de-vie et mûri pendant plus de 10 ans en barrique de chêne. Résultat : 18 % d'alcool et 120 grammes de sucre résiduel. Un vin riche et suave, merveilleusement doux et tendre, un peu à la manière d'un Porto Tawny. Fraîcheur exemplaire et goût irrésistible de caramel et de raisins secs. Une suavité très élégante. ☆☆☆☆ ♥

Pedro Ximenez, Solera, Montilla Moriles (S-10261141 : 23,80 $ – 375 ml) ; à la fois curiosité et pièce de collection, ce véritable sirop de raisins est le fruit d'une *solera* démarrée en 1927. Au fil du temps, ce vin régénéré a développé un caractère antique entremêlant des goûts de caramel, de figues séchées et de mélasse. Sirupeux et plutôt épais en bouche tant sa densité de sucre est grande, c'est le vin que l'on savoure au goutte à goutte. Une cuillerée sur une glace à la vanille, c'est exquis ! ☆☆☆☆

P. X. Reserva, Montilla Moriles (S-10808821 : 49 $ – 500 ml) ; si la mélasse ne vous fait pas peur, goûtez ce vrai sirop épais et contenant probablement mille calories par centilitre. Certes, un produit authentique, mais aussi hors norme, à servir à dose homéopathique. ☆☆☆☆

Muscat et autres vins fortifiés

Buller, Vin Fortifié, Victoria (S-10811106) : 17,25 $
Rustique, doux et chaleureux. Buller est une entreprise australienne spécialisée dans la production de vins fortifiés. ★★★

Cave des vignerons de Beaumes de Venise, Muscat de Beaumes de Venise (S-093237) : 21,35 $
Inscrit depuis longtemps au catalogue de la SAQ, c'est toujours un excellent vin fin, très fruité et d'une fraîcheur exemplaire. ☆☆☆☆

Cazes
Ce vaste domaine de Rivesaltes, 200 hectares, s'est taillé une réputation enviable pour ses remarquables vins doux naturels.

Rivesaltes Ambré 1995 (S-10810091 : 19,35 $ – 375 ml) ; superbe vin tendre et velouté, des goûts de figues et de fruits séchés s'éternisent dans la bouche. Équilibre exemplaire et parfaitement à point. ☆☆☆☆☆

Muscat de Rivesaltes 2005 (S-961805 : 24,50 $) ; le vin du domaine Cazes demeure l'archétype du Muscat méditerranéen. Riche, exubérant et bien juteux ; difficile de trouver mieux ! ☆☆☆☆

Domaine de la Ferrière 2004, Maury, Ruby, Gilles Baissas (S-739383) : 17,45 $
Bon Maury jeune et charmeur ; on apprécie sa rondeur, sa souplesse, et ses parfums caractéristiques de grenache noir. Ce vin de taille moyenne doit être bu dans son jeune âge pour profiter de toute sa vitalité. Typique et à prix abordable. ★★★ ♥

Domaine de la Rectorie, Banyuls 2006, Cuvée Parcé Frères
(S-10322661) : 28,45 $ (500 ml)
En plus de leurs impeccables Collioure (voir page 153), les frères Parcé produisent un savoureux Banyuls riche en matière fruitée et en tanins. Sa fermeté enrobée de douceur et ses goûts de fruits noirs lui donnent beaucoup de caractère. Excellent, et déjà bon à boire. ★★★★

Domaine du Trapadis 2005, Rasteau (S-10370355) : 27,10 $ – 500 ml
Sur une vingtaine d'hectares plantés de vignes âgées de 20 à 35 ans, le producteur Helen Durand signe quelques-uns des vins les plus prisés de Rasteau. Non seulement ses vins tranquilles sont impeccables, mais son vin doux naturel est un régal ; le grenache noir lui confère un inimitable goût à la fois relevé et suave. Son fruit riche et son grain fin persistent longtemps en bouche. Mariage très réussi de vinosité et de fraîcheur. ★★★★

Fonseca, Jose Maria da ; Alambre 2002, Moscatel de Setúbal
(S-357996) : 15,60 $
Spécialité de la maison da Fonseca – aucun rapport avec les Porto Fonseca –, cet excellent vin moelleux aromatique est une tradition de la péninsule de Setúbal, au sud de Lisbonne. Muscat, boal et malvoisie font un vin exquis et délicatement parfumé qui donne l'impression de croquer dans une pêche bien mûre ; le tout est soutenu par une franche acidité. Un vin original, à découvrir. ☆☆☆☆ ♥

Mas Amiel, Maury Prestige 15 ans d'Âge (S-884312) : 38 $
La cuvée Prestige est un régal de douceur et de suavité sur le thème des fruits confits. Non pas puissant ni concentré, mais tellement bon. ★★★★

Vintage 2005, Maury (S-733808) : 17,30 $ (375 ml) ; excellent Maury franchement délicieux par la tendresse et la rondeur de son fruit. Tellement suave et charmeur qu'on éprouve déjà un plaisir immense à savourer ce vin jeune. Contrairement au Porto Vintage, il n'est pas nécessaire d'attendre 15 ans pour en apprécier la pleine mesure. ★★★★

Delas, La Pastourelle 2004, Muscat de Beaumes de Venise
(U-10942472) : 35 $
Outre une série de très bons vins rouges, la célèbre maison rhodanienne produit un affriolant Muscat fin et distingué. De fines nuances aromatiques, un équilibre remarquable et une fraîcheur irrésistible le placent dans une classe à part. Quelques bouteilles seulement à Signature. ☆☆☆☆☆

Yalumba, Muscat Museum, South Eastern Australia
(S-10366495) : 21,95 $
Les amateurs du genre se régaleront de ce riche et doux Muscat onctueux, embaumant de plantureux parfums de raisins confits. Caressant, doux et savoureusement aromatique. Superbe exemple d'une grande tradition australienne. ★★★★

Grandes tables et bistros

Restaurants luxueux ou bistros sympathiques, voici près d'une centaine d'adresses où les maîtres des lieux accordent une importance méritée au vin. La carte n'est pas nécessairement longue, mais le choix est toujours soigné. Tous ont en commun une cuisine sincère, parfois même très raffinée.

Délibérément, les établissements sont présentés pêle-mêle et non par ordre de mérite.

Le pictogramme ♥ indique un restaurant apparaissant pour la première fois dans le guide.

Le vin en cave et à table

Par souci de concision, et pour laisser plus d'espace au vin, l'accord simplifié des plats et des vins a été retiré de ces pages. Vous trouverez cependant toute l'information voulue – et plus encore! – sur le site Internet de Michel Phaneuf sous la rubrique « Le vin en cave et à table ». Ce site, accessible à tous, vous propose notamment un guide interactif vers l'accord facile des plats et des vins, les archives de Michel Phaneuf et les vins de la semaine.

Michel Phaneuf Vin.com
Le guide du vin

Le vin à table

Dix conseils-clés pour réussir ses accords de plats et de vins

1 Servez impérativement le vin à la bonne température (jamais plus de 18 °C pour les rouges). C'est la condition *sine qua non* pour en retirer tout le plaisir souhaité.

2 Évitez de servir des vins moelleux ou liquoreux à l'apéritif et au début du repas. Le sucre sature les papilles.

3 Regardez la couleur du plat. En règle générale, un plat de couleur claire appelle un vin blanc, un plat de couleur foncée s'accommode d'un vin rouge.

4 Tenez compte de la générosité du plat. Des saveurs relevées se marient à un vin jeune et généreux. Par contre, un plat plus sobre met en valeur la finesse d'un vin.

5 Rappelez-vous que le vin blanc sec accompagne parfaitement les poissons, les crustacés et les fruits de mer. Une exception, un vin rouge souple peut être merveilleux avec un thon grillé. Pour tout le reste qui sort de l'eau, servez du vin blanc.

6 Méfiez-vous de l'artichaut, des asperges, de la tomate fraîche, des épinards et des œufs. Ce n'est pas le moment de mettre des grands vins en scène. Le vinaigre et les marinades ne font pas bon ménage avec le vin.

7 Servez le meilleur vin rouge avec le plat principal puisque c'est en définitive le point d'orgue du repas. Rien n'interdit de servir ensuite un vin plus modeste, mais vigoureux – et pourquoi pas du blanc – avec certains fromages.

8 Souvenez-vous que le sempiternel mariage vins et fromages est au contraire... un cas de divorce. Un grand vin rouge ne convient pas à un brie ou à un époisses, la finesse du vin étant assurément voilée par le gras envahissant du fromage. En revanche, le Porto et le vin liquoreux s'accommodent très bien des fromages relevés. Et rien de mieux qu'un vin blanc sec pour accompagner un fromage de chèvre.

9 N'oubliez pas que tous les vins fins et harmonieux ont d'étonnantes facultés gastronomiques et désaltérantes. Au contraire, les vins extrêmes, impressionnants en dégustation, n'offrent pas de plaisir à table.

10 Rassurez-vous, le monde est vaste et des centaines de vins de nombreux pays et régions viticoles peuvent accompagner un même plat. Détendez-vous, buvez en paix !

Milos ♥

5357, avenue du Parc, Montréal
514 272.3522

La célèbre table hellénique est réputée depuis longtemps pour ses spécialités de poissons. Excellente cuisine et service impeccable. Une carte de vins assez diversifiée et un bon choix de vins grecs rappelant l'origine des propriétaires.

Bouchonné ♥

9, rue Fairmount Est, Montréal
514 273.8846

Les propriétaires du restaurant La Montée de Lait ont redonné vie à un petit local où se trouvait jadis le Checkpoint Charlie. Le menu convient à ravir à une carte des vins particulièrement étoffée. Les vins sont proposés en format de 150 ml, en carafe de 500 ml et en bouteille.

Buvette chez Simone ♥

4869, avenue du Parc, Montréal
514 750.6577

C'est le bar à vin de l'heure à Montréal. La Buvette est un lieu chaleureux où il fait bon s'attabler entre amis. Le menu, simple et sans prétention, propose des entrées et du poulet rôti. La carte des vins est diversifiée et compte une douzaine de vins au verre.

D N A ♥

355, rue Marguerite d'Youville, Montréal
514 287.3362

Après avoir fait ses armes chez Jamie Oliver à Londres, le chef Derek Dammann s'est associé au maître d'hôtel et sommelier Alex Cruz pour ouvrir cette année l'un des restaurants les plus inventifs de Montréal. Cuisine très inspirée et longue carte des vins, particulièrement bien garnie en vins canadiens.

Le Petit Conti ♥

4007, rue Saint-Denis, Montréal
514 845.6842

Suite à l'incendie qui a ravagé Le Continental, les propriétaires du restaurant ont élu domicile dans ce local plus petit, agrémenté d'une jolie terrasse. Les classiques de la maison figurent encore au menu et la carte des vins propose un bon choix de vins français et d'ailleurs.

Graziella ♥

116, rue McGill, Montréal
514 876.0116

Grand restaurant dans tous les sens du terme : salle étendue et beauté des murs. La réputée chef italienne Graziella Battista (ex Il Sole) prépare une cuisine savoureuse, précise, mais sans ostentation. Grand choix de vins, principalement d'Italie.

Da Emma ♥

777, rue de la Commune Ouest, Montréal
514 392.1568

Cuisine italienne traditionnelle bien maîtrisée, servie dans un décor de vieilles pierres. Un très bon choix de vins, italiens surtout, et un agréable service efficace et professionnel. Terrasse en été.

Bistro Bienville ♥

4650, rue de Mentana, Montréal
514 509.1269

Ce sympathique bistro du plateau Mont-Royal a tout pour plaire. Une ambiance décontractée et une cuisine à la fois inventive et authentique, préparée avec des ingrédients triés sur le volet. De bons vins figurent sur la carte.

Portus Calle ♥

4281, boul. Saint-Laurent, Montréal
514 849.2070

Une savoureuse cuisine portugaise servie dans un grand restaurant très affairé du boulevard Saint-Laurent. Belle carte de vins portugais, service courtois et efficace.

Grandes tables et bistros

475

Le Local ♥
700, rue William, Montréal
514 397.7737

Aménagé dans les anciens locaux d'une firme d'architectes, ce restaurant très affairé sert une cuisine bistro inventive accompagnée d'une carte des vins passablement étoffée.

Aszu
212, rue Notre-Dame Ouest, Montréal
514 845.5436

Luxueux restaurant-bar à vin dans les murs du Vieux-Montréal. Une très bonne cuisine, un service affable, un très grand choix de vins dont plusieurs servis au verre. Agréable terrasse pour les soirs d'été.

Les Trois Petits Bouchons
4669, rue Saint-Denis, Montréal
514 285.4444

Dans un décor à la fois épuré et chaleureux, on y sert des spécialités françaises et québécoises réinventées. La carte des vins propose essentiellement des vins dits naturels. Service courtois.

Cuisine et Dépendance
4902, boulevard Saint-Laurent, Montréal
514 842.1500

Restaurant très occupé proposant une très bonne cuisine dans une atmosphère agréable et décontractée. La carte des vins est bien fournie ; le service est prompt et amical.

Laloux
250, rue des Pins Est, Montréal
514 287.9127

Avec l'arrivée du chef-pâtissier Patrice Demers (ex Les Chèvres), Laloux connaît une seconde jeunesse. La cuisine est meilleure que jamais et le service est efficace et sans prétention. La carte des vins propose un très bon choix dont plusieurs produits en importation privée.

Juni
156, rue Laurier Ouest, Montréal
514 276.5864

Dans un cadre simple et dépouillé, une cuisine asiatique aussi exquise que raffinée ! Une belle carte de vins présentée avec soin et riche de plusieurs vins d'importation privée.

Truffert, Bistro de Christophe
1481, avenue Laurier Est, Montréal
514 590.0897

Joli bistro situé dans le secteur Est de la rue Laurier. On y propose une cuisine française enrichie de quelques touches d'exotisme. La carte des vins est suffisamment diversifiée.

Le Margaux
5058, avenue du Parc, Montréal
514 448.1598

À deux pas de la rue Laurier, un joli restaurant où l'on propose une cuisine sobre et raffinée. De bons vins français figurent sur la carte.

M sur Masson
2876, rue Masson, Montréal
514 678.2999

Dans ce quartier revitalisé de l'est de Montréal, les anciens du restaurant La Bastide proposent une cuisine d'inspiration européenne au goût du jour et une carte des vins étonnamment étoffée. Le service est courtois et professionnel.

Raza Restaurant
114, avenue Laurier Ouest, Montréal
514 227.8712

Dans un décor minimaliste, un restaurant vibrant aux accents de l'Amérique du sud. Cuisine originale, ambiance sympathique et quelques bons vins bien choisis.

Garçon !
1112, rue Sherbrooke Ouest, Montréal
514 843.4000

Dans un décor sobre, un agréable bistro de luxe très fréquenté le midi. Service rapide et courtois, une très bonne cuisine moderne et une carte des vins bien garnie.

Vertige

540, avenue Duluth Est, Montréal
514 842.4443

Dans un quartier très fréquenté de Montréal, ce restaurant moderne propose une cuisine très bien maîtrisée, sans fioritures et mise en valeur par une carte des vins à l'avenant. Le service est courtois et diligent.

Simpléchic

3610, rue Wellington, Verdun
514 768.4224

Remarquable restaurant où le chef-propriétaire propose une cuisine très soignée et traite le vin avec sérieux. Le personnel, le service, la table, tout est impeccable. Une adresse à retenir.

Le Jolifou

1840, rue Beaubien Est, Montréal
514 722.2175

Ce restaurant mignon et accueillant propose une cuisine simple et bonne servie sur des tables décorées de jouets! Le service et la carte des vins sont tout à fait appropriés.

Nizza

1121, rue Anderson, Montréal
514 861.7076

Cette ancienne *pizzeria* voisine du Latini, appartenant aux mêmes propriétaires, est prolongée d'une invitante terrasse. La cuisine d'inspiration niçoise – d'où le nom – est mise en valeur par une riche carte des vins alignant plusieurs grands noms de France et d'ailleurs dont certains dans des vieux millésimes.

Le Bouchon de Liège

8497, rue Saint-Dominique, Montréal
514 807.0033

Dans le nord de la ville, ce sympathique restaurant sans façon, mais opéré avec professionnalisme, offre une cuisine franche et savoureuse, sans prétention. Sur la carte, beaucoup de bons vins choisis avec discernement.

Verses

100, rue Saint-Paul Ouest, Montréal
514 788.4000

Très bon restaurant établi dans le bel hôtel Nelligan. Cuisine soignée, service attentif et vins bien choisis.

À l'apéritif

Rien de mieux qu'un verre de Champagne avant de passer à table. Les Crémant de Bourgogne et de Loire ainsi que les bons mousseux du nord de l'Italie – Franciacorta, Prosecco –, *cava* de Catalogne, vins effervescents de Californie et d'ailleurs sont tout aussi indiqués. On peut aussi servir un vin blanc sec pas trop acide. Les vins moelleux ne sont pas vraiment à leur place avant le repas, le sucre ayant pour effet de couper l'appétit.

Le Xérès sec – Fino et Manzanilla – est aussi un vin très civilisé dont les vertus apéritives ont été prouvées depuis longtemps.

L'été, un verre de Porto blanc *Extra Dry* coupé de moitié de *tonic,* et garni de glaçons et d'une tranche de citron est un excellent apéritif.

La cave à vin

1 Les conditions de conservation sont cruciales. Une température fraîche et constante, entre 12 et 14 °C est idéale. Mais il n'y a pas à s'inquiéter si le thermomètre passe de 10 °C l'hiver à 20 °C pendant l'été. Le vin est plus résistant qu'on le dit. Un taux d'humidité de 70 % est souhaitable.

2 Il vaut mieux six bouteilles d'un même vin dont on pourra apprécier l'évolution qu'une collection de spécimens individuels.

3 N'attendez pas inutilement pour déboucher vos bouteilles. Mieux vaut boire un vin trop jeune que trop vieux. Consultez les courbes d'évolution des vins et le tableau des millésimes présentés dans cette édition.

4 Achetez des vins à la réputation solide et de producteurs ayant fait leur preuve, surtout pour les achats en primeur.

5 Dans la mesure du possible, goûtez à une bouteille avant d'en acheter plusieurs.

6 Buvez vos vins au lieu de spéculer. La revente n'est pas facile et le marché demeure imprévisible.

7 Rappelez-vous que le prix du vin n'est pas toujours le reflet de sa qualité ou de sa longévité. À l'inverse, des vins à prix abordables et provenant de régions classiques peuvent donner du plaisir pendant de longues années.

8 Certains vins blancs peuvent aussi vivre longtemps. Avec le temps, ils acquièrent des qualités remarquables et procurent un plaisir immense.

9 La qualité d'une cave n'est pas directement proportionnelle à la quantité de bouteilles. Restez à l'écart du club des collectionneurs débordés qui ne savent plus comment écouler leurs bouteilles.

10 Méfiez-vous des commentaires dithyrambiques sur les nouveaux vins cultes allègrement encensés dans une certaine presse. La culture du vin est infiniment plus vaste que la simple lecture de scores attribués par quelques gourous.

La Montée de lait
371, rue Villeneuve Est, Montréal
514 289.9921

À quelques pas de la rue Saint-Denis, ce tout petit restaurant est devenu l'une des adresses les plus courues en ville. Le site est exigu, mais la cuisine est remarquable et les vins sont triés sur le volet.

Le Club Chasse et Pêche
423, rue Saint-Claude,
Montréal
514 861.1112

L'ancien restaurant Le Fadeau a repris vie avec les chefs Claude Pelletier et Hubert Marsolais. Les vieux murs lui donnent beaucoup de cachet. La cuisine inventive et généreuse est évidemment aussi impeccable que la sélection des vins. Parmi les meilleures tables de la ville.

Brontë
1800, rue Sherbrooke Ouest,
Montréal
514 934.1801

Dans un décor moderne aux allures new-yorkaises branchées, avec abondance de verre et de métal, cet établissement est une star de la restauration montréalaise. La cuisine n'est pas ordinaire et la liste des vins est à la hauteur.

Bu
5245, boulevard Saint-Laurent,
Montréal
514 276.0249

L'archétype du bar à vin moderne où l'on a envie de s'arrêter pour goûter l'un des 300 vins inscrits sur la carte et se restaurer d'une cuisine simple et savoureuse.

Pullman
3424, avenue du Parc, Montréal
514 288.7779

Cet établissement moderne – dans un quartier qui l'est moins – est à la fois bar à vin et restaurant. La cuisine est aussi inventive que savoureuse et la carte des vins est évidemment à la hauteur.

Casa Tapas
266, rue Rachel Est, Montréal
514 848.1063

L'Espagne sur le Plateau. Ambiance affairée et bruyante, cuisine rustique et gamme étendue de vins espagnols. Quelques raretés à prix astronomiques. Beaucoup de Xérès.

Bistro Le Porto
1365, rue Ontario Est, Montréal
514 527.7067

Son ambiance chaleureuse rend ce bistro immédiatement sympathique. Grillades et poissons sont accompagnés exclusivement de vins portugais. Le choix est vaste et la gamme de Porto est tout aussi considérable.

Leméac
1045, rue Laurier Ouest, Montréal
514 270.0999

Le bistro outremontois à la mode est agrémenté d'une jolie terrasse en été. Décor clair et dépouillé, très bonne cuisine moderne, service efficace et une carte des vins suffisamment élaborée. Au Leméac, c'est toujours bon.

Chez l'Épicier
311, rue Saint-Paul Est, Montréal,
514 878.2232

Dans les vieux murs face au marché Bonsecours, Laurent Godbout fait le bonheur des fines gueules. Sa cuisine est à la fois traditionnelle et moderne. Sans être la plus longue en ville, la carte des vins recèle de bonnes bouteilles.

Bice
1504, rue Sherbrooke Ouest,
Montréal
514 937.6009

L'antenne montréalaise d'une chaîne internationale créée à Milan en 1926. Dans une ambiance affairée, une excellente cuisine italienne moderne arrosée d'un choix très complet de vins italiens.

Le Pied de cochon

536, rue Duluth Est, Montréal
514 281.1114

Dans ce bistro très affairé, le médiatique chef Martin Picard prépare une cuisine généreuse et goûteuse. Le porc est présent sous toutes ses formes, accompagné d'une excellente carte de vins régionaux.

Primo & Secondo

7023, rue Saint-Dominique, Montréal
514 908.0838

À deux pas du marché Jean-Talon, ce restaurant propose une cuisine moderne savoureuse. Service professionnel et empressé. Une longue carte de vins italiens dont certains assez coûteux.

Bistro Cocagne

3842, rue Saint-Denis, Montréal
514 286.0700

Alexandre Loiseau concocte des plats au-dessus de tout soupçon. Bien que courte, la carte des vins propose des noms triés sur le volet.

Toqué!

900, Place Jean-Paul Riopelle, Montréal
514 499.2084

Dans le cadre moderne du Quartier international de Montréal, le chef Normand Laprise prépare une cuisine inspirée et savoureuse. Une grande table mise en valeur par une carte des vins recherchée et éclectique avec une prépondérance pour la France et la Californie.

Les Remparts

93, rue de la Commune Est, Montréal
514 392.1649

Un très bon restaurant campé dans les murs du Vieux-Montréal. Décor romantique dans un site historique et service professionnel. Beaucoup de vins français et quelques bonnes bouteilles d'ailleurs.

La Chronique

99, rue Laurier Ouest, Montréal
514 271.3095

Une table très réputée de Montréal. Une cuisine moderne et une carte des vins fort élaborée, principalement en vins de Californie. Un bon choix de vins rouges de Bordeaux et de Bourgogne.

Le Latini

1130, rue Jeanne-Mance, Montréal
514 861.3166

Un incontournable que les amateurs de cuisine et de vins italiens connaissent pour son impressionnante carte des vins. Demandez ce qui vous passe par la tête, le patron Moreno en sortira une bouteille de sa cave. Cuisine impeccable, service professionnel et magnifique terrasse estivale.

Ferreira Café Trattoria

1446, rue Peel, Montréal
514 848.0988

Premier restaurant portugais moderne de Montréal, le restaurant de Carlos Ferreira compte parmi les très bonnes tables, toutes catégories confondues. Le grand choix de vins portugais nous fait apprécier les progrès accomplis dans ce pays. Service professionnel et courtois.

Au Petit Extra

1690, rue Ontario Est, Montréal
514 527.5552

Annexé au cabaret du Lion d'Or, ce bistro affairé sert une cuisine simple, mais généreuse et efficace. La carte des vins propose de nombreux vins de France et d'ailleurs, généralement vendus à des prix abordables.

Le Café du monde
84, rue Dalhousie, Québec
418 692.4455

Sympathique bistro dans un immeuble du Vieux-Port. Confits, bavette et tartares sont proposés avec un bon choix de vins des différentes régions de France et d'ailleurs.

L'Utopie
226, rue Saint-Joseph, Québec
418 523.7878

Dans un quartier revampé de Québec, à 20 minutes de marche du Vieux-Port, l'Utopie est une table des plus prisées de la ville. Le décor éclectique, la cuisine recherchée, le service attentif et la carte des vins comblent toutes les attentes.

Le Graffiti
1191, avenue Cartier, Québec
418 529.4949

Établissement très couru près du Parlement. Une imposante carte des vins, environ 175 de France et des dizaines d'un peu partout ailleurs. Des prix raisonnables et un bon choix de demi-bouteilles.

CHARLEVOIX, SAGUENAY, CÔTE-NORD

Vices Versa
216, rue Saint-Étienne, La Malbaie
418 665.6869

Mené avec brio par le duo Danielle Guay et Éric Bertrand, Vices Versa compte parmi les meilleures tables de Charlevoix. Cuisine parfaitement maîtrisée, vins choisis avec discernement, service agréable et professionnel.

Auberge des 21
621, rue Mars, La Baie
418 697.2121

La belle auberge du chef Marcel Bouchard est un haut lieu de l'hospitalité québécoise. Au restaurant Le Doyen, le menu change au gré des saisons et les produits frais du terroir sont préparés avec attention. La carte des vins est longue avec plus de 550 inscriptions.

Auberge des Peupliers
381, rue Saint-Raphaël, Cap-à-l'Aigle
418 665.4423

Une belle auberge de campagne dans la tradition de Charlevoix. Menu alléchant, service professionnel et carte assez classique, surtout composée de vins français.

Le Bergerac
3919, rue Saint-Jean, Jonquière
418 542.6263

Ce restaurant du Saguenay présente une carte remarquablement élaborée dont une centaine de vins triés sur le volet.

La Cache d'Amélie
37, avenue Marquette, Baie-Comeau
418 296.3722

Une étape obligatoire sur la Côte-Nord. Le chef-propriétaire Glenn Forbes prépare une cuisine à la fois généreuse et raffinée. La carte des vins vaut le signalement.

Auberge du Mange grenouille
148, rue Sainte-Cécile, Le Bic
418 736.5656

Une adresse réputée sur la route du Bas-du-Fleuve. Dans un décor chaleureux, cette auberge de qualité propose une cuisine soignée et une longue carte de vins diversifiée.

Restaurant Chez Antoine
433, rue Lafontaine, Rivière-du-Loup
418 862.6936

Dans une maison centenaire du centre-ville, un restaurant réputé proposant un menu appétissant et une longue carte de vins affichant une pléthore de noms prestigieux.

La Table du Père Nature
10735, 1re Avenue Est, Saint-Georges
418 227.0888

Une table réputée de la Beauce et un passage obligé pour l'amateur de vin. Une carte remarquablement élaborée incluant plusieurs grands vins de France, d'Italie et de Californie.

Auberge du Lac Saint-Pierre
1911, rue Notre-Dame, Pointe-du-Lac
819 377.5971

Sur les rives du Saint-Laurent, une sympathique halte où l'on sert une cuisine réconfortante. Sur la carte, environ 150 vins bien choisis. Pour les grands soirs, quelques grands crus de Bordeaux.

Le Castel des Prés - Chez Claude
5800, boulevard Royal, Trois-Rivières
819 375.4921

Une adresse très connue en Mauricie. On se restaure d'une cuisine simple et généreuse, arrosée d'une carte des vins suffisamment bien garnie.

Philippe de Lyon
2450, chemin Saint-Roch, Tracy
450 746.8680

Le chef Philippe Bouteille prépare une cuisine à la fois traditionnelle et raffinée. La carte des vins offre de bonnes bouteilles pour mettre ses plats en valeur.

Le Tartuffe
133, rue Notre-Dame, Gatineau
819 776-6424

Près du Musée de la Civilisation
et du Musée des Beaux-Arts
d'Ottawa, une adresse à retenir
pour l'accueil et la qualité de
la cuisine. Une carte des vins
suffisamment élaborée et un choix
de demi-bouteilles.

Domus
87, rue Murray, Ottawa
613 241-6007

Un restaurant simple et agréable
proposant une cuisine moderne
agrémentée d'une carte des vins
regroupant plusieurs bonnes
bouteilles.

L'Orée du bois
15, chemin Kingsmere, Chelsea
819 827.0332

Dans le parc de la Gatineau
en Outaouais, un sympathique
relais de campagne où le chef-
propriétaire, Guy Blain, prépare
une généreuse cuisine classique.
La carte des vins est très bien
garnie et inclut une sélection de
vins québécois et canadiens. Un
bon choix de vins au verre.

Grandes tables et bistros

Des adresses à partager?

Le guide du vin n'est pas un guide de restaurants et ne
prétend d'aucune manière être exhaustif. S'il vous arrive de croiser des endroits dignes de mention, n'hésitez pas à m'en faire part à l'adresse Internet suivante:
michel.phaneuf@michelphaneufvin.com. Les restau-
rateurs oubliés qui estiment avoir leur place dans ce
répertoire peuvent aussi me faire parvenir une copie
de leur carte des vins et de leur menu à l'adresse
suivante: case postale 487, succursale Mont-Royal,
Mont-Royal, Qc, H3P 3C7.

Apportez votre vin

Les restaurants où l'on peut apporter son vin sont nombreux. Voici quelques bonnes adresses.

MONTRÉAL

Apollo, restaurant-traiteur. À deux pas de la Petite Italie, le réputé chef Giovanni Apollo propose une excellente cuisine fine et inventive. Le service est conçu pour que les convives partagent les plats. Décor épuré et invitant, service professionnel et soigné, des verres à la hauteur de vos belles bouteilles. Une adresse à retenir.
6389, boulevard Saint-Laurent
514 274.0153

Le restaurant **Christophe** est toujours apprécié dans cette catégorie. Toujours au four, Christophe Geffrey pratique la même cuisine recherchée qui a fait sa réputation. Service impeccable, verrerie de qualité et ambiance amicale.
1187, avenue Van Horne, 514 270.0850

Une autre adresse à retenir, **La Colombe**. Un sympathique restaurant très couru, à l'angle des rues Duluth et Saint-Hubert. On peut y apporter de bonnes bouteilles, car la cuisine est toujours très soignée.
554, avenue Duluth Est, 514 849.8844

Le restaurant **À l'Os** propose un menu élaboré et bien présenté, dans un décor dépouillé. Service professionnel, carafes et verres de qualité impeccable.
5207, boulevard Saint-Laurent
514 270.7055

Dans le même style, le bistro **O'Thym** est très fréquenté. Le menu varié est écrit sur un tableau noir. Les verres et le service sont tout à fait adéquats.
1112, boulevard de Maisonneuve Est
514 525.3443

Les propriétaires de À l'Os et O'Thym ont également pignon rue Rachel, au restaurant **Les Infidèles** où ils servent une cuisine inventive d'inspiration française dans un cadre agréable. Le service et les verres rendent justice à vos bonnes bouteilles.
771, rue Rachel, 514 528.8555

Le restaurant **Yoyo** est connu depuis longtemps pour sa cuisine classique assez variée pour faire honneur aux bonnes bouteilles. Dans une atmosphère chaleureuse, un service professionnel et agréable.
4720, rue Marquette, 514 524.4187

Enfin, **Le bleu raisin**, un petit restaurant d'allure propre et dégagée. Table d'hôte très bien présentée et service courtois.
5237, rue Saint-Denis, 514 271.2333

À l'extérieur de Montréal, je signale aussi **L'Angéluc**. La réputée table d'hôte de ce sympathique restaurant sera parfait pour vos belles bouteilles.
480, rue Saint-Denis, Saint-Alexandre
450 346.4393

QUÉBEC

Ouvert midi et soir, **La Girolle** est l'un des rares bistros de Québec où l'on peut apporter son vin. On y sert des plats français classiques à des prix très abordables. Les bonnes bouteilles sont de mise.
1384, chemin Sainte-Foy
418 527.4141

CHARLEVOIX

Les Saveurs oubliées est une remarquable table qui célèbre l'agneau de Charlevoix. Les meilleures bouteilles sont de mise. L'une des bonnes adresses de la région. Réservation obligatoire en saison touristique.
350, rang Saint-Godefroy, Route 362,
Les Éboulements, 418 635.9888

SAGUENAY

Au restaurant **Le Privilège**, le duo Tremblay-Fortin est réputé dans la région. La cuisine recherchée et inventive vaut à elle seule la traversée du Parc, avec quelques bonnes bouteilles dans le coffre de la voiture.
1623, boulevard Saint-Jean-Baptiste,
Saguenay, 418 698.6262

Le *Guide du vin 2010*
sera publié pour
la 29e fois en
novembre 2009

À L'AN PROCHAIN !

Michel Phaneuf et Nadia Fournier

INDEX DES CODES

Numéro de code de chaque vin,
suivi de la page où il apparaît dans le livre.

000943 – 68
006585 – 289
013565 – 468
018234 – 69
020214 – 262
022384 – 166
022889 – 142
023366 – 463
025262 – 303
028035 – 289
029728 – 289
031286 – 430
033480 – 117
034439 – 265
036483 – 289
042101 – 105
041947 – 264
041889 – 431
043125 – 69
046946 – 461
046979 – 454
051953 – 433
053876 – 263
060004 – 320
063180 – 463
064774 – 276
066266 – 351
070540 – 95
076521 – 263
081471 – 105
083709 – 68
089292 – 104
093237 – 470
094953 – 442
095158 – 441
099044 – 69
100693 – 441
102210 – 53
103887 – 288
107276 – 263
112060 – 452
113381 – 69
114223 – 94
122077 – 95
121749 – 461

123778 – 142
126219 – 55
133835 – 57
133751 – 460
133769 – 460
134445 – 121
140111 – 316
145169 – 428
149047 – 461
154864 – 92
156844 – 451
156885 – 460
157438 – 463
157669 – 452
158493 – 443
158543 – 433
158550 – 435
162503 – 95
164111 – 461
165100 – 437
172130 – 435
176768 – 287
179556 – 80
181867 – 95
184267 – 392
185637 – 138
191239 – 455
198085 – 178
204107 – 237
206508 – 455
208405 – 455
211466 – 454
211847 – 441
212993 – 368
214460 – 453
219840 – 419
221887 – 337
223537 – 69
223255 – 442
225201 – 56
231654 – 68
240374 – 68
242669 – 466
245241 – 263
252833 – 348

255513 – 337
257329 – 368
259721 – 143
260091 – 457
262717 – 369
263640 – 143
265678 – 443
266502 – 419
268771 – 434
270926 – 348
276436 – 94
276816 – 454
278234 – 55
278416 – 368
278671 – 228
280461 – 431
283754 – 379
284216 – 455
284224 – 456
285544 – 395
290296 – 143
293969 – 189
294181 – 441
297127 – 455
300301 – 351
302380 – 215
303511 – 121
308056 – 435
308999 – 344
309401 – 461
313825 – 340
315697 – 179
316620 – 166
317016 – 351
318741 – 369
319905 – 300
320788 – 462
321927 – 393
322586 – 366
325084 – 279
325688 – 435
326991 – 207
329235 – 105
329532 – 114
333575 – 438

334771 – 463
334870 – 392
335174 – 369
338632 – 460
338665 – 451
340422 – 413
340505 – 438
340679 – 435
344101 – 454
346106 – 433
349498 – 138
349662 – 439
354274 – 340
354779 – 434
357996 – 471
358309 – 368
358606 – 95
362186 – 379
363457 – 143
365924 – 95
365957 – 188
367284 – 105
369405 – 69
372367 – 435
384529 – 428
390203 – 366
391573 – 379
395012 – 152
403980 – 228
411751 – 254
411595 – 432
412007 – 149
412585 – 297
413732 – 346
415067 – 392
416966 – 468
420257 – 92
421990 – 340
423756 – 390
424291 – 257
424457 – 330
425272 – 340
425488 – 265
425496 – 420
427021 – 344

427153 – 340	506295 – 166	573436 – 463	643700 – 188
427609 – 142	508614 – 435	573717 – 413	702142 – 111
427617 – 142	509695 – 431	575456 – 460	702092 – 333
430561 – 348	509919 – 389	576553 – 389	702373 – 316
430751 – 442	510636 – 393	577155 – 358	702514 – 338
433144 – 443	515296 – 238	577684 – 265	705046 – 260
437764 – 338	515841 – 91	578187 – 435	705459 – 89
439190 – 435	516443 – 376	579862 – 303	705947 – 260
440123 – 160	518720 – 143	580233 – 221	705962 – 260
440370 – 456	520189 – 129	582064 – 457	706218 – 166
441618 – 456	521856 – 370	583369 – 221	706598 – 338
442392 – 69	523076 – 246	585422 – 262	706903 – 134
443317 – 322	524294 – 392	590836 – 320	707190 – 45
443721 – 323	528687 – 120	594341 – 340	707430 – 222
446187 – 177	529941 – 346	597591 – 94	707893 – 316
449983 – 129	530139 – 328	598615 – 288	708438 – 139
453084 – 431	533364 – 453	599944 – 456	708263 – 340
455972 – 167	533851 – 434	602342 – 224	708792 – 237
459206 – 360	534230 – 339	602847 – 224	708800 – 460
461160 – 431	534768 – 420	603480 – 457	708917 – 452
462432 – 435	535112 – 187	604066 – 369	708933 – 458
463810 – 340	535849 – 142	604751 – 453	708941 – 462
464594 – 94	537902 – 379	605261 – 188	708966 – 461
464388 – 303	539528 – 287	605287 – 167	709253 – 185
464453 – 300	540195 – 340	606343 – 121	709303 – 136
464602 – 421	541250 – 369	606418 – 178	708990 – 454
466656 – 178	542209 – 428	606426 – 178	709329 – 136
467969 – 371	542431 – 392	606350 – 265	709048 – 451
470807 – 340	543983 – 42	606962 – 441	709469 – 50
472605 – 384	544205 – 463	608596 – 55	709451 – 255
472613 – 384	544973 – 206	610204 – 264	709931 – 175
473132 – 167	545129 – 220	610188 – 289	710103 – 88
473595 – 320	546309 – 302	611772 – 90	710160 – 102
476846 – 142	548677 – 220	612325 – 457	710095 – 218
477257 – 68	548883 – 188	613208 – 261	710475 – 64
477778 – 187	551242 – 452	624320 – 48	710442 – 111
478552 – 393	552075 – 393	624296 – 289	710731 – 411
478743 – 277	552505 – 167	625871 – 451	710780 – 411
478727 – 371	552497 – 379	626499 – 302	711820 – 248
480145 – 80	554105 – 189	630202 – 338	711994 – 222
480285 – 88	556746 – 373	632315 – 166	712521 – 135
480277 – 128	557421 – 91	632349 – 449	712570 – 102
480566 – 461	560144 – 399	632364 – 463	712695 – 214
482240 – 177	560151 – 463	632430 – 432	713164 – 64
482026 – 431	560763 – 80	635235 – 420	713263 – 157
483024 – 456	560722 – 178	640177 – 50	713461 – 104
484964 – 322	560797 – 263	640276 – 68	713602 – 319
488742 – 177	560821 – 395	640201 – 289	714725 – 186
488734 – 339	563338 – 435	640193 – 421	715086 – 261
491506 – 54	565283 – 264	642652 – 154	718411 – 453
499145 – 454	565705 – 462	642538 – 288	718627 – 256
501486 – 303	571604 – 453	642504 – 421	718429 – 457
503490 – 443	573568 – 262	642868 – 362	718437 – 456

719104 – 86	743013 – 56	862086 – 46	872952 – 82
719443 – 339	743385 – 152	862110 – 222	872960 – 114
721282 – 177	743252 – 295	862326 – 149	872937 – 138
721431 – 63	743377 – 175	862904 – 174	872937 – 139
721597 – 52	743187 – 460	862946 – 339	873257 – 117
722413 – 322	743500 – 215	862953 – 333	873307 – 141
722991 – 139	743922 – 141	863159 – 156	873943 – 120
725150 – 287	743781 – 460	863282 – 117	874941 – 153
725564 – 86	744185 – 466	863340 – 376	874925 – 301
725747 – 137	744458 – 458	863548 – 212	875088 – 339
725648 – 336	744805 – 301	863787 – 141	875328 – 152
725879 – 129	747097 – 260	864249 – 69	875443 – 141
726687 – 224	747816 – 173	864504 – 86	875567 – 159
727198 – 287	747915 – 339	864538 – 158	878322 – 241
727214 – 454	850206 – 136	864546 – 157	878777 – 241
727453 – 431	850503 – 55	864561 – 151	879791 – 228
727701 – 452	851386 – 50	864512 – 237	879841 – 237
728378 – 451	851295 – 174	864678 – 363	880203 – 312
728790 – 457	852129 – 50	864942 – 159	880831 – 141
729830 – 216	852434 – 117	864801 – 340	881151 – 159
730465 – 63	853390 – 361	864900 – 246	881193 – 150
731133 – 137	854422 – 287	865329 – 293	881912 – 177
732065 – 52	855007 – 279	865337 – 292	882381 – 88
732099 – 438	855114 – 260	865279 – 376	882571 – 331
733196 – 386	856070 – 153	865311 – 463	882704 – 277
733121 – 463	856013 – 359	865535 – 278	882712 – 295
733378 – 463	856484 – 236	865774 – 90	883033 – 278
733451 – 437	856575 – 170	865840 – 112	882928 – 455
733808 – 471	856567 – 344	865998 – 330	883454 – 292
734244 – 177	857177 – 179	866012 – 332	883462 – 292
734079 – 463	857193 – 172	866236 – 175	883645 – 301
734525 – 463	857391 – 120	866400 – 63	883769 – 373
734632 – 453	857441 – 157	866772 – 55	884312 – 471
734657 – 458	857706 – 340	866723 – 362	884387 – 451
734996 – 463	857987 – 246	868570 – 228	884437 – 457
736231 – 134	858324 – 174	868802 – 221	884460 – 439
736314 – 82	858704 – 63	869198 – 83	884650 – 458
736686 – 385	858886 – 120	869222 – 331	884809 – 463
736827 – 271	859132 – 159	869800 – 88	884825 – 469
738252 – 172	859306 – 339	869925 – 66	884833 – 469
738427 – 177	859306 – 340	871541 – 114	884866 – 469
739623 – 64	860189 – 279	871277 – 437	884874 – 469
739383 – 470	860353 – 137	871657 – 141	886572 – 59
740084 – 336	860387 – 175	872044 – 134	888578 – 50
741280 – 241	860213 – 363	872184 – 88	888818 – 55
741264 – 260	860643 – 55	871954 – 435	890244 – 55
741561 – 261	860429 – 374	872366 – 78	892406 – 64
741579 – 319	860627 – 239	872382 – 141	892166 – 432
742072 – 237	860668 – 312	872481 – 111	892315 – 311
742577 – 102	860940 – 165	872572 – 117	892364 – 339
742478 – 243	860874 – 340	872580 – 117	892521 – 184
743005 – 56	860890 – 336	872655 – 78	893008 – 89
743005 – 56	861260 – 159	872713 – 90	892844 – 451

Index des codes

893107 – 302	907196 – 216	927749 – 285	973255 – 157
894121 – 301	907378 – 196	927806 – 322	973248 – 287
894493 – 157	907436 – 252	927814 – 322	974477 – 120
894519 – 149	907519 – 246	927848 – 323	974667 – 99
894659 – 164	907667 – 256	927954 – 388	974725 – 316
894980 – 339	907758 – 253	928200 – 216	975631 – 42
895441 – 177	908004 – 218	928218 – 216	975649 – 63
895854 – 165	908061 – 240	928473 – 295	975482 – 337
896274 – 52	908285 – 243	928739 – 261	976209 – 120
896308 – 159	908459 – 252	928762 – 287	976183 – 224
896381 – 152	908954 – 252	928812 – 276	976852 – 159
896514 – 151	912204 – 65	928911 – 238	977025 – 112
896654 – 173	912311 – 152	928879 – 302	977256 – 238
896704 – 176	912501 – 104	928960 – 243	978072 – 64
896720 – 181	912683 – 43	935833 – 413	978189 – 159
897124 – 332	912691 – 44	940288 – 411	978577 – 99
897132 – 340	912857 – 55	943811 – 463	978692 – 196
897553 – 263	912907 – 48	947184 – 177	978866 – 280
897488 – 331	912964 – 171	949677 – 66	979294 – 339
897645 – 340	913111 – 54	952705 – 141	**10**203944 – 66
897728 – 421	913137 – 64	960344 – 102	10204381 – 187
898130 – 214	913038 – 187	961169 – 130	10204533 – 141
898122 – 236	913210 – 45	961698 – 246	10209588 – 384
898296 – 260	913350 – 48	962118 – 50	10214441 – 232
898395 – 215	913368 – 55	961805 – 470	10214803 – 63
898320 – 329	913491 – 187	962175 – 224	10217300 – 243
898411 – 269	914077 – 161	962589 – 80	10217406 – 177
898379 – 382	914127 – 174	963330 – 51	10217414 – 312
898551 – 270	914192 – 175	963389 – 243	10218783 – 87
898783 – 261	914267 – 154	964569 – 224	10218863 – 44
898866 – 337	914275 – 149	966135 – 151	10218935 – 218
898858 – 365	914515 – 161	966937 – 130	10219111 – 59
899013 – 287	917138 – 82	967034 – 140	10221309 – 238
899906 – 63	917138 – 82	967083 – 136	10221579 – 200
902288 – 292	917484 – 128	967307 – 50	10222459 – 150
902353 – 391	917534 – 141	967356 – 62	10222766 – 239
902460 – 330	917617 – 89	967778 – 111	10223460 – 259
902429 – 413	917732 – 131	968214 – 99	10224526 – 87
902965 – 287	917815 – 132	968222 – 102	10228877 – 307
902973 – 287	917823 – 132	968990 – 206	10230555 – 222
902940 – 393	918151 – 130	969303 – 141	10236121 – 456
903112 – 339	918144 – 141	969659 – 177	10237458 – 303
903906 – 278	918490 – 90	972216 – 224	10238434 – 67
904243 – 309	918557 – 177	972463 – 172	10244551 – 308
904144 – 412	918987 – 90	972380 – 257	10247736 – 246
904359 – 246	919191 – 115	972612 – 173	10248931 – 318
904490 – 362	920900 – 79	972620 – 173	10249061 – 318
904508 – 362	921593 – 332	972646 – 150	10250231 – 391
904482 – 393	921601 – 332	972661 – 159	10250265 – 391
904540 – 393	924639 – 336	972687 – 371	10250417 – 411
905026 – 206	925461 – 462	972851 – 254	10250855 – 385
905232 – 60	927590 – 206	973057 – 64	10253440 – 244
905679 – 248	927707 – 226	973222 – 129	10253351 – 340

10253896 – 204	10271066 – 133	10327322 – 83	10369311 – 310
10254063 – 244	10271058 – 332	10327373 – 287	10370355 – 471
10253925 – 393	10271154 – 301	10327517 – 184	10370734 – 299
10254151 – 200	10271921 – 200	10327605 – 261	10370814 – 291
10254207 – 287	10272616 – 120	10327592 – 367	10376458 – 83
10254514 – 244	10272464 – 390	10327841 – 121	10379245 – 232
10254725 – 248	10272510 – 368	10327613 – 350	10382410 – 466
10254979 – 281	10272755 – 159	10327672 – 361	10382639 – 402
10255939 – 141	10272763 – 225	10327701 – 405	10382727 – 401
10256131 – 279	10272966 – 92	10328069 – 44	10382831 – 402
10256093 – 387	10273070 – 141	10327980 – 159	10382882 – 402
10257070 – 383	10273256 – 114	10328018 – 339	10383076 – 249
10257555 – 110	10273387 – 55	10328034 – 449	10383113 – 249
10257571 – 110	10273213 – 293	10328835 – 413	10383201 – 402
10257601 – 384	10273361 – 161	10329299 – 392	10383261 – 401
10257871 – 383	10273416 – 189	10330433 – 132	10383447 – 399
10258398 – 308	10273483 – 141	10331778 – 463	10383498 – 403
10258638 – 172	10273811 – 130	10333407 – 53	10383658 – 401
10258881 – 184	10273803 – 176	10335226 – 232	10383691 – 404
10258953 – 137	10273862 – 343	10337918 – 112	10383762 – 401
10259411 – 363	10273977 – 390	10339032 – 392	10385565 – 419
10259753 – 132	10275016 – 440	10340316 – 393	10385995 – 212
10259737 – 160	10276457 – 259	10341386 – 386	10386664 – 210
10259745 – 160	10276596 – 297	10342531 – 392	10386728 – 207
10259770 – 159	10276861 – 130	10342741 – 394	10387350 – 205
10259796 – 159	10276836 – 430	10342961 – 389	10387384 – 201
10259868 – 129	10279359 – 90	10343365 – 393	10387413 – 206
10259876 – 129	10281184 – 400	10345205 – 388	10388133 – 212
10261141 – 470	10282857 – 152	10345707 – 395	10388176 – 212
10262979 – 418	10283411 – 348	10346371 – 385	10388504 – 50
10263242 – 421	10290056 – 83	10352608 – 338	10388723 – 45
10264376 – 378	10291526 – 316	10352675 – 340	10389072 – 47
10264860 – 48	10293169 – 350	10354005 – 339	10389208 – 44
10265045 – 120	10295181 – 378	10354232 – 332	10389267 – 47
10265061 – 187	10295375 – 378	10354291 – 340	10390583 – 200
10268385 – 55	10295711 – 378	10354427 – 336	10391447 – 212
10268553 – 172	10296466 – 253	10354574 – 340	10391893 – 44
10268588 – 151	10298234 – 216	10354582 – 340	10392280 – 42
10268529 – 236	10299122 – 378	10355454 – 340	10392298 – 43
10268431 – 340	10299481 – 378	10357329 – 276	10392351 – 45
10268414 – 439	10304067 – 157	10358364 – 270	10392896 – 47
10268828 – 151	10318160 – 376	10358671 – 274	10392909 – 47
10268887 – 174	10318434 – 318	10359156 – 287	10393899 – 50
10269151 – 44	10320534 – 452	10359201 – 284	10394007 – 212
10269193 – 199	10320542 – 462	10360202 – 277	10394664 – 376
10269281 – 224	10320665 – 455	10360261 – 278	10395034 – 373
10269530 – 221	10322089 – 237	10360317 – 279	10395309 – 373
10270071 – 213	10322661 – 471	10362435 – 288	10399078 – 202
10270047 – 276	10324156 – 254	10365847 – 393	10399297 – 375
10270194 – 346	10324623 – 289	10366495 – 392	10399916 – 400
10270717 – 463	10325010 – 461	10367471 – 92	10403410 – 300
10270928 – 263	10325271 – 339	10368221 – 93	10423031 – 51
10270741 – 451	10326080 – 376	10368386 – 91	10423816 – 55

Index des codes

10425037 – 65	10498121 – 285	10540684 – 143	10664337 – 159
10425002 – 433	10498973 – 437	10540721 – 441	10664901 – 50
10431306 – 220	10503963 – 231	10540730 – 443	10665065 – 46
10432376 – 302	10506081 – 246	10541038 – 258	10664695 – 430
10433977 – 55	10507067 – 187	10540895 – 418	10665081 – 59
10439383 – 138	10507121 – 150	10542090 – 229	10665057 – 219
10440691 – 410	10507104 – 185	10542073 – 255	10665372 – 386
10442603 – 246	10507251 – 159	10542129 – 259	10666084 – 436
10442881 – 54	10507278 – 156	10542137 – 258	10667301 – 69
10442769 – 413	10507307 – 156	10542031 – 441	10667319 – 177
10443729 – 223	10507331 – 158	10542330 – 213	10667394 – 187
10445249 – 223	10507366 – 148	10542401 – 234	10667503 – 105
10445273 – 223	10507374 – 148	10542541 – 234	10667360 – 462
10445521 – 202	10510151 – 419	10542575 – 261	10668186 – 167
10445679 – 60	10514347 – 90	10542647 – 248	10669242 – 224
10445644 – 225	10515876 – 42	10542891 – 218	10669331 – 264
10445492 – 439	10515884 – 50	10542903 – 259	10669470 – 405
10445783 – 225	10516406 – 154	10542946 – 261	10669533 – 376
10446954 – 47	10516414 – 429	10543404 – 221	10669832 – 379
10446962 – 226	10517046 – 76	10544731 – 261	10671609 – 386
10448343 – 202	10517450 – 88	10544757 – 263	10673575 – 369
10449979 – 458	10517759 – 239	10544790 – 264	10674949 – 173
10449987 – 456	10520237 – 93	10544749 – 350	10674990 – 177
10450021 – 460	10520309 – 259	10551471 – 281	10675095 – 256
10453601 – 431	10520819 – 82	10552415 – 83	10675159 – 256
10455383 – 461	10520835 – 82	10556619 – 408	10675191 – 257
10456458 – 462	10522873 – 52	10559166 – 148	10675271 – 177
10456466 – 454	10523219 – 88	10559174 – 148	10675298 – 172
10456474 – 458	10523366 – 117	10560351 – 229	10675327 – 176
10456503 – 455	10524166 – 77	10653224 – 430	10675386 – 255
10456546 – 452	10524570 – 88	10653283 – 428	10675394 – 255
10456714 – 454	10528239 – 187	10653304 – 429	10675431 – 257
10459843 – 282	10530283 – 358	10653321 – 435	10675466 – 254
10461679 – 282	10531382 – 184	10653443 – 440	10675503 – 261
10463025 – 249	10531391 – 187	10654753 – 435	10675511 – 261
10463800 – 54	10533492 – 242	10654770 – 428	10675554 – 261
10463631 – 283	10537240 – 87	10654796 – 432	10675677 – 258
10463922 – 51	10537258 – 87	10654850 – 434	10675685 – 259
10463826 – 287	10537266 – 89	10654956 – 441	10675693 – 257
10464651 – 438	10537291 – 87	10654981 – 441	10675781 – 261
10465581 – 177	10537397 – 104	10655342 – 439	10675870 – 255
10467931 – 440	10538701 – 242	10655393 – 440	10675909 – 255
10468141 – 238	10539915 – 261	10658244 – 458	10675925 – 256
10469291 – 456	10539755 – 429	10658295 – 453	10675941 – 255
10474980 – 462	10540035 – 261	10658455 – 458	10675976 – 253
10483317 – 231	10540107 – 235	10658471 – 462	10675992 – 255
10483384 – 245	10540060 – 302	10660352 – 234	10676611 – 133
10483405 – 231	10540051 – 438	10661996 – 53	10676881 – 135
10487529 – 239	10540078 – 438	10662059 – 64	10677437 – 55
10490277 – 235	10540271 – 296	10662999 – 391	10677488 – 55
10493806 – 376	10540326 – 245	10663123 – 433	10677550 – 51
10496311 – 227	10540406 – 261	10663166 – 433	10677621 – 51
10496863 – 90	10540481 – 235	10663810 – 234	10678149 – 139

10678181 – 132	10693154 – 364	10706701 – 222	10754228 – 405
10678173 – 141	10693162 – 374	10706525 – 410	10754244 – 405
10678190 – 133	10693331 – 205	10706736 – 224	10754623 – 63
10678211 – 187	10693921 – 360	10707122 – 377	10754439 – 288
10678325 – 186	10694149 – 366	10708416 – 308	10754607 – 395
10678341 – 413	10694229 – 366	10708782 – 60	10756389 – 394
10678376 – 413	10694309 – 362	10709021 – 340	10758325 – 286
10678392 – 412	10694317 – 366	10709030 – 343	10758296 – 392
10678421 – 413	10694368 – 366	10709152 – 340	10758309 – 387
10678501 – 414	10694376 – 361	10709558 – 343	10758384 – 387
10678923 – 141	10694413 – 364	10709988 – 339	10758341 – 465
10679272 – 413	10694472 – 366	10710153 – 296	10758835 – 394
10679310 – 415	10694499 – 366	10710268 – 219	10758819 – 430
10679344 – 413	10694510 – 361	10710225 – 410	10759678 – 394
10680353 – 43	10696304 – 120	10710233 – 410	10760505 – 392
10680396 – 48	10697331 – 347	10710241 – 410	10764717 – 50
10680097 – 393	10700924 – 316	10710495 – 378	10764813 – 58
10680476 – 65	10701020 – 318	10744695 – 331	10768478 – 310
10680521 – 64	10701290 – 319	10744812 – 302	10769420 – 310
10681031 – 56	10701345 – 315	10745410 – 350	10769622 – 231
10681049 – 57	10702591 – 412	10745401 – 378	10769892 – 419
10681305 – 43	10702778 – 412	10745444 – 348	10771386 – 50
10681313 – 46	10702946 – 415	10745479 – 346	10771407 – 50
10681321 – 48	10702954 – 412	10745516 – 347	10774288 – 402
10681381 – 52	10702971 – 415	10745524 – 350	10774608 – 88
10681532 – 66	10702997 – 415	10745541 – 348	10775061 – 217
10681567 – 67	10703084 – 415	10745989 – 332	10776380 – 276
10681575 – 66	10703148 – 415	10746463 – 378	10779003 – 177
10681604 – 67	10703164 – 413	10746471 – 378	10779679 – 170
10681621 – 67	10703172 – 413	10746501 – 378	10779732 – 149
10681882 – 250	10703210 – 409	10746527 – 378	10779767 – 149
10682615 – 154	10703261 – 408	10746703 – 377	10779812 – 141
10682623 – 451	10703279 – 413	10748080 – 313	10779821 – 141
10683757 – 340	10703295 – 409	10748098 – 309	10780291 – 214
10685251 – 308	10703341 – 409	10748371 – 378	10780303 – 215
10685285 – 310	10703412 – 414	10748397 – 385	10780311 – 215
10687109 – 309	10703421 – 414	10748400 – 385	10780338 – 226
10689032 – 65	10703594 – 315	10748418 – 385	10780400 – 215
10689260 – 236	10703738 – 319	10749681 – 342	10780418 – 213
10689569 – 111	10703754 – 323	10750091 – 399	10780426 – 226
10689868 – 364	10703762 – 323	10750518 – 229	10780442 – 213
10689876 – 372	10703818 – 318	10750809 – 309	10780514 – 213
10689921 – 374	10705004 – 224	10752687 – 59	10780522 – 213
10690519 – 120	10704837 – 414	10752804 – 59	10780637 – 157
10691188 – 57	10704888 – 414	10752812 – 59	10780653 – 164
10692143 – 376	10705080 – 224	10752855 – 60	10780670 – 164
10692418 – 371	10704917 – 411	10753399 – 59	10780741 – 135
10692451 – 377	10704950 – 411	10753479 – 65	10780733 – 164
10692469 – 374	10705143 – 222	10753559 – 59	10780717 – 187
10692629 – 364	10705178 – 224	10754252 – 264	10781242 – 153
10692688 – 364	10706189 – 90	10754421 – 95	10781277 – 186
10692696 – 366	10706648 – 246	10754527 – 45	10781322 – 184
10692733 – 366	10706681 – 221	10754412 – 179	10781402 – 157

10781445 – 157	10808839 – 468	10829082 – 392	10843503 – 244
10781453 – 157	10808901 – 467	10829103 – 387	10844418 – 244
10781584 – 159	10808927 – 465	10829120 – 389	10844442 – 244
10781605 – 177	10810058 – 112	10829277 – 389	10844661 – 58
10781672 – 157	10809997 – 180	10829331 – 386	10844590 – 239
10781824 – 202	10810251 – 104	10829349 – 393	10844881 – 50
10781980 – 248	10810091 – 470	10829357 – 393	10844910 – 46
10781998 – 248	10810998 – 177	10829664 – 336	10845074 – 243
10782034 – 247	10811034 – 120	10831262 – 386	10845091 – 244
10782077 – 247	10811237 – 226	10831300 – 393	10845138 – 246
10782085 – 253	10811106 – 470	10831326 – 388	10845146 – 246
10782106 – 252	10812942 – 427	10831342 – 387	10845154 – 243
10782114 – 250	10812951 – 427	10831991 – 52	10845189 – 246
10782296 – 247	10813566 – 180	10833760 – 340	10845357 – 94
10783088 – 136	10813769 – 236	10834041 – 340	10845584 – 379
10783096 – 162	10814892 – 294	10836549 – 104	10845568 – 405
10783109 – 162	10816636 – 241	10836856 – 393	10845710 – 265
10783117 – 157	10816767 – 242	10837349 – 92	10845841 – 288
10783213 – 165	10816951 – 378	10837373 – 91	10846000 – 179
10783272 – 181	10817461 – 140	10837411 – 92	10845883 – 435
10783723 – 157	10818551 – 244	10838552 – 90	10845980 – 395
10783918 – 162	10820791 – 211	10838561 – 90	10848005 – 376
10784064 – 241	10820900 – 227	10838579 – 299	10850607 – 45
10785112 – 53	10821064 – 228	10838616 – 300	10850703 – 45
10786300 – 307	10823140 – 280	10838667 – 302	10851124 – 244
10788840 – 80	10823220 – 376	10838675 – 302	10854018 – 225
10788911 – 249	10826050 – 404	10838780 – 294	10854085 – 232
10789826 – 104	10826068 – 404	10838827 – 301	10854940 – 199
10789869 – 104	10826076 – 398	10838878 – 293	10854915 – 245
10789906 – 99	10826084 – 398	10838894 – 301	10855758 – 284
10790317 – 310	10826092 – 399	10838915 – 297	10855811 – 271
10790771 – 419	10826105 – 404	10838923 – 292	10855889 – 282
10790798 – 419	10826113 – 404	10838940 – 300	10856208 – 137
10790843 – 418	10826121 – 403	10838966 – 295	10856152 – 282
10791125 – 419	10826156 – 403	10839029 – 300	10856161 – 283
10791379 – 313	10826181 – 401	10839045 – 299	10856241 – 287
10791803 – 418	10826210 – 404	10839061 – 300	10856355 – 270
10792161 – 86	10826316 – 404	10839070 – 299	10856371 – 287
10794182 – 80	10826359 – 404	10839619 – 429	10856427 – 287
10793913 – 391	10826367 – 404	10839635 – 430	10856443 – 280
10795572 – 419	10826383 – 404	10839660 – 428	10856531 – 210
10796479 – 116	10826391 – 403	10839678 – 435	10856540 – 212
10796532 – 87	10826412 – 404	10839686 – 428	10856558 – 210
10796410 – 275	10826447 – 404	10840628 – 438	10856566 – 212
10802955 – 178	10826519 – 404	10840880 – 434	10856700 – 199
10803018 – 212	10826535 – 398	10841161 – 299	10856726 – 212
10802832 – 413	10826551 – 408	10841196 – 299	10856785 – 205
10803051 – 303	10826990 – 43	10843280 – 243	10856793 – 205
10805232 – 47	10826957 – 284	10843301 – 244	10856806 – 202
10805267 – 62	10828602 – 330	10843351 – 232	10856831 – 281
10808361 – 140	10829031 – 388	10843394 – 229	10856873 – 283
10808610 – 50	10829040 – 392	10843474 – 243	10857198 – 57
10808821 – 470	10829066 – 392	10843482 – 242	10856937 – 348

10857147 – 159	10863731 – 207	10895565 – 375	10944646 – 401
10857391 – 210	10863740 – 207	10896197 – 220	10946211 – 199
10857526 – 277	10863758 – 207	10896390 – 440	10947759 – 342
10857551 – 278	10863774 – 251	10896453 – 440	10947732 – 390
10857577 – 278	10863782 – 251	10896470 – 467	10947783 – 342
10857585 – 287	10863791 – 251	10896525 – 467	10947741 – 390
10857657 – 274	10863803 – 251	10896550 – 467	10947855 – 342
10857690 – 276	10864443 – 50	10896584 – 466	10947960 – 398
10857711 – 275	10864726 – 90	10896664 – 465	10948057 – 398
10858027 – 222	10865323 – 89	10896701 – 465	10956284 – 286
10858094 – 210	10865041 – 386	10897819 – 159	10959717 – 385
10858060 – 250	10865382 – 89	10897851 – 153	10966765 – 265
10858166 – 217	10866570 – 382	10897894 – 159	10966811 – 262
10858191 – 217	10866721 – 400	10898723 – 287	10966845 – 262
10858211 – 199	10868188 – 223	10898731 – 465	10967434 – 358
10858131 – 284	10868321 – 245	10901321 – 60	10967611 – 376
10858238 – 199	10872945 – 200	10903246 – 234	10968146 – 385
10858203 – 280	10872970 – 196	10903684 – 114	10969763 – 227
10858262 – 244	10872961 – 212	10903490 – 339	10975936 – 332
10858297 – 270	10872988 – 212	10906543 – 376	10975979 – 332
10858351 – 269	10872996 – 212	10907394 – 312	10977819 – 332
10858457 – 287	10874609 – 403	10910913 – 287	10985771 – 271
10858511 – 286	10874861 – 158	10915079 – 261	10985801 – 270
10859214 – 258	10874828 – 341	10915052 – 368	10986361 – 365
10859265 – 249	10875880 – 62	10915327 – 105	11008112 – 78
10859628 – 201	10877471 – 393	10918878 – 141	11008121 – 78
10859783 – 250	10878618 – 55	10918958 – 111	11009879 – 78
10859804 – 258	10878626 – 367	10918991 – 86	11009916 – 77
10860143 – 205	10879848 – 50	10918931 – 154	11010036 – 78
10860303 – 212	10884073 – 243	10919070 – 133	11010044 – 77
10860346 – 206	10884516 – 186	10919141 – 115	11010061 – 77
10860805 – 245	10884524 – 187	10919150 – 115	11010079 – 78
10860864 – 287	10884567 – 161	10919133 – 135	11011741 – 372
10860881 – 286	10884575 – 162	10919221 – 394	11011821 – 372
10860899 – 274	10884583 – 162	10919416 – 244	11015988 – 369
10860901 – 287	10884591 – 165	10922439 – 177	11016868 – 77
10860928 – 286	10884604 – 165	10924135 – 211	11016876 – 77
10861023 – 198	10884612 – 165	10924590 – 102	11016884 – 77
10861120 – 200	10884647 – 165	10926755 – 93	11034476 – 90
10861146 – 212	10884680 – 181	10927512 – 211	
10861576 – 235	10886482 – 140	10931263 – 83	
10862608 – 207	10887282 – 45	10931562 – 275	
10862616 – 207	10887426 – 165	10935985 – 135	
10862835 – 45	10889683 – 177	10938764 – 419	
10862991 – 43	10891505 – 133	10938781 – 419	
10863045 – 45	10893359 – 373	10938836 – 419	
10863133 – 50	10893367 – 373	10938844 – 419	
10863192 – 45	10893421 – 370	10938887 – 419	
10863264 – 45	10893885 – 371	10938908 – 419	
10863281 – 46	10894394 – 376	10938941 – 418	
10863328 – 47	10894853 – 158	10942472 – 471	
10863660 – 223	10894837 – 187	10944208 – 328	
	10895557 – 156	10944216 – 329	

Index des codes

INDEX DES VINS

A

Aalto 2004, Ribera del Duero, 287

Accornero, Giulin 2005, Barbera del Monferrato, 212

Adegaborba.pt 2007, Alentejo, Adega Cooperativa de Borba, 418

Agrapart, Minéral Blanc de blancs 2000, Extra Brut, 427

Akarua, Pinot noir 2006, Gullies, Central Otago, Bannockburn Hights Winery, 398

Al Poggio 2006, Toscana, Castello di Ama, 234

Albarino–Chardonnay 2006, Costers del Segre, Raimat, 288

Albet i Noya, Tempranillo 2006, Clàssic, Penedès, 270

Alfieri, Marchesi
Barbera d'Asti 2004, Alfiera, 196
Barbera d'Asti 2006, La Tota, 196
Monferrato 2005, San Germano, 196

Alion 2003, Ribera del Duero, 286

Allegrini, Amarone della Valpolicella Classico 2003, 216

Allende 2004, Rioja, 277

Allion, Guy; Sauvignon blanc 2007, Touraine, 121

Alpha Domus, Merlot-Cabernet 2004, Hawke's Bay, 398

Alquier, Jean-Michel; Les Premières 2005, Faugères, 157

Altano
Douro 2006, Silva & Cosens, 303
Reserva 2004, Douro, Silva & Cosens, 291

Altanza, Lealtanza 2001, Rioja Reserva, 277

Altesino, Rosso 2006, Toscana, 227

Alto Moncayo, Garnacha 2005, Campo de Borja, 283

Alto, Cabernet sauvignon 2003, Stellenbosch, 408

Altos las Hormigas, Colonia las Liebre, Bonarda 2006, Mendoza, 370

Alvear
Asuncion, Oloroso, Montilla Moriles, 469
Capataz, Fino, Montilla Moriles, 469
Carlos VII, Amontillado, Montilla Moriles, 469
P.X. Reserva, Montilla Moriles, 470
Pedro Ximenez, Solera, Montilla Moriles, 470
Solera Cream, Montilla Moriles, 469

Alves de Sousa
Caldas 2004, Reserva, Douro, 292
Quinta da Gaivosa 2003, Douro, 292
Quinta da Gaivosa, Branco da Gaivosa 2005, Douro, 292
Vale da Raposa 2004, Douro, 292

Amarone della Valpolicella 1995, Quintarelli, Giuseppe, 223

Amarone della Valpolicella 2001, Dal Forno, 223

Amarone della Valpolicella 2003, Marion, 219

Amarone della Valpolicella 2004, Terre di Cariano, Beretta, Cecilia; 216

Amarone della Valpolicella Classico 2003, Allegrini, 216

Amarone della Valpolicella Classico 2005, Righetti, Luigi, 224

Amarone della Valpolicella, Campolongo di Torbe 2001, Masi, 220

Amarone della Valpolicella, Mazzano 2001, Masi, 220

Amarone della Valpolicella, Vaio Armaron 2001, Serègo Alighieri, Masi, 220

Amberley, Sémillon-Sauvignon blanc 2005, Margaret River, 392

Ambroise, Bertrand; Côte de Nuits-Villages 2005, 90

Amisfield
Lake Hayes, Pinot noir 2006, Central Otago, 398
Pinot gris 2006, Central Otago, 398
Pinot noir 2005, Central Otago, 398

Ampeleia, Ampeleia 2004, Maremma Toscana, 227

Anselmi
Capitel Croce 2006, Veneto, 216
Capitel Foscarino 2007, Veneto, 216
Realda 2003, Veneto, 216
San Vincenzo 2007, Veneto, 262

Antech, George et Roger; Cuvée Expression 2006, Crémant de Limoux, 436

Antinori, Marchese
Aleatico 2006, Maremma, 228
Badia a Passignano 2001, Chianti Classico Riserva, 228
Marchese Antinori, Chianti Classico 2003, Riserva, 228
Pèppoli 2005, Chianti Classico, 263
Santa Cristina 2006, Toscana, 263
Solaia 2005, Toscana, 228

Tignanello 2005, Toscana, 227
Villa Antinori 2004, Toscana, 263
Vino Nobile di Montepulciano 2004, La Braccesca, 228

Antoniolo, Gattinara 2003, 198

Anwilka
Cabernet sauvignon-Syrah 2005, Stellenbosch, 408
Cabernet sauvignon-Syrah 2006, Stellenbosch, 408

Arboleda, Cabernet sauvignon 2006, Valle de Colchagua, Edwardo Chadwick, 358

Arena, Antoine; Patrimonio 2005, Carco, 164

Argiolas
Cannonau di Sardegna 2006, Costera, 257
Costamolino 2005, Vermentino di Sardegna, 256
Perdera 2006, Monica di Sardegna, 257
S'elegas 2007, Nuragus di Cagliari, 256
Turriga 2003, Isole dei Nuraghi, 256

Ascheri
Barolo 2003, Vigna dei Pola, Podere di Rivalta, 199
Dolcetto d'Alba 2005, San Rocco, 199

Atteca 2005, Old Vines, Calatayud, 283

Aveleda, Touriga Nacional 2004, Follies, Bairrada, 300

Azania, Shiraz 2004, Western Cape, African Terroir, 413

Azul, Ribera del Queiles 2005, Vino de la Tierra, Bodegas Guelbenzu, 287

| | B |

Babich
Joe's Rosé 2007, East Coast, 419
Pinot noir 2005, Marlborough, 399
Sauvignon blanc 2008, Marlborough, 399

Baco Noir 2005, Ontario, Henry of Pelham, 348

Badia a Passignano 2001, Chianti Classico Riserva, Antinori, Marchese; 228

Baglio di Pianetto
Ficiligno 2007, Sicilia, 258
Ramione 2004, Nero d'avola-Merlot, Sicilia, 257

Shymer 2006, Syrah-Merlot, Sicilia, 258

Balthazar, Franck; Cornas 2005, Chaillot, 128

Banfi
Brunello di Montalcino 2002, 243
Centine 2006, Toscana, 243
Rosso di Montalcino 2006, 246

Barbaresco 2000, Sori Paitin, Paitin, 205

Barbaresco 2003, Pio Cesare, 206

Barbaresco 2003, Vanotu, Pelissero, 205

Barbaresco 2003, Vigneto Starderi, Vürsù, La Spinetta, 202

Barbaresco 2004, Coste Rubin, Fontanafredda, 202

Barbaresco 2005, Oddìo, Podere Castorani, 199

Barbera d'Alba 2003, Vigna Pozzo, Corino, Renato; 201

Barbera d'Alba 2005, Pio Cesare, 206

Barbera d'Alba 2004, Scarrone Vigna Vecchia, Vietti, 211

Barbera d'Alba 2005, Brichet, Ca'Viola, 199

Barbera d'Alba 2005, Correggia, Matteo; 212

Barbera d'Alba 2005, Piani, Pelissero, 205

Barbera d'Alba Superiore 2003, Falletto di Serralunga d'Alba, Giacosa, Bruno, 202

Barbera d'Asti 2004, Alfiera, Alfieri, Marchesi; 196

Barbera d'Asti 2004, Castello del Poggio, 212

Barbera d'Asti 2004, La Crena, Vietti, 211

Barbera d'Asti 2005, Camp du Rouss, Coppo, 201

Barbera d'Asti 2006, Fiulot, Prunotto, 207

Barbera d'Asti 2006, La Tota, Alfieri, Marchesi; 196

Barbera d'Asti Superiore 2005, Villa Fiorita, 212

Barbera d'Asti, Araldica, Rive 2005, Il Cascinone, 212

Barbera d'Asti Superiore 2004, Le Nicchie, Nizza, La Gironda, 212

Barbera del Monferrato, Giulin 2005, Accornero, 212

Barbi
Brunello di Montalcino 2003, Vigna del Fiore, 243
Brunello di Montalcino 2003, 243

Barolo 2000, Settimo, Aurelio, 210

Barolo 2001, Einaudi, Luigi, 212

Barolo 2001, Fossati, Boglietti, Enzo, 212

Barolo 2003, Bussia, Prunotto, 207

Barolo 2003, Cerequio, Chiarlo, Michele, 200

Barolo 2003, Falleto di Serralunga, Giacosa, Bruno, 202

Barolo 2003, Lazzarito, Vietti, 211

Barolo 2003, Tortoniano, Chiarlo, Michele, 200

Barolo 2003, Vigna dei Pola, Podere di Rivalta, Ascheri, 199

Barolo 2004, Fontanafredda, 262

Baron Philippe de Rothschild
Mouton Cadet 2005, Bordeaux, 68
Mouton Cadet, Réserve 2006, Médoc, 42
Escudo Rojo 2007, Valle Centrale, 358
Mapu 2007, Valle Centrale, 358

Baronne du Chatelard, Moulin-à-Vent 2006, 92

Barossa Valley Estate, Spires 2004, Shiraz, Barossa Valley, 393

Barossa Valley Estate Winery, Shiraz 2003, E & E Black Pepper, Barossa Valley, 382

Barros Almeida
Colheita 1997, 449
Imperial Tawny, 463

Baudry, Bernard;
Chinon 2004, 110
Chinon 2004, Les Grézeaux, 110

Bava, Dolcetto d'Alba 2006, Controvento, 212

Beaujolais 2006, L'Ancien, Terres Dorées, Brun, Jean-Paul, 93

Beaujolais-Villages 2007, Combe aux Jacques, Jadot, Louis, 95

Beaujolais-Villages 2007, Dubœuf, Georges, 95

Beaune Les Épenottes 2005, Bourée Fils, Pierre, 78

Beaune Premier cru Les Bressandes 2005, Boisset, Jean-Claude, 77

Beaune Premier Cru Les Bressandes 2005, Potel, Nicolas, 86

Beauvignac, Hugues de; Picpoul de Pinet 2007, Coteaux du Languedoc, Cave Les Costières de Pomerols, 166

Beck, Graham; The Ridge 2001, Syrah, Robertson, 413

Belguardo
Bronzone 2005, Morellino di Scansano, 229
Serrata 2005, Maremma Toscana, 229

Bellavista
Franciacorta Brut, 438
Gran Cuvée Pas Opéré 2002, Franciacorta, 438
Gran Cuvée Rosé 2002, Franciacorta, 438

Belle, Crozes-Hermitage 2003, Cuvée Louis Belle, 128

Belle Glos, Pinot Noir 2006, Meiomi, Sonoma, 328

Bellingham
S.M.V 2003, Syrah-Mourvèdre-Viognier, The Maverick, Coastal Region, 409
Sauvignon blanc 2006, Our Founder's, Coastal Region, 413
Syrah 2005, The Maverick, Coastal Region, 409

Benanti, Rovittello 2001, Etna, 258

Benjamin Brunel 2006, Côtes du Rhône-Villages Rasteau, 142

Benziger
Cabernet sauvignon 2004, Sonoma County, 340
Cabernet sauvignon 2004, Sonoma County, 340
Chardonnay 2004, Sangiacomo Vineyards, Carneros, 339
Chardonnay 2005, Carneros, 340
Pinot noir 2006, Sonoma, 340
Sauvignon blanc 2005, North Coast, 339
Sauvignon blanc 2006, North Coast, 340

Beretta, Cecilia; Amarone della Valpolicella 2004, Terre di Cariano, 216

Beringer Vineyards, Chardonnay 2006, Founder's Estate, California, 339

Bertani, Catullo 2003, Veneto, 224

Bessa Valley Winery, Enira 2005, Pazarjik, 313

Beyer, Léon
Gewürztraminer 2003, Alsace, 99
Pinot gris 2006, Alsace, 99
Pinot noir 2005, Alsace, 99
Riesling 2003, Les Écaillers, Alsace, 99
Riesling 2007, Réserve, Alsace, 105

Biblia Chora, Ovilos 2006, Pangeon, 315

Bichot, Albert
Bourgogne Chardonnay 2006, Vieilles vignes, 94
Domaine du Pavillon, Meursault Les Charmes, Bichot, Albert, 200

Big House Red 2006, California, Ca' Del Solo, 344

Big House White 2007, California, Ca' Del Solo, 339

Billaud-Simon, Chablis Tête d'Or 2006, 76

Billecart-Salmon, Brut rosé, 427

Biondi-Santi, Brunello di Montalcino 2001, Greppo, 229

Bischöfliche Weingüter, Eitelsbacher Marienholz 2005, Riesling Kabinett, Mosel-Saar Ruwer, 307

Blanck, Paul
Riesling 2005, Rosenbourg, Alsace, 102
Riesling Furstentum 2003, Alsace Grand cru, 102

Blandy's
Bual 1977, 465
Malmsey, 10 ans d'âge, 465

Blanquette de Limoux 2004, Sieur d'Arques, 442

Bodegas Guelbenzu, Azul, Ribera del Queiles 2005, Vino de la Tierra, 287

Boekenhoutskloof, The Chocolate Block 2005, Western Cape, 414

Boglietti, Enzo
Dolcetto d'Alba 2006, 212
Barolo 2001, Fossati, 212

Boisrenard 2004, Châteauneuf-du-Pape, Domaine de Beaurenard, 134

Boisset, Jean-Claude
Beaune Premier cru Les Bressandes 2005, 77
Bourgogne 2006, Chardonnay, 78
Bourgogne 2006, Pinot noir, 78
Chambolle-Musigny 2006, 77
Chambolle-Musigny 2005, 77
Chambolle-Musigny Les Groseilles 2004, 77
Clos de la Roche 2005, 77
Côte de Nuits-Villages 2006, Creux de Sobron, 78
Gevrey-Chambertin Premier cru Lavault Saint-Jacques 2006, 77
Nuits Saint-Georges 2006, Les Charbonnières, 77
Meursault 2006, Limozin, 78
Saint-Aubin Premier cru sur Gamay 2006, 78

Boizel, Brut Réserve, 435

Bolgheri Superiore 2005, Ornellaia, Tenuta dell', 240

Bolla, Creso 2001, Cabernet sauvignon delle Venezie, 224

Bollinger
Special Cuvée Brut, 428
Special Cuvée Grande Année 1999, 428

Bon Cap, Pinotage 2006, Les Ruines, Eilandia, Robertson, 414

Bonarda 2006, Alamos, Mendoza, Catena Zapata, 371

Bonarda 2006, Mendoza, Colonia las Liebre, Altos las Hormigas, 370

Bonarda 2007, Reserva, Valle de Uco, Mendoza, Lurton, 373

Bonny Doon, Vin Gris de Cigare 2007, 418

Bonterra Vineyards
Merlot 2006, Mendocino, 340
Zinfandel 2005, Mendocino County, 328

Borgo Scopeto, Chianti Classico 2004, Riserva, 229

Borie de Maurel, Esprit d'automne 2006, Minervois, 159

Borsao
Crianza 2005, Campo de Borja, 283
Seleccion Joven 2007, Campo de Borja, 289
Seleccion Joven blanc 2006, Campo de Borja, 283

Bortolomiol, Banda Rossa 2004, Prosecco di Valdobbiadene, 441

Boschendal
Chardonnay 2006, Coastal Region, 413
La Grande Reserve 2003, Coastal Region, 409

Bosquet des Papes, Cuvée Chante le Merle 2005, Vieilles vignes, Châteauneuf-du-Pape, 129

Botter Carlo
Santi Nello, Prosecco di Valdobbiadene, 443
Vivolo di Sasso 2007, Pinot grigio, Veneto, 419

Bouchard Père & Fils, Bourgogne Aligoté 2007, 94

Bourée Fils, Pierre; Beaune Les Épenottes 2005, 78

Bourgeois, Henri
Le MD de Bourgeois 2006, Sancerre, 111

Index des vins

Sancerre 2006, La Bourgeoise, 111

Sancerre 2007, Les Baronnes, 121

Bourgogne 2006, Chardonnay, Boisset, Jean-Claude, 78

Bourgogne 2006, Grand Élevage, Verget, 87

Bourgogne 2006, Maison Dieu, Potel, Nicolas, 86

Bourgogne 2006, Pinot noir, Boisset, Jean-Claude, 78

Bourgogne 2006, Pinot noir, Rodet, Antonin, 95

Bourgogne 2006, Vicomte, Doudet-Naudin, 90

Bourgogne Aligoté 2006, Goisot, Ghislaine & Jean-Hugues, 82

Bourgogne Aligoté 2007, Bouchard Père & Fils, 94

Bourgogne Aligoté 2007, Les Terpierreux, Noirot-Carrière, 95

Bourgogne Chardonnay 2006, Vieilles vignes, Bichot, Albert, 94

Bourgogne Hautes-Côtes de Nuits 2005, Jayer, Gilles. 90

Bourgueil 2006, Tuffeau, Chasle, Christophe, 111

Boutari
Filiria 2003, Goumenissa, 315
Naoussa 2001, Grande Réserve, 316

Bouzeron 2006, Aligoté, Villaine, A. et P. de, 87

Brampton
Cabernet sauvignon 2005, Coastal Region, 413
Shiraz 2006, South Africa, Rustenberg, 413

Brancaia
Il Blu 2006, Toscana, 231
Ilatraia 2005, Maremma, 231
Tre 2005, Toscana, 231

Brazilio, Syrah-Cabernet sauvignon 2006, Vale do São Francisco, 377

Bressy-Masson, Côtes du Rhône-Villages Rasteau 2005, 141

Bricco del Drago 2004, Poderi Colla, Langhe, 206

Brintet, Mercurey 2006, La Perrière, 78

Brokenwood, Sémillon 2007, Hunter Valley, 394

Brothers in Arms, Shiraz 2002, Langhorne Creek, 382

Brouilly 2006, Vieilles vignes, Martray, Laurent, 91

Brouilly 2007, Dubœuf, Georges, 95

Brouilly 2007, Sous les Balloquets, Jadot, Louis, 91

Brumont, Alain
Argile Rouge 2004, Madiran, 170
Château Bouscassé 2002, Madiran, 170
Gros manseng-Sauvignon 2007, Vin de Pays des Côtes de Gascogne, 188
Torus 2006, Madiran, 178

Brun, Jean-Paul
Côte de Brouilly 2005, Terres Dorées, 93
L'Ancien, Beaujolais 2006, Terres Dorées, 93

Bründlmayer, Riesling 2006, Trocken, Kamptaler Terrassen, 310

Brunello di Montalcino 2001, Greppo, Biondi-Santi, 229

Brunello di Montalcino 2001, Il Palazzone, 244

Brunello di Montalcino 2001, Reserva, La Fiorita, 245

Brunello di Montalcino 2001, Terralsole, 245

Brunello di Montalcino 2001, Vigna Spuntali, Tenimenti Angelini, 242

Brunello di Montalcino 2002, Banfi, 243

Brunello di Montalcino 2003, Barbi, 243

Brunello di Montalcino 2003, Vigna del Fiore, Barbi, 243

Buecher, Paul; Riesling 2004, Alsace Grand cru Brand, 102

Buil & Giné
Baboix 2004, Montsant, 270
Nosis 2005, Rueda, 286

Buller, Vin Fortifié, Victoria, 470

Burge, Grant
Filsell 2004, Shiraz, Barossa, 384
Riesling 2007, Thorn, Eden Valley, 383
The Holy Trinity, Grenache-Shiraz-Mourvèdre 2003, Barossa, 383

Burmester
Sottovoce Reserve, Ruby, 463
Tawny 10 ans, 449

| **C** |

Ca' Del Solo
Big House Red 2006, California, 344
Big House White 2007, California, 339
Cardinal Zin, Zinfandel 2006, California, 340
Sangiovese 2005, California, 340

Ca'Bolani, Chardonnay delle Venezie, 441

Cabernet sauvignon 1995, Veneto, Marion, 223

Cabernet sauvignon 2001, Napa Valley, Togni, Philip, 341

Cabernet sauvignon 2002, Luyan de Cuyo, Mendoza, Weinert, 376

Cabernet sauvignon 2002, Napa Valley, Rutherford Hill, 340

Cabernet sauvignon 2003, Sanama, Reserva, Valle del Rapel, Santa Amalia, 366

Cabernet sauvignon 2003, Stellenbosch, Alto, 408

Cabernet sauvignon 2004, Barossa, Lehmann, Peter, 388

Cabernet sauvignon 2004, Counterpoint, Sonoma Mountain, Laurel Glen, 336

Cabernet sauvignon 2004, Mendoza, Ruca Malen, 374

Cabernet sauvignon 2004, Offspring, Goundrey Wines, 393

Cabernet sauvignon 2004, Simonsberg-Stellenbosch, Le Bonheur, 411

Cabernet sauvignon 2004, Western Australia, Vasse Felix, 391

Cabernet sauvignon 2005, Coastal Region, Brampton, 413

Cabernet sauvignon 2005, La Mascota, Mendoza, Santa Ana, 375

Cabernet sauvignon 2005, McLaren Vale, Hardy's Tintara, 386

Cabernet sauvignon 2005, Montes Alpha, Santa Cruz, Montes, 366

Cabernet sauvignon 2005, Reserva, Valle Central, Lurton, 364

Cabernet sauvignon 2005, Reserve, Valle del Maipo, Carmen, 368

Cabernet sauvignon 2005, Sonoma County, St. Francis, 340

Cabernet sauvignon 2005, Yulupa, Sonoma, Kenwood, 333

Cabernet sauvignon 2006, Antiguas Reservas, Valle del Maipo, Cousiño-Macul, 368

Cabernet sauvignon 2006, California, Liberty School, 344

Cabernet sauvignon 2006, Coastal Region, Boekenhoutskloof, Porcupine Ridge, 413

Cabernet sauvignon 2006, Coastal Region, Man Vintners, 413

Cabernet sauvignon 2006, Gran Reserva, Valle de Colchagua, Edwards, Luis Felipe, 368

Cabernet sauvignon 2006, Koonunga Hill, Australia, Penfolds, 395

Cabernet sauvignon 2006, Maipu, Argentine, Trumpeter, 379

Cabernet sauvignon 2006, Max Reserva, Valle de Aconcagua, Errazuriz, 369

Cabernet sauvignon 2006, Reserva, Valle de Colchagua, Caliterra, 368

Cabernet sauvignon 2006, The High Trellis, McLaren Vale, D'Arenberg, 385

Cabernet sauvignon 2007, Alamos, Mendoza, Catena Zapata, 371

Cabernet sauvignon 2007, Casillero del Diablo, Valle de Maipo, Concha y Toro, 368

Cabernet sauvignon 2007, Estate, Valle de Aconcagua, Errazuriz, 369

Cabernet sauvignon 2007, Privado, Cafayate, Etchart, 379

Cabernet sauvignon 2007, Valle de Colchagua, Santa Carolina, 369

Cabernet sauvignon-Carmenère 2006, Valle de Colchagua, Cono Sur, 361

Cabernet sauvignon, Legado Reserva 2005, Valle del Maipo, De Martino, 362

Cabernet sauvignon-Merlot 2003, Western Australia, Palandri, 393

Cabernet sauvignon-Syrah 2005, Stellenbosch, Anwilka, 408

Cabernet-Malbec 2005, Bin 56, Clare Valley, Leasingham, 393

Cabernet-Merlot 2003, Margaret River, Evans & Tate, 386

Cabernet-Merlot 2004, Hawkes Bay, Te Awa, 402

Cabernet-Merlot 2004, Niagara Peninsula, Henry of Pelham, 348

Cabernet-Merlot 2005, Patagonia, Infinitus, 373

Cabernet-Merlot 2005, Woodthorpe Vineyard, Hawkes Bay, Te Mata, 403

Cabernet-Merlot 2006, Five Vineyards, Okanagan Valley, Mission Hill Family Estate, 350

Cabral, Vallegre
Character Reserva, Vallegre, 463
Reserva Especial, 451
Tawny 10 ans, 451
Tawny 20 ans, 451

Ca'del Bosco, Franciacorta Brut, 439

Cahors 2003, Château Les Hauts d'Aglan, 177

Cahors 2003, Édition spéciale, Vins de l'Échanson, 177

Cahors 2004, Castel Montplaisir, 178

Cahors 2004, Château Lagrezette, 173

Cahors 2005, Prestige, Château Croze de Pys, 177

Cahors 2005, Tradition, Château Eugénie, 177

Cahors, Château de Haute-Serre 2004, 177

Cahors, Chatons du Cèdre 2005, 178

Cahors, Le Prestige 2004, Château du Cèdre, 172

Cahors, Moulin Lagrezette 2004, Château Lagrezette, 173

Cahors, Prieuré de Cénac 2004, Château de St-Didier Parnac, 177

Cahors, Tradition 2004, Château Leret, 177

Caldas 2004, Reserva, Douro, Alves de Sousa, 292

Calem
Curva 2006, Douro, 299
Tawny 10 ans, 463
Vintage 2000, 451
Vintage Quinta da Foz 1996, 451

Calera
Pinot noir 2006, Central Coast, 329
Pinot noir 2006, Mt. Harlan Cuvée, Mt. Harlan, 329

Calina, Carmenere 2006, Valle del Maule, 366

Caliterra, Cabernet sauvignon 2006, Reserva, Valle de Colchagua, 368

Cambria, Pinot noir 2005, Julia's Vineyard, Santa Maria Valley, 330

Campo di Sasso, Insoglio de Cinghiale 2006, Toscana, 231

Campos Reales, Canforrales 2006, La Mancha, 287

Candidato blanc 2007, Vino de la Tierra de Castilla, Cosecheros Y Criadores, 288

Canet-Valette, Antonyme 2007, Saint-Chinian, 157

Cantele
Primitivo 2004, Salento, 255
Salice 2002, Salice-Salentino, 255

Caparzo
Cà del Pazzo 2004, Sant'Antimo, 243
La Caduta 2004, Rosso di Montalcino, 246
Sant'Antimo 2004, Le Grance, 243

Cape Mentelle
Sauvignon blanc-Sémillon 2006, Margaret River, 384
Shiraz 2004, Margaret River, 394

Capitel Croce 2006, Veneto, Anselmi, 216

Capitel Foscarino 2007, Veneto, Anselmi, 216

Capoverso, Capoverso di Adriana 2004, Toscana, Adriana Avignonesi, 246

Cappuccina, Fontego 2006, Soave, 217

Carmen
Cabernet sauvignon 2005, Reserve, Valle del Maipo, 368
Carmenère-Cabernet sauvignon 2005, Valle del Maipo, 359

Carmenère 2003, Carmin de Peumo, Valle del Rapel, Concha y Toro, 367

Carmenère 2005, Araucano, Reserva, Valle Central, Lurton, 364

Carmenère 2005, Don Reca, Valle de Cachapoal, Viña La Rosa, 366

Carmenère 2005, Valle del Rapel, Santa Rita, 366

Carmenere 2006, Valle del Maule, Calina, 366

Carmenère 2007, Reserva, Casillero del Diablo, Valle de Rapel, Concha y Toro, 368

Carmenère 2007, Valle de Aconcagua, Errazuriz, 369

Carmenère-Cabernet sauvignon 2005, Valle del Maipo, Carmen, 359

Carpineta Fontalpino
Chianti Colli Senesi 2005, 232
Do ut des 2005, Toscana, 232
Dofana 2004, Toscana, 232
Montaperto 2006, Toscana, 232

Carpineto, Cabernet sauvignon 2003, Farnito, Toscana, 243

Ca'Rugate
Soave Classico 2005, Monte Fiorentine, 217
Valpolicella 2005, Rio Albo, 224

Casa de Sezim, Vinho Verde 2006, Grande Escolha, 300

Casa Ferreirinha
Quinta da Leda 2005, Douro, 293
Reserva Especial 1997, Douro, 292
Vinha Grande blanc 2006, Douro, 293
Vinha Grande rouge 2002, Douro, 293

Casa Girelli, Lamura 2007, Rosato, Sicilia, 419

Casa Lapostolle, Merlot 2005, Cuvée Alexandre, Valle de Colchagua, 360

Casa Marin, Sauvignon blanc 2005, Cipreces, Valle de San Antonio, 366

Casaloste, Chianti Classico Riserva 2003, 246

Casanova di Neri, Rosso di Montalcino 2005, 232

Casas Patronales, Merlot 2005, Valle del Maule, 366

Castaño
Chardonnay-Maccabeo 2006, Yecla, 284
Pozuelo Reserva 2004, Yecla, 287

Casteggio, Autari 2004, Barbera, Oltrepo Pavese, 213

Castel Montplaisir 2004, Cahors, 178

Castelinho, Colheita seleccionada 2004, Douro, 299

Castell de Falset, Old Vines Selection 2003, Montsant, 270

Castello dei Rampolla, Chianti Classico 2004, 243

Castello del Poggio, Barbera d'Asti 2004, 212

Castell del Remei, Oda 2004, Costers del Segre, 287

Castello del Terriccio, Con Vento 2005, Toscana, 234

Castello della Paneretta, Chianti Classico Riserva 2003, Vigneto Torre a Destra, 244

Castello di Ama
Al Poggio 2006, Toscana, 234
Chianti Classico 2004, 234
Chianti Classico 2004, Vigneto Bellavista, 234
L'Apparita 2004, Toscana, 234
Rosato 2007, Toscana, 418

Castello di Volpaia, Chianti Classico 2006, 244

Castillo de Liria 2007, Valencia, Gandia, 421

Castillo de Monséran
Garnacha 2005, Vieilles vignes, Carinena, 287
Garnacha 2007, Carinena, 289

Castillo Viejo, Tannat 2006, Catamayor, San Jose, 378

Castorani
Amorino rouge 2005, Colline Pescaresi, 249
Barbera d'Alba 2006, Follìa, 262

Barbaresco 2005, Oddìo, 199
Barolo 2004, Follìa, 262
Coste delle Plaie 2005, Montepulciano d'Abruzzo, 249
Coste delle Plaie 2006, Trebbiano d'Abruzzo, 249
Jarno 2003, Colline Pescaresi, 249
Majolica 2007, Montepulciano d'Abruzzo, 264
Mille Pendi 2005, Chambave, Valle d'Aoste, 213
Montepulciano d'Abruzzo 2003, 249
Picciò 2006, Sicilia, 258
Scià 2006, Sangiovese, Puglia, 265

Catamayor, Cabernet franc 2007, San José, Bodegas Castello Viejo, 419

Catena Zapata
Bonarda 2006, Alamos, Mendoza, 371
Cabernet sauvignon 2007, Alamos, Mendoza, 371
Chardonnay 2004, Adrianna Vineyard, Mendoza, 370
Chardonnay 2006, Mendoza, 376
Chardonnay 2007, Alamos, Mendoza, 371
Malbec 2005, Catena, Mendoza, 371
Nicolas Catena Zapata 2004, Mendoza, 377
Viognier 2007, Alamos, Mendoza, 371

Cathedral Cellar, Shiraz 2005, Stellenbosch, KWV, 413

Cave de Labastide de Lévis, Perlé D'amour 2006, Gaillac, 171

Cave de Lugny, Crémant de Bourgogne, Blanc de blancs, 437

Cave de Rasteau, Côtes du Rhône-Villages Rasteau 2005, Cuvée Prestige, Ortas, 141

Cave de Ribeauvillé, Andante 2007, Prestige, Alsace, 105

Cave de Roquebrun
Clos de l'Orb 2007, Saint-Chinian, Les Vins de Roquebrun, 421

Fiefs d'Aupenac 2005, Saint-Chinian, 148
Fiefs d'Aupenac 2006, Saint-Chinian, 148

Cave des Papes, Héritage des Caves des Papes 2006, Côtes du Rhône, 142

Cave des vignerons de Beaumes de Venise, Muscat de Beaumes de Venise, 470

Cave Spring
Chardonnay 2004, CSV, Niagara Peninsula, 346
Riesling 2005, Niagara Peninsula, 346

Caves de Crouseilles, Château de Crouseilles 2004, Prenium, Madiran, 177

Caves de Turckheim, Riesling Brand 2002, Alsace Grand cru, 102

Caves des Papes, Oratorio, Crozes-Hermitage 2005, 141

Ca'Viola
Barbera d'Alba 2005, Brichet, 199
Vilot 2006, Dolcetto d'Alba, 199
L'Insieme, Vino Rosso da Tavola, 199

Caymus Vineyards
Cabernet sauvignon 2005, Special Selection, Napa Valley, 330
Conundrum 2006, California, 330

Cazes
Alter 2001, Côtes du Roussillon-Villages, 148
Ego 2005, Côtes du Roussillon-Villages, 148
Latour de France, L'Excellence de Triniac 2005, Côtes du Roussillon-Villages, 158
Muscat de Rivesaltes 2005, 470
Rivesaltes Ambré 1995, 470

Cecchi, Chianti Classico 2004, Riserva di Famiglia, 244

Cecilia, Vermentino 2006, Zeta del Tucano, Toscana, 246

Celler Cooperatiu de Capçanes
Costers del Gravet 2003, Montsant, 270

Mas Collet 2005, Barrica, Montsant, 288
Vall del Calas 2004, Montsant, 270

Celler de Cantonela, Cervolès 2005, Costers del Segre, 271

Celler Piñol, Sacra Natura 2006, Terra Alta, 271

Cepparello 2004, Toscana, Isole E Olena, 238

Ceretto, Blangé 2006, Langhe Arneis, 200

Cesari, Umberto
Liano 2005, Sangiovese Cabernet sauvignon, Rubicone, 226
Sangiovese di Romagna 2004, Riserva, 226
Tauleto 2003, Rubicone, 226

Chablis 2005, Saint Martin, Laroche, 94

Chablis 2006, Terroirs de Chablis, Verget, 89

Chablis 2007, Champs Royaux, Fèvre, William, 94

Chablis 2007, La Vigne de la Reine, Château de Maligny, 80

Chablis Premier cru Côte de Lechet 2004, La Chablisienne, 83

Chablis Premier cru Fourchaume 2006, Château de Maligny, 80

Chablis Premier cru Vaulignot 2007, Moreau, Louis, 88

Chablis Tête d'Or 2006, Billaud-Simon, 76

Chambolle-Musigny 2005, Boisset, Jean-Claude, 77

Chambolle-Musigny 2006, Boisset, Jean-Claude, 77

Chambolle-Musigny Les Groseilles 2004, Boisset, Jean-Claude, 77

Chapoutier
Châteauneuf-du-Pape 2005, La Bernardine, 129
Côtes du Rhône 2006, Belleruche, 142
Crozes-Hermitage 2006, Les Meysonniers, Chapoutier, 129

Chardonnay 2004, Adrianna Vineyard, Mendoza, Catena Zapata, 370

Chardonnay 2004, CSV, Niagara Peninsula, Cave Spring, 346

Chardonnay 2004, Overberg, Newton Johnson, 411

Chardonnay 2005, Altos de Mendoza, Mendoza, Luca, 377

Chardonnay 2005, Claystone Terrace, Niagara Peninsula, Clos Jordanne, 347

Chardonnay 2005, Gimblett Gravels Vineyards, Hawkes Bay, Craggy Range Winery, 400

Chardonnay 2005, Marlborough, Scott, Allan, 404

Chardonnay 2005, Nelson, Seifried Estate, 402

Chardonnay 2005, Radford Dale, Stellenbosch, The Winery, 412

Chardonnay 2005, Reserve, Niagara Peninsula, Henry of Pelham, 348

Chardonnay 2005, Sonoma County, St. Francis, 339

Chardonnay 2005, The Brajkovich Family Properties, Kumeu River, 400

Chardonnay 2005, Yarra Valley, Yering Station, 392

Chardonnay 2006, Coastal Region, Boschendal, 413

Chardonnay 2006, Founder's Estate, California, Beringer Vineyards, 339

Chardonnay 2006, Geelong, Scotchmans Hill, 389

Chardonnay 2006, Lodi, Ironstone, 339

Chardonnay 2006, Margaret River, Evans & Tate, 386

Chardonnay 2006, Mendoza, Catena Zapata, 376

Chardonnay 2006, Montes Alpha, Special Cuvée, Valle de Curico, Montes, 366

Chardonnay 2006, Niagara Peninsula, Inniskillin, 351

Chardonnay 2006, Reserva, Mendoza, Familia Zuccardi, Santa Julia, 376

Chardonnay 2006, Sicilia, Planeta, 260

Chardonnay 2006, Sonoma Coast, Californie, La Crema, 336

Chardonnay 2006, Unoaked, Marlborough, Crawford, Kim, 405

Chardonnay 2006, Unoaked, Marlborough, Tohu, 403

Chardonnay 2006, Yarra Valley, Coldstream Hills, 384

Chardonnay 2007, Alamos, Mendoza, Catena Zapata, 371

Chardonnay 2007, California, Ravenswood, 339

Chardonnay 2007, Gran Cuvée, Valle de Maipo, Fèvre, William, 364

Chardonnay 2007, Marlborough, Oyster Bay, 404

Chardonnay 2007, Simonsberg-Stellenbosch, Le Bonheur, 411

Chardonnay 2007, Valle de Casablanca, Errazuriz, 369

Chardonnay 2007, Wild Ferment, Valle de Casablanca, Errazuriz, 363

Chardonnay-Maccabeo 2006, Yecla, Castaño, 284

Chasle, Christophe; Bourgueil 2006, Tuffeau, 111

Château Barateau 2005, Haut-Médoc, 51

Château Baret 2005, Pessac-Léognan, 59

Château Bel-Air la Royère 2005, Côtes de Blaye, 45

Château Belingard, Cuvee Champlain 2005, Bergerac, 177

Château Belles Eaux
Coteaux du Languedoc 2003, 149
Sainte-Hélène 2003, Coteaux du Languedoc, 149

Château Bellevue La Forêt
Côtes du Frontonnais 2007, 419
Fronton 2005, 178
Optimum 2004, Fronton, 177

Château Bel Orme Tronquoy de Lalande 2001, Haut-Médoc, 55

Château Bertinerie
Premières Côtes de Blaye 2005, 50
Premières Côtes de Blaye 2007, 45

Château Bonnet
Entre-deux-Mers 2007, 68
Réserve 2005, Bordeaux, 69

Château Brisson 2003, Côtes de Castillon, 50

Château Brouset 2005, Barsac, 66

Château Bujan 2006, Côtes de Bourg, 46

Château Cahuzac 2005, L'Authentique, Fronton, 178

Château Cailleteau Bergeron 2006, Premières Côtes de Blaye, 46

Château Calabre 2007, Montravel, 172

Château Canon de Brem 2005, Canon-Fronsac, 65

Château Cantelaudette
Cuvée Prestige 2006, Graves de Vayres, 45
Graves de Vayres 2005, 45

Château Capendu 2006, L'Esprit de Château Capendu, Corbières, 166

Château Carbonnieux 2002, Pessac-Léognan, 59

Château Carignan 2005, Cuvée Prima, Premières Côtes de Bordeaux, 46

Château Cazal Viel, L'Antenne 2005, Saint-Chinian, 149

Château Chantalouette 2005, Pomerol, 64

Château Clarke 2005, Listrac-Médoc, 51

Château Clerc Milon 2004, Pauillac, 51

Château Clos Daviaud 2005, Les Cîmes, Montagne Saint-Émilion, 59

Château Coufran 2005, Haut-Médoc, 55

Château Coupe Roses
Granaxa 2006, Minervois, 149
Les Plots 2006, Minervois, 149
Minervois 2006, 149

Château Couronneau 2006, Bordeaux Supérieur, 69

Château Croix de Rambeau 2004, Lussac-Saint-Émilion, 63

Château Croze de Pys 2005, Prestige, Cahors, 177

Château d'Aquéria, L'Héritage d'Aquéria 2005, Lirac, 141

Château d'Arche 2005, Sauternes, 66

Château d'Armajan des Ormes 2002, Sauternes, 66

Château d'Escurac
Médoc 2004, 55
Médoc 2005, 55

Château d'Agassac 2004, Haut-Médoc, 51

Château d'Argadens 2004, Bordeaux Supérieur, 42

Château d'Aydie
Madiran 2005, 172
Odé d'Aydie 2004, Madiran, 172
Pacherenc du Vic-Bilh 2006, 172

Château de Beaucastel
Châteauneuf-du-Pape 2005, 129
Coudoulet de Beaucastel blanc 2006, Côtes du Rhône, 129
Coudoulet de Beaucastel rouge 2006, Côtes du Rhône, 129

Château de Beauregard, Pouilly-Fuissé 2004, Aux Charmes, 79

Château de Campuget, Viognier de Campuget 2006, Vin de Pays du Gard, 184

Château de Carles, Barsac, 67

Château de Cazeneuve, Le Roc des Mates 2004, Coteaux du Languedoc Pic Saint-Loup, 150

Château de Chamirey
Mercurey rouge 2006, 80
Mercurey blanc 2005, 80

Château de Chantegrive 2005, Cuvée Caroline, Graves, 56

Château de Cruzeau
Pessac-Léognan 2004, 69
Pessac-Léognan blanc 2006, 56

Château de Fargues 1998, Sauternes, 67

Château de Fesles
Anjou 2006, La Chapelle, 111
Anjou 2006, Vieilles vignes, 111

Château de Fontenille 2005, Bordeaux, Stéphane Defraine, 45

Château de Franc, Les Cerisiers 2005, Côtes de Francs, 46

Château de Gourgazaud
Minervois 2006, 166
Minervois La Livinière, Réserve 2005, 150

Château de Haute-Serre 2004, Cahors, 177

Château de Jau 2004, Côtes du Roussillon-Villages, 159

Château de l'Isolette 2003, Grande Réserve, Prestige, Côtes du Luberon, 130

Château de la Gardine 2005, Châteauneuf-du-Pape, 142

Château de la Negly, Coteaux du Languedoc La Clape 2005, La Falaise, 159

Château de la Tuilerie
Vieilles vignes 2004, Costières de Nîmes, 130
Costières de Nîmes blanc 2007, Vieilles vignes, 130

Château de Lancyre 2002, Grande Cuvée, Pic Saint-Loup, Coteaux du Languedoc, 159

Château de Lascaux 2003, Les Nobles Pierres, Coteaux du Languedoc Pic Saint-Loup, 157

Château de Lastours 2005, Cuvée Arnaud de Berre, Corbières, 166

Château de Maison Neuve 2005, Montagne Saint-Émilion, 63

Château de Maligny
Chablis 2007, La Vigne de la Reine, 80
Chablis Premier cru Fourchaume 2006, 80

Château de Malle 2005, Sauternes, 67

Château de Nages
Costières de Nîmes blanc 2007, Réserve, 142
Costières de Nîmes rouge 2006, Réserve, 142

Château de Padère 2005, Buzet, 172

Château de Parenchère 2005, Cuvée Raphaël, Bordeaux Supérieur, 42

Château de Pennautier
Cabardès 2006, 166
L'Esprit de Pennautier 2001, Cabardès, 150
L'Orangerie de Pennautier 2006, Vin de Pays de la Cité de Carcassonne, 188

Château de Pic 2005, Premières Côtes de Bordeaux, 50

Château de Pierreux 2007, Brouilly, 95

Château de Poncié, Fleurie 2005, Jadot, Louis, 91

Château de Ripaille 2007, Vin de Savoie Ripaille, 181

Château de Rochemorin
Pessac-Léognan rouge 2003, 56
Pessac-Léognan rouge 2005, 56
Pessac-Léognan blanc 2004, 56

Château de Rouillac 2003, Pessac-Léognan, 59

Château de Sérame, Corbières 2006, 150

Château de St-Didier Parnac, Prieuré de Cénac 2004, Cahors, 177

Château de Vaudieu 2005, Châteauneuf-du-Pape, 130

Château de Viella 2004, Madiran, 177

Château de Villeneuve 2005, Saumur-Champigny, 111

TABLEAU DES MILLÉSIMES	07	06	05	04	03	02	01	00	99	98	97	96	95	94	93	92	91	90	89	88	87	86	85	84	83	82
Médoc-Graves	6	7	10	8	8	7	9	9	8	7	7	9	9	7	6	4	5	10	10	8	5	9	8	5	8	10
Pomerol - Saint-Émilion	6	7	10	8	8	7	8	9	7	7	7	8	9	7	6	4	4	10	9	8	6	8	9	3	8	10
Sauternes	9	8	9	7	10	9	10	8	7	8	8	10	8	5	5	5	4	9	9	10	5	10	8	5	8	5
Côte d'Or rouge	7	8	9	7	9	9	8	7	9	8	7	8	9	6	8	6	7	9	8	8	7	5	9	5	7	6
Côte d'Or blanc	8	8	9	8	7	10	7	8	7	8	8	9	9	7	5	8	5	8	9	7	6	9	8	6	8	7
Chablis Premiers et Grands Crus	8	8	9	7	6	10	7	10	8	8	8	9	8	6	7	8	7									
Alsace	8	7	8	7	7	8	9	9	7	8	9	8	8	9	8	6	6	9								
Loire blanc (Anjou, Vouvray)	8	7	9	8	8	10	8	7	6	6	9	10	9	6	6	6	5	9								
Loire rouge	6	8	9	8	7	8	8	8	7	7	9	9	8	7	7	5	7	9								
Côtes du Rhône nord	7	8	9	8	8	6	8	8	9	8	8	7	9	7	4	5	9	9	10	9	7	8	9	5	9	8
Côtes du Rhône sud	8	9	9	9	8	5	9	9	8	10	7	6	9	7	7	5	5	9	10	8	4	7	8	5	8	5
Piémont: Barolo, Barbaresco	8	9	8	9	8	6	10	9	9	9	10	9	9	6	7	5	5	10	9	8	8	6	10	5	7	10
Toscane: Chianti, Brunello	9	10	7	9	7	6	10	7	8	8	10	7	9	8	7	4	6	10	5	9	5	7	10	4	8	9
Allemagne (Rheingau et Moselle)	9	7	10	8	9	8	10	7	7	7	9	10	9	8	8	8	7	8								
Californie - Chardonnay	8	7	8	8	7	9	9	8	8	8	10	8	9	9	8	8	7		7	6	9	8	9	8	6	8
Californie - Cabernet sauvignon	7	7	9	8	7	9	9	7	8	8	10	8	8	9	7	8	10	9	7	7	7	8	10	-	8	8
Porto Vintage	8	8	8	7	9	6	7	10	5	5	10	7	8	9	-	9	9	7	-	-	7	7	9	-	8	7

Les millésimes sont cotés de 0 (les moins bons) à 10 (les meilleurs).

☐ À laisser vieillir.

☐ On peut commencer à les boire, mais les meilleurs
continueront de s'améliorer.

☐ Prêts à boire.

☐ À boire sans attendre, il n'y a pas d'intérêt
à les conserver plus longtemps.

☐ Peut-être trop vieux.

Les notes attribuées au millésime 2007 ne sont qu'indicatives et provisoires.

Château des Charmes
Gewürztraminer 2006, St-Davids Bench, 346
Vidal Icewine 2005, Niagara-on-the-Lake, 346

Château des Erles
Fitou 2003, 159
La Recaoufa 2004, Corbières, 159

Château des Estanilles 2005, Tradition, Faugères, 159

Château des Matards
Premières Côtes de Blaye blanc 2007, 68
Premières Côtes de Blaye rouge 2006, 68

Château Des Merles 2003, Listrac-Médoc, 55

Château Doisy-Védrines 2005, Barsac, 67

Château Dona Baissas 2005, Vieilles vignes, Côtes du Roussillon-Villages, 151

Château du Cèdre, Le Prestige 2004, Cahors, 172

Château du Courlat 2005, Lussac-Saint-Émilion, 63

Château du Grand Caumont
Corbières 2005, 166
Cuvée Impatience 2005, Corbières, 159

Château du Grand Mouëys 2005, Premières Côtes de Bordeaux, 50

Château du Grand Moulas 2007, Côtes du Rhône-Villages Massif d'Uchaux, 130

Château du Rouët, Belle Poule 2004, Côtes de Provence, 165

Château du Vallier 2005, Premières Côtes de Bordeaux, 46

Château Duplessis 2004, Moulis, 52

Château Durand Laplagne 2003, Cuvée Sélection, Puisseguin Saint-Émilion, 59

Château Etang Des Colombes 2005, Bois des Dames, Corbières, 151

Château Eugénie 2005, Tradition, Cahors, 177

Château Flaugergues 2005, La Méjanelle, Cuvée Sommelière, Coteaux du Languedoc, 159

Château Fougas
Maldoror 2005, Côtes de Bourg 2005, 47
Cuvée Prestige 2005, Côtes de Bourg, 47

Château Fourcas-Dumont 2003, Listrac-Médoc, 55

Château Franc La Rose 2004, Saint-Émilion Grand cru, 60

Château Gaillard 2006, Touraine-Mesland, Vincent Girault, 112

Château Garraud 2005, Lalande de Pomerol, 64

Château Germain 2005, Pinot noir, Vieilles vignes, Domaine du Château Chorey, 88

Château Goudichaud 2005, Graves de Vayres, 45

Château Grand Chêne 2004, Côtes du Brulhois, Cave de Donzac, 159

Château Grand Jour 2005, Côtes de Bourg, 50

Château Grand Launay
Côtes de Bourg blanc 2006, Sauvignon gris, 50
Réserve Lion Noir 2005, Côtes de Bourg, 50

Château Greysac
2004, Médoc, 52
2005, Médoc, 52

Château Grinou
2007, Bergerac, Réserve, 173
Bergerac blanc 2007, Tradition, 173

Château Guitignan 2004, Moulis-en-Médoc, 55

Château Haut Coteau 2005, Saint-Estèphe, 55

Château Haut Mouleyre 2005, Bordeaux, 45

Château Haut-Bertinerie 2005, Premières Côtes de Blaye, 50

Index des vins

Chateau Haut-Breton Larigaudière 2005, Margaux, 52

Château Haut-Castelot 2005, Saint-Émilion, 60

Château Haute-Nauve 2002, Saint-Émilion Grand cru, 63

Château Haut-Mazeris 2005, Fronsac, 65

Château Haut-Perthus 2005, Bergerac, 178

Château Haut-Sarpe 2004, Saint-Émilion Grand cru classé, 60

Château Haut-Selve 2004, Graves, 59

Château Haut-Surget 2005, Lalande de Pomerol, 64

Château Hostens-Picant
Cuvée des Demoiselles 2005, Sainte-Foy Bordeaux, 43
Cuvée Lucullus 2001, Sainte-Foy Bordeaux, 43
Sainte-Foy Bordeaux 2003, 42

Château Joanin Bécot 2005, Côtes de Castillon, 43

Château Kefraya
Comte de M 2002, Vallée de la Bekaa, 322
Les Bretèches 2006, Vallée de la Bekaa, 322

Château Kirwan 2004, Margaux, 52

Château La Chapelle Monrepos 2005, Côtes de Castillon, 50

Château la Coustarelle 2004, Grande Cuvée Prestige, Cahors, 177

Château La Croix des Moines 2003, Lalande de Pomerol, 64

Château La Fleur de Boüard
Lalande de Pomerol 2002, 64
Lalande de Pomerol 2005, 64

Château La Fleur du Casse 2005, Saint-Émilion Grand cru, 60

Château la Grande Clotte 2004, Bordeaux, The Rolland Collection, 43

Château La Grange Clinet 2005, Premières Côtes de Bordeaux, 50

Château La Grave 2007, Expression, Minervois, 151

Château La Haye 2003, Saint-Estèphe, 55

Château La Lieue 2007, Coteaux Varois en Provence, 167

Château La Louvière
blanc 2005, Pessac-Léognan, 57
rouge 2005, Pessac-Léognan, 57

Château La Nerthe 2003, Châteauneuf-du-Pape, 131

Château La Papeterie 2001, Montagne Saint-Émilion, 63

Château La Raz Caman 2002, Premières Côtes de Blaye, 50

Château La Serre 2004, Saint-Émilion Grand cru, 60

Château La Tour de Bessan 2004, Margaux, 52

Château la Tour de l'Évêque
2004, Côtes de Provence, 160
Pétale de Rose 2007, Côtes de Provence , 420

Château Laffitte-Teston, Madiran 2005, Vieilles vignes, 173

Château Lafitte-Tramier 2003, Médoc, 55

Château Lagarosse 2005, Premières Côtes de Bordeaux, 50

Château Lagrange 2005, Saint-Julien, 53

Château Lagrezette
2004, Cahors, 173
Moulin Lagrezette 2004, Cahors, 173

Château Lagüe 2004, Fronsac, 65

Château Lamarche
2006, Bordeaux Supérieur, 43
Canon 2006, Candelaire, Canon-Fronsac, 65

Château Lamargue 2004, Cuvée Aegediane, Costières de Nîmes, 141

Château Lamartine, Cuvée Particulière 2005, Cahors, 174

L'Âme du Vin, source d'inspiration!

Faites respirer votre vin avec les carafes et aérateurs de *L'Âme du Vin* ainsi qu'avec nos nouveaux verres respirants « breathable glass » de Eisch. Vous trouverez à notre boutique de judicieux conseils, des suggestions de cadeaux et un service spécialisé.

L'Âme du Vin

VERRES, CARAFES, CELLIERS ET CETERA

14, boul. Desaulniers, Saint-Lambert ~ 450-923-0083 ~ info@lameduvin.com

Château Lamothe Bergeron 2003, Haut-Médoc, 55

Château Lamothe de Haux 2005, Premières Côtes de Bordeaux, 50

Château le Bergey 2005, Cuvée Prestige, Bordeaux Supérieur, 45

Château Le Castelot 2003, Saint-Émilion Grand cru, 62

Château le Grand Moulin 2005, Cuvée Collection, Première Côtes de Blaye, 47

Château le Puy 2004, Bordeaux Côtes de Francs, 50

Château Leret 2004, Tradition, Cahors, 177

Château Les Cèdres 2002, Vallée de la Bekaa, Domaine Wardy, 322

Château Les Hauts d'Aglan 2003, Cahors, 177

Château Les Pins 2003, Côtes du Roussillon-Villages, Cave des Vignerons de Baixas, 157

Château Les Ricards 2006, Premières Côtes de Blaye, 47

Château les Tours des Verdots 2005, Cotes de Bergerac, Moelleux, David Fourtout, 177

Château Les Trois Croix 2005, Fronsac, 65

Château Les Valentines 2004, Côtes de Provence, 165

Chateau Los Boldos
Cabernet sauvignon 2006, Vieilles vignes, Valle del Rapel, 367
Grand cru 2004, Vin icône, Requinoa, 367
Merlot 2004, Vieilles vignes, Valle del Rapel, 360

Château Loudenne 2004, Médoc, 53

Château Lousteauneuf 2005, Médoc, 55

Château Louvie 2005, Saint-Émilion Grand cru, 63

Château Maison Blanche 2005, Montagne Saint-Émilion, 62

Château Malescasse 2003, Haut-Médoc, 53

Château Malmaison 2005, Moulis, 51

Château Marjosse 2005, Bordeaux, 43

Château Martinat
2003, Côtes de Bourg, 47
2005, Côtes de Bourg, 47

Château Maucamps 2005, Haut-Médoc, 53

Château Mauléon 2005, Côtes du Roussillon-Villages Caramany, Vignerons Catalans, 167

Château Mazeris 2005, Canon Fronsac, 66

Château Mire L'Étang 2006, Cuvée des Ducs de Fleury, Coteaux du Languedoc La Clape, 159

Château Moncontour 2005, Cuvée Prédilection, Brut, Vouvray, 442

Château Montaiguillon 2005, Montagne Saint-Émilion, 69

Château Montauriol
2005, Mons Aureolus, Côtes du Frontonnais, 174
Tradition 2006, Fronton, 174

Château Montrose 2004, Saint-Estèphe, 54

Château Montviel 2005, Pomerol, 64

Château Moulin Pey-Labrie 2005, Canon-Fronsac, 66

Château Mourgues du Grès 2007, Les Galets Rouges, Costières de Nîmes, 132

Château Musar, Hochar Père et Fils 2001, Vallée de la Bekaa, 322

Château Nénine 2004, Premières Côtes de Bordeaux, 50

Château Pajzos
Tokaji 2007, Furmint, 312
Tokaji Hárslevelü Late Harvest 2005, 312

Château Pape Clément 2005, Pessac-Léognan, 57

Château Pelan Bellevue 2005, Bordeaux Côtes de Francs, 50

Château Pesquié
2005, Quintessence, Côtes du Ventoux, 141
Les Hauts du Parandier 2006, Côtes du Ventoux, 141
Prestige 2006, Côtes du Ventoux, 141

Château Pey La Tour 2006, Réserve du Château, Bordeaux Supérieur, 69

Château Peyre-Lebade 2003, Haut-Médoc, 55

Château Peyros 2003, Madiran, 177

Château Philippe-Le-Hardi, Mercurey Premier cru Les Puillets 2006, 88

Château Pichon Longueville Comtesse de Lalande 2004, Pauillac, 54

Château Pierre-Bise, Coteaux du Layon Beaulieu 2004, L'Anclaie, 112

Château Plaisance
2005, Bordeaux, Philippe Magrez, 50
2005, Cuvée Alix, Premières Côtes de Bordeaux, Philippe Magrez, 50

Château Princé, Coteaux de l'Aubance 2003, Cuvée Elégance, Levron-Vincenot, 120

Château Puygueraud, Cuvée George 2004, Côtes de Francs, 47

Château Puy-Landry 2006, Côtes de Castillon, 50

Château Ramafort 2005, Médoc, 55

Château Ramage La Bâtisse 2005, Haut-Médoc, 55

Château Revelette
2006, Coteaux d'Aix-en-Provence, 160
Le Grand Rouge de Revelette 2005, Coteaux d'Aix-en-Provence, 160

Château Reynella, Cabernet sauvignon 2005, McLaren Vale, 393

Château Reynon 2005, Premières Côtes de Bordeaux, 48

Château Reysson 2004, Haut-Médoc, 55

Château Roland La Garde 2005, Premières Côtes de Blaye, 48

Château Rollan de By 2004, Médoc, 55

Château Romanin
2003, Les Baux-de-Provence, 161
La Chapelle de Romanin 2003, Les Baux-de-Provence, 161

Château Roquetaillade La Grange 2006, Graves, 68

Château Rouquette sur Mer 2005, Cuvée Amarante, Coteaux du Languedoc La Clape, 157

Chateau Russol, Cuvée Raphaëlle 2006, Vin de Pays des Coteaux de Peyrac, 187

Château Sainte-Jeanne 2005, Corbières, Jeanjean, 159

Château Sainte-Marie 2007, Entre-deux-Mers, 44

Château Saint-Martin de la Garrigue
Coteaux du Languedoc rouge 2005, 151
Coteaux du Languedoc blanc 2006, 152
Bronzinelle 2006, Coteaux du Languedoc, 151

Château Saint-Roch, Côtes du Rhône 2006, 132

Château Signac
Combe d'Enfer 2005, Côtes du Rhône-Villages Chusclan, 132
Terra Amata 2005, Côtes du Rhône Villages Chusclan, 132

Chateau Ste-Michelle Dr. Loosen, Riesling 2007, Eroica, 342

Chateau St-Jean, Cinq cépages 2003, Sonoma, 330

Château Tayac 2005, Prestige, Côtes de Bourg, 48

Château Tayet 2005, Cuvée Prestige, Bordeaux Supérieur, 44

Château Thieuley
2003, Cuvée Francis Courselle, Bordeaux, 44
rouge 2001, Réserve Francis Courselle, Bordeaux Supérieur, 44
Thieuley 2006, Bordeaux, 44

Château Tour Baladoz 2005, Saint-Émilion Grand cru, 63

Château Tour Boisée
À Marie-Claude 2005, Minervois, 152
Marielle et Frédérique 2007, Minervois, 152

Château Tour des Gendres
Cuvée des Conti 2007, Côtes de Bergerac, 174
La Gloire de mon Père 2006 Côtes de Bergerac, 174
De Conti, La Truffière 2005, Bergerac, 179

Château Tour du Pas Saint-Georges 2005, Saint-Georges Saint-Émilion, 62

Château Treytins 2005, Lalande de Pomerol, 64

Château Villerambert-Julien 2003, Minervois, 152

Châteauneuf-du-Pape 2003, Guigal, 138

Châteauneuf-du-Pape 2004, Domaine Mathieu, 136

Châteauneuf-du-Pape 2005 blanc, Domaine du Grand Veneur, 140

Châteauneuf-du-Pape 2005, Domaine de Beaurenard, 134

Châteauneuf-du-Pape 2005, Haute-Pierre, Delas, 140

Châteauneuf-du-Pape 2005, La Bernardine, Chapoutier, 129

Châteauneuf-du-Pape 2005, Le Parvis, Ferraton Père et Fils, 137

Châteauneuf-du-Pape, Boisrenard 2004, Domaine de Beaurenard, 134

Châteauneuf-du-Pape, Cuvée du Vatican 2005, Diffonty, 141

Chatons du Cèdre 2005, Cahors, 178

Chave Sélection, J-L; Côtes du Rhône 2006, Mon Cœur, 132

Chavet et Fils, Menetou-Salon 2007, 120

Chenin blanc 2006, Stellenbosch, Forrester, Ken, 415

Chianti Classico 2003, Marchese Antinori, Riserva, Antinori, Marchese; 228

Chianti Classico 2004, Castello dei Rampolla, 243

Chianti Classico 2004, Castello di Ama, 234

Chianti Classico 2004, Riserva di Famiglia, Cecchi, 244

Chianti Classico 2004, Vigneto Bellavista, Castello di Ama, 234

Chianti Classico 2004, Riserva, Borgo Scopeto, 229

Chianti Classico 2005, Fontodi, 237

Chianti Classico 2005, Isole E Olena, 238

Chianti Classico 2005, Poggerino, 241

Chianti classico 2005, Ruffino, Santedame, 246

Chianti Classico 2005, San Felice, 263

Chianti Classico 2006, Berardenga, Fèlsina, 236

Chianti Classico 2006, Castello di Volpaia, 244

Chianti Classico 2006, Fonterutoli, 236

Chianti Classico Riserva 2003, Casaloste, 246

Chianti Classico Riserva 2003, Il Molino di Grace, 244

Chianti Classico Riserva 2003, La Selvanella, Melini, 246

Chianti Classico Riserva 2003, Nittardi, 246

Chianti Classico Riserva 2003, Petresco, Le Cinciole, 239

Chianti Classico Riserva 2003, Riserva Ducale Oro, Ruffino, 244

Chianti Classico Riserva 2003, San Leonino, Tenimenti Angelini, 242

Chianti Classico Riserva 2003, Vigneto Torre a Destra, Castello della Panaretta, 244

Chianti Classico Riserva 2004, Vigna del Sorbo, Fontodi, 237

Chianti Classico Riserva 2004, Villa Cerna, 246

Chianti Classico Riserva, Badia a Passignano 2001, Antinori, Marchese; 228

Chianti Classico, Castello di Fonterutoli 2004, Fonterutoli, 236

Chianti Classico, Pèppoli 2005, Antinori, Marchese; 263

Chiarlo, Michele
Barolo 2003, Cerequio, 200
Barolo 2003, Tortoniano, 200
Le Monache 2006, Monferrato, 200
Montemareto Countacc! 2003, Monferrato, 200

Chinon 2004, Baudry, Bernard, 110

Chinon 2004, Les Grézeaux, Baudry, Bernard, 110

Chinon 2006, La Coulée Automnale, Couly-Dutheil, 121

Chorey-lès-Beaune 2004, Gay, François, 82

Chorey-lès-Beaune 2004, Maréchal, Claude & Catherine, 89

Chorey-lès-Beaune 2005, Gay, François, 82

Chorey-lès-Beaune 2006, Drouhin, Joseph, 88

Christoffel Erben, Joh. Jos.; Ürziger Würzgarten 2004, Riesling Auslese, Mosel-Saar-Ruwer, 307

Chryseia
2005, Douro, Prats & Symington, 294
Post Scriptum de Chryseia 2005, Douro, 294

Churton Vineyards
Pinot noir 2007, Marlborough, 399
Sauvignon blanc 2007, Marlborough, 399

Clerico, Domenico; Dolcetto 2006, Visadi, Langhe, 200

Clos Bagatelle, La Gloire de mon père 2003, Saint-Chinian, 159

Clos de la Briderie 2006, Vieilles vignes, Touraine Mesland, 112

Clos de la Roche 2005, Boisset, Jean-Claude, 77

Clos de l'Oratoire St-Martin, Cairanne 2003, Haut-Coustias, Côtes du Rhône-Villages, 141

Clos de l'Orb 2007, Saint-Chinian, Les Vins de Roquebrun, 421

Clos de los Siete 2006, Mendoza, 376

Clos de Sixte 2005, Lirac, 133

Clos des Fées, Les Sorcières 2006, Côtes du Roussillon, 154

Clos du Bois, Cabernet-Merlot 2003, Marlstone, 340

Clos Floridène 2005, Graves, 57

Clos Jordanne, Chardonnay 2005, Claystone Terrace, Niagara Peninsula, 347

Clos La Coutale 2006, Cahors, 179

Clos Signadore, Erasia 2005, Patrimonio, 164

Clos St-Thomas, Les Gourmets 2005, 322

Cockburn's
Special Reserve, 463
Tawny 10 ans, 451
Tawny 20 ans, 451
Vintage 1997, 451
Vintage 2000, 451

Codorniu, Brut Classico, 443

Col d'Orcia
Banditella 2005, Rosso di Montalcino, 245
Nearco 2003, Toscana, 235
Olmaia 2004, Cabernet, Sant'Antimo, 235

Coldstream Hills
Chardonnay 2006, Yarra Valley, 384
Pinot noir 2006, Yarra Valley, 384

Colheita 1997, Barros Almeida, 449

Colio Estate Wines, Merlot Reserve 2002, Lake Erie North Shore, 347

Collet, Raoul; Grande Cuvée Carte Rouge Brut, 435

Colli di Lapio, Fiano di Avellino 2005, 253

Colombo, Jean-Luc; La Belle de Mai 2006, Saint-Péray, 133

Columbia Crest, Syrah 2005, Reserve, Horse Heaven Hills, Columbia Valley, 343

Comtes de Rocquefeuil 2006, Coteaux du Languedoc Montpeyroux, Cave des Vignerons de Montpeyroux, 167

Concha y Toro
Cabernet sauvignon 2007, Casillero del Diablo, Valle de Maipo, 368
Carmenère 2003, Carmin de Peumo, Valle del Rapel, 367
Carmenère 2007, Reserva, Casillero del Diablo, Valle del Rapel, 368
Pinot noir 2007, Explorer, Casillero del Diablo, Valle de Casablanca, 361
Trio 2006, Merlot-Carmenère-Cabernet sauvignon, Valle del Rapel, 361
Trio 2007, Sauvignon blanc, Valle de Casablanca, 361

Condado de Haza 2005, Ribera del Duero, 280

Cono Sur
Cabernet sauvignon-Carmenère 2006, Valle de Colchagua, 361

Merlot 2004, 20 Barrels, Limited Edition, Valle de Colchagua, 362
Merlot 2007, Reserva, Valle de Colchagua, 362
Pinot noir 2007, Vision, Valle de Colchagua, 362

Contini, 'Inu 2003 Riserva, Cannonau di Sardegna, 257

Conundrum 2006, California, Caymus Vineyards, 330

Cooper's Creek
Merlot-Cabernet franc 2004, Gravels and Metals, Hawkes Bay, 404
Sauvignon blanc 2006, Marlborough, 404

Coppo, Barbera d'Asti 2005, Camp du Rouss, 201

Coquard
Juliénas 2007, 90
Morgon 2006, 90
Saint-Amour 2006, 90

Corino, Renato; Barbera d'Alba 2003, Vigna Pozzo, 201

Coriole, Shiraz 2005, Redstone, McLaren Vale, 393

Cornas 2005, Chaillot, Balthazar, Franck, 128

Cornas 2005, Chante-Perdrix, Delas, 133

Cornas 2005, Les Barcillants, Vins de Vienne (Les), 139

Correggia, Matteo; Barbera d'Alba 2005, 212

Cortes de Cima, Chaminé 2007, Vinho Regional Alentejano, 300

Corvo 2006, Rosso, Sicilia, Duca di Salaparuta, 265

Cossart Gordon, Bual Colheita 1997, 465

Côte de Brouilly 2005, Montagne Bleue, Grande Exception, Monternot, Mommessin, 92

Côte de Brouilly 2005, Terres Dorées, Brun, Jean-Paul, 93

Côte de Brouilly 2007, Dubœuf, Georges, 95

Côte de Nuits-Villages 2004, Le Vaucrain, Rion, Daniel, 90

Côte de Nuits-Villages 2005, Ambroise, Bertrand, 90

Côte de Nuits-Villages 2006, Creux de Sobron, Boisset, Jean-Claude, 78

Côte Rôtie 2005, Seigneur de Maugiron, Delas, 133

Côte Rôtie 2006, Gaillard, Pierre, 137

Côtes du Rhône 2005, Les Cranilles, Vins de Vienne (Les), 139

Côtes du Rhône 2006, Belleruche, Chapoutier, 142

Côtes du Rhône 2006, Château Saint-Roch, 132

Côtes du Rhône 2006, Mon Cœur, Chave Sélection, J-L, 132

Côtes du Rhône 2007, Rock N' Rhône, 419

Côtes du Rhône blanc 2006, Guigal, 143

Côtes du Rhône, Domaine Les Aphillanthes, Le Cros 2003, 141

Côtes du Rhône rouge 2004, Guigal, 143

Côtes du Rhône-Villages 2006, Dupéré-Barrera, 136

Côtes du Rhône-Villages Rasteau 2005, Bressy-Masson, 141

Côtes du Rhône-Villages Rasteau 2005, Cuvée Prestige, Ortas, Cave de Rasteau, 141

Côtes du Rhône-Villages Rasteau 2005, Domaine de Beaurenard, 134

Côtes du Rhône-Villages Rasteau 2005, L'Andéol, Perrin, 139

Côtes du Rhône-Villages Rasteau 2006, Benjamin Brunel, 142

Côtes du Rhône-Villages Rasteau, Prestige 2004, Domaine La Soumade, 136

Côtes du Rhône-Villages Rasteau, Les Blovac 2003, Domaine Santa Duc, 136

Côtes du Rhône-Villages Sablet 2005, Cuvée Clémence, Domaine de Boissan, 135

Côtes du Rhône-Villages, Les Garrigues 2005, Mousset, Guy, 140

Couly-Dutheil, Chinon 2006, La Coulée Automnale, 121

Counterpoint, Cabernet sauvignon 2004, Sonoma Mountain, Laurel Glen, 336

Cousiño-Macul
Cabernet sauvignon 2006, Antiguas Reservas, Valle del Maipo, 368
Merlot 2006, Antiguas Reservas, Valle del Maipo, 362

Craggy Range Winery, Chardonnay 2005, Gimblett Gravels Vineyards, Hawkes Bay, 400

Crawford, Kim
Chardonnay 2006, Unoaked, Marlborough, 405
Pinot noir 2007, Marlborough, 405
Sauvignon 2007, Marlborough, 405
Sauvignon blanc 2006, SP State Highway, Marlborough, 400

Crémant d'Alsace, Brut Réserve, Sparr, Pierre, 438

Crémant d'Alsace, Cave vinicole d'Eguisheim, Wolfberger, 438

Crémant de Bourgogne, Blanc de blancs, Cave de Lugny, 437

Crémant de Bourgogne, Prestige, Moingeon, 437

Crémant de Bourgogne, Simonnet-Febvre, 438

Crémant de Limoux 2005, Clos des Demoiselles, Domaine J. Laurens, Laurens, 437

Crémant de Limoux, Cuvée Expression 2006, Antech, George et Roger; 436

Creso, 2001, Cabernet sauvignon delle Venezie, Bolla, 224

Index des vins

Croft
Quinta da Roeda 1997, 452
Vintage 2000, 452

Croix Saint-Martin, rosé 2007,
Bordeaux, 419

Crozes-Hermitage 2003, Cuvée
Louis Belle, Belle, 128

Crozes-Hermitage 2005, Cuvée
Particulière, Domaine des
Remizières, 141

Crozes-Hermitage 2005, Oratorio,
Caves des Papes, 141

Crozes-Hermitage 2006, Les
Meysonniers, Chapoutier, 129

Cruz, Late Bottled Vintage 2000,
Gran Cruz, 463

Cumulus
Cabernet sauvignon 2005,
Climbing Orange, Australie, 392

Chardonnay 2006, Climbing
Orange, 392

Cusiné, Tomàs; Vilosell 2005,
Costers del Segre, 286

Cusumano, Benuara 2005, Sicilia,
261

Cuvée de l'Écusson, Luxembourg,
Massard, Bernard, 441

Cuvée de la Commanderie du
Bontemps 2005, Médoc, Ulysse
Cazabonne, 54

Cuvée des Conti 2007, Côtes de
Bergerac, Château Tour des
Gendres, 174

Cuvée Flamme, Saumur, Gratien
& Meyer, 437

Cuvelier Los Andes
Grand Malbec 2005, Mendoza, 372
Grand Vin 2005, Mendoza, 372

D

d'Alessandro, Luigi
Syrah 2004, Cortona, 235
Syrah 2004, Il Bosco, Cortona
Toscana, 235

Dal Forno
Amarone della Valpolicella 2001,
223
Valpolicella Superiore 2002, 223

Dalmau 2003, Rioja, Marques de
Murrieta, 278

Dão 2006, Quinta Dos Roques, 301

Dão, Duque de Viseu 2004,
Sogrape, 302

Dão, Quinta das Maias 2006, 301

Dão, Reserva 2003, Quinta dos
Roques, 301

Dão, Reserva, Quinta da Ponte
Pedrinha 2004, 301

Dão, Touriga Nacional 2003,
Quinta dos Roques, 301

D'Arenberg
Cabernet sauvignon 2006, The
High Trellis, McLaren Vale, 385
d'Arrys Original 2005, Shiraz-
grenache, McLaren Vale, 385
The Footbolt, Shiraz 2005,
McLaren Vale, 385

The Ironstone Pressings 2004,
Grenache-Syrah-Mourvèdre,
McLaren Vale, 385
The Laughing Magpie 2006,
Shiraz-Viognier, McLaren
Vale, 385
The Money Spider 2007,
Roussanne, McLaren Vale, 385
The Stump Jump 2006,
Grenache-Syrah-Mourvèdre,
McLaren Vale, 385
The Stump Jump 2007, McLaren
Vale, 385

De Bortoli, Black Noble, 386

De Conti, La Truffière 2005,
Bergerac, 179

De Martino, Legado Reserva 2005,
Cabernet sauvignon, Valle del
Maipo, 362

De Saint Gall
Cuvée Orpale 1996, Grand cru
Brut Blanc de blancs, 428
Premier Cru Blanc de blancs,
Brut, 428
Premier Cru Blanc de blancs,
Brut 2002, 428

De Toren
Fusion V 2004, Stellenbosch, 414
Z 2004, Stellenbosch, 414

De Trafford
Elevation 393 2003, Stellenbosch, 410
Merlot 2004, Stellenbosch, 410
Shiraz 2004, Stellenbosch, 410

Deakin Estate, Shiraz 2006, Victoria, Wingara, 395

Deinhard
Pinot gris 2007, Baden, 320
Riesling 2007, Rheinhessen, 320

Del Fin del Mundo 2005, Special Blend Reserva, Patagonia, 376

Delaforce
His Eminence's Choice 10 ans, 452
Vintage 1994, 452

Delamotte Brut, 428

Delas
Cornas 2005, Chante-Perdrix, 133
Côte Rôtie 2005, Seigneur de Maugiron, 133
Châteauneuf-du-Pape 2005, Haute-Pierre, 140
La Pastourelle 2004, Muscat de Beaumes de Venise, 471
Saint-Joseph 2005, Sainte-Épine, 140

Delesvaux, Philippe; Coteaux du Layon Saint-Aubin 2006, 112

Descendientes de J. Palacios, Villa de Corullon 2004, Bierzo, 280

Deutz, Brut Classic, 428

Devaux, Blanc de noirs Brut, 435

Devois des Agneaux d'Aumelas 2006, Coteaux du Languedoc, Élisabeth et Brigitte Jeanjean, 152

Diffonty, Cuvée du Vatican 2005, Châteauneuf-du-Pape, 141

Disznoko, Tokaji Aszù 4 Puttonyos 2001, 312

Do ut des 2005, Toscana, Carpineta Fontalpino, 232

Dofana 2004, Toscana, Carpineta Fontalpino, 232

Dolcetto d'Alba 2005, San Rocco, Ascheri, 199

Dolcetto d'Alba 2006, Augenta, Pelissero, 205

Dolcetto d'Alba 2006, Boglietti, Enzo, 212

Dolcetto d'Alba 2006, Controvento, Bava, 212

Domaine Caton, Cabernet sauvignon 2006, Vin de Pays de l'Hérault, 187

Domaine Chandon
Blanc de noirs, Carneros, 441
Brut Classic, 441

Domaine Cheze, Saint-Joseph 2005, Cuvée des Anges, 133

Domaine Clavel
Copa Santa 2005, Terroir de la Méjanelle, Coteaux du Languedoc, 152
Les Garrigues 2006, Terroir de la Méjanelle, Coteaux du Languedoc, 153

Domaine Courbis, Saint-Joseph 2005, Les Royes, 141

Domaine d'Aupilhac 2005, Coteaux du Languedoc Montpeyroux, 153

Domaine de Beaurenard
Boisrenard 2004, Châteauneuf-du-Pape, 134
Châteauneuf-du-Pape 2005, 134
Côtes du Rhône-Villages Rasteau 2005, 134

Domaine de Bellevue 2006, Grande réserve, Saint-Pourçain, Jean-Louis Pétillat, 114

Domaine de Boissan, Côtes du Rhône-Villages Sablet 2005, Cuvée Clémence, 135

Domaine de Brizé
Anjou blanc 2007, 114
Clos Médecin 2005, Anjou-Villages, 114

Domaine de Causse Marines
Grain de Folie 2006, Gaillac, 175
Les Greilles 2006, Gaillac, 175
Peyrouzelles 2006, Gaillac, 175

Domaine de Chatenoy, Menetou-Salon 2006, 120

Index des vins

Domaine de Courteillac 2003, Bordeaux Supérieur, 44

Domaine de Fenouillet 2005, Grande Réserve, Faugères, Vignobles Jeanjean, 159

Domaine de Fondrèche, Persia 2006, Côtes du Ventoux, 135

Domaine de Gournier
2007, Vin de Pays des Cévennes, 421
Merlot 2007, Vin de Pays des Cévennes, Uzège, 188

Domaine de la Butte, Bourgueil 2005, Mi-Pente, Jacky Blot, 114

Domaine de la Citadelle 2005, Le Châtaignier, Côtes du Luberon, 141

Domaine de la Ferrière 2004, Maury, Ruby, Gilles Baissas, 470

Domaine de la Grange des Pères 2004, Vin de Pays de l'Hérault, 158

Domaine de la Janasse 2006, Terre de Bussière, Vin de Pays de la Principauté d'Orange, 184

Domaine de la Marfée, Les Gamines 2004, Vin de Pays de l'Hérault, 184

Domaine de la Rectorie
Banyuls 2006, Cuvée Parcé Frères, 471
Coume Pascole 2004, Collioure, 153

Domaine de la Terre Rouge
Enigma 2006, Sierra Foothills, Easton, 332
Mourvèdre 2002, Amador County, Californie, Easton,332
Noir 2000, California, Easton,332
Syrah 2004, Sierra Foothills, Easton,332
Syrah 2005, Les Côtes de l'Ouest, California, Easton, 332
Tête-à-Tête 2004, Sierra Foothills, California, Easton, 332

Domaine de la Vieille Julienne
Côtes du Rhône 2004, 135
Côtes du Rhône 2005, lieu-dit Clavin, 135

Domaine de la Vivonne 2003, Bandol, 161

Domaine de Lathevalle, Morgon 2006, Mommessin, 92

Domaine de l'Écu
Expression de Gneiss 2006, Muscadet Sèvre et Maine, 115
Expression d'Orthogneiss 2006, Muscadet Sèvre et Maine, 115

Domaine de l'Île Margaux 2005, Bordeaux Supérieur, 69

Domaine de l'Olivette 2004, Bandol, 161

Domaine de Montcy, Cheverny 2005, Clos des Cendres, 115

Domaine de Montvac 2005, Vayqueras, 141

Domaine de Mourchette 2004, Madiran, 177

Domaine de Mouscaillo 2005, Limoux, 153

Domaine de Petit Roubié 2006, Syrah, Vin de Pays de l'Hérault, 187

Domaine de Terre Rousse 2005, Côtes du Roussillon-Villages, 154

Domaine de Torraccia 2005, Vin de Corse Porto-Vecchio, 165

Domaine de Triennes 2004, Les Auréliens, Vin de Pays du Var, 184

Domaine des Aubuisières, Vouvray 2007, Cuvée de Silex, 120

Domaine des Ballandors Quincy 2005, 120

Domaine des Cantarelles 2007, Costières de Nîmes, 143

Domaine des Remizières, Crozes-Hermitage 2005, Cuvée Particulière, 141

Domaine des Roches Neuves, Terres Chaudes 2006, Saumur-Champigny, 120

Domaine des Salices, Viognier 2007, Vin de Pays d'Oc, Lurton, 187

Domaine du Clos de la Procure 2006, Côtes de Provence, 162

Domaine du Cros 2006, Lo Sang del Païs, Marcillac, 175

Domaine du Grand Veneur, Châteauneuf-du-Pape 2005 blanc, 140

Domaine du Gros'Noré 2004, Bandol, 162

Domaine du Lys
Odyssée 2005, Sauvignon blanc, Vin de Pays de Cévennes, 187
Odyssée 2006, Vin de Pays des Cévennes, 184

Domaine du Mas Blanc, Cosprons Levants 2003, Collioure, 157

Domaine du Mas Bleu 2004, Coteaux d'Aix-en-Provence, 165

Domaine du Silène 2003, Coteaux du Languedoc, 159

Domaine du Trapadis 2005, Rasteau, 471

Domaine du Vieil Aven 2007, Tavel, Les Vignerons de Tavel, 421

Domaine du Vieux Lazaret 2004, Châteauneuf-du-Pape, Cuvée Exceptionnelle, 135

Domaine Duclaux 2005, Châteauneuf-du-Pape, 141

Domaine Gardiès
Les Millères 2005, Côtes du Roussillon-Villages, 157
Vieilles vignes 2004, Côtes du Roussillon-Villages Tautavel, 157

Domaine Gavoty 2003, Cuvée Clarendon, Côtes de Provence, 162

Domaine Grollet, Cabernet sauvignon-Merlot 2005, Vin de Pays Charentais, 187

Domaine Hatzimichalis
Ambelon 2006, Vin de Pays d'Opountia Locris, 316
Merlot 2004, Vin de Pays de la Vallée d'Atalanti, 316

Domaine Houchart 2005, Côtes de Provence, 165

Domaine Katsaros 2003, Vin de Pays de Krania, 316

Domaine La Croix d'Aline 2005, Saint-Chinian, 159

Domaine La Garrigue 2005, Vacqueyras, 141

Domaine La Madura 2005, Classic, Saint-Chinian, 154

Domaine La Soumade 2004, Prestige, Côtes du Rhône-Villages Rasteau, 136

Domaine La Tour Vieille 2005, La Pinède, Collioure, 154

Domaine Labbé, Abymes 2006, Vin de Savoie, 181

Domaine Labranche-Laffont, Madiran 2004, Vieilles vignes, 175

Domaine Lacroix-Vanel, Coteaux du Languedoc 2003, Clos Mélanie, 157

Domaine L'Aiguelière 2004, Tradition, Coteaux du Languedoc Montpeyroux, 158

Domaine Le Clos des Cazaux 2005, Cuvée des Templiers, Vacqueyras, 141

Domaine Le Pas de l'Escalette, Le Grand Pas 2004, Coteaux du Languedoc, 157

Domaine le Roc, Cuvée Don Quichotte 2005, Fronton, 176

Domaine Lerys 2005, Cuvée Prestige, Fitou, 159

Domaine Les Aphillanthes, Le Cros 2003, Côtes du Rhône, 141

Domaine Lignères, Pièce de Roche 2003, Corbières, 159

Domaine Ludovic de Beauséjour 2005, Cuvée Tradition, Côtes de Provence, 165

Domaine Mathieu 2004, Châteauneuf-du-Pape, 136

Domaine Mercouri 2003, Vin du pays des Letrinon, 316

Domaine Navarre, Cuvée Olivier 2005, Saint-Chinian, 158

Index des vins

Domaine Richeaume 2004, Cuvée Tradition 2004, Côtes de Provence, 164

Domaine Rotier 2004, Renaissance, Gaillac, 176

Domaine Santa Duc
Les Blovac 2003, Côtes du Rhône-Villages Rasteau, 136
Les Garancières 2004, Gigondas, 136

Domaine St-André de Figuière, Côtes de Provence 2006, Vieilles vignes, 164

Domäne Wachau, Loibenberg 2005, Grüner Veltliner, Federspiel, 310

Domini de la Cartoixa, Galena 2003, Priorat, 287

Dominio de Aranléon, Blés 2005, Crianza, Valencia, 287

Dominio de Eguren, Protocolo 2006, Vino de la Tierra de Castilla, 288

Dominio de Tares, Exaltos 2004, Bierzo, 280

Dominus Estate
Dominus 2005, Napa Valley, 331
Napanook 2005, Napa Valley, 331

Don Adelio Ariano, Tannat 2004, Reserve Oak Barrel, 378

Don Antonio 2004, Sicilia, Morgante, 259

Don Pascual
Shiraz-Tannat 2004, Reserve, Juanico, 378
Tannat 2007, Reserve, Juanico, 378

Dona Maria 2004, Alentejano, 300

Doña Paula Estate, Malbec 2006, Mendoza, Lujan de Cuyo, 376

Donnadieu, Saint-Chinian 2006, Cuvée Mathieu et Marie, 154

Donnafugata
Anthìlia 2007, Sicilia, 258
Ben Ryé 2006, Passito di Panteleria, 259
Sedàra 2006, Sicilia, 259
Tancredi 2005, Contessa Entellina, 259

Mille e una Notte 2005, Contessa Entellina, 259

Dopff & Irion, Pinot gris 2004, Vorbourg, Alsace Grand cru, 104

Doudet-Naudin, Bourgogne 2006, Vicomte, 90

Douro 2003, Reserva, Quinta de Roriz, 295

Douro 2004, Reserva, Altano, Silva & Cosens, 291

Douro 2006, Altano, Silva & Cosens, 303

Douro, Caldas 2004, Reserva, Alves de Sousa, 292

Douro, Chryseia 2005, Prats & Symington, 294

Douro, Chryseia, Post Scriptum de Chryseia 2005, 294

Douro, Cistus 2003, Quinta do Vale da Perdiz, 299

Douro, Colheita seleccionada 2004, Castelinho, 299

Douro, Coroa d'Ouro 2001, Poças, 295

Douro, Curva 2006, Calem, 299

Douro, Duas Quintas 2003, Reserva Especial, Ramos Pinto, 296

Douro, Duas Quintas 2003, Reserva, Ramos Pinto, 297

Douro, Duas Quintas 2006, Ramos Pinto, 303

Douro, Flor de Crasto 2005, Quinta do Crasto, 299

Douro, Quinta da Gaivosa 2003, Alves de Sousa, 292

Douro, Quinta da Gaivosa, Branco da Gaivosa 2005, Alves de Sousa, 292

Douro, Quinta da Leda 2005, Casa Ferreirinha, 293

Douro, Quinta de la Rosa 2006, 295

Douro, Quinta do Cotto 2005, 295

Douro, Quinta do Infantado 2003, Reserva, 299

Douro, Reserva 2005, Quinta do Vallado, 296

Douro, Reserva Especial 1997, Casa Ferreirinha, 292

Douro, Vale da Raposa 2004, Alves de Sousa, 292

Douro, Vila Regia 2005, Sogrape, 303

Douro, Vinha Grande blanc 2006, Casa Ferreirinha, 293

Douro, Vinha Grande rouge 2002, Casa Ferreirinha, 293

Douro, Xisto 2004, Roquette & Cazes, 297

Dourthe, Numéro 1 2007, Bordeaux, 68

Dow's
Colheita 1997, 453
Late Bottled Vintage 2001, 453
Tawny 20 ans, 453
Vintage 1985, 453
Vintage 1994, 452
Vintage 2000, 452
Vintage 2003, 452

Dr. L 2006, Riesling, Mosel-Saar-Ruwer, Loosen, Dr. 308

Drouhin, Joseph; Chorey-lès-Beaune 2006, 88

Dubœuf, Georges
Beaujolais-Villages 2007, 95
Brouilly 2007, 95
Côte de Brouilly 2007, 95
Domaine les Chenevières 2006, Mâcon-Villages, 90
Moulin-à-Vent 2005, 92
Pouilly-Fuissé 2005, 90

Dubreuil-Fontaine, Pernand-Vergelesses premier cru Clos Berthet 2005, 80

Dujac, Morey-Saint-Denis 2004, 89

Dupéré-Barrera
Bandol 2005, Cuvée India, 162
Côtes du Rhône-Villages 2006, 136
Nowat 2005, Côtes de Provence, 162
Terres de Méditerranée 2006, Vin de Pays d'Oc, 185

Duque de Viseu 2004, Dão, Sogrape, 302

Duval-Leroy
Blanc de Chardonnay Brut 1998, 429
Design Paris, 429

E & E Black Pepper, Shiraz 2003, Barossa Valley, Barossa Valley Estate Winery, 382

Easton
Domaine de la Terre Rouge, Enigma 2006, Sierra Foothills, 332
Domaine de la Terre Rouge, Mourvèdre 2002, Amador County, Californie, 332
Domaine de la Terre Rouge, Noir 2000, Californie, 332
Domaine de la Terre Rouge, Syrah 2004, Sierra Foothills, 332
Domaine de la Terre Rouge, Syrah 2005, Les Côtes de l'Ouest, California, 332
Domaine de la Terre Rouge, Tête-à-Tête 2004, Sierra Foothills, California, 332

Easton House 2003, California, 331
Natoma 2007, Sierra Foothills, 331
Zinfandel 2006, Amador County, Terre Rouge, 340

Edwards, Luis Felipe
Cabernet sauvignon 2006, Gran Reserva, Valle de Colchagua, 368
Dona Bernarda 2003, Valle de Colchagua, 363

Einaudi, Luigi, Barolo 2001, 212

El Albar, Excelencia 2003, Toro, 287

El Nido 2005, Jumilla, 284

El Sequé, Laderas de El Sequé 2006, Alicante, 284

Elderton
Cabernet sauvignon-Shiraz-Merlot 2002, Ode to Lorraine, Barossa, 386
Shiraz 2005, Barossa Valley, The Ashmead Family, 386

Elias Mora, Crianza 2004, Toro, Bodegas y Viñas Dos Victorias, 280

Emrich-Schönleber, Monzinger Halenberg 2001, Riesling Auslese, Nahe, 308

Engelbercht Els, Proprietor's Blend 2004, Western Cape, 414

Eola Hills
Pinot noir 2006, Oregon, 342
Pinot noir 2006, Reserve, La Creole, Oregon, 342

Ermitage 1999, Le Méal, Ferraton Père et Fils, 137

Errazuriz
Cabernet sauvignon 2006, Max Reserva, Valle de Aconcagua, 369
Cabernet sauvignon 2007, Estate, Valle de Aconcagua, 369
Carmenère 2007, Valle de Aconcagua, 369
Chardonnay 2007, Valle de Casablanca, 369

Chardonnay 2007, Wild Ferment, Valle de Casablanca, 363

Fumé blanc 2008, Valle de Casablanca, 369

Shiraz 2006, Max Reserva, Valle de Aconcagua, 363

Shiraz 2007 Valle del Rapel, 369

Escudo Rojo 2007, Valle Central, Baron Philippe de Rothschild, 358

Espelt, Saulo 2005, Empordá, 287

Estancia, Pinot noir 2007, Pinnacles Ranches, Monterey, 332

Etchart
Cabernet sauvignon 2007, Privado, Cafayate, 379
Malbec 2006, Rio de Plata, Mendoza, 379
Torrontes 2008, 379

Evans & Tate
Cabernet-Merlot 2003, Margaret River, 386
Chardonnay 2006, Margaret River, 386

F

Fabre Montmayou, Malbec 2005, Lujan de Cuyo, Mendoza, 376

Falesco, Ferentano 2004, Lazio, 253

Falleto di Serralunga, Barolo 2003, Giacosa, Bruno, 202

Falletto di Serralunga d'Alba, Barbera d'Alba Superiore 2003, Giacosa, Bruno, 202

Farnese
Sangiovese 2007, Daunia, 264
Cinque Autoctoni, Edizione 7, 250

Fattoria di Magliano, Poggio Bestiale 2005, Maremma Toscana, 244

Fattoria di Presciano, Pietraviva 2006, Canaiolo, 244

Faugères, Les Premières 2005, Alquier, Jean-Michel, 157

Fazio
Cabernet Sauvignon 2002, Sicilia, 261
Grillo 2005, Sicilia, 261

Feist, Colheita 1998, 453

Fèlsina
Chianti Classico 2006, Berardenga, 236
Fontalloro 2003, Toscana, 236
Rancia 2003, Chianti Classico Riserva, 236

Ferrari, Perlé 2001, Talento Trento, 439

Ferraton Père et Fils
Châteauneuf-du-Pape 2005, Le Parvis, 137
Saint-Joseph 2005, La Source, 137

Ferreira
Dona Antonia Réserve Personnelle, 463
Porto blanc, 453
Vintage 2000, 453

Fery, Jean; Pernand-Vergelesses Les Combottes 2005, 80

Feudi di San Gregorio
Campanaro 2005, Fiano di Avellino, 253
Pietracalda 2004, Fiano di Avellino, 253

Feudo Arancio, Syrah 2007, Sicilia, 261

Feuillatte, Nicolas; Réserve Particulière, Premier cru, 435

Fèvre, William
Chablis 2007, Champs Royaux, 94
Chardonnay 2007, Gran Cuvée, Valle de Maipo, 364

Fiano di Avellino 2006, Mastroberardino, 254

Fiano di Avellino, Campanaro 2005, Feudi di San Gregorio, 253

Fiano di Avellino, Pietracalda 2004, Feudi di San Gregorio, 253

Filgueira, Tannat 2004, Canelones, 378

Filsell 2004, Shiraz, Barossa, Burge, Grant, 384

Finca Antigua, Syrah 2005, La Mancha, 285

Finca Flichman, Malbec 2007, Mendoza, 379

Finca Valpiedra 2001, Rioja Reserva, 277

Firriato
Chiaramonte, Nero d'avola 2004, Sicilia, 261
Primula 2006, Catarratto, Sicilia, 265
Santagostino Baglio Soria 2006, Sicilia, 261

Fixin 2005, Clos Marion, Fougeray de Beauclair, 82

Flaccianello della Pieve 2004, Colli Toscana Centrale, Fontodi, 237

Flechas de Los Andes, Gran Malbec 2006, 372

Fleur du Cap, Shiraz 2006, Coastal Region, 413

Folie à Deux
Ménage à Trois 2006, California, 340
Ménage à Trois 2007, California, 339

Follies, Touriga Nacional 2004, Bairrada, Aveleda, 300

Folonari
Cabreo Il Borgo 2003, Toscana, 246
Pinot noir delle Venezie 2006, 224

Foncalieu, Enseduna Prestige 2006, Vin de Pays des Coteaux Enserune, D. de Corneille, 185

Fondo Antico, Grillo Parlante 2005, Sicilia, 259

Fonseca
Bin N°27, 454
Late Bottled Vintage 2001, 454
Porto blanc, 454
Tawny 10 ans, 454
Tawny, 454
Vintage 2000, 454
Vintage 2003, 454

Fonseca, Jose Maria da
Alambre 2002, Moscatel de Setúbal, 471
Albis 2007, Terras do Sado, 300
Periquita Classico 2004, Special Reserve, Terras do Sado, 300
Periquita 2005, Vinho Regional Terras do Sado, 303

Fontanafredda
Barbaresco 2004, Coste Rubin, 202
Barbera e Nebbiolo 2005, Eremo, Langhe, 202
Barolo 2004, 262

Fontanario de Pegões, Palmela 2004, 302

Fonterutoli
Castello di Fonterutoli 2004, Chianti Classico, 236
Chianti Classico 2006, 236
Mazzei, Poggio alla Badiola 2006, Toscana, 263

Fontodi
Chianti Classico 2005, 237
Chianti Classico Riserva 2004, Vigna del Sorbo, 237
Flaccianello della Pieve 2004, Colli Toscana Centrale, 237

Foradori
Granato 2003, Vignetti delle Dolomiti Rosso, 214
Teroldego Rotaliano 2004, 214

Forest Glen, Merlot 2005, Barrel Select, California, 340

Forget-Brimont, Brut Premier Cru Rosé, 435

Forrester, Ken
Chenin blanc 2006, Stellenbosch, 415
Petit Chenin 2006, Stellenbosch, 415
The Gypsy 2004, Stellenbosch, 415
Shiraz-Grenache 2003, Stellenbosch, 415

Fortant de France, Merlot 2006, Vin de Pays d'Oc, 189

Fougeray de Beauclair
Fixin 2005, Clos Marion, 82
Marsannay 2005, Les Favières, 82

Franciacorta Brut, Bellavista, 438

Franciacorta Brut, Ca'del Bosco, 439

Franciacorta, Gran Cuvée Pas Opéré 2002, Bellavista, 438

Franciacorta, Gran Cuvée Rosé 2002, Bellavista, 438

Frankland, Olmo's Reward 2002, Frankland River Region, Western Australia, 394

Frei Brothers, Sauvignon blanc 2005, Redwood Creek, California, 339

Frescobaldi, Marchesi de
Castello di Pomino, Vendemmia Tardiva 2006, 237
Chianti Rufina 2005, Riserva, Castello di Nipozzano, 263
Montesodi 2004, Chianti Rufina, 237
Mormoreto 2005, Toscana, 237

Fumé blanc 2006, Napa Valley, Mondavi, Robert, 337

Fumé blanc 2008, Valle de Casablanca, Errazuriz, 369

Funky Llama, Chardonnay 2007, Mendoza, Finca Eugenio Bustos, 376

Fürst von Metternich, Riesling, 440

Fuzion
2007, Shiraz, Mendoza, 419
Alta, Malbec-Tempranillo 2007, Reserva, Mendoza, Zuccardi, 376

Gaia, Notios 2007, Vin de Pays du Péloponnèse, 316

Gaillard, Pierre
Côte Rôtie 2006, 137
La Dernière Vigne 2007, Vin de Pays des Collines Rhodaniennes, 186
Saint-Joseph 2006, Clos de Cuminaille, 137
Transhumance 2006, Faugères, 156

Gallo
Cabernet sauvignon 2005, Sonoma County, 340
Pinot noir 2006, Sonoma County, 340

Garofoli
Grosso Agontano 2004, Rosso Conero, 248

Podium 2005, Verdicchio dei Castelli di Jesi Classico Superiore, 248
Serra Fiorese 2003, Verdicchio Castelli di Jesi, 248

Gattinara 2003, Antoniolo, 198

Gay, François
Chorey-lès-Beaune 2004, 82
Chorey-lès-Beaune 2005, 82

Gentil 2007, Alsace, Hugel & Fils, 105

Gerovassiliou
Vin de Pays d'Epanomi 2003, 318
Vin de Pays d'Epanomi 2007, 318

Gevrey-Chambertin 2004, Taupenot-Merme, 90

Gevrey-Chambertin 2004, Sérafin Père & Fils, 86

Gevrey-Chambertin Premier cru Lavault Saint-Jacques 2006, Boisset, Jean-Claude, 77

Gewürztraminer 2003, Alsace, Beyer, Léon, 99

Gewürztraminer 2004, Ormond Reserve, Vinoptima, 403

Gewürztraminer 2006, Alsace, Schoepfer, Jean-Louis; 104

Gewürztraminer 2006, St-Davids Bench, Château des Charmes, 346

Gewürztraminer 2006, Vallée de Carmelo, Irurtia, 378

Gewürztraminer 2007, Alsace, Hugel & Fils, 105

Giacosa, Bruno
Barbera d'Alba Superiore 2003, Falletto di Serralunga d'Alba, 202
Barolo 2003, Falleto di Serralunga, 202
Extra Brut 2001, 439

Gilbert's, Late Bottled Vintage 2001, 463

Ginestet, Mascaron 2005, Bordeaux, 45

Gini, Soave Classico 2006, 217

Girardin, Vincent; Bourgogne 2005, Émotion des Terroirs, Chardonnay, 88

Giraud-Hémart, Henri Giraud 1995, Ay Grand cru, Cuvée Fût de Chêne, 429

Glen Carlou, Syrah 2005, Paarl, 415

Goats do Roam, Goat-Roti 2006, Coastal Region, 410

Goisot, Ghislaine & Jean-Hugues
Bourgogne Aligoté 2006, 82
Saint-Bris 2006, Sauvignon, 82

Goldeneye, Pinot noir 2004, Anderson Valley, 341

Gonzalez Byass
Matusalem, Oloroso Dulce Muy Viejo, VORS, 466
Solera 1847, Oloroso Dulce, 466
Tio Pepe, 466

Xérès Noe, Pedro Ximenez Muy Viejo, VORS, 466

Gosset, Grande Réserve Brut, 429

Gould Campbell
Vintage 2000, 454
Vintage 2003, 454

Goundrey Wines, Cabernet sauvignon 2004, Offspring, 393

Graham's
Late Bottled Vintage 2003, 455
Six Grapes, 455
Tawny 10 ans, 455
Tawny 20 ans, 455
Vintage 1983, 455
Vintage Malvedos 1998, 455

Gramona
2003, Gran Reserva Crianza Brut, 440
Allegro, Brut Reserva, 440

Gran Cruz
Special Reserve Ruby, 463
Tribute Ruby, 463

Gran Feudo, Crianza 2004, Navarra, 287

Granato 2003, Vignetti delle Dolomiti Rosso, Foradori, 214

Gratien & Meyer, Cuvée Flamme, Saumur, 437

Greco di Tufo 2006, Mastroberardino, 254

Green Point, Shiraz 2004, Victoria, 392

Greg Norman Estates, Sparkling Wines, South East Australia, 441

Grenache-Shiraz-Mourvèdre 2005, Stonehorse, Barossa, Kaesler, 387

Grenache-Shiraz-Mourvèdre 2003, The Holy Trinity, Barossa, Burge, Grant, 383

Grenache-Syrah-Mourvèdre, The Ironstone Pressings 2004, McLaren Vale, D'Arenberg, 385

Guado al Tasso
Guado al Tasso 2005, Bolgheri Superiore, 238
Il Bruciato 2006, Bolgheri, 238
Vermentino 2006, Bolgheri, 238

Index des vins

Guigal
Châteauneuf-du-Pape 2003, 138
Côtes du Rhône blanc 2006, 143
Côtes du Rhône rouge 2004, 143

Guillot-Broux, Mâcon-Cruzille
2005, Les Genièvrières, 83

H

Hardy's Tintara
Cabernet sauvignon 2005,
McLaren Vale, 386
Shiraz 2005, McLaren Vale, 386

Hawke's Bay, Merlot-Cabernet
2004, Alpha Domus, 398

Heidsieck, Charles,
Blanc des Millénaires, Brut
1995, 430
Charles; Brut Réserve, 430

Heinrich, Blaufränkisch 2005,
Burgenland, Neusiedlersee, 310

Heitz Cellars
Cabernet sauvignon 2002,
Martha's Vineyard, Napa
Valley, 332
Cabernet sauvignon 2002,
Trailside Vineyard, Napa
Valley, 332
Cabernet sauvignon 2002, Bella
Oak Vineyard, Napa Valley, 332
Cabernet sauvignon 2003, Bella
Oak Vineyard, Napa Valley, 333
Cabernet sauvignon 2003,
Martha's Vineyard, Napa
Valley, 333
Cabernet sauvignon 2003, Napa
Valley, 333
Cabernet sauvignon 2003,
Trailside Vineyard, Napa
Valley, 333
Cabernet sauvignon 2004, Napa
Valley, 333

Henriot, Brut Rosé, 430

Henriques & Henriques, Single
Harvest 1995, 465

Henry of Pelham
Baco Noir 2005, Ontario, 348
Cabernet-Merlot 2004, Niagara
Peninsula, 348
Chardonnay 2005, Reserve,
Niagara Peninsula, 348
Riesling Icewine 2004, Niagara
Peninsula, 348

Herdade das Albernoas 2006,
Vinho Regional Alentejano, 303

Herdade do Esporão, Esporão
2004, Reserva, Alentejo, 300

Hewitson
Miss Harry 2006, Vieilles vignes,
Barossa Valley, 387
Shiraz 2006, The Mad Hatter,
McLaren Vale, 393

Hours, Charles; Cuvée Marie 2006,
Jurançon sec, 176

Huet
Le Mont 2006, Vouvray, 116
Le Mont 2006, Vouvray, Demi-
sec, 116

Hugel & Fils
Gentil 2007, Alsace, 105
Gewürztraminer 2007, Alsace,
105
Pinot gris 2004, Tradition,
Alsace, 102
Riesling 2003, Jubilee, Alsace,
102
Riesling 2006, Alsace, 105

Hunyady, Kékfrankos 2006,
Kéthely, 313

I

Ijalba
Genoli 2007, Rioja, 278
Graciano 2004, Rioja, 278
Reserva 2004, Rioja, 277

Il Cascinone, Rive 2005, Barbera
d'Asti, Araldica, 212

Il Feuduccio di S. Maria d'Orni,
Ursonia Il 2000, Montepulciano
d'Abruzzo, 250

Il Grillesino, Ciliegiolo 2005,
Maremma Toscana, 246

Il Molino di Grace, Chianti Classico Riserva 2003, 244

Il Palazzone, Brunello di Montalcino 2001, 244

Illuminati, Zanna 2003, Montepulciano d'Abruzzo, 250

Inama, Vin Soave 2007, Soave Classico, 218

Infinitus, Cabernet-Merlot 2005, Patagonia, 373

Ingwe, Ingwe 2003, Stellenbosch, 410

Inniskillin
Cabernet franc 2006, Niagara Peninsula, 351
Chardonnay 2006, Niagara Peninsula, 351

Inycon, Aglianico 2005, Sicilia, 261

Ironstone, Chardonnay 2006, Lodi, 339

Irurtia
Gewürztraminer 2006, Vallée de Carmelo, 378
Posada del Virrey 2005, Vallée de Carmelo, 378
Reserva del Virrey 2002, Vallée de Carmelo, 378

Isole E Olena
Cepparello 2004, Toscana, 238
Chianti Classico 2005, 238

J

Jaboulet Aîné, Paul; Saint-Joseph 2005, Le Grand Pompée, 138

Jackson-Triggs
Cabernet sauvignon-Shiraz 2005, Gran Reserve, Okanagan Estate, 350
Merlot 2002, Proprietor's Grand Reserve, Okanagan, 350

Jacquart
Mosaïque 1999, Brut Blanc de blancs, 430
Nominée Brut, 430

Jacquesson, Cuvée No 730, 430

Jadot, Louis
Beaujolais-Villages 2007, Combe aux Jacques, 95
Brouilly 2007, Sous les Balloquets, 91
Château de Poncié, Fleurie 2005, 91
Marsannay, Côte de Beaune-Villages 2006, 90
Saint-Véran 2007, Combe aux Jacques, 94

Jaffelin, Rully 2005, Les Villages de Jaffelin, 90

Jayer, Gilles; Bourgogne Hautes-Côtes de Nuits 2005, 90

Jermann, Vinnae 2006, Venezia Giulia, 225

Jolivet, Pascal
Pouilly-Fumé 2007, 120
Sancerre 2007, 120

Juan Gil, Monastrell 2005, Jumilia, 286

Juanico, Tannat-Merlot 2007, Don Pascual, 378

Juliénas 2007, Coquard, 90

K

Kaesler, Grenache- Shiraz-Mourvèdre 2005, Stonehorse, Barossa, 387

Kanonkop, Pinotage 2003, Stellenbosch, 411

Katnook Estate, Shiraz 2004, Founder's Block, Coonawarra, 387

Kendall-Jackson
Cabernet sauvignon 2005, Vintner's Reserve, California, 340
Cabernet sauvignon 2006, Vintner's Reserve, California, 340

Kenwood, Cabernet sauvignon 2005, Yulupa, Sonoma, 333

Kilikanoon
Riesling Watervale 2004, Mort's Block, Clare Valley, 387
Shiraz 2004, Oracle, Clare Valley, 394

Kocabag
Kapadokya blanc, 323
Kapadokya rouge 2005, 323

Krug, Grande Cuvée, 431

Ksara
Prieuré Ksara 2005, Vallée de la Bekaa, 323
Prieuré Ksara 2006, Vallée de la Bekaa, 323
Réserve du Couvent 2006, Vallée de la Bekaa, 323

Kumala 2007, Western Cape, 419

Kumeu River, Chardonnay 2005, The Brajkovich Family Properties, 400

L

L'Aventure
2005, Optimus, Paso Robles, 336
Stephan Ridge, Syrah 2004, Paso Robles, 336

L'Orangerie de Pennautier 2006, Vin de Pays de la Cité de Carcassonne, 188

La Baume
Sauvignon blanc 2006, Vin de Pays d'Oc, 187
Syrah 2006, Vin de Pays d'Oc, 187

La Braccesca, Vino Nobile di Montepulciano 2004, Antinori, Marchese; 228

La Calonica, Girifalco 2005, Cortona Sangiovese, 246

La Chablisienne, Chablis Premier cru Côte de Lechet 2004, 83

La Chapelle d'Aliénor 2004, Bordeaux Supérieur, 45

La Chapelle de Bébian 2005, Coteaux du Languedoc, Le Brun-Lecouty, 156

La Crema
Chardonnay 2006, Sonoma Coast, Californie, 336
Pinot noir 2006, Sonoma, 336

La Dernière Vigne 2007, Vin de Pays des Collines Rhodaniennes, Gaillard, Pierre, 186

La Fiorita, Brunello di Montalcino 2001, Reserva, 245

La Gironda, Barbera d'Asti Superiore 2004, Le Nicchie, Nizza, 212

La Gloire de mon Père 2006 Côtes de Bergerac, Château Tour des Gendres, 174

La Massa
2006, Toscana, 239
Giorgio Primo 2003, Toscana, 239

La Parde de Haut-Bailly 2004, Pessac-Léognan, 58

La Préceptorie de Centernach, Zoé 2005, Vin de Pays des Côtes Catalanes, 186

La Riojana, Santa Florentina, Malbec-Syrah, 379

La Sablette, Muscadet Sèvre et Maine Sur Lie, Marcel Martin, 121

La Spinetta, Barbaresco 2003, Vigneto Starderi, Vürsù, 202

La Terrasse de Château La Garde 2005, Pessac-Léognan, 69

La Tour Grand Moulin 2007, Corbières, 420

La Truffière 2005, Bergerac, De Conti, 179

La Valentina, Trebbiano d'Abruzzo 2006, 250

La Violette 2005, Côtes de Castillon, Château Manoir du Gravoux, 48

La Vis, Ritratti 2005, Pinot Nero, Trentino, 214

Ladoix Premier Cru Les Joyeuses 2003, Mallard, Michel et Fils, 83

Lageder, Aloïs
Etelle 2006, Vigneti delle Dolomiti, 215
Gewürztraminer 2007, Alto-Adige, 215
Pinot bianco 2006, Haberle, Sudtyrol Alto Adige, 215

Lake Hayes, Pinot noir 2006, Central Otago, Amisfield, 398

Langlois-Chateau, Saumur rouge 2002, Vieilles vignes du Domaine, 120

Langmeil, Shiraz-Viognier 2006, Hangin' Snakes, Barossa Valley, 387

Lanson
Rosé, 435
Black Label Brut, 431

L'Apparita 2004, Toscana, Castello di Ama, 234

Laroche, Chablis 2005, Saint Martin, 94

Latitudo 45, Bonarda 2001, Colli Piacentini, Torre Fornello, 226

Latour, Louis; Grand Ardèche 2004, Vin de Pays des Coteaux de l'Ardèche, 187

Laurel Glen, Cabernet sauvignon 2004, Counterpoint, Sonoma Mountain, 336

Laurens, Crémant de Limoux 2005, Clos des Demoiselles, Domaine J. Laurens, 437

Laurent-Perrier
Brut Rosé, 435
Brut, 435

Laurona, 6 Vinyes de Laurona 2003, Montsant, 271

Lazaridi, Costa; Amethystos 2005, Vin de Pays de Drama, 318

Lazaridi, Nico; Magic Mountain 2006, Vin de Pays de Dráma, 318

Le Bonheur
Cabernet sauvignon 2004, Simonsberg-Stellenbosch, 411

Chardonnay 2007, Simonsberg-Stellenbosch, 411

Le Cinciole, Chianti Classico Riserva 2003, Petresco, 239

Le Corti, Chianti Classico 2004, Principe Corsini, 244

Le Sillage de Malartic 2004, Pessac-Léognan, 58

Le Vieux Donjon 2005, Châteauneuf-du-Pape, 140

Le Volte 2006, Toscana, Ornellaia, Tenuta dell', 241

Leacock's, 5 ans Dry Sercial, 465

Leasingham, Cabernet-Malbec 2005, Bin 56, Clare Valley, 393

Leccia, Yves; Domaine D'E Croce 2005, Patrimonio, 165

L'Ecole no. 41
Merlot 2004, Walla Walla Valley, 343
Syrah 2004, Columbia Valley, 343

Lehmann, Peter
Cabernet sauvignon 2004, Barossa, 388
Clancy's 2005, Barossa, 395
Shiraz 2004, Barossa, 388

Les Domaines Paul Mas, Vignes de Nicole 2007, Cabernet sauvignon-Syrah, Vin de Pays d'Oc, 189

Les Fumées Blanches 2007, Sauvignon blanc, Vin de Pays des Côtes du Tarn, Lurton, 188

Les Gartieux de Pichon Lalande 2001, Pauillac, 54

Les Terrasses 2005, Priorat, Palacios, Alvaro, 275

Liano 2005, Sangiovese Cabernet sauvignon, Rubicone, Cesari, Umberto, 226

Liberty School
Cabernet sauvignon 2006, California, 344
Chardonnay 2005, Central Coast, 339
Syrah 2005, California, 340
Zinfandel 2006, California, 340

Liindjorst, Max's Shiraz 2003, Coastal Region, 413

Lindemans, Chardonnay 2006, Reserve, Padthaway, South Australia, 392

L'Insieme, Vino Rosso da Tavola, Ca'Viola, 199

Lis Neris, Pinot grigio 2005, Venezia Giulia, 225

Lohr, J.
Cabernet sauvignon 2006, Seven Oaks, Paso Robles, 340
Syrah 2006, South Ridge, Paso Robles, 340

Loosen, Dr.; Dr. L 2006, Riesling, Mosel-Saar-Ruwer, 308

Lorieux
Chinon, Expression 2005, 117
Saint-Nicolas de Bourgueil 2005, Les Mauguerets La Contrie, 117

Lornet, Frédéric; Vin Jaune 1999, Arbois, 180

Luca, Chardonnay 2005, Altos de Mendoza, Mendoza, 377

Luce della Vite
Luce 2004, Toscane, 239
Lucente 2005, Toscane, 239

Lungarotti, Sangiovese-Canaiolo 2005, Rubesco, Rosso di Torgiano, 264

Luquet, Roger; Pouilly-Fuissé 2005, Terroir, 89

Lurton
Araucano, Carmenère 2005, Reserva, Valle Central, 364
Bonarda 2007, Reserva, Valle de Uco, Mendoza, 373
Cabernet sauvignon 2005, Reserva, Valle Central, 364
Clos de Lolol 2005, Valle de Colchagua, 364
Gran Lurton, Corte Friulano 2006, Mendoza, 373
Verdejo 2007, Rueda, 287
Pilheiros 2004, Douro, 299
Les Fumées Blanches 2007, Sauvignon blanc, Vin de Pays des Côtes du Tarn, 188
Malbec 2005, Reserva, Valle de Uco, Mendoza, 373
Mas Janeil 2005, Côtes du Roussillon-Villages, 187
Pinot gris 2008, Valle de Uco, Mendoza, 373
Sauvignon blanc 2007, Araucano Reserva, Valle Central, 364
Terra Sana, Sauvignon blanc 2006, Vin de Pays Charentais, 186
Viognier 2007, Domaine des Salices, Vin de Pays d'Oc, 187

Lustau
Don Nuno, Oloroso Solera Reserva, Dry, 467
Escuadrilla, Amontillado, 467
Papirusa, Manzanilla, Very Dry, 467
Puerto Fino, Solera Reserva, 467

Luzon
Altos de Luzon 2004, Jumilla, 284
Organic 2006, Jumilla, 284

Lyrarakis, Kotsifali 2005, Vin Régional de Crète, 318

M.V.R. 2005, Yarra Valley, Yering Station, 392

Mâcon Chaintré 2005, Vieilles vignes, Valette, 87

Mâcon-Uchizy 2007, Thalmard, Gérald & Philibert, 88

Mâcon-Vergisson 2006, La Roche, Verget, 87

Mâcon-Villages, Domaine les Chenevières 2006, Dubœuf, Georges, 90

Maculan
Acininobili 2000, Breganze Torcolato Riserva, 218
Pino & Toi 2007, Veneto, 218

Madiran 2005, Château d'Aydie, 172

Madiran, Argile Rouge 2004, Brumont, Alain, 170

Madiran, Château Bouscassé 2002, Brumont, Alain, 170

Madiran, Château de Crouseilles 2004, Prenium, Caves de Crouseilles, 177

Madiran, Odé d'Aydie 2004, Château d'Aydie, 172

Madiran, Torus 2006, Brumont, Alain, 178

Magnin, Louis; Mondeuse Arbin 2006, Vin de Savoie, 181

Mainart, Chardonnay 2006, Vin de Pays Charentais, 187

Malbec 2003, Lujan de Cuyo, Weinert, 376

Malbec 2004, Unus, Mendoza, Mendel, 377

Malbec 2005, Barrel Select, Mendoza, Norton, 374

Malbec 2005, Catena, Mendoza, Catena Zapata, 371

Malbec 2005, Reserva, Mendoza, Terrazas de Los Andes, 375

Malbec 2005, Reserva, Valle de Uco, Mendoza, Lurton, 373

Malbec 2006, Broquel, Mendoza, Trapiche, 376

Malbec 2006, Mendoza, Familia Rutini Wines, Trumpeter, 379

Malbec 2006, Mendoza, Lujan de Cuyo, Doña Paula Estate, 376

Malbec 2006, Rio de Plata, Mendoza, Etchart, 379

Malbec 2007, Mendoza, Finca Flichman, 379

Malgrà, M' 2006, Nebbiolo, Coste della Sesia, 212

Mallard, Michel et Fils; Ladoix Premier cru Les Joyeuses 2003, 83

Man Vintners, Cabernet sauvignon 2006, Coastal Region, 413

Manciat-Poncet, Pouilly-Fuissé 2006, La Maréchaude, Vieilles vignes, 90

Mapu 2007, Valle Central, Baron Philippe de Rothschild, 358

Marchese Antinori, Chianti Classico 2003, Riserva, Antinori, Marchese; 228

Maréchal, Claude & Catherine
Chorey-lès-Beaune 2004, 89
Pommard 2005, La Chanière, 89

Margan, Shiraz 2005, Hunter Valley, 388

Margrain, Pinot noir 2006, Martinborough, 401

Marion
Amarone della Valpolicella 2003, 219
Cabernet Sauvignon 1995, Veneto, 223
Teroldego 2003, Veronese, 223
Valpolicella Superiore 2003, 219

Markham Vineyards
Petite Syrah 2003, Napa Valley, 336
Sauvignon blanc 2005, Napa Valley, 339

Marqués de Cáceres
2007, Rioja, 421
Rioja 2006, 278
Rioja Gran Reserva 2001, 278
Vendimia Seleccionada 2004, Rioja, 288

Marques de Marialva 2006, Bairrada, 302

Marques de Murrieta
Dalmau 2003, Rioja, 278
Ygay 2003, Rioja Reserva, 278

Marqués de Riscal, Riscal, Tempranillo 2006, Vino de la Tierra de Castilla y Leon, 288

Marrionet, Henry, Domaine de la Charmoise 2007, Gamay de Touraine, 114

Marsannay 2005, Les Favières, Fougeray de Beauclair, 82

Marsannay, Côte de Beaune-Villages 2006, Jadot, Louis, 90

Martinez Gassiot Tawny10 ans, 455

Martray, Laurent; Brouilly 2006, Vieilles vignes, 91

Mas Amiel
Maury Prestige 15 ans d'Âge, 471
Vintage 2005, Maury, 471

Mas Cal Demoura 2004, L'Infidèle, Coteaux du Languedoc, 157

Mas de Daumas Gassac 2005, Vin de Pays de l'Hérault, 186

Mas de Mortiès 2004, Coteaux du Languedoc, Pic Saint-Loup, 159

Mas d'en Gil, Coma Vella 2003, Priorat, 274

Mas des Bressades 2006, Cuvée Tradition, Costières de Nîmes, 138

Mas des Chimères 2006, Coteaux du Languedoc, 156

Mas Foulaquier, Les Calades 2004, Coteaux du Languedoc, 157

Mas Haut-Buis, Les Carlines 2006, Coteaux du Languedoc, 156

Mas Igneus, FA 206 2003, Priorat, 274

Mas Jullien 2005, Coteaux du Languedoc, 158

Mas Martinet, Clos Martinet 2004, Priorat, 274

Masciarelli
Marina Cvetic, Chardonnay 2004, Colline Teatine, 251
Marina Cvetic, Trebbiano d'Abruzzo 2005, 251
Montepulciano d'Abruzzo 2006, 251
Villa Gemma 2003, Montepulciano d'Abruzzo, 251

Masi
Brolo di Campofiorin 2005, Rosso del Veronese, 221
Campolongo di Torbe 2001, Amarone della Valpolicella, 220
Colbaraca 2006, Soave Classico, 221
Grandarella 2005, Appassimento, Rosso delle Venezie, 220
Malbec-Corvina 2006, Passo Doble, Tupungato, 373
Mazzano 2001, Amarone della Valpolicella, 220

Modello delle Venezie 2007, Veneto, 418
Osar 2001, Rosse del Veronese, 221
Recioto della Valpolicella 2006, 221
Toar 2005, Rosso del Veronese, 221
Vaio Armaron 2001, Amarone della Valpolicella, Serègo Alighieri, 220
Valpolicella Superiore Classico 2003, 650 anni, Serègo Alighieri, 221

Massard, Bernard; Cuvée de l'Écusson, Luxembourg, 441

Masseto 2005, Toscane, Ornellaia, Tenuta dell', 241

Mastroberardino
Fiano di Avellino 2006, 254
Greco di Tufo 2006, 254

Matetic, Sauvignon blanc 2007, Equilibrio, San Antonio, 365

Matha, Jean-Luc; Cuvée Laïris 2006, Marcillac, 177

Mazzei, Poggio alla Badiola 2006, Toscana, 263

Mazzolino
Blanc 2004, Oltrepo Pavese, 213
Pinot nero 2002, Oltrepo Pavese, 213

McWilliams, Riesling 2006, Hanwood Estate, South Eastern Australia, 395

Melini, Chianti Classico Riserva 2003, La Selvanella, 246

Mellot, Alphonse
Domaine La Moussière 2007, Sancerre, 117
Sancerre rouge 2003, Génération XIX, 117

Mendel, Malbec 2004, Unus, Mendoza, 377

Mercurey 2006, Château de Chamirey, 80

Mercurey 2006, La Perrière, Brintet, 78

Mercurey 2006, Les Montots, Villaine, A. et P. de, 88

Mercurey blanc 2005, Château de Chamirey, 80

Mercurey premier cru En Sazenay 2006, blanc Tupinier-Bautista, 86

Mercurey premier cru En Sazenay 2006, rouge Tupinier-Bautista, 87

Mercurey Premier cru Les Puillets 2006, Château Philippe-Le-Hardi, 88

Meridiane, Nero d'avola 2004, Notalusa, Sicilia, 265

Merlot 2002, Family Reserve, Niagara Peninsula, Pillitteri, 348

Merlot 2003, Napa Valley, Rutherford Hill, 340

Merlot 2004, 20 Barrels, Limited Editon, Valle de Colchagua, Cono Sur, 362

Merlot 2004, SLC, Okanagan Valley, Mission Hill Family Estate, 350

Merlot 2004, Vieilles vignes, Valle del Rapel, Chateau Los Boldos, 360

Merlot 2005, Bordeaux, Moueix, Christian, 69

Merlot 2005, Cuvée Alexandre, Valle de Colchagua, Casa Lapostolle, 360

Merlot 2005, Don Reca, Valle Cachapoal, Viña La Rosa, 366

Merlot 2005, Napa Valley, Mondavi, Robert, 337

Merlot 2005, Sicilia, Planeta, 260

Merlot 2005, Valle del Maule, Casas Patronales, 366

Merlot 2006, Antiguas Reservas, Valle del Maipo, Cousiño-Macul, 362

Merlot 2006, Hawkes Bay, Oyster Bay, 404

Merlot 2006, Roy's Hill, Hawkes Bay, Pask, C.J. 401

Merlot 2007, Reserva, Valle de Colchagua, Cono Sur, 362

Merlot-Cabernet 2004, Hawke's Bay, Alpha Domus, 398

Messias 1990, 463

Meursault 2006, Limozin, Boisset, Jean-Claude, 78

Meursault Les Charmes 2004, Domaine du Pavillon, Bichot, Albert, 88

Mezzacorona
Chardonnay 2006, Trentino, 215
Pinot grigio 2007, Trentino, 215
Pinot noir 2006, Vigneti delle Dolomiti, 215
Teroldego Rotaliano 2006, 262

Mille Pendi 2005, Chambave, Valle d'Aoste, Podere Castorani, 213

Miolo, Quinta do Seival 2004, Castas Portuguesas, 302

Mission Hill Family Estate
Cabernet-Merlot 2006, Five Vineyards, Okanagan Valley, 350
Merlot 2004, SLC, Okanagan Valley, 350
Pinot blanc 2007, Five Vineyards, Okanagan Valley, 351

Moët et Chandon
Dom Pérignon Brut 1999, 431
Impérial Brut, 431
Impérial Brut 2000, 431
Impérial Brut Rosé, 431
Impérial Brut Rosé 2000, 431
Nectar Impérial, 431

Moingeon, Crémant de Bourgogne, Prestige, 437

Mommessin
Côte de Brouilly 2005, Montagne Bleue, Grande Exception, Monternot, 92
Moulin-à-Vent 2005, Les Caves, Grande Exception, Monternot, 92
Réserve du Domaine de Champ de Cour 2005, Moulin-à-Vent, 91

Monasterio de Las Vinas
Crianza 2003, Cariñena, 287
Gran Reserva 2001, Carinena, 287
Reserva 2002, Cariñena, 287

Monchiero Carbone, Srü 2004, Roero, 204

Mondavi, Robert
Cabernet sauvignon 2005, Napa Valley, 337
Cabernet sauvignon 2005, Oakville, Napa Valley, 337
Fumé blanc 2006, Napa Valley, 337
Merlot 2005, Napa Valley, 337

Monmousseau, Cuvée J.M. 2003, Touraine, 442

Mont Tauch, Fitou 2004, Vieilles vignes, 157

Montaperto 2006, Toscana, Carpineta Fontalpino, 232

Monte Antico 2004, Toscano, Empson & Co, 246

Monte Schiavo, Coste del Molino 2005, Verdicchio dei Castelli di Jesi, 248

Montes
Pinot noir 2007, Vieilli en fût de chêne, Valle de Curico, 428
Cabernet sauvignon 2005, Montes Alpha, Santa Cruz, 366
Chardonnay 2006, Montes Alpha, Special Cuvée, Valle de Curico, 366

Montesodi 2004, Chianti Rufina, Frescobaldi, Marchesi de, 237

Montevetrano 2003, Colli di Salerno, 254

Monteviejo, Petite fleur de Lindaflor 2004, Mendoza, 374

Montresor
Lugana 2005, Gran Guardia, 222
Santomio 2003, Veneto, 224
Valpolicella Classico 2005, Capitel della Crosara, Ripasso, 224

Moreau, Louis; Chablis Premier cru Vaulignot 2007, 88

Morey-Saint-Denis 2004, Dujac, 89

Morey-Saint-Denis 2005, En la rue de Vergy, Perrot-Minot, 86

Morgante
Don Antonio 2004, Sicilia, 259
Nero d'avola 2005, Sicilia, 261

Morgon 2006, Coquard, 90

Mormoreto 2005, Toscana, Frescobaldi, Marchesi de, 237

Moueix, Christian; Merlot 2005, Bordeaux, 69

Moueix, Jean-Pierre; Pomerol 2005, 64

Moulin de Gassac, Terrasses de Guilhem 2007, Vin de Pays de l'Hérault, 189

Moulin d'Issan 2005, Bordeaux Supérieur, 45

Moulin-à-Vent 2005, Dubœuf, Georges, 92

Moulin-à-Vent 2005, Les Caves, Grande Exception, Monternot, Mommessin, 92

Moulin-à-Vent 2006, Baronne du Chatelard, 92

Moulin-à-Vent, Réserve du Domaine de Champ de Cour 2005, Mommessin, 91

Mount Cass
Pinot noir 2006 , Waipara Valley, 401
Riesling 2006, Waipara, 401

Mount Langi Ghiran, Shiraz 2004, Billi Billi, Victoria, 394

Mourvèdre 2002, Amador County, Californie, Easton, Domaine de la Terre Rouge, 332

Mousset, Guy; Les Garrigues 2005, Côtes-du-Rhône Villages, 140

Mouton Cadet 2005, Bordeaux, Baron Philippe de Rothschild, 68

Mt. Difficulty, Pinot noir 2006, Roaring Meg, Central Otago, 401

Mud House, Sauvignon blanc 2007, Swan, Marlborough, 401

Muga
Rioja blanc 2007, 279
Rioja Reserva 2004, 279

Mulderbosch, Shiraz 2003, Western Cape, 415

Mumm
Cordon Rouge, 435
Cuvée Napa Brut, 443
Cuvée Napa rosé, Blanc de noirs, 443

Muscadet Sèvre et Maine, Expression de Gneiss 2006, Domaine de l'Écu, 115

Muscadet Sèvre et Maine, Expression d'Orthogneiss 2006, Domaine de l'Écu, 115

Muscadet Sèvre et Maine Sur Lie, Marcel Martin, La Sablette, 121

Muscat Museum, South Eastern Australia, Yalumba, 392

Muzard, Lucien
Santenay 2004, Champs Claude, Vieilles vignes, 83, 90
Santenay Premier cru Gravières 2004, 83

Navarro López
Laguna de la Nava 2001, Gran Reserva, Valdepeñas, 287
Laguna de la Nava 2002, Reserva, Valdepeñas, 287

Nebbiolo d'Alba 2005, Poderi Colla, 206

Negri, Nino; Sfursat 5 Stelle 2004, Sforzato di Valtellina, 213

Nero d'avola-Merlot, Ramione 2004, Sicilia, Baglio di Pianetto, 257

Nero d'avola 2005, Sicilia, Morgante, 261

Nestore Bosco
Don Bosco 2001, Montepulciano d'Abruzzo, 252
Pan 2003, Montepulciano d'Abruzzo, 252

Newton Johnson
Chardonnay 2004, Overberg, 411
Syrah-Mourvèdre 2004, Wakerbay, Durbanville, 411

Nichols, Pinot noir 2001, Edna Ranch Vineyard, Edna Valley, 340

Niepoort Vintage 2003, 456

Nino Franco, Prosecco di Valdobbiadene, 439

Ninth Island, Pinot noir 2006, Tasmania, Piper's Brook Vineyards, 388

Nittardi, Chianti Classico Riserva 2003, 246

Nobilo, Sauvignon blanc 2006, Marlborough, 404

Noirot-Carrière, Bourgogne Aligoté 2007, Les Terpierreux, 95

Norman Estates, Greg
Cabernet Merlot 2005, Limestone Coast, 393
Chardonnay 2006, Eden Valley, 392

Norton, Malbec 2005, Barrel Select, Mendoza, 374

Nuits Saint-Georges 2006, Les Charbonnières, Boisset, Jean-Claude, 77

Oakville Ranch, Cabernet sauvignon 2003, Napa Valley, 340

Offley
Colheita 1980, Baron de Forrester, 456
Colheita 1995, Baron de Forrester, 456
Late Bottled Vintage 2000, 456
Porto blanc Cachucha, 457
Tawny 10 ans, 457
Tawny 20 ans, 456

Tawny 30 ans, 456
Vintage Boa Vista 1999, 456
Vintage Boa Vista 2000, 456
Vintage Boa Vista 2003, 456
Porto Rei, 463

Olim Bauda, Barbera d'Asti Superiore 2004, Le Rochette, 212

Oremus, Tokaji Aszù Eszencia 1999, Vega Sicilia, 313

Orenga de Gaffory 2006, Patrimonio, 165

Ornellaia, Tenuta dell'
Bolgheri Superiore 2005, 240
Le Volte 2006, Toscana, 241
Masseto 2005, Toscane, 241

Osborne, Solaz 2005, Tempranillo-Cabernet sauvignon, Vino de la Terra de Castilla, 289

Osoyoos Larose, Le Grand Vin 2004, Okanagan Valley, 350

Ostau d'Estile 2004, Pacherenc du Vic-Bilh, 177

Oyster Bay
Chardonnay 2007, Marlborough, 404
Merlot 2006, Hawkes Bay, 404
Pinot noir 2006, Marlborough, 404

P

Pacenti, Siro; Rosso di Montalcino 2006, 244

Paillard, Bruno
Brut 1996, 432
Brut Première Cuvée, 432

Paitin, Barbaresco 2000, Sori Paitin, 205

Palacio da Bacalhoa 2003, Vinho regional Terras do Sado, 302

Palacio de Ibor 2003, Reserva, Valdepeñas, Bodegas Real, 285

Palacios, Alvaro
Les Terrasses 2005, Priorat, 275
Petalos 2006, Bierzo, 281

Palacios Remondo
La Vendimia 2006, Rioja, 279
Propiedad H. Remondo 2005, Rioja, 279

Palandri, Cabernet sauvignon-Merlot 2003, Western Australia, 393

Palivou, Stone Hills 2006, Vin de Pays de Corinthe, 319

Palomero 2001, Ribera del Duero, Uvaguilera, 281

Pannier, Brut Rosé, 435

Parent, Beaune Premier cru Les Épenottes 2005, 83

Parés Baltà
Brut Selectio, Cava, 440
Gratavinum 2004, GV5, Priorat, 275

Pask, C.J.
Merlot 2006, Roy's Hill, Hawkes Bay, 401
Roy's Hill, Merlot 2006, Hawkes Bay, 399

Pasqua
Nero d'avola-Shiraz 2007, Mezzo Giorno, Sicilia, 261
Sagramoso 2005, Ripasso, Valpolicella Superiore, 224

Patrimonio 2005, Carco, Arena, Antoine; 164

Patrimonio, Erasia 2005, Clos Signadore, 164

Patrimonio, Orenga de Gaffory 2006, 165

Paul Goerg 2004, 435

Pazo de Señorans, Albariño 2005, Rias Baixas, 269

Pecchenino, Dolcetto di Dogliani 2005, Siri d'Jermu, 205

Pelissero
Barbaresco 2003, Vanotu, 205
Barbera d'Alba 2005, Piani, 205
Dolcetto d'Alba 2006, Augenta, 205

Pellé, Henry
Menetou-Salon 2006, Morogues, Clos des Blanchais, 117
Menetou-Salon 2006, 117
Menetou-Salon 2007, Morogues, 117

Penfolds
Cabernet sauvignon 2006, Koonunga Hill, Australia, 395
Shiraz 2004, Coonawarra, Bin 128, 389
Shiraz-Cabernet 2006, Koonunga Hill, South Eastern Australia, 395

Peninsula Ridge, Sauvignon blanc 2006, Niagara Peninsula, 348

Pepi
Shiraz 2005, Californie, 340
Sangiovese 2004, California, Kendall-Jackson, 340

Pèppoli 2005, Chianti Classico, Antinori, Marchese; 263

Peregrine, Pinot noir 2006, Central Otago, 402

Periquita 2005, Vinho Regional Terras do Sado, Fonseca, Jose Maria da, 303

Perrier, Joseph; Cuvée Royale 1999, Brut, 432

Perrin
Côtes du Rhône-Villages Rasteau 2005, L'Andéol, 139
La Vieille Ferme 2007, Côtes du Ventoux, 143
Perrin Réserve 2007, Côtes du Rhône, 143
Vacqueyras 2006, Les Christins, 138
Vacqueyras 2007, Les Christins, 139
VF Lasira 2007, Costières de Nîmes, 143

Perrot-Minot, Morey Saint-Denis 2005, En la rue de Vergy, 86

Pervini, Primitivo del Tarantino 2006, I Monili, 265

Petalos 2006, Bierzo, Palacios, Alvaro, 281

Petite Syrah 2003, Napa Valley, Markham Vineyards, 336

Phillips, R.H.
Chardonnay 2006, Toasted Head, EXP, California, 340
Syrah 2006, Toasted Head, California, 340
Viognier 2005, EXP, Dunnigan Hills, 339

Piaggia di Vannucci Silvia, Carmignano Riserva 2003, 241

Pike & Joyce, Pinot noir 2006, Adelaide Hills, 389

Pillitteri, Merlot 2002, Family Reserve, Niagara Peninsula, 348

Pinot blanc 2005, Alsace, Trimbach, 104

Pinot blanc 2007, Five Vineyards, Okanagan Valley, Mission Hill Family Estate, 351

Pinot gris 2004, Clos Jebsal, Vendanges tardives, Alsace, Zind-Humbrecht, 104

Pinot gris 2004, Tradition, Alsace, Hugel & Fils, 102

Pinot gris 2004, Vorbourg, Alsace Grand cru, Dopff & Irion, 104

Pinot gris 2006, Alsace, Beyer, Léon, 99

Pinot gris 2006, Central Otago, Amisfield, 398

Pinot gris 2007, Baden, Deinhard, 320

Pinot gris 2008, Valle de Uco, Mendoza, Lurton, 373

Pinot noir 2001, Edna Ranch Vineyard, Edna Valley, Nichols, 340

Pinot noir 2003, Don Miguel Vineyard, Russian River Valley, Torres, Marimar, 338

Pinot noir 2004, Anderson Valley, Goldeneye, 341

Pinot noir 2005, Alsace, Beyer, Léon, 99

Pinot noir 2005, Central Otago, Amisfield, 398

Pinot noir 2005, Geelong, Scotchmans Hill, 389

Pinot noir 2005, Julia's Vineyard, Santa Maria Valley, Cambria, 330

Pinot noir 2005, Kayena Vineyard, Tasmania, Tamar Ridge, 390

Pinot noir 2005, Marlborough, Babich, 399

Pinot noir 2006, Waipara Valley, Mount Cass, 401

Pinot noir 2006, Adelaide Hills, Pike & Joyce, 389

Pinot noir 2006, Carneros, Schug, 338

Pinot noir 2006, Central Coast, Calera, 329

Index des vins

Pinot noir 2006, Central Otago, Peregrine, 402

Pinot noir 2006, Gullies, Central Otago, Akarua, Bannockburn Hights Winery, 398

Pinot noir 2006, Lake Hayes, Central Otago, Amisfield, 398

Pinot noir 2006, Marion's Vineyard, Wairarapa, Schubert, 402

Pinot noir 2006, Marlborough, Oyster Bay, 404

Pinot noir 2006, Martinborough, Margrain, 401

Pinot noir 2006, Meiomi, Sonoma, Belle Glos, 328

Pinot noir 2006, Mt. Harlan Cuvée, Mt. Harlan, Calera, 329

Pinot noir 2006, Oregon, Eola Hills, 342

Pinot noir 2006, Reserve, La Creole, Oregon, Eola Hills, 342

Pinot noir 2006, Roaring Meg, Central Otago, Mt. Difficulty, 401

Pinot noir 2006, Sonoma, La Crema, 336

Pinot noir 2006, Tasmania, Piper's Brook Vineyards, Ninth Island, 388

Pinot noir 2006, Willamette Valley, Rex Hill, 342

Pinot noir 2006, Yarra Valley, Coldstream Hills, 384

Pinot noir 2007, Devils's Corner, Tasmania, Tamar Ridge, 390

Pinot noir 2007, Explorer, Casillero del Diablo, Valle de Casablanca, Concha y Toro, 361

Pinot noir 2007, Marlborough, Churton Vineyards, 399

Pinot noir 2007, Marlborough, Crawford, Kim, 405

Pinot noir 2007, Mendoza, Trapiche, 376

Pinot noir 2007, Nelson, Waimea, 404

Pinot noir 2007, Pinnacles Ranches, Monterey, Estancia, 332

Pinot noir 2007, Vieilli en fût de chêne, Valle du Curico, Montes, 428

Pinot noir 2007, Vision, Valle de Colchagua, Cono Sur, 362

Pinot noir delle Venezie 2006, Folonari, 224

Pinotage 2003, Stellenbosch, Kanonkop, 411

Pinotage 2006, Les Ruines, Eilandia, Robertson, Bon Cap, 414

Pio Cesare
Barbaresco 2003, 206
Barbera d'Alba 2005, 206
Gavi 2006, 206
Nebbiolo d'Alba 2004, 206

Piper-Heidsieck Brut, 435

Piron, Dominique; Domaine de la Chanaise 2005, Morgon, 92

Pirramimma, Petit Verdot 2003, McLaren Vale, 389

Pisano
Rio De Los Pajaros 2006, Reserve, Progreso, 378
Rio de Los Pajaros, Merlot 2006, Reserve, Région Cotière, 378

Pittacum, Barrica 2005, Bierzo, 286

Pizzorno, Tinto Reserve 2004, Region Canelone Chico, 378

Planeta
Chardonnay 2006, Sicilia, 260
Cometa 2006, Sicilia, 260
La Segreta blanc 2006, Sicilia, 260
La Segreta rouge 2006, Sicilia, 260
Merlot 2005, Sicilia, 260
Moscato di Noto 2005, 261
Santa Cecilia 2005, Sicilia, 260
Syrah 2005, Sicilia, 260

Poças
Late Bottled Vintage 2000, 457
Vintage 2001, 457
Coroa d'Ouro 2001, Douro, 295

Podere di Rivalta, Barolo 2003, Vigna dei Pola, Ascheri, 199

Poderi Colla
Bricco del Drago 2004, Langhe, 206
Nebbiolo d'Alba 2005, 206

Poesia, Clos des Andes 2005, Mendoza, Hélène Garcin, 374

Poggerino
Chianti Classico 2005, 241
Primamateria 2003, Rosso di Toscana, 241

Pol Roger
Brut, 433
Brut 1998, 433
Brut Chardonnay 1998, 433
Sir Winston Churchill 1998, 432

Pommard 2005, La Chânière, Maréchal, Claude & Catherine, 89

Pommery
Brut Rosé, 433
Brut Royal, 433
Cuvée Louise 1998, 433

Porcupine Ridge, Cabernet sauvignon 2006, Coastal Region, Boekenhoutskloof, 413

Potel, Nicolas
Beaune Premier cru Les Bressandes 2005, 86
Bourgogne 2006, Maison Dieu, 86
Santenay 2005, Vieilles vignes, 86

Pouilly-Fuissé 2004, Aux Charmes, Château de Beauregard, 79

Pouilly-Fuissé 2005, Dubœuf, Georges, 90

Pouilly-Fuissé 2005, Terroir, Luquet, Roger, 89

Pouilly-Fuissé 2006, La Maréchaude, Vieilles vignes, Manciat-Poncet, 90

Pouilly-Fumé 2007, Jolivet, Pascal, 120

Prado Rey, Bribon 2006, Verdejo, Rueda, 287

Primamateria 2003, Rosso di Toscana, Poggerino, 241

Prin Père et Fils, Grande Réserve Brut, 434

Principi di Butera, Merlot 2004, Sicilia, 261

Prosecco di Valdobbiadene, Nino Franco, 439

Prosecco di Valdobbiadene, Santi Nello, Botter Carlo, 443

Prosecco di Valdobbiadene, Villa Sandi, 441

Prosecco Special Cuvee, Brut, Zonin, 441

Prunotto
Barbera d'Asti 2006, Fiulot, 207
Barolo 2003, Bussia, 207
Dolcetto d'Alba 2006, 207
Mompertone 2005, Monferrato, 207

Q

Quinta da Alorna, Cardal 2005, Vinho regional Ribatejano, 302

Quinta da Gaivosa
Douro, Alves de Sousa 2003, 292
Branco da Gaivosa 2005, Douro, Alves de Sousa, 292

Quinta da Leda 2005, Douro, Casa Ferreirinha, 293

Quinta da Ponte Pedrinha 2004, Reserva, Dão, 301

Quinta da Terrugem
Alentejo 2004, 301
Alentejo 2004, Quinta da Terrugem, 301
T 2002, Alentejo, 301

Quinta das Maias 2006, Dão, 301

Quinta de la Rosa 2006, Douro, 295

Quinta de Roriz, Douro 2003, Reserva, 295

Quinta de Santa Eufêmia
Tawny 10 ans, 463
Tawny, 463

Quinta do Castelinho
Late Bottled Vintage 1997, 463
Tawny 10 ans, 463

Quinta do Cotto 2005, Douro, 295

Quinta do Crasto, Flor de Crasto 2005, Douro, 299

Quinta do Infantado
2003, Reserva, Douro, 299
Late Bottled Vintage 2001, 457
Porto blanc, 457
Ruby Meio-seco, 457
Vintage 2000, 457

Quinta do Noval
Colheita 1986, 458
Late Bottled Vintage 2001, 458
Tawny 20 ans, 458
Vintage 2003, 458
Vintage Silval 1998, 458

Quinta do Vale da Perdiz, Cistus 2003, Douro, 299

Quinta do Vallado 2005, Douro, Reserva, 296

Quinta do Vesuvio
Vintage 2000, 458
Vintage 2001, 458
Vintage 2003, 458

Quinta Dos Roques
2006, Dão, 301
Reserva 2003, Dão, 301
Touriga Nacional 2003, Dâo, 301

Quinta Quietud 2002, Toro, 281

Quintarelli, Giuseppe
Amarone della Valpolicella 1995, 223
Recioto della Valpolicella 1995, 223
Rosso del Bepi 1999, Veneto, 223

Radio Coteau, La Neblina 2005, Sonoma Coast, 341

Raimat, Albarino-Chardonnay 2006, Costers del Segre, 288

Rainoldi, Inferno 2004, Valtellina Superiore, 213

Ramione 2004, Nero d'avola-Merlot, Sicilia, Baglio di Pianetto, 257

Ramos Pinto
Duas Quintas 2003, Reserva, Douro, 297
Duas Quintas 2003, Reserva Especial, Douro, 296
Duas Quintas 2006, Douro, 303
Late Bottled Vintage 2003, 460
Porto blanc Lagrima, 460
Tawny 10 ans, Quinta da Ervamoira, 460
Tawny 20 ans, Quinta do Bom Retiro, 460
Vintage 2000, 460

Ramos, João Portugal; Marques de Borba 2005, Alentejo, 302

Rancia 2003, Chianti Classico Riserva, Fèlsina, 236

Rapitalà
Catarratto-Chardonnay 2007, Sicilia, 261
Nero d'avola 2006, Sicilia, 261

Ravenswood
Chardonnay 2007, California, 339
Zinfandel 2005, Lodi, Californie, 338
Zinfandel 2005, Napa Valley, 338
Zinfandel 2006, California, Vintner's Blend, 344

Realda 2003, Veneto, Anselmi, 216

Real Sitio de Ventosilla
Prado Rey 2005, Roble, Ribera del Duero, 287
Recorba 2004, Crianza, Ribera del Duero, 287

Reguengos 2005, Alentejo, Cooperativa Agricola de Reguengos de Monsaraz, 302

Reinhold Haart, Goldtröpfchen 2005, Riesling Spätlese, Mosel-Saar-Ruwer, 308

Remhoogte Estate, Bonne Nouvelle 2003, Stellenbosch, 411

Renou, René; Bonnezeaux 2005, Les Melleresses, 120

Réserve du Domaine de Champ de Cour 2005, Moulin-à-Vent, Mommessin, 91

Ress, Balthasar; Hattenheimer Schutzenhaus 2006, Riesling Kabinett, Rheingau, 308

Rex Hill, Pinot noir 2006, Willamette Valley, 342

Ricasoli, Barone, Rocca Guicciarda 2005, Chianti Classico Riserva, 244

Rieflé, Riesling 2007, Bonheur Convivial, Alsace, 105

Riesling 2003, Cuvée Frédéric Émile, Alsace, Trimbach, 104

Riesling 2003, Jubilee, Alsace, Hugel & Fils, 102

Riesling 2003, Les Écaillers, Alsace, Beyer, Léon, 99

Riesling 2004, Alsace Grand cru Brand, Buecher, Paul, 102

Riesling 2005, Niagara Peninsula, Cave Spring, 346

Riesling 2005, Rosenbourg, Alsace, Blanck, Paul, 102

Riesling 2005, Zeltinger Sonnenuhr, Spätlese Trocken, Mosel-Saar-Ruwer, Selbach, J & H, 309

Riesling 2006, Alsace, Hugel & Fils, 105

Riesling 2006, Hanwood Estate, South Eastern Australia, McWilliams, 395

Riesling 2006, Herrenweg de Turckheim, Zind-Humbrecht, 104

Riesling 2006, Trocken, Kamptaler Terrassen, Bründlmayer, 310

Riesling 2006, Waipara, Mount Cass, 401

Riesling 2007, Bonheur Convivial, Alsace, Rieflé, 105

Riesling 2007, Eroica, Chateau Ste-Michelle Dr. Loosen, 342

Riesling 2007, Réserve, Alsace, Beyer, Léon, 105

Riesling 2007, Rheinhessen, Deinhard, 320

Riesling 2007, Thorn, Eden Valley, Burge, Grant, 383

Riesling Auslese, Lieser Niederberg Helden 2005, Mosel-Saar-Ruwer, Schloss Lieser, 309

Riesling Auslese, Ürziger Würzgarten 2004, Mosel-Saar-Ruwer, Christoffel Erben, Joh. Jos., 307

Riesling Auslese, Zeltinger-Sonnenuhr 2005, Mosel-Saar-Ruwer, Selbach, J & H, 309

Riesling Brand 2002, Alsace Grand cru, Caves de Turckheim, 102

Riesling, Butterfly 2005, Mosel-Saar-Ruwer, Zilliken, 309

Riesling, Dr. L 2006, Mosel-Saar-Ruwer, Loosen, Dr. 308

Riesling Furstentum 2003, Alsace Grand cru, Blanck, Paul, 102

Riesling, Fürst von Metternich, 440

Riesling Kabinett, Eitelsbacher Marienholz 2005, Mosel-Saar-Ruwer, Bischöfliche Weingüter, 307

Riesling Kabinett, Rheingau, Hattenheimer Schutzenhaus 2006, Ress, Balthasar, 308

Riesling Spätlese, Mosel-Saar-Ruwer, Goldtröpfchen 2005, Reinhold Haart, 308

Riesling Watervale 2004, Mort's Block, Clare Valley, Kilikanoon, 387

Righetti, Luigi
Amarone della Valpolicella Classico 2005, 224
Campolieti, Valpolicella Superiore Classico 2006, 224
Sognum 2004, Cabernet sauvignon delle Venezie, 224

Rioja 2004, Reserva, Roda, 286

Rioja, Allende 2004, 277

Rioja, Genoli 2007, Ijalba, 278

Rioja, Graciano 2004, Ijalba, 278

Rioja, La Vendimia 2006, Palacios Remondo, 279

Rioja, Propiedad H. Remondo 2005, Palacios Remondo, 279

Rioja, Reserva 2004, Ijalba, 277

Rioja Reserva, Lealtanza 2001, Altanza, 277

Rion, Daniel; Côte de Nuits-Villages 2004, Le Vaucrain, 90

Rivera, Il Falcone 2004, Riserva, Castel del Monte, 254

Robert-Denogent, Saint-Véran 2005, Les Pommards, 89

Robertson Winery
Chapel Red, Robertson, 405
Chenin blanc 2008, Robertson, 405

Rocca delle Macie, Roccato 2001, Toscana, 244

Rocca di Montemassi
Sassabruna 2005, Monteregio di Massa Marittima, 242
Vermentino 2006, Zonin, 242

Rock N' Rhône 2007, Côtes du Rhône, 419

Roda, Rioja 2004, Reserva, 286

Rodet, Antonin; Bourgogne 2006, Pinot noir, 95

Roederer Estate
Brut, Anderson Valley, 441
Brut Premier, 434

Roger, Jean-Max; Menetou-Salon 2006, Cuvée le Charnay, 120

Rolet, Vin de Paille 2002, Côtes du Jura, 180

Rolf Binder, Shiraz–Grenache 2005, Halliwell, Barossa Valley, 393

Romariz, Late Bottled Vintage 2001, 463

Ronco dei Tassi, Fosarin 2006, Collio, 225

Roquette & Cazes, Xisto 2004, Douro, 297

Roseline 2007, Côtes de Provence, 420

Rosemount Estate
Cabernet sauvignon 2005, Diamond Label, South Eastern Australia, 392
Merlot 2005, South Eastern Australia, 392
Pinot noir 2006, South Eastern Australia, 392

Rosso di Montalcino 2005, Casanova di Neri, 232

Rosso di Montalcino 2006, Banfi, 246

Rosso di Montalcino 2006, Pacenti, Siro, 244

Rosso di Montalcino, Banditella 2005, Col d'Orcia, 245

Rosso di Montalcino, La Caduta 2004, Caparzo, 246

Rotari Riserva Brut 2002, Trento, Mezzacorona, 439

Rovittello 2001, Etna, Benanti, 258

Ruca Malen, Cabernet sauvignon 2004, Mendoza, 374

Ruffino, Chianti Classico Riserva 2003, Riserva Ducale Oro, 244

Ruinart, Dom Ruinart 1996, Blanc de blancs, 434

Rully 2005, Les Villages de Jaffelin, Jaffelin, 90

Rupert & Rothschild, Classique 2005, Coastal Region, 412

Rutherford Hill
Cabernet-sauvignon 2002, Napa Valley, 340
Merlot 2003, Napa Valley, 340

S

Sabon, Roger; Lirac 2005, Chapelle de Maillac, 141

Sacred Hill, Sauvignon blanc 2006, Marlborough, 404

Saint-Amour 2006, Coquard, 90

Saint-Aubin Premier cru sur Gamay 2006, Boisset, Jean-Claude, 78

Saint-Bris 2006, Sauvignon, Goisot, Ghislaine & Jean-Hugues, 82

Saint Clair, Sauvignon blanc 2007, Marlborough, 402

Saint-Chinian, Antonyme 2007, Canet-Valette, 157

Saint-Joseph 2005, Sainte-Épine, Delas, 140

Saint-Véran 2005, Les Pommards, Robert-Denogent, 89

Saint-Véran 2005, Terroirs de Davayé, Verget, 87

Saint-Véran 2007, Combe aux Jacques, Jadot, Louis, 94

Salviano, Orvieto Classico Superiore 2006, Titignano, 247

San Felice, Chianti Classico 2005, 263

San Romano
Bricco delle Lepri, Dolcetto di Dogliani 2006, 207
Dolianum 2003, Dolcetto di Dogliani, 207
Vigna del Pilone, Dolcetto di Dogliani 2006, 207

San Vincenzo 2007, Veneto, Anselmi, 262

Sancerre 2007, Jolivet, Pascal, 120

Sancerre rouge 2003, Génération XIX, Mellot, Alphonse, 117

Sancerre, Domaine La Moussière 2007, Mellot, Alphonse, 117

Sancerre, La Bourgeoise 2006, Bourgeois, Henri, 111

Sancerre, Le MD de Bourgeois 2006, Bourgeois, Henri, 111

Sancerre, Les Baronnes 2007, Bourgeois, Henri, 121

Sandalford, Element 2005, Shiraz-Cabernet, Western Australia, 393

Sandeman Ruby, 463

Sangiovese 2004, California, Kendall-Jackson, Pepi, 340

Santa Amalia, Sanama, Cabernet sauvignon 2003, Reserva, Valle del Rapel, 366

Santa Ana, Cabernet sauvignon 2005, La Mascota, Mendoza, 375

Santa Anastasia, Baccante 2005, Sicilia, 261

Santa Carolina, Cabernet sauvignon 2007, Valle de Colchagua, 369

Santa Cristina 2006, Toscana, Antinori, Marchese; 263

Santa Julia, Chardonnay 2006, Reserva, Mendoza, Familia Zuccardi, 376

Santa Rita
Cabernet sauvignon rosé 2007, Valle del Maipo, 419
Carmenère 2005, Valle del Rapel, 366

Santedame, Chianti classico 2005, Ruffino, 246

Santenay 2004, Champs Claude, Vieilles vignes, Muzard, Lucien, 83

Santenay 2005, Vieilles vignes, Potel, Nicolas, 86

Santenay Premier cru Gravières 2004, Muzard, Lucien, 83

Santi, Solane 2005, Valpolicella Classico Superiore, 224

Sapaio 2004, Bolgheri Rosso Superiore, 245

Sartori, Valpolicella Superiore 2006, Ripasso, 224

Saumur-Champigny, Terres Chaudes 2006, Domaine des Roches Neuves, 120

Sauvignon 2007, Marlborough, Crawford, Kim, 405

Sauvignon 2007, Premières Côtes de Blaye, Tutiac, 68

Sauvignon blanc 2005, Cipreces, Valle de San Antonio, Casa Marin, 366

Sauvignon blanc 2005, Napa Valley, Markham Vineyards, 339

Sauvignon blanc 2005, North Coast, Benziger, 339

Sauvignon blanc 2005, Private Collection, Stellenbosch, Saxenburg, 412

Sauvignon blanc 2005, Redwood Creek, California, Frei Brothers, 339

Sauvignon blanc 2006, Marlborough, Cooper's Creek, 404

Sauvignon blanc 2006, Marlborough, Nobilo, 404

Sauvignon blanc 2006, Marlborough, Sacred Hill, 404

Sauvignon blanc 2006, Marlborough, Scott, Allan, 404

Sauvignon blanc 2006, Marlborough, Tohu, 403

Sauvignon blanc 2006, Marlborough, Wild South, 404

Sauvignon blanc 2006, Napa Valley, St. Supéry, 338

Sauvignon blanc 2006, Niagara Peninsula, Peninsula Ridge, 348

Sauvignon blanc 2006, North Coast, Benziger, 340

Sauvignon blanc 2006, Our Founder's, Coastal Region, Bellingham, 413

Sauvignon blanc 2006, SP State Highway, Marlborough, Crawford, Kim, 400

Sauvignon blanc 2006, Terra Sana, Vin de Pays Charentais, Lurton, 186

Sauvignon blanc 2006, Vin de Pays d'Oc, La Baume, 187

Sauvignon blanc 2007, Araucano Reserva, Valle Central, Lurton, 364

Sauvignon blanc 2007, Equilibrio, San Antonio, Matetic, 365

Sauvignon blanc 2007, Marlborough, Churton Vineyards, 399

Sauvignon blanc 2007, Marlborough, Saint Clair, 402

Sauvignon blanc 2007, Reserva, Vallée de Casablanca, Veramonte, 366

Sauvignon blanc 2007, Sonoma County, Simi, 339

Sauvignon blanc 2007, Swan, Marlborough, Mud House, 401

Sauvignon blanc 2007, Touraine, Allion, Guy, 121

Sauvignon blanc 2007, Victoria, Taltarni Vineyards, 390

Sauvignon blanc 2008, Marlborough, Babich, 399

Sauvignon blanc, Les Fumées Blanches 2007, Vin de Pays des Côtes du Tarn, Lurton, 188

Sauvignon blanc-Sémillon 2006, Margaret River, Cape Mentelle, 384

Saxenburg, Sauvignon blanc 2005, Private Collection, Stellenbosch, 412

Schloss Gobelsburg
Gobelsburger Messwein 2006, Grüner Veltliner, Trocken, Kamptal, 310
Riesling 2005, Heiligenstein, 310

Schloss Lieser, Lieser Niederberg Helden 2005, Riesling Auslese, Mosel-Saar-Ruwer, 309

Schlumberger, «S», 104

Schoepfer, Jean-Louis; Gewürztraminer 2006, Alsace, 104

Schubert, Pinot noir 2006, Marion's Vineyard, Wairarapa, 402

Schug, Pinot noir 2006, Carneros, 338

Scotchmans Hill
Chardonnay 2006, Geelong, 389
Pinot noir 2005, Geelong, 389

Scott, Allan
Chardonnay 2005, Marlborough, 404
Sauvignon blanc 2006, Marlborough, 404

Sebaste, Mauro
Centobricchi 2005, Langhe, 210
Nebbiolo d'Alba 2005, Parigi, 210

Segura Viudas
Aria Brut, 440
Brut 2004, 440
Brut Blanc de blancs, 443

Seifried Estate, Chardonnay 2005, Nelson, 402

Selbach, J & H
Riesling Auslese, Mosel-Saar-Ruwer, 309
Zeltinger Sonnenuhr 2005, Spätlese Trocken, Riesling, Mosel-Saar-Ruwer, 309

Sella & Mosca
Cannonau di Sardegna 2005, Riserva, 265
Terrerare 2003, Riserva, Carignano del Sulcis, 257

Semillon 2006, Woodcutters, Barossa, Torbreck, 391

Sémillon 2007, Hunter Valley, Brokenwood, 394

Sémillon-Sauvignon blanc 2005, Amberley, Margaret River, 392

Seña 2005, Valle de Aconcagua, 365

Señorio de Barahonda, HC 2005, Heredad Candela, Yecla, 287

Sequoia Grove, Cabernet sauvignon 2003, Rutherford Reserve, Napa Valley, 341

Sérafin Père & Fils, Gevrey-Chambertin 2004, 86

Settesoli
Inycon 2007, Shiraz, Sicilia, 419
Mandra Rossa, Bendicò 2003, Rosso di Sicilia, 261
Nero d'avola-Shiraz 2006, Sicilia, 261

Settimo, Aurelio; Barolo 2000, 210

Shiraz 2002, Langhorne Creek, Brothers in Arms, 382

Shiraz 2003, E & E Black Pepper, Barossa Valley, Barossa Valley Estate Winery, 382

Shiraz 2003, Pyrenees Victoria, Taltarni Vineyards, 390

Shiraz 2003, Western Cape, Mulderbosch, 415

Shiraz 2004, Barossa, Lehmann, Peter, 388

Shiraz 2004, Billi Billi, Victoria, Mount Langi Ghiran, 394

Shiraz 2004, Coonawarra, Bin 128, Penfolds, 389

Shiraz 2004, Founder's Block, Coonawarra, Katnook Estate, 387

Shiraz 2004, Golden Triangle, Stellenbosch, Stellenzicht, 413

Shiraz 2004, Margaret River, Cape Mentelle, 394

Shiraz 2004, Margaret River, Vasse Felix, 391

Shiraz 2004, Oracle, Clare Valley, Kilikanoon, 394

Shiraz 2004, Premium Selection, South Australia, Wolf Blass, 393

Shiraz 2004, Stellenbosch, De Trafford, 410

Shiraz 2004, Victoria, Green Point, 392

Shiraz 2004, Western Cape, African Terroir, Azania, 413

Shiraz 2005, Barossa Valley, The Ashmead Family, Elderton, 386

Shiraz 2005, Brokenback, Hunter Valley, Tyrrell's, 393

Shiraz 2005, Californie, Pepi, 340

Shiraz 2005, Hunter Valley, Margan, 388

Shiraz 2005, McLaren Vale, Hardy's Tintara, 386

Shiraz 2005, Redstone, McLaren Vale, Coriole, 393

Shiraz 2005, Stellenbosch, KWV, Cathedral Cellar, 413

Shiraz 2005, The Footbolt, McLaren Vale, D'Arenberg, 385

Shiraz 2006, Coastal Region, Fleur du Cap, 413

Shiraz 2006, Max Reserva, Valle de Aconcagua, Errazuriz, 363

Shiraz 2006, South Africa, Rustenberg, Brampton, 413

Shiraz 2006, Victoria, Wingara, Deakin Estate, 395

Shiraz 2007 Valle del Rapel, Errazuriz, 369

Shiraz 2007, Western Cape, Two Oceans, 419

Shiraz-Cabernet 2006, Koonunga Hill, South Eastern Australia, Penfolds, 395

Shiraz-Cabernet, Element 2005, Western Australia, Sandalford, 393

Shiraz-Grenache 2003, Stellenbosch, Forrester, Ken, 415

Shiraz–Grenache 2005, Halliwell, Barossa Valley, Rolf Binder, 393

Shiraz-Grenache, d'Arrys Original 2005, McLaren Vale, D'Arenberg, 385

Shiraz-Tannat 2004, Reserve, Juanico, Don Pascual, 378

Shiraz & Viognier 2005, Barossa, Yalumba, 392

Shiraz-Viognier 2006, Hangin' Snakes, Barossa Valley, Langmeil, 387

Shiraz-Viognier, The Laughing Magpie 2006, McLaren Vale, D'Arenberg, 385

Shotfire Ridge, Quartage 2005, Barossa, Thorn-Clarke, 392

Shymer 2006, Syrah-Merlot, Sicilia, Baglio di Pianetto, 258

Sichel, Sirius 2004, Bordeaux, 69

Sieur d'Arques, Blanquette de Limoux 2004, 442

Sileni, Merlot-Cabernet franc 2006, Cellar Selection, Hawkes Bay, 404

Simi
  Merlot 2004, Sonoma, 340
  Sauvignon blanc 2007, Sonoma County, 339

Simonnet-Febvre, Crémant de Bourgogne, 438

Simonsig, Syrah 2002, Merindol, Stellenbosch, 413

Smith Woodhouse
  Late Bottled Vintage 1995, 460
  Tawny 10 ans, 460
  Vintage 1994, 460
  Vintage 2003, 460

Soave 2006, Tamellini, 222

Soave Classico 2005, Monte Fiorentine, Ca'Rugate, 217

Soave Classico, Monte Carbonare 2005, Suavia, 222

Soave Classico, Vin Soave 2007, Inama, 218

Soave, Fontego 2006, Cappuccina, 217

Sogrape
  Douro blanc 2006, Reserva, 297
  Duque de Viseu 2004, Dão, 302
  Vila Regia 2005, Douro, 303
  Vinha do Monte 2005, Alentejano, 303

Solaia 2005, Toscana, Antinori, Marchese; 228

Solis, Felix; Los Molinos 2007, Tempranillo, Valdepeñas, 419

Soluna, Primitivo 2004, Puglia, Mare Nostrum, 255

Sottimano
  Barbera d'Alba 2006, Pairolero, 210
  Bric del Salto 2007, Dolcetto d'Alba, 210

Sparr, Pierre; Crémant d'Alsace, Brut Réserve, 438

Spires 2004, Shiraz, Barossa Valley, Barossa Valley Estate, 393

Sportoletti, Assisi 2005, 247

St. Francis
  Cabernet sauvignon 2005, Sonoma County, 340
  Chardonnay 2005, Sonoma County, 339

St-Didier Parnac 2007, Fronton, 419

St. Supéry, Sauvignon blanc 2006, Napa Valley, 338

Stellenzicht, Shiraz 2004, Golden Triangle, Stellenbosch, 413

Stratus Vineyards, Riesling Icewine 2006, Niagara Lakeshore, 348

Suavia, Monte Carbonare 2005, Soave Classico, 222

Surani, Lapaccio 2006, Primitivo Salento, 264

Syrah 2002, Merindol, Stellenbosch, Simonsig, 413

Syrah 2004, Columbia Valley, L'Ecole no. 41, 343

Syrah 2004, Cortona, d'Alessandro, Luigi, 235

Syrah 2004, Il Bosco, Cortona Toscana, d'Alessandro, Luigi, 235

Syrah 2004, Sierra Foothills, Easton, Domaine de la Terre Rouge, 332

Syrah 2005, California, Liberty School, 340

Syrah 2005, La Mancha, Finca Antigua, 285

Syrah 2005, Les Côtes de l'Ouest, California, Easton, Domaine de la Terre Rouge, 332

Syrah 2005, Sicilia, Planeta, 260

Syrah 2005, The Maverick, Coastal Region, Bellingham, 409

Syrah 2005, Woodthorpe Vineyard, Hawkes Bay, Te Mata, 403

Syrah 2006, South Ridge, Paso Robles, Lohr, J., 340

Syrah 2006, Toasted Head, California, Phillips, R.H., 340

Syrah 2006, Vin de Pays d'Oc, La Baume, 187

Syrah, The Ridge 2001, Robertson, Beck, Graham, 413

Syrah-Cabernet sauvignon 2006, Vale do São Francisco, Brazilio, 377

Syrah-Merlot, Shymer 2006, Sicilia, Baglio di Pianetto, 258

Syrah-Mourvèdre 2004, Wakerbay, Durbanville, Newton Johnson, 411

Syrah-Mourvèdre-Viognier, The Maverick, S.M.V 2003, Coastal Region, Bellingham, 409

T 2002, Alentejo, Quinta da Terrugem, 301

Tabarrini, Colle Grimaldesco 2003, Montefalco Rosso, 247

Taittinger, Cuvée Prestige Rosé, 435

Taltarni Vineyards
Cabernet sauvignon 2005, Pyrenees Victoria, 390
Sauvignon blanc 2007, Victoria, 390
Shiraz 2003, Pyrenees Victoria, 390

Tamar Ridge
Pinot noir 2005, Kayena Vineyard, Tasmania, 390
Pinot noir 2007, Devils's Corner, Tasmania, 390

Tamellini, Soave 2006, 222

Tannat 2002, Arerungua, Viticultores del Uruguay, 378

Tannat 2004, Canelones, Filgueira, 378

Tannat 2007, Reserve, Juanico, Don Pascual, 378

Tapanappa, Cabernet Shiraz 2004, Whalebone Vineyard, Wrattonbully, 391

Tardieu-Laurent, Les Grands Augustins 2006, Vin de Pays d'Oc, 187

Tasca d'Almerita, Regaleali blanc 2007, Sicilia, 261

Tatu, Primitivo del Tarantino 2005, 255

Taupenot-Merme, Gevrey Chambertin 2004, 90

Taurino, Cosimo; Notarpanaro 2001, Rosso del Salento, 255

Taverna, Shiraz 2005, Basilicata, 256

Taylor Fladgate
Chip Dry, 461
First Estate, Lugar das Lages, 461
Late Bottled Vintage 2002, 461

Tawny 10 ans, 461
Tawny 20 ans, 461
Vintage 2000, 461
Vintage 2003, 461
Vintage Quinta de Vargellas
  1998, 461
Vintage Quinta de Vargellas
  2001, 461

Te Awa, Cabernet-Merlot 2004,
  Hawkes Bay, 402

Te Mata
  Cabernet-Merlot 2005,
    Woodthorpe Vineyard, Hawkes
    Bay, 403
  Syrah 2005, Woodthorpe
    Vineyard, Hawkes Bay, 403

Tedeschi, Le Capital San Rocco
  2005, Ripasso, Rosso del
  Veronese, 224

Tempranillo 2006, Clàssic,
  Penedès, Albet i Noya, 270

Tenimenti Angelini
  Brunello di Montalcino 2001,
    Vigna Spuntali, 242
  Chianti Classico Riserva 2003,
    San Leonino, 242

Tenuta Argentiera
  Bolgheri Villa Donoratico 2005,
    243
  Poggio ai Ginepri 2006, Bolgheri,
    243
  Villa Donoratico 2006, Bolgheri,
    243

Tenuta del Portale, Aglianico del
  Vulture 2004, 256

Tenuta San Guido, Guidalberto
  2005, Toscana, 245

Tercius 2004, Ribatejano, Falua-
  Sociedade de Vinhos, 302

Teroldego 2003, Veronese, Marion,
  223

Terralsole, Brunello di Montalcino
  2001, 245

Terras Gauda O Rosal 2007, Rias-
  Baixas, 269

Terrasses de La Mouline 2007,
  Saint-Chinian, Cave de
  Roquebrun, 167

Terrazas de Los Andes, Malbec
  2005, Reserva, Mendoza, 375

Thalmard, Gérald & Philibert;
  Mâcon-Uchizy 2007, 88

The Islander Estate, Yakka Jack
  2005, Kangaroo Island, 393

The Money Spider 2007, McLaren
  Vale, D'Arenberg, 385

The Winery
  Black Rock blanc 2005,
    Swartland, 412
  Black Rock rouge 2005,
    Swartland, 412
  Chardonnay 2005, Radford Dale,
    Stellenbosch, 412

Thienpont, Luc; Z 2005, Bordeaux, 45

Tignanello 2005, Toscana, Antinori,
  Marchese; 227

Tilenus
  Crianza 2003, Mencia, Bierzo,
    Bodegas Estefania, 282
  Pagos de Posada 2001, Mencia,
    Bierzo, Bodegas Estefania, 282

Tinon, Samuel; Tokaji Aszú 5
  Puttonyos 2001, 312

Togni, Philip; Cabernet Sauvignon
  2001, Napa Valley, 341

Tohu
  Chardonnay 2006, Unoaked,
    Marlborough, 403
  Sauvignon blanc 2006,
    Marlborough, 403

Tokaj Kereskedohaz Rt, Tokaji
  Aszù 6 Puttonyos 1994, 311

Tommasi
  Crearo della Conca d'Oro 2004,
    Veronese, 222
  Pinot grigio 2007, Vigneto Le
    Rosse, Venezie, 222
  Valpolicella 2007, 263
  Valpolicella Classico 2006,
    Ripasso, 222
  Vigneto Le Prunée 2006, Merlot
    delle Venezie, 263
  Vigneto Rafael 2006, Valpolicella
    Classico Superiore, 222

Torbreck, Semillon 2006,
  Woodcutters, Barossa, 391

Tormaresca
Bocca di Lupo 2004, Castel del Monte, 255
Masseria Maime 2005, Salento, 255
Primitivo 2006, Torcicoda, Salento, 255

Torre Fornello, Latitudo 45, Bonarda 2001, Colli Piacentini, 226

Torres, Marimar; Pinot noir 2003, Don Miguel Vineyard, Russian River Valley, 338

Torres, Miguel
Atrium 2007, Merlot, Penedès, 289
Celeste 2006, Crianza, Ribera del Duero, 282
Coronas 2005, Tempranillo, Catalunya, 289
Fransola 2006, Penedès, 276
Gran Coronas 2002, Cabernet sauvignon, Penedès, 276
Gran Coronas 2004, Don Miguel Torres, Reserva, Penedès, 289
Gran Vina Sol 2007, Penedès, 276
Mas La Plana 2003, Penedès, 275
Salmos 2005, Priorat, 276
Sangre de Toro 2006, Catalunya, 289
Viña Esmeralda 2007, Catalunya, 276
Viña Sol 2007, Penedès, 289

Torrontes 2008, Etchart, 379

Touriga Nacional 2003, Dão, Quinta dos Roques, 301

Touriga Nacional 2004, Follies, Bairrada, Aveleda, 300

Transhumance 2006, Faugères, Gaillard, Pierre, 156

Trapiche
Astica 2007, Malbec-Cabernet sauvignon, Cuyo, 419

Malbec 2006, Broquel, Mendoza, 376
Medalla, Cabernet sauvignon 2004, Mendoza, 376
Pinot noir 2007, Mendoza, 376

Treana
2005, Paso Robles, 339
Viognier-Marsanne 2006, Mer Soleil Vineyard, Central Coast, 339

Trimbach
Pinot blanc 2005, Alsace, 104
Riesling 2003, Cuvée Frédéric Émile, Alsace, 104

Trio Infernal, No 2/3 2004, Priorat, 276

Trumpeter
Cabernet sauvignon, 2006, Maipu, Argentine, 379
Familia Rutini Wines, Malbec 2006, Mendoza, 379

Tsantalis
Cabernet sauvignon 2002, Mount Athoc Vineyards, Vin de Pays d'Agiorgitikos, 319
Nemea 2006, 319
Rapsani 2005, 320
Rapsani 2005, Reserve, 319

Tupinier-Bautista
Mercurey premier cru En Sazenay 2006, blanc 86
Mercurey premier cru En Sazenay 2006, rouge 87

Tutiac, Sauvignon 2007, Premières Côtes de Blaye, 68

Two Oceans, Shiraz 2007, Western Cape, 419

Tyrrell's, Shiraz 2005, Brokenback, Hunter Valley, 393

	U

Umani Ronchi
Casal di Serra 2006, Verdicchio dei Castelli di Jesi, 248
Sangiovese 2007, Medoro, Marche, 264
Verdicchio dei Castelli di Jesi 2007, 264

Union de Vignerons de l'Île de Beauté, Terra di Corsica 2007, Nielluccio-Syrah, Corse, 167

Union des producteurs de Die, Cuvée Titus, Clairette de Die, 438

Union des producteurs Plaimont
Côtes de Saint-Mont 2005, Les Vignes Retrouvées, 177
Maestria 2005, Madiran, 177

Monastère de Saint-Mont 2003, Côtes de Saint-Mont, 177

Urbina, Rioja Reserva Special 2001, 287

| V |

Valdemar, Conde de Valdemar 2000, Rioja Gran Reserva, 279

Vale da Raposa 2004, Douro, Alves de Sousa, 292

Valette, Mâcon Chaintré 2005, Vieilles vignes, 87

Vallformosa, Reserva 2001, Penedès, 287

Valpolicella 2005, Rio Albo, Ca'Rugate, 224

Valpolicella Superiore 2002, Dal Forno, 223

Valpolicella Superiore 2003, Marion, 219

Varela Zarranz, Cabernet sauvignon 2006, Canelones, 378

Vasse Felix
Cabernet sauvignon 2004, Western Australia, 391
Shiraz 2004, Margaret River, 391

Velenosi, Il Brecciarolo 2004, Rosso Piceno superiore, 248

Veramonte, Sauvignon blanc 2007, Reserva, Vallée de Casablanca, 366

Vergelegen
Shiraz 2004, Stellenbosch, 413
2002, Stellenbosch, 413

Verget
Bourgogne 2006, Grand Élevage, 87
Chablis 2006, Terroirs de Chablis, 89
Mâcon-Vergisson 2006, La Roche, 87
Saint-Véran 2005, Terroirs de Davayé, 87

Veuve Clicquot-Ponsardin
Brut Rosé 2002, 435
Carte Jaune, 435
La Grande Dame 1998, 434

Vintage Reserve 2002, 435

Vie, L'Etranger 2005, Sonoma County, 339

Vietti
Barbera d'Alba 2004, Scarrone Vigna Vecchia, 211
Barbera d'Asti 2004, La Crena, 211
Barolo 2003, Lazzarito, 211

Vieux Château Champs de Mars 2006, Côtes de Castillon, 48

Vieux Château d'Astros 2007, Côtes de Provence, 418

Vieux Château Gaubert
2003, Graves, 59
Benjamin de Vieux Château Gaubert 2004, Graves, 59

Vieux Château Palon 2003, Montagne Saint-Émilion, 63

Vigna del Fiore, Brunello di Montalcino 2003, Barbi, 243

Vigna del Sorbo, Chianti Classico Riserva 2004, Fontodi, 237

Vigne Regali, L'Ardì 2006, Dolcetto d'Acqui, 212

Vignerons de Buzet, Baron d'Ardeuil 2003, Buzet, 177

Vignerons de Pfaffenheim, Pinot blanc 2005, Schneckenberg, Alsace, 104

Vigneti La Selvanella, Chianti Classico Riserva 2003, Melini, 246

Vigneto Bellavista 2004, Chianti Classico, Castello di Ama, 234

Vignoble du Loup Blanc 2005, Les Trois P'tits C, Vin de Pays de Cesse, 187

Vigouroux, Georges
Les Comtes Cahors 2005, Cahors, Château de Mercuès, 179
Pigmentum 2004, Malbec, Cahors, 179

Vila Regia 2005, Douro, Sogrape, 303

Villa Antinori 2004, Toscana, Antinori, Marchese; 263

Villa Cerna, Chianti Classico Riserva 2004, 246

Villa Fiorita, Barbera d'Asti Superiore 2005, 212

Villa Sandi, Prosecco di Valdobbiadene, 441

Villaine, A. et P. de Bouzeron 2006, Aligoté, 87 Mercurey 2006, Les Montots, 88

Villard, François; L'Appel des Sereines 2006, Syrah, Vin de Pays des Collines Rhodaniennes, 187

Vilot 2006, Dolcetto d'Alba, Ca'Viola, 199

Vin de Paille 2002, Côtes du Jura, Rolet, 180

Viña La Rosa
Carmenère 2005, Don Reca, Valle de Cachapoal, 366
Merlot 2005, Don Reca, Valle Cachapoal, 366

Viña Pedrosa 2005, Ribera del Duero, Pérez Pascuas, 282

Viña Progreso, Tannat Reserve 2003, Costal Region, Viñedos Familia Pisano, 378

Vinchio & Vaglio Serra, Tutti Per Uno 2004, Monferrato, 212

Vinha do Monte 2005, Alentejano, Sogrape, 303

Vino Nobile di Montepulciano 2004, La Braccesca, Antinori, Marchese; 228

Vinoptima, Gewürztraminer 2004, Ormond Reserve, 403

Vins de l'Échanson, Cahors 2003, Édition spéciale, 177

Vins de Vienne (Les)
Cornas 2005, Les Barcillants, 139
Côtes du Rhône 2005, Les Cranilles, 139

Viognier 2005, EXP, Dunnigan Hills, Phillips, R.H., 339

Viognier 2007, Alamos, Mendoza, Catena Zapata, 371

Viognier 2007, Domaine des Salices, Vin de Pays d'Oc, Lurton, 187

Viognier-Marsanne 2006, Mer Soleil Vineyard, Central Coast, Treana, 339

Vistorta, Conti Brandolini d'Adda, Vistorta 2005, Merlot, Friuli, 225

Viticultores del Uruguay, Tannat 2002, Arerungua, 378

Voerzio, Gianni; Nebbiolo 2005, Ciabot della Luna, Langhe, 212

Voillot, Joseph; Beaune premier cru Coucherias 2005, 88

Vouvray, Le Mont 2006, Demi-sec, Huet, 116

Vouvray, Le Mont 2006, Huet, 116

W

Waimea, Pinot noir 2007, Nelson, 404

Warre's
Colheita 1986, 462
Fine Selected White Port, 462
Late Bottled Vintage 1999, 462
Otima 10 ans, 462
Otima 20 ans, 462
Tawny Sir William 10 ans, 462
Vintage 1994, 462
Vintage 2000, 462
Vintage 2003, 462

Weinert
Cabernet sauvignon 2002, Luyan de Cuyo, Mendoza, 376
Malbec 2003, Lujan de Cuyo, 376

Wild Rock, Merlot-Cabernet franc-Malbec 2005, Hawkes Bay, 404

Wild South, Sauvignon blanc 2006, Marlborough, 404

Williams & Humbert
Alegria, Manzanilla, 468
Canasta Cream Oloroso, 468
Dry Sack, 468

Wirra Wirra, Church Block 2005,
McLaren Vale, 393

Wolf Blass
Cabernet sauvignon 2005,
Premium Selection, 393

Pinot noir 2006, Victoria, 393

Shiraz 2004, Premium Selection,
South Australia, 393

Wolfberger, Crémant d'Alsace,
Cave vinicole d'Eguisheim, 438

Y

Yalumba
Bush Vine Grenache 2006,
Barossa, 391
Muscat Museum, South Eastern
Australia, 392
Shiraz & Viognier 2005, Barossa,
392

Yangarra, Cadenzia 2005, McLaren
Vale, 393

Yering Station
Chardonnay 2005, Yarra Valley,
392
M.V.R. 2005, Yarra Valley, 392

Ygay 2003, Rioja Reserva, Marques
de Murrieta, 278

Z

Zaccagnini
Sallis Castrum, La
Cuvée dell'Abate 2006,
Montepulciano d'Abruzzo, 252
San Clemente 2004,
Montepulciano d'Abruzzo, 252

Zerbina, Torre di Ceparano 2003,
Sangiovese di Romagna, 226

Zilliken, Butterfly 2005, Riesling,
Mosel-Saar-Ruwer, 309

Zind-Humbrecht
Pinot gris 2004, Clos Jebsal,
Vendanges tardives, Alsace,
104
Riesling 2006, Herrenweg de
Turckheim, 104

Zinfandel 2005, Lodi, Californie,
Ravenswood, 338

Zinfandel 2005, Mendocino County,
Bonterra Vineyards, 328

Zinfandel 2005, Napa Valley,
Ravenswood, 338

Zinfandel 2006, California, Liberty
School, 340

Zinfandel 2006, California, Vintner's
Blend, Ravenswood, 344

Zonin, Prosecco Special Cuvee,
Brut, 441

Zuccardi, Tempranillo 2004, 'Q',
Mendoza, 376

Les matchs

France
contre
Californie

Le 24 mai 1976

Vins blancs – Chardonnay californiens contre Bourgogne

1	Chateau Montelena 1973 (É-U)
2	Meursault Charmes, Roulot 1973 (F)
3	Chalone 1974 (É-U)
4	Spring Mountain 1973 (É-U)
5	Beaune Clos des Mouches, Joseph Drouhin 1973 (F)
6	Freemark Abbey 1972 (É-U)
7	Bâtard-Montrachet, Ramonet-Prudhon 1973 (F)
8	Puligny-Montrachet Les Pucelles, Domaine Leflaive 1972 (F)
9	Veedercrest 1972 (É-U)
10	David Bruce Winery 1973 (É-U)

Vins rouges - Cabernet sauvignon californiens contre Bordeaux

1	Stag's Leap Wine Cellars 1973 (É-U)
2	Château Mouton Rothschild 1970 (F)
3	Château Montrose 1970 (F)
4	Château Haut-Brion 1970 (F)
5	Ridge Vineyards Monte Bello 1971 (É-U)
6	Château Léoville Las-Cases 1971 (F)
7	Heitz Martha's Vineyard 1970 (É-U)
8	Clos du Val 1972 (É-U)
9	Mayacamas 1971 (É-U)
10	Freemark Abbey 1967 (É-U)

Le 24 mai 2006

Vins rouges - Cabernet sauvignon californiens contre Bordeaux

1	Ridge Vineyards Monte Bello 1971 (É-U)
2	Stag's Leap Wine Cellars 1973 (É-U)
3	Heitz Martha's Vineyard 1970 (É-U)
4	Mayacamas 1971 (É-U)
5	Clos du Val 1972 (É-U)
6	Château Mouton Rothschild 1970 (F)
7	Château Montrose 1970 (F)
8	Château Haut-Brion 1970 (F)
9	Château Léoville Las-Cases 1971 (F)
10	Freemark Abbey 1969 (É-U)

Ces tableaux sont en référence au texte de la page 334.

Achevé d'imprimer au Canada en octobre 2008
sur les presses de Quebecor World Saint-Jean

Les millésimes sont cotés de 0 (les moins bons) à 10 (les meilleurs).

☐ À laisser vieillir.

☐ On peut commencer à les boire, mais les meilleurs continueront de s'améliorer.

☐ Prêts à boire.

☐ À boire sans attendre, il n'y a pas d'intérêt à les conserver plus longtemps.

☐ Peut-être trop vieux.

Les notes attribuées au millésime 2007 ne sont qu'indicatives et provisoires.